국역 백하일기

안동독립운동기념관 자료총서 ④

국역 백하일기

초판 인쇄 2011년 11월 1일
초판 발행 2011년 11월 10일

역   자 사단법인 교남문화
        760-240 경북 안동시 옥야동 340-24

편집 발행 안동독립운동기념관장 김희곤
주   소 760-833 경북 안동시 임하면 천전리 240
전   화 054-823-1555
팩   스 054-823-1550
홈페이지 www.815andong.or.kr

제작 판매 : 경인문화사대표 한정희
편   집 신학태 김송이 김우리 김지선 문영주 맹수지 안상준
영   업 이화표
관   리 하재일

주   소 서울 마포구 마포동 324-3
전   화 02-718-4831~2
팩   스 02-703-9711
등   록 1973년 11월 8일 제10-18호
이메일 kyunginp@chol.com / kip1@mkstudy.net
홈페이지 www.kyunginp.co.kr / www.mkstudy.net

정   가 37,000원
ISBN 978-89-499-0823-6 93810

ⓒ 2011, Kyung-in Publishing Co, Printed in Korea

※ 잘못된 책은 바꾸어 드립니다.
※ 발행처와의 협의 하에 인지는 생략합니다.

안동독립운동기념관 자료총서 ④

국역 백하일기

안동독립운동기념관 편

景仁文化社

발간사

　안동독립운동기념관은 지난 2007년 8월에 문을 연 뒤로 안동 사람들의 독립운동을 찾고 알리는 작업을 진행해 왔습니다. 전시와 교육, 학술회의, 대중강연회, 교양총서와 연구서 발간 등 방법은 다양했고, 그 가운데에는 독립운동을 담고 있는 자료를 발굴하여 발간하는 작업도 있습니다. 이는 안동 사람들이 남긴 자료를 연구자만이 아니라 일반인에게도 제공하여 이 분야에 대한 연구를 이끌어 내면서 관심을 높이는 데 목적을 둔 사업입니다.『국역 석주유고石洲遺稿』와 『권오설 자료집』이 그렇게 편찬되었습니다.

　2011년은 만주망명 100주년을 맞는 해입니다. 이를 기념하여 우리 안동독립운동기념관은 백하白下 김대락金大洛 선생이 만주로 망명하여 독립운동기지를 만들어 가던 과정을 기록한 『백하일기白下日記』를 번역하여 간행합니다. 김대락은 1911년 망명하면서 기록한 「서정록西征錄」을 시작으로, 이듬해의 「임자록壬子錄」, 그리고 그 다음해의 「계축록癸丑錄」 등 모두 3년 동안 이동과 정착, 망명인들의 삶을 담았습니다. 이 기록은 서간도에서 벌어진 독립운동 기지건설의 초기 상황을 고스란히 보여줍니다. 이 시기의 상황을 이 만큼 자세하게 남긴 일기는 찾을 수 없습니다. 따라서 독립운동사 연구자들에게나 만주 사회를 이해하려는 분들에게는 경전 같은 자료입니다. 연구자와 작가, 문화유산해설사, 독립운동유적해설사, 문화콘텐츠 사업을 펼치는 사람, 그리고 일반인들에게도 좋은 정보를 제공해 줄 것입니다. 이 자료가 모든 기득권을 포기하고 만주로 망명한 독립운동가들의 뜻을 복원해내는 데 도움이 되고, 또 그런 결실이 곳곳에서 맺어지길 기원합니다.

　이 자료집은 많은 분들의 공력이 들어간 작품입니다. 번역을 맡아준 사단법인 교남문화 김명균 대표와 김윤규 연구소장을 비롯한 여러 연구원들께 감사 말씀을 드립니다. 또 등장하는 인물들을 하나하나 찾아서 각주에 밝히고, 교정과 교열에 매달려 준 우리 기념관의 학예연구실장을 비롯한 학예연구원들의 노고도 적지 않았습니다. 끝으로 경인문화사 한정희 사장님과 편집부 담당자의 도움과 수고에 감사드립니다.

2011년 11월
안동독립운동기념관장 김희곤

일러두기

1. 이 번역본은 『백하일기』를 저본으로 삼았다.
2. 번역은 한글전용을 원칙으로 하되 필요한 경우에는 한글에 한자를 붙여 썼다.
3. 원문 중 누락된 자字는 '△'로, 판독 불가능한 한자漢字는 '○'로 표기하였다.
4. 번역문 및 주석에 사용한 부호는 다음과 같다
   - 『　』: 책명
   - 「　」: 편명이나 항목
   - ≪　≫: 신문이나 잡지
   - "　": 인용문이나 대화
   - '　': 재인용이나 대화안의 대화
   - 〔　〕: 한글과 발음이 다른 한자, 경전이나 원전의 원문
   - ・ : 병렬형의 단어 중간에 표시

『백하일기』 원본 첫 부분 서정록

저자 김대락의 집. 백하구려

백하 김대락의 묘소(의관장)

김대락의 둘째 아들 김형식 회갑기념 가족사진

김대락 가계도

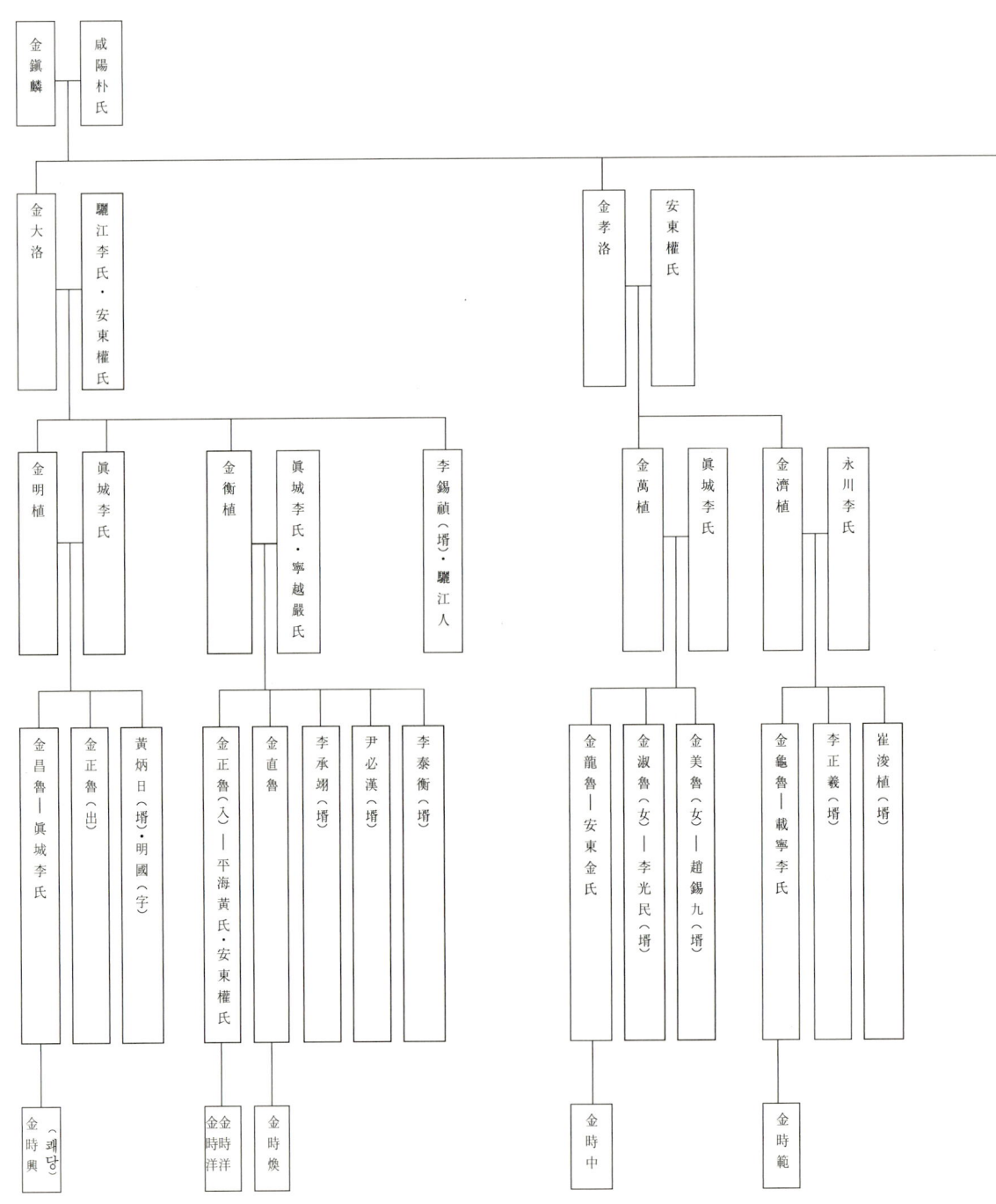

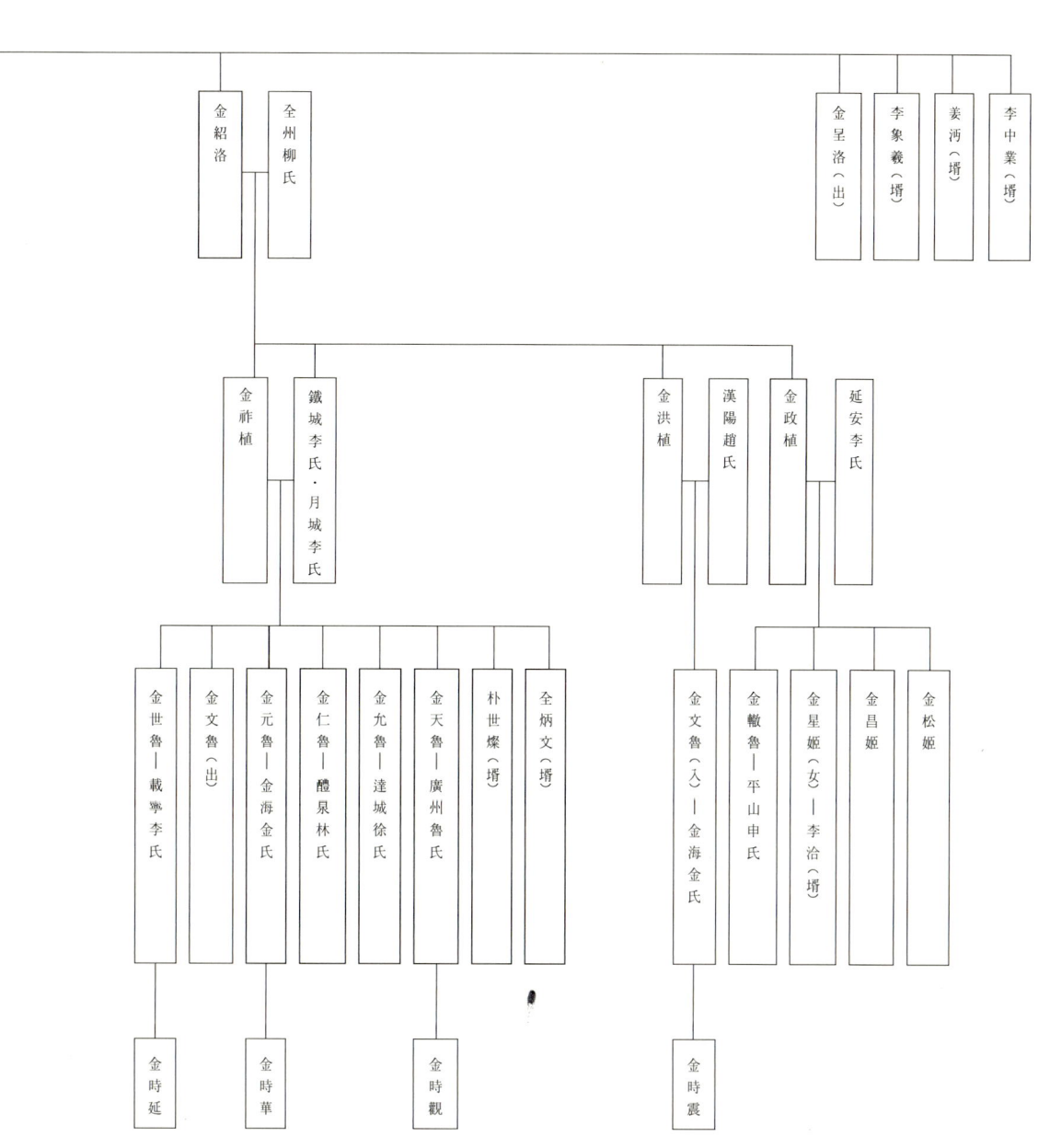

목 차

발 간 사
일러두기
화 보
김대락 가계도

해제 / 1

서정록 / 15

임자록 / 197

계축록 / 335

찾아보기 / 493

국역 백하일기 참여자 약력 / 504

백하 김대락의 생애와 『백하일기』

강윤정
(안동독립운동기념관 학예연구실장)

1. 가계와 학문적 배경

 김대락은 1845년(헌종 11) 안동시 임하면 천전리에서 우파愚坡 김진린金鎭麟(1825 ~1895)과 어머니 함양박씨(1824~1877, 예천 맛질, 부친 박득영朴得寧) 사이에서 장남으로 태어났다. 김대락의 자는 중언中彦, 호는 분서賁西라 하였는데, 후일 만주에 들어가 백두산 언저리에 산다는 뜻에서 백하白下라는 별호別號를 사용하였다. 아버지 김진린은 의성김씨 30세로 내앞마을 입향조 청계靑溪 김진金璡의 둘째아들 귀봉龜峰 김수일金守一의 후손이다. 김진린은 1825년 김헌수金憲壽의 아들로 태어나 백부인 김억수金億壽에게 출계하였다. 그는 1886년 3월 17일 금부도사에 임명되었기 때문에 마을에서는 이 집을 '도사댁'이라고 부른다.
 도사댁은 사람 천석, 글 천석, 살림 천석으로 세칭世稱 '삼천석댁'으로 불릴 정도로 경제력과 학문을 두루 갖춘 집안이었다. 당대의 가세를 입증할 만한 호구단자 4점이 남아 있다. 이 가운데 김진린이 43세(김대락 23세)되던 해의 호구단자를 살펴보면, 솔거와 외거노비 30여 명을 거느리고 있었다. 노비들은 일직·선산·풍기·순흥에 거주하였다. 이로 보아 이 지역에도 적지 않은 토지가 있었음을 알 수 있다.
 4남 3녀 가운데 장자였던 김대락은 김효락金孝洛(1849~1904)·김소락金紹洛(1851~1929)·김우락金于洛(1854~1933)·김정락金呈洛(1857~1881)·김순락金順洛(1860~1937)·김락金洛(1862~1929) 등 남동생과 여동생 각각 셋을 두었다. 김효락은 만식·제식 두 형제를, 소락은 조식·홍식·정식 3형제를 두었다. 이 조카들이 김대락의 망명을 도왔고 망명 뒤에도 그를 따라 서간도에서 활동하였다. 또 화식·문식·영식 등의 종질(당질)들도 많았는데 이들도 만주로 망명하여 김대락을 도왔다.

　김대락은 일생동안 두 사람의 부인을 맞아, 그 사이에서 2남 1녀를 두었다. 첫 부인은 여강이씨 회재 이언적의 후손으로 부친은 이선구李選久이다. 김대락의 정확한 결혼 시점은 알 수 없으나 19세 되던 1864년 맏아들 김명식金明植이 태어난 것을 보면 10대 후반으로 추정할 수 있다. 그런데 첫 부인은 맏아들이 태어나던 1864년 10월 16일 세상을 떠났다. 그 뒤 김대락은 안동권씨 권병수權秉銖의 후손을 새로운 부인으로 맞았다. 그 사이에서 김형식金衡植과 딸 하나가 태어났다. 김형식이 태어난 것은 1877년이다. 장자가 태어나고 무려 13년 만에 얻은 아들이다. 장자 김명식은 1902년 작고하였고, 딸은 여강이씨 이석정李錫禎에게 출가하였다. 뒷날 김형식은 김대락과 함께 만주로 망명하여 독립운동사에 중요한 역할을 하였다. 손자 창로와 정로, 종손자 문로와 성로成魯 등도 김대락을 따라 망명하였다.

　백하 김대락의 수학과정에 대해서는 정확하게 알려진 것이 없다. 서산西山 김흥락金興洛(1827~1899)의 문인이었다는 기록 이외에 그의 행적을 알려주는 연보나 행장이 전하지 않기 때문이다. 다만 추정하건대 유년시절 김대락은 조부 김헌수(1803~1869, 자 聖章, 호 百忍齋)의 영향을 받았을 것으로 생각된다. 김헌수는 20세 되던 1822년부터 정재 류치명의 문하에서 수학하며, 안동의 거유들과 교류하던 내앞마을의 대학자였다. 류치명의 문인록 『평문제현록坪門諸賢錄』에 등재된 내앞마을의 인사는 모두 7명이다. 이 가운데 김헌수는 최고령자이자 이른 나이에 정재 문하에 출입하였던 대표적인 인물이었다.

　성장기 수학과정에 영향을 준 인물은 숙부 김진기金鎭麒(1830~1917, 자 岡瑞, 호 愚下齋)로 추정된다. 김진기는 도사공 김진린의 실제實弟로 개항기 위정척사운동을 펼쳤던 안동의 대표적인 유림이다. 1876년 일본과의 개항에 직면한 안동 유림들은 척화의 움직임을 보였다. 3월 1일 척화상소斥和上疏를 위한 대유회大儒會를 안동에서 열었고, 이어 산양山陽(현재 문경 산양)에서 도회道會를 열기로 하였다. 이때 김대락의 숙부 김진기는 이만도李晩燾·류지호柳止鎬·류기호柳基鎬와 서로 연락을 주고받으며 시국문제를 논의하였다. 그러나 1876년에 진행되던 척화논의는 집단적인 척사운동으로 연결되지 못하였다.

　위정척사운동을 펼쳤던 김진기는 1895년 의병장의 때에는 형兄 김진린의 상을 당하여 적극적으로 참여할 수 없었다. 그러나 1905년 을사늑약이 있자 이를 규탄하는 상소에 앞장섰다. 박주대의 『저상일월渚上日月』에 따르면 1906년 1월 대구부에서 예천으로 훈령이 내려와 창의 즉 상소한 이유를 캐물었는데, 안동출신으로는 하회의 류비승柳秘承(秘書監承)·귀미의 김욱래金郁來·천전의 김강서金綱瑞가 명단에 들어 있었다. 세 사람은 을사늑약 후 맨 먼저 통문을 내어 각 읍 유생들에게 궐기를 권유하였고, 이로 말미암아 조사를 받은 것이다. 여기에 언급된 김강서가 바로 김진기이다. 류비승은 하회마을의 류도성(1823~1906)이다.

김대락의 학문 활동에 빼놓을 수 없는 한 사람은 바로 김흥락이다. 김흥락은 류치명의 문하에서 수학하였던 안동의 대표적인 유림이다. 결론적으로 김대락의 수학과정과 학문 활동에 영향을 준 인물은 류치명의 문하에서 활동하였고, 국권회복운동기에는 의병항쟁과 척사운동을 펼쳤던 인물들이었다.

2. 신학문의 수용과 협동학교의 확장

위정척사운동에 이어 의병항쟁을 주도했던 안동의 유림들 가운데 새로운 길을 모색하는 혁신유림革新儒林이 등장하였다. 류인식柳寅植·김동삼金東三·이상룡李相龍이 그들이다. 이들은 위정척사에 대한 자기성찰을 통해 구국계몽운동을 지향하였다.

그 출발점에 선 사람이 류인식이다. 류인식은 1904년 무렵부터 당시 국내외정세를 약육강식弱肉强食·우승열패優勝劣敗의 형국으로 인식하였다. 그는 서구를 발달된 기술과 풍부한 재원, 강력한 병력, 명료한 법률 등을 가진 나라로 판단하였다. 이에 비해 우리는 밖으로 외침의 우려가 있고, 학술이 비루하고, 사기士氣가 부패하였으며, 재원이 고갈되고, 정치가 문란하여 망국으로 향하고 있다고 지적하였다. 류인식은 이에 대한 대응으로 신학新學을 통한 인재양성을 제시하였다. 신학이 인륜人倫을 어지럽히고 인심을 무너뜨리는 이단사설異端邪說이 아니며, 신학에서 다루는 지지地志·역사·법률·산술·농상학·기화학은 선비들이 당연히 강론해야 할 내용이라고 주장하였다. 또한 척사유림이 가장 문제라고 주장하는 체조와 어학 가운데, 어학은 날로 번성하는 국제관계에 대비하여 가장 우선적으로 배워야 할 요목임을 강조하였다. 체조 또한 구학舊學에서 다루던 무예와 다름없으니 거절할 이유가 없다는 것이다.

이와 더불어 류인식은 신학으로 길러진 선비야말로 나라의 진정한 원기元氣가 될 수 있다고 인식하였다. 신학이야말로 선비가 국제사정에 통달하여 나라를 경영하고 어려움을 구제할 진정한 학문이라고 보았다. 또 신학을 통해 배양된 선비야말로 바른 정치를 펼 수 있다고 역설하였다. 류인식은 이러한 신학의 유용함이야말로 편협한 구학舊學과는 비교할 수 없는 최적의 학문으로 여겼던 것이다. 이러한 인식에 터하여 류인식은 1907년 안동에 근대식 중등학교인 협동학교協東學校를 설립하였다.

　류인식이 협동학교를 열었다면 협동학교의 확장에 영향력을 끼친 인물은 김대락이다. 그가 신학문을 인정하고 수용하기 시작한 때는 정확하지 않다. 김대락은 협동학교 설립 당시 신교육에 반대한 대표적인 인물이었다. 그의 학문적 배경에서 알 수 있듯이, 60여 년 그의 생애는 주자학적 질서에 바탕을 둔 안동의 다른 유림들과 다르지 않았다. 비록 1895년 12월 안동의 각 문중이 을미의병으로 봉기할 때, 그해 3월 아버지 김진린이 작고하여 여막을 지키느라 의병 봉기에는 참여하지 못하였지만, 물적 지원을 아끼지 않았던 것으로 추정된다. 그가 뒷날 생각을 바꾸어 협동학교를 적극 지원하고 나서자,《황성신문皇城新聞》은 그의 변화에 대해 찬사를 아끼지 않았다. 그런데 그 보도내용은 지난 날 김대락이 신교육에 대해 얼마나 부정적이었는지를 보여준다. 그는 신교육에 대한 언급조차 꺼렸으며, 신교육을 언급하는 사람이 있으면 큰소리로 질책하고 강하게 비판하던 인물이었다.

　김대락이 신학문에 대한 고민을 시작한 것은 1909년 초인 것으로 보인다. 이 무렵 김대락의 일생에 큰 전환을 맞는 사건이 벌어졌다. 바로 매부이자 각별한 사이였던 이상룡이 계몽운동단체인 대한협회 안동지회 설립을 추진하게 된 일이다. 1909년 3월 대한협회 안동지회를 설립하고 지회장 자리를 수락한 이상룡은《대한협회보》를 배부하고, 홍보에 나섰다. 김대락이《대한협회보》를 보게 된 것도 이 무렵으로 추정된다. 이를 읽고 김대락이 남긴 「독대한협회서유감讀大韓協會書有感」에는 거울과 칼, 구슬에 비유하여 비로소 깨달았다는 감탄의 내용이 담겨있다. 그런데 그 거울과 칼과 구슬이 개화파들의 논리처럼 밖에서 수입한 것이 아니라 때가 끼어 묻혀 있었을 뿐 본래 우리 모습이라는 것이다. 여기에서 주목할 점은 김대락이 대한협회의 계몽운동을 긍정적으로 바라보기 시작했다는 점이다. 그러나 긍정의 실마리는 여전히 우리 모습에 대한 자각이었다. 즉 그는 「독대한협회서유감」을 쓸 당시만 하더라도 서구의 학문과 사상을 수용해야한다는 데까지는 이르지 못하였다.

　그런데 늦어도 1909년 5월 무렵에는 ≪황성신문≫을 통해 그가 협동학교를 적극 지원하였음을 확인할 수 있다. 신문에는 김대락이 50여 칸의 집을 내놓고, 자신은 작은 집으로 옮겨갔다는 기사가 실려 있다. 이는 새로운 시대인식과 더불어 협동학교 교육을 확장하려는 뜻에서 나온 결단이었다. ≪황성신문≫의 표현을 빌리자면, 김대락은 구학문의 대가大家로 수구를 지향하던 인물이었다. 그런 그가 "내가 신교육에 대하여 그 시무時務에 필요됨을 일찍 깨닫지 못한 것이 큰 한恨이라. 이제 비로소 깨달았으니 어찌 헌신적 의무를 다하지 않으리오."라고 하면서 신교육 확산에 힘을 쏟기 시작하였다. 즉 김대락의 변화는 시대의 흐름에 적합한 방법을 찾아야 한다는 자기성찰의 산물이었다. 그의 신학문 수용과 그에 따른 실천은 당시 안동은 물론 영남에도 새로운 바람을 불러 일으켰다. ≪황성신문≫은 그의 변화를 '교남교육계의 신적치新赤幟'로 표현하였다.

3. 망국亡國에 대한 인식과 만주망명

안동인들은 국권이 무너지기 시작하던 순간부터 줄기차게 항쟁을 벌였다. 그 길과 방법은 다양했지만 목표는 국권회복이었다. 그러나 이러한 노력에도 불구하고, 1910년 나라는 무너지고 말았다. 1904년 류인식을 시작으로 척사유림과 혁신유림으로 서로 다른 길을 모색했던 안동의 유림들은 국망의 순간에도 각기 다른 현실인식과 실천을 보였다. 척사유림들은 자진自盡의 길을 갔고, 혁신유림은 만주망명을 선택하였다.

위정척사운동에 이어 의병항쟁과 을사오적참乙巳五賊斬 상소운동을 펼쳤던 척사유림 이만도·이중언 등이 자진을 선택한 대표적 인물이다. 이만도는 국망과 더불어 자신은 더 이상 '소용所用'될 바 없는 존재로 인식하였다. 이러한 인식에 직면해 '소용'될 바 없는 자신을 없애는 길만이 온전한 길이라고 여겼던 것이다. 이는 신하된 자로 '적의 백성'으로는 하루도 살 수 없다는 철저한 의리론적義理論的 대응이자, 동시에 잠시나마 관직에 머물렀던 사람 즉 대부大夫로서의 책임의식 때문이었다. 이는 유가의 출처관出處觀에 뿌리를 두고 있다. 이만도의 뒤를 이어 자진을 결행한 이중언 역시 관직에 있었던 사람으로 살아 '소용所用'될 바가 없는 세상에 사느니 죽어 의리를 지키겠다는 의리론義理論에 입각한 죽음의 길을 선택하였다.

1910년 나라의 멸망은 김대락에게도 일대 전환이 되었다. 자진과 장례가 이어지는 상황에서 김대락은 자신의 길을 결정해야 했다. 김대락은 「경술순국제현약기庚戌殉國諸賢畧記」에 이만도(하계)·이중언(하계)·이현섭(풍산)·류도발(하회)·이석주(봉화, 이면주) 다섯 사람의 순국 사실을 기록하였다. 향내 유림들의 자결순국은 김대락에게 상당한 압박이었을 것이다. 특히 향산 이만도의 단식자결은 더욱 충격이었다. 이만도의 아들 이중업李中業이 바로 그의 매부였기 때문이다.

척사유림들이 의리론과 출처관에 입각하여 자진의 길을 가는 한편에서는 만주 독립군기지 건설론이 고개를 들고 있었다. 협동학교 교사로 활동하던 서울의 신민회 인사 이관직 등은 나라가 망하기 전인 1910년 5월 청도회의靑島會議 등을 통해 해외망명을 추진하고 있었다. 그러므로 이관직을 비롯한 서울의 교원들을 통해, 또 신민회에 가입했던 김동삼을 통해 내앞마을에도 망명계획이 전달되고 있었다. 그리고 주진수朱鎭洙·황만영黃萬英이 이상룡에게 신민회의 망명계획을 알리며 망명자 모집을 이야기 하였다.

척사유림에서 혁신유림으로 전환했던 이상룡은 이 무렵 갈 길을 놓고 고뇌하였다. 망명일지인 「서사록西徙錄」에는 망명을 선택하기까지의 고뇌가 잘 담겨 있다. 이상룡은 자신이 걸어온 길을 돌아보며, 가야산 기병과 대한협회 안동지회가 실패하고 나라가 망한 지금 다만 결행하지 못한 것이 죽음이라고 토로하였다. 그러나 이상룡은 자진을 선택할 수 없었다. 그는 어떤 경우라도 '바른 길을 택하는 것'이 유가의 근본임을 알고 있으나 그 '바른길'이 곧 '죽음'이라는 확신이 서질 않았기 때문이다. 결국 이상룡은 "백번 꺾여도 좌절하지 않을 뜻으로 단군성조의 영토, 고구려 강역 만주로 옮겨가 독립운동을 펴겠다."는 단안을 내렸다.

이상룡이 독립에 대한 강한 의지와 희망을 품고 만주행을 선택했다면, 김대락의 망명은 이상룡에 비해 자정自靖과 은둔적隱遁的 색채가 짙다. 김대락이 망명지 만주에서 기록한 「분통가」와 「공리회취지서」에는 망국에 대한 인식과 만주망명을 선택한 이유가 잘 드러나 있다. 김대락은 망국의 상황을 제국주의의 국권침탈이라는 세계사적 시각으로 인식하기 보다는 '일본'이라는 '적국'의 압제로 여겼다. 이러한 인식아래 그는 전통의 출처관에 입각하여 대부大夫의 길이 아닌 사士의 길을 선택하였다. 김대락은 유가의 출처관에 입각하여 "대부가 아닌 선비로서 죽음은 자신의 분수에 맞지 않다."는 결론을 내렸다. 이어 사士의 길을 실천하는 방법으로 자정·은둔의 성격이 강한 망명을 선택하였고, 망명지를 백두산 아래 서간도로 결정하였다. 김대락이 이곳을 선택한 이유는 단군의 개국지요, 고구려의 창업지였기 때문이다. 즉 그의 망명에는 자정적·은둔적 성격과 민족의식이 함께 자리하고 있었다. 여기에 신민회의 만주 독립운동기지 건설계획은 기폭제가 되었다.

4. 『백하일기』와 그 사료적 가치

김대락은 망명길에 오르면서 일기를 쓰기 시작하였다. 그는 1911년 1월 6일 서울을 떠날 때부터 쓰기 시작하여 1913년 12월 31일까지 만 3년의 일을 날짜별로 기록하였다. 그 일기에 1911년 「서정록西征錄」, 1912년 「임자록壬子錄」, 1913년 「계축록癸丑錄」이라는 표제를 붙였다. 그런데 김대락은 1912년 「임자록」을 쓰면서 자신의 일기를 「보망록補忘錄」이라고 하였다. 학계에서는 이를 통틀어 『백하일기』라 부른다.

김대락은 1912년 정월 1일 「보망록자서」에 일기를 쓰게 된 동기를 밝혔다. 평소에 건망증이 있어 말 그대로 보망을 위해 일기를 쓴다고 하였다. "일기인데 보망이라고 한 것은, 보망거리를 엮어 달과 날짜 아래 매달았기 때문이요. 도만渡滿 기록인데 '일록'이라고 한 것은, 길에서 시작된 일이므로 중요한 일을 잊어버릴까 대비하는 것이다. 이에 출발하던 날부터 날마다 기록하여 크건 작건 빠뜨리지 않았다."라고 하였다. 여기에서 드러나듯이 김대락은 스스로 잊어버리지 않기 위해 일기를 썼다.

더불어 뒷사람이 당시 상황을 알아주기를 바라는 소망도 담았다. "한 번 서쪽으로 건너 온 뒤로는 사람이 지켜야 할 떳떳한 도리가 끊어져 부자형제가 흩어지고, 먹고 사는 일에 눈이 어두워 천지天地의 자리가 바뀌었다. 당여黨與가 끊기고 이웃이 달라 해괴하고 놀랍지 않은 것이 없고, 이목이 닿는 곳마다 생전 처음 보는 것들이다. 만일 소홀히 지나쳐 버리고 또 이미 지나간 전철을 밟는다면, 때가 바뀌고 일이 지난 뒤에는 마치 모래바람에 기러기 발자국이 흩어지듯 흔적도 없이 사라질 것이다. 그렇게 되면 누가 지금의 풍조를 알겠으며, 또 우리가 오늘 겪고 있는 곤액이 어떠한지를 알겠는가?"라고 하였다.

작자의 바람처럼 『백하일기』는 만주망명 한인들의 정착과정을 보여주는 중요한 기억을 제공한다. 지금까지 알려진 바로 망명 초기의 생활과 활동을 당일에 기록한 것은 『백하일기』뿐이다. 이는 만주 한인 생활사와 독립운동사에 있어서 『백하일기』가 지니는 사료적 가치가 크다는 것을 의미한다. 김대락은 망명하여 항도촌에 약 4개월을 머문 뒤 세 번 주거지를 옮겼다. 이를 주거지별로 구분하면 다음 네 시기로 구분된다.

제1기(1910. 12. 24 ~ 1911. 4. 18) : 안동을 떠나 서울－의주－신의주－
안동(현재 단동)－항도촌－삼원포 입주까지

제2기 (1911. 4. 19 ~ 1912. 2. 7) : 유하현 삼원포 이도구 정착시기
제3기 (1912. 2. 8 ~ 1913. 2. 18) : 통하현 합니하 이주시기
제4기 (1913. 2. 19 ~ 1913. 12. 30) : 유하현 삼원포 남산촌 이주시기

이 시기 만주지역 독립운동가의 활동은 크게 세 가지로 압축된다. 첫째는 동포사회의 사회·경제적 안정화를 도모하는 것이었고, 둘째는 독립운동의 근거지가 될 자치기구를 조직하는 것이었다. 또 하나는 민족교육기관 설치와 교육활동을 통해 독립군을 기르는 것이었다.『백하일기』는 이와 관련된 내용들을 담고 있다. 이 또한 회고록이 아닌 그날 그날의 일을 기록했다는 점에서 그 사료적 가치가 매우 높다.

이를 세부적으로 살펴보면 『백하일기』에는 이주 한인들의 사소한 현실이 잘 드러난다. 이는 만주지역 한인 생활사와 직결된 문제이기도 하다. 낯선 기후와 토질로 인해 겪게 되는 경작과정과 정착의 어려움, 중국인들과의 관계 등이 잘 드러난다. 이를 해결하기 위해 중국 풍속을 따르고, 청에 입적入籍하기 위한 노력이 진행되고 있음이 『백하일기』곳곳에 보인다. 또한 매일의 날씨와 제사, 꿈, 음식관계, 물가, 가족의 안녕과 약 처방 등을 하나하나 기록하였다. 이는 이주 한인들의 생활상을 그려볼 수 있는 중요한 자료가 된다. 이는 작자의 세밀함과 자상함이 빚어낸 결과이다. 김대락은 물가와 음식, 주거, 가족의 건강 등을 기록하면서 가족의 안위를 염려하였다. 자상한 남성이 아니면 불가능한 일이며, 이는 『백하일기』가 갖는 백미 가운데 하나이다.

또 독립운동의 바탕이 될 자치기구 경학사耕學社와 관련된 기록도 보인다. 경학사가 언제 조직되었는지에 관한 명확한 기록은 없다. 다만 1911년 6월 22일 추가가의사회를 만들었다는 기록이 보인다. 학계에서는 이를 경학사 조직 시점으로 보는 견해도 있다. 명확한 조직 시점은 알 수 없지만 1912년 11월 19일 "경학사耕學社 여러 회원들이 모두 잘 먹었다."는 기록이 있는 것으로 보아, 적어도 경학사는 음력 1912년 12월 27일까지 존재했다는 사실이 확인된다.

무엇보다 『백하일기』는 신흥학교와 관련된 것으로 보이는 자세한 정보를 제공하고 있다. 일기에는 1911년 4월 23일, 이동녕·장유순이 김대락의 집에 와서 학교 설립에 관한 일을 논의하였다. 이를 통해 김대락의 집에서 학교 건립에 관한 논의가 한차례 있었고, 이동녕과 장유순이 앞장섰음을 알 수 있다. 5월 14일에는 추가가에서 학교가 문을 열었으며, 5월 25

일부터는 수업을 시작하였다. 김대락의 손자도 추가가 학교에서 수학하였다. 김대락은 1911년 윤6월 12일에 학생들을 권면하는 「신흥학교학생제군권유문勸諭文」(이하 권유문)을 작성하였다. 신흥학교를 개교하고, 농사를 지으며 직접 학교신축까지 하느라 고생스러운 처지에 있는 학생들의 면학을 독려하는 순한문의 글이다.

이어 유하현 삼원포에 정착하였던 한인 지도자들이 1912년 초부터 통하현 합니하로 이주하면서 합니하에 새로운 학교를 짓는 일에 대한 논의가 이루어졌는데, 이와 관련된 기록도 보인다. 1912년 2월 말 무렵 학교부지가 확정되었고, 3월부터 터를 닦고 교사 신축에 들어갔다. 그리고 6월 7일에 이르러 합니하의 새 학교 낙성식이 열렸다. 김대락은 이 날의 일을 소상하게 기록하였다. "취지 연설과 축사가 있은 후에 창가와 만세를 불렀으며, 졸업자 7명이 상품을 받았는데 구경 온 수십 명이 이 광경을 보며 칭송하며 부러워했다."고 하였다.

이와 더불어 『백하일기』에는 1911년에서 1913년 사이 만주를 다녀갔거나 머물렀던 많은 사람들이 등장한다. 김대락은 자신이 방문한 집과 찾아온 사람들을 일일이 기록하였다. 또 누가 망명하였고, 언제 국내로 귀국하였는지, 중국관내나 연해주로 갔는지 등 망명인사들의 단면을 보여주고 있다.

5. 『백하일기』에 드러난 김대락의 인식

『백하일기』는 공적 가치와 더불어 사적 가치도 크다. 서간도 망명사회의 최고령자 김대락의 현실인식이 잘 드러나 있기 때문이다. 특히 일기 가운데 「권유문」과 「분통가憤痛歌」, 그리고 「공리회취지서共理會趣旨書」는 그 대표적인 예이다.

김대락은 1911년 윤6월 12일에 신흥학교학생제군을 권면하는 「권유문」을 작성하였다. 망명학교를 독립운동학교로 세우려는 「권유문」이다. 소박한 궐기문이 아니라 논리가 정연하다. 자유주의와 진보주의를 앞세우고 서양문명에 패배한 동양의 처지를 솔직히 인정하면서, 우리도 면학으로 그와 같이 될 수 있다는 자신감을 보이고 있다. 그리고 지·덕·체의 인격 함양과 과학기술·정치학·경제학 등 폭넓은 공부를 강조하면서도 우리의 역사를 거울삼아 부지런히 공부하고 정신을 깨우쳐 국혼國魂을 일으킨다면 '신흥학교'가 중요한 역할을 할 수 있을 것이라고 역설하였다.

「권유문」을 통해 김대락이 또 한 번 사상적 진화를 하였음을 알 수 있다. 김대락은 항도촌에 머물던 1911년 2월 18일 석주 이상룡과 조국 패망의 원인을 논하였다. 이 때 김대락은 '정사의 부패와 도덕의 쇠퇴, 기강의 문란과 풍속의 피폐'를 패망의 원인으로 꼽았다. 김대락의 이런 시각에 대하여 이상룡은 "어찌 조국 패망의 원인을 정법·도덕·기강·풍속에만 돌리고 스스로의 임무로 생각하시지 않을 수 있겠습니까?"라고 하였다. 이 때까지도 김대락은 여전히 전통적 사고를 강하게 가지고 있었다. 그런데 신흥학교 「권유문」에서는 서양의 문명과 새로운 조류에 대해 '사회진화론적' 시각에 입각하여 강자인 서양이 동양을 지배하는 것을 당연하게 받아들이고 있다. 그러면서도 서양을 배우되 나라를 빼앗긴 특수한 상황에서 유가의 정신인 '사생취의捨生取義'의 도리정신으로 국혼은 지켜야 한다는 유가儒家의 본질에 바탕을 둔 민족주의자로 변화하고 있었다. 그러면서도 김대락은 서구의 문명에 경도된 나약한 계몽주의자가 아닌 독립전쟁을 표방하였다.

김대락은 합니하에 머물던 1912년 9월 27일부터 「분통가」를 작성하였다. 이 시기는 합니하에서 새롭게 문을 연 신흥학교가 제 모습을 갖추어 갔던 시기이다. 「분통가」 총 400행 가운데 망명지 만주에서의 활동상을 읽을 수 있는 부분은 영웅장사와 의열사를 노래한 부분과 독립전쟁과 광복을 노래한 후반부이다. 여기에서 김대락은 구한말 열사들의 살신성인 모습, 고려 이전 영웅·장사의 당당했던 이력, 조선시대 의사들이 남긴 교훈을 차례로 열거하면서 민족적 자긍심을 불러 일깨우고 있다. 이 부분은 「분통가」 기록 당시 김대락의 현재적 모습이 잘 그려져 있다는 점에서 중요한 의미를 갖는다. 그는 68세의 노유老儒로서 자신이 직접 전장에서 호령하며 싸울 수는 없지만 청년들에게 우리 민족사에서 위대했던 영웅들이 있었음을 일깨워 자신감을 심어주고, 그 청년들을 통해 조국 광복이 달성되길 희망했던 것이다.

「분통가」의 마지막 부분에는 그가 지향하였던 독립운동의 방략과 광복 이후의 국가건설에 대한 희망이 드러난다. 우선 그는 민족의식으로 뭉친 청년들이 총궐기하여 독립전쟁을 펼쳐 광복을 달성하기를 희망하였다. 여기에는 김대락만이 아니라 당시 서간도 독립운동 지도자들이 추구한 무장투쟁 방략이 그대로 녹아있다. 그는 또 독립전쟁을 통해 광복을 맞이하여 요순堯舜세계를 다시 보는 태평성대를 꿈꾸었다. 그는 "헌법정치憲法政治·공화정치共和政治·시조지의時措之義 따라가며"라고 하였고, 끝에는 "아무래도 설욕雪辱하여 대한제국大韓帝國 보고 싶다."라고 맺었다. 여기에서 주목할 점은 김대락은 '시조지의'에 따른 새로운 근대사회를 꿈꾸면서도, 구체제에 대한 사고를 완전히 떨쳐버리지는 못하였다는 점이다.

　1912년 초 통화현 합니하로 이주하였던 김대락은 1913년 2월 18일에 다시 삼원포 남산으로 돌아왔다. 1913년 왕삼덕·김동삼은 새로운 자치조직인 공리회共理會를 만들었다. 공리회의 정확한 결성 시점은 알 수 없으나, 김대락의 일기에는 1913년 6월 7일 「공리회취지서」를 작성한 것으로 적혀있다. 그가 「공리회취지서」를 작성한 사실을 보면, 공리회 회장에 추대되었을 가능성이 높다.

　「공리회취지서」에는 공리회 결성 이유와 시대적 배경, 조직체계와 지향점 등이 명확하게 드러난다. 먼저 김대락은 공리회를 결성한 이유를 밝혀두었다. "1910년 나라가 변고를 당하여 요녕성遼寧省으로 망명 온 것은 고조선과 고구려의 자취가 있기 때문이었다. 그런데 지금의 형세를 돌아보니, 숲에 던져진 토끼와 골짜기로 나아간 물고기처럼 후원자도 없다. 또 떠돌아다닌 나머지 가정에는 기강紀綱이 없고, 사회에서 모욕을 당해도 막을 방책이 없으니, 이대로 가다가는 끝내는 요녕성의 거지가 될 전망이다. 이에 동포사회의 자치기구로 공리의 모임을 결성하여 공동생활을 공고히 유지하는 계획을 삼았노라."고 하였다. 즉 경학사가 무너지고, 갖가지 생활고로 어려운 처지에 놓인 한인들의 공동생활을 유지하기 위해 새로운 조직이 필요했던 것이다.

　두 번째는 공리회 결성의 시대적 배경에 대해서 언급하였다. "다행히 중국이 현재 우호적인 입장이며, 망명인사들도 중국 국적을 취득하고 복장과 어문도 중국어를 사용하여 서로 믿고 의지하고 있다. 또한 천하도 공리共理로 모든 사람이 입으로 화응和應하고 옛날에 물들여진 더러운 습속이 다 유신維新하여 평등의 권리가 천한 사람에까지 미치고, 자유自由의 종소리는 부인과 어린이에까지 미치어, 울타리의 경계도 없으니 공동共同의 생활과 정치에 다시 더할 것이 없다."는 시대적 배경을 밝혀 놓았다.

　세 번째 김대락은 공리회 조직운영의 근간이 되는 지침과 방법을 기술하였다. 그가 제시한 공리회 운영의 근간은 바로 '덕德'이었다. 서로 다른 환경에서 성장하여 성질性質이 서로 다른 사람들이 만났으니, 근심과 걱정을 함께 하는 처지에 '덕德'으로서 가지런하게 정비하지 않을 수 없다고 하였다. 그리고 공리회의 조직으로 십가장十家長·백가장百家長·천가장千家長을 두고 그들 중심의 자치를 도모하였다. 도道에 반대되고 덕德에 어긋나 스스로 공리共理의 정치에 벗어나는 사람이 있으면 십가十家 안에서는 십장十長이 이들을 규찰하며, 백가百家 안에서는 백장百長이 이들을 탄핵하는 자치제도가 그 핵심이었다.

마지막으로 김대락은 '공리'가 실현되는 이상사회에 대한 밑그림을 제시하였다. 그것은 바로 전통과 근대가 공존하는 '이상사회'였다.

나의 어린이를 어린이로 보살피고 노인을 노인으로 대우하며 남의 근심을 근심해 주고 남의 즐거움을 즐거워 해주며 芝草와 蘭草가 냄새를 함께 하고 輔車가 의지하듯 하면 어찌 저들만 못하겠으며 무슨 일인들 이루지 못하겠는가? 땔나무를 얽어서 만든 자리를 화려한 자리로 여기고 함께 누울 것이고 쓸개를 맛보던 것을 양식으로 삼아 귀한 음식과 함께 달게 먹게 될 것이다. 자제들을 學校에 보내면 장래의 進化를 볼 것이며 남이 착한 일을 하는 것을 인정해주고 도와주면 자기와 다르다고 하여 사물에 막히지 않을 것이다. 소리를 같이하고 기운을 같이하여 서로 호응하면 안장을 풀고 어깨를 쉴 수 있어 다시 나그네의 괴로움이 없을 것이니 秦 나라에 가든 楚 나라에 가든 어디를 간들 인정을 받지 못하겠는가?

김대락은 '공리'라는 자유롭고 평등한 새 사회를 유지하자면 모든 것을 공동共同·공리共理·공화共和로 협의 운영하는 방식이어야 한다고 보았다. 그는 먼저 한 가정의 공동共同을 생각하고, 다음으로 한 마을의 공동共同, 이어 지방의 공동共同, 천하의 공동共同으로 넓혀갈 것을 제안하였다. 그리고 '경의敬義'와 '신의信義'에 바탕을 둔 공동체가 이루어진다면 우연히 이치에 어그러진 일을 만나더라도 서로 구제할 것이니 이것이 이른바 공화共和이고 공리共理라고 하였다. 또 경敬과 의義를 함께 유지하면 신信이 그 가운데 있을 것이니, 이 또한 이른바 공화共和의 근본이요, 공리共理의 효험이라고 역설하였다.

김대락은 삼원포의 한인단체였던 경학사가 무너지고, 갖가지 생활고로 어려운 처지에 놓인 삼원포 사회에 새로운 조직이 필요하다는 것을 절감하였다. 그리고 그 자치단체는 '도와 덕'이 중심이 된 유교적 이상사회이면서 '새로운 자유와 평등의 시대상'이 담긴 대동사회였다. 이것이 바로 김대락이 꿈꾸었던 '만주망명 한인사회'의 모습이었다.

6. 김대락의 생애와 그 의의

김대락은 1845년 안동에서 세가 좋았던 내앞마을에서 태어나 퇴계학맥을 계승한 정재 류치명의 문하에서 수학한 조부 김헌수·숙부 김진기·족숙 김흥락의 문하에서 수학하였다.

이들은 모두 안동의 대유大儒였으며, 특히 김진기는 개항기 안동의 대표적인 위정척사운동가였고, 서산 김흥락은 위정척사사상에 터를 두고 의병항쟁을 이끌어낸 인물이다.

이렇게 김대락은 살림 좋은 집안의 장자로서 집안의 대소사를 돌보며, 구학문으로 일가를 이루며 66년 동안 수구적 삶을 살아왔다. 그러나 그의 인생 여정 끝부분은 격변의 시기였고, 깨어있는 지식인으로서 향당의 안정된 삶에만 안주할 수는 없었다. 변화의 바람은 가까이에서 불었다. 1907년 마을에 근대식 학교인 협동학교가 설립되었고, 젊은 청년들이 모여들었다. 그리고 이들은 나라의 장래를 걱정하며 신학문의 필요성을 일관되게 주장하였다. 처음 이들을 강하게 비판하던 김대락은 1909년 초 노유老儒로서는 하기 힘든 일대 전환의 길을 선택하였다. 그는 협동학교의 신교육이야말로 '시조지의時措之宜·시중지도時中之道'라고 인식하기 시작했다. 그리고 그 깨달음은 곧 실천으로 연결되어 자신의 집을 협동학교 교실로 제공하고, 협동학교의 확장에 노력하였다. 그의 이러한 변화는 안동의 향중은 물론 영남에 새로운 바람을 불러일으켰고, 실로 이는 한 시대의 '붉은 깃발'이었다.

김대락은 1910년 나라가 무너지자 또 다시 고된 길을 선택하였다. 일가一家를 이끌고 만주 망명길에 나선 것이다. 그의 만주행은 유가적 색채가 짙은 자정적自靖的·은둔적 성격의 망명길이었다. 일본이 지배하는 조선, 곧 도道가 무너진 세상으로부터 멀리 떠나 자정自靖의 삶을 지향하는 의리론적義理論的 대응이었다. 그러나 김대락은 망명 후 한 차례 더 사상적 진화를 보여주었다. 1911년 윤6월 12일에 작성한 신흥학교「권유문」에서는 사상적으로 한층 진보한 김대락의 인식을 읽을 수 있다. 서양의 문명과 새로운 조류에 대해 '사회진화론'에 입각하여 강자인 서양이 동양을 지배하는 것을 당연하게 받아들였다. 그러면서도 서양을 배우되 나라를 빼앗긴 특수한 상황에서 유가의 정신인 '사생취의捨生取義'의 도리정신으로 국혼은 지켜야 한다는 유가儒家로서의 본질적 취지는 변함없이 고수하고 있었.

이러한 성격은 1913년「공리회취지서」에도 일관되게 흐른다. 김대락은 경학사가 무너지고, 갖가지 생활고로 어려운 처지에 놓인 삼원포 한인사회에 새로운 조직이 필요하다는 것을 절감하고 공리회를 조직하였다. 그런데 김대락이 지향했던 자치단체는 '도와 덕'이 중심이 된 유교적 이상사회이면서 '새로운 자유와 평등'의 시대관이 담긴 대동사회였다. 이것이 바로 김대락이 꿈꾸었던 '만주망명 한인사회'의 모습이었다.

즉 김대락이 생애 말기인 1909년부터 1914년까지 전개하였던 민족운동은 청년들에게 민족의식을 고취하고, 한인자치단체를 조직하여 독립군기지 건설의 텃밭이 되도록 지도하는 두 가지로 요약할 수 있다. 그리고 그 기저에 흐르는 인식은 공화주의를 지향하면서 전통적 가치관에서 완전히 벗어나지는 못하였다. 즉 변화하는 역사의 새로운 기운을 인정하고 수용하면서도, 그 축은 여전히 전통적인 가치관에 두고 있었던 것이다.*

---

* 이 글은 강윤정, 「백하 김대락의 생애와 민족운동」, 《백범과 민족운동연구》제7집, 백범학술원, 2000; 권오영, 「정재학파의 형성과 위정척사운동」, 《한국근현대사연구》 제10집, 한국근현대사연구회, 1999년, 138쪽; 조동걸, 「백하 김대락의 망명일기(1911~1913)」, 《안동사학》제5집, 안동사학회, 2000, 178~179쪽을 참고하였다.

西征錄
서정록

서정록 西征錄

六日 晴 是日九點 將乘義州去車 而吾與內眷之弱 不能步者 皆乘人力車 小頃抵南門外停車場 草率旅館 更無餘戀 而但玆耿耿未忘者 趙判書鍾弼也 十日留京 未之往見 可恨 歷水色 一山 金村 汶山 臨津江 長湍 開城 土城等地 而縱見橋脚閃閃者 皆大川大江也 岑城 汗浦 南川 瑞興 興水 平壤等地 皆黃平兩西地方也 縱見平沙浩渺 隱暎山眉者 意是名區勝地 而於焉之頃 疆域逈異 出入地窟 又不知爲某如許某如彼 可恨 午後八點 下車于義州之白馬驛 四界昏黑 迷失店次 遂見燭叩門 入于村廬 懇乞主人 酬賂覓店 飯後數頃 野鷄初唱

1월 6일. 맑음.

이날 아홉 시에 의주義州 가는 기차를 타려고, 나와 안식구처럼 약해서 잘 걷지 못하는 사람은 모두 인력거人力車를 탔다. 잠시 후에 남대문南大門 밖 정거장에 도착하였다. 오죽잖은 여관旅館이야 다시 미련이 없으나 다만 마음에 걸려 못 잊을 것은 판서判書 조종필趙鍾弼[1]이다. 열흘이나 서울에 머물면서 가보지 못하다니 한스럽다.

수색水色과 일산一山·금촌金村·문산汶山·임진강臨津江·장단長湍·개성開城·토성土城 등지를 지나면서 교각 아래로 언뜻언뜻 지나는 것이 모두 큰 시내와 강이다. 잠성岑城·한포汗浦·남천南川·서흥瑞興·홍수興水·평양平壤 등지는 모두 황해도와 평안도의 양서지방兩西地方에 속한다. 아득히 넓은 모래사장과 햇빛이 은은히 얼비친 산자락이 보이니, 여기가 아마도 이름난 경승지 일 것이나, 어느새 지경이 훨씬 달라지고, 기차 굴을 들어갔다 나왔다 하면서, 어느 곳이

---

1) 조종필趙鍾弼(1840~?) : 조선말기 문신이다. 자는 은상殷相, 본관은 한양漢陽, 1874년 증광문과增廣文科에 병과丙科로 급제, 홍문관·사간원의 여러 벼슬을 거쳐 대사성·이조참의·형조참판·공조판서 등을 역임했다. 1897년(광무1) 태의원경太醫院卿이 되고, 강원도·함경남도·경기도·전라남도의 관찰사를 거쳐 1901년 장례원경掌禮院卿으로 정헌대부正憲大夫에 올랐다. 1903년 황해도 관찰사에 이어 지계아문地契衙門 감독監督을 지내고, 1907년에는 정2품 궁내부 특진관을 사직하는 상소를 올린 기록이 확인된다. 이후 행적 및 저자 김대락과의 관계에 대해서는 알 수 없다.

얼마쯤인지 여기가 저긴지 알 수가 없어 한스럽다.

　오후 여덟 시에 의주 백마역白馬驛에 내리니 사방이 깜깜하여 객점을 찾을 수가 없다. 마침내 불빛을 보고, 문을 두드려 어느 촌가에 들어갔다. 주인에게 애걸하여 보수를 주고 재워 주기를 청하였다. 저녁을 먹은 후, 두어 시각이 지나자 새벽닭이 울었다.

七日【高祖妣高靈申氏忌辰】風 率家眷 步向新義州 去去問問 徑由山路 相自白馬而相距 三十里 行到二十里 午点而置諸率于其店 仍持杖納履 而去尋家兒行色 昌孫請代 其意可嘉 而生受殊方 不可任渠而坐待也 遂叱止孫兒 溯向新義州 黃沙撲面 白日陰霾 手足寒凍 幾不能支 艱到綠江 四覓不得 彷徨街路 偶入一店 箕城之黃堉諸行 昨六來此 而爲防禁所阻 蒼茫狼狽 相顧憂歎 經宿而更尋兒子所在矣

　1월 7일.【고조모 고령신씨 기일】바람이 불다.

　식구들을 이끌고 걸어서 신의주新義州로 향했다. 가는 데마다 묻고 물으면서 산길을 질러 갔다. 백마역에서 거리가 삼십 리인데 이십 리쯤 와서 점심을 먹은 후, 식구들은 객점에 있으라 하고, 지팡이 짚고 신을 신고 집 아이[2] 일행을 찾으러 나서는데, 창손昌孫[3]이 대신 가기를 청한다. 그 뜻은 가상하나 생소한 다른 지방인지라 그 아이에게 맡기고 앉아 기다릴 수가 없다. 마침내 손자 아이를 꾸짖어 제지하고 신의주로 거슬러 올라가는데, 모래바람이

---

2) 집 아이 : 저자 김대락의 아들 월송月松 김형식金衡植(1877~1950)을 가리킨다. 김형식은 1907년 류인식 등과 함께 협동학교協東學校를 설립하고, 교육구국운동을 펼쳤다. 대한제국이 멸망하자, 1911년 부친 김대락과 함께 만주로 망명하여 경학사를 조직하고 신흥학교를 설립하는 데 기여하였다. 1919년에는 한족회 학무부장, 서로군정서 법무사장에 선임되어 활동하였다. 1923년 상해에서 국민대표회의가 열리자 그는 한족회 대표로 참석하여 독립운동계의 결집을 위해 노력하였다. 1927년 민족유일당운동에 참여하였으며, 1944년 조선독립동맹 북만지부 책임자로 위촉되어 독립운동의 마지막 불꽃을 피웠다. 해방이 되자 김두봉金枓奉의 초청을 받아 평양으로 간 그는 혁명자후원회革命者後援會 회장에 당선되었다. 1948년 평양에서 개최된 남북연석회의 임시의장으로 선출되어 민족통일을 위하여 활동하였다. 그 뒤 한국전쟁 때 금강산에서 자결한 것으로 전해진다.

3) 창손昌孫 : 김대락의 손자 김창로金昌魯(1889~1943)를 가리킨다. 1910년 대한제국이 멸망하자 조부 김대락金大洛과 숙부 김형식金衡植을 따라 만주로 망명하였다. 삼원포에 정착한 그는 조부와 숙부를 도와 독립운동 기지건설에 참여하였다. 1919년에는 서로군정서에 참여하여 항일투쟁을 펼쳤으며, 1920년 간도참변으로 한인사회가 무너지자 독립운동자금을 모으기 위해 국내로 파견되었다.

얼굴을 때리고 대낮인데도 음산하고 흙비가 내려 손발이 추위에 얼어 거의 견딜 수 없을 지경이다. 간신히 압록강鴨綠江에 도착하여 사방으로 찾아보았으나 찾을 수가 없다. 길거리를 돌아다니다가 우연히 한 객점에 들어가니, 기성箕城(울진의 옛 이름)의 황서방[4] 일행이 어제, 6일 여기 왔는데, 방금防禁(국경을 넘지 못하도록 금하는 법령)에 막히어 낭패 중에 어쩔 줄 모르고 있으므로 서로 돌아보며 걱정하고 탄식을 하였다. 밤이 지난 후에 다시 아이 있는 곳을 찾아 나설 것이다.

八日 晴 朝飯下匙之際 孫兒所在店主 持孫兒書來尋 仍令其人 更探兒子 則昨已渡江 而江無所阻矣 遂貰得人力車三隻 送去前店 而率來諸眷 小頃而至 仍爲打飯渡江之計 而先送箕城一行 就次登氷 一步千慮 艱涉半途 家兒乘氷車來候 驚喜之極 如對十年舊面 遂分○[5](乘?)氷車 誕登高岸 縱見天門 萬落○○(之聳?)中空者 皆淸人所居也 是所謂淸國之安東○(縣?)之東聚棧也 主人金駿善 又是我國人也 言語○(習?)熟 可幸而但家制異吾 外懸牕而內無門 可恨

1월 8일. 맑음.

아침을 먹고 숟가락을 놓으려 할 때, 손자 창로昌魯가 머무는 객점의 주인이 손자 아이의 적바림을 가지고 와서 찾는다. 그래서 그 사람을 시켜 다시 가아를 찾게 하니, 어제 이미 강을 건넜는데, 강에 아무 장애가 없을 것이라고 한다. 드디어 인력거 세 대를 세내어 앞서 묵었던 객점에 보내고 여러 식구를 데려오게 하니 조금 후에 도착하였다. 이어 점심을 먹고 강을 건널 계책을 짜되, 먼저 기성 일행을 보내고 차례대로 얼음길 위에 올랐다. 한 걸음을 뗄 때마다 천 번 조심하며 간신히 반쯤을 건넜을 때, 집의 아이가 썰매를 타고 와서 인사를 한다. 놀랍고 반갑기 그지없어 마치 십 년 만에 옛 얼굴을 보는 듯하다. 드디어 썰매를 나누어 타고 처음으로 건너편의 높은 강안江岸에 올라, 멀리 중국의 관문 쪽을 바라보았다. 만 호戶의 집들이 허공에 솟은 것이 모두 청인淸人의 거소居所로, 여기가 이른바 청나라의 안동현安東縣 동취잔東聚棧이다. 주인은 김준선金駿善인데, 또한 우리나라 사람이다. 말이 익숙하니 다행이나, 다만 건물 구조가 우리와 달라, 바깥에 창문을 달고 안에는 문이 없어 한스러웠다.

---

4) 황서방 : 김대락의 손서 황병일黃炳日을 이른다. 평해 사동(현 울진군 기성면 사동리) 출신이다. 김대락의 장남 김명식의 딸과 결혼하였다.

5) 원문의 판독이 어려운 부분은 ○로 표시하였다.

鴨綠江 압록강

喚婦將孫到大洋	며느리 불러 손자 데리고 대양에 당도하니
黃沙橫風白雲茫	누른 모래 비낀 바람에 흰 구름 아득하다
蒼烟遠接東西港	푸른 이내 속 멀리 동서쪽 포구는 닿아 있고
碧水中分大小疆	푸른 물이 중국과 조선을 나누어 흐르네
坦蕩氷程龍背濶	평탄한 얼음길이 용의 등6)처럼 열렸는데
泰平車路馬蹄强	태평한 마차 길엔 말발굽이 어기차다
離鄉去國遲遲日	고향 고국 떠나는 걸음 더디던 날에7)
七耋羇懷兩涕滂	일흔 살 나그네 회포에 두 줄기 눈물이 흐르네

九日 晴 昌孫以收拾行裝之意 還上京邸 年少未袪者 何以能無事往返也 恒自關心

1월 9일. 맑음.

　손자 창로가 짐을 수습하려는 뜻으로 다시 서울 집으로 돌아갔다. 아직 성례도 못한 젊은이가 무슨 수로 아무 일없이 갔다가 돌아올 수 있을꼬? 항상 저절로 마음에 걸린다.

登縣樓回望平壤舊都 현루에 올라, 고개 돌려 평양 옛 도읍을 바라보다

回頭東望大同【柳京】西	고개 돌려 동으로 대동강【평양8)】서쪽 바라보니
極目羣巒高復低	눈길 끝까지 산봉우리 높았다 낮아지네
箕聖遺冠冔在是	기자께서 남긴 복식, 면류관이 남았으나

---

6) 용의 등 : 술가術家의 말로 기룡배격騎龍背格. 용의 등에 올라 탄 격이라 이러지도 저러지도 못하는 위태한 형세. 기호지세騎虎之勢. 이제 와서 그만 둘 수도 없는 험한 여정을 뜻한 듯하다.
7) 고향 고국 ~ 더디던 날에 : 『맹자』「만장萬章」하장 "공자께서 제나라를 떠날 때는 안친 쌀을 건져 떠나셨고, 노나라를 떠날 때는 더디고 더디다, 내 걸음이여라고 하셨으니 부모의 나라를 떠나는 도리였다[孔子之去齊 接淅而行 去魯曰 遲遲吾行也 去父母國之道]"에서 나온 말이다. 고국을 쉽게 떠나지 못하여 망설이고 망설임을 뜻한다.
8) 평양 : 원문의 유경柳京은 평양의 별호. 도심에 버드나무가 많았던 데서 유래하였다. 이 시詩 속에 대동강을 나타내는 대동大同을 빼고 유경柳京을 넣으라는 작자의 두주頭註가 있으나, 미주尾註로 '대동은 강명江名'이라는 설명을 붙였다. 처리가 애매하므로 병기幷記한다.

夏田徑界井無稽	중화의 전제와 세법은 상고할 길 없구나
龍灣壯蹟中興業	용만의 웅장한 자취는 중흥의 기업인데
鴨水浮槎古渡迷	압수에 떠가는 떼배는 옛 나루를 잃었네[9]
波底游魚應識字	물결 아래 노는 고기, 응당 글을 알 터이니[10]
題詩寄送洛江堤	시를 지어 낙동강 언덕에 부처 보내노라

   <大同 江名><대동은 강의 이름이다>

九日 晴 留置裝束 尙不付來 臥無褥衾 無門之房 夜不堪處 捐資買具 而釜鼎器皿諸件 略備新處經過之計 自此稍免寒凍之慮 而不多貲産 幾入於浪費之中 可歎

 1월 9일. 맑음.
 남겨두고 온 짐을 아직 보내오지 않는다. 누워도 요이불이 없으니 문도 없는 방에서 밤을 견딜 수가 없다. 행자를 덜어 기구를 사되, 솥이나 그릇 등등 새 거처에서 지낼 계획을 대략 갖추었다. 지금 이후로 추위에 떨 염려는 조금 면하겠으나, 많지 않은 자산이 거의 낭비 가운데에 떨어지니 한탄스럽다.

十日【妣醴泉權氏 忌辰】晴 京居李宣求 卽家兒一面之友 而指揮措辦 視作自己 可感

 1월 10일.【어머니 예천권씨의 기일】맑음.
 서울 살던 이선구李宣求[11]는 집의 아이가 한 번 만난 적이 있던 벗인데, 앞에서 주선하고 조치하기를 마치 자기 일처럼 한다. 고맙다.

---

9) 용만의 웅장한 사취 ~ 옛 나무를 잃었네 : '용만의 웅장한 자취'란 위화도威化島 회군으로 조선 창업의 기틀을 일군 태조太祖 이성계李成桂의 공훈을 뜻한다. '압수에 떠가는 떼배'는 국망의 한을 품고 조국산하를 떠나는 김대락 자신을 뜻하는 듯하다. 망국유민의 비감을 읊은 내용이다.
10) 물결 아래 ~ 알 터이니 : 학봉鶴峯 김성일金誠一이 일본 통신부사 행에서 국서國書의 내용을 고치지 못하고 돌아오게 되었을 때, 왜국의 무례를 꾸짖는 서찰을 보내려다가 상사上使와 서장관의 만류로 뜻을 이루지 못하자, 탄식하며 바다에 던진 시의 한 구절, "물결 아래 고기와 용도 응당 글을 알 터이지[波底魚龍應識字]"를 점화한 것이다. 김대락은 학봉의 종從 12세손이다.
11) 이선구李宣求 : 이동녕의 매부로 추정된다. 당시 이선구는 신의주에서 주막을 운영하였는데 그 곳은 신민회의 비밀 연락처였다. 그는 주막을 운영하며 신민회 회원들과 독립운동가들이 만주로 망명할 수 있도록 도왔다.

十一日 晴 自縣至恒道村 五百四十里 車貰二十八丹 是夕 出馬車三隻 與京居人李浩永 李圭鳳爲同行計 以李友之慣習淸語故也 是日九點 發行 宿長江口店

1월 11일. 맑음.

현에서 항도촌恒道村까지 오백 사십리에 수레 삯이 이십 팔원이다. 이날 저녁에 마차 세 대를 내어 서울 살던 이호영李浩永12)·이규봉李圭鳳13)과 동행할 계획을 세웠는데, 이씨 벗이 청나라 말을 익숙히 잘 하였기 때문이다. 이날 아홉 시에 출발하여 장강구長江口의 객점에서 잤다.

十二 晨發行 至午始食朝飯 盖其車夫程法 晨飼車馬而人則空口登程 每日如是 盖一日所食 只午與夕而已

1월 12일.

새벽에 출발하여 한낮이 되어서야 아침밥을 먹었다. 대개 이곳 마부의 길가는 법은 새벽에 말에게는 꼴을 먹이되, 사람은 공복으로 길을 나선다. 날마다 이와 같으니 대개 하루에 먹는 것이 다만 점심과 저녁뿐이다.

十三日 中路 遇雪 幾至尺許 而上餙車屋 幸無沾漏之患

1월 13일.

중로에 눈을 만났다. 거의 한 자 가량 내렸으나, 마차에 지붕을 해 얹었으므로 다행히 젖고 새는 우환은 없었다.

十四日 晴 車上忽得頭疼之證 盖其氷道峻嶒 亂石凹陷之地 轍迹激拍 腦擾車上 車中所在之物 或至破碎 頭觸橋柱 人不能支 最所係戀者 彌朔二孫也 或與內率步行而前車 疾逐追

---

12) 이호영李浩永 : 이호영李護榮의 오기로 보인다. 이회영의 동생으로 1911년 만주로 망명하였다.
13) 이규봉李圭鳳(1889~1963) : 서울출신으로 이명은 이규창李圭昶이다. 대한민국 임시정부 국무위원을 지낸 이시영의 장남이다. 나라가 무너지자 만주로 망명하여 신흥강습소를 졸업하고, 1913년부터 신흥무관학교 학감 및 군사과 교무·교사 등으로 활약하였다. 그 뒤 국내로 들어와 활동을 이어가던 그는 1932년 2월 체포되어 옥고를 치렀다. 2008년 건국포장이 추서되었다.

後 更乘車中 苦惱之狀 不可形言

1월 14일. 맑음.

수레 위에서 갑자기 머리가 울리는 증세가 생겼다. 이는 얼음길이 울퉁불퉁 험한데다가 어지러운 돌로 움푹하게 꺼진 땅에 마차바퀴가 세차게 부딪치니, 머릿속이 수레 위에서 흔들리기 때문이다. 수레 속에 있던 물건이 혹 깨어져 부서지기도 하고, 머리가 수레 기둥에 부딪치니 사람이 부지할 수가 없는데, 가장 가엾은 것이 만삭의 손부와 손녀 두 사람이다. 혹 안식구와 걸어서 마차 앞에 가기도 하고, 달려서 뒤를 쫓아오다가 다시 마차에 타기도 하는데, 괴로운 형상이 말로 표현할 수가 없다.

十五日 晴 是午 至懷仁縣之恒道村李進士△△[14]家 再宿而抵恒道之北山洞黃萬英買置家 買醬於李進士家 買薪於街路上 貿粟於村人家 略備糊口之資 艱窘不勝言

1월 15일. 맑음.

이날 오후에 회인현懷仁縣 항도촌恒道村의 이진사李進士 집에 이르렀다. 이틀을 묵은 후에, 항도촌 북산동에 황만영黃萬英[15]이 사두었던 집에 도착했다. 이진사 집에서 장醬을 사고, 길거리에서 땔감을 사고, 어떤 촌가에서 좁쌀을 바꾸어 입에 풀칠할 거리를 대략 갖추었으나, 군색함을 이루 말할 수 없다.

十六日 晴 房無遮障 寒苦特甚 且箕城諸家 同住一室 隘陜不堪 而擧目生受 無由變通 可悶 然但志意相孚 異姓而無內外之別 緩急而有相須之誼 可幸

1월 16일. 맑음.

방에 가리개가 없어 추위가 특히 심하다. 거기다 기성箕城의 여러 집이 한 방에 함께 거처

---

14) △△ : 원문에 띄어 쓴 부분은 △△로 표시하였다.
15) 황만영黃萬英(1875~1939) : 경북 울진사람이다. 1905년 성익현成益鉉 의진에 군자금 800냥을 지원하였다. 1907년 신민회원으로서 향리인 사동沙銅에 대흥학교大興學校를 설립하여 인재를 양성하였다. 1912년 만주로 건너가 신흥학교에 재정지원을 하였다. 1919년 9~10월 만주에서 주진수 등과 함께 순회강연을 통해 항일의식을 고취하였고, 미국으로부터 군자금 3백만 불을 차관하는 문제를 논의하였다. 이후 국내로 파견되어 군자금 모집활동을 펼쳤으며, 1927년에는 신간회 울진지부장으로 활약하였다. 1995년 건국훈장 애국장이 추서되었다.

하니 비좁음을 견딜 수가 없고, 눈에 보이는 것마다 모두 생소하나 달리 변통할 수가 없어 민망하다. 다만 뜻이 서로 통하여 이성異姓이면서도 내외 구별이 없고, 완만하건 급한 일이건 서로 따르는 정의가 있으니 다행스럽다.

十七日 晴 所寓之東偏房 卽鄭參判源夏 李主事建昇所居也 一見如舊 頗自破寂矣

1월 17일. 맑음.
우거 동편 방에는 참판參判 정원하鄭源夏16)와 주사主事 이건승李建昇17)이 거처하고 있다. 일견一見에 당장 친구와 같았는데, 자못 적적함을 면하게 될 것이다.

十八日 晴 飯後 仍與鄭台李兄 竟夕團話

1월 18일. 맑음.
식사 후에 바로 정공·이형과 더불어 저녁 내내 단란하게 이야기를 나누었다.

十九日 晴 忽有簫管之聲 憂過門外 卽淸人嫁女 而以樂前導也 叢河磬海之日 尤不勝懷古之感

1월 19일. 맑음.
문득 통소 소리가 있어 문 밖을 지나간다. 이는 곧 청나라 사람이 딸을 시집보내는데 풍류로 앞장을 세우는 것이다. 예악禮樂이 무너진 말세[도하경해지일叢河磬海之日]18)라, 옛날을 그리워하는 마음을 더욱 이기지 못하겠다.

二十日 晴 鄭台李兄 移寓他處 學校入來 以爲東西房換處之計 累日簪盍之餘 不勝悵歎

---

16) 정원하鄭源夏 : 정원하鄭元夏(1855~1925)의 오기로 보인다. 하곡 정재두의 후손이며, 위당 정인보의 당숙이자 스승이다. 호는 기당綺堂이다. 1910년 대한제국이 멸망하자 만주로 망명하였다.
17) 이건승李建昇(1858~1924) : 조선말기의 양명학자이다. 영재 이건창의 아우이다. 호는 해경당海耕堂이며, 1910년 대한제국이 멸망하자 만주로 망명하였다. 유고로 『해경당수초』가 전한다.
18) 예악禮樂이 무너진 말세[도하경해지일叢河磬海之日] : 『논어』「미자微子」의 "소고를 치던 무武는 하내로 가고, 경쇠를 치던 양襄은 해도로 떠났다[大師摯適齊 亞飯干適楚 三飯繚適蔡 四飯缺適秦 鼓方叔入於河 播鼗武於漢 少師陽擊磬襄入於海]"에서 온 말이다.

1월 20일. 맑음.

정공과 이형이 다른 곳으로 거처를 옮기고 학교가 들어와 동편 방과 서편 방을 바꾸어 거처할 계획을 세웠다. 여러 날 벗으로 함께 지낸 끝이라 서운함을 이길 수 없다.

二十一日 晴 獨守孤廬 排悶甚難

1월 21일. 맑음.

외딴 집을 홀로 지키자니 번민을 떨치기가 심히 어렵다.

二十翼日 雪

1월 22일. 눈.

二十三日 晴 大雪圍屋 寒氣逼人 愁寂之中 尤不禁懷故之思

1월 23일. 맑음.

큰 눈이 집을 에워싸니, 찬 기운이 사람을 핍박한다. 근심스럽고 심심한 가운데 더욱 고향 그리는 마음을 금할 수가 없다.

二十四日 晴 兒子自舟所 買牛肉而來 苦楚○○○○○○啜 而獨昌孫在後不參 可念

1월 24일. 맑음.

집의 아이가 주소舟所에서 쇠고기를 사왔다. ○○○가 고생스럽던 끝에 ○○○하여 먹고 마셨으나, 손자 창로는 홀로 뒤에 처져 함께하지 못하였다. 염려가 된다.

二十五日 晴 是午 平海黃應八率眷○○○ 可幸而但○○○ 以一衾自家優老之誠 誠所可感耳 苟非法家典訓○○○觀感

1월 25일. 맑음.

이날 오후 평해의 황응팔黃應八[19])이 권속들을 이끌고 ○○○ 다행이라 할 만하나, 다만

---

19) 황응팔黃應八 : 황도영黃道英의 자字이다.

○○○. 이불 한 채로써 그 집안의 노인 우대하는 정성을 ○○○하니 정성이야 진실로 감사한 일이되, 진실로 법도 있는 집안의 범절이 아니고서는 ○○○. 보고 느끼기에 ○○○.

二十六日 聞有舟所屠牛之事 故家兒去買四五斤而來 渾室哺啜 可補困敗之憊 而獨昌孫在後不參 每食不能忘 <舟所地名>

1월 26일.
들자니 주소舟所에서 소 잡는 일이 있다 하는 지라, 집의 아이가 가서 너덧 근을 사왔다. 온 식구가 먹고 마시니 곤란 가운데 시달렸던 피로를 보충할 만한데, 창손은 뒤에 오느라 같이 먹지 못하였다. 매양 먹을 때마다 잊을 수 없다. <주소舟所는 지명이다>

二十七日 雪 地近寒帶 而加以雪寒 擁爐呵凍 漸自難堪 況毛具褥衾 留置京邸 每事疏漏 雖悔莫及

1월 27일. 눈.
이곳은 한대 지역에 가까운데다 눈 추위까지 덮쳤다. 화로를 끼고 냉기를 쫓아도 점점 스스로 견디기 어려워진다. 더구나 담요나 요이불을 서울 집에 남겨두고 왔으니 일마다 소루疏漏하다. 후회한들 미칠 수 없는 일이다.

二十八日 晴 孫婦 始有微苦之狀 憐念驚懼 夜不甘寐

1월 28일. 맑음.
손부가 처음으로 조금 괴로운 증상을 보인다. 가엾은 생각과 두려움에 밤새 달게 잘 수가 없다.

二十九日 忽生浮氣 下焦尤甚 脚不能擧 是何證症 送兒問劑于李主事建升 連五帖仍用大補湯

1월 29일.
(손부에게) 갑자기 부기가 생겼는데, 아랫도리가 더욱 심하여 다리를 들 수가 없으니 이 무슨 증상인고? 아이를 보내어 이주사 건승建升에게 화제를 물어, 연달아 다섯 첩이나 대보탕

大補湯을 이어서 썼다.

三十日 浮氣轉劇 呼痛之聲 徹于窓外 殘憐之狀 不可形言 其姑沐髮禱神 至於手足凍裂 憐悶憐悶 始覺離動之悔 而莫之更贖 可恨可恨

1월 30일.
　부기가 도리어 심해져 앓는 소리가 창밖까지 들린다. 잔약하고 가여운 정상을 말로 다할 수 없다. 그 시어미는 머리를 감고 삼신에게 비는데 심지어 손이 얼어 터졌다. 가엾고 안타깝기 그지없다. 비로소 집을 떠난 데 대한 후회가 드나, 다시 돌이킬 수 없는 일이다. 한스럽고 한스럽다.

二月一日 晴 家兒奔走宜藥 不分晝夜 以至履襪貼足凍爲一物 血肉之身 此豈可堪者乎 無誰代勞 可悶可悶

2월 1일. 맑음.
　집의 아이가 의약醫藥에 분주하여 밤낮을 가리지 않더니 신과 버선이 발에 한 덩어리로 들러붙는 지경이 되었다. 혈육血肉의 몸으로 이 어찌 견딜 일이랴? 누가 있어 수고를 대신할 수도 없는 일이라 안타깝고 안타깝다.

翼日 晴 宜家所言 氣虛所致 故冒沒廉恥 攘人一鷄 爲先烹用 而又齎酒饌 往禱于洞口神祠 百拜告辭 氣乏還來 則纔入門限 方云解娩 大關旣逾 無暇於男女矣 忽有雄聲 呱呱 載路泰山底平 喜不勝言 地遠天長 恨不能通奇故山耳

2월 2일. 맑음.
　의가醫家의 말로 기가 허하여 생긴 증상이라 한다. 때문에 몰염치를 무릅쓰고 남의 닭 한 마리를 훔쳐 우선 삶아서 먹이고, 또 술과 음식을 장만하여 동구洞口의 서낭당에 가서 백배고사百拜告辭한 후 기진하여 돌아왔다. 문간에 들어서자마자 이르되, 해산이 큰 고비를 막 넘어섰으나 아들인지 딸인지 살필 겨를이 없다고 한다. 홀연 '으앙' 하는 큰 울음소리가 들려오므로, 짐을 지고 가던 태산 길이 평평해 진 듯하여 기쁨을 이루 말할 수 없다. 땅이 멀고 하늘이 멀어 고향에 통기할 수 없으니 한스러울 뿐이다.

十朔儲精百祿滋　　열 달이나 모인 정기에 온갖 복이 늘어나
三千里外一雄兒　　삼천리 이역에서 사내아이 태어났네
非徒坐享孫曾喜　　앉아서 증손자 보는 경사를 누릴 뿐이 아니니
爲我私宗繼序思　　내 가계를 위하여 대를 이으리라 생각하였네

三日 晴 産母浮氣 尙未差減 可悶 且所買海藿 不合於産室所用 家中所買者 在後不來 隨事疏漏 不但於專責兒輩耳

2월 3일. 맑음.
산모의 부기浮氣가 아직 조금도 덜하지 않으니 고민이다. 또 사온 미역이 산모에게 쓰기에는 알맞지 않고, 집안에 사 두었던 것은 뒤 미쳐 있어 아직 오지 않았다. 일마다 서툴고 새니, 아이들만 나무랄 수는 없다.

四日 雪 入見新生兒 頭角圓正 可驗壽福之器 以其生於大唐 而快副所望 故名曰快唐 卽古○耳錫名之意也

2월 4일. 눈.
들어가 새로 태어난 아이를 보니 두각頭角이 둥글고 바르니, 가히 수를 누리고 복을 받을 기국임을 알겠다. 대당大唐에서 태어나 기대하던 바에 쾌히 부응하였다 하여 이름을 짓기를 쾌당20)이라 하니, 곧 옛날 ○이耳라고 이름을 지어주었던 뜻이다.

五日 午點 陶谷一行來到街上 苦企之餘 其喜欲狂 而雪泥不能往見 爲先送兒迎接 而此無擔身之所 故明將入來云

2월 5일.
한낮 무렵에 도곡陶谷 일행21)이 추가가에 도착하였다. 몹시 기다리던 끝이라 기쁘기가 미

---

20) 쾌당 : 김시흥金時興의 아명이다. 김대락의 증손자이다.
21) 도곡陶谷 일행 : 석주石洲 이상룡李象龍 가족이다. 이상룡은 만주로 오기 전 월곡越谷의 선영 아래 있는 도곡재사道谷齋舍에 주로 처거하였다. 도곡道谷은 도곡陶谷으로 쓰이기도 했던 듯하다.

칠 것 같았으나, 눈 녹은 진창길에 가 볼 수가 없다. 먼저 아이를 보내어 영접케 하였는데, 여기도 몸 붙일 데가 없으므로 내일 데리고 들어오겠다고 한다.

六日 晴 飯後 陶谷諸率 皆入來 一室團合 不知異域之爲異域也 因得寢具 無異大被中兄弟

  2월 6일. 맑음.
  아침을 먹은 후에 도곡陶谷 여러 권솔들이 모두 들어왔다. 한 집에 단란히 모이니 이역異域이 이역인 줄 모르겠다. 따라서 침구를 얻게 되니, 큰 이불 속 형제22)나 다름이 없다.

七日 晴 家兒以寒感苦痛 足不休暇 積憊所致 殊甚殘憐

  2월 7일. 맑음.
  집의 아이가 감기로 고통스러워한다. 발을 쉴 겨를 없이 피로가 쌓인 소치이니 매우 애처롭고 불쌍하다.

八日 晴 猝當負芻之患 含忍直受 無損於我 而世道人心 極可歎恨

  2월 8일. 맑음.
  갑자기 부추負芻의 우환23)을 당하니, 참고 받아들이는 것이 나에게 손해 될 것은 없으나, 세도와 인심이 극히 한탄스럽다.

離東西出迅如風	동쪽 떠나 서쪽 나온 것 바람같이 빠른데
爲愛山深暫仕躬	산 깊어 좋다 여겨 잠시 몸을 맡겼다네

---

22) 큰 이불 속 형제 :『당서唐書』「삼종제자전三宗諸子傳」에 "현종이 태자로 있을 적에 큰 이불과 긴 베개를 만들어 여러 아우들과 함께 썼다[玄宗爲太子 嘗製大衾長枕 將與諸王共之]"에서 유래한 말로, 형제간에 우애가 있음을 비유한다.
23) 부추負芻의 우환 : 도적을 피하여 집을 잠시 떠나 있어야 하는 우환.『맹자孟子』「이루離婁」의 "옛날, 심유沈猶에게 부추負芻의 난리가 생기자, 선생을 따르던 자가 일흔 명이나 되었으나, 우환을 물리치는 데 참여하지 않았다[昔 沈猶有負芻之禍 從先生者七十人 未有與焉]"고 한 말에서 나왔다.

白地構人狐父里	공연히 사람을 호보리24)에 얽어 넣었으나
素心無怍信天翁	본심에 부끄럼 없으니 진실로 천옹일레
曾云玉石資爲用	일찍이 옥과 돌이 서로 도움 된다 하더니
始識薰蕕本不同	이제야 알겠네 향초25)와 누린풀은 본래 다름을
惟有山間風與月	오직 이 산간에도 바람과 달이 있으니
有誰控我訟天公	누구라 나를 끌어 천공天公께 송사하랴

九日 雪 龍釗爲名者 卽砂銅廊屬也 借以爲暫時採薪之傭矣 今忽告去 樵政極艱甚於炊桂 可歎 是日 李炳三慇懃委訪 做半餉之晤 可感 而雪積路濘 無由回謝 可愧可恨

2월 9일. 눈.

용쇠龍釗라 하는 자는 곧 사동26)의 행랑붙이[廊屬]이다. 잠깐 그를 빌어 땔감을 하는 일꾼으로 삼았었는데, 지금 갑자기 떠나겠다고 한다. 나무 댈 일이 계수나무를 때어 밥을 하기보다 어려우니 한탄스럽다. 이날 이병삼李炳三27)이 은근히 방문을 하여 반식 경 반갑게 해후하였다. 고마운 일이나 눈 쌓인 진창길에 사례할 길이 없으니 부끄럽고 한스럽다.

十日 晴 朝李炳三書 抵家兒云 有屠牛分味之願 故兒子與甥姪文極 分肉以來 脫粟之飯 大庖之肉 奢儉不適 可呵 買薪於街上 價至十九兩 而其積僅可四三人擔負之重也 百物翔貴 艱窘備至 可歎

2월 10일. 맑음.

아침에 이병삼의 편지가 집 아이 형식에게 왔다. 이르기를 "소를 잡았는데 나누어 먹고 싶다." 하는지라 아이와 생질甥姪 문극文極28)이 고기를 나누어 왔다. 대낀 조밥에 대갓집 부

---

24) 호보리 : 도둑촌을 가리킨다. 아사餓死 직전의 선비가 호보狐父의 도적이 주는 밥을 먹고 정신을 차린 뒤, 도적의 음식임을 알고 토하다가 죽었다는 이야기에서 비롯되었다.
25) 향초 : 원문 '동董'은 문맥 상 '훈薰'이 되어야 하기 때문에 바꿨다.
26) 사동 : 지금의 울진군 기성면 사동리이다.
27) 이병삼李炳三 : 이장녕의 아버지이며, 이동녕의 당숙이다.
28) 생질甥姪 문극文極 : 이준형李濬衡(1875~1942)의 자字이다. 석주 이상룡의 아들이다. 1911년 1월, 이상룡과 함께 만주로 망명하여 경학사 설립에 참여하였다. 경학사가 어려움을 겪자 국내로 들어와 자금을 마련하기도 했다. 1919년 한족회와 서로군정서 조직에 기여하였으며, 1923년에

엄의 고기가 하나는 호사스럽고 하나는 검박하여 걸맞지 않으니 우습다. 거리에서 땔감을 샀다. 값이 십구 냥兩이나 되었는데도, 더미는 겨우 서너 사람이 질만한 무게이다. 온갖 물가가 올라 간난군색이 심하니 탄식이 난다.

十一日 晴 家兒去見張省順 知吾家裝束 輸來其便 而徑付去車 已至新處云 當下窘塞 仍似前日 此非預謀所及 猶是身外 而第一昌孫不至 馳戀不弛

2월 11일. 맑음.
집의 아이가 장성순張省順을 가서 만나 우리집 짐꾸러미를 그 인편에 보내 왔는지 알아보니, 떠난 차에 급히 보냈으므로 이미 새 거처에 도착하였으리라 한다. 목전에 당한 군색한 형편은 이전 그대로다. 이런 일이야 미리 헤아린다고 되는 게 아니라서 오히려 할 수 없는 일일 것이나, 첫째로 손자 창로昌魯가 아직 도착하지 않으니 염려가 놓이지 않는다.

笑我緣誰至此村	나를 비웃노니 누구 따라 이 촌에 왔던가
七旬單望在兒孫	칠십 나이에 기대라곤 손자 아이 하나 뿐
危棧束峽那何山	협곡에 높이 묶은 잔교 여기는 무슨 산인가
藏路懸情惱夢魂	길 굽이마다 애달픈 정 꿈속에도 고뇌하네

十翼日 微雪初晴 或陰或陽 苦無快朗之日 愁悶愁悶 盖所歷坊里 每設神祠 認是土俗瀆神 心切鄙之 今聞林將軍慶業 有功於盛京三省 故歲修壇享 以致崇奉之禮云 雖史無所傳 不無感傷之懷 未知連日風雪 此其靈迹所驗耶 午後又雪 深沒足

2월 12일.
가는 눈이 비로소 개어 흐리다가 혹은 햇볕이 나기도 한다. 괴롭게도 쾌청한 날이 전혀 없으니, 수심스럽고 괴롭다. 지나온 마을마다 매양 신사神祠를 지어놓은 것이 토속의 독신瀆神(강이나 도랑을 주관하는 서낭)인 줄 알고 마음에 매우 비루하게 여겼었는데, 지금 듣자하니 임

는 이광민·김응섭 등과 함께 한족노동당을 창립하고 간부로 활약하였다. 1928년 중공당中共黨 만주성위원회滿洲省委員會 반석현磐石縣 책임자로 활동하였다. 1932년 고향 안동으로 돌아와 구국운동을 이어가던 그는 국운을 비관하여 1942년 9월 자결하였다. 1990년에 건국훈장 애국장이 추서되었다.

경업林慶業 장군將軍이 성경盛京29) 삼성三省에 공이 있어 해마다 제사를 차려 숭봉崇奉의 예를 지극히 한다고 한다. 비록 역사에 전하는 바는 없으나, 감상의 회포가 없지 못하다. 알지 못하겠거니와, 연일 바람이 불고 눈이 내리니, 이는 그 영험한 자취의 징험인가? 오후에 또 눈이 내려 깊이가 발이 빠질 정도였다.

一將功成萬姓安	한 분 장군 공훈에 만백성이 편안하니
千秋崇報祭牲壇	천추토록 제단에 높이 보답하네
回天撼岳當年蹟	천운 회복 산악 진동 그 당시 자취에
凍雪飄風烈日寒	언 눈 회오리바람에 매운 날씨 차갑다
若使英靈長不死	가령 영령英靈30)이 길이 죽지 않는다면
也應東土賴生歡	응당 동토東土 백성들 기뻐할 텐데
得尋壯迹無誰語	장쾌한 흔적 찾아도 더불어 말할 이 없어
白髮旅人暗涕汍	백발의 나그네가 남몰래 눈물 흘리도다

十三日 晴 所買牛隻 無雇傭 無藁糠 沒無飼養之策 不得已 冒廉牽送于李炳三家 盖李兄前與家兒 有爲我代畜之約 故也 李兄之前後眷恤極 令人可感

  2월 13일. 맑음.
  사온 소 한 마리가 일꾼도 없고 짚과 겨도 없어서 전혀 기를 대책이 없는지라, 부득이 염치를 무릅쓰고 이병삼李炳三의 집으로 보냈다. 이형李兄이 전에 집 아이에게 나를 위해 대신 길러주겠다는 약속을 했기 때문이다. 이형이 이리저리 돌보아주고 염려해줌이 지극하여 사람을 감동하게 한다.

十四日 雪晴而風 平海居尹炳奎之子仁輔 還其故庄 歷過安東云 故略通緊急之奇 家兒與文極 及英陽趙載基 洪州林奭鎬 長連李明善 步發柳下縣 李炳三來致餞行之意

  2월 14일. 눈이 그치고 바람이 불었다.

---

29) 성경盛京 : 중국 요녕성遼寧省 심양瀋陽으로 청나라 초기 때의 이름이다. 청나라가 북경北京으로 천도한 뒤에는 봉천奉天이라고 불렀다.
30) 영령英靈 : 죽은 사람의 영혼을 높여 부르는 말이다.

평해平海 살던 윤병규尹炳奎의 아들 인보仁輔가 그의 고장故庄으로 돌아가는 길에 안동安東을 지나간다고 한다. 그래서 긴급한 소식을 대략 통지하였다. 집 아이와 문극文極 및 영양英陽의 조재기趙載基[31], 홍주洪州의 임석호林奭鎬, 장연長連의 이명선李明善[32]이 걸어서 유하현柳下縣으로 출발하는데, 이병삼李炳三이 전별하는 뜻을 보내왔다.

雪深風又惡	눈 깊게 쌓이고 바람도 사나우니
二月寒於冬	2월 날씨가 겨울보다 춥구나
萬里求田日	만리 이역에 밭 구하러 가는 날
千艱穿路蹤	갖은 간난 속에 길 뚫어 나아가네
山川雖險遠	산천은 비록 험하고 멀다 하나
朋伴可追從	벗들과 함께 뒤따라 갈 터이니
願爾無拘返	바라건대 돌아오기 급급해 말라
新庄喜展容	새 농장에서 기쁘게 얼굴을 펴세

十五日 晴 堅氷始解 溪澗有聲 日氣 比前向暖 而其背陰 沍寒之地 則仍是大冬氣候 連有腹冷泄滯之症 認是水性剛洌 曾所未習故也 所製蔘附丸 裹在裝束 而尙未見及 可悶

2월 15일. 맑음.

단단한 얼음이 녹기 시작하여 개울물 소리가 들린다. 날씨가 전에 비해 따뜻해져 가는데, 그 뒷쪽 응달의 추운 곳은 여전히 한 겨울 날씨이다. 잇따라 배가 차고 설사 기미가 있으니, 물의 성질이 강하고 찬데 아직 익숙치 못했기 때문임을 알겠다. 지어놓은 삼부환蔘附丸이 짐 보퉁이 속에 있지만 아직까지 도착하지 않으니, 걱정이다.

---

31) 조재기趙載基 : 조유기趙裕基의 이명이다. 1911년 3월 영양군 일월면 주곡리 한양조씨 7호 정도가 만주로 망명하였는데 조재기는 그 가운데 한 사람이다.
32) 이명선李明善(1893~1932) : 황해도 장연사람이다. 1907년 조직된 비밀결사 신민회에서 활약하였다. 신민회의 만주지역 독립군기지 건설계획에 따라 1910년 친형인 이명서와 함께 만주로 망명하였다. 그 뒤 1919년 11월 중국 동삼성 일대에서 조직된 비밀결사 소년단少年團에 가입하였다. 이 단체는 폭탄을 제조하여 일제 고관들을 주살하고, 국내로 들어와 독립을 달성하려는 계획을 추진하였다. 그는 50여 명의 단원이 소속된 팔면둔八面屯 지부의 단장으로 활약하였다. 1990년 건국훈장 애족장이 추서되었다.

十六日 晴 所寓房突 寒暖不適 萬初 又取溫移所 屢日聯枕之餘 不勝歎恨 尹炳奎 自寓所 來見

2월 16일. 맑음.

거처하는 곳의 방구들이 차고 따뜻함이 맞지 않으니 만초萬初33)가 다시 따뜻한 곳을 찾아 거처를 옮겼다. 여러 날 베개를 나란히 하여 같이 지내던 끝이라 안타깝고 허전함을 이기지 못하겠다. 윤병규尹炳奎가 사는 곳에서 와 보았다.

十七日 雪 午後風

2월 17일. 눈.

오후에 바람이 불었다.

十八日 晴 李炳三來見 袖其子李章寧抵家兒書 示之

2월 18일. 맑음.

이병삼李炳三이 왔는데, 그의 아들 이장녕李章寧34)이 집 아이에게 보내는 편지를 소매에서 꺼내 보여주었다.

---

33) 만초萬初 : 이상룡李相龍(1858~1932) 자字이다. 호는 석주石洲, 저자 김대락의 처남이다. 그는 의병 항쟁에 참가하면서 독립운동에 발을 디뎠다. 1909년에는 대한협회 안동지회를 만들어 애국계몽운동에 앞장서면서, 다른 곳과는 다르게 군사조직과 군사력 양성에 앞장섰다. 1910년 나라가 멸망하자 일가족을 이끌고 만주로 망명하여 국내에서 계획하던 독립군을 기르기 위해 경학사·부민단·한족회·서로군정서를 이끌며, 서간도지역의 독립운동을 지도하였다. 1925년에는 대한민국 임시정부 국무령에 올라 독립운동을 지도하였다. 그 뒤에도 1932년 서란현 소과전자촌에서 서거할 때까지, 독립운동단체를 통합시키는 일에 온 힘을 쏟았다. 1962년 건국훈장 독립장이 추서되었다.

34) 이장녕李章寧(1881~1932) : 충남 천안사람이다. 대한제국 육군 부위副尉로 복무하던 그는 군대가 해산되자 일가족을 이끌고 만주로 망명하였다. 신흥무관학교 교관으로 활약하며 독립군양성에 기여하였으며, 1919년에는 북로군정서 참모장 및 참모관으로 활약하였다. 신민부 참의원으로 활약하였으며, 1930년 7월에는 홍진·이청천 등과 함께 한국독립당을 조직하였다. 한국독립당의 감찰위원장이 된 그는 한·중연합군을 조직하여 무장 항일투쟁을 이어갔다. 1963년 건국훈장 독립장이 추서되었다.

夜聽馬車過閭　밤에 문 앞을 지나는 마차 소리를 듣다

雪撲風獰曉月傾　눈 날리고 바람 사나운 날 새벽 달 기우는데
通宵不絶馬車聲　밤새도록 마차 소리 끊이지 않네
始識財源如此重　비로소 알겠노라 재물이 이처럼 귀중하여
黃金多處赤身輕　황금이 판치는 곳에 빈 몸뚱이 경시되는 줄

卽事　즉시 짓다

一着征衣二朔餘　고향 떠난 지 두 달 남짓 되었는데
呼孫獵虱臥看書　손자 불러 이 잡고 누워서 책을 보네
際有內間紅豆粥　그 사이 안에서 팥죽을 내왔는데
當哺云自李兄廬　먹을 때 이형 집에서 보낸 것이라 하네
　　<萬初><이형은 만초이다>

十九日　晴而寒

2월 19일. 맑고 추움.

二十日　卽快唐三七也　頭角漸具　其母亦稍自甦惺　較視初頭　萬幸萬幸　未知先靈有以陰騭耶　政所謂終逾絶險　曾是不意也　午作昆布羹脫粟飯　招速隣寓　遂成小宴　甚呵甚呵　人家子孫之慶　果皆如是乎　恨不與故山同堂磕膝擧匙耳

2월 20일.

오늘은 쾌당의 삼칠일이다. 머리 모양이 점점 갖추어 지고, 그 어미 또한 조금씩 회복되고 있어 처음과 비교해 볼 때 참으로 다행이고 다행이다. 선조들의 영령이 남몰래 도와주신 까닭이 아니겠는가? 이것이 바로 이른바 '마침내 험악한 곳을 넘어감이 일찍이 의외로 수월하다'[35]는 것인가 보다. 오전에 미역국을 끓이고 거친 조밥을 지어 이웃 사람들을 불러오니

---

35) 마침내 ~ 수월하다 : 『시경』 「소아小雅」 '정월正月' 편에 "네 수레 덧방나무를 버리지 말아 네 바퀴살에 덧대고 자주 네 마부를 돌아보면, 네 짐을 떨어뜨리지 않고서 마침내 몹시 험악한 곳을 넘어감이 일찍이 예상 외로 수월하리라[無棄爾輔　員于爾輻　屢顧爾僕　不輸爾載　終踰絶險　曾是不意]"

드디어 작은 잔치가 되었다. 매우 우습고 우습다. 집안에 자손이 태어난 경사가 과연 모두 이와 같은 것인가? 고향의 친지들과 무릎을 부딪치며 숟가락을 들지 못하는 것이 한스러울 뿐이다.

石突當晨冷徹肌　　방구들은 새벽녘 되자 냉기가 살갗을 뚫으니
熜明不欲起加衣　　창밖이 환해져도 일어나 옷 입기 싫더니
新聲忽聞娲團外　　갓난아이 소리 홀연히 안방 밖으로 들려오니
喜入中門誤拂褌　　기뻐서 중문에 들어가다 도포 잘못 입었네

二十一日 晴 買黃肉三角 此處百物皆翔貴 而較視故肆 此惟差歇

2월 21일. 맑음.
쇠고기 3각 어치를 샀다. 이곳에서는 모든 물가가 비싸지만 우리 고향의 저자와 비교해 볼 때 이것만은 조금 헐하다.

二十翌日 晴 兒輩之去柳河縣者 未及本處四十里 而爲淸人所防 徑還 盖前此有日人與韓人 暗相謀劃 投藥井中之說 故或泄而不食 或幕而械鎖 猶慮疑踪之爛入其境 未知其此爲防禁之階耶 雪程泥海 徒費八日之役 憐悶憐悶 下午二点 雨

2월 22일. 맑음.
유하현으로 떠난 아이들이 그곳 40리 못 미친 곳에서 청인에게 막혀 일찍 돌아왔다. 이는 이전에 일본인이 한국인과 몰래 꾀를 내어 우물에 극약을 풀었다는 소문이 있어서이다. 어떤 사람은 흘러 나와도 먹지 않고, 어떤 이는 장막을 쳐서 자물쇠로 채우고도 오히려 종적이 의심스러운 자가 경내로 들어올까 우려한다. 잘 모르겠지만 그것이 이번 금지령의 계제階梯가 되었는가? 눈길에다 진흙탕 천지에서 8일 동안 헛수고를 하였으니 가련하고 안쓰럽다. 오후 2시에 비가 내렸다.

連珠疊璧轉如奔　　꿴 구슬 쌓인 구슬 치달리듯 구르더니

라 하였다.

一月連生內外孫	한 달 사이 이어서 내외손이 태어났네
但願蒼天均覆育	바라건대 하늘이 골고루 키워주셔서
緣渠恢拓兩家門	그 덕분에 두 집안 문호가 활짝 열리기를

二十四日 晴 連日忌辰 如客度宵 不肖之罪 去益難贖 李炳三來 致半餉之晤

2월 24일. 맑음.

연일 기일인데 나그네처럼 밤을 보내니, 불초한 나의 죄는 갈수록 용서받기 어렵다. 이병삼이 찾아와 반나절 동안 이야기하였다.

卽事 즉시 짓다

溪雲滋小雨	계곡 구름이 비를 조금 보태니
水壑憂鳴泉	언 골짜기에 샘물 소리 들리네
地脈遂融釋	땅 기운 지금부터 조금씩 풀려
陽阿細草穿	볕바른 언덕에 여린 봄풀 돋겠네

二十五日 晴 朝李炳三專人 與家兒 約柳河縣行 飯後 往見李兄日錄 則檀箕衛滿之歷代會要 扶餘百濟之興亡盛衰 太祖龍興之根基环樸 三省地界之與奪分合 畧擧其綱 而皆有可據 刪繁取簡 自成一部惇史也 聞見之該洽博雅 今有幾人哉 切自敬服 而非寡陋之所敢與議也

2월 25일. 맑음.

아침에 이병삼李炳三이 사람을 보내어 집의 아이와 유하현柳河縣에 가기로 약속하였다. 아침을 먹은 후에 가서 이형李兄의 일록日錄36)을 보았다. 단군檀君과 기자箕子, 위만衛滿의 역대 중요한 역사를 모아놓은 것과 부여扶餘와 백제百濟의 흥망성쇠, 태조가 나라를 일으킨 기틀과 근거, 동북 3성 경계의 여탈與奪과 분합分合에 대하여 그 큰 줄거리를 대략 언급하였는데, 모두 근거를 댈 수 있는 내용으로 번삽한 것은 추려내고 간요한 것을 취하였으니, 그대로 한 부의 돈사惇史가 되었다. 견문이 해박하고 고상하기로 요즈음에 이런 사람이 몇이나 되겠는가? 마음속으로 절실히 존경하고 감복하지만, 과문한 나로서는 감히 더불어 의론할 바가 아

---

36) 이형李兄 일록日錄 : 석주 이상룡이 쓴 역사서 『대동역사大東歷史』로 추정된다.

니다.

二十六日 陰 家兒與李炳三 又作柳河縣行 十舍泥濘 足不暇休 以水成形者 此豈可堪底事乎 殘憐殘憐 是日乃彌孫六度也 邀我啜羹 內外至情磕膝團會 緣渠發笑 可忘愁寂之苦矣 外曾孫名曰駬蒙 盖前有駬馬之徵 而此地 卽高句麗高朱蒙創業之地故也

  2월 26일. 흐림.
    집의 아이가 이병삼李炳三과 함께 다시 유하현柳河縣으로 떠났다. 3백리 미끄러운 흙탕길에 발을 쉴 여가도 없으니, 물로 이루어진 사람 행색으로 어찌 감당할 일이겠는가? 애잔하고 가련하기 그지없다. 오늘은 외증손자가 태어나 엿새가 지났다 해서 나를 불러 국을 대접하였다. 내외 친지가 무릎을 맞대고 단란하게 모여서 그 아이 때문에 웃음꽃을 피우며 근심과 고적함을 잊을 수 있었다. 외증손의 이름은 일몽駬蒙[37]이라 하였다. 그것은 저번에 천리마의 꿈을 꾼 적이 있고, 이곳은 곧 고구려 고주몽高朱蒙이 창업한 곳이기 때문이다.

夢覲嚴顏感吟一絶 꿈에 선친을 뵙고 느낌을 절구 한 수로 읊다

卄載孤露後	아버님 여읜지 이십 년 만인데
三夜夢省親	사흘 밤 꿈마다 아버님 뵈었네
韶顏仍昔日	인자하신 모습은 지난 날 그대로이고
至敎復溫醇	지극한 가르침은 더욱 따뜻하였네
幽明雖殊道	저승과 이승이 비록 다르다나
精靈自通神	정령은 저절로 마음에 통하는 듯
旣覺旋垂淚	잠깨어 문득 눈물 흘리며
冥漠恨不眞	현실이 아님을 한탄하였네

二十七日 夜雪朝晴 見晛而消 地氣上升 春意漸生耶 外寒隨退 陽煖可人差强差强 改外孫名爲麒蒙 盖朱蒙朝天之日 常乘麒麟馬故云 是夜又夢承嚴顏 語及文字 命製雲漢八章 余

---

37) 일몽駬蒙 : 황재호黃載昊(1911~1950)의 아명이다. 그는 평해황씨 해월종가의 종손이다. 1911년 만주에서 출생하여 4살 때 고향으로 돌아왔다.

對曰 才力所未及也 又命曰 汝言似然 隨汝所習 製以行文 可也 蓋其陪省之際 有如平日 未知鑿井得泉 無處不在而然耶 噓唏撫枕 益切孤露之感

2월 27일. 밤새 눈이 내리더니 아침에 갬.

볕이 나다가 사라졌다. 땅의 온도가 오르니 봄기운이 차차 생기려는가? 밖에는 추위가 따라서 물러가고 볕이 따뜻해지니 사람이 조금씩 힘이 생긴다. 외증손자의 이름을 바꾸어 기몽麒蒙이라 하였다. 이것은 주몽朱蒙이 하늘에 조회하던 날 항상 기린마麒麟馬를 탔다고 하기 때문이다. 이날 밤 다시 꿈에 선친을 뵈었다. 말씀이 문자에 미치자,「운한雲漢」여덟 장38)을 주제로 시를 지어보라 하셨다. 내가 대답하기를 "재주와 능력이 미치지 못합니다."라고 하자, 다시 명하시기를 "네 말이 그럴 듯도 하나, 네가 익힌 바대로 글을 지으면 된다."라고 하셨다. 모시고 문안드리던 즈음이 생시와 같으니, 알지 못하거니와, 우물을 파면 샘을 얻는 것은 어느 곳이든 있지 않은 곳이 없어서 그런 것인가?39) 슬피 탄식하며 베개를 쓰다듬자니 고로孤露의 감회40)가 더욱 간절하다.

二十八日 陰 寒而風 衡國李兄 又徙去他處 以其住在農場 可作江南之計也 與景八黃兄 同住一室而共執耒耜云 求田之行 雖未能力挽 而閱朔同居之餘 悵黯殊切 無聊之中 僅製 李氏族譜後敍 盖李兄屢屬不已 責以契分 不可以終負其意也 然辭拙筆荒 可作休紙也

2월 28일. 흐림.

춥고 바람이 불었다. 형국衡國41)과 이상룡이 또 다른 곳으로 이사하였다. 사는 농장을 강

---

38)「운한雲漢」여덟 장 : 『시경』「대아大雅」의 편명으로, 가뭄이 계속됨을 읊은 시이다. "밝은 저 운한이여, 빛이 하늘 따라 도는 도다[倬彼雲漢 昭回于天]"를 비롯하여 모두 여덟 장이다.
39) 우물을 ~ 그런 것인가? : 아버지의 혼령이 어디를 가든 자신과 함께 있음을 비유하는 말이다. "혼령은 가지 못하는 곳이 없다. 그러므로 옛 사람이 우물을 파면 샘을 얻는다는 것으로 비유한 것이다[魂氣無不之 故古人 以鑿井得泉爲比]"에서 온 말이다.
40) 고로孤露의 감회 : 부모가 세상을 떠나 안 계신 것에 대한 슬픔이다.
41) 형국衡國 : 이상룡의 조카 이형국李衡國(1883~1931)이다. 1911년 1월 백부伯父 이상룡과 함께 만주로 망명하여 신흥강습소를 수료하였다. 흉년으로 경학사가 어려움을 겪자 운영자금을 조달하기 위해 국내에 파견되었다. 국내에 들어온 그는 경기·충청·경상도 지역에서 자금을 모집하고, 신흥사新興社라는 비밀결사단체를 조직·활동하다가 체포되어 징역 7월을 언도받고 옥고를 치렀다. 출옥 후 다시 만주로 건너가 부민단扶民團·한족회韓族會 등을 이끌며 항일투쟁을 이어갔다. 그 뒤 고향으로 돌아온 그는 신간회 안동지회에 참여하여 활동하였다. 1990년 건국훈장

남 같은 곳으로 만들 셈인지? 경팔景八 황형黃兄⁴²⁾과 한 집에 같이 살면서 함께 농사를 지을 것이라고 한다. 전지田地를 구하러 간다고 하니 비록 힘써 말릴 수는 없으나, 여러 달 함께 거처하던 나머지라 서운함이 매우 절실하다. 무료한 가운데 겨우 「이씨족보후서李氏族譜後敍」를 지었다. 이는 이형이 여러 번 부탁하기를 마지않으면서 선대의 정의情誼를 가지고 책임을 지우니 끝내 그 뜻을 저버릴 수가 없어서였다. 그러나 내 글이 졸렬하고 글씨가 거칠어 휴지로나 삼을 수 있으리라.

全義李氏族譜後敍 전의이씨 족보 후서

粤惟我造極敦倫太上皇帝 踐祚之十年 首設宗親府 以啓本支無彊之休 又誕告中外 繼絶世而均排行 實古昔聖王親九族 章百姓之峻德大業也 於是 故家世族 合謀修譜 陽昭陰穆 秩然有序 此全義氏甲戌譜之所以作也 首揭八字 承天寵也 特書勳賢 擧顯蹟也 地誌沿革 岳降神之故坊也 賁隧顯刻 思亭記之古意也 王妃圈標 敬至尊也 夫人四祖 所自出也 追錄庶派 自先祖之遺志也 收入舊漏 示親誼也 先男後女 繼序之重也 事或難愼者 別置附錄 罪或可恕者 則引而進之 於是乎 派譜 之釐而分者 復合舊板之幼未及者 原錄規條縝密筆法謹嚴 一千年文獻之傳 四十世骨肉之屬 一擧目而指諸掌 儘私門之一部敦史也 有美期傳於乎 其仁者之能事矣 是譜也 自成化草譜之後 五設譜所 而合之爲三十六編十六册 襄簡公七派之中 襄簡爲末 而爲平海派者 六卷而三册 六派之蕃衍 一國從可知矣 尙能引而勿替 體家訓而歌慶壽 則當日雲漢之襃 又安知不在於今日後承乎 求之於東方大姓 該備詳恢無有是譜者 古人裕昆之意 亦可以質鬼神而風百世矣 吁其可敬也夫 曰其後孫○○ 俾余爲契勘之辭 余非其人 本不敢承當 且前人之述 纖悉無憾 梓鏤之役 已過一紀 可使能言者當之 固無足金刃於其間 而謬屬愈勤 子女見我平昔慕悅之意也 遂拜受而撮其大槩如右

아아, 우리 조극돈륜태상황제造極敦倫太上皇帝⁴³⁾께서 왕위에 오르신지 십 년째 되던 해에 처음으로 종친부宗親府를 세워 본종本宗과 지파支派의 가없는 복덕을 열고, 다시 나라 안

애족장이 추서되었다.
42) 경팔景八 황형黃兄 : 울진 출신 황동영黃東英. 자가 경팔景八이다. 황만영·황도영의 일족이다.
43) 조극돈륜태상황제造極敦倫太上皇帝 : 고종황제를 지칭한다. '조극돈륜造極敦倫'은 시호이며, 황극을 이루어 인륜을 두터이 했다는 의미이다. 갖춘 시호는 통천융운조극돈륜정성광의명공대덕요준순휘우모탕경統天隆運造極敦倫正聖光義明功大德堯峻舜徽禹謨湯敬이다.

팎에 크게 고하여 끊긴 세대를 잇고 항렬을 고루셨다. 진실로 옛 성왕의 구족九族을 친히 하며 백성을 밝게 다스린 크신 공덕이요, 크신 업적이다. 이에 오랜 가문과 여러 대종족이 의논을 모아 족보를 편수하니 음양과 소목昭穆이 정연히 차례가 있게 되었는데, 이것이 전의이씨의 갑술보甲戌譜가 지어진 연유이다.

첫머리에 내 건 여덟 자는 천총天寵을 받든 것이요, 공훈을 세운 어진 이를 특별히 기록한 것은 뛰어난 업적을 드러낸 것이다. 지지地誌와 연혁沿革은 신명神明이 내려오신 오랜 부락部落을 드높인 것이며, 분묘마다 돌에 새겨 현창한 것은 사정기思亭記44)의 옛 뜻이다. 왕비에 권표圈標를 한 것은 지존至尊을 공경한 뜻이요, 부인의 사대조는 그 유래를 밝힌 것이며, 여러 지파를 추록追錄한 것은 선조가 남긴 뜻에서 비롯한 것이요, 구본에 빠진 것을 수록해 넣은 것은 친족의 정의情誼를 드러낸 것이며, 남자를 먼저하고 여자를 나중 넣은 것은 서열을 잇는 일의 중대함 때문이다. 사적에 혹 신중히 하기 어려운 일은 따로 부록을 두고, 허물 중의 혹 용서할 만한 일은 곧 이끌어 진취시켰는데, 그제서야 파보를 교감하여 나누었던 사람이, 옛 판본에는 아직 어려서 수록하지 못했던 사람들을 다시 합하였다.

원록原錄은 조목條目이 짜임새가 있고 필법이 근엄한데, 일천 년 문헌의 전래傳來와 사십 세 골육의 친속親屬이 한 번만 눈을 들어 보아도 손바닥을 들여다보듯 명확하여 진실로 사사 집안의 한 부部 돈사敦史이다. 아름다움을 후세에 전하기를 기약하는 일이야말로 아아, 아마도 어진 이의 능사일 것이다. 이 족보는 성화成化 연간의 초보草譜 이후로 다섯 번 보소譜所를 꾸렸으되, 이를 모두 합하여 삼십육 편 십육 책이 된다. 양간공襄簡公 일곱 파 가운데서 양간공파가 마지막이 되는데, 평해파平海派의 파보가 여섯 권 세 책이니 여섯 파의 번창함은 온 나라 사람들이 다 알 수가 있으리라.

부디 서로 이끌어 무너뜨리지 말고 가훈을 체득하여 번영과 구원久遠을 노래한다면 그 당시 운한雲漢과 같다던 징송이 다시 오늘날 후예들에게 있지 않으리라고 어찌 알겠는가? 우리 나라의 큰 성씨 중에서 찾아보더라도 상세함과 광대함을 두루 갖춘 것으로는 이 족보만한 것이 있지 않으니, 옛 사람들의 자손을 위해 끼치신 뜻은 또한 인귀人鬼 신명神明에 질정하여 백 세 후까지 풍동風動할 수 있을 것이니 아아, 참으로 공경할 만도다. 어느 날, 그 후손 아무가 나에게 계감契勘하는 글을 지으라 하였다. 나는 그럴 만한 사람이 못되는지라, 본래

---

44) 사정기思亭記 : 송나라 때의 시인 진사도陳師道가 지은 글이다. 조상의 사당이나 재실齋室을 보면서 자손들이 조상을 추모하는 마음을 가질 수 있게 된다는 내용이다.

감히 받들어 감당할 일이 못된다. 또 전인의 기술이 자세하여 유감이 없으나, 간행한 것이 이미 일기一紀를 지난지라 언술에 능한 사람으로 하여금 그것을 담당케 할 수만 있다면 진실로 양자 사이에 금우金羽의 경중을 따질 수 없을 것이다. 그런데도 그릇된 부탁을 더욱 간절히 하는 것은 그 아들 딸들이 나의 평소 흠모하는 뜻을 보았기 때문이리라. 드디어 절하고 받아들여 그 대강을 뽑아 위와 같이 기록한다.

夢承雲漢之訓 因又感吟 꿈에 운한장의 가르침을 받잡고 또 감격하여 읊다

連宵魂夢拜高堂	연일 밤 꿈속에서 아버지를 뵈었더니
敎我裁成雲漢章	내게 운한雲漢의 시를 지어보라 하셨네
當年未副趨庭訓	지난 날 시詩와 예禮의 가르침[45] 쫓지 못하고
墻面而來悔恨長	담장 마주한 듯 살아왔으니[46] 회한이 깊구나

二十九日 晴 平海査家 饋以蕎米一升 午作不飥 與李兄一案擧匙 胃道開豁 汗液浹背 飮食之扶護衰力 良非虛語 香山湯餠之詩 宜其然矣哉 甚吹甚吹 午五點 昌孫無事來到 而又率傔從一人 可代薪水之勞矣 甚可喜幸 而達卿遠凶聞 慘酷慘酷 雖云年少 可係全門衰旺 不幸而生吾家運歇之際 終不能保有一佳士矣 思之 痛惜如發狂疾 以外之驚濤該浪 不一而足 先機發出 猶云幸 會妹兄寓所 又爲淸人毆迫 方將移住他處 一枝鷦棲 猶不能穩貼 萬里孤踪 到底窘塞 憐歎奈何

2월 29일. 맑음.
평해의 사돈집에서 메밀 한 되를 보내왔다. 오후에 수제비를 끓여 이형과 한 상에서 숟가락을 드니 위장이 탁 트이고 땀방울이 등을 적셨다. 음식이 쇠약한 기력을 돋운다는 말이 진실로 빈 말이 아니니, 백거이白居易의 「떡국」[47]이라는 시가 꼭 그대로이다. 매우 우습고도

---

45) 추정훈趨庭訓 : 『논어』 「계씨季氏」에 진항陳亢이 공자의 아들 백어伯魚에게 "자네는 선생님에게서 무언가 특별한 것을 배우지 않았나?"하고 물은 데 대해 백어가 답하기를 "내가 마당을 빨리 지나서 갈 때[趨而過庭] 스승이 불러서 시와 예를 배우라고 하신 말을 들었다."고 한 일을 말한다.
46) 장면墻面 : 『논어』 「양화陽貨」에 공자가 백어에게 "시경의 주남·소남을 배우지 않으면 담벼락에 마주 서 있는 것과 같다[女爲周南召南矣乎 人而不爲周南召南 其猶正牆面而立也與]"고 하였다. 꽉 막혀 앞으로 나아가지 못 함을 비유한 말이다.

우습다.

　오후 다섯 시에, 손자 창로가 무사히 도착했는데 시중꾼 한 사람을 더 데리고 왔다. 땔나무하고 물 기르는 수고를 대신할 수 있을 것이니 매우 기쁘고 다행한 일이나, 달경達卿의 끔찍한 소문은 참혹하고도 참혹하다. 비록 나이는 어리다 하나 온 문중의 성쇠가 달린 몸이었는데, 불행히도 우리 집안의 운수가 다한 때에 태어나 끝내 좋은 선비 하나를 지킬 수 없게 되었다. 생각할수록 너무나 아까워 마치 미칠 것만 같다. 그 외에도 놀랍고 황당한 일이 한 번이 아니라도 족한데, 위급해질 기미를 보고 먼저 떠나온 것은 그래도 요행이라 할 것이다.

　마침 매형48) 사는 집이 또 청나라 사람에게 구박을 받아, 곧 다른 곳으로 옮겨가려 한다. 나뭇가지 하나면 족할 뱁새 둥지 같은 집[일지초서一枝鷦棲]49)조차 오히려 편안히 구처할 수 없어 만 리 이역에서 외로운 발걸음이 가는 곳마다 군색하다. 안타까워 탄식한들 무엇하랴?

三月一日【祖妣孺人眞城李氏忌辰】大雪蔽天 已至尺許 薪乏突冷 漸自難堪

　3월 1일.【조모 유인 진성이씨 기일】
　대설이 하늘을 가릴 듯이 내리더니, 이미 한 자쯤이나 쌓였다. 땔나무는 모자라고 방구들은 차가워 점점 스스로 견디기 어렵다.

呈萬初寓案　만초의 우소寓所 서안 위에 드리다

客裏思端又送人	객고에 그리던 끝에 또 벗을 떠나보내니
言猶先悵況其眞	말로도 벌써 슬픈데 하물며 속마음이야
天翁解惜難離意	떠나기 힘든 아쉬움, 하느님이 풀어주시려
雪路遮前慰我顰	눈길로 앞을 막아 내 걱정 위로하누니

---

47) 백거이白居易의 「떡국」: 중국 성당시인 백거이의 호가 향산香山 또는 향산거사香山居士인데, 그의 시에 「탕병湯餠」을 읊은 것이 있다.
48) 매형: 석주 이상룡을 가리킨다.
49) 나뭇가지 하나면 ~ 뱁새 둥지 같은 집[일지초서一枝鷦棲]: 사마온공의 「독락원기獨樂園記」에 "대저 뱁새는 숲에 둥지를 틀어도 가지 하나를 넘지 않고, 두더지가 황하를 마셔도 배부를 만큼을 넘지 않으니 각각 자신의 분을 다하여 편안히 여기는 것이다[若夫 鷦鷯巢林 不過一枝 偃鼠飮河 不過滿腹 各盡其分而安之]"라고 한데서 나온 말이다.

翌日 雪晴而寒 夜又夢省嚴顔 萬初爲淸人所迫 又復團聚 吾所草欒窘束 見甚愁悶 異域民風 極所痛歎

3월 2일. 눈은 개었으나 추운 날씨.

밤에 또 꿈에서 아버님을 뵈었다. 만초가 청인에게 쫓겨 다시 함께 모여 살게 되었다. 내 거처가 초라하고 군색하여 보기에 심히 근심스럽다. 낯선 곳의 민속이 참으로 통탄스럽다.

又呈萬初　또 만초에게 드리다

米玉桂薪百度難	쌀과 장작 귀하고 모든 일이 다 어려운데
春猶冬雪一窮寒	봄에도 오히려 겨울 눈 내리는 지독한 추위
然吾是日相期意	그러나 우리가 오늘 기대하는 뜻 있음에
一日留君一日安	그대 하루 머물면 하루만큼 편안하다네

三日 晴 萬初兄 率眷去李炳三舊寓家 卽所謂杜陵洞也 相距十里 旣不能跋涉隨後 且無隣獨家 更無往來之便 隨送橋頭 如失一臂 悵恨曷已 女孫産憂 又一愁亂耳

3월 3일. 맑음.

만초萬初 형이 식솔을 거느리고 이병삼李炳三이 예전에 거처하던 집으로 떠나니, 곧 두릉동杜陵洞이다. 서로 떨어진 거리가 십 리라 막 발섭하여 뒤따라 갈 수도 없고, 또 이웃 없는 외딴 집이라 장차 왕래하는 인편도 없을 것이다. 다릿목까지 따라가 전송하노라니 마치 한 팔을 잃은 듯하다. 서글프고 한스러움을 어찌 이기겠는가?

손녀의 산우産憂가 또 한 가지 근심거리이다.

送別萬初　만초를 보내다

海嶽多風雨	바다와 산에 비바람 많아
鸞鳳不堪棲	난새와 봉황 살수가 없어
欲尋丹穴路	단혈[50]로 가는 길을 찾으려

---

50) 단혈丹穴 : 전설상의 산 이름으로, 이곳에 오색영롱한 봉황새가 산다고 한다.

飛到赤縣堤	적현의 언덕51)에 날아왔네
鴟鷲猜文翮	올빼미 메까치가 화려한 깃을 시기하나
鸑鷟嚇腐鼠	봉황이 썩은 생쥐를 다투어 성내리오
不鳴鳴驚楚	울지 않다가 한 번 울면 초나라가 놀라리니52)
溪禽不敢啼	물새 따위는 감히 울지도 못하리라

次萬初 만초의 시에 차운하다

客裏分張又一難	객지의 이별도 또한 견디기 어렵지만
最憐幼老冒春寒	어린 것과 노인네 봄추위가 가장 가엽다
知己如今無我右	이제는 나만한 지기知己도 없을 텐데
靑山白水去將安	청산백수를 떠나서 장차 어디로 가려는가

三旬旅橐百爲難	삼십일 나그네 길에 백가지 일이 다 어려운데
夫也平生一此寒	사나이 평생이 한결같이 이처럼 춥구나
憂慽元來庸玉汝	근심은 본래 그대를 옥으로 만드는 것53)
始心非是計偸安	당초의 마음 안락을 구한 게 아니었다네

欲返鄕關夢亦難	고향으로 돌아가고프나 꿈조차 어렵고
無誰留語坐呼寒	누구라 말 나눌 이 없어 추위만 호소하네
最我九旬猶父膝	가장 괴로운 것은 내 아흔 살 숙부 슬하에
離闈三朔未承安	집 떠난 지 석 달 동안 안부 받들지 못한 것

---

51) 적현의 언덕 : 중국을 가리킨다. 전국시대 제齊 나라 추연鄒衍이 중원中原 지방을 '신주적현神州赤縣'이라고 일컬은 데에서 유래한다.
52) 울지 않다가 ~ 놀라리니 : 초장왕楚莊王의 정사를 비유적으로 나타낸 말이다. 즉위 이래 삼년 동안이나 정사를 돌보지 않고 음락淫樂을 일삼았으므로 오거伍擧가 빗대어 '삼년불비 삼년불명三年不飛 三年不鳴'이라 하여 조정에 나와 정사를 돌볼 것을 간하였다.
53) 옥으로 만드는 것 : 송宋 장횡거張橫渠의 「서명西銘」에 "빈궁과 걱정 속에 처하게 함은, 그대를 옥으로 이루어 주려 함이로다[貧賤憂戚 庸玉汝於成也]"라고 한데서 나왔다.

四日　寒而風　女孫産憂極甚頭重　其母晝夜憂慮　如此無醫無藥之地　何以救濟也　客抱鄕懷 去益難堪　但新入雇　意勤敏趁職　樵政稍優　是所差强　李壻文衡來言　所寓之室　又爲他人粧 點云　萬初之前後困阨　極令人代歎

3월 4일. 날씨가 차고 바람이 불었다.

　손녀의 산우産憂가 극히 심하여 머리가 무겁다. 그 어미가 밤낮으로 근심하고 염려하나 이처럼 의원도 없고 약도 없는 곳에서 무슨 수로 구제할꼬? 객지에서 고향 그리는 마음이 갈수록 견디기 어렵다. 다만 새로 들어온 일꾼이 뜻이 근실하고 민첩하게 직분을 다하여, 땔감 사정이 조금 넉넉해지니 그나마 위안이 된다. 이서방 문형文衡54)이 와서 말하기를 "거처하던 집이 또 남을 위해 단장한 꼴이 되었다."고 한다. 만초가 당한 전후의 곤액困厄이 사람으로 하여금 지극히 대신 탄식하게 한다.

五日　晝冥陰冷　雨鈴霰雪　竟夕不霽　政所謂九十日春晴景少　山高谷深陽不勝故耶　洛應朴 兄入來云　必有可聞　而去托萬初寓所　戀鬱殊甚

3월 5일.

　낮에도 어둡고 음랭하더니, 빗방울이 싸락눈이 되어 저녁 내내 개지 않았다. 바로 이른바 "구십일 봄날에 맑게 갠 날이 적다55)."라 한 정경이니 산이 높고 골이 깊어 햇볕이 들지 않아서인가? 낙응洛應 박형朴兄56)이 들어왔다고 한다. 반드시 들을만한 소식이 있을 것이나,

---

54) 이서방 문형文衡 : 이문형은 이광민李光民(1895~1945)의 본명이다. 석주 이상룡의 조카로 협동학교를 졸업하였으며, 1911년 백부 이상룡과 함께 만주로 망명하였다. 신흥강습소를 졸업하고, 1916년 통화현通化縣에 있는 동화학교東華學校에서 교사로 활동하며, 학생들에게 민족의식을 고취하였다. 1923년 8월 이광민은 반석현磐石縣에서 한족노동당 발기인의 한 사람으로 참가하여, 1924년 11월 창립총회에서 당무집행위원으로 선출되었다. 1924년 3월에는 전만통일회의주비회에 서로군정서 대표로 참석하였고, 그 해 11월 24일 정의부正義府가 발족되자 그는 민사부 서무과 주임위원에 선출되었다. 1926년 11월 제3회 정의부 중앙의회에서 재무위원으로 선출되었고, 또 그 해 가을에 결성된 조선공산당 남만총국 조직부 간부에 선출되기도 하였다. 그 뒤 만주지역 독립운동단체 통합에 힘썼다. 1990년 건국훈장 독립장이 추서되었다.
55) 구십일 봄날에 맑게 갠 날이 적다 : '九十日春晴景少 一千年事亂時多'는 송나라 증집曾極의 시이다. 진기陳起의 『강호집江湖集』에 실려 있다.
56) 낙응洛應 박형朴兄 : 낙응은 박경종朴慶鍾(1875~1938) 호이다. 경북 영덕사람으로 본명은 박우종朴禹鍾이다. 석주 이상룡의 매부이다. 1911년 가족을 동반하고 이상룡과 함께 만주로 망명하여

만초萬初의 우소에 가서 의탁했다고 하니 그립고 울적한 마음이 더욱 심하다.

六日 日氣溫和 持杖散步於溪山 第見山川奇麗 往往有亭臺藏修之地 而力未能成就 欽賞而已 是午 寧海朴洛應德敏二兄來說故國聲息 頗慰愁寂之懷 而但故里音聞 無由詳致 壅鬱壅鬱 亨國李兄 自寓所來見 街上李進士 亦過訪 萬初咸氏亦來 產憂未平 悶事

3월 6일.
　날씨가 온화하여 지팡이를 짚고 계산溪山을 산보하였다. 차례로 보건대, 산천이 기이하고 수려한 곳에, 왕왕 정자나 누대를 지어 늘그막을 의탁할 만한 곳이 있으나, 힘이 아직 그럴 수 없어 구경만 할 뿐이다. 이날 오후, 영해寧海 박낙응朴洛應과 덕민德敏 두 사람이 와서 고국의 소식을 전해주었다. 근심스럽고 적적하던 마음에 자못 위로가 되었으나, 다만 고향 소식을 상세히 들을 수 없어서 답답하고 우울하다. 형국亨國과 이형李兄이 우소에서 찾아오고, 가상街上의 이진사李進士 또한 지나다가 들렀다. 만초萬初의 조카도 같이 왔는데, 산후 우환이 아직 진정되지 못하였다니 걱정스러운 일이다.

　　吟呈萬初　만초에게 읊어서 주다

雪壑風窓慮仰多	눈 구렁 바람 창에 염려가 많더니
而來調節問如何	요즈음 조섭과 범절은 어떠한지
若使此心長坦蕩	만약 이 마음이 길이 태평하다면
不妨隨遇養天和	가는 곳마다 천화57)를 기르기에 좋으련만
聞道吾人海上來	고향 사람 바닷가에서 왔다는 말 듣고서
呼孫先掃席中煤	손자 불러 자리의 그을음부터 쓸었다네
山外春風將次第	산 밖에 봄바람 장차 차례로 불어오면
香蜂應入有花梅	향기로운 벌 응당 매화 찾아 들겠지

　　　＜洛應徑去萬初故云＞＜낙응이 곧바로 만초에게 갔기 때문에 이렇게 쓴다＞

　　경학사 조직에 참여하였다. 1914년 8월에는 국내에 입국하여 경상도지역에서 군자금 모집활동을 펼치다 체포되어 징역 7월형을 받고 옥고를 치렀다. 1977년 대통령표창, 1990년 건국훈장 애족장이 추서되었다.
57) 천화天和 : 몸의 원기.

七日 晴

3월 7일. 맑음.

八日 晴 李壻文衡 率去其妻 娘孫隨而偕行

3월 8일. 맑음.
사위 이문형李文衡이 그의 처를 데리고 가자 손녀도 따라나서 함께 갔다.

又呈萬初 또 만초에게 주다

大陸將沈海變田	대륙이 가라앉아 상전벽해 될 때에
風波少處暫停船	풍파 적은 곳에 잠시 배를 대었네
全家喜悅孫曾出	온 집안이 손자 증손자 출생을 기뻐하고
異域懽情壻妹賢	이역에서 매부의 현명함을 환대하였네
老矣無能天下事	늙었구나! 천하의 일에 무능함이여
蕭然還似幀中禪	스산함이 도리어 탱화 속 승려와 같네
佳期知在柳河縣	좋은 만남이 유하현에서 있을 줄 알겠노니
一樹栽光萬萬年	한 그루 나무가 만년토록 빛을 내리라

午 三點 昌孫買米饋之 可謂到此初見 以渠待老之意則奇特 而不料貲產專於一己 顧此癃廢之物 何力而可施 而反有此分外之食耶 外雖叱却 而口先流涎 究厥罪狀 胃是開門之內應也 口是引物之鉤戟也 宜其出好 而興戎也 砂洞查夫人 每致新味 法家壼範 宜其爲編補女史也 可感可感 家兒已當返面之期 而一去之後 漠未收聞 可悶可悶

오후 3시에 손자 창로가 쌀을 사 보냈다. 이곳에 도착해서 처음으로 그 아이의 어른을 우대하는 뜻을 보니 기특한 일이다. 그러나 자산貲產이 저 한 몸에 달려 있음을 헤아리지 않고, 이 병들어 쓸모없는 나를 돌아보아 무슨 힘이 난다고 도리어 이렇게 분수에 넘치는 음식을 보내는가? 겉으로는 비록 꾸짖어 물리쳤으나, 입에는 먼저 침이 흐른다. 그 죄상을 따져보면, 위는 문을 여는 내응內應이고, 입은 사물을 끌어당기는 낫과 창[鉤戟]이라, 그들이 우호를 내거나 전쟁을 일으키는 것이 마땅하다.

　사동砂洞의 사부인査夫人께서 매양 새로운 음식을 장만해 주시는데, 법도 있는 집안의 규방 범절은 여사女史(열녀전을 가리킴)에 편보編補되어야 마땅하다. 감사하고 고맙다. 집의 아이가 이미 돌아와 얼굴을 비출 때가 되었건만, 한 번 간 이후로 막막하여 소식을 듣지 못하니 답답하고 괴롭다.

九日　晴　寧海反浦里居朴鍾根字致萬　松川居權寧九字舜賢　松川居權重暐字華日　平海正明里居黃信杰字君集　上沙里居李根鐸字景振　皆單身入來　而寧平二人　率眷次一宿還歸

　3월 9일. 맑음.
　영해寧海 반포리反浦里에 살던 박종근朴鍾根은 자字가 치만致萬, 송천松川에 살던 권영구權寧九는 자가 순현舜賢, 송천松川에 살던 권중위權重暐는 자가 화일華日, 평해平海 정명리正明里에 살던 황신걸黃信杰은 자가 군집君集, 상사리上沙里에 살던 이근탁李根鐸은 자가 경진景振이니, 모두 홀몸으로 들어왔다. 그런데 영해寧海와 평해平海에 살던 두 사람은 식구를 데리러 하루를 묵고 다시 돌아갔다.

十日　晴　下三點　細雨微霑　夜又如注　是午文極來見　卽日還寓　是夜　夢拜金溪西山翁　神彩燁敷　衣冠整齋　言語酬接　有如平日　因謂余曰 "我爲君著書" 因出小片楮　示之　細字漫漶　不能審繹　以此覆白　則又出一幅大紙　示之曰 "君以貫西爲號　貫西字逢空　改以明字　楣顔可也" 余曰 "渠安敢表號顔之哉　或於年輩游咏之日　戲有是言" 先生微哂　蓋其紙面　字不排○行　濶紙羅書　他不省何字何語　惟手分所指之貫西字明字　覺惟記譜　甚是異事　因感吟一絶

　3월 10일. 맑음.
　오후 3시에 가랑비가 약간 적시더니, 밤에 다시 따르듯이 왔다. 이날 오후에 문극文極이 와보고 다시 집으로 돌아갔다. 이날 밤 꿈에 금계金溪의 서산옹西山翁[58]을 뵈었는데, 신관을 밝게 펴고, 의관을 반듯하게 정돈한 모습으로 말씀하고 응대하심이 마치 평소과 같았다. 나

---

58) 금계金溪의 서산옹西山翁 : 서산 김흥락金興洛(1827~1899)을 말한다. 1896년 안동의진의 지휘장으로 활약하였다. 1995년 건국훈장 애족장이 추서되었다.

에게 말씀하시기를 "내 자네를 위해 글을 지어봤네."라 하시고는 인하여 작은 종이 조각을 꺼내 보여주는데, 작은 글자들이 퍼지고 번져서 일일이 알아볼 수 없었다. 그래서 알아볼 수 없음을 다시 아뢰니, 또 한 폭의 큰 종이를 꺼내어 보여주시면서 말씀하기를 "자네가 비서賁西59)로 호를 삼는다지. 비서賁西라는 자는 빈터를 만나게 되면, (집을 짓고) '명明' 자字로 고쳐서 편액하는 것이 옳을 걸세."라고 하였다. 내가 말씀드리기를 "어찌 감히 호를 드러내어 편액을 하겠습니까? 혹 동년배들과 어울려 시를 읊을 때 희롱삼아 말 한 적은 있습니다."라고 하니, 선생께서는 희미하게 웃으셨다. 대개 그 지면의 글자가 행을 따라 쓰지 않아 종이에 뒤섞인 것이 다른 것은 무슨 글자, 무슨 말인지 알아볼 수 없다. 오직 손으로 분간하여 짚어주신 '비서賁西'라는 자字와 '명明'이라는 자字는 깬 뒤에도 기억할 수 있으니 심히 기이한 일이다. 그래서 느낀 바가 있어 절구 한 수를 읊었다.

偶入蓬蓽坐了春	우연히 스승의 방에 들어가니 화기가 감도는데
樑摧十載有今晨	돌아가신 지 10년만에, 오늘 같은 새벽도 있구나
丁寧手賜之明字	똑똑히 손으로 가리켜 밝을 명明 자를 주시어
剛使楣顔覺後人	굳이 편액삼게 하셔서 후인을 깨우치시네

十一日 雨終日 氷泮水添 橋樑斷絶 擬行杜陵者 又不偕意 愁寂特甚 無地瀉懷 悶悶

3월 11일. 비가 종일토록 옴.
얼음이 녹으면서 물이 불어나고 다리가 끊어져 두릉杜陵으로 가려했던 것이 또 뜻대로 되지 않았다. 근심스럽고 심심함이 더욱 심하나 아무곳도 회포를 토로할 데가 없다. 근심스럽고 근심스럽다.

十翼日 霧漲山暗 强拭昏眸 裁書付送于舍弟及圭姪 而砂銅去書 同入于寧平二友歸裝便 忙未修下溪書 可恨 李友鍾穆 自寓所 買鷄而來 兩房老少飽喫 苦渴之餘 可以滋養胃道矣 聞其屋後多出沙蔘 而稍俟七八日 則土脈融解 可以採得云 昌孫與黃塏 及寧平諸友 涉漲冒發 云候杜陵寓所 年少風致 欽羨不已 吾則幾度經營 尙未遂願 始覺年老癃獘者 直一有息之未冷尸也 可歎可恨

---

59) 비서賁西 : 본 일기의 작자인 김대락金大洛(1845~1914)의 호이다.

3월 12일. 안개가 자욱이 끼어 산이 어둑어둑함.

침침한 눈을 억지로 닦으면서 사제舍弟 및 조카 규식圭植60)에게 편지를 써 보냈는데, 사동砂銅으로 가는 편지와 함께 영해와 평해의 두 벗이 돌아가는 인편에 넣었다. 바쁜 관계로 하계61)에는 편지를 쓰지 못하니 한스럽다. 벗 이종목李鍾穆이 우소에서 닭을 사와서 두 방의 노소老少가 함께 먹었다. 갈증으로 괴롭던 끝에 위장의 자양滋養이 될 만하다. 듣자하니, 그의 집 뒤에 더덕이 많이 나는데, 칠팔일 정도만 조금 기다리면, 토맥土脈이 녹아 캐올 수 있으리라 한다.

손자 창로가 황서방 및 영해·평해의 여러 벗들과 함께 불어난 물을 건너 위험을 무릅쓰고 출발하였는데, 두릉杜陵의 우소에 문후하기 위해서라고 한다. 젊은이들의 풍치風致가 부럽기 그지없다. 나로서는 몇 번이나 벼르면서도 여태 이루지 못한 소원이었다. 비로소 나같이 늙어 폐물이 된 자는, 숨만 남아 아직 식지 않은 시체와 같을 뿐임을 알겠다. 한탄스럽다.

夜坐　밤에 앉아서

居高端合坐遊身	높은 거처는 앉아서도 유람하기 알맞아
不費枯筇洞八垠	지팡이 힘 안 쓰고도 온 천하가 훤하다
拔地支天山氣勢	땅에서 솟아 하늘을 지탱하는 산의 기세요
排雲懸燭月精神	구름을 헤치고 촛불을 내 건 달의 정기라
粼粼水色龍藏窟	맑고 충충한 물빛은 용이 숨은 굴인데
遠遠村聲犬吠人	멀고 먼 마을에선 개 짖는 소리 들리네
當夜誰言春夜短	밤이 되어 봄밤이 짧다고 누가 말하나
三傾茶器待鷄晨	찻잔을 세 번 기울이며 닭 울기 기다리네

---

60) 조카 규식圭植 : 김대락의 조카 김규식金圭植(1880~1945)이다. 그는 1907년 내앞마을에 설립된 협동학교 교사로 활약하였다. 1911년 김형식·이준형 등과 함께 만주로 망명하여 독립군기지 개척에 노력하였다. 1919년 한족회가 결성되자 김규식은 학무부장으로서 신흥무관학교를 지원하는 활동을 펼쳤다. 그 뒤 남만주지역의 대표적인 독립운동단체인 정의부에서 항일투쟁을 이어갔다. 그는 봉천성 무순역撫順驛에서 동아관東亞館이란 여인숙을 운영하며 독립운동의 연락거점으로 활용하기도 했다. 1996년 건국훈장 애국장이 추서되었다.
61) 하계下溪 : 안동시 도산면 토계리의 소지명이다.

十三日 午晴 尙州金思容 南海尹一來

3월 13일. 오후에 갬.

상주尙州에 살던 김사용金思容62)과 남해南海 살던 윤일尹一이 왔다.

十四日 雨終日 孫兒買鯉魚 欲供之 吾固叱退 而私與其婦 業已鼎之矣 苦淡之餘 頗自開胃 七十年食肉之口 不可以猝地改性 可悶可歌

3월 14일. 종일 비가 내림.

손자 아이가 잉어를 사서 (나에게) 올리려 하였다. 내가 굳이 꾸짖어 물리쳤으나 몰래 그 아내와 더불어 이미 솥에다 삶았을 것이다. 찬이 싱거워 괴롭던 나머지 저절로 위장이 열린다. 칠십년 고기를 먹던 입이라 갑작스럽게 습성을 고칠 수가 없으니 민망하고 우습다.

十五日 晚晴 愁寂之餘 扶上洞口巖石上 聊以爲一邊暢攄之計 而無誰對打 因吟四韻一絶 盖其客抱鄕懷 遇境輒發 古人覽物之情 容有以也

3월 15일. 늦게 갬.

근심스럽고 적적한 나머지, 지팡이를 짚고 마을 입구의 바위 위에 올랐다. 애오라지 소창消暢이나 할 생각이었으나, 누구라 마주하여 이야기 나눌 사람이 없어, 사운四韻 절구絶句 한 수를 읊었다. 이는 아마 객지에서 품은 고향에 대한 그리움이 경물을 만나면 문득 발동해서인 듯하다. 고인들이 사물을 완상하던 뜻이 진실로 까닭이 있다.

| 洞霧初收霽色多 | 골안개 막 걷히니 비 갤 기색이 많아져 |
| 攀登嵬岳暢昏哦 | 높은 바위 더듬어 오르니 흐린 눈이 트이네 |

---

62) 김사용金思容(1893~1941) : 경북 상주 인봉리 사람이다. 1909년 신민회 계열의 비밀결사 대동청년당을 조직하여 지하에서 독립운동을 전개하였다. 1919년 3·1운동 때 독립선언서와 격문들을 다수 인쇄 배포하였다. 1920년 2월에는 신흥무관학교 졸업생으로 구성된 신흥학우단과 연락하면서 일제의 주요 관공서를 폭파하고 친일매국노들을 처단하려고 계획하다가 일제 관헌에게 발각되었고, 1923년 3월에는 의열단義烈團의 김시현金始顯·황옥黃鈺·유석현劉錫鉉 등이 일제 주요기관들을 폭파하려고 할 때, 폭탄을 보관하는 등 적극 가담했다가 일제에게 체포되어 투옥되었다. 1991년에 건국훈장 애국장이 추서되었다.

| 江因地坼歸蒼海 | 강은 갈라진 땅을 따라 창해로 흘러가고 |
| 石補天傾聳碧坡 | 바위는 하늘을 떠받쳐 푸른 언덕에 솟았네 |

    <洞口有石數十丈故云><마을 어귀에 두어 길이나 되는 바위가 있기 때문에 한 말이다>

| 亭毒宜生英傑士 | 화육의 기운63)은 의당 ㅣ걸의 선비를 낳겠고 |

    <此地 盖高句麗 百濟 扶餘 女眞崛起之地 而適有二孫 又生此地故云><이곳은 대개 고구려와 백제, 여진이 우뚝 일어난 곳인데 마침 두 손자가 또 이곳에서 태어난지라 이렇게 말하였다>

考盤端合碩人薖	고반考槃64)의 터는 은자가 거처하기 알맞겠네
風景不殊境界異	풍경은 다르지 않으나 강역은 다르니
鄕愁惟似善懷娥	고향 그리는 마음이 사념 많은 소녀와 같구나

曉起 새벽에 일어나

兒啼鷄唱睡魔猜	아이 울고 닭 우는데 수마睡魔가 시샘하여
歷數平生惱夢回	지나온 평생이 괴로운 꿈에 다시 보이네
談事常如王北海	시사를 말할 때는 왕북해王北海와 같았고65)
爲文當學呂東萊	글 지을 땐 마땅히 여동래呂東萊66)를 배웠지
靑萍已鈍宜藏匣	청평검67) 무뎠으니 칼집에 넣음이 마땅하고
寶鑑埋光可絶塵	보배 거울 빛바랬으니 먼지 닦아야 옳겠네

---

63) 화육의 기운 : 『노자』에 '亭之毒之'라 한 말이 있고, 그 주에 정亭은 형체形體의 등급을 나누는 기운이고, 독毒은 그 바탕을 이루는 기운으로, '화육化育한다'는 말이라고 풀이했다.

64) 고반考槃 : 『시경』「위풍衛風」의 편명이다. 어진 사람이 산곡山谷에서 은거하는 것을 찬미한 내용이나, 여기서는 고국을 떠나 망명한 처지에서 자신의 거처를 자조적으로 표현한 말이다.

65) 왕북해王北海와 같았고 : 손님을 좋아하는 주인을 비유하는 말로 쓰인다. '왕북해王北海'는 공북해孔北海의 오용인 듯하다. 공북해는 한漢 나라 말기 북해의 재상을 지낸 공융孔融을 가리킨다. 그는 성격이 관대하여 꺼리는 것이 적고 선비를 좋아하였는데, 해내海內의 선비들이 모두 그에게 심복하였고, 또 날마다 그의 문전에 사람들이 모여들었다. "자리에는 손님이 항상 가득하고 동이에는 술이 항상 비지 않으니, 나는 걱정할 것이 없다."고 한 말은 후인들에게 회자되는 명담이다.

66) 여동래呂東萊 : 남송南宋의 학자 여조겸呂祖謙(1137~1181). 자는 백공伯恭, 동래東萊는 호이다. 주희朱熹・장식張栻과 함께 동남삼현東南三賢이라고 불리었다. 저서에 『동래좌씨박의東萊左氏博議』 등이 있다.

67) 청평검靑萍劍 : 중국 고대 명검의 이름이다.

| 又是窮年難盡恨 | 더구나 이 늙은 나이에 다하기 어려운 한은 |
| 殊隣無與警昏頹 | 낯선 이웃에 혼미함을 깨워줄 벗 없다는 것 |

午夢 낮잠에 꿈을 꾸다

倦疲歆午枕	지치고 피로하여 낮잠을 잤더니
非夢亦非眠	꿈도 아니요 잠든 것도 아닌데
不費屨筇力	신과 지팡이 힘 빌릴 것 없이
遂成父老筵	어느새 부로들 잔치에 가 앉았네
忽被澆粟饋	문득 좁쌀죽 잡수라는 소리에
驚失故山川	놀라서 고향 산천 잃어버렸네
起嗔兒少輩	일어나 아이들에게 성 내었다네
由渠罷宿緣	너희 때문에 오랜 인연 놓쳤다고

十六日 又細雨終日 雲暗霧漲 幾不辨人 愁寂太甚 盖其北土寒凉 陰勝陽微 故也 實兒 爲洞祭所速 得餕餘一串 長可尺許 一眷俱啜 可喜 土人每以是日 寫眞揭叢石上 殺猪設祭而祈禱云 未知其上古上巳祓除之餘俗耶

3월 16일. 또 종일토록 가랑비가 내림.

구름이 어둡게 끼고 안개가 무성하다. 거의 사람을 분간할 수 없어 수심과 적적함이 매우 심하다. 이는 북변 풍토의 춥고 써늘함이 음기가 성하고 양기가 약해서일 것이다. 실아가 동제洞祭에 불리어 가더니 음복으로 꼬지산적을 얻어 왔는데, 길이가 한 자 쯤이나 된다. 온 식구가 함께 먹으니 반가운 일이다. 이곳 사람들이 매양 오늘 사진을 돌무더기 위에 걸어놓고, 돼지를 잡아 제사를 차리고 기도를 드린다고 한다. 상고시대 상사上巳 날 지내던 불제祓除의 여속餘俗인지도 모르겠다.

十七日 晚晴 李壻文衡來宿

3월 17일. 늦게 개다.

이서방 문형文衡이 와서 잤다.

十八日 晴 洛應文極 自寓所來 見而去 李鍾穆來饋紫蔘十本 可感

3월 18일. 맑음.

　박낙응朴洛應과 이문극李文極이 우소寓所에서 와보고 갔다. 이종목李鍾穆이 와서 더덕 열 뿌리를 주었다. 고맙다.

偶吟寄呈李石洲萬初	우연히 읊어 이석주李石洲 만초萬初에게 드리다
魂夢歸鄉里	꿈결에 고향 마을로 돌아가고
朋思去杜陵	벗이 그리워 두릉으로 찾아가네
嗒然如喪我	멍하니 정신을 잃어버린 듯하여
瘦骨但崚嶒	뼈만 남은 수척한 형상 험상궂어라
獘源家而客	폐단의 근원은 집이라도 나그네 신세
枯淡俗亦僧	마르고 싱거운 반찬 속세도 절간이라
猶有口腹在	아직도 입맛 가리는 취미는 남아
常思羽鱗蒸	언제나 고깃국을 끓이고 싶어라
懶廢仍舊習	게으름에 옛 습관 버리지 못하고
馳逐力未能	사방으로 주선해도 힘이 달리네
況當孤露日	하물며 아버님 여읜 기일을 맞아
百感一時增	온갖 슬픔이 일시에 겹칠 때이랴
欲藉工夫力	공부에 의지하여 잊으려 하지만
兀無史家乘	책상에는 역사서 한 권도 없고
欲採西山蕨	서산에 올라 고사리나 뜯고 싶으나
山高勢難登	산이 높아 형세가 오르기 어려워
欲尋東海月	동해에 뜬 달 찾아가고 싶지만68)

---

68) 서산에 올라 ~ 동해에 뜬 달 찾아가고 싶지만 : 백이·숙제와 노중련魯仲連의 의리를 말한다. 백이와 숙제는 주周 나라 무왕武王이 은殷 나라를 정벌할 때 무왕의 말고삐를 잡고서 만류하였다. 노중련은 전국시대 제齊 나라의 고사高士이다. 그가 조趙 나라에 가 있을 때 진秦 나라 군대가 조나라의 서울 한단邯鄲을 포위하자 노중련이 "진나라가 방자하게 황제를 칭한다면 동해에

海雲遮路興　　　　　바다 구름이 나그네 흥을 막고
欲觀洧之外　　　　　유수69) 밖 경치를 구경하고 싶으나
羞作士女朋　　　　　음란한 사녀의 벗 될까 부끄럽구나
沈吟歸寓坨　　　　　울적한 마음 읊어 처소에 보내노니
徒勞一枝藤　　　　　등나무 짝지만 쓸데없이 수고로웠네
那得芝蘭臭　　　　　어찌하면 지초 난초의 향기를 얻어
消却鄙吝膺　　　　　비루하고 인색한 가슴을 씻을꼬
臨風寄數字　　　　　바람 편에 몇 자 적어 보내자니
朝日數竿升　　　　　아침 해가 몇 길이나 높이 솟았네
　　　　　＜杜陵地名＞＜두릉은 지명이다＞

十九日 晴 日沒後 鈴雨小霈

　3월 19일. 맑음.
　해 빠진 후, 영우鈴雨(가늘고 성글게 내리는 비)가 조금 적셨다.

二十日 晴 文極來見而去 ○○○行祀事 草率苟艱 僅免虛度 痛哭痛哭

　3월 20일. 맑음.
　문극이 와 보고 가다. ○○○에 제사를 행하였다. 초라하고 구차하여 허도虛度(합당한 법도 없이 그냥 지나보냄)를 겨우 면했을 뿐이니, 통곡하고 통곡할 따름이다.

二十一日【先考都事府君忌辰】風雪大作 樵不上山 路斷行人 尹炳烈黃△△ 自寓所來宿 晨設飯告由 不勝悲慟徹穹壤 可謂終天而莫逮也

　3월 21일.【선고 도사 부군의 기일이다】
　눈바람이 크게 일어나 나무꾼이 산을 오르지 못하고 길마다 사람 발길이 끊겼다. 윤병렬

　　　빠져 죽겠다."하였다. 이에 진나라 군사가 50리 뒤로 물러났다는 고사가 있다.
69) 유수洧水 : 정鄭 나라의 물 이름이다. 진수溱水의 제방堤防과 함께 사녀士女가 모여들어 연락하던 장소로 유명한데,『시경』「정풍鄭風」'진유溱洧' 편에 정나라의 음풍을 풍자한 내용이 있다.

과 황아무개가 우소에서 와서 잤다. 새벽에 밥을 차려 제사 고유를 하자니 비통한 심정이 하늘과 땅에 사무침을 이기지 못하겠다. 세상이 끝나도록 미칠 수 없는 일이라 하겠다.

告由祝辭 고유축문

世値搶攘	세상이 어지러움을 만나
不安故坊	고국 방방곡곡이 편안치 못한지라
挈家奔迸	가솔을 이끌고 달아나 피난할 때
龕室未奉	감실을 받들어 오지 못했습니다
分付紹洛	소락紹洛에게 분부하기를
替修蠲享	대신 정결히 제향하라 하였으나
今當諱辰	지금 기일을 맞으니
采增愴痛	슬픔을 더욱 이기지 못하겠습니다
父祖先靈	선조先祖 영령께서는
隨在子孫	자손을 따라와 계실 터이니
一日幷設	하루 동안만 두 곳 함께 차리오니
禮雖無文	예에는 비록 명문이 없을 일이나
不忍虛度	차마 아무 일 없듯 보내지 못하여
飯蔬設卓	밥과 나물로 제상을 차리고
因事告虔	까닭을 갖추어 삼가 아뢰옵나니
昊天罔極	애닯기 하늘처럼 그지없습니다

是午 黃△△ 尹炳烈 來宿

이날 오후 황아무개와 윤병렬이 와서 잤다.

二十翼日 李明世 以莎蔘十本 來饋 可感

3월 22일.
이명세가 더덕 열 뿌리를 보내주었다. 고맙다.

二十三日 風 午 洪主事淳復 以麵飥二盒 送饋 蓋因其晬盤所需 而延及待老之意也 多感多感 流寓窘艱之際 無物可報 以四韻一節絶句三韻 以替感領之意

3월 23일. 바람이 불다.

 낮에 주사主事 홍순복洪淳復이 국수 두 찬합을 보내주었다. 아마도 그의 생일상에 쓰려던 것일 터인데 노인 대접할 생각에까지 미치게 되었을 터이다. 참으로 고맙고 고맙다. 떠돌이 살림의 군색한 즈음이라 아무것도 보답할 것이 없어, 사운시四韻詩 일절一節과 삼운三韻의 절구絶句 한 수로 감사히 받노라는 뜻을 대신한다.

一別鄕關萬里城	한 번 고향 떠나니 만리 이역이라
相奉皆是弟兄情	만난 사람 모두가 형제처럼 정다워라
吾如四皓來商岫	나는 사호四皓70)처럼 상산에 찾아왔고
君似三閭作楚聲	그대는 삼려대부처럼 초사를 지었네71)
抵死不隨荃蕙化	죽더라도 향초가 띠풀72)로 변할 수 없고
經寒方識竹松貞	추위를 겪고서야 송죽의 절개를 아는 법
聊將時日分山約	앞으로 맞을 나날에는 분산의 약속73)을 맺고
南北芳隣共鑿耕	남북으로 이웃되어 우물파고 농사짓세

---

70) 사호四皓 : 상산사호商山四皓를 가리킨다. 한漢 고조高祖 때 상산商山에 은거해 있던 네 고사高士 즉 동원공東園公·기리계綺里季·하황공夏黃公·녹리선생用里先生이다. 수염과 눈썹이 모두 희다고 하여 호皓라 한다.
71) 삼려대부처럼 초사를 지었네 : 삼려대부三閭大夫는 굴원屈原을 말한다. 초사를 지었다는 것은 굴원이 초나라를 떠나 유리 방랑하였다는 뜻인데, 백하가 도만하였을 때 이병삼이 먼저 와서 이역을 떠돌며 고생하고 있었음을 비유한 것인 듯하다.
72) 띠풀 :『초사楚辭』「이소離騷」에 "전혜荃蕙가 변하여 띠풀이 되었다."한 데서 온 말로, 군자가 소인이 됨을 비유한 것이다.
73) 분산의 약속 : 두 사람이 한 구역에서 같이 은거하자는 약속을 의미한다. 송宋 나라 장영張詠이 젊었을 때 화산華山에 은거하고 있던 희이希夷선생 진단陳搏을 알현하고는 화산에 은거하고 싶어 하자, 진단이 "다른 사람은 몰라도 공이라면 내 마땅히 분반分半하여 바치겠다."고 한데서 유래한다.

經歲流離瑣且微　　한 해 너머 떠도느라 보잘 것 없고 천한 몸
由君晬需口生餙　　그대 생일 음식으로 입안에 향기가 나네
客裏難將裘果助　　객지라 갖옷과 과일 부조 보내기 어려우니
臨風寄奏鶴南飛　　바람 편에 학남비鶴南飛의 노래74) 읊어 부치노라

<朱子生日 有裘材香之助 東坡生日 有鶴南飛助><주자朱子의 생일에 가죽 옷감과 향을 부조한 이가 있었고, 동파東坡의 생일에는 학남비鶴南飛의 퉁소곡을 부조한 이가 있었다>

二十四日 陰

3월 24일. 흐림.

二十五日 晴 率昌孫 去杜陵妹兄寓所 所寓屋子 將爲洪參判△△所據 故方於西夾 營造一室 隘陋窘束 無非困難中事也 但家後森林 一揮鎌而可備數日之爨 較我所居 此爲一幸也 午 設麵飥 快飮二碗 苦渴之餘 無暇節食之戒 甚歎甚歎

3월 25일. 맑음.

　　손자 창로를 데리고 두릉杜陵의 매형妹兄 이상룡이 우거하는 집으로 갔다. 살던 집은 장차 홍참판洪參判75)의 거처가 될 터이라, 막 그 서쪽 한켠에 방 한 칸을 꾸미고 있었다. 비좁고 군속하여 곤란한 일 아님이 없다. 다만 집 뒤편의 우거진 숲이 한 번 낫질에 며칠간의 땔감을 마련할 만하다. 내 사는 곳 형편과 견주어보니 이것은 한 가지 다행이다. 점심으로 국수를 차렸는데 두 대접을 달게 마셨다. 배고프고 목마르던 끝이라 음식을 알맞게 먹으라는 훈계를 가릴 겨를이 없으니 매우 우습다.

二十五日 晴 家兒自柳河縣還來 慮念之餘 一條快事 而第聞其始終困難 非有人所堪者也 且求田問舍之計 一不入手 而左右周章 僅得住在一屋云 來頭窘隘之狀 預自愁歎 入境四

---

74) 학남비鶴南飛의 노래 : 소식蘇軾이 적벽赤壁 아래서 생일잔치를 하는데, 문득 강상江上에서 퉁소 소리가 들려왔다. 소리의 주인공은 이위李委라는 자로, 소식을 위해 '학남비鶴南飛'라는 새 노래를 만들어 이날 분 것이다.
75) 홍참판洪參判 : 문원汶園 홍승헌洪承憲(1854~1915)인 듯하다. 그는 이계耳溪 홍양호의 5대 주손으로 1909년 만주로 망명하여 1914년 8월에 졸하였다.

朔 迄未得便身駐足之地 開基培墣之難 自昔然矣 由來踈拙之歎 奚啻爲臨渴掘井之比而已乎 是午 與萬初往見淸人所居 則屋宇宏麗 場圃周匝 廐繫駿乘 庭馴鷄鴨 析薪堆積 可備春夏之計矣 方可謂一方潤屋 而後問 其萬初雇役之人 則乃其家之年少壯丁也 其富如許 而又能賣身 而資業 韓人之稍饒自滿 必因其局小量陜之故也 兒少之輕財濫觴 得不爲今日可戒者乎

3월 25일.[76] 맑음.

집 아이가 유하현柳河縣에서 돌아왔다. 염려하던 나머지에 한 가지 반가운 일이나, 다만 그 처음부터 끝까지 곤란했던 사정을 들으니 사람으로서 견딜 일이 아니다. 또 밭을 구하고 집을 알아본다던 계획은 하나도 성사된 것이 없고, 이리저리 주선하여 겨우 살 집 하나를 얻었다고 한다. 앞으로 닥칠 군색한 상황이 미리 걱정스러워 탄식이 나온다. 이곳에 온 지 넉 달인데 여태 몸 편히 눕고 발붙일 땅을 얻지 못하였다. 터전을 닦고 가꾸는 어려움이 예로부터 당연하지만, 소졸함 때문에 온 탄식이니 어찌 갈증이 나서야 우물을 파는 것과 같지 않으랴?

이날 오후에 만초와 더불어 청인淸人이 사는 곳에 가보니 집이 넓고 화려했다. 마당 주위로 둘러있는 텃밭, 마구간에 매여 있는 좋은 말과 수레, 뜰에서 기르는 닭과 오리, 쌓여있는 장작들이 일년 내내 살아갈 수 있도록 잘 갖춰져 있었다. 바야흐로 한 지방의 윤택한 집이라 할 만 한데도, 나중에 물어보니 만초에게 품팔이하는 사람이 바로 이 집의 젊은 장정이었다. 그 부유함이 이 정도인데도 또 품을 팔아 가업家業에 보태는 것이었다. 한인韓人들이 조금만 넉넉해지면 자만하는 것은 틀림없이 그 그릇이 작고 국량이 좁은 탓이리라. 아이와 젊은이들이 재물을 가벼이 여기는 근원이니 오늘날 경계삼지 않을 수 있겠는가?

二十六日 夜雨小霈 朝非快晴 而可釋冒沾之慮矣 卽於發還之際 曾聞淸人李笑雲文名 故歷訪其所謂自治團所 引筆問之 則笑雲出外 而年少一人 頗解文字 因吟示五言一絶曰

3월 26일.

밤비가 조금 내렸다. 아침에도 쾌청하진 않았으나, 옷 적시며 가야할 염려는 풀렸다. 곧 돌아가려고 길을 나설 때, 일찍이 청인淸人 이소운李笑雲이 글 잘한다는 명성을 들은 적이 있

---

76) 3월 25일 : 25일이 두 번 나오고 있으니, 같은 날 두 번 기록한 것 같다.

었던지라, 지나는 길에 이른바 그의 자치단소自治團所라 하는 곳을 들렀다. 붓을 끌어(필담筆談으로) 물으니 소운은 출타했다고 하는데, 젊은 사람 하나가 문자를 제법 이해하였다. 이에 오언절구 한 수를 읊어 보이기를,

大風將拔木	태풍이 나무를 뽑으려 함에
群鳥忽飛啼	뭇 새가 홀연히 날며 우네
穹林如許大	높이 자란 숲이 이처럼 크니
願借一枝棲	가지하나 빌려 깃들기를 바라네

라고 하니,

彼雖感領 而不能足韻 遂引笻立書 曰

그가 비록 고맙게 받기는 하였으나, 차운할 정도는 아닌 모양이다. 마침내 지팡이를 당겨서 선 채로 썼다.

昔聞笑雲賢	전에 이소운의 어진 명성을 들어
携筇造高筵	지팡이 끌고 높은 자리 찾아왔네
不見笑雲去	이소운을 못 만나고 돌아가는데
回首却悵然	머리 돌려 바라보니 다시 서운해

彼遂僕僕點頭曰 會徒笑雲之還第 當隨意相尋云云 將欲過訪鄭台元夏 幾到街上 見兒輩問之 則回望其家 已過數武矣 不但困脚 難於復路 且聞白沙後孫李衛率△△77) 方待我所云 卽自還寓 則年可爲友矣 遂竟夕攄懷 無非楚囚對泣也 李令遂唱短歌一関 悲惋慷慨 不涕非人 懷鄕去國之恨 觸緖添增 白首羈寓之苦 何時可已也 大雨連下 足不可着 只而百爾挽轄 期於還寓 雖有前期 而切非送客之時也 殊甚悵缺

---

77) △△ : 원문에 두 자를 띄어썼는데, 아마 명함名啣을 정확히 기억하지 못하여서였던 듯하다. 이어진 내용에 "그의 나이가 벗삼을 만하다."고 한 대목이 있는 것으로 보아 이시영 6형제 중 이건영李建榮인 듯하나 정확하지 않다. 이 이후에도 원문에서 띄어쓴 부분은 모두 △△으로 표시하였다.

그가 드디어 여러 번 머리를 끄덕이며, "마침 소운이 집에 돌아올 때가 되어가니, 마땅히 뜻하시는 대로 찾아 뵙겠다 운운"하였다.

정원하鄭元夏 공公에게 들르고 싶었는데, 거의 가상街上에 이르러서 아이들을 보고 물었더니 그의 집을 돌아보며 '이미 몇 걸음을 지나쳐 왔다'고 한다. 다리가 피곤하여 길을 돌아가기 어려울 뿐 아니라, 또 들으니 백사白沙 선생의 후손, 위수衛率78) 이아무개가 지금 내 처소에서 기다린다고 한다. 곧장 집으로 돌아오니 그의 나이가 벗 삼을 만하다. 마침내 저녁 내내 마음을 터놓으니, 초楚 나라 포로처럼 마주 보고 우는 정경79)이 아님이 없었다. 이공이 드디어 단가短歌 한 마디를 부르는데 그 노래가 비분강개하여 눈물을 흘리지 않으면 사람이 아닐 것이다. 고향 생각과 고국을 떠난 한이 정서에 닿아 더해지니, 백발 나그네의 괴로운 망명 생활이 어느 때나 그치겠는가?

큰 비가 연일 내려 발 디딜 곳이 없다. 다만 백방으로 만류하였지만 기어이 집으로 돌아갔다. 비록 앞으로 만날 기약이 있다고 하나, 손님을 보낼 때가 아니었다는 생각이 절실하다. 매우 서운하고 아쉽다.

二十七日 陰冷 江水忽漲 黃濁汨瀗 橋絶而舟危 街上校長因而停學

3월 27일. 흐리고 춥다.

강물이 갑자기 불어 황토물이 콸콸 흐른다. 다리가 끊어지고 배가 위태롭다 하여 가상街上의 학교장이 이 때문에 정학停學을 했다.

二十八日 或雨或晴

3월 28일. 비가 오기도 하고 개기도 함.

---

78) 위수衛率 : 세자익위사世子翊衛司에 소속된 좌·우위수로 종6품 벼슬이었다.
79) 초수대읍 : 진晉 나라에 포로로 잡혀가서 거문고로 초나라 음악을 연주하며 고향을 그리워했던 종의鍾儀의 고사에서 유래하여, 나라가 위태한 상황에서 더 이상 어찌 할 수 없이 군박한 처지에 빠져 있는 사람을 가리키는 말이 되었다.『春秋左氏傳 成公9年』또 서진西晉 말년에 중원을 잃고 강남으로 피난 온 관원들이 신정新亭에 모여 술을 마시다가 고국의 산하를 생각하고서 서로들 통곡을 하며 눈물을 흘리자, 왕도王導가 엄숙하게 안색을 바꾸고는 "중원을 회복할 생각은 하지 않고 어찌하여 초수楚囚처럼 서로 마주 보며 눈물만 흘리느냐"고 꾸짖은 고사가 있다.

二十九日 小晴 家客金尹二友 與兒輩登山 採薤而來 糅以椒末 和漿食之 苦淡之際 可合開胃之資

3월 29일. 조금 갬.

집에 온 손님 김씨와 윤씨 두 벗이 아이들과 함께 산에 올라 달래를 캐왔다. 고춧가루로 무치고, 간장에 버무려 먹으니 찬이 싱거워 괴롭던 차에 위장을 펼 거리로 알맞다.

三十日 自前山遍踏群峰 周覽四方 山氣險峻 似是白頭初落也 人物之貿貿蚩蚩 宜或然矣 偶見鵑花一藥 半開於極高向陽之地 萬木未芽之時 此爲奇玩 而西土風氣 亦由於寒凉陰冷之故耳 窃計故山桃杏 已今凋殘矣 覽物之興 果吾今日之謂也

3월 30일.

앞산에서부터 뭇 봉우리를 두루 밟아 사방을 둘러보았다. 산세가 험준하니 아마도 백두산 아래 첫 동네인가 보다. 사람들이 본 데 없이 무례하고 어리석은 것도 어쩌면 당연하다 하겠다. 우연히 보게 된 참꽃 한 떨기가 산꼭대기 양지 바른 곳에 반나마 피어 있는데, 모든 나무가 아직 싹 트기 전이니 이는 기이한 볼거리이다. 서쪽의 풍토가 또한 춥고 음산하여서 일 터인데, 가만히 고향의 복사꽃·살구꽃을 따져보니 이미 지금쯤은 시들었을 것이다. 사물을 본 흥취가 과연 지금 나를 두고 일컬은 말인지?

北山風氣異南沙	북산의 풍토와 날씨는 남녘 더운 곳과 달라
三月將窮一朶花	삼월이 다 가려는데 한 떨기 꽃이 피네
始識乾坤奇且大	비로소 알겠도다 천지가 기이하고도 커서
氷山火海儘非差	얼음산 불바다가 모두 대차 없음을

    <所居北山故云><사는 곳이 북산이라 그 때문에 기구起句에 말하였다>

四月一日 朝晴夕雨 回風猝作 鍊子上椒末 幾半飛散 政所謂末風而塩雨也 兒輩採得沙蔘五串而來 一眷煮啜 可代肉味

4월 1일. 아침에 갰다가 저녁에 비가 옴.

돌개바람이 갑자기 불어 맷돌 위의 고춧가루가 거의 반너머 날아 흩어졌다. 바로 이른바 '고추처럼 매운 바람에 소금처럼 짠 비'라 한 정경이다. 아이들이 더덕 다섯 꿰미를 캐와, 온 식구가 구워 먹었다. 고기 맛을 대신할 만하다.

翼日 晴 風和氣暖 盖其入此境初遇也 聞尹仁輔 自故庄還來 而徑去其寓 未詳家鄕消息 甚鬱甚鬱 午後送孫兒于其寓 爲探內地時勢耳

4월 2일. 맑음.

바람이 온화하고 날씨가 따뜻하니 대개 이곳에 들어온 후로 처음 만나는 날씨이다. 듣자 하니 윤인보尹仁輔가 고장에서 돌아왔는데 곧바로 그의 거처로 가버렸다고 한다. 고향 소식을 자세히 알지 못하니 답답하기 그지없다. 오후에 손자 아이를 그의 집에 보냈다. 국내 정세를 알아보려 해서이다.

三日 晴 日氣和暢 往觀街上 不徒消鬱之計 云有書鋪 故買爲遮眼之資矣 歷見市肆 皆非經史可讀之書也 占書像經稗說之俱搜幷蓄者 而弁首之紙 寫人眞像 畵繪圖本 不忍正視 遂畧觀市肆貨府 而路邊田中 薙子甚盛 因以木錐 植杖採得 一頃之間 幾滿數握 歸託家少而打作下匙之資 可笑可笑 尹仁輔 自寓所來 傳故里信息 而慮有路警 未見有隻書寄來 雖得口報而其詳未也 阿姪輩 云來而不來 悶慮悶慮 注谷趙範容夏基 午後入來

4월 3일. 맑음.

날씨가 화창하여 가상街上에 나가 보았다. 울적함을 씻으려 해서일 뿐 아니라, 책가게가 있다고 하니, 사서 볼거리로 삼을까 해서이다. 저자의 가게를 두루 돌아보니 모두 경사자집經史子集 같은 읽을 만한 책이 아니고, 점서占書와 상법像法, 패설류稗說類를 모두 찾아 한데 쌓아 놓았는데, 책표지에 사람의 진상을 그린 그림책들이 차마 바로보지 못할 정도이다. 드디어 가게와 화물 창고를 대략 구경하는데 길가의 밭 가운데 달래가 매우 무성하다. 그래서 나무 송곳을 만들어, 지팡이를 세워둔 채 그것을 캐니, 잠깐 만에 거의 두어 줌이나 되었다. 돌아가 집 젊은이들에게 맡겨 반찬거리를 장만케 하니, 참으로 가소롭다.

윤인보尹仁輔가 우거寓居로부터 와서 고향 소식을 전하였으나, 노중에 경찰警察이 있을까 염려하였던지 편지 한 통 부쳐 온 것이 없었다. 비록 입으로 전한 소식을 들었으나 상세하지가 않다. 조카들이 온다고 해놓고 오지 않는다. 안타깝고 염려스럽다. 주실80)의 조범용趙範容81)과 하기夏基82)가 오후에 들어왔다.

筆筒說   필통 이야기

偶見孫兒案上 有筆筒一座 高一尺二寸 圍十一寸約 谽呀骯髒 不費礱斲 而可合於文房中好事者之所需也 余意其貨致之物 將欲却之 爲年少玩物之戒矣 旣又聞之 則始得於傭夫爨木之中 而取爲器焉者也 盖其爲物 一看之則如虎豹之鞹 縝霧昏而遁其形 一看之則如雨後之鴟 見腐鼠而怡情 一看之則如懸崖巨石 繡蒼蘚而縛藤蘿 甲視乙視 可名而不的名者 有似吾少年時貌樣 霜溜電擊 奪精魄 而刊枝葉 礧砢戍削 不中繩墨者 有似吾中晩困厄時貌樣 朽株敗蕢 內倥侗 而外險巇 罅漏百出 動遭跪跽 名不齒於橡樟之林 材不逮於匠石之園 爲世所棄 而坎坷於窮山樵牧之社者 有似吾老措時貌樣 離根絶類 自異於花樹聚叢之中 而轉轉流入於傭夫散木之場者 有似吾今日貌樣 噫噫異哉 物之不遇 一與我酷相始終耶 雖然以口戞之 則蓬蓬然 如噫氣之隧 叩之則甬甬然 作佛鐸聲 器之則可以備圜丘陶匏之耦 中通四達 惟意蓄散 中山之兎 會稽之藤 衝突四面 隨手應接者 猶有愈於蘇內翰之木假山 范文正之木居士也 物得主而爲世用 則奚止爲匏苽螺殼之偏係一物者乎 有是具而不能用 惜哉 雖然 與其爲琴 而先受焦尾之患 曷若爲樸 而內守晦根之美乎 輂掌屈折 早避先斧之厄 伏在沙泥 已免靑黃之災 而生長於先天雨露之中 爲顔於文人拂士之案 而口揷董史之筆 腹受靑天之紙 則向之不遇 非筆筒之不遇也 向之爲棄 非筆筒之所羞也 遇不遇 幸不幸 又安足道哉 吾故以是自况 而爲喜爲用者之戒焉

　우연히 손자의 책상 위에 높이 1척 2촌(36㎝)이며, 둘레 11촌(33㎝) 가량의 필통筆筒 하나가 놓여 있는 것을 보았다. 빼끔하게 구멍이 뚫리고 우뚝이 잘난 체 하는 것이, 갈고 깎는 수고를 들이지 않아도, 글방의 호사가好事家가 쓰기에 적합할 듯하다. 내 속으로 이는 아마 재화를 들인 물건일 것이니 장차 내다 버리는 것이 젊은이들에게 완물상지玩物

---

80) 주실 : 영양군 일월면 주곡리이다.
81) 조범용趙範容 : 영양군 일월면 주곡리 한양조씨 7호가 1911년 3월 만주로 망명하였는데, 조범용은 그 가운데 한사람이다.
82) 조하기趙夏基 : 영양군 일월면 주곡 출신이다. 조만기의 동생이며, 석주 이상룡과 내외종간이다. 형 조만기는 1911년 가족을 동반하고 만주로 망명하여 경학사와 신흥학교 운영에 힘썼다. 1990년 건국훈장 애족장이 추서되었다.

喪志83)의 경계가 되겠다고 생각하다가, 또 들으니 처음에 품 파는 사람의 장작더미 속에서 주워다가 필통으로 만든 것이라고 한다.

　대개 그 물건의 됨됨이가, 한편으로 보면 범과 표범의 가죽이 자욱한 안개에 가리어 형체를 숨긴 듯하고, 한편으로 보면 비가 내린 뒤, 솔개가 썩은 쥐를 보고서 마음에 흡족해하는 듯하며, 또 한편으로 보면 깎아지른 절벽과 큰 바위가 푸른 이끼에 수놓이고 등덩굴을 두른 듯하니, 이리 보고 저리 보아도 이름을 붙일 만하면서 적확한 이름을 짓지 못하는 것은 내 어린 시절의 모습과 비슷하다. 서리에 무젖고 번개에 맞아 정신을 뺏기고 가지와 잎을 잃어, 울퉁불퉁 꺼칠한 형상이 규범에 맞지 않는 것은 내 중년과 만년, 곤경에 빠진 때의 모습과 비슷하다.

　썩은 그루터기와 부서진 껍질에 안으로는 텅 비어 미련하면서 겉으로는 험상궂어 보이고, 틈과 구멍이 백방으로 나고 걸핏하면 위태한 지경에 부닥쳐, 명성이 녹나무[櫲樟]84) 숲에 끼이지 못하고 재목은 장석匠石85)의 동산에 이르지 못하니, 세상의 버림을 받아 초동 목부들의 모임에 불우하게 소외된 것은, 내가 늙어 버려진 때의 모습과 비슷하다. 뿌리를 떠나 무리와 단절되고, 꽃과 나무들이 한데 모인 곳에서 스스로 유리되어 이리 구르고 저리 구르다가 품 파는 사람이 흩어 놓은 땔감 마당으로 흘러 든 것은 오늘날 나의 모습과 비슷하다.

　아아, 이상하다. 하나의 사물의 불우함이 처음부터 끝까지 나와 흡사하구나. 비록 그러하나 입으로 오므려 불면 봉봉하는 소리가 마치 한숨을 내쉬는 굴과 같고, 두드려 보면 똑똑하고 목탁 소리가 난다. 그릇을 만들면 원구[圜丘]86)와 도포陶匏87)의 짝이 될 만하다.

---

83) 완물상지玩物喪志 : 쓸데없는 물건을 가지고 노는 데 팔려 소중한 자기의 본심을 잃음. 『서경』 「여오旅獒」에 "사람을 가지고 놀면 덕을 상하고, 사물을 가지고 놀면 뜻을 잃는다[玩人喪德, 玩物喪志]"라는 말이 나온다.

84) 여장櫲樟 : 본래는 예장豫章으로 녹나무를 말하는데 목재로 좋다. 『장자莊子』 「산수山木」에 "王獨不見夫騰猿乎? 其得柟梓豫章也"라는 말이 나온다.

85) 장석匠石 : 도목수都木手의 별칭이다. 『장자』 「인간세人間世」에 "사당에 있는 아름드리 거목巨木을 장석이 보고는, 쓸모없는 산목散木이라고 여겨 그냥 지나친 이야기가 나온다[匠石之齊 至於曲轅 見櫟社樹 ……曰 已矣 勿言之矣! 散木也 以爲舟則沈 以爲棺槨則速腐 以爲器則速毁 以爲門戶則液樠 以爲柱則蠹 是不材之木也 無所可用 故能若是之壽]"라는 말이 나온다.

86) 원구[圜丘] : 옛날, 하늘에 제사지내던 둥근 모양의 높은 단이다.

87) 도포陶匏 : 『예기禮記』 「교특성郊特牲」에 "천자가 교제郊際 즉 하늘 제사를 올릴 때, 제기로 질그릇과 바가지를 사용하는 것은 그것이 천지의 질박한 본성을 상징하기 때문이다[器用陶匏, 以象天地之性]"라는 말이 나온다.

가운데서 사방으로 통달하니, 생각건대, 뜻을 모으고 발산할 때, 중산中山의 토끼와 회계會稽의 등나무88)로 사면에 부딪쳐 손가는 데로 응대할 수 있다는 점에서는 오히려 소순[蘇內翰]의 목가산木假山89)이나 범중엄[范文正]의 목거사木居士90)보다도 낫다. 어떤 사물이 주인을 만나 세상의 쓰임이 된다면, 어찌 다만 박이나 오이, 소라껍데기처럼 한 군데에 매달린 물건이 되겠는가? 이런 점을 구비하고도 쓰이지 못하는 것이 애석하도다!

비록 그러하나 거문고가 되어 먼저 초미焦尾91)의 우환을 당하기보다는 차라리 통나무가 되어 안으로 뿌리에 감춘 아름다움을 지키는 것이 낫지 않겠는가? 굽고 꺾인 모습을 자랑함으로써 도끼날에 먼저 찍히는 곤액을 피하고, 진흙 속에 엎드려 있음으로써 청황靑黃92)의 재앙을 면하더니, 선천先天의 우로雨露 가운데에서 생장하고, (지금은) 문인文人 필사拂士의 책상에 얼굴이 되어서, 입에는 동호董狐의 붓93)을 끼우고 배에는 푸른 하늘과 같은 종이를 받게 된 것이다. 그렇다면 지난 날의 불우함은 필통의 불우함이 아니요, 지난 날 버림 받은 것은 필통이 부끄럽게 여길 일이 아니니 세상을 만나고 만나지 못함이나 행복하고 불행함을 또 어찌 족히 말할 것이 있겠는가? 내 이로써 나 자신의 모습을 서술하여 세상의 쓰임이 된 것을 기뻐하는 자의 경계로 삼노라.

---

88) 중산中山의 토끼와 회계會稽의 등나무 : 붓과 종이를 말한다.
89) 목가산木假山 : 나무뿌리가 기묘하게 서로 얽히고 중첩해서 산의 형상을 이룬 것을 말하는데, 줄여서 목산木山이라고도 함. 소순蘇洵이 산처럼 생긴 나무둥치를 보고서 지은 『목가산기木假山記』가 있다.
90) 목거사木居士 : 나무로 깎아 만든 신상神像으로, 목불木佛을 가리키는 말이다.
91) 초미焦尾 : 초미금焦尾琴의 약칭. 『후한서後漢書』 「채옹전蔡邕傳」에 "동한東漢 시대에 오吳 나라 사람이 오동나무로 불을 피워서 밥을 짓는 자가 있어, 채옹蔡邕이 그 불타는 소리를 듣고 좋은 재목인 것을 알게 되었다. 그래서 그것을 달라고 해서 거문고를 만든바 과연 아름다운 소리가 났는데, 그 나무 끝이 불탄 흔적이 있어 초미금焦尾琴이라 하였다[吳人有燒桐以爨者 邕聞火烈之聲 知其良木 因請而裁爲琴 果有美音 而其尾猶焦 故時人名曰 焦尾琴焉]"라는 말이 나온다.
92) 청황靑黃 : 화려한 관직 생활을 뜻한다. 『장자』 「천지天地」에 "백년 된 나무를 베어서 제기祭器를 만들고 그 위에 청황靑黃의 문채로 장식한 뒤에는 나머지 나무토막들을 구렁 속에 내버리는데[其斷在溝中] 제기와 나무토막 사이에 아름답고 추하게 된 차이는 있다 하겠지만, 나무의 본성을 잃은 점에 있어서는 똑같다고 하겠다."라는 말이 나온다.
93) 동호董狐의 붓 : 사관의 직필直筆을 말한다. 동호는 춘추시대 진晉의 사관史官으로 진晉 영공靈公이 조돈趙盾을 죽이려 하자 도망하였다. 그 뒤 조천趙穿이 영공을 시해하였는데 조돈이 돌아와서 조천을 토벌하지 않았으므로, 동호는 『사기』에 "조돈이 그 임금을 시해했다."고 썼다.

四日 氣溫暖 往鄭台家 一頃打話而歸 將向杜陵寓所 水無橋 旋返 歷見街上 忽有兵隊數十 荷銃前過 較視日兵 殆無精悍之氣 中國衰微之狀 終可知矣 假使善覘人國者觀之 將其何云

4월 4일. 날씨가 온난함.

정공[94] 집에 가서 일경一頃 쯤 대화를 나누었다. 돌아오는 길에 두릉杜陵의 임시 거처에 가려다가, 물에 다리가 없어 다시 돌아왔다. 길가를 두루 돌아보는데 문득 병사의 무리 수십 명이 나타나 총을 메고 앞을 지나갔다. 일병日兵과 견줘보건대 거의 정예의 사나운 기운이 없다. 중국의 쇠미한 상황을 끝내 알 수 있었다. 만약 남의 나라를 잘 엿보는 자로 하여금 이것을 보게 한다면, 장차 뭐라 하겠는가?

五日 晴 步出江上 見有一淸人 驅率羔羊七十餘頭 渡江秣芻 將還 麾之肱而卑升 中國馴畜之俗 至於牛馬 而亦然云

4월 5일. 맑음.

걸어서 강가에 나갔다. 청인淸人 한 사람이 있어, 염소와 양 70여 마리를 몰고 강을 건너 꼴을 먹이는 것을 보았다. 장차 돌아오려 할 때는, 팔을 휘둘러 내리고 올린다. 중국의 가축을 길들이는 풍속이 소와 말에 이르러서도 또한 그러하다고 한다.

六日 風而寒 大丘尹童尙漢來

4월 6일. 바람이 불더니 추워짐.

대구大丘의 윤씨 아들 상한尙漢이 왔다.

欲消愁寂意	근심과 적적함을 풀고 싶어서
携筇上碧嶂	지팡이 끌고 푸른 산을 오르네
嵐光濃欲滴	짙은 산 이내는 물방울 질 듯하고
江氣靄如蒸	자욱한 강 아지랑이 김 오르듯 하네
勝景還多感	좋은 경치에 더욱 감상이 많지만

---

94) 정공鄭公 : 기당 정원하를 가리킨다.

儒冠怕見憎　　　　갓 쓴 모습은 미움 받을까 두렵구나
　　<此處風俗 皆纏巾來往 故三聯及之><이곳의 풍속은 모두 수건을 동여매고 내왕하는 고
　　로 3연에 이른 것이다>
披林向夕返　　　　저녁 무렵 숲을 헤치고 돌아오는데
黃蝶掠朱藤　　　　노란 나비가 주등朱藤을 빼앗으려 하네
　　<朱藤樂天杖名><주등은 백낙천白樂天의 지팡이 이름이다>

七日 晴 杜陵寓李妹 及從孫女 洛應兄 同時入來 洛應午饒而去 家客金思容尹一 以大邱
尹必漢 邀接次 發去車渠右

4월 7일. 맑음.
　두릉杜陵에 우거하는 매부 이형과 종손녀從孫女, 낙응洛應 형이 동시에 들어왔다. 낙응형은 점심을 먹고 떠나고, 가객家客 김사용金思容과 윤일尹一이 대구大邱의 윤필한尹必漢을 맞이하기 위해 차거우車渠右로 떠났다.

八日 晴而風 李兄章寧 自楚山買牛二隻而還 二隻價一千三百餘金云 李明世自寓所來見
是日卽佛家晬日也 土俗亦以是日爲一年大名日 家家設酒肴 遊樂云爾

4월 8일. 맑으나 바람.
　이장녕李章寧 형이 초산楚山에서 소 두 마리를 사서 돌아왔는데, 두 마리의 값이 1,300금이라고 한다. 이명세李明世가 사는 곳에서 와 보았다. 오늘은 부처의 탄신일인데, 이곳 풍속에도 이날을 1년 중의 큰 명절로 여겨, 집집마다 술과 안주를 차리고, 즐겁게 논다고 한다.

九日 晴 石洲李兄 自寓所來見 盖以我有柳河縣行 故先期餞行 苦挽以做一夜之話 而以其
弟德初新來 故期於還寓 屢朔分形之餘 情勢固然 携手出洞 愕然相別 雖有前期 而悵恨殊
甚 明將發行 而裝束無可致之道 家兒以買騾次 朝後去杜陵 而迫暮不來 可悶可悶 禮安浮
浦居李元植 入來於內間 皆爲同派至親也 客地逢迎 情誼自別

4월 9일. 맑음.
　석주石洲 이형이 우소에서 와 보았다. 이는 아마 내가 유하현柳河縣에 갈 일이 있기 때문에 기일에 앞서 전송하려는 것이리라. 애써 만류하여 하룻밤 이야기를 나누려 하였으나, 그의 아우 덕초德初95)가 새로 이곳에 왔기 때문에 기어이 거처하는 곳으로 돌아가려고 하였다. 여러 달 헤어져 있던 나머지라 형편이 진실로 그러할 것이다. 손을 잡고 동구를 나가서 서글피 서로 이별하였다. 비록 앞으로 만날 약속을 두었으나 서운함이 더욱 심하다.

내일 출발해야 하는데 짐꾸러미를 보낼 도리가 없다. 가아家兒가 노새를 사기 위하여 아침 후에 두릉으로 떠나더니 저물 때가 되어서도 오지 않는다. 근심스럽고 근심스럽다. 예안禮安 부포浮浦에 사는 이원식李元植이 내간內間에 들어왔는데, 모두 같은 파의 지정 간이기 때문이다. 객지에서 만나니 정의情誼가 각별하다.

北山洞口別萬初 북산동 입구에서 만초와 헤어지다

形氣雖殊誼弟兄	형체는 다르지만 정의는 형제와 같아
西來初計兩相成	서쪽으로 오자던 계획을 둘이 서로 이루었네
求田問舍無先後	밭과 집을 구하는 일에 앞뒤 겨를이 없으나
莫使重悲悵別情	서글픈 이별의 정 더욱 슬프게 하지 마시길

十日 晴 今將啓行 而所買牛隻 無覆鞍 家兒到底求買 而四無可得之路 不得已編藁 作鞍 得明日發行計 自治團長李藻 將來見我 爲公務所掣 送其副介 而裁書致意 謙恭雅飭 眞淸國中文望雅士也 盛意不可負 乃以四韻寄謝

4월 10일. 맑음.
오늘 출발하려 하였으나 사 온 소바리에 덮을 길마가 없다. 집 아이가 곳곳에서 사려고 구하였으나 사방에 구할 길이 없어, 부득이 짚을 엮어 길마를 만들고 다음날 출발할 계획을 세웠다. 자치단장 이조李藻가 와서 나를 만나려고 하더니, 공무에 묶여서 부단장을 보냈다. 편지에 써서 보낸 뜻이 겸손하고 단아하고 조심스러우니 참으로 청나라의 문망 있고 고상

---

95) 덕초 : 이봉희李鳳羲(1868~1937)의 자字이다. 석주 이상룡의 동생이다. 이상룡과 함께 대한협회 안동지회를 결성하여 구국교육운동에 힘썼다. 1911년 만주로 망명하여 독립운동 기지건설에 주력하였고, 1914년 신흥학교 교장을 맡아 활약하였다. 1915년 동삼성에서 조직된 광복단光復團에 참여하였으며, 1919년 서로군정서 결성에 기여하였다. 이듬해인 1920년에는 광복단의 서간도지역 외교원으로 임명되어 중국정부 등과 교섭하고, 농토개척에 대한 허가를 얻는데 기여하였다. 화룡현和龍縣 일대에서 군자금 모집활동을 펴기도 했다. 그 뒤에도 독립운동을 이어가다 1937년 흑룡강성黑龍江省에서 서거하였다. 1990년 건국훈장 독립장이 추서되었다.

한 선비다. 성의를 저버릴 수 없어 사운시四韻詩 한 수로 사례하였다.

送寄李笑雲<卽李藻> 이소운에게 부쳐 보내다<이소운은 곧 이조이다>

人於窮道有誰因	사람이 궁할 때에 누가 있어 의지할까
未若居僑擇處仁	어진 마을 가려서 사는 것96)이 제일일세
二百年來臣事國	이백 년 동안 신하로 섬기던 나라에서
三千里外旅游身	삼천리 밖에서 떠돌아온 나그네인데
非徒善俗容吾拙	좋은 풍속이 못난 나를 용납할 뿐 아니라
爲是團心見爾眞	이렇게 원만한 마음으로 그대 진심을 보이네
語言雖殊情不異	말씨는 비록 다르나 뜻은 다르지 않으리니
從玆相逐夢魂濱	지금부터는 꿈결에서도 서로를 따르리라

次李笑雲 이소운의 시에 차운하다

淸範雖違嚮往多	맑은 안범 못 뵈어도 그리운 마음 많아지니
此心如酌可黃河	이 마음이 술이라면 황하처럼 따를 터인데
瓊詞玉札俱如許	좋은 시 좋은 편지로 그대 마음 허락하나
欲報難能恨奈何	갚고자 해도 어려우니 한탄한들 어찌하랴

十一日 發行 至巴猪江 所繫箔船 不可負重 人分二舶 馬牛浮水濟 文極來宿餞 至江頭 稅擔輪駄之際 費刻爲多 委兒裝束 而步作邊路 誤出岐路 浪費數里 於焉之頃 日已卓午矣 因午饒于퉁渠右 距北山卅十里許 如此遲延 何以抵達耶 愁悶愁悶 黃兄道英 亦越江餞行 可感 尙州金思容南海尹一蔚珍郭偕行 而郭友 將母率妻 負戴隨步 見甚艱窘

4월 11일.

길을 떠나 파저강巴猪江에 이르렀다. 매어둔 대나무 뗏목이 무거운 것을 감당하지 못하는지라 사람은 배 두 척에 나누어 타고, 말과 소는 헤엄쳐 건너게 하였다. 문극(이준형)이 와서

---

96) 어진 마을 가려서 사는 것 : 『논어論語』「이인里仁」편 "마을의 인후함이 훌륭하니, 어진 마을을 가려 거처하지 않는다면 어찌 지혜롭다 하리오[里仁爲美擇不處仁焉得知]"에서 나온 말이다.

묵고 전송하였다. 강 머리에 이르러 짐을 내리고 실을 때 시간이 많이 걸렸다. 아이에게 짐을 맡기고 강변길을 따라 걷다가 갈림길을 잘못 들어 몇 리里 길을 허비하였다. 날이 이미 정오가 된지라 퉁거우에서 점심을 먹었는데, 북산北山까지 거리가 20리쯤이다. 이렇게 더디고 늦어서야 어찌 도착하겠는가? 걱정스럽고 안타깝다. 황도영黃道英97)도 강을 건너서 전송해주니 감사하다. 상주 김사용金思容과 남해의 윤일尹一, 울진의 곽郭모가 함께 떠났다. 곽郭모는 어머니와 아내를 데리고 가는데, 이고 지고 따르는 걸음이 보기에 몹시 간군艱窘하다.

十翼日 晴 所憩店舍 無非良主 而但所供飮食 不適於口 七十年口腹之性 猝難變改 厚味醞釀之害 追悔無及 可歎

4월 12일. 맑음.

쉬었다 가는 가게마다 주인이 선량하지 않은 곳이 없으나, 다만 내놓는 음식이 입에 맞지 않는다. 칠십 년 익힌 식성을 갑자기 바꾸기 어려우니, 맛있는 음식과 잘 빚은 술의 해로움을 후회해도 미칠 수 없다. 탄식할 일이다.

十三日 晴 所過地坊 無名山大川歷歷可道者 而巫覡歌舞之該人耳目者 亦不可形言 言語相殊 逢人而不得問坊里所歷之地 故不得書某地某店 可欠

4월 13일. 맑음.

지나온 지방에 역력히 말할 만한 명산대천이 없고, 사람들이 듣고 볼만한 무당의 노래와 춤 또한 말로 표현할 수 없다. 언어가 서로 달라 사람을 만나도 지나온 곳이 어느 마을인지 물어볼 수가 없다. 이 때문에 어느 곳, 어느 객점이라 쓰지 못하니 흠이 될 만하다.

十四日 晴 將寄宿于快多毛子 而隨後步行者 皆脚倦不能前進 家兒買馬 各乘之計 而馬無覆鞍 故犯昏前進 以爲裝束 而快多曾有所親之人故也

4월 14일. 맑음.

장차 쾌다모자快多毛子에서 기숙하려 하는데, 뒤따라 걸어온 사람들이 모두 다리가 지쳐

---

97) 황도영黃道英(1876~1933) : 울진군 기성면 사동사람이다. 해월海月 황여일의 후손이며, 황만영의 종제從弟이다. 자는 응팔應八이다.

앞으로 나아갈 수가 없었다. 집 아이가 말을 사서 각각 태우려 하였으나 말에 얹을 안장이 없는지라, 어둠을 무릅쓰고 나아가면서 짐을 옮기려 하였으니, 쾌다모자에 일찍이 친하던 사람이 있기 때문이었다.

十五日 晴 舍乘新馬 下九占 抵通化縣 前無驅卒 且無繫馬之枝 執轡徊徨之際 有一店童 因其馬革 繫於門柱 其男女壯者 導之座上 東遼風俗之厚 從可知矣 因寄宿于鳴遠棧魯姓人家 此與家兒有舊 而劉△△候福堂 皆北京仕宦之族 皆起座延入 亦家兒之雅契心與者 因筆談數頃 皆憂韓亡而慮大國也 余引筆走吟曰

4월 15일. 맑음.

30리를 새 말을 타고 오후 9시 통화현通化縣에 이르렀다. 앞에 말을 몰 사람이 없는데다 말을 맬 말뚝도 없어 고삐를 잡고 허둥댈 때, 객점의 아이 하나가 자기 고삐[馬革]로 문설주에 매어주었다. 그들 남녀 중 장성한 자들이 자리 위로 인도하니 요동[東遼] 풍속의 후함을 이것으로 알 수 있겠다. 인하여 명원잔鳴遠棧의 노魯씨 성을 가진 이의 집에서 기숙하였는데, 이 사람이 집 아이와 친분이 있다. 유후劉候 복당福堂은 모두 북경의 벼슬살이 하는 사람의 일족으로, 다들 자리에서 일어나 맞아 들였다. 이들 또한 집 아이가 아름다운 교분으로 마음을 함께 한 자들이다. 인하여 잠깐 필담筆談을 나누는데, 모두들 한국韓國이 망한 것을 근심하고, 중국을 걱정하였다. 내가 붓을 끌어다 달리듯이 읊기를,

海壑多風雨	바다와 골짝에 비바람 많아
虫鱗失所居	벌레와 물고기 살 곳 잃었네
願借西江水	원컨대 서강의 물을 빌려 주어
冀延轍涸魚	학철어涸轍魚[98] 목숨 이을 수 있기를

라고 하니,

置案莊誦 感而拜謝 似見其短於音律 而文字之代以言語者 皆悲憤慨惋底意也 因呼酒歡飮

---

98) 학철어涸轍魚 : '수레바퀴 자국에 고인 물에서 헐떡이는 물고기'라는 의미로 '곤경에 처하거나 다급한 처지'를 뜻한다(『장자莊子』「외물外物」).

余固不解者 略示酬酢之意 曾有柳河防客之令 故送人前探 而因爲信宿之計 驀地殊方 得此二友 亦足以對破愁寂 差强差强 因吟四韻一節 以備日錄中一事

책상에 올려두고 큰소리로 외고는 감동하여 절하며 사례하였다. 아마도 그들이 음률에 모자람을 보인 듯한데, 언어로 대신한 문자는 모두 비분강개의 뜻이었다. 이어서 술을 불러 기쁘게 마시면서 내가 본래 알지 못하던 것을 대략 주고 받는 뜻을 보였다. 일찍이 유하현柳河縣에는 객을 막는 령이 있었던지라 사람을 보내어 앞서 살피게 하고, 인하여 이틀간 머물 계획을 세웠다. 연고가 없는 객지에서 이 두 벗을 만난 데다, 또한 마주하여 고적함을 달랠 수 있으니 훨씬 힘이 난다. 인하여 4운 1절을 읊어 일기[日錄] 속의 한 가지 일을 채우고자 한다.

緣溪踏石喘登丘	개울가 돌길 밟고 바삐 언덕에 오르니
夕陽遙望縣城樓	석양에 아득히 현성의 누대가 보이네
簷瓦錯落東南巷	동남 쪽 거리엔 기와집이 뒤섞였고
市廛煒煌左右區	좌우의 구역에는 가게가 휘황하다
上座歡情劉候伴	자리에 올라 유후劉候와 환담을 나누자니
中華時事日俄憂	중화의 걱정거리 일본과 러시아99)라
臨分脈脈難離恨	헤어질 때도 난리의 한탄 그치지 않아
形語中間萬斛愁	형언하는 말 속에 근심이 만 섬일세

十六日 晴 夕抵一店 待以粟水一碗 而且無鹽醬調飮之策 不得已更使炊飯 而釜竈所歷者 無異生穀 民俗之蚩蠻 口性之不同 大抵皆不可改革 可恨

4월 16일. 맑음.

저녁에 한 객점에 이르니, 조당수(좁쌀로 묽게 쑨 죽) 한 사발을 대접하는데다, 또한 소금과 장으로 간을 맞출 방법이 없다. 할 수 없이 다시 밥을 짓도록 하였으나, 솥과 부엌을 거쳤다는 것이 생쌀과 다를 바가 없었다. 풍속의 무무함과 식성의 다름을 대개 다 고칠 수 없을 것이니 안타깝다.

---

99) 중화의 ~ 일본과 러시아 : 원문은 일아日俄. 일본과 아라사俄羅斯, 곧 러시아이다.

十七日 晴 踰新開嶺 嶺不甚高 而森林谷壑之深邃崎嶇者 蓋窮源而絶峽也 左右嶽壁 壓在頂上 而清流一曲 瀉出中間 溪壑之際 餘氷尙存 奇禽異鳥 惹人得無限羈抱 夕抵宿于永春院 解鞍之際 見有山蔬一橐 卽內眷之纉取路傍者 而爲我佐飯之資也 親調鼎味 爽人介頰 可斥店舍所供 而便作行廚別味也

4월 17일. 맑음.
　신개령新開嶺을 넘었다. 고개가 심히 높지는 않으나 삼림과 계곡이 깊고 험한 것은 대개 수원水源의 마지막이요, 협곡이 끊기는 곳이기 때문일 것이다. 좌우로 봉우리의 절벽이 고개 꼭대기를 누르고 있는데, 맑은 물 한 구비가 그 중간에서 흘러나오고 골짜기 부근에는 여빙餘氷이 여태 남아 있다. 기이한 새들이 사람에게 무한한 나그네의 회포를 일으킨다. 저녁에 영춘원永春院에 이르러 잤다. 안장을 풀려고 할 때, 산나물 한 보퉁이가 보였다. 곧 안식구들이 길가에서 뜯어 온 것인데 나를 위해 반찬거리를 마련한 것이다. 끓인 음식에 잘 조화되어 사람의 뺨 언저리를 상쾌하게 하니, 객점에서 제공하는 음식을 밀어내게 할 만하여 문득 객지 부엌의 별미가 되었다.

十八日 風 所乘長馬 誤入菹澤 沒脛顚仆 袴襪溷濁 蓋其草徑微茫 易敗其績也 午抵李炳三家 灑濕抹汚 惡不堪着也 午後 方抵新庄 而主人擧家力挽 蓋因我新庄未及修理 而雅契所牽 不欲釋送也 因留宿

4월 18일. 바람이 불다.
　타고 있던 키 큰 말이 잘못 늪으로 들어가 정강이까지 빠지더니 넘어지는 바람에 바지와 버선이 다 더러워졌다. 대개 그 풀섶 길이 희미하여 이어진 길을 잃기 쉬웠기 때문이다. 낮에 이병삼李炳三의 집에 도착하여 젖은 곳에 물을 뿌리고 얼룩을 문질러 씻었으나 더러워 입을 수가 없다. 오후에 막 새 집에 도착하였는데 주인의 온 식구가 극력 만류한다. 아마도 내 새 집이 미처 수리를 하지 못하였기 때문에 벗으로서 끌리는 마음에 선뜻 보내고 싶지 않아서일 것이다. 인하여 유숙하였다.

過新開嶺　신개령을 넘으며

尋水緣崖穿石磴　　물 찾아 벼랑 따라 돌층계 뚫고 가니
嵐光如畫洞雲蒸　　그림 같은 산안개에 골 구름이 피어나네
人稀穩養千章樹　　인적이 드무니 온갖 나무들 자라기 좋은데
山邃猶存四月氷　　산이 깊으니 아직도 사월 얼음이 남아있네
櫻粟無鹽豚彘食　　거친 밥에 소금도 없어 돼지의 식성이요
毛裘緣革馬牛膺　　털옷에 가죽 띠 둘러 마소의 복색일세
街童里女環相怪　　마을 아이 아낙네가 둘러싸고 괴상하다 하니
禮義冠裳未見曾　　예의 있는 의관을 본 적이 없어서이리

十九日 晴 飯後 始入寓所 牕無紙糊 房無所遮 而幾許廢斥之餘 屋壁壞破 爲先經住之策 甚是惘然 朴兄洛應與金兄思容 合手糊窓 粗成居室之樣 而產器諸件 一一借用 百窘千艱 無非草創家計也

4월 19일. 맑음.

조반 후에 비로소 우소寓所에 들어가니, 창에는 종이도 바르지 않았고 방에는 가릴 문도 없는데, 얼마나 버려둔 끝인지 벽까지 무너지고 깨져 우선 거처할 계책부터가 심히 아득하다. 박낙응朴洛應과 김사용金思容 두 사람이 손을 모아 창을 바르고 대강 거실居室의 모양을 만들었으나, 살림 그릇 모든 것을 일일이 다 빌려 쓰자니 백 가지로 군색하고 천 가지로 곤란하여 처음 시작하는 살림살이 아닌 것이 없다.

二十日 風

4월 20일. 바람이 불었다.

二十一日 晴 朱秉懿來見 <蔚珍居人>

4월 21일. 맑음.

주병의朱秉懿가 와 보았다. <울진蔚珍 살던 사람이다>

二十翼日 李炳三來見

4월 22일.

이병삼李炳三이 와 보았다.

二十三日 晴 李東寧 張裕淳 來見 憤悱時事 極說薙髮之事 且以學校建立事 張皇籌劃 蓋此地新寓中 第一主張之人云

4월 23일. 맑음.

이동녕李東寧100)과 장유순張裕淳101)이 와 보았다. 지금 해야 할 일에 대해 비분하여 단발斷髮할 것을 자세히 설명하고, 또 학교를 건립하는 일을 장황하게 계획하였다. 아마도 이곳에 새로 우거한 사람 중에서 가장 앞장서 일하는 사람이라 할 것이다.

二十四日 風 朴洛應出去恒道川

4월 24일. 바람.

박낙응朴洛應이 항도천恒道川으로 떠났다.

二十五日 雨晚晴 率童孫 將向鄒哥街 才到朱秉懿 氣倦日晚 故還歸 李東寧出他云

4월 25일. 비 오다가 늦게 갬.

어린 손자를 데리고 추가가鄒哥街로 가려다가 겨우 주병의朱秉懿의 집에 이르렀는데 기운이 빠지고 날이 저물었다. 그래서 되돌아오니 이동녕李東寧이 출타하였다고 한다.

---

100) 이동녕李東寧(1868~1940) : 충남 천안 출생. 1906년 만주 북간도 용정촌龍井村으로 망명하여 이상설·여준 등과 서전의숙瑞甸義塾을 열었다. 동지 이상설이 헤이그 만국평화회의장으로 떠나자 귀국하여 안창호·전덕기 등과 함께 신민회新民會를 조직하였다. 1910년 나라가 무너지자 다시 서간도로 망명하여 경학사를 설립, 동포들의 생활안정과 독립정신 고취에 앞장섰다. 이어 신흥무관학교를 설립하고 초대 교장에 취임하였다. 1919년 3·1독립운동이 있자 대한민국 임시정부를 꾸리고, 4월 10일 임시의정원 초대 의장에 선임되었다. 그 뒤 임시정부 내무총장·국무총리·국무위원 겸 주석을 역임하면서 조국광복에 투신하였다. 1962년 건국훈장 대통령장이 추서되었다.

101) 장유순張裕淳(1877~1952) : 경기도 개성 출신. 1905년 을사늑약이 있자 서울로 올라와 이시영·이동녕 등과 함께 6년 동안 광복을 위한 지하운동에 참여하였으며, 1911년 만주로 망명하였다. 그 뒤 유하현·블라디보스토크·용정촌 등지에서 상업에 종사하며 독립운동을 위한 자금모집에 힘썼다.

二十六日 晴 張裕淳 李△△ 金△△ 將向씬102)靑子而少憩 午餉豆粥

4월 26일. 맑음.

장유순·이李아무개·김金아무개 등이 씬청자로 가려다가 조금 쉬어 갔다. 점심으로 콩죽을 대접하였다.

二十七日 雨

4월 27일. 비.

二十八日 陰

4월 28일. 흐림.

二十九日 風 李章寧來見

4월 29일. 바람.

이장녕李章寧이 와 보았다.

五月一日 雨晚晴 兒與二客登山 採靑而來 香臭觸鼻 不羨膏腴 而菜之無名品佳者 多漏可恨

5월 1일. 비 오다가 늦게 갬.

아이가 두 손님과 함께 산에 올라가더니 봄나물을 뜯어 왔다. 향내가 코에 닿으니 기름진 고기가 부럽지 않으나, 산나물 중의 좋은 것으로 이름난 것은 거의 빠져 한스럽다.

翼日 夜雨朝晴 淸人四名 牽二馬 具田器而來 耕家後田 兩日役 而不責雇貰 以與家兒舊云 土人風俗之美 可使人起感也

5월 2일. 밤에 비 오다가 아침에 갬.

---

102) 원문에 '씬'으로 되어 있다.

청인淸人 네 사람이 말 두 마리를 끌고 농기구를 가지고 와서 집 뒷밭을 갈아 주었다. 이틀간이나 일을 하고도 품삯을 달라 하지 않았는데, 이는 집 아이와 친구여서라 한다. 이 지방 풍속의 아름다움이 사람을 감동케 할 만하다.

三日 暖 將向秋田 爲危橋所阻 旋入淸人店廬 主人男女 置酒歡飮 卽前日來耕者也 天質純美 少無藻餙之態 可愛可賞 家姪正植與李堭文衡來 積鬱之餘 稍慰客抱 而路戒所拘 無片楮見及 紆戀不勝言 金尹二友 與兒子入池 得蠡蛤數碗而來 蠡如栗 蛤大如鰒 烹而調食 可代海錯

5월 3일. 따스함.

추전秋田으로 가려다가 위태로운 다리에 막혀, 되돌아서 청인淸人의 가게에 들렀다. 주인 내외가 술을 내놓고 즐겁게 마시는데, 이들이 곧 어제 찾아와 밭을 갈아 주던 사람들이다. 타고난 바탕이 순수하고 아름다워 조금도 꾸미는 모습이 없으니, 사랑스럽고 또 칭찬할 만하다. 조카 정식正植103)과 이서방 문형文衡이 왔다. 울적하던 터라 나그네 회포에 조금 위로가 된다. 그러나 길조심에 구애되어 편지 한 장 볼 수 없으니 그리운 심사가 이루 말할 수 없다. 김金·윤尹 두 벗이 집 아이와 함께 못에 들어가더니 고둥과 조개를 몇 그릇이나 주워 왔다. 고둥은 밤과 같고 조개는 크기가 전복만 한데, 삶아서 간을 맞추어 먹으니 해물을 대신할 만하다.

四日 風暖氣郞 始有將夏之漸 所治水田 今始播種 而踈其種子 更無移秧之役 因而長之 如我韓之流頭禾云 蓋此處 農候太晩而人隨緩怠 比之內地 懶農太甚 如此而安有有秋之望乎 可呵可呵 蔚珍居尹應奎 來見而夫

5월 4일.

바람이 따뜻하고 날씨가 밝으니 비로소 여름이 될 기미가 보인다. 장만해 둔 논에 지금 처음으로 씨를 뿌리는데, 그 종자가 성겨 다시 모를 옮겨 심을 일이 없다. 그대로 둔 채 키

---

103) 김정식金正植(1888~1941) : 1907년 류인식 등이 안동에 설립한 협동학교協東學校에서 수학하였다. 대한제국이 무너지자 백부伯父 김대락을 뒤따라 서간도 유하현으로 이거하였다. 이곳에서 백부의 독립운동을 보좌하면서 독립군 기지건설에 참여하였다. 1919년 이후에는 서로군정서에 가담·활동하였다. 1993년 건국훈장 애족장이 추서되었다.

우는 것이 마치 우리나라의 유두화流頭禾와 같다고 한다. 대개 이곳은 농사철이 너무 늦은데다 사람들이 따라서 느리고 게으르다. 우리나라에 견주면 농사일에 게으름이 너무나 심하니 이와 같고도 어찌 풍성한 가을을 기대하랴? 우스울 뿐이다. 울진蔚珍 살던 윤응규尹應奎[104]가 찾아와 보고 갔다.

五日 雨終日不止 土色黎黑膩滑 苟非木屐油鞋 則擧無着足之地 四境無拳石補陷者 若造突築墻 則皆燔甓爲之云耳

5월 5일.
비가 종일토록 그치지 않는다. 흙빛이 검고 미끄러워 나막신이나 기름먹인 장화가 아니고서는 온통 발을 갖다 붙일 곳이 없다. 사방에 움푹 패인 곳을 메울만한 주먹돌이 없어, 구들을 만들거나 담을 쌓을 때는 모두 벽돌을 구워 만든다고 한다.

記異 괴이한 일을 기록하다

尹一所居五十里之地 有一處女 姿色頗爲人所艶 一日 近居男某姓人 見而狎之 女固守不聽 其人結爲寃鬼 時入處女之家 若有飮食 則隨多少盡食 有如生在之人 食盡則破碎其器 挾置屋簷籬落之間 往來語言 無異生人 而外人則聽其言而不見形 獨於處女之目 露現全軀 若契許之人 是故鄕人無願娶者 一日 爲市井無賴人所配 其鬼來喝曰 此女吾妻也 汝何奪取耶 汝若不黜 汝當死矣 其人 素有氣槪 而善飮酒尙勇者 或大聲叱退 告于官司 率邏將驅逐 或招致巫覡及術士 百般謀逐 而飛語空中曰 汝固愚人也 安能以是除我乎 所謂其夫者 未幾果死 而女無可嫁之道矣 其女不得已 而設爲一言 許結百年之契曰 吾今與汝作配矣 披露眞情 各言所憚者 鬼曰 吾所最畏者 騾子聲耳 其女卽去 侘于其隣有騾之家 延過月餘 果無鬼迹 一日忽鬼聲入室 因聽之則鬼曰 余素畏騾 故屢逼屢退矣 久久試 則騾無可憚者 吾當斃之 又不幾而騾果斃矣 鬼卽無難出入 每以飮食資具之物 常常來饋曰 汝固無情矣 吾之愛汝 若是其至 而汝復忽視 可恨可恨 因鬼無可逐之道 而女無可嫁之人矣 事在五六年間 而怪異特甚 故略記顚末 以備志怪之一云

---

104) 윤응규尹應奎 : 윤해규尹海奎(1891~1970)인 듯하다. 울진군 원남면 매화리 출신이다. 윤응규는 그의 옛 이름이다.

윤일이 사는 곳에서 오십 리 떨어진 곳에 한 처녀가 있었다. 자색이 자못 아름다워 사람들의 입에 오르내렸다. 하루는 근처에 사는 아무개 성씨의 사내가 그를 보고서 가까이 하려 하였다. 처녀가 굳게 자신을 지켜 받아들이지 않자, 그 사내가 원귀冤鬼가 되어 때때로 처녀의 집에 들어갔다. 이 때 만약 음식이 있으면 많든 적든 그것을 다 먹어버려 마치 산 사람 같았다. 음식이 다하면 그 빈 그릇을 깨부수어 처마나 울타리 사이에 끼워 놓곤 하였다. 오가며 하는 말이 산 사람과 같되, 바깥 사람은 들을 수는 있으나 모양을 볼 수는 없었는데, 오직 처녀의 눈에는 전신을 드러내어 나타나는 것이 마치 서로 맺어지기를 허락한 사람과 같았다. 이 때문에 마을 사람들 중에 그에게 장가들려는 사람이 없었다.

어느 날 저자거리의 의지할 곳 없는 사람의 배필이 되었더니, 그 원귀가 와서 공감하여 말하기를 "이 사람은 내 처인데 네가 어찌 빼앗아 가느냐? 만약 쫓아내지 않으면 너는 마땅히 죽고 말리라."고 하였다. 그 사람이 평소 기개가 있고 술을 좋아하며 용맹을 높이 치던 자라, 어떤 때는 큰 소리로 꾸짖어 내치며, 관청에 알려 나장을 데리고 와서 몰아내기도 하고, 어떤 때는 무당이나 점쟁이를 불러 갖은 수단으로 쫓아내려고 하였다. 그때마다 공중에서 말소리가 나는 듯 들려오기를 "너 참 바보로다. 어찌 이런 수로 나를 쫓을 수 있겠는가?"라고 하였다. 이른바 그 지아비라는 자가 얼마 안 가 과연 죽게 되자 여자는 다시 시집갈 도리가 없었다.

그 여자가 하는 수 없이 말을 꾸며내어 백년해로할 것을 허락하고서 이르되 "내 오늘부터 당신과 짝이 될 것이니 서로 진정을 보여 각자 자신이 꺼리는 것을 말하기로 하자."고 하였다. 귀신이 말하기를 "내가 가장 두려워하는 것은 노새의 울음소리 뿐이다."라 하자 그 여자가 곧바로 달아나서 그 이웃 중 노새를 가진 집에 몸을 의탁하였다. 한 달 가량이 넘도록 과연 귀신의 자취가 없더니 어느 날, 홀연히 귀신의 목소리가 방안으로 들려오기에 들어 보니 귀신이 말하기를 "내가 평소에 노새 소리를 두려워하였던 지라 그게 가까이 들릴 때마다 번번이 달아났었다. 그런데 오래 두고 시험해보니 당나귀는 두려워할 것이 없더라. 내 당장 그 놈을 죽이리라."라 하였다. 또 얼마가지 않아 당나귀가 과연 죽어버렸다.

귀신이 곧바로 아무 어려움 없이 드나들면서 매번 음식이나 살림살이 될 물건을 그치지 않고 들고 와서는 말하였다. "당신은 참으로 무정한 사람이다. 내가 당신을 이토록 지극히 사랑하는데도 당신은 다시 나를 괄시하기만 하니, 한스럽고 한스럽다." 이리하여 귀신을 쫓아낼 도리도 없고, 여자도 달리 시집갈 상대가 없었다.

　이 일이 오륙년 전 사이에 있었는데 괴이함이 너무도 심한 고로 그 전말을 대략 기록하여 지괴志怪의 한 가지로 갖추어 둔다.

六日 晴 李主事章寧 薙髮服淸而來 郭△△母夫人 以來時同行之誼 來見

　5월 6일. 맑음.
　주사主事 이장녕李章寧이 머리를 깎고 청인淸人의 복색을 하고서 찾아왔다. 곽郭아무개 형의 모부인도 만주로 올 때 함께 왔다는 정의情誼로 와 보았다.

七日 送羅生員 及實兒 以葛席一張 買狗于上湯渠右王姓人家 狗大如犢 內地所罕見 此處物價 此爲極賤 而乘我竭求鞹皮持去 較論其價 八兩五錢 而內地錢四緡許云 主客共爲飽啜 而家兒 獨守戒 不食 可欠 午後 雨終夕不止 夜方就寢之際 屋宇淰漏 驟雨注下 褥枕盡濕 兒少 皆怨天 而以柳丞相寬氏 無雨率家 何以經過之語 慰解之 金達 以學校贊務事 移接于鄒哥街 數朔同鼎之餘 悵缺殊甚

　5월 7일.
　나생원羅生員과 실아實兒를 보내어 갈석葛席 한 장으로 상탕거우上湯渠右의 왕王씨 성 가진 이 집에서 개를 샀다. 개 크기가 송아지만 하여 우리나라[內地]에서는 드물게 보던 것이다. 이곳 물가物價로는 이것이 매우 싸서 내가 그 가죽까지 다 가지러 가는 편에 그 가격을 따져 보니 여덟 냥 다섯 전이다. 우리나라 돈 네 꿰미[緡] 정도라 하겠다. 주인과 손이 함께 배불리 먹고 마셨으나 가아家兒는 유독 금계禁戒를 지키느라 먹지 못하였다. 마음에 걸린다.
　낮후에 비가 내리더니 저녁 내내 그치지 않았다. 밤에 막 잠자리에 들려고 할 때, 지붕이 새더니 소나기가 퍼붓듯이 내려 요와 베개가 다 젖었다. 아이들이 모두 하늘을 원망했으나, '승상丞相 류관柳寬105)이 "우산이 없는 집은 어떻게 장마철을 지낼꼬?106)"라 하였다'는 말로

---

105) 류관柳寬 : 자는 경부敬夫·몽사夢思이며, 초명은 관觀, 호는 하정夏亭이다. 본관은 문화文化, 시호는 문간文簡이다. 1371년(공민왕 20) 문과에 급제하여 봉산군수·성균사예·사헌중승 등을 역임하였다. 조선이 건국되자 개국원종공신이 되고, 대사성·예문관대제학·대제학·우의정 등을 두루 역임했다. 문화의 정계서원程溪書院에 제향되었고, 『하정집』이 전한다.
106) 승상 류관 ~ 어떻게 장마철을 지낼꼬? : 강효석의 『대동기문』에 "우산이 없는 집은 어떻게

위로하며 달래었다. 김달金達은 학교 교무를 돕는 일 때문에 추가가鄒哥街로 옮겨갔다. 몇 달 동안 한솥밥 먹던 나머지라 섭섭함이 특히 심하다.

八日 或風或雨或陽 氣候不齊 蓋其陰氣太盛 無太和佳氣 幾千年廢斥之地 山野未闢之致也 滿地泥陸 擧無插足之處 可悶可悶 兒子與正植 及李婿文衡 舂粟於佳上而返 蓋吾家騾子 爲淸人所畜 而鍊石在其家故耳

  5월 8일. 바람이 불기도 하고, 비가 오기도 하고, 볕이 나기도 함.
  기후가 고르지 않으니 아마도 음기陰氣가 너무 성하여 태화太和의 좋은 기후가 없고, 수천 년 동안 버려진 땅으로 산과 들이 개척되지 못하여서일 듯하다. 땅이 온통 진흙투성이라 발 디딜 곳이 없으니 걱정이다. 아이가 정식正植과 이서방 문형李文衡과 함께 가상佳上에서 곡식을 찧어 왔다. 이는 우리집의 노새[騾子]를 청나라 사람이 먹이며, 맷돌이 그 집에 있었기 때문이다.

九日 晴而風氣尙寒 忽見獐子躍入野中 意是見劫於山尺 而失所避禍者也 森林蔚密 知其産育必多 而無人捉得 徒羨而已 淸人文東云者 學校生徒也 挾册而來 知我有書癖 解篋借鴟 其亦文旁人也 通知老人情事 奇特奇特 其文 則八家中抄出者 而至爲澹菴之高宗封事 尤見文體謹嚴 義理峻絶 可作今日準備者也 一覽謄出 而置諸案上 可作消日之資 有一少年 乘馬服淸而過 與兒子語 聽其聲 則韓人之曾所面分者 乃李宣求也 所隔 只一布帳 而不問老物之存否 悵恨悵恨

  5월 9일. 맑으나 바람 기운이 아직 참.
  갑자기 노루[獐子]가 들판에 뛰어드는 것이 보였다. 아마도 이는 산척山尺[107]에게 쫓겨서 화를 피할 곳을 잃어버린 듯하다. 숲이 울창하니 거기서 나는 산물이 반드시 많을 것은 알겠으나, 아무도 잡고 가지는 사람이 없으니 다만 부러워할 따름이다. 청나라 사람 문동文東이라 하는 자는 학교의 생도이다. 책을 끼고 오더니, 내가 책을 매우 좋아한다는 것을 알고 상자를 열어 책을 빌려준다. 그 역시 글을 가까이하는 사람인데 노인의 사정을 훤히 알아주

  장마철을 지낼꼬?[顧謂婦人曰 無率之家 何以能堪]"라는 말이 나온다(김성언 역주, 『대동기문』, 국학자료원, 2006).
107) 산척山尺 : 산속에 살면서 사냥도 하고 약도 캐는 것을 업으로 삼는 사람이다.

다니 기특하고 기특하다. 그 글은 당송팔대가 중에 골라 뽑은 것이다. 담암澹菴 호전胡銓[108]의 '고종봉사高宗封事[109]'에 이르러서는 더욱 문체가 근엄하고 의리가 준절함을 볼 수 있어 오늘을 미리 준비한 것이라 할 만하다. 한 번 보고 베껴서 책상 위에 두고 소일消日거리로 삼을 만하다. 어떤 한 젊은이가 말을 타고 청인의 복색으로 지나가다가 집의 아이와 함께 말을 나눈다. 음성을 들으니 한인으로 일찍이 안면이 있던 사람으로 바로 이선구李宣求이다. 사이에 가린 것이 다만 베 장막 하나일 뿐인데 이 늙은이가 살았는지 죽었는지조차 묻지 않다니 섭섭하고 섭섭하다.

十日 乍雨乍晴 兒子傭人治畓 而今始落種 力纖節晚 何以成熟也 正姪以學校田種太事 午後 與尹一 偕去鄒哥街 盖校中之買置一庄 而以待四方學者云 此政橫渠先生 劃井廣儲 興學成禮之遺意也 可尙可尙

5월 10일. 잠깐 비가 내리다가 금방 갬.

집 아이가 품을 사서 논을 마련하더니 오늘 처음 낙종落種[110]하였다. 힘은 모자라고 계절은 늦었는데 어찌 다 자라 익을꼬? 조카 정식正植은 학교 밭에 콩을 심는 일 때문에 오후에 윤일尹一과 함께 추가가鄒哥街로 떠났다. 대개 학교에 농막 하나를 사 두고 사방에서 배우러 오는 사람들을 대접한다고 해서일 것이다. 이야말로 횡거橫渠[111] 선생이 '토지를 구획하여 곡식을 모으고, 학문을 일으켜 예를 이루려'하였던 뜻이니 매우 가상하다.

十翼日 陰風驟雨 夏寒如秋 文衡正植尹一 及實伊 去校庄種太 而冒霜夕歸

5월 11일. 음산한 바람이 불고 소나기가 내려 여름 추위가 가을 같다.

---

108) 호전胡銓(1073~1138) : 송나라 사람. 자는 방형邦衡, 호는 담암澹菴. 고종高宗 때 추밀원 편수관樞密院編修官이 되어 열혈熱血의 상표문上表文을 올려 유명해졌다. 그는 일생동안 금나라에 항거해야 한다는 주장을 견지하여, 백절불굴의 정신으로 남송 투항파의 두목인 진회를 가장 반대한 인물이다(이경화 지음, 이종한 옮김, 『중국산문간사』, 계명대학교출판부, 2008).
109) 고종봉사高宗封事 : 호전胡銓이 고종에게 올린 상소문이자, 진회 등 매국노를 성토한 격문이다.
110) 낙종落種 : 파종播種.
111) 횡거橫渠(1020~1077) : 중국 송나라 사상가로 성리학의 기초를 닦은 장재張載를 말한다. 자는 자후子厚로, 봉상미현의 횡거진橫渠鎭 출신이라 횡거선생으로 불린다. 주요 저술은 『장자전서張子全書』에 수록되어 있는데, 동명東銘・서명西銘・정몽正蒙・경학이굴經學理窟・역설易說・문집・어록 등이 그 속에 들어 있다.

사위 이문형李文衡과 정식正植·윤일尹一이 실이實伊와 함께 학교의 농장으로 가서 콩[種太]을 심고 비에 젖는 것을 무릅쓰고 저녁에 돌아왔다.

十三日 晴 兒子 自校中 編髮服淸而來 以此貌樣 何顔歸故耶 可歎可歎

5월 13일. 맑음.

아이가 학교에서 머리를 땋고 청인 복색으로 왔다. 이런 모양을 하고 무슨 낯으로 고향에 돌아갈꼬? 한탄스럽기 그지없다.

十四日 往見學校 方以是日下午 開學云 歷入李會榮兄弟家 一頃打話 皆楚囚對泣也 無聊而歸 屋家滲漏 屢言家主 今始來補 事役甚見虛疏 雨來時 方更驗看計耳 夕驟雨暴來 兒輩冒沾而來

5월 14일.

학교에 가 보았다. 이날 오후에 학교를 연다고 해서이다. (그 길에) 이회영李會榮[112] 형제의 집에 들러 일경一頃 정도 이야기를 나누었다. 모두 초수楚囚처럼 마주보고 눈물을 흘리고 하릴없이 돌아왔다. 지붕에 물이 샌다는 것을 집주인에게 여러 번 말했더니 이제야 와서 고친다. 일솜씨가 심히 허술하고 소홀해 보이지만, 비가 올 때 다시 점검해 볼 요량이다. 저녁에 소나기[驟雨]가 세차게 내렸다. 아이들이 비에 젖는 것을 무릅쓰고 돌아왔다.

芻街歸路 추가가에서 돌아오는 길에

| 聞說開新學 | 듣자하니 새 학교가 열린다하여 |
| 將孫午到芻 | 손자와 오후에 추가가에 이르렀네 |

---

112) 이회영李會榮(1867~1932) : 대한제국이 무너지자 만주로 망명하여 1911년 경학사를 조직하고 신흥강습소를 열어 독립군 양성에 기여하였다. 1919년 대한민국 임시정부 수립에 참여하고, 임시의정원으로 선출되어 활동하였다. 1924년 4월 유자명·이을규·이정규 등과 재중국무정부주의자연맹을 조직하고, 「정의공보」를 간행하였다. 1931년에는 남화한인청년연맹南華韓人靑年聯盟과 관련을 맺고 항일투쟁을 펼쳤다. 1932년 주만일군사령관 암살 등을 목적으로 대련으로 갔으나 일경에게 체포되어 고문으로 옥중에서 순국하였다. 1962년 건국훈장 독립장이 추서되었다.

歌因荊漸筑	노래는 형가와 고점리의 축소리요
人盡魯齊儒	사람들은 모두 노魯·제齊의 선비라네
黑窣悲衣制	검게 물들인 의복 제도 슬퍼도
丹心晒國憂	단심으로 나라의 우환을 밝히리
誰爲爲此態	누구를 위하여 이런 모습 되었는고
年老恨無謀	늙어서도 아무 계교 없음이 한스럽네

<學校 在鄒哥街 故云> <학교가 추가가鄒哥街에 있으므로 이렇게 말하였다>

十五日 晴 尹一及正姪出去恒道川 家兒以家間所觀 待明日 發去計 文衡去學校午返

5월 15일. 맑음.

윤일尹一과 조카 정식正植이 항도천恒道川으로 출발하였다. 집 아이는 집안 볼일 때문에 다음날을 기다려 출발할 계획이다. 문형文衡이 학교에 갔다가 낮에 돌아왔다.

十六日 晴 家兒 作恒道行 與淸人有契約事 送實兒于張裕淳家 覓駄束而來 兩家服駄裝束散亂 且無器皿諸件 或漏置家中 或遺落道中 甚窘甚悶

5월 16일. 맑음.

집 아이가 항도천恒道川에 갔다. 청인과 계약할 일이 있어서이다. 실아實兒를 장유순張裕淳의 집에 보내어 짐을 찾아왔는데, 두 집안의 옷 보따리와 짐이 흩어져 어지럽고, 게다가 그릇 여러 가지가 없다. 어떤 것은 빠뜨려 집안에 두고 어떤 것은 길에서 빠뜨렸을 것이다. 심히 군색하고 심히 안타깝다.

十七日 晴而暖 聞吾家秧種爲蟲賊云 沈種之際 恨不試鹽水之說 土人之時祠來往者 縱或有憂國慨世之意 遂感吟一節

5월 17일. 맑고 따뜻함.

듣자하니 우리집 벼모를 벌레가 갉아먹었다 한다. 볍씨를 담글 때 소금물로 해야 한다는 말을 시험해 보지 못한 것이 한스럽다. 이곳 사람 중 때때로 사당祠堂에 오가는 사람들이 더러 나라를 걱정하거나 세상을 개탄하는 뜻을 가진 자들이 있어, 마침내 느낀 바를 절구 한 수로 읊는다.

衡門當野路	사립문이 들길을 마주하고 있으니
殊俗自關情	낯선 풍속에 절로 마음이 쓰이네
臥立皆薪膽	누워서나 서서나 복수를 다짐하며
逢迎盡弟兄	만나는 사람이 모두 형제와 같아
河淸如可俟	황하가 맑아지길 기다릴 수 있다면
年老奈難成	나이 들었다고 어찌 이루기 어려우랴
日暮懷鄕國	해 저물 무렵 고향을 그리워하는데
溪禽但慣聲	물새는 다만 저 익힌 대로 울 뿐

十八日 晴 飯後 與金昌壽 往觀淸人家 將寓處 上午十一点 李炳三來訪 下午五点 金達 尹應奎 趙萬基 金濟轍 童蒙趙重慶來 一頃致款而去 七來 隨其後 往上湯渠右 意其爲同僚所牽耳 轉聞唐孫 以驚氣經却云 兒本性急 故吾所預慮者 何以到抵耶 無醫無藥之地 不勝憂悶

5월 18일. 맑음.

아침을 먹은 후에 김창수金昌壽와 청인淸人의 집에 가 보았다. 장차 우거할 곳이다. 오전 11시에 이병삼李炳三이 방문하였고, 오후 5시에 김달金達과 윤응규尹應奎·조만기趙萬基[113)·김제철金濟轍과 어린아이 조중경趙重慶이 와서 잠깐 정성을 보이고 돌아갔다. 칠래七來가 그 뒤를 따라 상탕거우에 갔다. 아마 동료에게 끌려서인 듯하다. 듣자니 손자 쾌당快唐이 경기驚氣로 놀라운 지경을 겪었다 한다. 아이는 본래 성질이 급하기 때문에 내가 미리 염려하던 바인데 어찌 이 지경에 이르렀는가. 의원도 없고 약도 없는 곳이라 걱정스럽기 그지없다.

十九日 晴

5월 19일. 맑음.

---

113) 조만기趙萬基(1881~1912) : 영양 주곡출신이다. 1911년 3월 가족을 동반하고 만주로 망명하여 경학사와 신흥학교 운영에 따른 동지규합 및 독립운동기지 확장에 힘썼다. 1990년 건국훈장 애족장이 추서되었다.

二十日 始種豆于金昌壽家後閒田 黃泥薄土 知不多獲 而寧愈於已 故借牛雇人 動費一日之役 午後四点 往淸老人家 借春秋及同善錄而來 此老之遇我 特厚 每延之座而饋以茶 感領感領

5월 20일.
처음으로 김창수金昌壽의 집 뒤 빈 밭에 콩을 심었다. 누른 진흙의 거친 땅이라 수확이 많지 않을 것임을 알겠다. 그러나 그만두는 것 보다는 나을 것인지라 소를 빌리고 사람을 사서 하루치 일을 한 것이다. 오후 4시에 청나라 노인의 집에 가서 『춘추春秋』와 『동선록同善錄』을 빌려왔다. 이 노인의 나에 대한 대우가 특히 후하여, 매번 자리에 맞아들이고 차를 대접한다. 감사하고 감사하다.

二十一日 晴 把看春秋四十餘板 自此消日之資 無待於他 而但分行細字 苦難曉解 氣爾眼昏 因爲黃嬭所戲 可歎

5월 21일. 맑음.
『춘추春秋』 40여 쪽을 보았다. 오늘부터 소일거리로 다른 것을 기다릴 것이 없으나, 다만 행을 나누고 글씨가 잘아 명백히 알아보기가 몹시 어렵다. 지치고 눈이 어두워서 낮잠의 희롱을 받았다. 탄식이 난다.

二十翼日 晴 往李錫永家 買牛黃二分重而來 因爲諸友所牽 往見耶穌學會場 滿座髡黑 韓淸無分 且言語不通 物色相殊 處身之難 悔不能商量於出門之際耳 因吟一節 以示悔歎之意

5월 22일. 맑음.
이석영李錫永[114] 집에 가서 우황 2푼을 사왔다. 그 길에 벗들에게 이끌려 야소교당에 가니, 단발머리가 자리에 가득하여 한인韓人과 청인淸人이 구분이 없다. 게다가 말이 통하지 않

---

114) 이석영李石榮(1855~1934)의 오기로 보인다. 이석영은 이회영의 둘째 형이다. 대한제국이 무너지자 만주로 망명하였다. 그는 6천석 토지와 가옥을 팔아 마련한 자금을 만주지역 독립군기지 개척에 제공하였다. 경학사와 신흥무관학교의 설립은 그 자금에 힘입은 바가 크다. 그 뒤 상해로 건너가 활동을 이어가던 그는 1934년 서거하였다. 1991년 건국훈장 애국장이 추서되었다.

고 물색도 서로 달라, 처신의 곤란으로 후회가 문을 나설 때까지도 헤아릴 수 없었다. 이로 인해 절구 한 수를 읊어 후회하고 탄식하는 뜻을 나타내었다.

偶爾牽他禮拜間　　우연히 끌리어 간, 예배당이라는 곳
爲言難又處身難　　말하기도 곤란하고 처신도 곤란하네
峨冠博袖先王制　　높은 갓, 너른 소매 선왕의 제도인데
三十三人我獨韓　　서른 세명 중에서 나만 홀로 한족일세

二十三日　雨　李郞自鄒哥來　爲傳其伯庭永春行聲　閱月洴寂之餘　終玆有天倫至情之樂　朋友切磨之益矣　其喜可量　但居處卑陋　廚鼎冷薄　可恨可恨

　　5월 23일. 비.
　　이서방이 추가가鄒哥街로부터 왔다. 그 백부가 영춘원永春院으로 갔다는 소식을 전하기 위해서이다. 한 달 너머 고적孤寂하던 끝에 마침내 이제 형제 사이의 지극히 즐거운 정의情誼와 붕우 사이의 유익한 강마講磨가 있을 터이니 그 기쁨을 헤아릴 만하다. 다만 거처가 누추하고 음식이 보잘 것 없으니 한스럽다.

二十四日　去人來人　竟夕不止　李壻帶雨暮歸　聞石洲仍住永春　而已僦一屋　渴企之餘　不勝悵黯

　　5월 24일.
　　떠나는 사람 찾아오는 사람이 저녁 내내 그치지 않는다. 이서방이 비를 맞으며 저물 무렵에 돌아왔다. 듣자하니 석주石洲는 그대로 영춘원에 머물다가 이미 어떤 집에 세들었다 한다. 목마르게 기다리던 끝이라 서운함을 이길 수 없다.

二十五日　微晴而終日陰霾　甚鬱　以是日開學　李壻及童孫　俱受學于鄒街校中

　　5월 25일.
　　약간 맑다가 종일토록 흐리고 흙비가 내려 심히 울적하다. 오늘이 개학이라 하여 이서방과 어린 손자가 함께 추가가鄒哥街의 신흥학교에서 수학하였다.

二十六日 晴

5월 26일. 맑음.

二十七日 晴 所作畓頭洑 三築三缺 實兒又從役 因此 荒田無鋤治之暇 可謂兩失

5월 27일. 맑음.

농사짓는 논머리의 봇둑이 세 번 쌓아 세 번 터졌다. 실아實兒가 다시 그 일을 하러갔다. 이 때문에 거친 밭에 호미질을 할 여가가 없으니 둘 모두 손실이라 하겠다.

二十八日 風 七孫云 有腹痛之症 食不甘味 認是不習水土之故 戒不飮冷 而謾不信從 可悶 以引蘇丸一劑 以試之 然必是久後 作成病根 可慮 幷各一劑分 給于李壻及實兒

5월 28일. 바람이 불다.

칠손七孫이 "복통 증세가 있어 음식이 달지 않다."고 한다. 수토水土에 익숙하지 못한 까닭인 줄 알고 찬물을 마시지 않도록 조심시켰다. 그러나 흘려듣고 믿고 따르지 않더니 안타깝다. 인소환引蘇丸 한 제를 시험해 써보나, 필시 오랜 후에 병의 근원이 될 것이니 염려스럽다. 각각 한 제씩을 아울러 이서방115)과 실아에게 주었다.

二十九日 雨 北山家眷 知已發行 而日勢如此 必多冒沾矣 將率幼兒 何以抵滯耶 可慮可慮

5월 29일. 비.

북산北山 식구들이 이미 출발하였음을 알았다. 그러나 날씨가 이와 같으니 반드시 다 비에 젖는 것을 무릅썼을 것이다. 어린 아이를 데리고 무엇 때문에 도착이 늦는지 염려스럽다.

偶吟 그저 읊다

不幸當衰季　　　　불행히도 말세를 만나

---

115) 이서방 : 이문형을 이른다.

僑居柳縣隅	유하현 모퉁이에 우거하였네
天運庸蜀雨	천운이 용촉의 장마116)를 내리니
人遭日韓憂	사람은 국망의 근심을 만났네
傭懶兒爲僕	머슴이 게을러 아이로 종을 삼고
奴亡客爨廚	노비가 도망가 손님이 밥을 짓네
窮通元有數	궁통은 원래부터 운수가 있는 법
何必久長吁	어찌 오래도록 탄식만 하겠는가

六月一日 晴 家兒恒道之行 已近一望 而回奇尙寂 中間事機 苦未可知 憂憐之極 發向永春院 蓋永春爲南北往來之路 而易探恒道信息 且萬初妹兄 方寓其地云 孤寂之餘 兼可消暢矣 飯後 携筇啓發 歷訪李炳三家 路遇馬車 請欲借乘售錢 休脚之計 而不偭方言 略示形語之語 則車主笑迎 行過七里許 主忽下車 請余又下 盖其岐路西坼 而自此分張矣 因指余永春之路 而渠作西路 更無貫金之說矣 未到永春六七里之地 而忽有腹空之證 流觀上下 更無快塵 而纔進里許 路有一屋 投入之際 大狗唁出 勢若迫噬 主人出門返接 而見方當食矣 請余饒飢 不辭參座 因啜二碗 問其食價 則書示不要錢三字 余亦固請售貨 則彼須卒却不受 盖此邊風俗之厚 曁多此類

6월 1일. 맑음.

집의 아이가 항도천으로 간지 이미 보름이 가깝건만, 돌아온다는 기별이 아직 없다. 중간에 일이 어떻게 되었는지 알지 못하니 괴롭다. 걱정과 염려 끝에 영춘원으로 출발하였다. 이는 대개 영춘원이 남북으로 왕래하는 요로要路이므로 항도천 소식을 탐지하기 쉬운데다, 매형 만초萬初가 지금 거기에 우거하고 있다 해서이다. 고적하던 차에 겸하여 소창消暢할 수도 있으리라.

조반을 먹은 후, 지팡이를 끌고 출발하여 이병삼李炳三의 집을 들렀다. 길에서 마차를 만나 삯을 치르고 빌어 타기를 청하였다. 아픈 다리를 쉬어가려 한다는 것을 익숙지 못한 방언方言에다 대략 손짓 발짓으로 표시하니, 마차 주인이 웃음으로 받아 주었다. 칠 리 쯤을 지나와서 주인이 문득 마차에서 내리더니 나도 내리기를 청한다. 아마 갈림길이 서쪽으로

---

116) 용촉의 장마 : 당唐 유종원柳宗元의 「답위중립서答韋中立書」에 "용촉庸蜀의 남쪽은 늘 비만 오고 해 뜨는 날이 적어, 해가 나오면 개가 짖는다[庸蜀之南 恒雨少日 日出則犬吠]"라 하였다.

트이는데 이곳에서 갈라져서일 것이다. 인하여 나에게 영춘원永春院 가는 길을 손가락으로 가리키고 자신은 서쪽 길로 가는데, 다시 마차 삯을 내라는 말이 없다.

 영춘원 육칠 리 못 미친 곳에서 갑자기 허기가 졌다. 내려오며 위아래를 살펴도 다시 그럴 듯한 가게가 없더니 겨우 일 리쯤 더 온 곳에 길 가에 집 한 채가 있었다. 들어가려고 하자, 큰 개 한 마리가 으르렁거리며 나오는데, 마치 쫓아와 물 듯한 기세였다. 주인이 문을 나와 맞아들이는데 보아하니 막 식사를 하는 중이라, 나에게 요기饒飢하기를 청한다. 사양하지 않고 자리에 앉아 두 사발을 마셨다. 음식 값을 물으니, '돈은 필요 없다[不要錢]'는 세 글자를 써 보인다. 나 또한 굳이 값을 치르기를 청하니, 그 사람이 끝내 물리치고 받지 않았다. 대개 이 지방 풍속의 순후함이 이 비슷한 데가 많다.

翼日 小雨 注谷趙友孟穆 與萬初同住一屋 情敍朋談 可謂快償宿願 而且門當大路 車輻絡繹 開口舉眼 無非暢敍之樂 可慰可樂

 6월 2일. 비가 조금 옴.

 주곡注谷(주실)의 벗, 조맹목趙孟穆이 만초와 더불어 한 집에 살고 있었는데, 다정히 담소를 나누니 숙원宿願이 쾌히 풀린다. 게다가 문이 대로에 맞닿아 있어 마차가 끊임없이 지나 다닌다. 이야기꺼리와 볼거리가, 마음에 시원한 즐거움 아닌 게 없다. 위안이 되고 즐거움이 된다.

三日 又小雨晚晴 所寓主人 作麵爲利者也 以豆爲質而白如銀縷 數刻之頃 作數筐 淸國財源之富 盖由於器械發達故也

 6월 3일. 또 비가 조금 내리다 늦게 갬.

 이 집 주인은 국수를 만들어 이익을 남기는 사람이다. 콩을 재료로 하되, 흰 빛이 마치 은실과 같다. 두어 각 사이에 여러 광주리를 만드니 청나라의 재원이 풍부함은 대개 기계의 발달 때문일 것이다.

四日 晴 日望恒道之行 而聲息不及 或無中間顚躓之患 唐孫纔經百日 何以能無事登途耶 第一關念 寢食靡甘

 6월 4일. 맑음.

날마다 항도촌 식구들을 바라는데도 소식이 이르지 않는다. 혹 중간에 차질이 생긴 것인가? 당손唐孫[117]이 겨우 백일을 지났는데, 무슨 수로 무사히 도착할는지 가장 마음이 쓰인다. 마음 편히 자고 먹을 수가 없다.

無聊中吟呈萬初 무료한 가운데 읊어 만초에게 주다

地僻人稀到	외진 곳은 오는 사람이 드물어
無因破遠情	그리운 마음 달랠 수 없네
呼孫看寓屋	손자 불러, 사시는 곳 찾아오니
爲爾訪居停	그대의 거처라 찾아오려 함일세
臥起皆薪膽	앉으나 서나 복수를 다짐하는 마음
逢迎盡弟兄	만나는 사람마다 형제와 같다네
商程長似市	장사하는 길이 시장처럼 길지만
猶勝二溝城	내가 사는 이두구 성보다 낫구나

<吾所寓之地二頭溝> <내가 사는 곳이 이두구二頭溝이다>

五日 晴 夕李圭龍 自懷仁縣來 傳吾家行聲而明將到此云 稍釋慮念耳 萬初將作萬里溝巡警局行 而舊製冠裳 有駭時眼 故不得已變質改服 白首風彩 無復舊時樣 是豈樂爲底事乎 可呵可歎耳 因吟五言一節 示以慰意

6월 5일. 맑음.

저녁에 이규룡李圭龍[118]이 회인현懷仁縣으로부터 와서 우리집 소식을 전하기를, 내일 여기 도착할 것이라 한다. 걱정이 조금 풀린다. 만초가 장차 만리구萬里溝의 순경국巡警局(슌찰청)에 가려고 하는데, 우리의 옛 의관복식衣冠服飾이 지금 사람들의 이목에 낯설 터이라, 마지못하여 바탕을 바꾸고 복색服色을 고쳤다. 백수白首의 신선 같던 풍채風彩에 옛 모습이 전혀 없다.

---

117) 당손唐孫 : 김대락의 증손자 쾌당을 말한다. 쾌당은 김시흥金時興의 아명이다.
118) 이규룡李圭龍(1887~1955) : 1910년 부친 이회영과 함께 서간도로 망명하였다. 이듬해 봄 경학사를 창설, 서무를 맡아 이주 동포들의 정착에 힘썼다. 이어 신흥강습소가 설립되자 교사로 일하며 독립군 양성에 기여하였다. 1924년 귀국한 그는 농업에 종사하며 중국에서 활동하는 집안 어른들의 독립운동을 지원하였다고 한다. 1990년 건국훈장 애국장이 추서되었다.

이 어찌 즐겨하는 짓이랴. 우습고 한탄스러울 뿐이다. 이로써 오언절구五言絶句 한 수首를 읊어 위로의 뜻을 보인다.

秦庭七日哭	진나라 조정의 이레 통곡
會稽十年期	회계산 상담의 십년 기한
困迹三千里	고생 길 먼먼 삼천리에
邵齡六十朞	나이는 벌써 예순인데도
丹心將死敵	붉은 마음 장차 적과 싸우려니
由髮反爲兒	머리야 도리어 아이가 되었네
願將新世界	원하노니 새 세상이 되거든
還作舊時規	다시 옛 모습 찾아 가세나

六日 朝雨晩晴 午後 蔚珍居二秀子 牽驪入店 而且言家眷方來 初聞之喜 如狂如泣 急於見唐 候路 將率而來 纔經紅疹 慮無形狀矣 及見軀殼 漸具人形 奇愛奇愛 最憐雲母形色 困敗無餘 可歎可歎

6월 6일. 아침에 비 오다가 저녁에 갬.
오후에 울진 산다는 두 청년이 말을 끌고 가게로 들어와서는 우선 우리 식구들이 막 오고 있다고 말해 주었다. 처음 들었을 때는 기뻐서 미칠 것도 같고 울 것도 같았다. 쾌당快唐을 볼 마음이 급하여 길까지 나가 맞아서 데리고 왔다. 막 홍역을 겪었다 하여 얼굴이 형편없을까봐 걱정하였는데 몸을 보니 점점 사람의 모습을 갖추어가고 있어 기특하고 사랑스럽다. 가장 가련한 일은, 운모雲母(손부)의 형색이 피곤하고 지쳐 여력이 없는 상황이니 한탄스럽고 한탄스럽다.

七日 晴 裝發之際 吾先發程 留馬使乘雲母姑婦 吾則扶杖 與黃塒前之 或就陰休憩 或寓店燃茶 寸寸前進 困敗無餘 而每當菹澤之地 混屨泥滓 下見袴襪 汚不可言 揮汗覓扇 始覺遺失何地 今精神如是矣 憐歎奈何 到寓所 纔撤午匙 後行繼至 平海居黃炳文 蔚珍居尹炳憲 朱秉輪 平海居童蒙黃炳湯 鄭東秀 黃炳禹 昨自鄒家街與金達先至 候我矣

6월 7일. 맑음.

짐을 꾸려 출발할 때에 내가 먼저 길을 나섰다. 말은 남겨두어 운雲이의 어미 고부姑婦가 타고가게 하고 나는 지팡이를 짚고 황서방과 함께 앞서 갔다. 더러 그늘에 들어가 쉬기도 하고, 더러 가게에 들러 차를 끓여 마시기도 하면서 한 걸음 한 걸음 앞으로 나아가니 피곤하고 지쳐서 여력이 없었다. 매번 늪지를 만날 때마다 온 신발이 진흙탕에 빠져서, 내려다보니 바지와 버선이 더럽기가 말도 못 할 정도였다. 땀을 훔치며 부채를 찾다가 비로소 어딘가에서 잃어버린 것을 깨달았다. 지금 내 정신이 이러니 가련하여 한탄스러움을 어찌하랴?

우거하는 곳에 도착하여 겨우 점심 숟가락을 막 놓았을 때, 뒤에 오던 사람들이 이어서 이르렀다. 평해平海 사는 황병문黃炳文과 울진蔚珍 사는 윤병헌尹炳憲·주병륜朱秉輪, 그리고 평해平海 사는 동몽童蒙 황병탕黃炳湯119)·정동수鄭東秀120)·황병우黃炳禹121) 등은 어제 추가가鄒家街에서 김달金達과 함께 먼저 와 있었는데, 내게 인사를 하려는 것이었다.

八日 陰

6월 8일. 흐림.

九日 晴 往診金達于學校 因向上湯溝 訪朱老人 仍問金老人調筵 趁午歸寓 黃李二郞 負笈偕往于寄宿舍 蓋其地步 較此稍近 以便往來故也 勢雖使然 而悵戀殊甚 聞日前鄒街農人 方於田中 忽遇暴雷 幾絶僅甦云 不勝驚愕

6월 9일. 맑음.

학교에 가서 김달金達을 살펴보고는 상탕구上湯溝로 가서 주朱노인을 찾아 보았다. 이어서 조섭하는 김金노인의 안부도 물은 뒤에 점심때가 되었기에 우거하는 곳으로 돌아왔다. 황黃서방과 이李서방은 책짐을 꾸려서 같이 기숙사로 갔다. 거기가 여기보다는 좀 가까워서 오가기에 편하기 때문이었다. 형편이 비록 그렇게 만들고는 있지만 쓸쓸하고 그리운 마음이

---

119) 황병탕黃炳湯 : 신흥무관학교를 졸업하였다.
120) 정동수鄭東秀 : 경북 울진출신의 정동수鄭東洙로 추정된다. 13세에 형과 함께 만주로 망명하여 1916년 유하현 이도구에 거주하였다. 1919년 한족회 구장대리로 일하며, 독립운동 자금모집과 신문 ≪신배달≫ 배포를 통해 항일투쟁을 펼쳤다.
121) 황병우黃炳禹(1893~?) : 경북 울진출신이다. 1911년 5월 국권회복을 위해 길림 통화현으로 망명하였다. 신흥무관학교를 졸업하였으며, 1928년에는 미곡상을 운영하며 항일투쟁을 펼쳤다.

더욱 심하다.

　듣자 하니, 며칠 전 추가가鄒家街의 농부 하나가 마침 밭 한가운데 있다가 갑자기 심한 번개를 맞아서 거의 죽었다가 겨우 되살아났다고 한다. 놀라움을 이길 수 없다.

十日 晴 雇人治屋後太田 昌孫與金昌壽 往獵前溝 得魚小許而來 作一兩日佐飯之資耳

　6월 10일. 맑음.

　사람을 사서 집 뒤의 콩밭을 갈았다. 손자 창로가 김창수金昌壽와 함께 앞도랑에 고기잡이를 가서 물고기를 조금 잡아왔는데 하루 이틀 반찬거리가 될 정도이다.

十一日 終日陰翳 不辨山色 李章寧來宿

　6월 11일.

　종일 흐려 산의 색깔을 분간할 수 없을 정도이다. 이장녕李章寧이 와서 잤다.

十翼日 朝陰晚晴 這有駘蕩底意 可謂蘇活人氣 而着絮而不知熱 風土之不計以南 可怪 如此而安有穀種成熟之望乎 飯後 挙眷移住于山南任姓人家 屋宇精麗 眼界爽豁 較視舊寓 勝似幾倍 而但此亦居停 晦初間 又將移僦于右主人本家挾室計耳 衡兒仍住舊寓 而待山南外劉姓人家 造突後搬接計耳 金達病勢小歇 而不足快痊云 可悶 昌孫 煎白米飮往饋云耳 朱秉懿來見

　6월 12일. 아침에 흐리고 저녁에 갬.

　요즘 기후가 태탕駘蕩한 뜻이 있어서 가히 사람의 기운을 소생蘇生시킬 만 하지만, 솜옷을 입고도 더운 줄 모르겠다. 풍토가 남쪽 기준으로 따질 수 없을 만큼 괴상하다. 이와 같은데도 어찌 곡식이 성숙할 희망이 있으랴.

　조반 후에 식구를 이끌고, 산 남쪽 임任씨 성 가진 사람의 집으로 이사하였다. 집이 깨끗하고 아름답고 눈앞이 시원하게 트인다. 전에 살던 곳과 비교하면 몇 배나 나은 듯하다. 다만 이 집 또한 잠깐 머물 곳이라, 그믐이나 초순 사이에 다시 장차 위 주인主人의 본가 협실로 옮겨 갈 계획이다. 형식122)은 전에 살던 곳에 그대로 살면서 산 남쪽 바깥의 유劉씨 성

---

122) 김형식金衡植(1877~1950) : 이 일기의 저자 백하 김대락의 둘째 아들이다.

가진 이의 집에 온돌을 놓은 후에 옮겨 살 계획이다.

　김달金達의 병세가 조금 덜하지만 아직 상쾌하게 나은 것은 아니라고 하니, 안타깝다. 창손昌孫이 흰 미음米飮을 끓여 가서 대접하였다고 한다. 주병의朱秉懿가 와서 자다.

十三日 又陰 細雨霑疇 兒孫輩 擧網得小鯖一苴而來

　6월 13일. 또 흐림.
　가랑비가 밭두둑을 적셨다. 아이와 손자가 그물을 쳐서 작은 물고기 한 망태를 잡아 왔다.

小菴記　소암기

古人於盤盂几杖 皆有銘焉 後來 楣顔之額 亦盖由是也 或因其地而識其趣尙之雅 或據其義而寓諸箴警之意 今小菴之以小爲菴 亦有義諦而然歟 吾見小菴子 生於大賢之世 居於大海之濱 小少治文 遊於大方之門 晚嬰朱紱 從於大夫之後 余於小菴 見其大 而未見其小也 小菴之獨以小爲菴 何也 雖然 吾見小矣 安知小菴之爲小乎 曾子曰 小者不審 不敢言大 小者 孝悌忠信之謂也 大者 修齊治平之謂也 修齊之本 則孝悌 治平之本 則忠信 小菴 讀書人也 其必有見於是矣 此工夫之次第節目 而聖學之傳之無弊者也 朱子敎人 亦先小學 而後大學 聖賢造道之妙 豈可以泥於古今哉 此後生小子之所宜服膺勿失 而今去聖愈遠 微言漸堙 一知半解 傲然自大 賢者過之病 禪家頓悟之法 躡據驟占 始無積漸之工 而安於小成 更無進步之力 此小菴子之所嘗慨然于中 而提得小字 打破此皮膚矜大者也 小菴之小 豈眞小乎 我之委禽於小菴之門 今已五十有餘年矣 罕見如客 雖未能盡窺其班 而盖嘗觀感於君陳孝友之政矣 亦嘗厠身於初平聽說之筵矣 又嘗周旋於求仁肅淸之地矣 又嘗佐硯於明梨劬苦之日矣 竊覸 其平日事從之際 言溫而氣和 體圓而用方 臨紙下筆 颯颯如小雨+渥之霑疇 對人訓接 瀹瀹若盎齊之新熟 優於納汚 又能容我愚 而授之室 五十年知己之感 始不在於詡詡然諾之間矣 知之深而悅之深者 宜乎 其莫我若也 跡躅風埃 而不出檥枒之林 位至通顯 而處若布素時家計 及夫義在罔僕 出而無可死之地 則角巾私第 以竢靖獻之日 耄年 抑戒之箴 此又大節目關頭也 雖然 不大其聲而貶抑自小 小菴之小 嗚乎 其不可及也 向所謂審小 而語大者 向所謂先小學 而後大學者 豈非小菴子 一生用工之地乎 若卽其小而小之 則小之者 誠小也 夫孰曰 眞知小菴也哉 孔子曰 君子 不可小知 而可大受 語曰

大人 大其器 而小其心 殆亦小菴子之謂乎 若夫菴居秉燭之工籍 徵於子弟書紳之末者 必有可觀 而十年暌違 未遂熏沐之禮 是固可恨也 然後 當有記菴存者焉 吾姑竢之

　　옛 사람은 소반·사발·안석·지팡이에 모두 명문을 새겼으니 후대에 가옥의 전면에 거는 편액 역시 대개 여기에 말미암은 것일 것이다. 어떤 것은 그 지세에 따라 고상한 취향을 기록하고, 어떤 것은 그 의미를 따라 삼가고 경계하는 뜻을 붙이기도 하였는데, 지금 소암小菴이 '소小'로 암자의 이름을 지은 것 역시 의체義諦123)가 있어서 그러한 것일 것이다.
　　내 소암자小菴子를 보건대, 대현의 집안에 태어나서 큰 바다의 물가에 거처하며 어려서부터 글을 짓고 학문이 높은 사람의 문하에서 공부하더니, 뒤늦게 붉은 인끈을 차고 대부의 반열에 올랐으니, 나로서는 소암에게서 그의 큼[大]을 보았지만 작음[小]을 보지 못하였다. 그런데 소암이 유독 작을 소小 자字로 암자의 이름을 지은 것은 무슨 까닭인가? 비록 그러하나 내 견해가 작으니 어찌 소암의 작다고 한 의미를 알겠는가? 증자께서 말씀하기를 "작은 일을 분명하게 알지 못하면 감히 큰일을 말하지 않는다.124)"라고 했으니, 작은 일은 효제孝悌·충신忠信을 말하는 것이고, 큰일은 수신제가修身齊家·치국평천하治國平天下를 말하는 것이다. 수신제가의 근본은 곧 효제이고 치국평천하의 근본은 곧 충신이다. 소암은 글을 읽는 사람이니, 아마도 반드시 여기에서 본 것이 있을 것이다. 이는 공부의 차례와 절목이요, 성학聖學이 폐단 없이 후세에 전하여 온 것이다. 주자께서 사람을 가르칠 때 역시 소학을 우선하고 대학을 나중에 하였으니 성현이 도에 나아가는 묘리가 어찌 고금에 막힐 수 있겠는가?
　　이는 뒷날 태어난 소자小子가 의당 마음속에 깊이 새겨서 잃어버리지 말아야 할 것이다. 그런데 지금은 성인과의 거리가 더욱 멀고 성현의 은미한 말씀이 점차 사라져서 하나 정도 알고 절반만 이해했으면서도 오만하게 자신을 크게 여긴다. 현명한 이의 지나친 과오125)와 선가禪家의 돈오頓悟의 법은 등급을 뛰어넘어 갑자기 위치를 차지하려 하니, 애당초 차근차근

---

123) 의체義諦 : 사물의 근본적인 의의意義와 요점要點.
124) 증자께서 말씀하시기를 ~ 감히 큰일을 말하지 않는다 : 『소학』「명륜明倫」 105편에 "증자가 말하기를, 친척이 기뻐하지 않으면 감히 다른 사람과 사귀지 않으며, 가까운 친척과 친하게 지내지 못하면 감히 먼 사람을 찾지 않으며, 작은 것에 자세하지 못하면 감히 큰일을 말하지 않는다[曾子曰 親戚不說 不敢外交 近者不親 不敢求遠 小者不審 不敢言大]"라는 말이 나온다.
125) 현명한 이의 지나친 과오 : 도가 밝혀지지 않는 까닭에 대하여 현명한 자는 지나치고 어리석은 자는 미치지 못하기 때문이라고 지적한 공자의 말씀을 가리킨다. 『중용』 장구 '子曰 道之不行也 我知之矣 知者過之 愚者不及也 道之不明也 我知之矣 賢者過之 不肖者不及也 人莫不飮食也 鮮能知味也' 참조.

쌓아 올린 공부가 없으면서도 작은 성취에 안주하여 더욱 앞으로 나아가는 데에 힘쓰지 않는다. 이것이 소암자가 일찍이 마음속으로 개연히 여겨 작을 소小 자字를 끌어와서 겉으로만 꾸며 과장하는 태도를 타파한 까닭이다. 소암의 작음이 어찌 진실로 작은 것이겠는가?

나는 소암의 가문과 혼인[委禽]한지가 이제 벌써 50여 년이 되었다. 나그네처럼 가끔 만났기 때문에 비록 그의 이모저모를 다 볼 수는 없었지만 대개, 일찍이 『서경』「군진君陳」편에서 말한 효우孝友에 입각한 정사政事[126]를 보고 감격한 바 있고, 또 일찍이 초평初平이 주돈이周敦頤에게 배우기를 청했던 것[127]처럼 강학의 자리에 참여하였다. 또 일찍이 인仁을 구하여 숙청肅淸하는 곳에서 주선하였고, 또 일찍이 어버이의 은혜를 밝혀 바로잡던 날 벼루 심부름을 거들었다.

가만히 보건대, 평소 일을 처리할 때 말은 온화하고 기는 조화로우며, 체體는 원만하고 용用은 방정하였다. 종이를 임하여 글을 쓸 때는 사뿐사뿐 가랑비가 밭두둑 적시는 듯하였고, 사람을 대하여 사귈 때면 무젖어 들듯 앙제盎齊[128]가 새로 익는 듯하였다. 때 묻은 것을 받아들이는 데에도 매우 넉넉하여 어리석은 나를 받아들여 아내를 주었는데, 50년 친구의 감정이 애초부터 관대하게 승낙하는 사이에 있지 않았으니, 깊이 알수록 기쁨이 깊어지는 것은 의당 나와 너의 간격이 없기 때문이리라.

풍진 세상을 살아가면서 법도[檢柙]의 숲을 벗어나지 않았고, 지위는 현달한 데에 이르렀지만 포의布衣 시절의 가사 규모를 지켰다. 대저 의리로야 신복臣僕이 되지 않는 데에 있지만, 나아가도 죽을 수 있는 땅이 없는 데에 이르러서는, 평민의 옷을 입고 시골집에 살면서 목숨 바칠 날을 기다렸다. 노년에 억계抑戒[129]의 잠箴을 지었으니, 또한 큰 절목의 핵심이다.

---

126) 『서경』「군진君陳」편에서 말한 효우에 입각한 정사 : 『서경』「군진」편에 "오직 효성스럽고 형제에게 우애가 있어 능히 정치에 베푼다[惟孝 友于兄弟 克施有政]"라는 말이 나온다. 이 말은 가정윤리 즉, 효와 우애의 마음가짐으로 정치를 행한다는 말이다.「군진」편은 성왕成王이 군진에게 주공의 덕을 본받아 너그럽고 아름답게 감복시키라고 훈계한 내용이다.

127) 초평初平이 ~ 배우기를 청했던 것 : 초평은 주돈이周敦頤의 문인으로 성은 이李이다. 초평이 침郴의 군수가 되었는데, 그때 주돈이는 그 고을의 영令이었다. 초평은 그의 현명함을 알고 관리의 예로 대하지 않았는데, 주돈이가 강학을 열자 배우기를 청했다. 주돈이는 "공은 늙어서 안 됩니다."고 사양했으나 간절히 청하여 문인이 되고, 2년 후에 학문을 터득하였다(최익현, 『국역 면암집』, 고전번역원, 1997).

128) 앙제盎齊 : 흰빛이 나는 술의 일종.

129) 억계抑戒 : 『시경』「억편抑篇」에 "위衛의 무공武公이 나이 90세에 그 시를 지어서 스스로 경계한 것"이 있다.

비록 그러하나 그 명성을 자랑하지 않고 폄억貶抑하여 스스로 작게 여겼으니, 소암의 소소는 오호라, 미칠 수 없도다.

아까 말한 '작은 것을 분명히 알아야 큰 것을 말할 수 있다'는 것과, 이른바 '소학을 먼저 한 다음에 대학을 한다는 것'이 어찌 소암자가 일생토록 공부[用工]한 바탕이 아니겠는가? 만일 그 작은 것에 나아가서 작다고 여긴다면, 작다고 여기는 자가 진실로 작은 것이니, 무릇 누가 진실로 소암을 안다고 말하겠는가? 공자가 말하기를 "군자는 작은 일은 알지 못하지만 큰일은 받을 수 있다."130)라고 하였다. 속어에 말하기를 "대인은 그 도량을 크게 하면서 그 마음은 작게 한다."라고 하니 아마도 역시 소암자를 일컫는 것이리라.

만약 암자에 거처하며 촛불을 잡고 공부하면서 자제들이 띠에다가 적는131) 말석에 끼었더라면 반드시 볼만한 것이 있었을 것이다. 그러나 10년 동안이나 만나지 못해, 향을 쏘이고 목욕재계하여 뵙는 예를 차리지 못하였으니 이것이 진실로 한스럽다. 그러나 훗날, 마땅히 소암의 기를 남길 자가 있을 것이니 나는 우선 이로써 줄이노라.

十四日 乍雨乍晴 趙萬基家祥日 前夕也 其弟夏基 自學校 將赴廬次 李壿文衡 爲吊問其祥而候其伯父 仍向通化縣省親之行云耳 兒輩擧網 得細鱗一小碗 將爲我供之 而皆溝瀆中鯫魚之屬 口胃不納 而但溪螯四五甲 可適於疹後淸熱之資 於唐孫 大有效驗 可幸

6월 14일. 잠깐 비 오다가 다시 갬.

조만기趙萬基 집의 상일祥日이 어제 저녁이었다. 그의 아우 하기夏基가 학교로부터 장차 여막廬幕으로 가려 했다. 사위 이문형李文衡이 그 상에 조문하면서 그의 백부伯父(이상룡)에게 인사드린 후, 그대로 통화현通化縣으로 부모님을 뵈러 떠난다고 한다.

아이들이 그물을 쳐서 잔고기를 한 주발 가량 잡았다. 장차 나를 위해 그것을 올리려 할 것이나, 모두 봇도랑의 피라미 종류라 입맛에 맞지 않다. 그러나 민물게 너덧 마리는 홍역 뒤에 열을 식힐132) 자료로 알맞으니, 손자 쾌당快唐에게 크게 효험이 있을 것이다. 다행스럽다.

---

130) 공자가 말하기를 ~ 큰일을 받을 수 있다 : 『논어』「위령공衛靈公」에 나오는 말이다.
131) 띠에다가 적는 : 『논어』「위령공衛靈公」장에 나온다. "중요한 말을 잊지 않도록 허리에 맨 띠에 적어 두는 것으로, 공자가 충신忠信과 독경篤敬에 관해 말하자 자장子張이 이를 띠에 적었다."는 데서 유래한다.
132) 열을 식힐 : 차고 서늘한 성질의 약을 써서 열증熱症을 제거하는 것을 청열淸熱이라고 한다.

十五日 午又雨 兒 去芸學校太田 其不識鉏者 何以芟草 政所謂舍己而芸人也 可笑可笑

6월 15일. 낮에 또 비옴.
아이가 학교 콩밭[太田]에 가서 김을 맸다. 호미가 뭔지도 모르던 사람이 어떻게 풀을 맬지... 바로 이른바 자신의 밭을 내버려두고 남의 밭을 김맨다고 하는 것이니, 우습고 우습다.

十六日 雇人而鋤前坪畓 正姪昌孫 皆徧於役夫 誰料其生長吾家 而有此貌樣耶 素患行患 自是 古人 例視之事 他日 玉汝之期 肇自今日矣 聊以自解焉

6월 16일.
사람을 고용하여 앞들의 논을 김매었는데, 정식正植 조카와 손자 창로가 일꾼의 일을 두루 다하였다. 누가 생각했으랴, 그들이 우리 집에 생장해서 이 모양이 될 줄을... '환난에 처하면 환난대로 행한다[素患行患]'[133]라는 말은, 이리하여 고인들이 예시한 일이다. 다른 날에 '너를 옥으로 이루어주리라[玉成]'[134]라는 기약은 지금부터 시작된 것이니, 애오라지 이것으로 스스로 위로하노라.

十七日 晴 尹應奎金昌武自學校來見 大丘居金參奉濬植 卽吾族人也 客地叙悅 其喜可量 因以詩示我 尤切感慰耳 黃炳禹仍挽宿

6월 17일. 맑음.
윤응규尹應奎·김창무金昌武가 학교에서 보러 왔다. 대구大丘에 사는 참봉參奉 김준식金濬植[135]은 우리의 족인이다. 객지에서 친지를 만난 기쁨을 펼치니 그 기쁨을 헤아릴 만하였다. 인하여 시를 나에게 보이니 더욱 감격하고 위로가 될 따름이었다. 황병우黃炳禹가 그대로 만류하는 바람에 묵었다.

---

133) 환난에 ~ 행한다[素患行患] : 『중용』 제14장에서 온 말이다. "환난에 처해서는 환난대로 행하나니, 군자는 들어가는 곳마다 자득하지 않음이 없다[君子素其位而行 不願乎其外 素富貴 行乎富貴 素貧賤 行乎貧賤 素夷狄 行乎夷狄 素患難 行乎患難 君子無入而不自得焉]"라고 하였다. 처해진 상황에 따라 알맞게 행한다는 뜻이다.
134) 너를 ~ 이루어 주리라[玉成] : 송宋 나라 장재張載의 「서명西銘」에 "빈궁과 걱정 속에 처하게 함은 그대를 옥으로 만들어 주려는 것이다[貧賤憂戚 庸玉汝於成也]"라는 말이 있다. 옥성玉成은 완전하게 성취하는 것을 뜻한다.
135) 김준식金濬植 : 본관은 의성義城. 자는 덕문德聞이다.

十八日 晴 雇人鋤秧 而虫蝨鳥喙 種根踈闊 移秧補漏而完成未必 徒費先事之役 可歎 夕義州居李老人來此四三年 今還歸故庄 見甚貧窘 饋宿送之

6월 18일. 맑음.
　사람을 고용하여 심은 모의 김매기를 하였는데, 벌레들은 뿌리를 잘라먹고 새들은 쪼아대니 심은 모의 뿌리가 듬성듬성해져서 모를 옮기어 빠진 곳을 보충하여도 완성하기를 기필하지 못하겠다. 헛되이 먼저 했던 일이 허비된 셈이니, 탄식할 만하다. 저녁에 의주義州에 사는 이노인李老人이 여기에 온지 삼사 년 만에 지금 고장故庄으로 돌아간다고 하였다. 보아하니 매우 군색하여 먹이고 재워서 보냈다.

十九日 盖無日不雨 自北自南 雲霧陰翳 而夜間 又大霖 溝瀆盈溢 所作洑堤 四潰三缺 費了一日之役 政所謂末風 以鹽雨也 可悶可悶

6월 19일. 비가 오지 않는 날이 없다.
　북에서나 남에서나 구름과 안개가 덮이어 하늘이 침침하고 어두워졌다. 야간에는 또 크게 비가 내려 개천과 도랑이 차고 넘쳐 쌓은 보와 제방이 네 번 무너지고 세 번 터지니, 하루 동안의 노역을 허비하였다. 정녕 이른바 말풍末風이 불고 염우鹽雨가 내리니136), 근심스럽고 근심스럽다.

二十日 欲雨而未雨 金達來 一旬吟病之餘 其意可感 無以物饋助病口 可恨 金達 李章寧 皆宿而爲設白飯 因以抒眷口 苦澁之胃 可强可强

6월 20일. 비가 올 듯 하다가 오지 않음.
　김달金達이 왔다. 10일 동안 병으로 신음[吟病]한 나머지라 그의 뜻이 감격할 만하다. 먹을 것을 보내주어 병든 입을 도와주지 못하는 것이 한스럽다. 김달金達과 이장녕李章寧이 모두 묵기에 백반白飯을 차려주고, 인하여 집식구[眷口]들에게도 덜어주니, 깔깔하여 괴롭던 뱃속

---

136) 염우鹽雨 : 회오리바람 뒤에 내리는 소금기 있는 비이다. 정약용이 1810년 7월에 강진康津의 유배지에서 폭풍우로 산야의 초목과 곡물이 혹독한 피해를 당한 것을 보고, 염우부鹽雨賦를 지은 적이 있다.

이 조금 나아졌다.

　　雨中懷萬初　　비오는 가운데 만초萬初를 생각하다

百爾無如友契姻	많은 이들 있어도 벗으로 교유하는 인척만 못한데
三時千憶永春濱	하루에도 수없이 영춘원永春院 물가를 생각하네
殊言異俗難爲耦	다른 말씨 낯선 풍속은 어울리기가 어렵고
苦雨愁雲鬱未伸	괴로운 비 근심스러운 구름에 울적함을 펼 길 없네
聊看細字花霧亂	무료히 잔글씨 보자니 눈앞이 어질어질하고
懶憑昏睡蚋蠅頻	게을리 밤잠에 기대보나 파리만 자주 오네
衰年涉險非容易	늘그막에 험지를 건너기가 쉽지는 않지만
也竢潦平氣健辰	장마 그치고 좋은 날 오기를 기다리네

二十一日 李象龍 趙萬基 自永春院來 朴慶鍾 權寧九 自通化縣來 趙朴權 直赴校中 李兄 留宿 是午 李東寧 李會寧 李時寧 張裕淳 李彦鍾 爲見李兄而來 以燒酒一壺 卷烟一匣 待之 座席鄭重 觀者聳動 矧入此境 一大盛集也 雖然 卿相之貴 而降爲平等 衣冠之族 而擧變形質也 無非新亭異昔之感也 向夕發去 而纔進數武 迅而暴霆 欲以盖傘踵之 則已至 無及矣 恨不能費力挽轄耳

　6월 21일.

　이상룡李象龍·조만기趙萬基가 영춘원永春院에서 오고, 박경종朴慶鍾·권영구權寧九는 통화현通化縣에서 왔다. 조만기·박경종·권영구는 곧장 학교로 가고, 이형은 유숙하였는데, 이날 낮에 이동녕李東寧·이회녕李會寧137)·이시영李時寧138)·장유순張裕淳·이언종李彦鍾이 이형을 보기 위해 왔다. 소주 한 병과 궐연[卷烟] 한 갑으로 대접하였다. 자리가 정중하니, 보는 자들도 흔쾌히

---

137) 이회영李會榮의 오기이다.
138) 이시영李始榮(1869~1953)의 오기이다. 그는 1907년 신민회를 조직하고 교육구국운동을 펼쳤다. 나라가 무너지자 형제들과 함께 유하현 삼원포로 망명하여 1911년 경학사를 조직하고, 신흥무관학교를 설립하였다. 1919년 상해로 가서 대한민국 임시정부 수립에 참여하였다. 그 뒤 법무총장·재무총장·국무위원 겸 법무위원·재무부장 등을 역임하며, 임시정부를 이끌었다. 광복 후 대한민국 초대 부통령이 되었다. 1949년 건국훈장 대한민국장이 추서되었다.

기뻐하거든, 하물며 이곳에 들어온 후의, 크고 성대한 집회임에랴. 비록 그러하나 경상卿相의 귀한 지위로서 낮추어 평등한 몸이 되고, 의관의 예를 행하던 종족으로서 복색을 바꾸고 머리를 깎았으니, 신정新亭에서 옛날과 다름을 한탄하던 감상139)이 아님이 없었다. 저녁 무렵 떠났는데, 겨우 몇 걸음 가자마자 갑자기 세찬 비가 내렸다. 우산을 가지고 쫓아가려니 이미 미칠 수 없는 곳에 이르렀다. 힘써 만류하지 못한 것이 한스럽다.

二十翌日 上午十点 萬初與家兒昌孫 俱作鄒哥街議事會 而向夕來返 又不免冒沾 老者行色 極可代歎 趙萬基偕來仍宿 暮又驟雨沾疇 蓋此處森林翁鬱 山澤瀰厚 濕氣上蒸 爲雨爲雲 不費經營 而崩漏注洩 自然而然者也 兒輩 買狗於淸人家 價云七角 較視內地 二兩八錢 百物翔貴 而此獨賤歇者 以土人之不嗜故也 黃郞 自寄宿舍來 以有狗計 而爲內間忻

6월 22일.

오전 10시에 만초萬初가 집 아이 및 손자 창로와 함께 추가가 의사회에 갔다가 저녁이 되어 돌아왔는데, 또 비에 젖는 걸 면하지 못했으니, 늙은이의 행색이 누가 봐도 지극히 한탄스러웠다. 조만기趙萬基가 함께 와서 묵었다. 저녁에 다시 소나기가 내려 밭두둑을 적셨다. 아마도 이곳은 산림이 울창하고 골짜기가 깊어 습기가 위로 올라가 비가 되고 구름이 되기 때문에, 작정하여 벼르지 않아도 무너져 새고 쏟아져 내리는 것이 저절로 그러한 모양이다.

아이들이 청나라 사람 집에서 개를 사왔다. 가격이 7각이라 하니 우리 돈으로 따지자면 2냥 8전이다. 모든 물건 값이 다 비싸고 귀한데도 이것만 유독 헐하고 흔한 것은 이 지방 사람들이 즐겨 먹지 않기 때문이다. 황서방이 기숙사에서 왔는데, 개장국이 있기 때문에 안에서는 기뻐한다.

二十三日 陰 送七來于鄒哥里 邀金達而來 蓋其久病之餘 使補適口之味也

6월 23일. 흐림.

손자 칠七140)을 추가가에 보내 김달을 맞이해 왔다. 대개 그가 오랜 병을 앓은 끝이라,

---

139) 신정新亭에서 ~ 한탄하던 감상 : 『세설신어世說新語』 「언어言語」에 "말년에 중원을 잃고 강남으로 피난 온 관원들이 신정에 모여 술을 마시다가 고국 산하가 생각나 서로 통곡하며 눈물을 흘리자 왕도王導가 엄숙하게 안색을 바꾸며 '중원을 회복할 생각은 하지 않고 어찌하여 초수楚囚처럼 서로 마주 보며 눈물만 흘리느냐!'고 꾸짖었다."는 고사가 있다.

입에 맞는 음식을 보충해주려 해서였다.

二十四日 大雨終日 川瀆盈溢 盖自數十年後 初見大漲云耳 盡日窮愁 無誰擄寂 與萬初拈韻 爲遣愁之資 蔚珍金老人喪 出于上湯渠右 金達 又阻漲來宿

  6월 24일. 하루 종일 큰 비가 옴.
  하천과 도랑이 불어 넘쳤다. 아마 수십 년 이래 처음 보는 큰물일 것이라고 한다. 하루 종일 시름겨움을 누구라 터놓을 이가 없는지라, 만초와 함께 운을 내어 근심풀이로 삼았다. 울진 김노인의 상喪이 상탕거우에서 나갔다. 김달金達이 또 불은 물에 길이 막혀 와서 묵었다.

二十五日 趙萬基夏基兄弟 率其子重慶而來 前川舟路 僅涉艱險云耳

  6월 25일.
  조만기趙萬基와 하기夏基 형제가 그 아들 중경을 데리고 왔다. 앞내의 뱃길로 겨우 어렵고 험한 길을 건넜다고 한다.

二十六日 晴 趙載基容熙來 午饒 萬初與金達 去鄒哥里 盖以運動會在其明日故也 然老者之跋涉行色 見極歎極歎 趙童重慶 挽宿 與七孫 明日偕赴計耳 金老將葬 而土人不許登山占地 因入於渠之先山內平坂空閒之地 盖以墳墓禁葬 自是我國之土俗 或勢家之禁養故也

  6월 26일. 맑음.
  조재기趙載基와 용희容熙가 와서 점심을 먹었다. 만초萬初와 김달金達이 추가가로 떠났다. 운동회가 내일 있다 해서이다. 그런데 힘써 길을 나서려는 늙은이의 차림새를 보아하니 지극히 한탄스럽다. 어린 조중경趙重慶은 만류하여 재우고 칠손七孫과 내일 함께 출발하게 할 계획이다.
  김노인의 장례를 치르려는데 이곳 사람들이 산에 올라 땅을 차지하는 것을 허락하지 않으므로 그의 선산先山 속, 약간 비탈진 공터로 들어갔다. 대개 분묘를 금장禁葬하는 것은 본래 우리나라의 풍속인데, 더러 권세 있는 집안에서 금하고 받들었기 때문이다.

---

140) 손자 칠七 : 김형칠金衡七이다.

二十七日 晴 大張運動會云 而物色相殊 嫌於嗤点 竟日孤守 不勝愁寂也

  6월 27일. 맑음.

  운동회가 크게 열린다 하나, 물색이 서로 다른지라, 비웃음거리가 될까 꺼려졌다. 종일 홀로 집을 지키자니 근심과 적막을 이길 수 없었다.

二十八日 晴 忽有官人入來 筆談相訓 勸我薙頭 吾以新來未及答之耳 是日 雇人鋤太豆二頃田 夕趙範容來宿

  6월 28일. 맑음.

  홀연 관리 하나가 찾아와 필담으로 서로 수작하였다. 나에게 치발을 권하기에 내가 새로 옮겨 온 처지라 아직 그러지 못하였노라고 답하였다. 이날 사람을 사서 콩밭 두 이랑에 김을 맸다. 저녁에 조범용趙範容이 와서 잤다.

二十九日 雨 李秉三 趙範容 午饒發去

  6월 29일. 비.

  이병삼李秉三과 조범용趙範容이 점심을 먹고 떠났다.

與萬初拈韻 만초와 더불어 시를 짓다

吾輩緣何柳縣城	우리가 무슨 까닭에 유하현에 와서
竚看河水待時淸	우두커니 강물 보며 맑아질 때 기다리나
擡頭盡是衣冠士	고개 드니 모두가 범절 따르는 선비요
開口無非劒筑聲	입을 여니 강개한 탄식[141] 아님이 없네
勝地元從危處在	경치 좋은 곳은 원래 위태한 데 있으며
奇花猶自舊根生	기이한 꽃은 오히려 오랜 뿌리에서 나온다네
薙頭易服還閒事	머리 깎고 복색을 바꿈은 도리어 한만한 일
爲指靑年互說明	젊은이를 가리켜 서로 설명해야 하겠네

---

141) 강개한 탄식 : 원문은 검축劒筑으로 전국시대의 자객 형가荊軻의 칼과 고점리高漸離의 축인데, 시절을 근심하는 강개한 뜻으로 쓰였다.

又 또

苦雨愁雲惱萬端	지루한 비 궂은 구름에 번뇌가 만 갈래
全家又徙水之干	온 집안이 또 북쪽으로 살림을 옮겨 왔네
朱陳舊誼酥如煖	사돈 마을142) 오랜 세의 술기운처럼 훈훈하나
蠻觸新潮夏亦寒	오랑캐의 새 풍조에 여름이 또한 겨울 같다
山鞠堪憐歌暮道	나라 걱정143)에 저문 길을 안타깝게 노래하며
風羈無暇駐征鞍	바람에 고삐매어 떠도는 길 멈출 수 없네
吾雖病矣君猶健	나는 비록 병들었으나 그대는 건장하니
天除輕陰尙未闌	하늘에 구름은 걷혔으나 아직 한창은 아닐세

又 또

寧汗不欲小登皐	차라리 덥더라도 작은 언덕에 오르지 않음은
携手將窮白岳高	손잡고 백두산 끝까지 오르려 해서일세
霜鋏尙存游俠技	서릿발 같은 칼날에 유협의 기량이 남았으나
塵編無賴古人糟	먼지 낀 책에서는 고인의 조박 배울 수 없네
紅顏剩得盃中酒	붉은 얼굴에 더구나 한 잔 술을 얻으니
碧樹重環地上毛	푸른 숲에 겹겹으로 지상모地上毛144)를 두른 격
斯世昇平那易得	이 시대 태평세계 만나기 어찌 쉬우랴

---

142) 사돈 마을 : 원문은 주진朱陳. 중국의 서주徐州 고풍현古豐縣에서 주씨朱氏와 진씨陳氏 두 성姓이 서로 혼인하면서 화목하게 살았던 촌락 이름인데, 백거이白居易의 「주진촌朱陳村」이라는 시로 더욱 유명해졌다(『백락천시집白樂天詩集』「감상感傷」).

143) 나라 걱정 : 원문은 산국山鞠이니 곧 궁궁이다. 춘추시대 소蕭 나라가 망하게 되었을 때, 초楚 나라 대부 신숙전申叔展이 친하게 지내던 소나라 대부 선무사還無社와 문답을 나누기를, "맥국麥麴이 있는가?" "없다" "산국궁山鞠藭이 있는가?" "없다" "물고기가 복통을 앓으면 어떻게 되겠는가?" "물이 없는 우물에서 구하라" 하였는데, 다음날 소나라가 멸망을 당했을 때 우물 속에 있는 선무사를 구했다. 『춘추좌씨전春秋左傳』선공宣公 12년에 맥국은 소화불량을 다스리는 엿기름으로 내란內亂 방지책을 뜻하고, 산국은 감기를 치료하는 약초로 외환外患에 대한 대비를 뜻한다.

144) 지상모地上毛 : 초목과 곡식. 지모地毛라고도 한다.

一區河縣武陵桃　　　한 구역 유하현이 무릉도원인 것을

又 또

僦寓蘧廬苦不寬　　　초가집에 세 들어 사니 비좁아서 괴로운데
愁居無物稱心歡　　　쓸쓸히 지내느라 반가운 마음을 표할 것이 없네
有口皆言新世界　　　입 가진 사람 모두 신세계라 말하지만
擡頭難見舊衣冠　　　머리 들어 보아도 우리 의관 만나기 어려워
蹣跚病骨千斤重　　　비틀비틀 병든 몸은 천근인 양 무거운데
慷慨危談六月寒　　　강개한 고담준론에 6월도 차갑구나
有是這中形語語　　　이런 가운데 몇 마디 형용한 시가 있어
青眸白髮兩相看　　　반가운 눈길 백발끼리 둘 서로 마주 보네

又 또

萬事從今一任天　　　오늘부터 모든 일을 하늘에 맡기노니
桑田時勢自然然　　　상전벽해 시국이라 자연히 그럴 수밖에
流離蕩析無全局　　　고향 떠나 산지사방 온전한 곳 없는데
草率苟艱已半年　　　초라하고 구차한 행색 이미 반년이 지났네
地肺蒸雲常作雨　　　지폐산145) 엉기는 구름은 항상 비가 되고
村廚當午始炊烟　　　촌가 부엌에는 한낮에야 연기가 오르네
安心素患相爲慰　　　마음 편히 환난을 견디자 서로 위로하자니
苦一邊時樂一邊　　　한 편으론 괴롭고 한 편으론 즐거워라
　　　<此處風 每日兩食 故晚炊><이곳 풍습에는 하루에 두 끼를 먹는지라, 그러므로 밥 짓는
　　　때가 늦다>

又 또

靡君今日共誰歸　　　그대 아니더면 오늘을 누구에게 의지하랴

---

145) 지폐산地肺山 : 종남산終南山의 이칭으로 북산北山이라고도 한다.

却怕黎臣久寓微	도리어 백성의 오랜 우거 작으니 두려워라
千里同心孚鶴和	천리 밖 동심에는 부괘孚卦의 학이 화답146)하고
八旬揚武呂鷹飛	여든 나이의 가벼운 걸음 여상呂商처럼 나는 듯
時來運到男兒事	시절이 오고 운세가 이름은 남아의 일이요
雨覆雲翻造化機	비를 내리고 구름을 부름147)은 조화의 기틀이라
兵甲無非儒者事	병난에 대비함도 선비의 일 아님이 없으니
中宵拍案起更衣	한 밤중에 서안을 치고 일어나 옷깃을 고치네

又 또

離鄕去國未言歸	고국 고향 떠날 때 돌아올 기약 없었으나
丘葛長長歎式微	모구의 칡덩굴148) 길어 쇠미한 나라149)를 탄식하네
君似元龍曾上臥	그대가 원룡元龍처럼 윗자리150)에 계시니
吾如越鳥願南飛	나는 월조越鳥처럼 남쪽으로 돌아가기 원하네151)
衰年別悵深於水	늙은 나이 이별의 아쉬움 저 물보다 깊으니
大雅文章出自機	그대의 우아한 문장 기틀에서 나오는 것
五日旅館非不洽	객점에서 지낸 닷새 흡족치 않음은 아니나

---

146) 부괘孚卦의 학이 화답 : 역괘 중부中孚 구이九二의 효사에서 나오는 말로 "우는 학이 음지에 있으니 그 새끼가 화답하도다[鳴鶴在陰 其子和之]"라고 하였다.

147) 비를 내리고 구름을 부름 : 두보杜甫「빈교행貧交行」의 "손 뒤집으면 구름이요 손 엎으면 비로다[翻手作雲覆手雨]"라 한 구절의 점화. 원래 세인의 경조부박한 거조를 가리킨 것이나 여기서는 하늘의 조화가 자재로움을 가리킨다.

148) 모구의 칡덩굴 : 『시경』「패풍邶風」'모구혜旄丘兮' 편에 나옴. 춘추시대 여黎 나라 신하들이 나라를 잃고 위衛 나라에 망명하여 위나라가 구원병을 빨리 보내주지 않음을 원망하여 "모구의 칡덩굴이여 어찌 그리 마디가 길게 자랐는고. 숙이며 백은 어찌 그리 많은 날을 보내는고[旄丘之葛兮 何誕之節兮 叔兮伯兮 何多日也]"라고 노래한 데서 온 말이다.

149) 쇠미한 나라 : '식미式微'는 『시경』「패풍」의 편명. 나라의 형세가 쇠미해져 망할 위기에 처한 것을 노래하였다.

150) 원룡元龍처럼 윗자리 : 손님 대접이 소홀함을 비유한 말로 중국 삼국시대 원룡元龍인 진등陳登이 자기를 찾아온 허사許汜를 아래 침대에서 자게하고 자신은 윗 침대에서 잔 데서 유래하였는데, 여기서는 석주를 높이 평가한 뜻으로 보인다.

151) 월조越鳥처럼 남쪽으로 돌아가기 원하네 : 타향에서 고향을 그리는 데 비유한 말. "월조越鳥가 (고향을 그리워하여) 남쪽 가지에 둥우리를 튼다[越鳥巢南枝]"는 고사의 점화이다.

爲憐還袘又沾衣　　돌아간다 하니 안타까워 다시 옷깃 적시네

又 또

天高雨歇客思歸　　높아진 하늘, 비 그치자 나그네는 돌아가고
孤坐穹廬對翠微　　하늘 아래 홀로 앉아 푸른 산허리 대하였네
島樹雖硬當雪瘁　　해도의 나무가 굳센들 풍설 앞에선 시들고
朝花猶落遇風飛　　아침에 핀 꽃도 오히려 져서 바람에 날릴 터
此地亦有夫差席　　이곳에도 부차의 가시 침석 만들어 두고
承學應知孟母機　　배운 대로 따르되 중도에 그치지 말아야겠네
始是盟壇同澤意　　처음 맹단에서 함께 죽자던 뜻152) 지킨다면
今人不必古人衣　　지금 와서 고인의 의관 꼭 따를 것은 아니리

又 또

吾曺今日誰料曾　　우리에게 오늘이 있을 줄 누가 미리 알았으랴
人不能之天所能　　사람은 몰랐거니와 하늘은 능히 알았을 테지
千里浮萍無久主　　천리를 떠도는 부평초라 오래 머물 곳 없고
三旬茹藿似枯僧　　서른 날 거친 음식에 마치 여윈 중과 같아라
江因雨力群流合　　강물에는 비 내린 후라 지류들이 흘러들고
樹益春精萬縷凝　　숲에는 봄 정기 더하여 가지마다 엉기었네
竟日相看無別語　　종일토록 마주보며 이별의 말 없으니
不妨耽句費溪藤　　시 짓는 데 계등153)을 쓰는 것도 해롭지 않겠네

又 또

---

152) 함께 죽자던 뜻 : 원문은 동택同澤. 『시경』 「진풍秦風」 '무의無衣' 편에 "어찌 옷이 없어 그대와 함께 입으리오[豈日無衣 與子同澤]"라 하여 왕이 군대를 일으키거든 병기를 수선하여 그대와 짝이 되겠다고 하였다.
153) 계등溪藤 : 중국 절강성浙江省 섬계剡溪의 등나무 껍질로 만든 종이. 예로부터 최고의 품질로 각광을 받았다.

家有姜衾可與容	집안에 강금154)이 있어 함께 덮을 만한데도
如何斗粟不能舂	어찌하여 한 말 곡식도 찧어 놓지 못하였나
强虜時勢吞蚌鷸	강포한 오랑캐는 두 나라를 삼킬 기세인데
婚友衰情似蚯蚕	인척 벗은 정이 다해 하찮은 벌레 같구나
郊外霪霖恒備極	들녘에 오랜 장마비가 그칠 줄 모르고
門前活水去祖宗	문 앞에 솟는 샘물은 황하로 흘러가네
丌頭破硯應生稼	책상머리 깨진 벼루 농사짓기 마땅하니
不妨隨時代惰農	때 맞춰 게으른 농사 대신해도 무방하리

又次前韻 恨自外運動席 또 앞의 시를 차운次韻하여 스스로 운동회에 가지 못함을 한스러워하다

黃髻白髮各爲容	누런 머리 흰 머리 각자 모양을 내고
醉鼓喧雷如撞舂	취한 북 요란한 천둥소리 절구 찧듯 하겠구나
草視晉兵驚唳鶴	초목이 다 진병晉兵인가 놀라는 꼴155) 우는 학 같고
詩吟唐律似寒蛩	시를 읊음에 율조律調가 늦가을 귀뚜리 같구나
吾猶片月蹈東魯	나는 조각달 되어 동로東魯를 두루 행할 터이니156)
君是長風破浪宗	그대는 긴 바람으로 큰 파도를 헤쳐가게157)
圓滿高筵吾獨漏	원만하고 고상한 자리 나만 홀로 빠지니
不如歸故勸桑農	고향에 돌아가 길쌈에 농사 독려함만 못하리

---

154) 강금姜衾 : 『후한서』「강굉전姜肱傳」에 "후한의 강굉이 두 아우인 강중해姜仲海·강계강姜季江과 더불어 우애가 지극하여 잠을 잘 때 반드시 한 이불을 덮었다."고 한다. 전轉하여 형제 또는 형제 사이의 우애를 뜻한다.

155) 초목이 ~ 꼴 : 동진東晉 때 사현謝玄의 군사가 부견苻堅의 군사와 싸울 때 겁에 질린 부견의 눈에 팔공산의 초목이 모두 진나라 군사로 보였다 한다.

156) 동로東魯 ~ 터이니 : 동로는 춘추시대 노魯 나라를 가리키는 말이지만, 여기서는 공자의 도道를 상징하는 말로 쓰였다. 민족의 활로를 열어 가는 일에 신명을 경주해야 하는 이상룡의 입장에 비해 자신은 공자의 가르침을 준수해 나가는 일에 주력하겠다는 뜻으로 해석된다.

157) 긴 바람 큰 파도 : 진晉 나라 사람 종각宗慤이라는 사람이 "평생 소원은 큰 배를 바다에 띄워 놓고, 바람을 따라 만 리 되는 물결을 헤치며, 무한정 가보고 싶은 것이라[願乘長風 破萬里浪]"고 한데서 인용하였다.

三十日 晴 是午 送別李萬初趙孟穆

6월 30일. 맑음.
이날 오후에 이만초와 조맹목을 송별하다.

惜別　이별의 아쉬움

江郊漠漠午雲悠	강 나들 막막하고 낮 구름도 아득한 날
攜手分張李石洲	잡은 손을 놓으며 이석주를 보내네
一水留船南北路	배 뜬 한 줄기 강 남북의 길이요
百年知己弟兄儔	백 년의 절친한 벗 형제 같은 짝이라
吾猶吠狗常頑舊	나는 짖는 개처럼 늘 고집스럽지만
君似征鴻亦自由	그대는 먼 길 가는 기러기처럼 자유롭네
猶有來旬重到約	그나마 내달 열흘께 다시 온다 약속 있으니
許同明月共銷愁	밝은 달 함께 하며 시름을 씻으리라

閏六月一日 正姪昌孫 以校場治築事 裹飯偕去 家兒 以事務仍宿不還 獨守孤廬 以七孫腹痛之症 盡日焦心 無醫無藥 益恨離鄕之遠耳

윤6월 1일.
　　조카 정식正植과 손자 창로昌魯가 학교 운동장 축築 쌓는 일로 도시락을 싸서 함께 가고, 집 아이는 사무 때문에 그대로 자고 돌아오지 않아, 외로운 집을 혼자 지켰다. 손자 형칠衡七의 복통腹痛 때문에 하루 종일 마음을 졸였다. 의원도 약도 없으니 고향을 멀리 떠난 것이 더욱 한스럽다.

謾詠　느긋이 읊다

暫閣書几倚小欄	책상 잠시 물리치고 작은 난간에 기대니
滿前蒼翠霽天空	눈앞 가득 푸른 산에 하늘도 개었네
當階自茁宜男草	계단 앞에는 의남초[158]가 절로 나고

隔水噓來少女風	저 물을 건너서 소녀풍159)이 불어오네
鄕夢每憑蟻穴裏	고향 꿈은 언제나 일장춘몽160)이 되고
詩愁偏入鳥喧中	시름겨워 읊는 시는 새소리 속에 묻히네
茶烟漸歇傾霞酌	차 연기 그쳐갈 때 노을 기울여 마시니
自照還憐醉暈紅	취한 듯 붉은 얼굴 스스로 가엾구나

自歎〈通韻〉 스스로 탄식하다〈운은 같다〉

萬事無心退去潮	만사 무심하게 썰물처럼 늙어가며
全家輸付少年曹	온 집안일을 아이들에게 떠다 맡기네
雖飢不欲咀周粟	주려도 주周의 곡식161) 먹지 않으려 했다지만
劇病還如助宋苗	깊어만 가는 병 도리어 송인宋人162)처럼 조장한다
驀地課農徒罪歲	공연히 농사일에 애꿎은 세월만 탓하고
憂時耽句揔離騷	시대 걱정에 짓는 시 다 이소離騷163)의 구절일세
靑山不限魂歸路	고향 돌아가는 혼 청산은 막지 않으리니
閑夢遲遲故挓朝	한가한 꿈 느릿느릿 짐짓 아침을 늦추네

---

158) 의남초宜男草 : 원추리. 백합과의 여러해살이풀.
159) 소녀풍少女風 : 비가 오기 직전에 솔솔 불어오는 부드러운 바람.
160) 일장춘몽 : 원문에 있는 개미집[蟻穴裏]의 번역인데 남가일몽南柯一夢의 이야기이다. 당나라 이공좌李公佐가 지은 『남가기南柯記』에 나오는 얘기로, 순우분淳于棼이란 사람이 꿈속에서 괴안국槐安國에 가서 공주에게 장가들어 남가태수南柯太守를 지내는 등 온갖 부귀영화를 누리고 깨어나 주위를 둘러보니, 마당가 회화나무 밑 등의 개미굴이 꿈속에서 찾아갔던 괴안국이었다는 것이다.
161) 주周의 곡식 : 주周 무왕武王이 은나라를 평정하여 천하를 통일하기에 이르자, 백이와 숙제가 이를 부끄럽게 여기어 의리상 주나라 곡식을 먹을 수 없다 하고 수양산首陽山에 은거하여 고사리만 캐어 먹다가 마침내 굶어 죽었던 고사에서 온 말로, 여기서는 백하가 비루하게 살고 싶지는 않다는 뜻이다.
162) 송인宋人 : 『맹자孟子』「공손추公孫丑」 하下에 어떤 송나라 사람이 밭의 싹을 빨리 자라게 하기 위해 뽑아 올렸다는 '알묘조장揠苗助長'의 이야기에 보인다. 억지로 빨리 이루려다 오히려 해를 자초함을 자탄하는 말이다.
163) 이소離騷 : 초楚 나라 굴원屈原이 지은 부賦의 이름. 자신을 버린 군주에 대한 원망이 구구절절 애처로운 자기연민으로 나타나 있다.

又 또

丹莢新月綠江艅	단협丹莢164) 초승달 밤 압록강 건넜으니
抵是風波避網魚	닥쳐오는 풍파에 어망 피하는 물고기 신세였네
四到苦經三省雨	가는 곳마다 겪는 고초와 삼성三省의 비
七旬虛負五經書	칠십의 나이에 오경 책만 헛되이 저버렸네
衣冠異俗無圓席	의관 다른 풍속이니 원만한 자리 없었지만
山水怡情摠我廬	산수의 기쁜 정 모두가 내 집이라 여겼노라
惟有襁孫啼笑娛	오직 강보의 손자 울고 웃는 재미 있으니
全家來望但看渠	온 식구 희망은 그의 성장 지켜보는 것뿐이라

初翼日 晴 鐵山居人金三來 午饒而去

윤6월 2일. 맑음.

철산鐵山 살던 김삼金三이 왔다가 점심을 먹고 떠났다.

三日 晴 雇鋤前坪畓 適見門外漁網者 得溪螯數十種 以爲唐孫解疹之資

윤6월 3일. 맑음.

사람을 사서 앞들의 논에 호미질을 하였다. 마침 문밖에서 그물로 고기잡이를 하는 자를 만나 가재 수십 마리를 얻었다. 손자 쾌당快唐이의 홍진을 다스리는 약재로 삼아야겠다.

卽事 어떤 일을 읊다

大陸茫茫翠碧環	망망하게 가없는 땅덩이 푸른빛이 에워싸니
山似靑天天似山	산빛이 하늘과 같고 하늘빛도 산 같아라
雨霽月明漁戶冷	비갠 하늘 달이 밝아 어부의 집은 차가워도

---

164) 단협丹莢 : 요 임금 때 조정 뜰에 났다는 서초瑞草. 초하룻날부터 매일 한 잎씩 나서 자라다가 보름이 지나면 한 잎씩 지기 시작하여 그믐이 되면 말라 버린 까닭에 이것을 보고 달력을 만들었다 한다. 따라서 역초曆草라고도 한다. 이 설 외에 전반 보름 동안 한 잎이 나고, 후반 보름 동안 한 잎이 진다는 등 이설이 많다. 여기서는 달력에 새로 6월이 됨을 의미한다.

林深風暖鳥巢安	깊은 숲 따뜻한 바람에 새둥지는 안온하네
踈慵已久因成性	소홀한 습관이 오래되니 본성이 되었는지
困險常然或解顏	곤란과 위험 속에서도 언제나 태연하다네
最是老人年例症	절박한 것은 노인의 해마다 겪는 증세이니
午眠偏熟夜眠難	낮잠이 너무 깊어 밤에 잠들기 어려운 것

自歎 스스로 탄식하다

欲返鄕山夢亦稀	고향으로 가고 싶으나 꿈조차 드물어
鷄聾尨宿夜闌時	닭도 개도 깊이 잠든 한 밤중인데
衣冠欲舊還拘俗	의관을 돌리려하나 이곳 풍속에 걸리고
貨幣資生獨見癡	재물에 의지해 사니 바보 취급만 당하네
半百年間何事業	반 백년 사이에 일삼은 일이 무엇인가
三千里外只窮畸	삼천리 먼 이역에 곤궁한 밭떼기 뿐
始知禍福皆前定	비로소 알겠노니 화복은 미리 정해진 것
由我者吾誰怨之	나 때문에 생긴 일인데 누구를 원망하리

身托居停廣闢扉	정거장에 의탁한 듯 사립문 활짝 여니
南商北賈日傾歸	남북의 장사치가 날마다 돌아가네
金鈿月佩波斯市	금비녀 빛나는 패물은 파사¹⁶⁵⁾의 시장같고
霧縠氷絹錦蜀衣	안개 비단 얼음 명주는 촉나라의 비단 옷
救世不能寧遯世	세상을 구하려다 안 되어 차라리 세상을 피하니
欺人無若反被欺	남을 속임이 차라리 속는 것보다 못하네
笑他赤面交爭說	남을 비웃고 얼굴 붉히며 서로 다투는 것은
只是錙銖利害微	이는 다만 사소한 이해가 달라서일 뿐

四日 晴 放實兒休役

―――――――――

165) 파사波斯 : 고대의 나라 이름인 페르시아의 음차音借.

윤6월 4일. 맑음.
실아를 놓아주어 일을 쉬게 하였다.

五日 風 飯後 杖往舊寓 見太粟田 蕪穢不治 是不但懶雇之浪失其時 亦由於兒輩踈坦之致也 遂植杖鋤草 而纔拔半畝 手繭腰疼 七十年排養之技 不可以猝地用力 可歎 其所謂雇鋤秧苗 焉有有秋之望耶 是日週日下學也 金達 李文衡 黃炳禹 炳日 炳湯來見 午饒 金昌武 權英九 以校室建築收錢事也

윤6월 5일. 바람.
아침을 먹은 후, 지팡이를 짚고, 예전에 살던 곳에 가서 콩밭을 보니 무성한 잡초를 매지 않았다. 이는 다만 게으른 일꾼이 적시를 놓쳐서일 뿐 아니라, 역시 아이들이 탄솔해서 생긴 일이다. 드디어 지팡이를 세워두고 풀을 매는데, 겨우 반 이랑을 뽑자 손이 고치처럼 부풀고 허리가 뻐근하다. 칠십 년 동안 배양한 재주로 갑자기 힘을 쓸 수가 없으니 한탄스럽다. 이른바 '호미꾼을 사서 모를 심는 격'이니 어찌 풍성한 가을이 있기를 기대하랴?
오늘은 주일週日이라, 학교가 쉬는 날이다. 김달金達·이문형李文衡·황병우黃炳禹·병일炳日·병탕炳湯이 와서 보고 점심을 먹었다. 김창무金昌武와 권영구權英九가 교실을 짓는 일로 모금을 하기 위해서이다.

六日 朝雨午晴 夕 有淸商一人 來傳內地火色 懷怖不可言

윤6월 6일. 아침에 비 오다가 오후에 개임.
저녁에 어떤 청나라 상인 한 명이 와서 우리나라의 급박한 정세[火色]를 전해주는데 두려움을 형언할 수가 없었다.

七日 朝晴 有漁人獵川 而來鮒魚四斤 價四角 較量內地 可謂至廉 李秉三 李宣求來見 趙載基 午饒而去 夕 驟雨大注 正姪 自鄒街 買黃肉而來

윤6월 7일. 아침에 맑음.
어떤 어부가 냇가에서 고기를 잡아서 붕어[鮒魚] 4근을 가져왔다. 값이 4각角이라, 우리나라에 비하면 매우 싸다고 하겠다. 이병삼李秉三·이선구李宣求가 와 보고, 조재기趙載基가 점심을 먹고 떠났다. 저녁에 소나기가 따르듯이 내렸다. 조카 정식正植이 추가가鄒哥街에서 쇠고기[黃肉]를 사 왔다.

八日 朝晴 雇鋤前坪畓 金達 李章寧 及家兒 來

윤6월 8일. 아침에 맑음.
사람을 사서 앞들 논에 김을 매었다. 김달金達·이장녕李章寧 및 가아家兒가 와서 밥을 먹었다.

九日 朝雨 夕 李鍾基鍾杓 自恒道川來宿 久阻之餘 得聞文極及查家安信 可慰

윤6월 9일. 아침에 비.
저녁에 이종기李鍾基·종표鍾杓가 항도천恒道川으로부터 와서 잤다. 오랫동안 소식이 끊겼던 나머지에, 문극文極과 사돈집[查家]이 편안하다는 소식을 들으니 위로가 된다.

十日 晴 往家兒寓所 見所謂住在太田荒穢 手栽木錐 一頃拔草 指胅胼胝 畢竟病畦而歸 少不學圃 亦老大之一悔耳

윤6월 10일. 맑음.
가아가 임시로 머물고 있는 곳으로 갔다. 산다고 하던 곳의 콩밭이 황폐한 것을 보고 손수 나무 송곳을 만들어 잠시 풀을 뽑았다. 손가락 살에 굳은살이 배기고, 끝내 밭일에 피곤하여 돌아왔다. 젊어서 농사일을 배우지 않았던 것이 또한 늙은이의 한 가지 후회이다.

十一日 晴 又芸太田 兒輩苦諫 外人譏訛 七耋服田 始豈平日所料者乎 始知人子之生長曖逸 適所以自害其身也

윤6월 11일. 맑음.
또 콩밭에서 김을 매자, 아이들이 몹시 말리고 바깥사람들이 놀리고 기롱하였다. 나이 일흔에 밭일을 하다니, 처음부터 어찌 평소에 생각이나 했을 일이랴? 이제서야 사람의 자식이 따스하고 편안하게 나서 성장하는 것은 결국 스스로 그 몸을 해치는 것임을 알겠다.

十翼日 雨 著勸諭文

윤6월 12일. 비.
「권유문勸諭文」을 지었다.

十三日 晴 尹應奎 發還內地 而碍於耳目 未能書付家鄉 可恨 賣家驋于陶姓人 以本價三十五圓 限十月望前 責價之意 成標文 金三<鐵山居人> 午饒而去

윤6월 13일. 맑음.
윤응규尹應奎가 우리나라로 돌아간다고 출발할 때, 남의 이목이 부담스러워 서찰을 고향 집으로 부치지 못하였으니 한스럽다. 타고 다니던 말을 도씨陶氏에게 팔고, 본래 가격 35원圓을 10월 보름까지 갚으라는 뜻으로 표문標文을 작성했다. 철산鐵山 살던 김삼金三이 점심을 먹고 떠났다.

十四日 晴 兒輩 午供猪肉 仍有腹中不便之症 盖老人腸胃 雖少 必愼 金達 與家兒 來宿 廚無佐飯之物 第見籬端南瓜黃熟 買得數箇 煮食則新味已盡 而有似霜後之實 渠猶不食 而且俟大圓之日 風土相殊 而所食之早晩 亦異 可呵 但良太則纔具泡殻 幷其皮而煮食 天下之口 亦有所不同者耳

윤6월 14일. 맑음.
아이들이 점심으로 돼지고기[猪肉]를 내오더니, 이 때문에 뱃속에 불편한 증세가 있었다. 대개 노인의 위장은 비록 적은 양이더라도 반드시 조심해야 하기 때문이리라. 김달金達이 가아와 함께 와서 잤는데, 부엌에 반찬거리[佐飯]가 없었다. 다만 울타리 끝에 누렇게 익은 호박[南瓜]이 보여, 몇 개를 사서 삶아 먹었는데, 이미 신선한 맛이 없어져 서리 맞은 뒤의 열매와 흡사하다. 중국인도 오히려 먹지 않고 크고 둥글 때를 기다린 것일 것이다. 풍토가 서로 달라서 먹을거리의 이르고 늦음이 역시 다르니 우습다. 다만 양대[良太]는 겨우 껍질이 부풀었으나, 그 껍질까지 함께 쪄 먹는다. 천하 사람들의 입맛에 또한 똑같지 않은 점이 있을 것이다.

十五日 晴 得溪螯數甲 饋唐孫

윤6월 15일. 맑음.

가재 몇 마리를 얻어 당손唐孫에게 먹였다.

十六日 晴 正姪昌孫 去鋤學校秧畓 夕金達家兒來宿

윤6월 16일. 맑음.
정식正植 조카와 손자 창로昌魯가 학교 모내기한 논에 김매러 갔다. 저녁에 김달金達과 집의 아이가 와서 잤다.

十七日 雨 趙萬基 自永春來 聞萬初安信 略憑內地傳遞之報 稍自慰幸耳

윤6월 17일. 비.
조만기趙萬基가 영춘원永春院에서 왔다. 만초萬初가 편안하다는 소식을 듣고, 대략이나마 그에 의해 국내에서 우편으로 온 소식도 들었다. 조금은 위로가 되고 다행스럽다.

十八日 雨 又無聊中 觀萬初所製趣旨書 哀憐悲壯 可以隕千古志士之淚矣

윤6월 18일. 비.
또 무료한 가운데 만초萬初가 지은 「취지서趣旨書」를 보았는데, 애련하고 비장하여 천고千古의 지사志士가 눈물을 흘리게 할 만하였다.

十九日 又雨 溪瀆漲溢 水邊田畓 偏被災傷 吾家所農 亦無可觀 政所謂末風而鹽雨也

윤6월 19일. 또 비가 내림.
개울물이 붙어 넘쳐 물가의 논밭이 특히 수재를 입었다. 우리집이 농사짓던 곳도 볼만한 것이 없었으니, 이것이 바로 이른바 고춧가루 바람이 불고 소금비가 내린다고 한 것이리라.

提抱唐孫 以做遣愁課日之資 而往往手㸑垢穢 而不能知止 老來子孫之欲 果皆如是乎 因戲吟一律

당손唐孫을 끌어 앉고 다니며 근심을 버리고 날을 보내는 꺼리로 삼고 있는데, 가끔 손에 더러운 것이 묻어도 그만둘 줄을 모르겠으니, 늘그막에 자손에 대한 욕심이란 과연 다 이런 것인가? 이로 인하여 장난삼아 율시 한 수를 읊노라.

晚得曾孫弄似琦	늘그막에 얻은 증손 옥 같이 귀중하여
十看奇重百看奇	열 번 봐도 귀중하고 백번 봐도 신기하네
時因腹上爲槃舞	때때로 배 위에서 둥개둥개 춤을 추며
或批鬚緣任挽披	더러는 수염을 가지고 멋대로 헤집네
笑啼俱欣媚裸襁	웃고 우는 것조차 기쁜데 포대기에서 아양떠니
溺溲不惜汚巾綏	오줌 싸 갓끈을 더렵혀도 아깝지 않네
從玆但願延吾壽	이제부터 바라기는 내 좀 더 오래 살아서
生見渠曺弁首期	살아서 이놈들 갓 쓰는 걸 보기를

二十日 晚晴

윤6월 20일. 저녁 무렵에 갬.

二十一日 晴 金達 趙萬基 李章寧 丁圭夏 田強 李明宣 金錫賢 趙重慶 黃炳日 及家兒 午饒而去 黃壻 又仍宿

윤6월 21일. 맑음.
김달·조만기趙萬基·이장녕李章寧·정규하丁圭夏·전강田強·이명선李明宣·김석현金錫賢·조중경趙重慶·황병일黃炳日과 집의 아이가 점심을 먹고 갔다. 황서방은 또 그대로 잤다.

二十翼日 晴

윤6월 22일. 맑음.

二十三日 晴

윤6월 23일. 맑음.

二十四日 晴 家兒與金達 去永春院

윤6월 24일. 맑음.
집의 아이와 김달이 영춘원으로 갔다.

二十五日 晴 李相龍 李德基 尹仁輔 李萬燁來宿<平海居人>

윤6월 25일. 맑음.
이상룡李相龍·이덕기李德基·윤인보尹仁輔·이만엽李萬燁<평해 사는 사람>이 와 잤다.

喜見萬初 仍成一律　기쁘게 만초를 보고 이어 시 한 수를 짓다

百見常如一見初　　백 번 보아도 늘 처음 본 듯 반가우니
眞情不啻面貌餘　　진정이 통하는 사이 얼굴만 보고프랴
因人破寂雖爲慰　　사람 만나 적막함 달래니 위로는 되지마는
當食無需待若疎　　때 되어도 대접할 게 없어 남 대하듯 하였네
學圃滋緣媚案蠧　　농사일 배우다가 책을 읽노니
荷衣同澤勝金魚　　하의166) 입고 같이 누림이 금어167)보다 낫다네
從今問舍求田日　　이제부터 집과 땅을 구하게 되면
明月芳隣共結廬　　밝은 달 아래 이웃되어 함께 집을 지으리

二十六日 晴 平海月溪居黃義英及黃炳日來宿 朴慶鍾亦來宿 夕雨驟至

윤6월 26일. 맑음.
평해 월계月溪에 살던 황의영黃義英168)과 황병일黃炳日이 와서 잤다. 박경종朴慶鍾도 와서 잤다. 저녁에 비가 갑자기 내렸다.

二十七日 朝陰 飯後 去上湯溝 訪李東寧家 而三往不遇 盖我無分於是人也 往來之際 誤歷菹澤 履襪盡爲泥土所汚 艱抵朱老人家 萬初先待矣 相與午饒而返 是午 黃道英 郭鍾穆 黃震煥 張胤特 金達 家兒幷來 午饒 黃道英 震煥 胤特仍宿

---

166) 하의荷衣 : 연잎으로 만든 옷, 은자隱者의 차림이다.
167) 금어金魚 : 황금으로 고기 모양과 같이 만든 대袋. 당唐 나라 때 3품관 이상이 차던 것이다.
168) 황의영黃義英 : 경북 울진 출신. 황만영의 종제從弟이며, 황도영의 동생이다.

윤6월 27일. 아침에 흐림.

밥을 먹은 후 상탕구上湯溝로 가서 이동녕의 집을 방문하였는데, 세 번을 갔으나 만나지 못하였다. 이는 내가 이 사람과 연분이 없어서일 것이다. 오가는 중에 잘못하여 늪지대를 지나는 바람에 신과 버선이 모두 진흙에 더러워졌다. 간신히 주노인朱老人 집에 도착하니 만초가 먼저 와서 기다리고 있었다. 함께 점심을 먹고 돌아왔다. 이날 낮에 황도영黃道英·곽종목郭鍾穆169)·황진환黃震煥·장윤특張胤特·김달金達과 집의 아이가 함께 와서 점심을 먹었다. 황도영·진환·윤특은 그대로 잤다.

二十八日 晴 夕昌孫 買瓜一介 茄子二介 始嘗新味

윤6월 28일. 맑음.
저녁에 손자 창로가 참외 한 개와 가지 두 개를 사왔다. 처음으로 새로 나온 것을 맛보았다.

二十九日 晴 金達 家兒 以李章寧問病次 回路 夕飯而越去次兒家

윤6월 29일. 맑음.
김달과 집의 아이가 이장녕李章寧을 문병하러 돌아가는 길에 저녁을 먹고 둘째 아이 집으로 넘어갔다.

七月一日 晴 唐孫些有不健之色 憂慮憂慮 坐見馬車渡頭 有一䰽魚 兒孫以手獵取 可供一日之饌 夕 尙州居姜信宗 好錫 趙夏基 李衡國 大丘人尹志漢 來宿

7월 1일. 맑음.
손자 쾌당快唐이 조금 건강치 못한 빛이 있다. 염려되고 염려된다. 앉아서 마차가 건너는 곳을 보니 자라 한 마리가 있어 손자 아이가 손으로 잡아왔다. 하루 반찬으로 올릴 만하다. 저녁에 상주에 살던 강신종姜信宗170)·강호석姜好錫171)과 조하기趙夏基·이형국李衡國, 대구 사람

---

169) 곽종목郭鍾穆(1888~1920) : 경북 울진 출신. 1910년 나라가 무너지자 가족을 데리고 만주로 망명하였다. 서간도에서 조직된 부민단의 간부로 활약하였으며 이어 한족회 설립에 참여하였다. 육영소학교育英小學校 교장 등으로 활동하던 중 1920년 11월 일본군에게 피살되었다. 1999년 건국훈장 애국장이 추서되었다.
170) 강신종姜信宗 : 경북 상주 출신. 석주 이상룡의 사돈이다.

윤지한尹志漢이 와서 잤다.

翌日 雨

7월 2일. 비.

三日 晴 權重燁 郭鍾穆 李萬燁 李炳世 尹仁輔 午饒 因權友內地歷便 得圭姪小告 可慰 夕 黃炳日 姜好錫 李衡國 尹志漢來宿

7월 3일. 맑음.
　권중엽權重燁·곽종목郭鍾穆·이만엽李萬燁·이병세李炳世[172)·윤인보尹仁輔가 점심을 먹었다. 권중엽이 고국에 다녀온 편에 조카 규식圭植의 작은 쪽지를 받으니 위로가 되었다. 저녁에 황병일·강호석·이형국·윤지한이 와서 잤다.

四日 晴 姜信宗 好錫 李衡國 皆發向永春 金達 以李元植問病次 借家騳而同向永春

7월 4일. 맑음.
　강신종·강호석·이형국이 모두 영춘원으로 떠났다. 김달은 이원식李元植을 문병하러 집의 말을 빌려 함께 영춘원으로 갔다.

　勸諭文　권유문

金石易泐 而自由之熱心 不可磨也 鼎鑊在前 而進步之團體 不可防也 不遇盤錯 利器焉別 不經疾風 勁草安知 謂余不信 請觀歐西之史乘 哥倫布 婁人也 而得亞美爲新世界 克林威 牧夫也 而開北海之文明 華盛頓 編農也 而爲地球之主人 拿破崙 軍校也 而逐强俄爲皇帝 大彼得 俄皇也 而雜傭伍而學文明 是皆十死冒險 身爲犧牲 而終成大勳垂名竹帛 三復詠

---

171) 강호석姜好錫(1894~1950) : 이명은 강남호姜南鎬·강덕재姜德載이다. 경북 상주출신이며, 석주 이상룡의 사위이다. 그는 1919년 가을 중국 안도현安圖縣 내도산內島山에서 성준용 등과 독립군의 병영지를 물색하였다. 그 뒤 1924년 8월 반석현盤石縣에서 개최된 한족노동당의 발기인으로 참여하였다. 1926년 10월에는 한족노동당 대표회의에서 검사위원으로 활약하였다. 2011년 건국훈장 애족장이 추서되었다.
172) 이병세李炳世 : 신흥무관학교를 졸업하였다.

歎 可使起雄心於死灰之中矣 豈非東半島之所當扼腕而興起者乎 今天下大勢 泰西爲最 而泰西之所以最於天下者 以其行天下之所難 擴前人之未發 而泰西之知 諸國不知 泰西之爲諸國不及 天下貿貿 而泰西先覺 天下夢夢 而泰西文明 先知覺後 理之常也 弱肉强食 勢所必然 東洋之崇拜泰西 泰西之雄視東洋 亦何足怪焉 苟能行歐西之所行 學歐西之所學 而人人開明 家家發達 何渠不若 何事不做 是以 古之善覘人國者 不憂人之智而憂我之愚 不憂人之强 而憂我之弱 不愚不弱 而超然於先知列强之外者 又豈非吾黨學會中之精神骨子乎 地球圓動之說 測算步曆之法 六洲五洋之地理形便 紅棕白人之原頭種落 政刑風俗之同異得失 相臣將臣之孰賢孰否 財賦礦山之何貴何賤 弓馬兵甲之何銳何鈍 寒帶熱帶之風土美惡 農商技藝之活動制造 人民獸畜之額數衆寡 道理關隘之遠邇夷險 蝌蚪蟹行之字樣書法 言語事套之正音俗音 自由憲法之孰主孰張 千派萬落 更僕不悉 而圖書所載 口耳所到者 諸君之所嘗講讀而研索者 今不必局外點籌 而聲氣所同之地 不得無過計之慮者 同舟遇風 惟恐一人之失柁 撮土成山 惟懼一簣之虧功也 況今諸君 或生長於絲綸堂誥之家 或擩染詩禮文獻之嫡 歷史外乘 非弓箕之世業也 風輪雷舳 非耳口之所及也 昇平之餘 大夢昏昏 猝遇新潮 夫安得不學而能之乎 資格之甲班乙班 雖未能盡知 而造詣之高等中等 可驗於課授勤慢之日矣 此又諸君之所當倍加思想者矣 蓋我國之受制列强者 以其程途未關 而倫奸檜毒 已逞其陰凝氷堅之志也 是可忍也 孰不可忍也 三十世香火陵寢 今其忽諸 二千萬腦髓血肉 今皆死乎 億萬年帶礪之血 屬之烏有乎 四千里錦繡之地 許人粧點乎 周顗新亭之悲 風景依然 傅燮身勢之歎 路人猶涕 與其淪胥而以亡 曷若戮力而圖存乎 舟中大學 陸秀夫之赤日晶晶 帳裏春秋 關將軍之偃月閃閃 聊城有矢約之書 君山有夜讀之案 手無尺技而尙有鞭楚之鞭 囊無寸鐵而猶有椎秦之椎 橫渠有數井之畵 立斂廣蓄 仲康有一旅之衆 卒獮行鷄 斷斷雪恥之志 銘吾肺而鏤吾肝 堂堂愛國之忱 建諸天而質諸神 王孫滿之寸舌却楚 在德非鼎 屈莫敖之擧趾益高 渠亦必敗 德育體育智育之幷不可緩 專制公和立憲之 亦可以講 況此地何地 此時何時 惟玆兩白之間 卽我扶餘之墟 綠江只衣帶之限 鷄鳴狗吠之相聞 黃裏通冠蓋之路 車塵馬蹀之相接 從龍從虎 各氣類之相感 聚蟻慕羶 自臭味之相泂 生齒版圖 登于天府 俱是民族中團體 此疆爾界 作息耕鑿 無非絲穀上質用 士願立於其朝 工願藏於其市 是皆學校內坯樸 具在社會中組織 一息尙存 此志不容少懈 萬姓咸怨 此讐不可不復 臥起不忘 人皆越薪而吳膽 悲憤從事 士皆蜀舍而燕吟 寒暑災傷之偏 天地猶有所憾 吉凶悔吝之萌 聖人亦自修省 今日困衡 安知非後日庸玉之基礎乎 難字畏字 拿

與訥之不用也 不能二字 佛蘭西之所棄也 以此做將 天下豈有難與畏之事乎 以此爲心 天下豈有不能爲之事乎 國亦我國之國也 人亦我人之人也 人之於國 初無異同 而噫 玆五百年專制之下 國自國而人自人也 方今倒持太阿 授楚其柄 而所謂優老之錢 省賦之名 內懷蚕沙之志 外售狐媚之計 究厥所爲 已事可監 而噫 玆堂燕禪鼓 安於姑息 學舍熱血 視若舞後之蒭狗 太廟厭冠 徒事處變之常禮 初遇再遇 並與心而如常 非愚則惑矣 尙何足云云耶 不激則不發 反使我而增氣也 一犬吠形 百犬吠聲 一雁叫霜 羣雁回翔 鳥獸猶然 可以人而不如乎 自一人而十之 則爲十人之團體 自十人而百之 則爲百人之團體 視國家如吾家 視他人如吾人 則一人之身 萬人成團 一家之內 全國係焉 於乎 諸子所負者 重矣 才豈借於異代乎 事豈期於必敗乎 阪泉涿鹿 初非足目之所到也 漢史唐鑑等 是斷爛中朝報也 鑑於支那 何如岳降之故地乎 徵於外史 曷若我國之信筆乎 蓋我國 自檀箕以來 禮樂文物侔擬中華 道學文章項背相望 而天下聳動 想望風采者 以其有親上死長之義 凡身適道之志也 閉城拒賊楊萬春 攘倭呑濟金庾信 隻手抗唐乙支文 草檄黃巢崔孤雲 鵑述嶺外朴堤上 善竹橋上鄭圃隱 事係勝代猶云尙矣 而至若壬癸之變 有國無之 金劵玉册史不絶書 而三韓古家祖受之胸箭尙存 百年墟躅 壯士之英風如昨 誰非是子而是孫乎 怳若身履而目擊 噫 彼承陰藉祿 世受國恩者 尤豈非盟然而動心者乎 草荣英雄 曾非四目二口也 圖閣勳賢 皆是劒魄而戈魂 況錢穀甲兵 自是儒者事本分 龍韜虎略 無異我家之長物 今日域中 安知無孫吳管葛之才乎 雖然 做事發謀 非書不能 監前戒後 非書易惑 莘莘亿亿 喚主翁於靈臺 字字句句 招國魂於爪頭 則一局殘枝 生歐美之將相 一片東島 見歐美之全局 平步歐美 救生靈於塗炭 挺制讐邦 纘厥祖而無忝 凱旋之日 家吾家而國吾國 世平之後 彼自彼我自我 乾坤再闢 運會之時機難失 歲月如流 書鋪之寸陰可惜 苟一事之或疏 見餒虎而投肉也 苟一念之或怠 若飮鴆而祈壽也 於乎 諸子可不勉哉

쇠와 돌은 쉽게 부술 수 있지만 자유에 대한 더운 마음은 갈아 낼 수가 없고, 정확鼎鑊[173]이 앞에 있다 해도 진보進步하는 단체는 막을 수 없다. 뿌리에 얽히고 마디에 맺힌 옹이를 만나지 않는다면 날카로운 연장을 어떻게 가려낼 것이며, 거센 바람을 겪지 않고서야 어찌 굳센 풀을 알 수 있겠는가? 내 말이 미덥지 않다고 한다면 서구의 역사서를 보라. 가륜포哥倫布(콜럼버스)는 가난뱅이였으나 아메리카를 얻어 새로운 세계를 열었고, 극림위克林威(크롬웰)는 목동이었으나 북해의 문명을 열었으며, 화성돈華盛頓(워싱턴)은 농부였으나 지구의 주인이

---

173) 정확鼎鑊 : 사람을 삶아 죽이는 형벌을 시행할 때 쓰는 솥. 여기서는 죽음을 뜻한다.

되었다. 나파륜拿破崙(나폴레옹)은 장교였으나 강력한 러시아를 몰아내고 황제가 되었으며, 대피득大彼得(피터대제)은 러시아 황제였으나 품팔이들에 섞여 문명을 배웠다. 이들은 모두 열 번 죽음의 고비를 넘기는 모험 속에서 자신을 희생하여 끝내는 큰 공훈을 세우고 역사에 이름을 남겼다. 이들의 행적은 세 번이나 반복하여 읊조리며 감탄하여도 싸늘하게 식은 재 속에서 큰마음을 일으키게 하노니, 어찌 우리나라 사람들이 마땅히 팔을 걷어 부치고 일어나 흥기할 일이 아니겠는가?

지금 천하의 대세는 서양이 으뜸이다. 서양이 천하에 으뜸이 된 까닭은 세상에서 어려워하는 바를 실천하여 앞 시대 사람이 밝히지 못한 것을 확충하였기 때문이다. 서양은 알았으나 다른 나라는 알지 못하고, 서양이 행한 것을 다른 나라에서는 미치지 못하였다. 온 세상이 어리숙할 때 서양에서는 먼저 깨었고, 온 세상이 혼몽昏夢할 때 서양은 개명하였다. 먼저 깨달은 쪽이 뒤지는 쪽을 깨우쳐 주는 것은 정해진 이치이며, 강한 쪽이 약한 쪽을 삼키는 것은 형세 상 반드시 그러한 것이다. 동양이 서양을 숭배하며 서양이 동양을 위세를 가지고 보는 것 또한 어찌 괴이할 게 있으랴?

만약 능히 서구가 행한 바를 행하고 서구가 배운 바를 배워서 사람마다 개명開明하고 집집마다 발달한다면, 어찌 그들만 못하며 무엇을 못 하겠는가? 그러므로 옛날 남의 나라를 정확하게 간파했던 이들은 남이 지혜로울까봐 근심하지 않고 자신이 어리석을까봐 근심하였으며, 남의 강대함을 근심하지 않고 자신의 유약함을 근심하였다. 어리석지도 약하지도 않으면서 먼저 안 열강의 밖에서 초연한 자세가 또한 어찌 우리 학회가 가져야 할 정신의 골자가 아니겠는가?

지구는 둥글고 스스로 움직인다는 이론과 갖가지 측정하고 계산하는 방법과 역법曆法, 육대주와 오대양의 지리와 형편, 예수교174)와 백인의 시원始原, 정치와 형벌 등 풍속의 차이와 좋고 나쁨, 재상과 장군의 잘나고 못남, 재화와 광산의 귀하며 천함, 궁마弓馬와 병갑兵甲의 날카롭고 둔함, 열대와 한대의 풍토가 좋고 나쁨, 농상農商의 기술과 제조 활동, 사람과 짐승의 수가 많고 적음, 도로와 관문의 멀고 가까움과 평탄하고 험준함, 올챙이 머리나 게걸음과 같은 글자 모양과 쓰는 법, 언어 투식의 바른 소리와 속된 소리, 자유헌법을 누가 주장 하는

---

174) 예수교 : 원문 '홍종紅棕(붉은 종려나무)'는 예수교를 전파하다가 죽은 순교자의 영광을 의미한다고 한다. 여기서는 이렇게 구체적인 의미로는 보기 어렵고, 예수교 전체를 아우르는 개념으로 사용한 듯하다.

가 등 천 갈래 만 가지를 암만해도 다 열거할 수 없지만, 도서에 실려 있고 말로 전해지는 것으로 여러분들이 일찍이 강독하고 연구한 것이리니 지금 국외자가 일일이 헤아릴 필요가 없겠다. 그러나 말이 같은 처지(동포의 처지)에 지나치게 따진다는 염려가 없을 수 없으니, 그것은 같은 배를 타고가다 바람을 만났을 때 한 사람이 키를 놓칠까 염려하며, 흙을 쌓아 산을 이룰 때 오직 한 삼태기 흙이 모자라 공이 이지러짐을 두려워하는 것과 같은 것이다. 더구나 오늘날 제군들은 혹 지체 높은 집안에서 나 자라기도 하였고 혹은 시례詩禮의 가르침이 이어져 오는 문헌가文獻家의 적통에 무젖기도 하여 역사와 이단에 관한 학문은 조상의 세업을 잇는 일이 아니요, 바람 같은 수레나 번개 같이 달리는 배는 익숙히 말하고 들어온 일이 아닐 것이다. 태평세월의 나머지에 큰 꿈속에서 지나듯 하다가 졸지에 새로운 풍조를 만났으니 어찌 배우지 않고 능할 수 있겠는가?

자격資格이 갑에 속하는지 을에 속하는지 다 알 수는 없으나 조예造詣가 높고 낮음은 공부를 근면히 하느냐 게을리 하느냐에서 징험될 것이니, 이 또한 제군이 마땅히 생각을 몇 배나 해야 할 일이다. 대개 우리나라가 강대국에게 제재를 받는 까닭은 자신의 앞길을 개척하지 못한데다, 왕륜王倫과 진회秦檜 같은 무리의 간사한 해독이 응달에서 언 단단한 얼음처럼 뜻이 굳어졌기 때문이니, 이를 참는다면 못 참을 것이 무엇이겠는가?

30세 향화香火를 사르던 왕실의 무덤과 사당은 지금 다 사라졌는가? 2천 만의 정신과 몸이 지금 모두 죽었는가? 억만 년 지켜온 혈맥은 어디로 갔는가? 4천 리 금수강산을 누가 차지하고 있는가? 주의周顗가 신정新亭에서 슬퍼하던 풍경175)이 그대로요, 부섭傅燮의 신세한 탄176)에 길 가던 사람도 흐느껴 우나니, 물에 빠져 서로를 끌어당겨 죽는 것이 어찌 있는 힘을 다하여 살기를 도모하는 것만 하겠는가?

피란의 배 속에서도 『대학』을 강론한 것은 해처럼 빛나는 육수부陸秀夫였고, 군막 안에서도 『춘추』를 읽은 것은 언월도偃月刀를 번쩍이던 관우關羽였다. 요성聊城에는 화살에 묶어 쏜 편지177)가 있고, 군산君山에는 밤에 책 읽던 서안이 남았었다. 손에 재주는 조금도 없었으나

---

175) 주의周顗가 ~ 풍경 : 주의는 중국 진晉 나라 신하이며, 신정은 강소성江蘇省에 있는 정자 이름이다. 동진東晉의 여러 명사들이 피난을 와서 매양 휴일이면 이 정자에 모여 놀았다. 주개周顗는 이곳에서 봄을 맞자 조국을 그리워하며 눈물을 흘렸다고 한다.
176) 부섭傅燮의 신세한탄 : 부섭은 중국 동한東漢 때의 장군이다. 그가 지키던 성이 오랑캐의 침입으로 위험에 처했을 때 그의 아들마저 고향으로 돌아가기를 바라자, 탄식하며 끝까지 싸우다가 죽었다(『한서漢書』「부섭전」).
177) 요성聊城에는 ~ 쏜 편지 : 연燕 나라 장수가 제齊 나라 요성聊城을 함락시킨 뒤, 참소에 걸린

그래도 진초秦楚를 채찍질할 회초리가 있으며, 주머니에는 아무런 무기가 없었어도 오히려 진시황을 격살하려던 철퇴가 있었다.178) 장횡거張橫渠는 몇 개의 정전井田을 획정하여 경영할 계획을 세워서 부세법賦稅法을 확립하고 저축을 늘리려 하였고179) 중강仲康은 1려(5백 명)의 군사180)만 있었지만 군사들에게 수퇘지를 내라 하니 대열에서는 개와 닭을 내었으니181), 굳센 복수의 의지를 나의 폐와 간에 새기고 드높은 애국의 정성은 하늘에 새우고 귀신에게 질정하였다. 왕손만王孫滿이 한 마디로 초나라를 물리친 일182)은 덕 때문이었지 힘으로 한 것이 아니었고, 굴막오屈莫敖183)는 행동거지가 더욱 거만하였으니 그 또한 틀림없이 패배할 징조였다.

　덕을 기르고 신체를 기르고 지혜를 기르는 일은 어느 하나 소홀히 할 수 없는 것이며 전제專制와 공화共和, 입헌立憲 제도 또한 모두 강론할 것이다. 더구나 이 땅이 어느 땅이며 이 때가 어떤 때인가? 이 양백兩白184)의 사이는 바로 우리 부여의 옛터이다. 압록강은 다만 띠

　　　나머지 국내에 돌아가지 못하고 요성에 웅거하며 죽음으로 저항을 하였는데, 노중련이 화살에 묶어 쏘아 보낸 편지 한 통을 읽어 보고는 사흘 동안 눈물을 흘린 끝에 스스로 목숨을 끊은 고사가 있다.
178) 손에 재주는 ~ 철퇴가 있었다. : 이는 한 고조 유방을 도왔던 장량張良의 고사이다. 그가 책사로서 초나라 항우를 이기는데 결정적 공헌을 하였고, 그 전에 진시황秦始皇을 죽이기 위해 무사를 시켜 철퇴를 내리치게 한 일이 있었다.
179) 장횡거張橫渠는 ~ 하였고 : 장횡거는 송나라 학자 장재張載이다. 이 부분에 관한 내용은 『맹자』 「등문공」 상, 제3장 주석에 나온다.
180) 중강仲康은 1려旅의 군사 : 『춘추좌전』 「양공襄公 4년」·「애공哀公 원년」 조, 중강은 하夏 나라 제4대의 임금으로 하후씨夏后氏의 둘째 손자이다. 신하인 후예后羿가 임금인 태강太康을 내쫓고 중강을 임금으로 세우고 정권을 독단하였고, 그의 신하 한착寒浞이 후예를 죽이고 왕위를 찬탈하였으며, 한착의 아들 오澆가 하후夏后 상相을 시해하였는데, 상의 아들 소강少康이 5백 명의 군사로 오澆를 멸망시키고 나라를 회복하였다. 여기에서 중강은 소강의 오기로 보인다.
181) 수퇘지를 ~ 개와 닭을 내었으니 : 『춘추좌전』 「은공隱公 11년」 조에 "정백鄭伯이 사졸들에게 수퇘지를 내라하니 항오에서 개와 닭을 내어 영고숙潁考叔을 쏜 자를 저주하였다[使卒出豭 行出犬雞 以詛射潁考叔者]"라는 기사가 있다. 여기서는 원수를 갚기 위해 상대방을 저주하는 독한 마음을 지적한 것이다.
182) 왕손만王孫滿이 한 마디로 초나라를 물리친 일 : 『춘추좌전』 「희공僖公 32년」 조, 왕손만은 주周 정왕定王 때의 대부이다. 초楚 나라에 사신으로 갔을 때 초왕이 주정周鼎의 무게를 묻자 왕손만은 "왕이 되는 것은 덕에 달린 것이지 주정의 무게에 달린 것이 아니다. … 주나라의 덕이 쇠하기는 했으나 아직 천명이 바뀌지는 않았으니, 주정의 무게를 묻지 마시오."라고 하였다.
183) 굴막오는 춘추시대 초楚 나라 사람으로 막오莫敖를 지낸 굴도屈到이다.

처럼 가늘게 경계가 되었으나 닭 우는 소리와 개 짖는 소리가 서로 들리며, 그 속에 누른 길[黃裏]은 옛 사신들이 지나던 통로로 수레 먼지와 말발굽이 서로 이어지던 곳이다. 구름이 용을 따르듯 바람이 범을 따르듯 각각 기질과 종류가 서로 감응하여 개미들이 누린내를 찾아 모여들 듯 하였으나[185] 각자 추구하는 것이 달랐다. 그러나 이가 난 아이의 호적을 천부 天府에 올리면[186] 모두 민족 중의 단체이다. 이 땅 이곳 저곳에서 일어나 숨 쉬며 밭 갈고 샘 파서 사는 것이 모두 먹고 사는 질박한 일이 아님이 없지만, 선비는 그의 조정에서 벼슬하기를 원하며, 공장工匠은 그의 시장에서 일하기를 바란다. 이것은 모두 학교 안에서 길러지는 것으로 모두 사회 조직 안에 있는 일이다.

한 숨만 붙어 있어도 이 굳은 의지를 게을리 해서는 안 된다. 만백성의 원성 소리 가득하니 이 원수를 갚지 않을 수가 없음을 누워서나 일어서서나 잊지 말아야 한다. 사람이라면 모두 와신상담臥薪嘗膽하여 비분悲憤하게 일에 나서야 하며, 선비들은 누구나 고국을 잊지 말아야 한다. 추위와 더위의 재해에도 하늘의 서운함이 있어서 생기는 것이며 길흉화복의 싹이 보이면 성인이라 해도 자신을 돌아보는 법이다. 오늘의 이 어려움이 훗날 우리가 성공하는 밑거름이 되지 않을 지 어찌 알겠는가? 어렵고 두렵다[難畏]는 글자는 나여눌拿與訥[187]이 쓰지 않은 것이며, 하지 못 한다[不能]라는 말은 프랑스에서 버린 단어이다. 이런 자세로 해 나간다면 천하에 어찌 어렵고 두려운 일이 있을 것이며, 이러한 마음을 잡아간다면 천하에 어찌 하지 못할 일이 있겠는가?

나라도 우리의 나라요, 사람도 우리의 사람이라, 사람과 나라가 처음엔 서로 다름이 없었

---

184) 양백兩白 : 백두산과 백하白河를 가리키는 것으로 보이나 단정할 수는 없다. 백하는 만리장성과 가까운 고원沽源 근처에서 발원해 남동쪽으로 흘러 북경北京 동쪽에 있는 통현通縣을 지난 다음 영정하永定河와 합류한다.
185) 개미들이 ~ 듯 하였으나 : 『장자』「서무귀徐無鬼」에 "양 고기가 개미를 좋아하지 않아도 개미들이 좋아서 달려드는 것처럼 순 임금이 누린내 나는 행동을 했기 때문에 백성들이 좋아한 것이다[羊肉不慕 蟻慕蟻羊肉 羊肉羶也]"라는 말이 있다.
186) 이가 난 ~ 천부天府에 올리면 : 『주례』「추관秋官 사민司民」에 "이가 난 어린이 이상을 모두 판적版籍에 기록하고, 서울 안과 도비都鄙·교야郊野를 분변하고, 남녀를 따로 하여 해마다 그 사망자를 삭제하고 출생자를 등재한다. 3년마다 만민의 수효를 사구司寇에게 보고하고, 사구는 첫겨울 사민司民(인간의 생사를 맡은 별 이름)에게 제사하는 날이 다가오면 그 수효를 왕에게 보고한다. 왕은 절하고 받아서 천부天府에 올리며, 내사內史·사회司會·총재冢宰는 그 부본을 만들어 왕의 정치를 돕는다." 하였다. 여기서는 호적에 올린다는 뜻이다.
187) 나여눌拿與訥 : 나폴레옹과 루이 14세.

더니, 아 이제 오백 년의 전제통치專制統治 아래서는 나라는 나라대로 사람은 사람대로가 되었다. 지금은 태아검太阿劍[188]을 거꾸로 잡고서 칼자루를 초나라 병사에게 준 격[189]으로, 이른바 노인을 우대하여 준다는 돈과 세금을 줄여준다는 명분으로 하는 짓은 속으로는 역사蠹沙[190]의 뜻을 품고 밖으로는 여우같은 짓을 할 계책을 이루려는 것이다. 그 하는 짓을 따져보면 지난 일은 뻔히 알 만하다. 그런데도 아, 이렇게 집제비나 잠방이 속의 이[191]처럼 고식적姑息的인 것에 편안해 하니, 학사에서의 피 끓는 공부를 춤춘 뒤의 풀 강아지[192] 보듯 하며, 태묘太廟에서 압관厭冠[193] 쓰는 일을 변란을 당했을 때의 상례常禮로 일삼고 있듯이, 한 번 겪고 두번 겪으면서 마음도 함께 일상이 되어버렸다. 이는 어리석음이 아니면 미혹迷惑함이니 어찌 논할 가치나 있겠는가? 격동하지 않으면 발휘되지 않으니 도리어 나로 하여금 분기憤氣만 돋게 한다.

한 마리의 개가 짖으면 백 마리 개가 소리내어 짖고, 한 마리 기러기가 서리에 울면 뭇 기러기가 돌아간다. 새나 짐승도 오히려 그러하거늘 사람이 그만도 못 해서야 되겠는가? 한 사람부터 시작해서 열 사람이 모이면 열 사람의 단체가 되고, 열 사람부터 시작해서 백 사람이 모이면 백 사람의 단체가 된다. 나라를 보기를 내 집 보듯이 하고 다른 사람 보기를 내 몸 같이 한다면 한 사람의 몸이 만인의 단체를 이루고 한 집 안에 온 나라가 연결된다. 아아, 그대들 어깨에 짊어진 것이 무겁다! 재주를 어찌 다른 시대에서 빌릴 것이며, 일을 어찌 반드시 실패할 것이라 예측하겠느뇨?

---

188) 태아검太阿劍 : 칼 이름이다. 『월절서越絶書』「외전기 보검外傳記 寶劍」에 "간장干將이 자산茨山을 파서 철영鐵英을 가져다가, 용연龍淵·태아·공포工布라는 철검 3자루를 만들었다."고 한다.
189) 태아검을 ~ 준 격 : 『한서』「매복전梅福傳」에 나오는 말이다. 다른 사람에게 권한을 주고 도리어 그 해를 받는 것이다.
190) 역사蠹沙 : 물여우가 모래 밑을 파헤치는 짓이다. 백성들을 암암리 피폐疲弊하게 함을 뜻한다.
191) 잠방이 속의 이[곤슬褌蝨] : 『진서晉書』「완적전阮籍傳」에 "완적이 군자가 이 세계 안에 처하는 것이 어찌 이가 잠방이 속에 들어박혀 있는 것과 다를 것이 있으랴"라고 하였다. 편협한 견해로 일시적인 안일만을 구차하게 취하는 것을 뜻한다.
192) 풀 강아지[추구芻狗] : 풀을 묶어서 개 모양으로 만든 것을 말한다. 옛날에 제사를 지낼 때 쓰던 것인데, 제사가 끝나고 나면 바로 버리기 때문에 이용하고 소용이 없을 때는 버리는 천한 물건의 비유로 쓰인다.
193) 압관厭冠 : 『예기』「단궁檀弓」에 "나라가 큰 현읍縣邑을 잃으면 공경·대부·사士가 다 압관으로 태묘에서 3일 동안 곡한다[國亡大縣邑, 公卿大夫士皆厭冠哭於大廟三日]"라는 말이 있다. 압관은 소공小功 이하의 복복에 쓰는 관이다.

판천阪泉194)과 탁록涿鹿195)의 땅에서 일어난 일은 애초에 내가 보거나 가본 것도 아니고, 『한사漢史』와 『당감唐鑑』196) 등에 실린 내용도 단편적인 기사일 뿐이다. 중국의 역사에서 찾는 것이 어찌 우리나라에 신령스런 위인이 태어난 것을 찾는 것만 하겠으며, 외국의 역사서에서 증거를 찾는 것이 어찌 우리나라의 역사서에서 찾는 것만 하겠는가?

대개 우리나라는 단군檀君과 기자箕子 이래로 예악禮樂과 문물文物이 중국과 짝했고, 도학과 문장에도 인재人才가 줄줄이 나와 천하가 놀라 그 충채를 사모하게 된 것은 윗사람을 위해 자신의 목숨을 기꺼이 바치는 의리197)와, 몸을 버리고 도에 나아가는 뜻이 있었기 때문이었다.

성문을 닫고 적과 싸운 양만춘楊萬春, 왜적을 물리치고 백제를 정복한 김유신金庾信, 한 손으로 당나라에 항거한 을지문덕乙支文德, 황소黃巢 토벌의 격문을 쓴 최고운崔孤雲, 치술령鵄述嶺의 박제상朴堤上198), 선죽교善竹橋 위에서 죽은 정포은鄭圃隱 등의 일들은 전대의 일이니 오히려 먼 옛날의 일이라 할 수 있다. 그러나 임계壬癸의 변란199)에 이르러서는, 나라가 생긴 이래 없었던 일이었지만 역사책에 기록된 것이 끊임이 없고, 삼한三韓의 오래된 가문에서는 가슴을 헤치고 받은 화살200)이 아직도 남아 있으며 백년 된 터에는 장사壯士의 영용한 풍모가 어제 일처럼 남아 있으니 누군들 이들의 아들이 아니며 손자가 아니겠는가? 직접 몸으로 겪고 눈으로 본 것처럼 황연하지 않은가! 아, 저 조상의 음덕陰德을 이어 벼슬에 올라 대대로 국은國恩을 입은 이라면 어찌 더욱 맹세코 마음을 움직이지 아니하겠는가? 초야에 있던 영웅

---

194) 판천阪泉 : 중국의 지명. 상고시대 염제炎帝와 황제黃帝가 싸웠다는 곳이다.
195) 탁록涿鹿 : 산 이름이다. 황제가 불순한 제후 치우蚩尤와 이 산에서 싸워 그를 죽였다 한다.
196) 당감唐鑑 : 송나라 범조우范祖禹가 당나라 역사를 추려서 자기의 비평을 가하여 지은 책이다.
197) 윗사람을 ~ 바치는 의리[친상사장親上死長] : 『맹자』「양혜왕」하下에 "임금께서 어진 정치를 행한다면 이 백성들이 그 윗사람을 친근히 여겨 어른을 위해 자신의 목숨을 기꺼이 바칠 것이다[君行仁政 斯民 親其上 死其長矣]"라는 말이 나온다.
198) 박제상朴堤上 : 신라 때의 충신. 눌지왕의 부탁을 받고 일본에 볼모로 잡혀 있는 왕제 미사흔未斯欣을 신라로 탈출시키고, 자신은 체포되어 살해당함. 그의 부인이 기다리다가 치술령鵄述嶺에서 지쳐 망부석望夫石이 되었다 한다.
199) 임계壬癸의 변란 : 임진왜란이 일어난 임진년(1592, 선조 25)과 그 다음해인 계사년을 가리킨다.
200) 가슴을 ~ 화살 : 명明 나라 태조太祖가 『맹자』를 읽다가 "임금이 신하를 초개草芥같이 본다면 신하는 임금을 원수같이 본다."는 구절에 이르러 이는 신하로서 말할 바가 아니라고 하여, 맹자를 문묘에서 출향黜享시킬 것을 명하고 간하는 자는 불경不敬으로 처벌한다 하였다. 이에 전당錢唐이 상소하여 "신이 맹자를 위하여 죽는다면 죽어도 영광입니다."라고 간하니, 명 태조가 그 정성을 보고 처벌하지 않았으며, 맹자도 출향되지 않았다고 한다. 여기서는 옳은 것을 위하여 목숨을 걸고 간하는 충직함을 가리킨다.

은 본래 눈이 네 개이며 입이 두 개인 것은 아니다. 공신각에 영정이 보관된 공신들은 다 칼과 창으로 혼백을 삼았다. 하물며 돈과 곡식, 갑옷과 무기는 본디 유자들이 본분으로 삼아야 할 것이며, 용병의 전략은 우리 집안의 좋은 물건과 다름이 없는데 오늘날 우리나라 안에 어찌하여 손오孫吳[201]와 관갈管葛[202] 같은 인재가 없다고만 여기겠는가?

그렇지만 일을 처리하고 계책을 내는 것은 책을 보지 않으면 불가능하며, 옛일을 거울삼아 뒷날의 경계로 삼는 것도 책을 보지 않으면 쉽게 미혹된다. 부지런하고 굳세게 주인된 의식을 정신으로 불러들이고 한 자字 한 구句를 철저히 공부하여 책상 앞으로 나라의 혼魂을 불러들인다면, 이 한 보잘 것 없는 학교에서도 서양의 장상將相이 나오고 한 조각 동쪽 반도에서도 구미歐美의 전체 상황을 볼 수 있을 것이니, 우리도 서양이 갔던 길을 걸어가 도탄에 빠진 백성들을 구하고 원수의 나라를 제압하여 우리 조상의 뒤를 이음에 욕됨이 없게 하여야 할 것이다. 그리하여 개선凱旋하는 날 내 집을 집으로, 내 나라를 나라로 삼으며, 세계 평화가 온 뒤에는 저는 저대로 나는 나대로 공존할 것이다.

하늘과 땅이 다시 열리는 운회運會의 시기를 놓쳐서는 안 된다. 세월은 물이 흐르는 것 같다. 책을 펴는 한 순간도 아껴야 한다. 만일 한 가지 일이라도 소홀하면 주린 호랑이에게 내 몸을 던져주는 꼴이 될 것이며, 한 생각이라도 혹 태만히 하면 독을 마시고 오래살기를 비는 격이 될 것이다. 아아, 그대들이여, 힘쓰지 않아서야 되겠는가!

五日

7월 5일. (일기 내용 없음)

六日

7월 6일. (원문 판독 불능)

七日 晴 無聊之際 觀兩朝御批通鑑 曾所未見者 頗爲消日之資

---

201) 손오孫吳 : 춘추시대 제齊 나라 손무孫武와 전국시대 위衛 나라 오기吳起의 병칭이다. 병법가兵法家를 대표적으로 일컫는 말이다.
202) 관갈管葛 : 춘추시대 제齊 나라의 관중管仲과 삼국시대 촉한蜀漢의 정치가이자 전략가인 제갈량諸葛亮을 함께 일컫는 말이다.

7월 7일. 맑음.

무료하던 차에 『양조어비통감兩朝御批通鑑』을 읽었는데 일찍이 보지 못한 책이라 자못 소일거리가 된다.

八日 雲而不雨 午飮麵飥而發還 過瓜田 田主朴姓人饋以靑瓜二個 苦渴之餘 爽快爽快

7월 8일. 구름이 끼었으나 비는 내리지 않음.

점심으로 밀가루 수제비를 먹고 떠나 돌아오다가 외밭을 지나 오는데, 밭주인 박씨가 푸른 참외 2개를 먹으라고 주었다. 목마르던 차라 상쾌하고 상쾌하다.

九日 晴 郭鍾勗 自內地入來 略聞近來風潮 而朱鎭壽爲二年懲役云 李鳳羲還歸通化

7월 9일. 맑음.

곽종욱郭鍾勗이 국내에서 들어와서 대충 근래의 분위기를 들었는데, 주진수朱鎭壽203)가 징역 2년형을 받았다고 한다. 이봉희李鳳羲가 통화현으로 돌아갔다.

十日 晴 金達尹志漢 作恒道行 任哥家房子新成 而制不合意 又以自己費力四五日間 入處計耳

7월 10일. 맑음.

김달金達과 윤지한尹志漢이 항도촌으로 간다고 나섰다. 임任가네 집에 방을 새로 만들었는데 제도가 마음에 들지 않았다. 또 다시 4~5일간 내 힘을 들여 입주할 계획이다.

十一日 晴 去見新造房子 椳根 闌土壁 雇人爲之 貫給十元之外 又費八九角 大底無處非

---

203) 주진수朱鎭壽(1875~1936) : 경북 울진사람이다. 호는 백운白雲이다. 그는 울진군 원남면遠南面에 만흥晩興학교를 설립하여 구국계몽운동을 펼쳤으며, 1911년 105인 사건으로 체포되어 옥고를 치렀다. 출옥 뒤에는 가족을 이끌고 만주로 망명하여 경학사와 신흥학교 설립에 참여하였다. 1926년 4월에는 정의부正義府의 유일당唯一黨 촉성에 참여하기 위하여 소련에서 길림으로 돌아와 고려혁명당高麗革命黨을 조직에 참여하였다. 그는 중앙위원에 선임되어 정의부의 행정기관으로서 당을 이끌었다. 그러나 고려혁명당이 분열하자 다시 소련으로 돌아갔으나 그 뒤 행적에 대해서는 알 수 없다. 1991년 건국훈장 애국장이 추서되었다.

錢 可歎可歎 當食無盤 地食久矣 兒輩借主人大盤以進 左設書冊 右鋪簋盂 只是一物 而兩美具存 便於酬用 而亦一奇事 較相簞瓢 豈不侈乎 因吟一絶

7월 11일. 맑음.

새로 만든 방을 보러 갔다. 문설주와 흙벽은 사람을 사서 새로 만들다 보니 방세 10원 외에도 8~9각角이 더 들어갔다. 대체로 돈이 들어가지 않는 곳이 없으니 탄식하고 탄식할 일이다. 밥을 먹는데 소반이 없어 땅에 놓고 먹은 지 오래 되었는데 아이들이 주인집 큰 소반을 빌려 왔다. 한 편으로는 서책을 세우고 다른 한 편으로 그릇을 늘어 놓았다. 한 가지 물건일 뿐인데도 두 가지 좋은 점을 갖추어 쓰기에 편리하니 이 또한 하나의 기특한 일이다. 단사표음簞食瓢飮에 비하여 어찌 사치스러운 것이 아니겠는가? 이에 한 절구를 읊었다.

當飧無案借胡床　　밥 먹을 때 상이 없어 중국식 소반 빌려
盂簋書薤雜衆芳　　밥상과 서탁으로 쓰니 여러 좋은 점 어울렸네
大器元來當大受　　큰 그릇은 원래 크게 받아들이는 법
何如筲斗小收藏　　홉되 같은 작은 그릇과 어찌 같겠는가

十翼日 雨 夜又迅雨盲風 破裂牕紙 寒不堪寢 可歎

7월 12일. 비.

밤에 또 세찬 비가 내리고 거센 바람이 불어 창호지를 찢어 놓았다. 추워 잘 수가 없으니 한탄할 일이다.

十三日【高祖處士府君諱辰】陰而不雨

7월 13일.【고조 처사부군의 제삿날이다】흐렸으나 비는 내리지 않음.

十四日【祖考正字府君諱辰】陰而不霽

7월 14일.【조고 정자부군의 제삿날이다】흐리고 개지 않음.

十五日 始移寓于任姓人家夾廊 比諸店舍 喧喧寂寂逈異 可幸 李秉三朴元根來午饒

7월 15일.

비로소 임씨네 집 행랑채로 거처를 옮겼다. 주막에 비하여 훨씬 조용하여 다행이다. 이병삼李秉三과 박원근朴元根이 와서 점심을 먹었다.

十六日 晴 黃道永郭鍾郁金濟徹來見 夕越宿于次兒家

7월 16일. 맑음.

황도영黃道永·곽종욱郭鍾郁·김제철金濟徹이 찾아와 보았다. 저녁에 둘째 아이 집에 넘어가 잤다.

十七日 晴 昌孫去永春源 爲我求麵飥計也

7월 17일. 맑음.

손자 창로가 영춘원으로 떠났는데, 나를 위해 국수를 구할 계획이다.

十八日 晴 昌孫與李衡國犯昏來到 麵飥四十斤二元二十

7월 18일. 맑음.

손자 창로와 이형국이 밤에 도착하였다. 국수 40근에 2원 20각이다.

十九日 晴 黃義英來宿

7월 19일. 맑음.

황의영黃義英이 와서 잤다.

三十日 晴 黃兄仍留 李章寧來宿

7월 20일. 맑음.

황형이 그대로 머물고, 이장녕이 와서 잤다.

二十一日 晴 烹醬太一斗

7월 21일. 맑음.
메주콩 한 말을 삶았다.

悼三從第達卿〈樟洛〉 삼종제 장락(자는 달경)의 죽음을 애도하다

嗚呼 枳棘塞路而鸞鳳不棲 雨雪墜地而芝蘭先萎 自古聰明才德之士 逢時不幸 鮮有能享遐籌而展所蓄者 俱是枳棘之鸞 雨雪之芝 而盖亦衰世之意也 今又達卿之恨 一何相參耶 嗚呼 達卿以吾家鳳芝之姿 不幸而中吾家禍殃之毒 又不幸而當吾門衰替之運 又不幸而丁下季才難之歎 又不幸而遭餓士恥食之日 枳棘之雨雪之之事 顧安得不然乎 水溢而覆其盃 珠藏而剖其腹 寒暑災傷之偏 盖亦達士之所戒懼也 是以蘇東坡 洗兒之作 乃曰 但願生子愚且魯 無災無害到公卿 古人之愛惜盛福 良有以也 始吾之得君爲喜 而又冀君於壽考安樂之地者 豈非愚念而妄想乎 但願生子愚且魯 無災無害到公卿 嗚呼 堂叔之撤寓還故也 一是成就君兄弟也 一是團聚吾同堂也 一是風土之趍吉也 一是門戶之恢張也 課詩學禮 不願人之十子 而所未能者壽也 但竢與善之天 今一人身死 萬緣俱空 嗚呼 悲夫! 尙忍言哉 嗚呼 吾家自壬癸以來 凡家門之年少可仗者 沒入鬼籍 而餘殃剩蘖 至於君而拔其尤 豈閻王好少而天道無知歟 噫 彼豚犬之兒 內無行而外無文者 曾何積德而獨享壽福耶 嗚呼 君之於我 親已袒免矣 年又最少也 分門各鼎 縱無煦煦之情 而乃其折輩之交 隱然相孚者 則我有魚魯之辨 而君有負抱之重也 天倫知己之感 奚止爲芳園叙悅之情而已乎 澗祖文獻之嫡 先人繼述之業 僅守鐵步 怠[殆]不至於落莫者 環顧家門後承 舍君其誰 連山大易之交易變易 老少陰陽之象數理數 經史子傳之橫竪蘊奧 略左國莊馬之馳騖軌範 上無所受 窺奧自得 而這中靑藍之資 則亦益友也畏友也 惜乎 其年志未充 値世脆脆 縱不免中間斷續之日 而批風抹月 寫眞境而吐驚句 詞壘藝苑 莫或先之者 惟達卿焉一人也 濡毫弄墨 裁紙立書 而縱橫揮灑於稠人廣座之中者 又莫如達卿也 可使試之公車 刻期呈券 惟爲科目中才士子矣 可使束身摳衣 委之以籩豆有司之任 宜莫如達卿也 合此衆美 萃于一人 父兄之期擬何如 朋友之屬望何如 伯也才而敏 季也魯而勤 日征月邁於臘月之三十日 則汚之爲佳子弟美少年也 吾家之得一奇男 詎無過望之戒乎 畢竟數年之內 一網打盡 而鸎鵲之庭 竊不勝葭蒼露白之感 冤乎慘矣 尙忍言哉 爲之無益 而不悲也 則非夫人之慟 而誰爲慟乎 爲之不忍 而哭之也 則窮天地繫日月而有此身 有此慟也 雖然 較視堂叔 我猶凡民之匍匐也 十年滄桑 不死於可死之日 而忍毒成性 猶懼衛生之不給 一弟餘存 又當紫荊之分枯 八世先隴 委人典護

九耋猶父 容易辭庭 七情斁矣 五官隳矣 人而到此 尙何足責備耶 罪蘗重矣 悔恨極矣 死藏活藏 其間其幾 絶黨殊隣 謂他人 兄弟而風絮雨萍 無處注泊 君如有在 君先哭我矣 早知若此 一訣何難 而年少一疾 必當後笑矣 萬里別悵 惟恐病中之添病也 走板之丸 止住不得 而汾陽祖道 猶慮堂叔惟憂之過度矣 誰料此席未冷 遽有此三月是報耶 冤乎惜哉 尙忍言哉 溫恭雅飭之貌 琅然讀書之聲 若或前之 而回首東望 徒見河山杳邈 嗚呼 已矣 其眞死矣 百爾思惟 吾知達卿之必不早夭 而但其天賦柔異 小欠完固 孚采昭眼 燁若神人 泰華眉端 未見有一點些累 求之斯世 蓋或難再 而倣之古人 一二彷佛者 在漢似荀文若孔文擧之爲人 在晋爲王夷甫謝超宗之爲倫 淸有餘而質不足 優於仁而短於勇 未知此其爲達卿短促之相乎 雖然脩短命也 復何必怨尤 而重其慽乎 徒是家門無祿 父兄薄福 終不得保有佳子弟矣 冤乎惜哉 尙忍言哉 今聞覺兒弁首 猶及君形氣未殊之前 而所謂其耦 又是吾家之自出也 德門之閨範也 天或悔禍 以報不食 則此可爲雪父冤而振門戶耶

오호라! 탱자와 가시나무가 길을 막아 난새와 봉새가 깃들지 못하고, 비와 눈이 땅에 떨어져 지초와 난초가 먼저 시드는구나. 예로부터 총명하여 재덕을 지닌 선비가 불행한 시대를 만나 능히 장수를 누리며 온축한 공부를 펼친 경우가 드물었으니, 모두 탱자와 가시나무에 막힌 난새요, 비와 눈에 시든 지초였기 때문일세. 이는 또한 세상이 쇠퇴했다는 뜻일 텐데, 지금 또한 달경達卿의 한스러운 일이 어찌 한 가지로 이렇게도 똑같은가?

오호라! 달경은 우리 집안의 봉황과 지초 같은 자질로서 불행히도 우리 집안의 지독한 재앙에 걸리고, 또 불행히도 집안의 운수가 쇠퇴하는 시기를 맞았었네. 더욱이 불행히도 인재를 얻기 어렵다는 말세[204]를 만나고, 게다가 불행히도 주려 죽은 선비가 곡식 먹기 부끄러워하던 때[205]를 만났으니, 탱자와 가시나무에 막히고 비와 눈에 시듦이 어찌 당연하지 않겠는가? 물이 넘친다 하여 그 술잔을 엎고, 구슬을 감춘다 하여 그 배를 가르는 것[206]은 추위와 더위의 재앙을 지나치게 피하려는 것이니, 이 또한 달사達士가 경계하고 두려워하는 것

---

204) 인재 ~ 말세 : 『논어』「태백泰伯」의 "인재 얻기가 어렵다고 하였는데, 그 말이 맞지 않는가[才難 不其然乎]"라는 말에서 나왔다.
205) 주려 죽은 선비 ~ 부끄러워하던 때 : 국망을 한탄하며 수양산에 은거한 백이숙제伯夷叔齊의 고사에서 취의하였다.
206) 구슬을 ~ 배를 가르는 것 : 부복장주剖腹藏珠의 속담. 오랑캐 장사꾼이 재물을 탐하여 제 몸이 죽을 것을 모르는 것을 비유하는 말이다. 『정관정요貞觀政要』의 당태종唐太宗의 물음에 위징魏徵이 대답한 말에서 나왔다.

이었네. 이 때문에 소동파蘇東坡는 「세아洗兒」라는 시에서 말하기를 "다만 원하노니, 태어난 아이 어리석고 노둔하여 공경에 이를 때까지 재앙도 해도 없기를"이라고 하였으니, 옛 사람이 넘치는 복을 아낀 데는 참으로 그만한 이유가 있었기 때문이었네. 처음에 내가 그대를 얻은 것을 기뻐하면서 또 그대가 오래 살며 편안하기를 기대한 것이 어찌 어리석은 생각으로 망령을 부린 것이 아니겠는가?

오호라! 당숙堂叔이 우소寓所를 거두어 고향으로 돌아오신 일은 한 편 자네 형제를 성취시키려 해서였고, 한 편으로는 우리 당내간堂內間을 단란케 하려 해서였네. 또 한 편 풍토가 좋은 곳을 좇으려 해서였고, 한 편으로는 문호를 활짝 펴게 하려 해서였을 것일세. 시례詩禮를 익히고 배워 남의 열 아들 부럽지 않도록 하려 하였으나, 마음대로 할 수 없는 것은 목숨이었네. 다만 함께 천수를 누리기를 기다렸건만, 지금 한 사람이 돌아감에 온갖 인연이 쓸데 없구나. 오호라! 비통하다, 어찌 차마 말할까?

오호라! 우리 집은 임인·계묘년이래 가문의 젊은이로 의지할 만한 이들은 모두 저세상으로 돌아갔었네. 남은 재앙이 자네에 이르르는 참혹함이 더욱 심하니, 아마도 염라대왕이 젊은이를 좋아하고 천도는 알지 못해서일 것일세. 아아, 나처럼 불초한 사람207)은 안으로 닦은 행실行實이 없어 밖으로 비치는 문채文彩가 없는데, 일찍이 무슨 덕을 쌓았다고 홀로 수복을 누린단 말인가?

오호라! 자네는 나에게 친척으로는 이미 단문袒免208)이고, 나이 또한 가장 젊으며, 세간을 나서 따로 살았었네. 비록 훈훈한 정은 없었으나 나이를 따지지 않는 사귐으로 은연중 서로 미더워한 것이, 내게는 어로魚魯의 분별이 있고, 자네에겐 막중한 포부가 있어서였네. 천륜天倫으로서 상대를 알아주는 교감이 어찌 향기로운 동산에서 정다운 이야기를 나누는 정에 그칠 뿐이었겠는가? 우간愚澗209) 할배의 적손嫡孫으로, 선인의 위업을 이어서 흔들리지 않고 굳게 지켜 낙막함에 이르지 않게 할 사람이 집안 후손을 둘러보아도 자네 아니면 누구였겠는

---

207) 나처럼 불초한 사람 : 백하 자신을 낮추어 말한 것. 원문은 돈견아豚犬兒. 돈아豚兒라고도 한다. 조조가 손권孫權의 훌륭함에 비하여 유표劉表의 아들이 미련하여 부조를 잘 닮지 못하였음을 비꼰 데서 유래한다.

208) 단문袒免 : 참최斬衰·자최齊衰·대공大功·소공小功·시마緦麻 등 오복五服 이외의 친척에 해당하는 상복喪服 제도로서 두루마기의 오른쪽 소매를 벗고 사각건四角巾을 쓰는 아주 가벼운 복제服制이다. 즉 죽은 이가 김대락과 8촌척이라는 말이다.

209) 우간愚澗 : 김양진金養鎭(1768~1811)의 호이다. 자는 치길稚吉. 1809년 문과에 급제하여 승문원承文院 정자正字를 지냈다. 도학과 문장으로 당대 추앙을 받았으며, 문집이 전한다.

가? 연산역連山易과 대역大易210)의 교역交易과 변역變易211), 노소음양老少陰陽의 상수象數와 이수理數 및 경사자집經史子集212)의 넓고 깊은 뜻이나, 사략史略·좌전左傳·국어國語·장자莊子·사기史記 같은 거침없는 문장의 전범을 위로 가르침 받은 바가 없었으나, 깊은 이치를 엿보고 자득함에 청출어람靑出於藍의 자질을 보였으니, 또한 유익한 벗이요, 두려운 벗이었네.

애석하도다! 그 나이와 뜻이 채 차기도 전에 험난한 세상을 만남이여. 비록 중도에 끊어졌으나, 바람과 달을 노래하여 진경을 그리고 경구를 토할 때, 문단에서 아무도 앞설 자가 없었으니, 오직 달경 한 사람뿐이었네. 먹을 갈고 붓을 적셔 종이에다 글을 쓰되, 넓은 자리 많은 사람들 가운데서도 자신있게 붓 휘둘러 글을 쓸 수 있는 이 또한 달경 만한 사람이 없었다네. 만일 과거에서 시험을 보아 시각을 다투어 시권試券을 제출했다면, 과목科目에 적중하는 재사가 되었을 것이요, 몸을 단속하고 옷을 여며 제사의 책임을 맡기더라도 또한 의당 달경 만한 사람이 없었을 것일세. 이 모든 아름다움이 합하여 한 사람에게 모였으니 부형의 기대가 어떠하며, 벗들의 기대가 어떠했겠는가?

맏이는 재주가 있으며 민첩하고, 아우는 노둔하나 부지런하여, 섣달에도 그믐날까지 날로 힘쓰고 달로 나아가니 자질이 부족한 사람도 아름답고 훌륭한 자제가 되었네. 우리 집안이 한 사람 기이한 남아를 얻었는데, 어찌 지나친 기대에 대한 경계가 없었을까? 끝내는 몇 년 안에 일망타진一網打盡이 되었으니, 봉황과 홍곡[鸞鵠]이 놀던 뜰213)이 서리 내린 갈대밭이 된 듯한 감회214)를 삼가 이길 수 없구나. 이 원통함과 참혹함을 차마 어찌 말하랴?

---

210) 연산역連山易과 대역大易 : 역에는 원래 하夏 나라의 연산역連山易, 은殷 나라의 귀장역歸藏易, 주 나라의 주역周易이 있는데, 주역 외에는 전하지 않는다고 한다. 여기에서는 주역을 가리키는 것이다.
211) 교역交易과 변역變易 : 교역이란 획의 변화 없이 상괘·하괘의 위치만 바뀌는 관계에 있는 두 괘사이의 변화 양상을 말하며, 변역이란 6획이 모두 반대 획으로 변하는 관계에 있는 두 괘 사이에 성립하는 변화 양상을 가리키는데, 이를 통해 우주 운행과 인간사의 변화를 추구하였다.
212) 경사자집經史子集 : 경전經典과 역사서, 제자백가서와 문집을 아울러 이르는 말이다.
213) 봉황과 홍곡[鸞鵠]이 놀던 뜰 : 난곡지정鸞鵠之庭. 한유韓愈의「전중소감 마군 묘명殿中少監馬君墓銘」에 "푸른 대 푸른 오동에 봉황과 홍곡이 우뚝 선 듯하니, 능히 그 가업을 지킬만한 이로다[翠竹碧梧 鸞鵠停峙 能守其業者也]" 하였다. 여기서는 뛰어난 자제를 비유하여 말한 것이다(『고문진보 후집』).
214) 서리 내린 갈대밭이 된 듯한 감회[가창로백지감葭蒼露白之感] : 『시경』「진풍秦風」'겸가蒹葭'에 "긴 갈대 푸르른데, 흰 이슬이 서리가 되었네. 저기 바로 저 사람이 물 저편에 있도다. 물길 거슬러 올라가나, 험한 길이 멀기도 하네[蒹葭蒼蒼 白露爲霜 所謂伊人 在水一方 遡洄從之 道阻且長]" 라는 말이 있다. 인재가 죽었음을 뜻한다.

무익하다 하여 슬퍼하지도 않는다면, 이 사람을 위해 애통해 하지 않고 누구를 위해 애통해 하겠는가215)? 참지 못하여 곡한다면 천지가 다하고 일월이 그치더라도 이 몸이 살아있는 한 이 애통함은 남을 것일세. 그렇다지만 당숙堂叔께 비하면 나야 오히려 남의 부고에 달려가는 것과 마찬가지라네. 10년 세월, 죽어야 할 때 죽지 못한 채 잔인하고 독한 기질이 습성이 되어, 오히려 목숨을 지키기에 넉넉지 못할까를 두려워할 뿐일세.

아우 하나가 남아 있으나, 다시 헤어져 사는 형편이 되고216), 8대 선영은 남에게 맡기며, 구순의 작은 아버지와도 수이 작별하였으니, 칠정七情이 어그러지고 오관五官이 무너진 것일세. 사람으로서 이 모양이 되었는데 무엇을 다 꾸짖겠나? 죄업은 무겁고 후회가 지극하니, 죽어서 묻힌 것과 살아서 묻힌 것이 무엇이 다르랴? 향당을 끊고 이웃을 떠났으니 이것을 남이라 할 것일세. 형제이면서도 바람에 날리는 버들 솜과 빗물에 떠도는 부평초처럼 머물 곳조차 없으니, 그대가 살았다면 그대가 먼저 나를 곡했을 것일세. 일찍이 이럴 줄 알았다면 한 번 찾아가 영결함이 어찌 어려웠을까? 그러나 젊은 나이에 한 번 병이 난 것이니 훗날 반드시 나아서 만나리라 여기고, 만 리길 서러운 이별에 오직 병석의 자네 병이 더해질까 염려했었다네. 비탈길에 구르는 구슬처럼 머물지 못하여 곽분양郭汾陽처럼 먼 길을 떠나면서도, 오히려 당숙의 염려 지나칠까 걱정하였었네. 그 자리 채 식기도 전, 갑자기 석 달 만에 이런 소식이 올 줄 누가 알았겠는가? 원통하고 애석함을 차마 어찌 말하랴?

온공하고 단아한 모습과 낭랑히 글 읽는 소리가 마치 앞에 있는 듯한데, 고개 돌려 동쪽을 바라보니 다만 아득한 산하山河만 보일 뿐, 아아, 그만이로다. 자네가 진실로 죽었단 말인가? 백번 생각해도 달경은 반드시 요절할 사람이 아니라, 다만 하늘로부터 받은 자질이 유순하여 굳센 건강이 조금 모자랄 뿐인 줄 알았었네. 풍채가 빛나고 깨끗하여 환하기가 신인神人같아 태연하고 화려한 미목에서 한 점 티끌조차 보지 못했었지. 이 세상에서 구해도 두 번 만나기 어렵고, 옛 사람과 비교해도 한두 사람이 비슷할 뿐이니, 한漢 나라에서는 순문약

---

215) 이 사람을 위해 ~ 애통해 하겠는가 : 안연이 죽었을 때, 공자가 다른 제자와 문답한 내용이다. 안연이 죽자 공자께서 곡하기를 애통하게 하였다. 따르던 사람이 이르되, 선생님께서 너무 애통해 하셨습니다. 공자께서 말씀하기를 애통해 하던가? 그를 위해 애통해 하지 않고 누구를 위해 애통해 하겠는가?[顔淵死 子哭之慟 從者曰 子慟矣 曰有慟乎 非夫人之爲慟 而誰爲].

216) 헤어져 사는 형편이 되고 : 본문은 당자형지분고當紫荊之分枯. 『속제해기續齊諧記』에 "전진田眞의 3형제가 재산을 분배하면서 집 앞에 있는 자형나무까지 3등분하여 나누어 가졌는데, 그 나무가 갑자기 말라 죽었다. 전진 삼형제가 자책하여 재산을 분배하지 않기로 하자 그 나무가 다시 살아났다."고 한 데서 나왔다.

荀文若과 공문거孔文擧와 사람됨이 비슷하고, 진晋 나라에서는 왕이보王夷甫와 사초종謝超宗이 비슷한 무리였네. 맑기로는 더 낫되 자질이 부족하고, 어질기로는 넉넉하나 용맹이 모자란다 여겼는데, 이것이 달경의 단명短命할 상이었단 말인가? 비록 그러하나, 오래 살고 일찍 죽는 것은 하늘의 명이거늘 다시 어찌 반드시 하늘을 원망하고 남을 탓하여 다시 슬퍼하겠는가? 다만, 우리 가문이 복이 없고 부형이 박복하여 끝내 아름다운 자제의 명을 보호하지 못하였으니 원통하고 애통함을 차마 어찌 말하랴?

지금 들으니 각아覺兒가 관례를 행한 것이 오히려 그대가 죽기 전이었고, 이른바 배우자는 또한 우리 집안의 시작이요, 덕 있는 가문의 규방 범절이라네. 하늘이 혹시 화를 내린 것을 후회하여 불식不食으로 갚아준다면,217) 이 아이가 아비의 원통함을 씻고 문호를 진작시키지 않겠는가?

二十翼日 晴 昌孫連日苦痛 可悶可悶

7월 22일. 맑음.
손자 창로가 연일 고통스러워하니 걱정되고 걱정된다.

二十三日 陰而晩晴 籠鵝一首 爲鼠所掠 弱肉强食 與世相參 可歎可歎 以葛席一座 買狗於王溝 與李章寧家 分爲補病之料 所居房門僅具 防寒 差可爲冬宵穩睡之資耳 昌孫尙不瘥 可悶可懼

7월 23일. 흐리다가 오후 늦게 맑음.
우리 속 거위 한 마리가 쥐에게 물려갔다. 약육강식이 인간 세상과 서로 비슷해 탄식이 난다. 갈석葛席 한 장으로 왕구王溝에서 개를 사다가 이장녕의 집과 함께 나누어서 병을 보섭할 거리로 삼았다. 거처하는 곳의 방문을 겨우 갖추어 추위를 막았다. 조금은 겨울밤에 편안하게 잠들 마련이 될 수 있을 것이다. 손자 창로의 병이 아직도 낫지 않아 근심스럽고 두렵다.

二十四日 昌孫病勢 少可 夕雨連宵

---

217) 불식不食으로 갚아준다면 : 덕망이 있는 자가 많은 은덕을 베풀고 미처 그 보답을 받지 못하고 죽으면, 반드시 그 자손이 보답을 받는다는 말이다.

7월 24일.
손자 창로의 병세가 조금 나아졌다. 저녁비가 밤까지 이어졌다.

二十五日 又雨 製達卿哀辭 黃壻來宿

7월 25일. 또 비.
달경達卿 김장락金樟洛을 위한 애사哀辭를 지었다. 황서방이 와서 잤다.

二十六日 晴 李秉三來話 夕朴元根來宿

7월 26일. 맑음.
이병삼李秉三이 와서 이야기를 나누었다. 저녁에는 박원근朴元根이 와서 잤다.

二十七日 晴 黃道英丁圭會來宿 聞街外椎牛 買肉爲昌孫補病之資

7월 27일. 맑음.
황도영黃道英과 정규회丁圭會가 와서 잤다. 듣자니 거리 밖에서 소를 잡는다기에, 고기를 사서 손자 창로의 병을 보섭할 거리로 삼았다.

二十八日 晴 李秉三黃道英黃益英午饒 益英仍留 與實兒刈薪計

7월 28일. 맑음.
이병삼李秉三과 황도영黃道英·황익영黃益英218)이 점심을 먹었다. 익영은 그대로 머물면서 실아實兒와 땔나무를 할 계획이다.

二十九日 晴 正姪發還故庄 屢朔依賴之餘 孤寂尤甚 邈邈脩程 何以利涉也 繼之戀念不已

7월 29일. 맑음.
조카 정식이 고향으로 출발했다. 여러 달 의지하고 기대왔던 나머지 외롭고 적막함이 더욱 심하다. 막막하고 먼 여정을 잘 건너갈지 계속해서 그리움과 염려가 그치지 않는다.

---

218) 황익영黃益英 : 울진 기성면 사동사람이다.

八月初一日 李東寧張裕淳 來見午饒 實兒與黃友刈薪

8월 초1일.
이동녕李東寧과 장유순張裕淳이 보러 와서 점심을 들었다. 실아實兒와 벗 황익영은 땔나무를 하였다.

翼日 雨終日

8월 2일. 종일 비.

三日 晴 李文衡黃炳日來宿

8월 3일. 맑음.
이문형李文衡·황병일黃炳日이 와서 잤다.

四日 晴 金昌壽自山靑載甕器來 李象龍趙萬基來 盖相地求田之計 而歷看四五十里 皆足可居 而但無搆屋之力 可歎云 是夕 趙友去鄒街 而李兄留宿 兒子與李章寧 去見蘭山諸處 而亦云 片片可居 然大氐結屋之難 無有彼此耳 聞郭鍾郁家昨宵失牛與騾子 而四邊搜覓 尙無根脈云 此地人心 可極駭歎

8월 4일. 맑음.
김창수金昌壽가 산청山靑에서 옹기를 싣고 왔다. 이상룡李象龍·조만기趙萬基가 왔다. 이는 땅을 보고 농토를 구하기 위해서인데, 4~5리를 둘러보니 모두 살만하기는 하나, 집을 지을 힘이 없으니 한탄할 일이라고 하였다. 이날 저녁에 조만기는 추가鄒街로 가고 이형은 머물러 잤다. 아이와 이장녕李章寧이 난산蘭山의 여러 곳을 둘러보았는데, 그들 또한 곳곳이 살만한 곳이지만 대체로 집을 짓기 어려운 것은 이곳이나 저곳이나 다름이 없다. 들으니, 곽종욱郭鍾郁의 집에서 어제 밤에 소와 나귀를 잃어버렸는데, 사방으로 찾아보았으나 아직 단서를 잡지 못하였다고 한다. 이곳 사람들 인심이 매우 놀랍고 탄식할 만하다.

五日 晴 黃信杰 義英來宿 與黃益英 偕向恒道川

8월 5일. 맑음.
황신걸黃信杰과 의영義英이 와서 자고, 황익영黃益英과 함께 항도천恒道川으로 갔다.

六日 晴

8월 6일. 맑음.

七日 晴 是日卽學乃晬辰也 兄弟四人 餘者二人 而天涯地角 形影不相及 渠以何心 獨享晬盤 陟岡看雲 同一懷緖 孤露之感 異鴈之悵 尤切難爲 遂感而識之

8월 7일. 맑음.
오늘은 바로 학내學乃[219]의 생일이다. 형제 넷 중에서 남은 사람은 둘인데, 서로 땅 끝에 떨어져 있어 형체와 그림자가 서로 미치지 못하는데, 그가 무슨 맘으로 홀로 잔치상을 받겠는가? 언덕에 올라가 구름을 바라보는 것[220]은 같은 심정이리라. 부모 여읜 슬픔과 형제가 떨어져 사는 서글픔이 더욱 간절함을 이기기 어려워 마침내 그 느낌을 적는다.

曾爲兄弟四聯裾	한때는 형제 넷이 어울려 살았는데
餘者看今爾與余	남은 이 지금 보니 그대와 나 뿐일세
又是離兄離弟淚	게다가 서로 헤어져 눈물 흘리니
當君今日意何如	그대 오늘을 맞아 심정이 어떠할까
不自意當六十年	어느덧 회갑을 맞았으니
兒應觴舞客登筵	아이들은 술잔 올리고 손님들을 맞았겠지
但願從此加飧飯	다만 이제부터 음식을 더 잘 먹어
扶護衰躬詔後顓	늙은 몸 지키며 후손들 잘 가르치길

八日 晴 姜信杰來見而去

---

219) 학내學乃 : 잉헌剩軒 김소락金紹洛(1851~1929)의 자字이다. 백하 김대락의 동생이다.
220) 언덕에 올라가 구름을 바라보는 것[척강간운陟岡看雲] : 『시경』「척호陟岵」와 두보의 시 '사가월하청소립思家月下淸宵立 억제간운백일면憶弟看雲白日眠'에서 나왔다.

8월 8일. 맑음.

강신걸姜信杰이 와서 보고 갔다.

九日 晴 次兒 將分寓 而僦屋于劉姓人 先給三元 但竈堗未成 延挖三朔 此頉彼頉 竟不許入 要之 是欺弄取物 因爲利己之計而已 盖淸人人心善者善矣 而慌譎怪詐 有甚於我國薄俗 可歎 而又憤痛

8월 9일. 맑음.

둘째 아이가 분가하려고 유劉씨 성을 가진 사람에게 집을 세내어 선급금 3원을 주었다. 다만 아궁이를 아직 완성하지 못하였다고 석 달을 끌며 이런 저런 탈을 잡더니 마침내 입주를 허락하지 않는다. 요컨대 속여서 재물만 취하고 자신만 이득을 보자는 계략일 뿐이다. 대개 청나라 사람의 인심이 좋은 이는 좋을 것이나, 허황한 속임수로 사기를 치는 것은 우리나라의 야박한 습속보다 더 심한 데가 있으니, 한탄스럽고 분통한 일이다.

十日 晴 黃道英出還恒道 鹿洞李定洙 自內地入來 畧聞故庄信息 而網川厚卿家事 慘痛慘痛 夕 昌孫川獵 得魚而來 皆鮒鼋之屬 而可備五六日之饌 苦渴之餘 頓開胃道 可幸 李圭鳳專事來見 蓋日昨來此 而不見我故 追有謝過之意 可感

8월 10일. 맑음.

황도영이 항도천으로 돌아갔다. 녹동鹿洞 이정수李定洙가 국내에서 돌아와서 대략 고향 소식을 들었는데, 망천網川 후경厚卿의 집일은 참혹하고 참혹하다. 저녁에 손자 창로가 천렵을 하여 고기를 잡아 왔다. 모두 붕어와 자라 따위이나, 대엿새 반찬거리는 될 만하니, 입맛이 없던 차에 문득 먹을 만한 것이 생기니 다행스럽다. 이규봉李圭鳳이 일산아 찾아와 보았다. 이는 아마 며칠 전에 이곳에 왔으나, 나를 보지 못한 까닭에 뒤늦게 사과하는 뜻을 보인 것이다. 고맙다.

十一日 晴 李文衡來宿 衡兒舊寓 寒不堪居 而又見辱劉哥 今姑僦占于姜老家可幸

8월 11일. 맑음.

이문형이 와서 잤다. 형아衡兒가 전에 거처하던 곳은 추워서 살 수가 없고, 또 유劉가에게

욕을 보았다. 이제 우선 강노인 집을 빌려 들어가니, 다행한 일이다.

十翼日 夜雨小霂 朝霧晚晴 黃壻來宿

  8월 12일. 밤에 비가 조금 내림.
  아침에 안개가 끼더니 늦게는 개었다. 황서방이 와서 잤다.

十三日 晴 今日又癸卯之今日也 縱不能自截以從 復何忍坐當今晨乎 思欲瀉懷 而無處可適 不得已發向永春寓所 而歷訪李秉三家 以前有偕行之約矣 右兄爲其仲氏牽 聯作蘭山之行矣 扶杖獨行 有如脫獄之人 而午抵永春 半月離悵之餘 少抒感憤之懷 而但日氣猝寒 所着凉薄 悔不能備裝羊裘耳

  8월 13일. 맑음.
  오늘은 다시 계묘년의 그날이다. 비록 스스로 목숨을 끊어 따르지는 못하였으나, 다시 어찌 차마 앉아서 이 날을 맞겠는가? 생각 같아서는 가슴 속을 털어놓고 싶으나 갈 만한 곳이 아무데도 없다. 부득이 영춘원永春院 (이상룡의) 거처로 길을 나서서 이병삼李秉三의 집에 들렀다. 전에 함께 가기로 약속하였기 때문이다. 마침 이형이 그의 중씨仲氏에게 이끌려 함께 난산蘭山에 가고 없다. 지팡이를 짚고 홀로 걸어가자니 마치 탈옥한 사람 같았다. 정오 무렵에 영춘원에 도착하였다. 반달이나 떨어져 서글프던 나머지에 통분의 뜻을 조금은 풀었으나, 날씨가 갑자기 추워져 입은 옷이 얇고 추웠다. 가죽 옷을 준비하지 않은 것이 후회스러웠다.

十四日 晴 坐見街路 絡繹歌吹盡日 蓋其令辰佳節 醉飽相樂 政如故國風俗 尤切懷故之悲

  8월 14일. 맑음.
  앉아서 가로街路를 보니, 노래 소리가 하루 종일 끊어지지 않는다. 아마 이는 좋은 때 좋은 날을 맞아 배부르게 먹고 취하여 서로 즐기는 것으로, 바로 고향 풍속 같다. 더욱 고향 생각이 간절하였다.

十五日 雨終日又連宵不霽 中秋望夕 無異黑窣世界可恨

  8월 15일. 종일 비.

밤이 되어서도 개지 않았다. 8월 보름날 저녁인데도 캄캄한 밤과 다름없으니 한스러운 일이다.

十六日 晴 發還寓所 而歷入李秉三家 方與其仲氏聯床共飯 又以一案享余 水陸珍饌 物物可食 才撤午匙 慮有雨意 而還路果遇雨 上沾下濕 衣襪汚垢 可歎可歎 歸見唐孫 日又進格 見我迎笑 踏入懷中 此際展顔 猶此一物耳 看益奇重奇重 但告別之時 見老妹不健 而未效焚鬚之誠 十步九回 殆令食息而不能忘也 因吟一律 以示悵別之意

8월 16일. 맑음.

집으로 돌아오는 길에 이병삼의 집에 들렀다. 막 그의 중씨와 겸상하여 밥을 먹고 있었다. 다시 한 상을 차려 나에게 주는데, 산해진미로 반찬마다 먹을 만하였다. 숟가락을 놓기 바쁘게 비가 올 듯하여 걱정하였더니, 돌아오는 길에 과연 비를 만났다. 윗옷은 젖고 아랫옷은 축축해졌으며 옷과 버선은 때가 묻어 더러워졌다. 탄식하고 탄식할 일이다. 돌아오니 당손이 날로 자라 나를 보더니 웃으며 품속에 와 안긴다. 이런 때에도 얼굴을 펴게 하는 것은 이 아이 뿐이다. 볼수록 기특하고 소중하다. 다만 영춘원에서 작별할 때, 보아하니 나이든 누이[221]가 건강치 못한데도 수염을 태우는 정성[222]을 보이지 못하였다. 열 걸음에 아홉 번을 돌아보며 잠시도 잊을 수가 없었다. 이로 인해 시 한 수를 읊어 이별의 서운한 뜻을 보인다.

欲瀉幽愁理短鞭	쌓인 시름 풀려고 채찍 들고 길나서
秋風行到永春源	가을바람 따라서 영춘원에 당도했네
筵中敍悅妹兄弟	자리 위에선 남매간의 회포를 나누었고
街上酣歌酒聖賢	길가에선 즐거운 노래하며 술을 마셨지
中饋澁腸盤白飥	점심으로 쓰린 속에 흰 국수 대접 하는데
良辰無月雨靑天	좋은 날 달도 없이 하늘엔 비가 내렸지
吾衰爾病相憐地	나는 늙고 너는 병들어 서로 가련한 처지

---

221) 나이든 누이 : 석주 이상룡의 부인 김우락金宇洛이다.
222) 수염을 태우는 정성 : 당唐 나라 때 복야 벼슬을 하던 이적李勣이 누이의 병구완을 위해 손수 미음을 쑤다가 수염을 태웠다는 고사가 있다. 형제 특히 남매간의 우애가 두터움을 비유하여 이르는 말이다.

回首歸程步不前　　　귀로엔 안타까워 발걸음 뗄 수 없었네

十七日 晴 李文衡來宿 黃壻 李定洙 俱在愆攝 見甚悶憐

　　8월 17일. 맑음.
　　이문형李文衡이 와서 잤다. 황서방과 이정수李定洙가 다 병으로 조섭調攝 중이라 보기에 매우 안타까웠다.

十八日 下午四時雪來 小頃而霽 雇人刈禾

　　8월 18일.
　　오후 네 시에 눈이 오더니, 조금 있다가 그쳤다. 사람을 사서 벼를 베었다.

十九日 兒子與鄒街諸友 偕作問舍之行 李章寧擧男 其祖甚喜 子孫之欲 果皆如是

　　8월 19일.
　　집 아이가 추가街鄒哥街의 여러 친구들과 같이 집을 알아보러 갔다. 이장녕李章寧이 사내아이를 낳으니 그 조부가 매우 기뻐한다. 자손을 바라는 마음이 과연 모두 이와 같구나.

二十日 晴 聞永春妹病危劇云 渠亦六十之人 積苦之餘 夫安得不然 憐慮不置

　　8월 20일. 맑음.
　　듣자니 영춘永春 사는 누이가 병으로 위급하다고 한다. 누이도 나이 예순에, 온갖 고생을 한 나머지이니 어찌 그렇지 않겠는가? 안타까운 염려가 놓이지 않는다.

二十一日 次兒家內率 忽捲爲合住之計 蓋所寓陿累 而新造傼屋 又陿不敢處 勢不得不然 而如斗一室 膝上加人 前頭五六朔 何以挨過 春鳩拙性 不能得搆造一枝 可歎

　　8월 21일.
　　둘째 아이의 식구들이 갑자기 살림을 거두어 함께 살 작정을 하였다. 아마 거처가 좁은데 새로 지은 셋집이 또 좁아서 살 수가 없어서이리라. 형편이 그렇게 하지 않을 수 없으나,

말통만한 방 하나에서 무릎 위에 사람이 앉아야 할 지경인데, 다가올 대여섯 달을 어찌 지낼까? 봄 비둘기처럼 졸렬한 성정에 나뭇가지 하나면 족할 거처하나 꾸리지 못하였으니 한탄스럽다.

二十翼日 晴 永春病勢 未聞加減 鬱慮鬱慮 京人李敬赫 金舜七 來見而去

8월 22일. 맑음.
영춘永春 사는 누이의 병세가 좀 덜한지 듣지를 못하니 답답하고 근심스럽다. 서울 사람 이경혁李敬赫과 김순칠金舜七이 와서 보고 갔다.

二十三日 晴 實兒及雇人 去刈前坪畓禾 又雇人送校畓刈禾 李文[極]來傳 妹病不至太劇云 差張

8월 23일. 맑음.
실아實兒와 품꾼이 앞들 논에 나가 벼를 베고, 또 품꾼을 학교의 논으로 보내어 벼를 베었다. 이문[극]李文極이 와서 누이의 병이 아주 심한 데 이르지는 않았다고 전하니 얼마간 마음이 놓인다.

二十四日 小雨小雪 而旋晴 兒子自多時灘還

8월 24일.
비도 눈도 조금씩 오더니 곧 개었다. 아이가 다시탄多時灘에서 돌아왔다.

二十五日 晴 送兒問醇于永春寓所 打禾得一斗許 農費三元 而所穫止此 可笑可笑

8월 25일. 맑음.
영춘 사는 누이에게 안부를 물어보라고 아이를 보냈다. 벼를 타작하니 한 말 남짓이다. 농사 비용이 3원이나 들었는데 수확이 이 뿐이니 가소롭고 가소롭다.

二十六日 晴 兒子自永春 負麵飥及萬初書而來 傳妹病小間 差弛差弛

8월 26일. 맑음.

아이가 영춘에서 밀가루와 만초萬初의 서찰을 가지고 왔다. 누이의 병세가 조금 차도가 있다고 전하니, 얼마간 마음이 놓인다.

二十七日 晴 昌孫買玉黍米四斗 每斗六角云 是午 金達 李章寧 金昌懋 趙載基 午饒 不飥而去

8월 27일. 맑음.

창손昌孫이 옥수수 너 말을 사왔는데, 한 말에 6각角이라 하였다. 이날 오후에 김달金達·이장녕李章寧·김창무金昌懋·조재기趙載基가 점심으로 수제비를 먹고 갔다.

二十八日 李定洙與李敬赫 發還故庄 數十日同鼎之餘 悵缺殊深 而又恨老獘之不能諧意耳

8월 28일.

이정수李定洙와 이경혁李敬赫이 고향으로 출발하여 돌아갔다. 수십일 동안 한솥밥을 먹었던 나머지라 매우 서운하다. 또 늙은 폐물이라 뜻을 함께 하지 못하는 것이 안타까울 뿐이다.

二十九日 晴 與金昌壽及家兒 往見싼頭溝 蓋其山回水抱迸勢作局 可合堪輿擇吉之地 無因插入 徒羨而已 遇德初李兄于金昌壽 憑聞病妹能自身坐臥云 稍釋分灸之病耳

8월 29일. 맑음.

김창수金昌壽 그리고 집 아이와 함께 싼두구싼頭溝[삼도구]에 가서보니, 그 산이 돌아가고 물이 감아 돌며223) 우뚝 솟아 이루어진 형국이 풍수에서 길지로 보는 땅과 꼭 들어맞을 만했다. 그러나 송곳하나 꽂을 데가 없으니 다만 부러워할 뿐이었다.

김창수金昌壽의 집에서 덕초德初 이형李兄224)을 만났다. 들으니 누이가 이제는 스스로 앉고 누울 수도 있다 한다. 분구지병分灸之病225)이 조금은 풀리는 기분이다.

---

223) 산이 돌아가고[산회수포山回水抱] : 주희朱熹의 「무이구곡가武夷九曲歌」 가운데 "산은 물이 없으면 수려하지 못 하고, 물은 산이 없으면 맑지 못하다. 골짜기 골짜기마다 산이 돌아가고, 봉우리 봉우리마다 물이 감아 돈다[山無水不秀 水無山不淸, 曲曲山回轉 峯峯水抱流]"에서 따온 말이다.
224) 덕초 이형 : 석주 이상룡의 동생 이봉희를 말한다.
225) 분구지병分灸之病 : 서로 우애가 깊어 형제간에 같이 아픈 병. 송宋 태조太祖는 우애가 극진했

三十日 晴 七來 以月經試取 優等受賞 格而來 李鳳義 來宿 送實兒 牽驢而爲永春裝束輸來之計 夕 鏡城居朴豊陽來 今住吉林城 盛言白頭山形勝 而自下至頂二百里 上有天池 周廻四十里 平地噴湧 自相洶攪 懍不可狎 四面白石 列如屛障 氣寒風猛 地不生草 下至五六十里 森林鬱密 獸畜甚多 黑龍 頭滿 鴨綠三江 皆源於此 有我肅廟朝定界碑云

8월 30일. 맑음.

칠손七孫이 매월 치르는 시험에서 우등상을 받아 왔다. 이봉희李鳳義가 와서 잤다. 실아實兒를 보내서 말을 끌고 가 영춘永春의 짐을 실어올 계획이다. 저녁에 경성鏡城 살던 박풍양朴豊陽이 왔는데, 지금은 길림성에 산다. 백두산의 빼어난 모양을 신이 나서 이야기 했는데 밑에서 정상까지 이백 리이고, 위에는 천지天池가 있는데, 그 둘레가 40리이며 평지에서 분출되는 물이 저절로 서로 세차게 부딪치므로 두려워서 함부로 접근할 수가 없다고 한다. 그리고 사면으로 흰 돌이 병풍처럼 둘러있는데 공기는 차고 바람은 사나워서 땅에 풀이 나지 않고, 아래로 오륙십 리에 이르러서야 삼림이 울창하고 짐승이 매우 많다고 한다. 흑룡강黑龍江·두만강頭滿江·압록강鴨綠江 세 강이 모두 여기서 발원하며, 우리나라 숙종 때에 세운 정계비定界碑가 있다고 한다.

九月²²⁶⁾一日 晴 家兒與宋德奎 偕作龜山之行 夕 金達 黃壻 來宿 聞李東寧家鬣者 又見失 駭懼駭懼

9월 1일. 맑음.

집 아이가 송덕규宋德奎와 함께 귀산龜山으로 떠났다. 저녁에 김달金達과 사위 황군이 와서 잤다. 듣자니 이동녕李東寧이 집에서 기르는 말을 잃어버렸다고 한다. 해괴하고 두렵다.

翼日 晴

9월 2일. 맑음.

는데 태종太宗이 병이 들어 뜸질을 하자 태조도 뜸질을 하면서 그 아픔을 함께 나누었다고 한다.
226) 구월九月 : 원문原文에는 팔월八月로 되어 있으나, 팔월八月은 앞에 이미 나왔으므로 착오인 듯하다.

三日 雨 內房隘陝 移置衣籠于外室

　9월 3일. 비.
　안방이 비좁아서 장롱을 바깥방으로 옮겨놓았다.

　**夜誦博義數板　仍次四佳詩韻　밤에 『박의博義』227)를 몇 판 외우고, 사가四佳228)의 시에
　　　　　　　　　　　　　　차운하다**

兒眠尨睡夜分中　　아이 잠들고 개도 잠든 한밤중인데
星宿森羅瀅碧空　　별빛은 총총하게 푸른 하늘에 빛나네
鄕信每憑蝴蝶夢　　호접몽蝴蝶夢을 꾸어서 고향 소식 듣는데
秋聲洽受鯉魚風　　이어풍鯉魚風229)엔 가을 소리 가득하네
　　＜九月風＞＜이어풍은 구월에 부는 바람이다＞
丌書卷展芭蕉綠　　책상 위 펼친 책에 파초는 푸르고
炊火晨呈榾柮紅　　새벽 밥 짓느라 골돌榾柮230) 불이 빨갛다
猶有少年餘氣力　　아직도 소년처럼 기력이 남아서
吟宵時復聳層峯　　밤새 읊고도 층층 봉우리처럼 다시 솟네

四日 晴 李鳳羲來宿

　9월 4일. 맑음.
　이봉희李鳳羲가 와서 잤다.

五日 晴 兒子自龜山峴還

---

227) 박의博義 : 아마 『동래좌씨박의東萊左氏博義』인 듯함. 남송南宋의 여조겸呂祖謙이 편찬編纂한 사
　　서史書이다.
228) 사가四佳 : 조선전기의 문신, 학자인 서거정徐居正의 호號이다.
229) 이어풍鯉魚風 : 늦가을 9월에 부는 바람이다.
230) 골돌榾柮 : 나무를 베고 뿌리에 남은 것을 골돌이라 한다. 송나라 시에 "골돌을 때면 오래도록
　　따뜻하여 풀이나 짚을 때는 것처럼 한 번에 활활 타지는 않지만 오히려 끈기가 있어 좋다."라
　　고 하였다.

9월 5일. 맑음.

가아家兒가 귀산현龜山峴에서 돌아왔다.

六日 陰

9월 6일. 흐림.

七日 晴 金達 趙萬基 來宿 得馬車移置燒木

9월 7일. 맑음.

김달金達과 조만기趙萬基가 와서 잤다. 마차를 얻어 땔나무를 옮겨놓았다.

八日 晴 金達仍留 金三自北邊來宿

9월 8일.

김달金達은 그대로 머무르고, 김삼金三이 북변北邊에서 와서 잤다.

九日 晴 是日卽故里茶薦之日也 新稻香果 家家報本 而兄弟登高之樂 歷歷可想 茱萸少一之悵 宜無古今之異 而較視此客抱鄕愁 猶慰降心 那時返鄕 以贖此日之恨耶

9월 9일. 맑음.

이 날은 바로 고향에서 차례茶禮를 지내는 날이다. 새로 찧은 벼와 향기로운 과일로 집집마다 조상의 은혜를 기리고 형제들끼리 높은 산에 올라가는 즐거움들이 역력히 생각난다. 수유를 머리에 꽂을 때 한 사람이 빠진 것을 한스러워 하는 마음231)은 의당 옛날이나 지금이나 다르지 않으리니, 이 나그네가 품고 있는 향수와 비교해 보면 오히려 위로되어 마음을

---

231) 수유를 ~ 한스러워 하는 마음 : 형제간의 즐거운 모임에 한 사람이 참여하지 못한 것을 비유한 말. 음력 9월 9일이면 높은 산에 올라 수유 열매를 따고 국화주菊花酒를 마시며, 사기邪氣를 물리치는 모임을 가졌는데 이를 등고회登高會라 하였다. 당唐 나라 때 왕유王維가 9월 9일 산동山東에 있는 형제들을 생각하여 지은 시에 "나 홀로 타향에 와서 나그네가 되고 보니, 명절을 만날 때마다 어버이 생각 갑절 더하네. 알건대 우리 형제들 높은 산에 올라가서, 수유를 두루 꽂고 한 사람이 적다하리라[獨在異鄕爲異客 每逢佳節倍思親 遙知兄弟登高處 徧揷茱萸少一人]"라 한 데서 온 말이다.

삭인다. 어느 때 고향으로 돌아가 오늘의 이 한을 풀 수가 있을까?

十日 朝雪午晴 家兒 與宋德奎 又作多時灘行

  9월 10일. 아침에 눈이 오다가 낮에 개임.

  형식이 송덕규宋德奎와 더불어 또 다시탄多時灘으로 떠났다.

鄕思客抱 何時不切 而佳辰月明之夜 中宵無眠之際 無誰對攄 尤非有情者所可堪 因賦一節 以寫鬱積之悵

  고향을 그리는 나그네 회포가 어느 때인들 간절하지 않으랴마는, 좋은 계절 달 밝은 밤에 한 밤에도 잠은 오지 않는데, 마주하여 마음 터놓을 사람이 아무도 없다. 더욱 사람으로서 견딜 수 있는 일이 아니라, 절구 한 수를 지어 울적한 심사를 달랜다.

窮年無復問孤居	한 해 저물도록 외로운 거처에 찾는 이 없고
欲返來程夢亦疎	왔던 길 돌아가려 해도 꿈조차 꾸기 어렵네
心非石也難爲轉	마음은 돌이 아니라 굴리기도 어려운데
身似葦之縱所如	몸은 갈대 같아 흔들리는 대로 가네
鄕懷又値茱萸節	고향 그리는 마음에 또 수유 철232)을 만나니
客意稍寬簡册書	나그네 심사 책을 읽어 조금이나마 풀어보네
覓句安能題餻字	시구에다 어찌 고餻자 운233)을 쓸 수 있으랴만
只憑衰抱寫疎裾	그저 회포에 약해진 마음 쏟아내 볼 뿐이네

                                                                        <時讀胡澹菴上高宗封事 故三聯及之><이때 호담암胡澹菴234)의 『상고종봉사上高宗封事』를

---

232) 수유 철 : 음력 9월 9일에 높은 산에 올라 수유를 머리에 꽂고 국화주를 마시면서 사기邪氣를 물리치던 모임이다.

233) 고餻자 운 : 고는 '떡 고' 자인데, 당唐 나라 시인 유우석劉禹錫이 일찍이 중양시重陽詩를 지으면서 이 '고' 자를 쓰려고 했다가 오경五經 속에 없는 글자라 하여 끝내 쓰지 않았으므로, 송宋 나라 때 송기宋祁가 일찍이 구일식고九日食餻 시를 지으면서 "유랑은 감히 '고' 자를 쓰지 못하였으니, 한 시대 시중 호걸 칭호를 헛되이 저버렸네[劉郞不敢題餻字 虛負詩中一世豪]"라고 하였다. 여기서는 김대락 자신이 '고餻' 자를 쓸 만한 호탕한 시인이 못 된다는 뜻의 겸사이다.

234) 호담암胡澹菴 : 호전胡銓(1073~1138). 자는 방형邦衡, 호가 담암澹菴. 송 고종高宗 때 추밀원 편수

읽었기 때문에 3연에서 언급하였다>

十一日 陰而寒

  9월 11일. 흐리고 추움.

十翼日 晨雪朝晴 李秉三來見

  9월 12일. 새벽에 눈 오다가 아침에 갬.
  이병삼李秉三이 보러 왔다.

十三日 晴 李石榮 張錫膺來 午饒

  9월 13일. 맑음.
  이석영李石榮·장석응張錫膺이 와서 점심을 먹었다.

十四日 晴

  9월 14일. 맑음.

十五日 晴 粟飯糝豆 稍適於口 而豆是善滯者 因成冷泄 筋力陷敗 反爲全粟 僅延飢餓之息 似此苟寄者 安有住世之況耶 可歎可歎

  9월 15일. 맑음.
  조밥에 콩을 섞으니 입에는 제법 맞으나, 콩이 잘 체하는 것인지라 배가 차고 설사가 나서 근력筋力이 다 빠져 달아났다. 다시 전부 조[粟]만으로 밥을 지어서 근근이 주린 목숨을 이어간다. 나처럼 구차히 기생하는 자가 어찌 세상에 살아갈 경황이 있겠는가? 한탄스럽고 한탄스럽다.

題胡澹菴上高宗封事後 호담암의 『상고종봉사』 뒤에 쓰다

  관추밀원편수관樞密院編修官이 되어 열혈熱血의 상표문上表文을 올려 유명해짐. 그는 일생동안 금나라에 항거해야 한다는 주장을 견지하여, 남송 투항파의 두목인 진회를 가장 반대한 인물이다.

熙寧遺直此封疏　　희녕 연간에 남은 직언 이 상소문 뿐이니
白日堂堂袒死初　　청천백일처럼 당당하게 초심으로 죽었도다
萬戮猶輕倫檜首　　만 번 죽여도 가벼운 것은 윤회倫檜의 머리요
　　〈王倫陳檜〉〈윤회는 왕륜[235]과 진회[236]이다〉
千秋不朽陸楊裾　　천추에 썩지 않을 것은 육양陸楊의 충절일세
　　〈陸秀夫淚濕朝衣楊邦乂臂血書誓〉〈육수부[237]는 눈물로 조복을 적셨고, 양방예[238]는 팔뚝의 피로 맹세를 썼다〉
東溟又出先生月　　동쪽 바다엔 먼저 떴던 달 다시 떠오르고
西岀應傍餓士墟　　서산 어름엔 응당 아사한 선비[239]의 무덤 있으련만
可惜南朝無董史　　애석하다! 남송조에 올바른 역사서[240] 없음이여
須令公義等休書　　만세의 공의公義가 휴지처럼 버려졌네
　　〈封事中 有赴東海死之語 故及之〉〈봉사 가운데 '동해로 가서 죽겠다'라는 말이 있기 때문에 이를 언급하였다〉

十六日 晴

---

235) 왕륜王倫 : 자는 정도正道, 시호는 민절愍節. 송 고종 때 금金 나라의 회유에 응하여 화의를 청하려 사신으로 갔다가 억류되어 그곳에서 죽었다.
236) 진회秦檜 : 중국 남송南宋의 정치가. 자는 회지會之. 고종高宗의 신임을 받아 19년 간 국정을 전단하였다. 충신 악비岳飛를 죽이고 항전파抗戰派를 탄압했으며, 금金 나라와 굴욕적인 강화를 체결하였다. 충신 악비와 대비되어 간신으로 알려진다.
237) 육수부陸秀夫 : 남송 말기의 충신. 원元 나라의 침략을 받아 위왕 조병趙昺을 황제로 세우고 항쟁하다가 애산厓山에서 원군元軍에게 패하자, 칼을 들고 가족들을 바다로 몰아넣은 다음 자신도 황제를 업고 바다에 몸을 던져 자결하였다.
238) 양방예楊邦乂 : 남송 말기의 충신으로 금나라·원나라의 군사에 대항하여 송나라 군대를 지휘했다. 다른 나라의 신하가 될 수 없다고 천명하며 결사 대항하였다. 금나라 조정에서 높은 벼슬로 회유하고자 하였지만 흔들리지 않고, 의연하게 사형을 받았다고 한다.
239) 아사한 선비 : 백이를 말함. 백이伯夷는 숙제叔齊와 함께 은殷 나라 고죽군孤竹君의 아들이다. 주周 무왕武王이 은나라를 정벌하자 주나라 곡식을 먹는 것을 수치로 여기고, 서산西山 즉 수양산首陽山에 들어가서 채미가采薇歌를 부르며 고사리를 캐먹다가 굶어 죽었다.
240) 올바른 역사서[동사董史] : '동호董狐의 직필直筆'로 칭해지는 말. 동호는 춘추시대 진晉의 사관史官으로 진晉 영공靈公이 조돈趙盾을 죽이려 하자 도망하였다. 그 뒤 조천趙穿이 영공을 시해하자 조돈이 돌아와서도 조천을 토벌하지 않았으므로, 동호는 사기에 "조돈이 그 임금을 시해했다."고 썼다(『춘추좌전春秋左傳』).

9월 16일. 맑음.

十七日 晴 李承源 以李室問藥次 來宿 甥君不來 而傍無護病之人 萬初家事 悶憐悶憐

9월 17일. 맑음.
이승원李承源이 이실李室241)의 약을 묻기 위해 왔다가 묵었는데, 생질甥姪242)은 곁에 간병할 사람이 없어 오지 못하였다. 만초萬初 집안의 일이 걱정되고 가엾다.

十八日 晴 金錫鉉 玄友良 來宿 打禾得一石六斗 八口穀腹之計 只此而已 可歎可歎 圃蔬盎粟 日相告艱 着地跨年 所業何事 愁悶之際 聊以自慰

9월 18일. 맑음.
김석현金錫鉉·현우량玄友良이 와서 묵었다. 벼를 타작하여 한 섬 엿 말을 얻었다. 여덟 식구의 먹고 살 계책이 다만 이것뿐이니, 탄식하고 탄식할 만하다. 채전의 나물과 단지의 곡식이 날마다 어려움을 알린다. 이곳에 도착한지 1년이 넘도록 무슨 일을 했던고? 근심 번민하는 사이에 애오라지 읊어 스스로를 위로하노라.

艱虞苟免反生虞	어려움을 구차히 면하자니 도리어 근심이라
隨遇寬心是丈夫	형편 따라 너그럽게 마음 씀이 장부라네
驀地難收諸葛菜	낯선 곳에서 순무 거두기도 어렵고
秋風徒憶舍人魚	추풍에 한갓 사인舍人의 물고기 기억나네243)
當飢對食皆珍味	굶주릴 때엔 마주하는 음식이 모두 진미요
緩步登山是坦途	천천히 걸어 산 오르면 평탄한 길 같다네
所憾難焉天地大	천지가 크다 한들 유감없기 어려운데244)

---

241) 이실李室 : 김우락을 이른다. 그녀는 김대락의 여동생이자 이상룡의 아내이다.
242) 생질 : 석주 이상룡의 아들 이준형을 이른다.
243) 추풍에 ~ 기억나네 : 『진서晉書』92, 「문원열전文苑列傳」 '장한張翰'에 "진나라 장한이 가을바람이 부는 것을 보고 고향인 오吳 땅의 순챗국[蓴羹]과 농어회[鱸膾]가 생각나서 벼슬을 그만두고 돌아갔다."고 한다.
244) 천지가 ~ 어려운데 : 『중용中庸』에 "일개 부부의 미련함으로도 할 줄 아는 게 있으나, 지극한 데까지 미치면 비록 성인이라도 할 줄 모르는 게 있으니, 천지의 큼에 대해서도 사람은 오히

況於人也況於吾　　　하물며 사람이며 하물며 나에 있어서랴?

十九日 晴 家兒 北峽之行 過期不還 可慮可悶

9월 19일. 맑음.

가아家兒가 북협北峽으로 가더니 기한이 지났는데도 돌아오지 않는다. 염려스럽고 근심스럽다.

謾詠　그저 읊다

青山迢遞水氾氾	청산은 까마득하고 물은 감돌아 흘러
來似浮萍過似雲	올 때는 부평초 같고 갈 때는 구름 같네
碧峀依隣周處士	벽산은 주처사245)에게도 기댈 이웃 되었고
黃花無賴孟參軍	국화주는 맹참군246)을 무뢰배로 만들었네
擡頭不欲干新世	머리 들어 새로운 세상 찾으려 하지 않으니
有口無如讀古文	입이 있다하나 고문 읽기만한 것 없네
最是鄕關離弟恨	가장 한하노니 고향 아우와 이별한 것
布衾一半隱思君	베 이불 나누어 덮던247) 그대 생각나누나

　　　　<周顒孟嘉> <주옹周顒과 맹가孟嘉를 인용하다>

二十日 晴 英國牧師來學校 衍說勸學云耳

려 유감이 있다[夫婦之不肖 可以能行焉 及其至也 雖聖人 亦有所不能焉 天地之大也 人猶有所憾]"고 한 데서 나왔다.
245) 주처사周處士 : 중국 남북조시대南北朝時代 제齊 나라의 문신인 주옹周顒으로 공치규孔稚圭와 함께 종산鍾山에 은거하였다. 황제가 부르자 나아가 벼슬하다가 다시 돌아가려 하자 공치규가 북산이문北山移文을 지어 그의 입산을 막았다.
246) 맹참군孟參軍 : 남북조시대 진晉 나라 때의 맹가孟嘉. 그가 정서대장군征西大將軍 환온桓溫의 참군參軍이 되었을 때, 환온이 음력 9월 9일 용산龍山에 잔치를 베풀자 요좌寮佐들이 다 모여서 즐겁게 놀았다. 이때 바람이 불어 맹가의 모자를 떨어뜨렸으나 맹가가 술에 취해 그것도 알아차리지 못하였다는 용산낙모龍山落帽의 고사가 있다.
247) 베 이불 나누어 덮던 : 원문의 포금일반布衾一半은 무명 이불 하나를 반씩 나누어 덮는다는 것으로 형제의 우애를 뜻한다.

9월 20일. 맑음.

영국 목사가 학교에 와 많은 이야기로 배우기를 권장하더라고 한다.

二十一日 晴 爲張錫膺家所速 大嚼晬盤而歸 家兒自多時灘還

9월 21일. 맑음.

장석응張錫膺의 집에 초대를 받아 생일상을 잘 먹고 돌아왔다. 가아가 다시탄多時灘에서 돌아왔다.

二十翼日 雷 家兒自싼靑子 買古文觀止六冊 東萊博議四冊 皆文章家極選也 頗爲遮眼破寂之資 而追念芝祖於同福匪所 以弇文爲南遷一友 旋切感舊之懷

9월 22일. 천둥 침.

형식이 싼청자싼靑子에서 고문관지古文觀止[248] 6책과 동래박의東萊博議[249] 4책을 샀다. 모두 문장가들이 아주 잘 골라 뽑은 것으로, 눈가리개 하여[250] 심심풀이하기에 아주 좋겠다. 지촌할배[251]가 동복同福의 유배지에서 엄주弇州의 문집[252]을 남천한 후의 유일한 벗으로 삼으셨던 일을 추념해보니, 더욱 옛일에 대한 감회가 절실하다.

二十三日 雨雪 李東寧張裕順來見

---

248) 고문관지古文觀止 : 1695년인 청나라 강희康熙 34년 오초재吳楚材가 교재로 편집한 고문 선집본인데 춘추전국 시대부터 명말明末까지 2백 22편의 작품을 사상성과 예술성을 고려해 편찬한 것이다.
249) 동래박의東萊博議 : 1168년에 중국 남송의 동래東萊 여조겸이『춘추좌씨전』에 대하여 논평하고 주석註釋한 책. 주요 기사 168항목을 뽑아 각각 제목을 달고 역사적 사실에 대한 득실을 평론한 것으로 과거문科擧文의 규범이 되기도 하였다. 전 25권.
250) 눈가리개 하여 : 어떤 중이 약산藥山 유엄선사惟儼禪師에게 묻기를 "화상和尚께서 평소에 다른 사람에게는 경經을 보지 못하게 하시면서 어찌하여 스스로는 경을 보십니까?" 하자, 유엄선사가 대답하기를 "나는 다만 눈가림을 하기 위해 보는 것이다[我只圖遮眼]"고 했다는 데서 온 말이다.
251) 지촌芝村할배 : 김방걸金邦杰(1623~1695)의 호이다. 본관은 의성. 자는 사흥士興. 1660년(현종 1) 증광문과에 병과로 급제, 지평·정언·장령·수찬 등을 지냈다. 1689년(숙종 15) 사간이 되었으나, 그해 인현왕후가 폐위되자 사직·낙향하였다. 이듬해 승지가 되었으며, 1692년 대사간, 1693년 대사성을 역임하였다.『지촌문집』이 있다.
252) 엄주의 문집 : 엄주산인弇州山人이라고도 불렀던 명明 나라 왕세정王世貞의 문집이다.

9월 23일. 눈 비.

이동녕李東寧과 장유순張裕順이 와서 보았다.

自歎   스스로 탄식하다

由吾骯髒不相謀	불뚝 성질 때문에 서로 도모할 이 없으니
吾自棄吾世棄吾	내가 나를 버렸고 세상도 나를 버렸다네
琥珀元來腐不拾	호박같은 보석도 원래 썩으면 줍지 않으나
芝蘭終古臭相孚	지초와 난초는 옛부터 향취가 미더운 법[253]
冠裳異制心隨變	의관 제도 다르다고 마음도 따라 변하고
新舊殊程學亦迂	신구新舊의 길 다르다고 학문도 오활해졌네
猶有雲章分錦珮	오히려 운장雲章[254] 있어 금의錦衣 패옥佩玉 구분하니
莫敎魚目混於珠	고기 눈을 진주와 혼동하게 하지 말라[255]

二十四日 晴 家兒發多時灘行 夢拜親庭 又見姻叔李長謦

9월 24일. 맑음.

가아가 다시탄多時灘으로 가는 길을 떠났다. 꿈에서 선친을 뵈었고, 또 인척 숙부 이장기李長謦를 만났다.

二十五日 陰 日不甚寒 積雪灒釋 殆盡可幸 而但滿地泥濘 校舍來往者 極甚艱險

9월 25일. 흐림.

날이 심히 춥지는 않아 쌓였던 눈이 녹고 풀려 거의 사라지니 다행이다. 다만 언 땅이

---

253) 호박같은 보석 ~ 미더운 법 : 재물은 원래 사람의 뜻을 해치므로 희귀한 보석의 하나인 호박琥珀을 귀하게 치지 않지만 난초와 지초는 동심同心 동취同臭로 금석金石보다 오래 간다 하여 숭상한다는 뜻이다.

254) 운장雲章 : 은하수가 밤하늘에 아름답게 펼쳐진 것을 말함. 『시경』「대아大雅」'역복棫樸' 편에 "찬란한 저 은하수 밤하늘을 수놓았네[倬彼雲漢 爲章于天]"라고 하였다.

255) 어목혼주魚目混珠 : 진짜 가짜를 식별 못하는 눈. 전하여 인재를 시기하는 사람들을 뜻한다. 고기 눈깔이 겉모양은 구슬 같지만 사실은 구슬이 아니라는 데서 진위眞僞가 혼동된 것을 말한다.

질척거려서 학교를 오가기가 매우 어렵고 힘들다.

二十六日 雨雪 李章寧來宿

9월 26일. 눈비.
이장녕李章寧이 와서 잤다.

二十七日 又雪 小學校試取云 每見家政 一此窘塞 而所持資産 亦幾垂橐壺 婦尤怨之意無辭 可慰可歎

9월 27일. 또 눈.
소학교에서 시험을 치렀다고 한다.
매번 보건대 살림살이는 한결같이 군색한데도, 가진 자산이 또한 전대와 항아리를 거꾸로 털 지경이 되었다. 며늘아이가 원망하는 뜻을 한 마디도 하지 않으니 한 편 위로가 되고 한 편 한탄스럽다.

鹽茶粱粟日難支	소금 차茶 양식을 며칠 부지하기 어려우니
自爾愁端咎在台	그래서 이는 수심 허물은 내게 있구나
客意轉悽虫蜩夜	귀뚜라미 우는 밤엔 나그네 마음 서글퍼지고
鄕思尤切鷰歸時	제비 돌아갈 때면 고향생각 더욱 간절하네
男兒大體猶如此	사나이의 큰 덩치로도 오히려 이와 같거늘
女子偏情況不悲	아녀자의 좁은 마음에 어찌 슬프지 않으랴
猶是窮荒無異警	이 같은 흉년에도 놀라운 일은 없으니
此身安處此心怡	이 몸이 편한 곳이면 이 마음도 편안하리

二十八日 伊溪鄭△△金△△二友 來傳故地聲息 別無所警 可慰

9월 28일.
이계伊溪256)의 정鄭아무개·김金아무개 두 사람이 와서 고향 소식을 전해주었다. 따로 놀라운 소식이 없으니 위로가 된다.

二十九日 晴 聞文極覲親之奇於李衡國尹仁輔來 自此 病妹調護之方 可得便適 甚慰

9월 29일. 맑음.

이형국李衡國·윤인보尹仁輔가 오는 편에 문극文極이 어버이를 뵈러 갔다는 기별을 들었다. 이제부터 병든 누이의 조섭과 간호에 편의가 생길 것이니 매우 마음이 놓인다.

三十日 陰而寒 夢省嚴顏 見我書札 略有獎許之語 而慢不詳記 可恨 李文衡來宿

9월 30일. 맑고 추움.

꿈에 아버님을 뵈었다. 내 편지를 보시고 대략 장려하고 허여하는 말씀이 있었는데, 소홀히 하여 자세히 기억할 없으니 한스럽다. 이문형李文衡이 와서 잤다.

十月一日 朝淸晩濁 兒子還來 忠州居鄭漢朝偕來留宿 殷勤眷厚 頗有古人風致

10월 1일. 아침에 맑고 저녁에 흐림.

아이가 돌아왔다. 충주에 사는 정한조鄭漢朝가 함께 와서 머물러 잤는데, 은근한 정성과 후덕함이 자못 고인의 풍치가 있었다.

翼日 雪 午三點至夜 雨雪交下 行路幾絶

10월 2일. 눈.

오후 3시부터 밤까지 눈과 비가 번갈아 쏟아져 길이 거의 끊어졌다.

三日 又雨雪

10월 3일. 또 비와 눈이 내림.

四日 又雨雪 兒孫輩 期於赴學 向進之熱心 可尙 而軟質之生病 可慮 殘憐殘憐 李承源來見 憑諗病妹少痊 可慰

---

256) 이계伊溪 : 지금의 안동시 와룡면 이하리伊下里를 말한다.

10월 4일. 또 비와 눈이 내림.

아이와 손자들이 기어이 학교에 갔다. 향학向學의 열심熱心은 가상하나, 연약한 것이 병이 나 날까 염려스럽다. 불쌍하고 불쌍하다. 이승원李承源이 와 보았는데, 그 편에 병중의 누이가 조금 나았음을 알았다. 마음이 놓인다.

五日 又雨 家兒又作多時灘行

10월 5일. 또 비가 내림.

가아가 또 다시탄多時灘에 갔다.

六日 細雪乍晴 大抵校舍稍間 七孫之逐日衝雪 極所殘憐 齎糧托宿 俾無往來之勞 盖金達 爲別排留校之計 故因而付託耳

10월 6일. 가는 눈이 오다가 금방 갬.

대체로 학교가 제법 멀리 떨어져 있는데, 칠손七孫이 날마다 눈길을 무릅쓰고 다니는지라, 애처롭기가 그지없어 양식을 가져가 기숙寄宿함으로써 왕래하는 수고가 없도록 하였다. 이는 김달金達이 학교에 머무를 계획을 따로 세운지라, 그로 인해 부탁한 것일 뿐이다.

七日 天晴而氣寒 以永春源裝束輸來事 得牛於李東寧家 借跋高於淸人 昌孫與實兒 涉雪發行 是夜 夢省親顔 又見小菴姻叔 略有竅接之語 輞然失之 可恨

10월 7일.

날씨는 개었으나 공기가 싸늘했다. 영춘원永春源의 짐 꾸러미를 실어 올 일로 이동녕李東寧의 집에서 소를 얻고, 청인에게서 발고跋高를 빌려 손자 창로와 실아가 눈길을 건너 출발하였다. 이날 밤에 꿈에서 아버님을 뵙고, 또 소암小菴 처숙妻叔을 만났다. 간곡히 대하는 말이 조금 있었으나 망연輞然히 다 잊어버리다니 한스럽다.

八日 裝束之散置各處 依數入來 而但不堅束 遺失頗多 兒輩之每事疏漏 可悶可悶 家兒自北峽還來 而貰得淸人家二間房子 限以五朔 貰錢六元云耳 昌孫又向丹溝云 意是問舍之計 而如此雪程 何以能衝涉乃爾耶 憐念不已 文極送南茗一把 可備一月之糧 可喜 裝束中有

先稿三册 而訛書漏字 不勝金根之恨 摩挲感泣之餘 因吟四律一節

10월 8일.

짐 꾸러미 중 각처에 흩어두었던 것이 숫자대로 들어왔으나 다만 단단하게 묶지를 못하여 빠뜨려 잃어버린 것이 제법 많다. 아이들의 매사가 서툴고 소홀하니 고민이다. 집의 아이가 북산北山으로부터 돌아와 청인 집의 두 칸 방에 세 들었는데, 다섯 달 기한에 세貰가 육원六圓이라 한다. 손자 창로가 다시 단구丹溝로 간다 하니 아마 집을 알아볼 계획인 듯하다. 요사이 같은 눈길을 무슨 수로 무릅써 넘어갈지 가여운 생각이 그치지 않는다. 문극文極이 남초南草(담배) 한 봉지를 보냈다. 한 달 양식이 될 것이니 기쁘다.

보따리 속에서 아버님의 유고 세 책이 나왔는데, 틀린 글씨 빠진 글자에 금근金根의 한탄[257]을 이길 수 없다. 쓰다듬으며 느껴 울던 끝에 사율일절四律一節을 읊다

煌煌有袠到寒丌	빛나는 아버님 유고 찬 책상에 이르니
如奉當年教詔時	마치 생전에 가르침을 받들 때 같아
風樹增懷潰暗涕	모시지 못한 한 더하여 눈물 콧물 흐르는데
金根墜學愧惛癡	배움을 버린 불초의 우매함이 부끄럽네
天涯自速艱危患	하늘 끝 어렵고 위태한 근심 스스로 불러
楸路終難展省期	선영 성묘할 희망조차 끝내 펴기 어려울 듯
那得乙藜勘校席	어찌하면 교감할 때 태을장太乙杖[258]을 얻을꼬
千秋留侯子雲知	천추에 빛나는 유후와 자운[259]은 알리라

九日 淸 又夢省嚴顏 呼余前之曰 此有童蔘 及開封 有唐墨一丈 麝香觸臭而已

---

257) 금근金根의 한탄 : 못난 자식의 잘못이 부모에게 미침을 비유하는 말. 당나라 때, 한유의 아들 한창이 창려집을 교정할 때, 임금이 타는 수레라는 뜻의 '금근거金根車'를 화려하게 치장한 수레라는 뜻의 '금은거金銀車'로 고쳤는데 이는 아버지의 옳은 용사用事를 불초자식이 잘 모르고 그르친 대표적인 경우이다.
258) 태을장 : 원문은 을려乙藜. 태을의 청려장을 말함. 한나라 성제成帝 때에 유향劉向이 천록각天祿閣에서 교서校書를 하고 있었는데, 태을太乙의 정기精氣라고 자칭하는 한 노인이 자신의 청려장 끝에 불을 붙여 유향이 교서하는 것을 밝혀주었다는 고사에서 온 말이다.
259) 유후와 자운 : 유후留侯는 한고조 유방劉邦을 도와 천하를 평정하였던 공신 장량張良의 봉호이며, 자운子雲은 전한의 학자 양웅揚雄의 자字이다.

10월 9일. 맑음.

또 꿈에 아버님을 뵈었다. 나를 불러 앞으로 오게 하시더니, "여기 동삼童蔘이 있다."고 하신다. 봉함을 여니 중국 먹 한 자루가 들었는데, 사향麝香 냄새가 코를 찔렀다.

十日 雲陰 又夢李小菴

10월 10일. 구름이 끼어 흐림.

또 이소암李小菴 꿈을 꾸었다.

十一日 雨雪 李宣求李明善來 午饒

10월 11일. 비와 눈이 내림.

이선구李宣求와 이명선李明善이 와서 점심을 먹었다.

十翼日 兒與實伊 作多時灘行 金達李章寧 夕飯而去 孫兒買黃肉于鄒街而來

10월 12일.

아이와 실이實伊가 다시탄으로 갔다. 김달金達과 이장녕李章寧이 저녁을 먹고 갔다. 손자 아이가 추가가에서 쇠고기를 사왔다.

十三日 李相龍來宿 金達午饒而去

10월 13일.

이상룡이 와서 잤다. 김달이 점심을 먹고 갔다.

十四日 雪 李兄期於發還 久濶之餘 不勝悵歎 況日氣如此 能無衝冒之患也

10월 14일. 눈.

이형이 기어이 출발하여 돌아갔다. 오래 못 만났던 끝이라 서운함을 이길 수 없다. 하물며 날씨가 이러하니 어려움에 부닥칠 염려는 없으려는지?

十五日 風而寒 夢省嚴顏

10월 15일. 바람 불고 날씨가 참.
꿈에 아버님을 뵈었다.

十六日 淸 李秉三 自恒道來見

10월 16일. 맑음.
이병삼李秉三이 항도천恒道川에서 와서 보았다.

十七日【故室孺人驪江李氏忌日】淸 次婦率二女 去多時灘 如斗狹屋 不得不分点各居 而相距一舍 兩皆孤寂 何以挨過

10월 17일.【돌아간 아내 유인 여강이씨의 기일이다】맑음.
둘째 며느리가 두 딸을 데리고 다시탄으로 갔다. 집이 말 통 같이 좁으니 나뉘어 따로 살지 않을 수 없고, 서로 떨어진 거리가 30리이니, 양쪽이 다 외롭고 쓸쓸하다. 어떻게 날을 보낼꼬?

十八日 淸 又夢承嚴顏 又拜族祖芝廬翁 曰君之文 華勝而少欠平淡底意 吾先師訂窩翁則不然 因有微辭勸戒之意 而不能詳記 可恨

10월 18일. 맑음.
다시 꿈에 아버님을 뵈었다. 또 족조 지려옹芝廬翁[260]을 뵈니 말씀하기를 "자네 글은 화려華麗함은 뛰어나나 평담平淡한 뜻이 조금 모자라는데, 우리 돌아가신 스승 정와옹訂窩翁[261]은 그렇지 않았었네" 하시고, 이어서 은근한 말씀으로 권면 경계하는 뜻이 있었으나, 자세히

---

260) 지려옹芝廬翁 : 지려는 김상수金常壽(1819~1906)의 호이다. 자字는 계항季恒, 본관은 의성이다. 어려서 정와訂窩 김대진金岱鎭에게 수학하였다. 향시鄕試에 몇 차례 합격하였으나 회시會試에는 합격하지 못하였다. 1902년에 수전壽典으로 통정通政의 품계에 올랐다.
261) 정와옹訂窩翁 : 정와는 김대진金岱鎭(1800~1871)의 호이다. 본관은 의성이다. 지촌芝村 김방걸金邦杰의 후손이다. 1840년 생원시에 합격하였으나 벼슬에 뜻을 끊고 학문과 후진양성에 힘썼다. 문집 20권 10책, 속집 4권 2책, 부록 2권 1책이 전한다.

기억하지 못하겠다. 한스럽다.

十九日 實兒 自多時還傳 屋主出外 爲先中住于睦氏云 到底窘塞 愁歎愁歎

10월 19일.
실아가 다시탄으로부터 돌아와 전하기를 '집주인이 외지에 나가서 우선 그 사이에 목씨睦氏의 집에 거주하고 있다'고 한다. 가는 곳마다 군색하여 근심스럽고 한탄스럽다.

二十日 甥姪李在燮來宿 阻濶之餘 欣喜可掬 又有移寓近地之意 可喜

10월 20일.
생질甥姪 이재섭李在燮(이준형의 이명)이 와서 잤다. 오래 못 만나던 끝이라 반가움이 손에 잡힐 듯하다. 거기다 가까운 곳으로 이사할 뜻이 있으니 기쁘다.

二十一日 李甥發還 以其搬寓之計 昌孫帶內行去 而尙今不還 壅悶壅悶

10월 21일.
생질 이재섭이 돌아갔다. 집을 옮길 계획 때문이다. 손자 창로가 안식구를 데리고 가더니 아직도 돌아오지 않는다. 답답하고 궁금하다.

二十翼日 昌孫與任○○來還 修理屋子 今乃入宅云 中間之貽弊親舊 自已切迫 其可憐歎

10월 22일.
손자 창로가 임 아무와 함께 돌아왔다. 수리한 집에는 지금 곧 입택한다고 한다. 중간에 친구에게 폐를 끼쳤으니 스스로 너무 절박하다. 가엽고 한스럽다.

二十三日 李秉三來見

10월 23일.
이병삼이 와서 보았다.

二十四日 淸 金舜七來見 極言薙頭之不可緩

10월 24일. 맑음.
김순칠金舜七이 와서 보고, 치발하는 일이 늦출 수 없는 일임을 극력 이야기하였다.

二十五日 淸 打住在田太 只五斗許 所約四丹糞田 而不足將稱貸而益之 可笑可笑

10월 25일. 맑음.
살던 곳에 있는 밭의 콩을 타작하니 다만 다섯 말 가량이다. 4원丹을 주기로 하고 빌린 분전糞田(거름 밭)이건만 칭대稱貸(이자를 받고 곡식을 꾸어줌) 갚기에도 부족하여 더 보태야 하다니 가소로울 뿐이다.

二十六日 始烹醬太 平海居金永根 姑無住身之地 客地寒節 情事可矜 夕微雪

10월 26일.
처음으로 장 담을 콩을 삶았다. 평해 살던 김영근金永根이 아직도 머물 곳이 없으니 객지에다 추운 계절인데 사정이 딱하다. 저녁에 눈이 약간 왔다.

二十七日 金達 李文衡 及正孫來 金永根率眷來 懇于上房 一間不得已許與 過冬之計

10월 27일.
김달金達·이문형李文衡, 그리고 손자 정로正魯262)가 왔다. 김영근金永根이 식구들을 데리고 와서 간곡하게 윗방에서 머물기를 청하니 부득이 한 칸을 주어서 겨울이나 넘기게 할 생각이다.

二十八日 昌孫買牝牛於李秉三家 價全四十元云 李兄以吐醬一器送余 調食可感

10월 28일.
손자 창로가 이병삼李秉三의 집에서 암소를 사왔는데, 소 값이 전부 40원元이라 한다. 이형李兄이 토장吐醬 한 그릇을 내게 보내와 조미하여 먹었다. 고맙다.

---

262) 손자 정로正魯 : 조부 김대락과 부친 김형식을 따라 만주로 망명하여 항일투쟁을 펼쳤다.

二十九日 散雪 貼迹而已

　10월 29일.
　눈이 흩날려 발자국이 남을 만큼 내렸다.

三十日 備踐高載甕産 送實兒于多時灘

　10월 30일.
　발고踐高를 마련하여 옹기들을 높다랗게 싣고 실아實兒를 다시탄多時灘으로 보냈다.

十一月初一日 塗幣簏

　11월 1일.
　비단 상자에 칠을 했다.

翌日【生祖妣孺人永川李氏諱日】夢拜猶庭 家兒來言 房突粗就 而無席藉地云 可歎

　11월 2일. 【돌아가신 할머니 유인孺人 영천이씨永川李氏의 기일忌日이다】
　꿈에 작은 아버지를 뵈었다. 집 아이가 와서 말하기를 온돌이 잘 안 통하여 자리를 깔 곳이 없다고 하니 한탄스럽다.

　冬至前夕　동지 전날 저녁에

頭縣周日月　　　　머리는 주周 나라 시절에 골몰하고
口讀魯春秋　　　　입은 노魯 나라의 춘추春秋를 읽노라
慟哭三韓事　　　　삼한의 역사에 통곡하며
蕭條二道區　　　　이도구二道區에서 쓸쓸히 지낸다
　　＜今所寓＞＜지금 사는 곳이다＞
初陽雷萬戶　　　　첫 양효陽爻에 만 가정이 길하라고263)

---

263) 첫 양효 ~ 길하고 : 『주역』 지뢰복괘地雷復卦의 첫 효爻가 양陽이며, 이 초구初九의 효사爻辭는

粹玉雪千邱　　　　옥같이 깨끗한 눈 언덕마다 쌓였네264)
衆物皆兆朕　　　　만물이 다 조짐이 있으니
那當舊日休　　　　지난날의 아름다움 언제나 돌아올까265)

傍近諸人 往往以新潮時尙 或物色之 或迫而强之 故因復感歎而作

　　옆에 가까이 있는 사람들이 가끔 새로운 풍조의 시속時俗을 숭상하여, 혹은 그런 것을 찾고 혹은 내게도 그렇게 하라고 억지를 쓰니, 그 때문에 다시 탄식하여 짓다.

離鄕何必異於人　　　고향 떠난 몸 하필 사람을 가리랴
隨遇同塵匪所讐　　　가는 데마다 함께 어울려야266) 싫어하지 않는 법
言若以忠蠻貊可　　　말이 진실하면 오랑캐 땅에서도 통하고267)
人逢知己弟兄親　　　사람이란 지기知己를 만나면 형제처럼 친하네
形猶外也雖循俗　　　형식은 겉모습이니 풍속을 따르더라도
性者天之豈喪眞　　　본성은 하늘이 준 것 어찌 참됨을 잃으랴
可惜七旬經士質　　　아쉬워라, 칠십 년 길든 선비 기질
終然難自與時新　　　끝내 새로운 시속時俗 함께 하기 어렵네

三日 晴 醬太已烹 突寒氣愊 被衾倚枕 孫婦忽覓火入廚窓 日已西而迫於夕爨矣

　　11월 3일. 맑음.
　　장 담을 콩을 다 삶았는데도 방구들이 차니 기가 막힌다. 이불을 덮고 베개에 기대 있자

　　　　"멀지 않아 돌아오는 자리이며, 뉘우치는 데 이르지 않고, 크게 길하다[不遠復, 无祗悔, 元吉]"로,
　　　아래로부터 길함을 말한다.
264) 옥같이 ~ 쌓였네 : 동짓달인 복월復月에 눈이 많으면 풍년조짐이라 한다.
265) 언제나 돌아올까 : 복괘復卦의 2효가 아름답게 돌아옴을 의미한다.
266) 함께 어울려야 : 원문의 동진同塵을 역한 말이니,『노자』에 "그 빛을 혼동하게 하며 그 먼지를 같이한다[和光同塵]"에서 인용. 당시 만주의 풍속과 화합하여 다른 체하지 않음을 뜻한다.
267) 말이 ~ 통하고 :『논어』「위령공衛靈公」하下에 나오는 "자장이 행함을 물으니 공자 말씀하시기를 '말이 충신忠信하고 행동이 독경篤敬하면 비록 오랑캐 땅에 가더라도 행해질 수 있다[子張問行, 子曰言忠信, 行篤敬, 雖蠻貊之邦, 行矣]"고 한데서 따온 말이다.

니 손부가 문득 불을 찾아서 부엌 문을 들어간다. 해가 이미 서쪽에 있으니 곧 저녁 지을 때가 다 되어가나 보다.

四日 晴 蘭山張扞城 曾有中路會晤之語 故遡寒趨赴 不免僞烽之歎 只與李台石榮 數頃打話 竟亦無聊而罷 是日 兒子去永春源 因向丹葦溝萬初所寓之地也

11월 4일. 맑음.
난산蘭山 장한성張扞城이 가는 길에 만나자는 말이 있었기에 추위를 무릅쓰고 달려갔지만 허탕을 치고 말아 안타깝다.268) 이석영李石榮 공하고만 한참 동안 이야기를 나누다가 결국은 그것도 무료하여 그만두었다. 오늘 집의 아이가 영춘원永春源으로 갔다가 그곳에서 바로 만초가 사는 단위구丹葦溝로 향했다.

五日 淸 李文衡 黃炳宇 炳日來宿 兒子 自丹溝還

11월 5일. 맑음.
이문형과 황병우·황병일이 와서 잤다. 아이가 단구丹溝에서 돌아왔다.

六日 陰 是日 乃我生朝也 不勝倍慟之懷 感吟一律 李炳三來見 金達 金永極來宿

11월 6일. 흐림.
오늘은 내 생일이다. 곱절로 아픈 회포를 이길 수 없어 율시 한 수를 읊었다. 이병삼이 와 보고, 김달과 김영극金永極이 와서 잤다.

鄕山離別恨	고향산천을 떠나온 한이여
風雨去來濱	비바람 몰아치는 물가로다
況値劬勞日	하물며 낳느라 애쓰신 날 만나
那當彩舞茵	어찌 때때옷 춤판이 가당하랴
一陽初動節	일양一陽이 처음 움직이는 때269)에도

---

268) 허탕을 치고 말아 안타깝다[위봉지탄僞烽之歎] : 위봉은 적을 현혹眩惑하기 위하여 올리는 봉화를 말함. 여기서는 허탕치게 됨을 비유한 말이다.

三省未歸身　　　　일일삼성一日三省을 자신에게 돌리지 못하네
猶有寬心法　　　　그래도 마음을 관대히 가질 방법 있다면
丌書可質神　　　　책을 펴 신명에게 물어 보리라
　　　　<兒輩 略備晬盤 故頷聯及之><아이들이 대강 생일상을 차린지라 함련頷聯에서 언급하였다>

無眠夜坐 誦書百板 曉籌始報 而又聞有孫婦叱兒之聲 可呵

　잠들지 못하고 한 밤까지 앉아 『서경書經』일백 쪽을 읽노라니 새벽닭이 비로소 운다. 또 손부의 아이 꾸짖는 소리가 들린다. 웃음이 난다.

蠹字浸脣滑　　　　옛글이 입술에 배어 미끄러지는데
鷄人報曉遲　　　　닭 울음 아이 울음에 새벽이 더디다
內間生這事　　　　안방에서는 무슨 일인지
孫母敦啼兒　　　　손부가 우는 아이를 달래는구나

七日 實兒 自時灘還 聞女孫以甚疰苦痛云 不勝驚慮 況其父來此 外無治療之人 尤所殘憐

　11월 7일.

　실아가 다시탄에서 돌아왔는데, 들으니 손녀가 심한 병증으로 매우 아프다고 한다. 놀랍고 걱정스러움을 이기지 못하겠다. 더구나 그 아비가 이곳에 와 있어 그 외에는 아무도 치료할 사람이 없으니 더욱 가련하다.

八日 夢入舊第 灑掃廳事 陪大母侍嚴親 又與小菴姻叔 略有屛虎之論 可怪可怪 <家兒 發還寓所>

　11월 8일.

　꿈에 옛집으로 들어가 대청大廳을 청소하고 할머니와 아버님을 모셨다. 또 소암小菴 처숙妻叔과 병호시비屛虎是非를 논하였는데, 괴상한 일이다. <집 아이 형식이 우거로 돌아갔다>

---

269) 일양一陽이 처음 움직이는 때 : 음기陰氣가 극성한 후, 동짓날부터 양기陽氣가 처음 생겨남을 말한다.

九日 又夢覲嚴顔 又拜迎菊傲翁 論眞寶倅文章之妙 又故里家近 有偸埋之事 可怪

11월 9일.

또 꿈에 아버님을 뵙고, 다시 국오옹菊傲翁270)을 뵙고 진보眞寶 현령의 문장이 묘함을 논하였다. 또 고향집 부근에 투장偸葬 사건이 있었는데, 괴상한 일이다.

十日 夢有慈山移奉之擧 而未省其地 可恨

11월 10일.

꿈에 어머니 산소를 옮겨 모셨는데, 그곳이 어딘지를 살피지 못하였다. 한스럽다.

十一日 淸 實兒去後 又未聞時灘聲信 可鬱 後兒若犯外氣 則計當十餘日後 變動 鶩地孤寓 何以救病 殊切悶憐 是夜 昌孫夢一奇兆 此或爲婦阿得男之徵耶

11월 11일. 맑음.

실아가 간 후로 다시 다시탄 소식을 듣지 못하여 답답하다. 후아後兒가 바깥바람을 쐬었으니, 열흘 쯤 후에는 변동이 있을 것 같다. 객지에서 외로이 지내면서 무슨 수로 병구완을 할꼬? 너무나 가엽고 안쓰럽다. 이날 밤, 손자 창로가 꿈에 기이한 조짐을 보았다는데 이것이 혹 며늘아기의 득남할 징조인가?

十翼日 因寧海李友<裕建>來 得學乃書及萬侄抵家兒書 懷鄕去國之悲 尤非有人所可堪 萬侄書中 且有慈山緬奉之擧 果夢非虛事 而人子痛迫之情 到底難爲

11월 12일.

영해寧海의 벗 이유건李裕建이 오는 인편에 학내學乃의 편지와, 만식萬植271)이 집 아이에게

---

270) 국오옹菊傲翁 : 김진호金鎭皥의 호이다. 정재 류치명과 정와 김대진에게 수학하였다. 한때 임하면 내앞마을에서 자제들을 훈육하였다. 김후병의 조부이다.
271) 김만식金萬植(1866~1933) : 김대락의 조카이다. 협동학교協東學校와 대한협회 안동지회에서 활약하며 구국계몽운동에 앞장섰다. 1911년 독립운동기지 건설을 위하여 안동지역 인사들이 만주로 망명할 때 선발대로 만주지역을 다녀왔으며, 만주로 망명하여 독립군 기지개척에 공헌하였다. 1928년 압록강 청성진에서 일경에게 체포되었다. 고문의 후유증으로 병을 얻어 1933년

보낸 편지를 받아보았다. 고국 떠나 고향을 그리는 슬픈 마음이 더욱 사람으로서 견딜 노릇이 아니다. 만식의 편지 속에 또 어머니의 산소의 면례를 치렀다는 말이 있었다. 과연 꿈이 허사虛事가 아니니, 자식으로서 가슴 아프고 절박한 심정을 도저히 주체하기 어렵다.

十三日 雪 寧海居李裕仁來 是夜又夢陪家庭

　11월 13일. 눈.
　영해 살던 이유인李裕仁이 왔다. 이날 밤 꿈에 또 아버님을 모셨다.

十四日 晴 昌孫爲見李裕仁 而去鄒街 不逢而還 未知李友得有所寓之地耶

　11월 14일. 맑음.
　손자 창로가 이유인李裕仁을 보러 추가가에 갔다가 만나지 못하고 돌아왔다. 그 사람이 살 곳을 얻었는지 모르겠다.

十五日 寒 黃義英來宿 夢去沙谷 拜聘母及其家年少諸 甚怪 倘有其家事故而然歟

　11월 15일. 추움.
　황의영黃義英이 와서 잤다. 꿈에 사곡沙谷으로 가서 장모님과 그 집안의 젊은이들을 만났으니 매우 괴이하다. 혹시 그 집안에 변고가 있어서 그런 것인가?

十六日 黃友仍留 夢曙山仲君 以自制詞賦示余 有誇矜之意 可怪 而尤不勝池塘春草之感

　11월 16일.
　벗 황의영은 그대로 머물렀다.
　꿈에 둘째 아우 서산曙山[272]이 지은 사부詞賦를 나에게 보여주었다. 자랑하는 뜻이 있으니 괴이하지만, 더욱 동생이 그리운[273] 마음을 이기지 못하겠다.

　　9월 23일 서거하였다. 1999년 건국훈장 애족장이 추서되었다.
272) 서산曙山 : 김효락金孝洛을 말한다. 자字는 공달公達이며, 백하 김대락의 동생이다.
273) 동생이 그리운 : 지당춘초池塘春草는 형제간을 생각하는 것이다. 남조南朝 송宋 나라 사영운謝靈運이 꿈에 족제族弟인 사혜련謝惠連을 만나서 '못가에 봄풀이 난다[池塘生春草]'라는 시구를 얻고 아주 만족하게 여겼다.

十七日 家兒 當來而不來 必有大事端 竟夕倚閭 卽欲溘然 李相龍 權△△ 黃土耳 來宿

11월 17일.
집의 아이가 당연히 와야 하는데 오지 않으니 반드시 큰 사고가 있는 듯하다. 저녁 내내 문에 기대어 기다리는데 곧 죽고만 싶었다. 이상룡李相龍과 권 아무개와 사위 황만영이 와서 잤다.

十八日 學校總會日也 兒輩往參 而乘昏還到 家兒來時 買水魚五尾 爲我佐飯之計耳

11월 18일.
학교 총회 날이다. 아이들이 가서 참석했다가 저녁이 되어서야 돌아왔다. 집의 아이가 오는 길에 물고기 5마리를 사왔는데, 나의 밥반찬을 할 요량일 것이다.

十九日 夢與淑憲兄遊 大抵來此之後 無夜無夢 而夢輒家鄕 雖或托魄於此 魂則歸故矣

11월 19일.
꿈에 숙헌淑憲274) 형과 함께 노닐었다. 대체로 이곳에 온 이후로 밤마다 꿈을 꾸지 않은 적이 없었는데, 꿈꿀 때마다 번번이 고향이다. 비록 몸을 여기에 의지했지만, 혼은 고향으로 돌아가기 때문일 것이다.

二十日 李甥在爕來宿

11월 20일.
생질 이재섭李在爕275)이 와서 잤다.

二十一日 李相龍 趙萬基 黃信杰 權重燁來 午以甘蔗待之 相龍爲校會 敦速名 不得遞 而又將入居學宮之傍云耳

---

274) 숙헌淑憲 : 안동시 임하면 천전리 김수락金秀洛으로 추정된다. 숙헌은 그의 자字이다.
275) 이재섭李在爕 : 이준형을 이른다.

11월 21일.

이상룡李相龍·조만기趙萬基·황신걸黃信杰·권중엽權重燁이 왔기에 점심으로 감자를 대접하였다. 상룡이 학교 모임을 운영하는데, 사람을 모으려고 애썼으나 채우지 못하게 되자 또 장차 학교 곁으로 들어가 지낼 거라고 한다.

二十翼日 金達 李章寧諸老兄 率校生四十餘人 往牛頭溝 李哲榮 李會榮 李圭龍僉兄 以觀光次歷入 敍話 是午 寧海居李義中 來見 夕 宋德奎 來宿

11월 22일.

김달金達·이장녕李章寧 등 여러 노형들이 학생 40여 명을 데리고 우두구牛頭溝로 갔다. 이철영李哲榮276)·이회영李會榮·이규룡李圭龍 등 여러 형들이 구경 길에 지나다가 들어와 정다운 이야기를 나누었다.

오후에 영해寧海 살던 이의중李義中이 와서 보았다. 저녁에 송덕규宋德奎가 와서 잤다.

二十三日 夢拜叔父 又見舜躍 而才接數語 蘧蘧而罷 幾許離闊之餘 所懷所言 豈若是冷淡乎 政所謂夢非眞境也

11월 23일.

꿈에 숙부님을 뵈었다. 또 순약舜躍277)을 보았는데 겨우 몇 마디만 나누고는 갑자기 그쳐버렸다. 얼마나 오래 떨어져 있던 차인데 마음으로나 말로나 어찌 이리 냉담하단 말인가? 이래서 이른바 꿈이란 진짜가 아니라고 하는 것인가 보다.

二十四日 金永 丹葦溝李相龍寓所 來言其處形止 而似不愜意 孫兒 未知緣何濡滯耶

11월 24일.

김영金永이 단위구丹葦溝의 이상룡이 사는 처소로부터 와서 그곳의 형편을 말하는데, 여의

---

276) 이철영李哲榮(1860~1920) : 이회영李會榮의 셋째 형이다. 1909년 형제들과 함께 만주로 망명하였다. 1911년 봄 자치단체 경학사耕學社를 조직하고, 이주동포들의 정착과 생업지도에 전력을 다하였다. 또 신흥강습소를 설치하여 독립군을 양성하는데 주력하였다. 1991년 건국훈장 애국장이 추서되었다.
277) 순약舜躍 : 김구연金九淵의 자字이다.

치 않은 듯하다. 손자 아이가 무엇 때문에 지체되는지 알지 못하겠다.

二十五日 又夢拜叔父 神采健旺 喜幸 學校諸人 自牛溝 又進龜山峴 再宿而返 昌孫 與姜孝錫來宿

11월 25일.
또 꿈에 숙부님을 뵈었는데, 심신心身이 강건하셔서 기쁘고 다행스러웠다. 학교의 여러 사람이 우구牛溝로부터 또 귀산현龜山峴으로 가서 이틀을 자고 돌아왔다. 손자 창로昌魯가 강효석姜孝錫과 함께 와서 잤다.

二十六日 蔚珍居尹相佑 來見

11월 26일.
울진에 살던 윤상우尹相佑[278]가 와서 보았다.

二十七日 朝見夜雪 僅淹人馬之迹 金昌茂 黃義英來 金去鄒街 而黃仍留宿

11월 27일.
아침에 보니 밤사이 눈이 내렸는데 사람과 말의 발자국을 겨우 덮을 정도였다.
김창무金昌茂·황의영黃義英이 왔는데, 김창무는 추가鄒街로 떠나고, 황의영은 그대로 남아서 잤다.

二十八日 實兒 自大沙灘 牽驪而還

11월 28일.
실아實兒가 대사탄大沙灘에서 나귀를 끌고 돌아왔다.

二十九日 家兒與宋德奎 發向大沙灘 使實兒造製豆腐 吾則自昨午後 忽中寒感 終宵苦痛 食味頓減 客中艱險 無非病也 而又以外氣所侵 政所謂傾者覆之 吳中鱸膾之思益切 苦病

---

278) 윤상우尹相佑(1855~1921.7.11) : 경북 울진출신이다. 윤병헌尹炳憲의 아버지로, 묘는 만주 신안촌에 있다.

之際 而擧匙下箸 無物開胃 憐歎

11월 29일.
집의 아이와 송덕규宋德奎가 대사탄大沙灘으로 출발하면서 실아에게 두부를 만들도록 하였다. 나는 어제 오후부터 문득 한감寒感279)이 들어 밤새도록 매우 앓았더니 입맛이 갑자기 떨어졌다. 객지 생활의 험난함이 병통이 아닌 게 없으나, 또 외기外氣의 침범까지 당하니, 꼭 이른바 엎친 데 덮친 격이다. 오중吳中의 농어회[鱸膾] 생각280)이 더욱 절실하건만, 병으로 고통스러운 때 수저를 들고 놓음에 구미를 돋울만한 것이 없어 안타깝다.

三十日 聃君在燮 與趙載基來宿

11월 30일.
담군聃君 재섭在燮281)이 조재기趙載基와 함께 와서 잤다.

臘月一日 夢偶觀漢史 以意懸吐 雲谷翼洞兄主在座 獎許曰 文理澁處 懸吐甚難 而容易讀去 可謂工夫之士矣 歸以右兄之語 告于家庭 則笑而頷之 事非偶然 故起而志之 又見前坪新稻比櫛 穗大如杵 偶見臨河象宇及門弟錫五 就飲前店 酒債二錢 錫從推我當之 吾亦欣受 蓋其秋事登稔 不食先飽故也

12월 1일.
꿈에 우연히 『한사漢史』를 보는데, 임의로 현토懸吐를 붙여 읽었다. 운곡雲谷 익동翼洞 형님이 자리에 계시다가 칭찬하기를 "문리文理가 껄끄러운 곳에 현토하기가 매우 어려운 법인데, 쉽게 읽어 내려가다니 공부하는 선비라 할 만하다." 하신다. 집으로 돌아가 형님의 말을 아버님께 아뢰니 빙그레 웃으며 고개를 끄덕이셨다. 일이 우연이 아닌듯하여, 일어나 기록해 둔다.
또 앞들에 즐비한 햇벼을 보았는데, 이삭이 절구공이처럼 컸다. 우연히 임하臨河의 상우象

---
279) 한감寒感 : 추위를 무릅써서 든 고뿔.
280) 오중吳中의 농어회[鱸膾] 생각 : 진晉 나라 장한張翰이 가을바람이 불어오는 것을 보고는 고향인 오吳땅의 순챗국[蓴羹]과 농어회[鱸膾]가 생각나서 벼슬을 그만두고 바로 돌아갔다는 고사가 있다.
281) 담군聃君 재섭 : 이준형을 이른다. 담군은 이군李君이다. 노자의 속성이 이李요, 이름은 담聃이라는 설이 있어 흔히 이성李姓을 담聃으로 바꾸어 불렀다.

字와 집안 아우 석오錫五282)를 만나 마을 앞 주막에 가서 술을 마셨다. 술값이 2전錢인데, 아우 석오가 나를 밀어내고 갚기에, 나 또한 흔쾌히 받아들였다. 아마도 가을 농사가 풍년이라 먹지 않아도 먼저 배가 불러서일 것이다.

翼日 在燮去 其從弟文衡來見

　12월 2일.
　재섭在燮이 떠나고, 그의 종제從弟 문형文衡이 와 보았다.

三日 公州居金一澤來 志氣豪邁 身體健旺 年迫六旬 無異少年 歷覽諸國 稔熟時潮 仰舌傾耳 不覺神往而心馳也 是夕 薄雪纔降旋晴

　12월 3일.
　공주公州에 살던 김일택金一澤이 왔다. 지기志氣가 호매豪邁하고 신체가 건장하여 나이가 육순에 가까우나, 젊은이와 다름이 없었는데, 여러 나라를 두루 구경하고 시세에 익숙하였다. 그의 입을 쳐다보며 귀를 기울이노라니, 나도 모르게 정신이 빠져들고 마음이 끌렸다. 이날 저녁에 엷은 눈이 잠시 내리더니 곧 개였다.

四日【先妣端人咸陽吳氏諱辰】黃炳宇 炳日來宿

　12월 4일.【돌아가신 어머니 단인 함양오씨의 휘일이다】
　황병우黃炳宇·황병일黃炳日이 와서 잤다.

五日 昌孫以貿穀事 去王渠右 竟狼貝而歸

　12월 5일.
　손자 창로가 곡식 사는 일로 왕거우王渠右에 갔다가 끝내 낭패狼狽하고 돌아왔다.

六日 朝金一澤 自上湯溝 頗有未穩底意而來余 告別而去

---

282) 석오錫五 : 김이락金彝洛으로 추정된다. 석오는 그의 자字이다.

12월 6일.
아침에 김일택金一澤이 상탕구上湯溝로부터 자못 미편한 마음으로 나에게 오더니, 작별을 고하고 떠났다.

七日 黃海道安岳居金南壽 以邪蘇學傳道次 歷訪 夕 趙載基黃義英 來宿

12월 7일.
황해도黃海道 안악安岳에 살던 김남수金南壽가 야소학耶蘇學[283] 전도차 들렀다. 저녁에 조재기趙載基·황의영黃義英이 와서 잤다.

八日 昌孫 去三淵浦 買黃肉少許而來

12월 8일.
손자 창로가 삼연포三淵浦로 가서 쇠고기 약간을 사왔다.

九日 昌孫與金永根 牽牛跋高 而採薪於王屈嶺 朱秉倫黃炳宇來見

12월 9일.
손자 창로가 김영근金永根과 함께 소 발고를 끌고 왕굴령王屈嶺에서 땔감을 했다. 주병륜朱秉倫과 황병우黃炳宇가 와 보았다.

十日 夢與柳而用 課制詞賦一篇 而旣覺 但思初項一句曰 飛琳檄而數曺 挾荊匕而鎚秦 書題則又全然不記 然揣其命意 懍乎有激烈敵愾之狀 政所謂晝所思者夜爲夢 可怪可呵

12월 10일.
꿈에 류이용柳而用[284]과 함께 사부詞賦 1편을 부과하여 지었다. 그러나 꿈에서 깨고 나니, 다만 첫 대목의 한 구절에서 "진림陳琳[285]의 격문을 날려 조조曹操를 꾸짖고, 형가荊軻[286]의

---

283) 야소학耶蘇學 : 예수교. 원문에는 '邪蘇學'으로 표기하였으나, 통칭 '耶蘇學'으로 표기한다.
284) 류이용柳而用 : 류연즙柳淵楫(1853~1933)의 자字이다. 본관은 전주, 호는 범암汎庵이다. 외조는 진성眞城 이휘정李彙正이다. 유교경전에 능통하여 사림의 중망을 받았다. 저서 『범암집汎庵集』이 있다.
285) 진림陳琳 : 동한 광릉廣陵 석양射陽 사람으로 자는 공장孔璋이다. 문장이 뛰어나 일찍이 원소袁

비수를 끼고 진시황秦始皇을 찌르네."라 한 것만 생각나고, 글 제목은 전혀 기억이 나지 않는다. 그러나 그 요지要旨를 더듬어 보건대, 늠름하여 격렬히 상대를 미워하는 모양이 있다. 이것이 정녕 이른바 '낮에 생각했던 것이 밤에 꿈이 된다'는 것이다. 괴이하고 우습다.

十一日 有申泰善者 自云居京而來見 李甥在燮 自鄒街 亦來見而去 夕黃壻來宿 此處家制 四面墻壁 僅通出入之門 廚烟無可出之隙 腥溷無通洩之路 阿睹之祟 敗胃之症 無人不病 可悶 朝見窓隙 漏雪成堆 盛器之水 在房成氷 排悶之難 送日如年 那得廣廈凉燠適意

12월 11일.

신태선申泰善이란 사람이 있어, 스스로 경성에 살고 있다 하며 와 보았다. 생질 이재섭李在燮이 추가가에서 또한 와 보고 갔다. 저녁에 황서방이 와서 잤다.

이곳의 가옥 제도는 사면이 담벼락으로, 출입문만 겨우 밖으로 통하는지라 부엌 연기가 빠져나갈 틈이 없고, 비리고 더러운 냄새가 새나갈 길이 없다. 눈이 아리고 비위가 상하는 증세에 병나지 않을 사람이 없으니, 고민이다. 아침에 창틈을 보니 새어 들어온 눈이 쌓이고, 그릇에 담아 둔 물이 방안에서 얼음이 되어 있다. 근심을 떨치기 어려워 하루를 1년처럼 보냈다. 어떻게 하면 시원하고 따뜻함이 마음에 맞는 넓은 집을 얻을까?

氷城雪窖便爲房	얼음 성城 눈구덩이가 그대로 방이 되어
終日陰寒不見陽	하루 종일 음랭한 곳에 볕도 들지 않는데
鼠穴通竈烟入座	부뚜막 쥐구멍으로 연기가 방에 들어오고
牛閑貼戶溷侵床	외양간이 문밖이라 악취가 침상에 스미네
眵邊每沾無從淚	까닭 모를 눈물이 눈가에 매양 젖어 있고
窓隙常存不隕霜	질 줄 모르는 성에는 늘 창틈에 끼어있네
處難求安非節士	어렵다고 안락을 구함은 절사의 일 아니니
回頭更學養心方	마음을 다잡아 다시 양심 법을 배우리라

紹를 위해 조조曹操의 죄상을 문책하는 격문을 지었는데, 원소가 패하여 조조에게 돌아가니 조조는 그 재주가 아까워 죄를 주지 않고 기실記室을 삼았다 한다.
286) 형가荊軻 : 중국 전국시대의 자객이다. 연燕 나라 태자 단丹을 위하여 진秦 나라에 들어가 비수를 꺼내어 진왕을 찌르려다가 뜻을 이루지 못하고 죽었다.

十翼日 李秉三黃義英 來見 夕趙載基 自柳河縣來 言家兒以公務田土事 留在本縣云 而袖致小書一緘便薑一塊 盖其書於孫 而薑於我也 訟體已正 而尙無斷案之期 認其主客之勢 又在於事理之外矣 衆中獨賢 良可苦憐

12월 12일.
이병삼李秉三과 황의영黃義英이 와 보았다. 저녁에 조재기趙載基가 유하현으로부터 와서, 집 아이가 공무公務와 전지田地 일 때문에 그 현縣에 머물러 있다 하고는, 소매에서 작은 편지 한 통과 편강便薑 한 덩어리를 내어 주었다. 그 편지는 손자에게 보내고, 생강은 나에게 보내는 것이었다. 송사訟事의 대체는 이미 바로잡혔으나, 아직 판결이 날 기약이 없으니, 주객主客의 형세가 또 사리事理 바깥에 있음을 알겠다. 무리들 중에 유독 현명한 것이 참으로 안타깝고 가련하다.

十三日 孫兒 去見多花谷屋子野土 價一百五十圓云耳 永根 牽牛駄薪而來 李明宣 借牛而去

12월 13일.
손자 아이가 다화곡多花谷의 집과 땅을 가 알아보더니, 값이 150원이라고 한다. 영근永根이 소를 끌고 가서 땔나무를 실어 왔다. 이명선李明宣이 소를 빌려 갔다.

十四日 全强來見 午 李石榮 哲榮 時榮 張道淳 宋德奎 來見

12월 14일.
전강全强이 와서 보았다. 낮에 이석영李石榮과 철영哲榮·시영時榮, 장도순張道淳·송덕규宋德奎가 와서 보았다.

十五日 李甥趁午而來 仍去校堂 夕 李義中李相龍黃道英 來宿 黃義英 夕飯而去

12월 15일.
생질 이준형이 점심 무렵에 왔다가, 그 길로 학교로 갔다. 저녁에 이의중李義中·이상룡李相龍·황도영黃道英이 와서 잤다. 황의영黃義英이 저녁밥을 먹고 떠났다.

十六日 卽年終總會也 蓋來此半年 一夫參會 頗有外人疑點之說故 挾杖强赴 竟夕參聽 大小事務 皆聽李相龍指揮 蓋李是社長 而且稔熟新潮故也 會者近百 而座筵秩秩整肅 矧可敬而不可慢也 向夕歸寓 偶見顚躓之厄 今筋力如是矣 復安有歸見故山之日也 憐愴之感 殆亦無此身乃已也 可恨可歎 夕 又十八日請帖來到之意 始知彛好之性 不以區域而有異也 但形質已變 冠裳異制 是可慟歎 而槩其新亭之悲 膽薪之志 則可使人隕淚於千載之下也 兒子亦在任名云 而期日已過 更無聲聞 意是訟未決末 不得空其所耳 置婦女於驀地窮山之中 而獨賢公務 不幾於舍己耘人之譏乎 可悶 夕 李甥來宿 楚囚對泣 情勢可憐 而冬序已盡 又無擔身之所 可歎可歎

12월 16일.

오늘은 연말총회年末總會이다. 이곳에 온 지 반 년 만에, 일원의 자격으로 회의에 참석한 것은, 외인의점外人疑點의 낭설287)이 파다하였기 때문이다. 지팡이를 짚고 억지로 가서 저녁 내내 참석하여 들으니, 크고 작은 일들을 모두 이상룡李相龍의 지휘에 따랐다. 이는 그가 사장社長인데다, 더욱 새로운 시대의 조류에 익숙하기 때문일 것이다. 모인 사람이 백 명 가까웠으나 자리가 질서정연하니, 더구나 경건하여 태만히 할 수 없었다.

저녁 무렵, 집으로 돌아오다가 발을 삐어 넘어지는 횡액을 당했다. 이제 근력이 이러하니 다시 어찌 돌아가 고향 산천을 볼 날이 있겠는가? 딱하고 서글픈 느낌이 아마 이 몸이 없어져야 그칠 듯하다. 한탄스럽다.

저녁에 또 18일에 와 달라는 뜻으로 청첩請帖을 하였으니, 비로소 이호彛好의 본성288)은 사는 곳에 따라 다르지 않음을 알겠다. 다만 체질을 이미 바꾸고 의관衣冠의 복제를 달리하였으니, 이것이 통탄스럽다. 그러나 모두가 망국의 슬픔과 복수의 다짐289)일 것이니, 천 년 이후에도 사람들로 하여금 눈물을 떨어뜨리게 할 것이다.

집의 아이도 임원 명단에 있다고 하는데, 돌아올 기일이 이미 넘었는데도 다시 아무 소식이 없다. 아마 이는 소송이 아직 결말이 나지 않아, 그곳을 비워둘 수가 없어서일 것이다.

---

287) 외인의점의 낭설 : 외국 사람, 곧 조선인들이 무단으로 월경하여 땅을 점거하려 한다는 헛소문을 가리킨다.
288) 이호彛好의 본성 : 사람의 타고난 선성善性.『시경』「대아大雅」의 "백성들이 떳떳한 선성善性을 지니고 있어서 미덕을 좋아하네[民之秉彛 好是懿德]"에서 온 말이다.
289) 망국의 슬픔과 복수의 다짐 : 원문은 '新亭之悲 膽薪之志'이다.

아녀자들을 연고도 없는 궁벽한 산중에 두고 홀로 어질다하여 공무에 애쓰는 것이 자기 밭은 버려두고 남의 밭을 맨다는 조롱을 받기에 알맞지 않은가? 딱한 일이다.

저녁에 생질 이문극이 와서 자며 초나라 포로들처럼 마주 앉아 울었다. 형편이 가여우면서도 겨울은 이미 다 가는데 몸담을 곳조차 없으니 한탄스럽고 한탄스럽다.

十七日 往街上市廛 將爲買屨 而無可合 故空還

12월 17일.
가상街上(추가가)의 가게에 가서, 신을 사려 하였으나 마음에 드는 것이 없어 그냥 돌아왔다.

十八日【立春】風而寒 往見學校年終試驗進級頒賞之會 本課學生之班長優等者五人 小學課學生之班長優等者四人 而童孫正魯 幷參班長優等 故倍受其賞 而空冊一卷 鉛筆十柄 毛筆一柄 洋紙八張 鉛筆六柄 鐵筆一柄 墨一丁 印度膏一塊 毛筆一柄 出伊及記一卷 當場得失 雖不足憂喜於其間 而旣出此路 則寧逾於落第讓人 稍可慰幸耳 夕 李明世李甥黃壻來宿 萬初又拘於明日議事之會 未得偕來而聯枕 可恨 是夜 夢拜家庭 又見小菴姻叔 略有文字之論 而覺後未詳 可恨

12월 18일.【입춘이다】바람이 불고 추움.
학교의 연말시험과 진급에 따른 시상식施賞式에 가 보았다. 본과本科 학생의 반장班長과 우등생優等은 다섯 명이고, 소학小學 과정 학생의 반장과 우등생은 네 명이었다. 어린 손자와 정로正魯가 함께 반장과 우등생이 되어 상을 곱절로 받았는데, 공책 한 권, 연필 열 자루, 모필 한 자루, 양지洋紙 여덟 장과 연필 여섯 자루, 철필 한 자루, 먹 한 개, 고무지우개 하나, 모필 한 자루, 출애급기出埃及記290) 한 권이다. 당장의 득실이야 그 사이에 근심하고 기뻐할 일이 못되나, 이미 이 길로 나섰다면 낙제하여 남에게 뒤지기보다는 나을 것이다. 조금 마음이 놓이고 다행스럽다. 저녁에 이명세李明世, 생질 이문극과 황서방이 와서 잤다. 만초가 또 내일 있을 의사회議事會에 발이 묶여, 함께 와서 베개를 나란히 베고 잘 수가 없었다. 한스럽다.

이날 밤 꿈에 아버님을 뵙고, 또 소암小菴 처숙에게 절하였다. 소략하나마 글을 논한 것이 있었으나, 깨고 나니 자세하지 않다. 한스럽다.

---

290) 출애급기出埃及記 : 원본에는 '出伊及記'로 표기되어 있다.

十九日 又夢承嚴關 狎承慈恩 似欠嚴敬之意 盖卄年風樹之餘 急於歡省 而遽忘趨庭之禮耳 又見故山之諸父諸族 滿堂偕洽 而畢竟無實際可見之迹 旣覺之後 惘然若夢中之夢 可恨 夕 李甥及李塈文衡來宿

12월 19일.
또 꿈에 아버님을 뵈었다. 자애로운 은혜를 가까이 받들다 보니 엄한 공경의 뜻이 모자랐던 듯하다. 아마 20년 동안 생전에 다하지 못한 효를 후회하던 끝에 기쁘게 모시는 데 급급하여, 갑자기 평소 가르쳐 주신 예禮를 잊어서일 것이다. 또 고향 여러 백·숙부들과 여러 족친들이 마루에 가득 화목하게 어울리는 모습을 뵈었으나, 필경 실제로 만날길은 없을 것이다. 꿈을 깬 뒤, 망연惘然히 마치 꿈속에서 꿈을 꾼 것과 같다. 한스럽다. 저녁에 생질 이문극과 이서방 문형이 와서 잤다.

二十日 夜雪朝晴 李甥李塈黃塈及黃炳宇 各歸于寓所 七孫 隨其友張允特 携去永春院 以爲放學後消暢計也 午 實兒還來 爲報糧道斷乏 而兒在柳河未返云 憐念之極 憊悶不可言

12월 20일. 밤에 눈이 오더니 아침에 갬.
생질 이준형과 사위 이문형·사위 황병일, 그리고 황병우黃炳宇가 각자 거처로 돌아갔다. 칠손은 그 벗인 장윤특張允特을 따라서 함께 영춘원으로 갔는데, 방학한 후 바람을 쐬어 답답함을 풀 작정이리라. 낮에 실아實兒가 돌아와 양식 구할 길이 끊어졌는데도 집 아이는 아직 유하柳河에서 돌아오지 않는다고 한다. 가련하고 염려스러움이 지극하여 문에서 애타는 심정 표현할 수 없다.

二十一日 七孫 自永春院還 夕 聞萬初徑歸之報 掃席苦企之餘 悵黯殊甚 夢與舜躍相遇

12월 21일.
칠손이 영춘원에서 돌아왔다. 저녁에 만초가 지름길로 돌아갔다는 소식을 들었다. 자리를 쓸고 몹시 기다리던 나머지라 서운한 마음이 특히 심하다. 꿈에 순약舜躍을 만났다.

二十翌日 風雪 七孫 因大沙灘次兒家運糧便 牽牛跋高 而與鄭東壽偕往 爲觀其叔耳

12월 22일. 바람 불고 눈이 내림.

　칠손이 대사탄 둘째 아이의 집에 양식을 나르는 편에 소 발고를 끌고 정동수鄭東壽와 함께 갔는데, 그의 아저씨를 만나보기 위해서였다.

二十三日 姜南鎬來見 家兒書 自柳縣來 雖無他頉 委置婦女 若忘家事 可憫 夢書室爲水所圍 可怪

12월 23일.

　강남호姜南鎬291)가 와 보았다. 집 아이의 편지가 유하현에서 왔는데, 비록 별다른 탈은 없다지만 부녀를 맡겨둔 채, 마치 집안일은 잊은 듯이 하니 딱하다. 꿈에 서실書室292)이 물에 둘러 싸여 있었다. 괴이한 일이다.

二十四日 昌孫與姜南鎬 牽驢而去丹葦溝 驢爲磨鍊之計 而文極所借也 因問舍於那邊 而其可必成耶 鄭東壽 自大沙灘 牽角而還 因致阿婦所饋黃肉少許 口適其味 而耳不欲聞冷酸愁寂之狀

12월 24일.

　손자 창로가 강남호와 함께 노새를 끌고 단위구로 갔다. 노새는 방아를 찧을 셈으로 문극이 빌린 것이다. 그 편에 거기서 집을 알아보려는 것이지만 성공을 기필할 수 있을까? 정동수가 대사탄에서 소를 끌고 돌아왔다. 그 인편에 며늘아이가 보낸 쇠고기 약간을 가져왔다. 그 맛이 입에 맞으나 그 고생스럽고 쓸쓸한 정상은 귀로 듣고 싶지가 않았다.

述懷　감회를 적다

<是日卽離鄕發程之日也 歲事居然 又當今日之日 新懷舊感 倍自難爲 聊吟一以瀉堙鬱之意云爾><오늘은 곧 고향을 떠나 길을 나섰던 날이다. 1년 세월이 어느 새 흘러, 또 오늘이란 날을 맞으니, 새로운 회포와 옛 생각이 갑절이나 참기 어렵다. 애오라지 시나 한 수 읊어 답답하고 우울한 마음을 풀어 볼 따름이다>

---

291) 강남호姜南鎬 : 이상룡의 사위 강호석의 이명이다.
292) 서실書室 : 내앞 빗골[雨谷] 동구 좌측의 산하山下에 있었다. 잉헌剩軒 김소락金紹洛이 문내 자질들에게 수업하던 곳인데, 지금은 옛 모습이 없고, 그 터에 월송 김형식의 증손자가 살고있다.

歲序堂堂逝似川	세월의 어엿한 흐름은 강물과도 같아서
去年今日事茫然	작년 오늘에 있었던 일들이 아득하구나
風檣電軸崎嶇路	돛배 타고 전차 타는 험난한 역정에도
石屈矼橋驟逐前	바위굴 징검다리 앞만 보고 치달렸지
離親棄墓非人事	고향을 떠나는 일이 사람 할 짓 아니니
步月看雲戴各天	집과 아우293)는 각각 다른 하늘 아래 있다네
遙知故國屠蘇席	알겠구나, 고국의 도소주屠蘇酒294) 자리에선
應笑遼東浪自顚	요동에서 스스로 헛고생하는 날 비웃는 줄

二十五日 雪晴日溫 步出庭除 第見河山浩杳 天色淨豁 懷鄕去故之悲 傷時感序之歎 直令人不涕不得 衡兒滯縣不返 昌孫問舍爲外 蕭然一禿 竟夕守株 是豈七情者 可堪底事乎

　12월 25일. 눈이 개고 날씨가 따뜻함.

　뜰 가를 걸어 나가니 다만 보이는 것이 넓고 아득한 산하요, 깨끗이 걷힌 하늘빛이다. 고향을 그리워하는 슬픔과 시절을 서글퍼하는 한탄이 다만 사람으로 하여금 눈물을 흘리지 않고는 견딜 수 없게 한다.

　아들 형식은 유하현에 머물러 돌아오지 않았고, 손자 창로는 집을 알아보러 외출하였다. 쓸쓸하게 한 늙은이가 저녁내 집을 지키니 이 어찌 칠정七情 가진 사람으로서 견딜 노릇인가?

二十六日 金達 李宣求 李章寧 幷行河縣而歷入 因付抵衡兒書 或無中路違劃之端耶

　12월 26일.

---

293) 집과 아우 : 두보의 시 「한별恨別」에 "집이 그리워 달아래 거닐다 새벽까지 홀로 섰고, 아우를 생각하여 구름을 보다가 대낮에 잠이 드네[思家步月淸宵立 憶弟看雲白日眠]"라 하였는데, 이후에 보월步月은 집을 그리워한다는 뜻으로, 또 간운看雲은 아우를 생각한다는 뜻으로 널리 원용되었다.
294) 도소주屠蘇酒 : 설날에 마시는 약주의 한 가지로, 이 술을 마시면 사기邪氣와 질병을 물리친다고 한다.

김달金達·이선구李宣求·이장녕李章寧이 함께 유하현으로 가는데, 여러 곳을 들러 갈 것이라, 그 인편에 아들 형식에게 가는 편지를 부쳤다. 혹 중도에 계획이 어긋날 염려는 없는지?

二十七日 溫 金永根爲傳昌孫永春之奇 丹溝 知無可居之地矣 移住之期 只在一望 而巢穴未定 愁嘆愁嘆

12월 27일. 따스함.

김영근金永根이 손자 창로가 영춘원永春院에서 알리는 기별을 전한다. 단구丹溝에는 살만한 곳이 없음을 알겠다. 이주할 날짜가 겨우 보름 밖에 남지 않았는데, 아직도 보잘것 없는 집 조차 정하지 못 하였다니, 근심스럽고 탄식할 일이다.

二十八日 雪 夕昌孫駄眞末 而自丹溝永春 歷新開嶺 西南四五十里之地 △△得鷦鷯一枝之棲 衝寒涉雪 面目敷凍 凡有七情者 孰無殘憐之萌乎 入境周歲 未見有投兎相先之義 世道人心 良可懼也 夫非盡人之子歟 衡兒尙不返面 未知有別生事端 拘於訟隻耶 又不能安意穩睡矣

12월 28일. 눈.

저녁에 손자 창로가 밀가루를 싣고 단위구丹葦溝, 영춘원永春院에서 신개령新開嶺을 지나왔다. 서남 사오십 리 지경에, 아직까지도 뱁새가 깃들 나뭇가지 하나295) 얻지 못하고, 추위를 뚫고 눈길을 넘느라 얼굴에 동상이 번졌다. 무릇 칠정七情이 있는 사람이라면 누가 불쌍하고 가련한 마음이 싹트지 않으랴? 이곳에 들어온 지 한 해가 되었지만, 그물에 걸린 토끼를 보고 먼저 놓아주는 의리義理296)를 본 적이 없으니, 세도世道와 인심이 참으로 무섭다. 무릇 다 똑같은 사람의 자식이 아닌가?297) 아직 형아衡兒가 돌아와 얼굴을 보이지 않는다. 다른 사고

---

295) 뱁새가 깃들 나뭇가지 하나 : 송나라의 학자 문신 사마광司馬光의 「독락원기獨樂園記」에 "뱁새는 숲에 둥지를 틀어도 나뭇가지 하나에 불과하고, 두더지는 황하를 마셔도 배부를 만큼을 넘지 않는다[若夫鷦鷯巢林不過一枝 鼴鼠飮河不過滿腹 各盡其分而安之 此乃迂叟之所樂也]"라 한 구절이 보인다. 전轉하여 군자가 거처하는 작은 집을 뜻한다.

296) 그물에 걸린 ~ 놓아주는 의리義理 : 『시경』「소아小雅」'소민지십소旻之什' 편에 "쫓기다 그물에 걸린 저 토끼를 보고, 오히려 먼저 빠져나가게 해 주며[相彼投兎, 尙或先之]"란 말이 있다.

297) 다 똑같은 사람의 자식이 아닌가? : 근고하는 자를 가련히 여겨 대우하여야 함을 말한다. 도연명이 팽택령이 되었을 때, 처자식을 데려가지 않고 한 노복을 보내주어 나무하고 물긷는 수

가 생겨서 소송에 얽매여 있는지 알지 못하여 다시 마음 편히 잠을 잘 수가 없다.

二十九日 晴 昌孫去趨街還告云 其地有二十日耕 五間房子 然成否未可知也 又或無橫中戲沮者乎 圭正二姪 云已發程 而竟寂跫音 倘亦有道路梗澁之患耶 事鉅手纖 何以戒裝耶 正姪則尤不能備渠百里之糧 憐念不置 朝見所寓之主 殺一大豬 肥膩如牛 炙烹之臭 隔窓相聞 而未見有一臠饋老之情 土俗吝薄 心甚可呵 然然者然耳 豈可擧一而毁百耶 夢見臨河山雲兄主 遽出候拜 待以酒盤 又見膺禮叔相吉從 久別之餘 宜有說話 而如電逢迎 冷淡殊甚 可使做得眞境 安能若是乎

　　12월 29일. 맑음.
　　손자 창로가 추가가鄒哥街에 갔다가 돌아와 고하기를, 그곳에 스무날갈이298) 되는 땅과 다섯 칸 방이 있다고 한다. 그러나 성사될지 여부를 알 수 없다. 또 혹시, 난데없는 장난질에 걸려서 막히는 일은 없을까?
　　규식圭植과 정식正植 두 조카가 이미 길을 떠났다는데, 끝내 오는 발자국 소리가 들리지 않는다. 혹시 또 길이 막히거나 껄끄러운 우환이 생겼는가? 일은 크고 손은 모자라는데 무슨 수로 여장을 잘 지킬까? 정식正植 조카는 게다가 자신의 백 리 길 양식조차 준비하지 못했다니 안타까운 염려를 둘 데가 없다.
　　아침에 집 주인이 큰 돼지 한 마리를 잡는 것을 보았는데, 살찐 것이 소만 하였다. 굽고 삶는 냄새가 창을 넘어 풍겨오지만 노인에게 고기 한 점 대접하는 인정人情을 볼 수 없으니, 지방 풍속의 인색하고 야박함이 마음에 심히 우습다. 하지만 그런 사람만이 그럴 뿐이니, 어찌 하나를 들어 백을 탓할 수 있겠는가?
　　꿈에 임하臨河299)의 산운山雲 형님을 뵙고는 얼른 나가서 안부를 묻고 술상을 차려 대접하였다. 또 응례膺禮 아재300)와 족종族從 상길相吉301)도 보았는데, 오래 헤어져 있던 끝에 마땅

　　　　고를 대신하게 하면서 "이 사람 또한 남의 자식이니 대우를 잘 해주는 것이 옳다[此亦人子也
　　　　可善遇之]"라 한 데서 유래하였다.
298)　스무날갈이 : 원문의 일경日耕을 풀이한 것이다. 정약용丁若鏞의 『경세유표經世遺表』에 의하면
　　　　본래 민전民田은 몹시 메마르므로 전지田地 등급을 하루 동안 갈 수 있는 넓이 일경日耕으로
　　　　표준한다. 대략 6묘畝가 하루갈이가 된다.
299)　임하臨河 : 경상북도慶尙北道 안동시安東市 임하면臨河面을 말한다.
300)　응례應禮 : 김진모金鎭模의 자字로 추정된다. 김진모는 약봉 김극일의 후손이다.
301)　족종族從 상길相吉 : 제산霽山 김성탁金聖鐸의 6대 주손冑孫 김익락金益洛이다. 백하와 바로 아래

히 이야기가 있을 터이나, 번개처럼 맞이하는 게 너무나 냉담하다. 만약 이것이 생시라면 어찌 이럴 수가 있겠는가?

三十日 陰寒 夕 兒子與金達 率七來而來 始聞兒子卞訟之由 則雖云理直 驀地殊方 屈一强敵 盖其口訓筆談 條對如流 不失其身 而徵捧賠償金六百円 年少氣力 猶有可尙 所謂訟隻 卽大沙灘宋△△ 而自星廳鈴卒 皆其肺腑 而慴服退聽 莫敢抗聲云 甚呵甚呵 忽見掌几者 以紅帖 或書頌禱之辭 或寫男女畫像 雕以五采 附之各門戶及神祠 以至馬桶 鷄猪鵝鴨之塒 狗犢之牢 春杵馬車之面 纈顏玲瓏 不欲正視 又以火炮擊 出藥炭之聲 火光閃爍 云逐厲鬼

  12월 30일. 흐리고 추움.
  저녁에 집의 아이와 김달金達이 칠래七來를 데리고 왔다. 처음으로 아이의 소송 경위에 대하여 들었다. 비록 사리事理가 정당했다고는 하지만, 연고도 없는 객지에서 하나의 강한 상대를 굴복시킨 것은 대개 구어와 필담筆談으로 물 흐르듯 조리있게 응대하여, 자신은 손실을 보지 않고 600원圓의 배상금을 징수하게 되었으니, 젊은이의 기력이 오히려 가상하다. 이른바 소송을 한 자는 대사탄大沙灘의 송宋 아무개로 관청의 하급관리에서부터 모두가 그의 폐부처럼 진밀한 관계임에도, 승복하고 물러나 감히 저항하는 소리가 없었다 하니 매우 우습고 우습다.
  문득 보니, 집주인이 홍첩紅帖에다 혹 송축하는 말을 쓰기도 하고, 혹 남녀의 화상畫像을 그리고 오채五彩로 새겨, 각 문호門戶와 신사神祠에 붙이고, 말구유와 닭·돼지·거위·오리의 횃대·개와 송아지의 우리, 절구와 공이, 마차 앞에 이르기까지도 단장을 요란하게 하여 똑바로 보고 싶지 않다. 또 화포를 쏘아 화약 터지는 소리가 나고 불빛이 번쩍거린다. 마마귀신[厲鬼]을 쫓는 것이라 하였다.

  除夕〈通韻〉   섣달그믐 밤에〈통운通韻으로 짓다〉

虐雪獰風利似兵   사나운 눈 모진 바람 칼같이 예리한데
五更愁臺一燈明   밤새도록 근심 속에 등불 하나 밝혔네

    윗집에 살았다. 상길相吉은 그의 자字이다.

| 浮浮浪跡魚行水 | 떠도는 유랑 길은 헤엄치는 물고기요 |
| 曄曄光陰鳥度屛 | 쏜살같은 광음光陰은 병풍을 지나는 새로다302) |

<山谷詩 有閱世魚行水 又有百年之事鳥度屛之句> <산곡山谷303)의 시에 "세상사는 일은 물고기가 헤엄치듯"이라는 구가 있고, 또 "백년의 일은 병풍을 지나는 새 같은 것"이라는 구가 있다>

窮道難逢先兎士	막다른 길에서 도움을 만나기 어려운데304)
東家爭出殺猪聲	옆집에서는 돼지 잡는 소리 다투어 나는구나
如令客意形而走	나그네 심정, 이대로 달려
歸做鄕山弟妹情	고향에 돌아가 아우 누이와 정 나누었으면

<蓋其野土與房子 幾至興成 每爲本土人橫出之獘 聞有從中沮戲 俾不欲幷處韓人云 故三聯及之> <대개 그 들판과 집은 거의 흥정이 될 뻔하였으나, 매번 이곳 사람들에게서 걸핏하면 나오는 폐단으로 무산되었다. 듣건대 중간에 훼방을 놓아서 한인韓人과는 어울려 살고 싶지 않다고 생각하게 하는 자가 있었다고 한다. 그래서 3연聯에 언급하였다>

上高宗封事 －胡銓邦－ 고종 황제께 올림305) －호전방일－

謹按王倫<倫使金還 首倡和議> 本一狎邪小人 市井無賴 頃緣宰相無識 遂擧以使虜 惟務詐誕 欺罔天聽 驟得美官 天下之人 切齒唾罵 今者 無故誘致虜使 以詔諭江南爲名 是欲臣妾我也 是欲劉豫我也<銳利> 劉豫 臣事醜虜 南面稱王 自以爲子孫帝王萬世不拔之業 一旦 豺狼改慮 摔而縛之 父子爲虜 商鑒不遠 而倫 又欲陛下效之 夫天下者 祖宗之天下也 陛下所居之位 祖宗之位也<提> 奈何以祖宗之天下爲犬戎之天下 以祖宗之位 爲犬戎藩臣

---

302) 병풍을 지나는 새로다 : 이백李白의 시 「청계행淸溪行」에 "사람은 명경 가운데를 걸어가고, 새는 병풍 속을 지나가누나[人行明鏡中 鳥度屛風裏]"라고 하였다.
303) 산곡山谷 : 송대의 문장가 황정견黃庭堅의 호號. 그의 「길노인이 명을 알아 푸른 들에서 함께 놀다次韻吉老知命同遊靑原」에 "세상사는 일은 물고기의 헤엄이요, 글은 남기는 건 모래사장의 새 발자국[閱世魚行水, 遺書鳥印沙]"이라는 구절에서 인용하였다는 뜻이다.
304) 도움을 만나기 어려운데[선토先兎] : 『시경』「소반小弁」장의 "쫓기다 그물에 걸린 저 토끼를 보고, 오히려 먼저 빠져나가게 해 주며[相彼投兎, 尙或先之]"에서 취의한 것이다.
305) 고종 황제께 올림 : 송宋 나라 고종高宗 때 호전胡銓이 추밀원 편수관編修官으로 있으면서 간신奸臣인 진회秦檜·왕륜王倫·손근孫近 등 3인의 머리를 베어야 한다고 직간하다가 제명을 당하였는데, 그때 올린 글이다. 가끔 원주와 평어가 나타나는 것으로 보아, 소일삼아 베껴 둔 것으로 보인다.

之位 陛下 一屈膝 則祖宗廟社之靈 盡汙夷狄 祖宗數百年之赤子 盡爲左衽 朝廷宰執 盡
爲陪臣 天下士大夫 皆當裂冠毁冕 變爲胡服 異時 豺狼無厭之求 安知不加我無禮如劉豫
也哉<繳劉豫痛切> 夫三尺童子 至無知也 指犬豕而使之拜 則怫然怒 今醜虜則犬豕也 堂堂
天朝宰相而拜犬豕 曾童孺之所羞 而陛下忍爲之耶 倫之議 乃曰 我一屈膝 則梓宮<徽宗>
可還 太后<徽宗后>可復 淵聖<欽宗>可歸 中原可得 嗚呼 自變故以來 主和議者 誰不以
此啗陛下哉 而卒無一驗 是虜之情僞 已可知矣 陛下 尙不覺悟 竭民膏血而不恤 忘國大讐
而不報 含垢忍恥 擧天下而臣之 甘心焉 就令虜決可和 盡如倫議 天下後世 謂陛下何如主
況醜虜變詐百出 而倫又以奸邪濟之 梓宮決不可還 太后決不可復 淵聖決不可歸 中原決不
可得 而此膝一屈 不可復伸 國勢陵夷 不可復振 可爲慟哭流涕長太息者306)也<折王倫邪說
聲淚俱下> 向者 陛下間關海道 危如累卵 當時 尙不肯北面臣虜 況今國勢稍張 諸將盛銳
士卒思奮 只如頃者醜虜陸梁 僞豫入寇 固嘗敗之於襄陽 敗之於淮上 敗之於渦口 敗之於
淮陰 較之前日蹈海之危 已萬萬矣 儻不得已 而遂至於用兵 則我豈遽出虜人下哉 今無故
而反臣之307) 欲屈萬乘之尊 下穹廬之拜 三軍之士 不戰而氣亦索 此魯仲連 所以義不帝秦
非惜夫帝秦之虛名 惜夫天下大勢 有所不可也 今內而百官 外而軍民 萬口一談 皆欲食倫
之肉 謗議洶洶 陛下不聞 正恐一旦變作 禍且不測 臣竊308)謂不斬王倫 國之存亡 未可知
也 獨不知 雖然 倫不足道也 秦檜 以腹心大臣 亦爲之 陛下 有堯舜之資 檜不能致陛下如
唐虞 而欲導陛下如石晉 近者 禮部侍郞曾開等 引古語以折之 檜乃應309)聲曰 侍郞知故事
檜獨不知 則檜之遂非恨310)愎 已自可見 而乃建白 令臺諫從臣 僉議可否 是乃畏天下議己
而令臺諫從臣 共分謗耳 有識之士 皆以爲朝廷無人 吁 可惜哉 孔子曰 微管仲 吾其被髮
左衽矣 夫管仲霸者之佐耳 尙能變左衽之區 爲衣冠之會 秦檜 大國之相也 反驅衣冠之俗
歸左衽之鄕 則檜也 不惟陛下之罪人 實管仲之罪人矣 孫近 附會檜議 遂得參知政事 天下
望治 有如饑311)渴 而近伴食中書 漫不可否事 檜曰 虜可講和 近亦曰 講312)和 檜曰 天子
當拜 臣嘗至政事堂 三發問 而近不答 但曰 已令臺諫侍從議矣 嗚呼 參贊大臣 徒取充位

---

306) 자者 : 『고문관지』「고종봉사서」에는 없다.
307) 向者 ~ 今無故而反臣之 : 원문이 보이지 않아서 『고문관지』「고종봉사서」를 참고하였다.
308) 절竊 : 『고문관지』「고종봉사서」에는 '절切'자로 되어있다.
309) 응應 : 『고문관지』「고종봉사서」에는 '여厲'자로 되어 있다.
310) 한恨 : 『고문관지』「고종봉사서」에는 '랑狼'자로 되어 있다.
311) 기饑 : 『고문관지』「고종봉사서」에는 '기飢'자로 되어 있다.
312) 강講 : 『고문관지』「고종봉사서」에는 '가可'자로 되어 있다.

如此 有如虜騎長驅 尙能折衝禦侮耶 臣竊謂秦檜孫近亦可斬也 臣備員樞屬 義不與檜等共
戴天 區區之心 願斬三人頭 竿之藁街 然後 羈留貢313)使 責以無禮 徐興問罪之師 則三軍
之士 不戰而氣自倍 若314)不然 臣有赴東海而死耳 寧能處小朝廷求活耶

    삼가 살펴 보건대 왕륜<왕륜은 금나라 사신으로 갔다 온 뒤부터 앞장서서 화의和議를 창도하
였다>은 본래 한 명의 간사한 소인이자 시정의 무뢰배로, 지난번 재상이 그를 잘 알지 못하
였기 때문에 마침내 오랑캐로 가는 사신에 천거되었습니다. 오직 속임수와 거짓말만을 일삼
아 임금의 귀를 속이고 갑자기 좋은 관직을 차지하니 천하 사람들이 이를 갈며 침 뱉고 욕
을 합니다. 지금은 아무 이유도 없이 오랑캐 사신을 꾀어 들여 '강남江南에 조유詔諭315)한다
[詔諭江南]'는 것을 명분으로 삼습니다. 이는 우리를 노비[臣妾]로 삼고자 한 것이요, 우리를 유
예劉豫316)처럼 만들고자 하는 것입니다. <예리하다>317) 유예는 더러운 오랑캐를 섬기면서
남면南面하여 왕이라 자칭하고, 스스로 자손 제왕의 만세토록 뽑아내지 못할 업적이라 생각
하였습니다. 그러나 하루아침에 승냥이와 이리 같은 무리가 생각을 바꿔 잡아 포박하니 부
자父子가 모두 포로가 되었습니다. 상商 나라의 거울이 멀리 있지 않으나318), 왕륜은 또한 폐
하로 하여금 그를 본받도록 하려 합니다.

    무릇 천하는 조종祖宗의 천하이고, 폐하께서 앉으신 지위는 조종의 지위입니다. <제기提起
부분> 어떻게 조종의 천하를 견융犬戎의 천하가 되게 하며, 조종의 지위를 견융의 번신藩臣
의 지위가 되게 하겠습니까?

    폐하가 한 번 무릎을 꿇는다면 조종 종묘사직의 영령은 모두 오랑캐에게 더럽힘을 당할
것이며, 조종 수백 년의 적자赤子(백성)는 모두 옷깃을 왼쪽으로 여미게 될 것입니다. 조정의
재상은 모두 배신陪臣이 될 것이며, 천하의 사대부들은 모두 갓을 찢고 면류관을 헐어 오랑

---

313) 공貢 : 『고문관지』「고종봉사서」에는 '노虜' 자로 되어 있다.
314) 약若 : 『고문관지』「고종봉사서」에는 없다.
315) 조유詔諭 : 황제의 명령, 또는 황제가 조서를 내려서 알림.
316) 유예劉豫 : 송宋 나라 사람으로, 금金 나라가 남침하자 항복한 후 금나라 사람에 의하여 황제로
    책립冊立되어 제齊 나라를 세웠다.
317) 예리하다 : 이하 < >안에 있는 말은 저자가 각 단락에 대한 주석註釋이나 느낌을 기록한 것
    이다.
318) 상商 나라의 거울이 멀리 있지 않으나 : 『시경』「탕지집湯之什」'탕湯'에 "은나라의 거울이 멀
    리 있지 않으니, 하나라에 있느니라[殷鑑不遠在夏侯之世]"라 한 데서 나온 말이다. 전대前代의 과
    오를 되풀이하지 말라는 교훈을 담고 있다.

캐 옷으로 바꿔 입어야 할 것입니다. 뒷날에 승냥이와 이리 같은 놈들의 끝없는 요구가, 우리에게 무례함을 가하기를 유예劉豫에게처럼 하지 않을지를 어떻게 알겠습니까? <유예를 얽어 맨 것이 통절痛切하다>

무릇 삼척동자는 지극히 무지하나, 개돼지를 가리키며 절하게 한다면 불끈하여 화를 낼 것입니다. 지금 더러운 오랑캐는 곧 개돼지이거늘, 당당한 천조天朝의 재상이면서 개돼지에게 절을 하다니, 일찍이 어린 아이도 수치로 여긴 일을 폐하께서 차마 하실 수 있겠습니까?

왕륜의 의론은, 결국 "내가 한 번 무릎을 꿇는다면 재궁梓宮<휘종徽宗>을 돌아오게 하고, 태후太后<휘종徽宗의 왕후>를 복귀시키며, 연성淵聖<흠종欽宗>을 돌아오게 하고, 중원을 회복할 수 있다."는 것입니다.

오호라! 변고變故가 있은 이래로 화의和議를 주장한 자가 누군들 이런 논리로 폐하를 꾀지 않았겠습니까마는, 끝내 한 번도 효험이 없었습니다. 이것으로 오랑캐의 거짓을 이미 알 수 있을 것인데도 폐하께서는 아직도 깨닫지 못한 채, 백성의 고혈膏血이 다해도 돌아보지 않고, 나라의 큰 원수를 잊어버리고 복수하지 않으며, 더러움을 머금고 치욕을 참으며 천하를 들어 그들에게 신하 노릇하는 것을 마음에 달게 여기고 계십니다. 가령 오랑캐가 결단코 화의할 만함이 모두 왕륜의 의론과 같다 하더라도 천하의 후세가 폐하를 어떤 군주라고 하겠습니까? 더구나 더러운 오랑캐가 변덕과 속임수를 백방으로 내고, 왕륜이 또한 간사한 꾀로 그것을 이루려 할 것이니, 재궁은 결단코 돌아올 수 없고, 태후는 결단코 복귀할 수 없을 것이며, 연성 역시 결단코 돌아올 수 없고, 중원도 결단코 회복할 수 없을 것입니다. 이 무릎은 한 번 굽히면 다시는 펼 수 없고, 국세國勢는 쇠약해지면 다시는 떨칠 수 없을 것이니, 통곡하고 눈물 흘리며 장탄식長歎息할 노릇입니다. <왕륜의 사설邪說을 꺾은 부분으로, 울음소리와 눈물이 함께 흐른다>

지난날 폐하께서 바닷길을 수고롭게 돌아다닐 때는 위태롭기가 계란을 포개놓은 듯하였으나, 당시에는 오히려 북면하는 오랑캐를 신하가 되어 섬기려 하지 않았습니다. 하물며 지금처럼 국세國勢가 조금 펴져서 여러 장수가 매우 용맹하며 병사들은 분발할 것을 생각하는 때에 있어서이겠습니까? 단지 지난번처럼 더러운 오랑캐가 사납게 날뛸 때, 거짓으로 미리 도적을 꾀어 들인 것만으로도, 진실로 일찍이 양양襄陽에서 패퇴시키고, 회상淮上에서 패퇴시켰습니다. 와구渦口에서 패퇴시키고, 회음淮陰에서 패퇴시켰으니, 지난날 바다를 건널 때의 위기와 비교하면 이미 만만萬萬한 일입니다. 만약 부득이하여 마침내 병력을 쓰는 데 이른다면, 우리가 어찌 갑자기 오랑캐보다 못하겠습니까? 지금 까닭 없이 도리어 그들의 신하가 되어서 만승의 존엄을 굽히며, 궁려穹廬319)에 몸을 낮추어 절을 하려 하시니, 삼군의 병사가 싸우지도 않고 사기가 떨어졌습니다. 이는 노중련魯仲連320)이 의를 세워 진秦 나라를 황제로 섬기지 않은 까닭이니, 무릇 진을 황제로 섬겼다는 허명虛名을 안타까워한 것이 아니라 무릇 천하대세에 해서는 안 될 것이 있음을 안타까워한 것입니다.

지금 안으로 백관과 밖으로 군사와 백성들이 만구일담萬口一談321)으로 모두 왕륜의 고기를 먹고자 하여, 비방하는 여론이 흉흉한데도 폐하께서는 듣지 않으십니다. 정녕 하루아침에 변고가 일어나 재앙이 장차 헤아리지 못하는 데 이를까 두려운지라, 신은 삼가 생각건대, 왕륜을 베지 않으면 국가의 존망을 알 수 없을 것입니다.

비록 그러하나 왕륜은 말할 것이 없으니, 진회秦檜는 심복心腹 대신으로 또한 그런 짓을 하고 있습니다. 폐하는 요순의 자질을 지녔으나, 진회가 폐하를 당우唐虞처럼 될 수 없도록 하여, 폐하를 석진石晉322)과 같은 나라로 이끌려 하고 있습니다.

근래에 예부시랑 증개曾開323) 등이 옛말을 인용하여 그를 꺾자, 진회가 곧바로 소리 높여 대꾸하기를 "시랑은 고사를 알지만, 나는 홀로 모른다."라 한 것은, 진회가 잘못을 끝까지 고집하여 저질러 버린 것입니다. 강퍅함을 이미 스스로 드러내고도, 이에 건의하기를 "대간臺諫과 시종신侍從臣들로 하여금 가부可否를 함께 의논케 하도록 하소서."라고 한 것은 바로 천하가 자신에 대해 의론하는 것을 두려워하여 대간과 시종신들로 하여금 비난을 함께 분담하도록 한 것일 뿐입니다. 지식 있는 선비들이 모두 '조정에 사람이 없다'고 여길 것이니, 아아! 애석한 일입니다.

공자孔子가 말하기를 "관중管仲이 아니었다면 우리는 아마 오랑캐처럼 머리를 풀어헤치고 옷깃을 왼쪽으로 여몄을 것이다.324)"라고 하였습니다. 무릇 관중은 패자의 보좌였을 뿐이나,

---

319) 궁려穹廬 : "하늘처럼 둥근 집"이란 뜻으로 오랑캐의 막사를 의미한다.
320) 노중련魯仲連 : 전국시대 제齊 나라의 고사高士이다. 진秦 나라를 황제의 나라로 섬길 바에는 차라리 동해에서 빠져 죽겠다고 하였다.
321) 만구일담萬口一談 : 여러 사람이 같은 말을 한다는 뜻이다.
322) 석진石晉 : 오대五代 후진後晉의 별칭. 석경당石敬塘이 세운 나라이기 때문에 석진이라고도 했다. 2대 11년에 망하였다. 개운開運은 944~946년간으로 후진의 출제出帝 연호이다.
323) 증개曾開 : 송나라 사람으로, 자는 천유天游이다. 그는 진회秦檜와 대립하여 직언으로 유명하였다.
324) 공자가 ~ 것이다 : 『논어』 「헌문」에 나오는 말로, 자공子貢이 공자에게 "관중은 인자가 아닐 것입니다[子貢曰 管仲 非仁者與]"라는 물음에 공자가 이처럼 대답한 것이다. 이 말에서 공자는

오히려 능히 옷깃을 왼쪽으로 여미는 구역[오랑캐 땅]을 변화시켜 의관의 모임[중화]으로 바꾸었습니다. 진회는 대국의 재상이면서도, 도리어 의관의 풍속을 몰아 옷깃을 왼쪽으로 여미는 고장으로 돌아가려 하니, 진회는 오직 폐하의 죄인일 뿐 아니라, 사실은 관중의 죄인입니다.

손근孫近325)은 진회의 의론에 붙좇아 마침내 참지정사參知政事가 되었습니다. 천하가 치세를 바라기를 굶주리고 목마른 것처럼 하는데도, 손근은 중서성에서 녹만 축내며, '안된다' '그렇지 않다'고 해야 할 일을 태만히 하였습니다. 진회가 "오랑캐와 강화를 맺을 수 있다."고 하자, 손근도 역시 "강화를 해야 한다."고 했습니다. 진회가 "천자는 마땅히 절해야 한다."라고 하였을 때, 신이 일찍이 정사당政事堂에 나아가 세 번 질문하였는데, 손근은 답하지 않고 다만 "이미 대간과 시종신으로 하여금 의론하도록 하였다."라 하였습니다.

오호라! 참찬대신參贊大臣이 한갓 자리만 채운 것이 이와 같으니, 만일 오랑캐의 기병이 말을 몰아 쳐들어온다면, 오히려 능히 그 예봉을 꺾고 모욕을 막을 수 있겠습니까? 신은 삼가 생각건대, 진회와 손근 역시 베어 죽여야 합니다.

신은 추밀원樞密院 속관의 수만 채우고 있으나, 의리상 진회의 무리들과 함께 하늘을 이고 살 수 없습니다. 신은 구구한 마음으로 바라건대, 세 사람의 머리를 베어다가 고가藁街326)에 매달고, 그 후에 오랑캐 사신을 붙잡아 두고 무례함을 꾸짖으소서. 그리고 천천히 문죄問罪할 군사를 일으킨다면, 삼군의 군사는 싸우지 않아도 사기가 저절로 배나 오를 것입니다. 만약 그렇게 하지 않으신다면, 신에게는 동해로 나가 죽을 일이 있을 뿐이니, 어찌 속국의 조정에 몸담아 살기를 구하겠습니까?

관중에 공을 높이 평가하고 있음을 알 수 있다.
325) 손근孫近 : 자는 숙저叔諸로, 송宋 고종高宗 때 참지정사參知政事로 있으면서 화의를 주장했다.
326) 고가藁街 : 송宋의 수도 변경汴京으로, 금나라 사신들이 묵는 거리이다.

壬子錄

임자록 壬子錄

補忘錄自序

余素有健忘之症 對人酬接 被五父<陳大夫名>歃血之譏 又無記覽之聰 下帷勖書 負司馬倍誦之患 曾於過庭之日 縱有詩禮之文 而十忘九遺 終抱金根之恨 糾愆補肛之責 惟在於書紳備忘之義 而性又疎懶 猶不能伸紙運毫者 春花秋葉 自有紀歲之步曆 珮玉璁衡 無非警省之要具也 且幃幔之內 有象山師友之補 講磨之席 有朋友麗澤之益 擧足升平 殆或無事於補忘矣 左撕右搣 庶不至於山谿茅塞之患 而竊吹濫祿 認以爲雋已藏拙之地矣 一自西渡之後 彛倫斁絶 骨肉分門 粃糠眛目 天地易位 絶黨殊隣 無非可駭而可愕也 耳目所接 無非生面而初遇也 等閒經過 又蹈已覆之前轍 則時移事去之後 如風沙鴻迹 泯沒而無徵矣 夫孰知爲今日風潮之何如乎 又安知吾今日困衡之何如哉 且傍無棋局 無以代消長破寂之具 案無書牘 無以補遮眼托意之資 竟夕欽欽 有如坐忘之枯禪 往往北風晨起 肌革慘憯 蕭然一禿 自不得收召精神矣 迺自發程之日 逐日課錄 巨細無遺 已忘者有稽疑之地 可忘者有不可忘之蹟 凡於三百六十日之內 朝晝之所爲 迎送之所接 一開卷而燎然於心目之中矣 補忘之作 烏可已乎 日錄而云補忘者 包補忘而繫乎月日之下也 西錄而云日錄者 始於道路而重在補忘之中也 雖然春秋香火之感 暮年兄弟之懷 無字無句 觸緖纈情 寧愈於忘 而忘之不得者 則殆亦有此身有補忘也 然則補忘可忘 而不補忘者 不可忘也 於乎唏矣 後之知我者 其亦見補忘於補忘之外也哉

보망록 자서

나는 본래 건망증이 있어 남을 마주 응접할 때 오보五父<진 대부의 이름>가 삽혈歃血하던 때처럼 한다는 나무람[1]을 받았다. 또 기억력이 없으면서도, 사마온공司馬溫公처럼 휘장을 내

---

1) 오보五父 ~ 나무람 : 일부러 잊어버린 척 한다는 나무람. 『춘추좌전』「은공」 7년 '겨울 전傳'에 진陣 나라가 정鄭 나라와 화친을 했다. 12월에 진 나라 오보五父가 정 나라로 가서 회맹에 나아갔다. 임신壬申에 정백과 더불어 회맹을 하는데 삽혈을 하고도 잊은 척 했다. 설백洩伯이 말

리고 배송背誦함에 남보다 갑절이나 외우는 노력을 하지 않았고,[2] 일찍이 아버지께 가르침을 받던 시절 비록 시와 예를 배웠지만 열은 잊고 아홉은 빠뜨려 끝내 금근거金根車의 회한[3]을 품게 되었다. 이에 허물을 바로잡고 빈 곳을 채워주는 꾸지람을 오직 띠에 써서[4] 잊을 것에 대비하려 하였으나, 성질이 또 성글고 게을러서 종이를 펼쳐 붓으로 쓰지도 않았다. 그 이유는 봄꽃과 가을 낙엽이 저절로 세월을 기록하는 보력步曆이요, 패옥珮玉과 총형璁衡은 경계하고 살피는데 요긴한 도구가 되며, 문내門內에 상산사우象山師友[5]의 보탬이 있고, 강마하는 자리에 서로 도움이 되는 벗들이 있어 발을 들어 걸음을 옮기는데 혹시라도 잊어버리는 것에 대비할 일이 없었기 때문이다. 왼쪽에서 일깨워주고 오른쪽에서 습득함으로써 거의 산골짜기 좁은 길이 띠풀로 막히는 근심[6]에는 이르지 않았고, 외람되이 넘치는 복록을 차지함으로써 자신을 팔아 졸렬함을 감출 바탕이 될 줄로 여겼다.

한 번 서쪽으로 건너온 다음에는 이륜彛倫이 끊기어 골육骨肉이 흩어지며, 먹고사는 일에 눈이 어두워 천지의 자리가 바뀌었다. 당여黨與가 끊기고 이웃이 달라 해괴하고 놀랍지 않은 것이 없고, 이목이 닿는 것마다 생전 처음 보는 것들이었다. 만일 소홀하게 여겨 지나쳐 버

하기를 "오보는 반드시 죽음을 면치 못할 것이다. 회맹에 성의를 보이지 않는구나[陳及鄭平 十二月 陳五父如鄭莅盟 壬申及鄭伯盟 歃如忘 洩伯曰 五父必不免 不賴盟矣]"라고 하였다. 2년 뒤 국력이 성장한 정나라가 진나라를 정벌하자 수변 제후국들이 모른 체하였다. 삽혈은 회맹을 할 때 입가에 희생의 피를 바르는 행위를 가리킨다.

2) 사마온공 ~ 않았고 : 노력을 통해 자신의 약점을 극복하려고 하지 않음을 뜻한다. 『삼조명신언행록三朝名臣言行錄』「사마광호학司馬光好學」에 "사마온공이 어릴 적 기억력이 남만 못한 것을 염려하였다. 여럿이 모여 강습을 할 때 여러 형제들은 다 외우고 놀거나 쉬는데, 혼자 휘장을 내리고 책을 덮고 갑절이나 외워야 그쳤다[司馬溫公幼時 患記問不若人 群居講習 衆兄弟旣成誦 游息矣 獨下帷絶編 迨能倍誦乃止]"고 한데서 유래한다.

3) 금근거金根車의 회한 : 글자를 경솔하게 잘못 고치는 것을 포함하여, 문자의 오용을 비유하는 말이다. 금근거는 황제가 타는 황금으로 장식한 수레이다. 한퇴지의 아들 한창韓昶이 「사전史傳」에 '금근거金根車'란 말이 있는 것을 보고 그것이 금은거金銀車의 잘못인 줄 알고 '근根' 자를 모두 '은銀' 자로 고쳤다는 일화에서 유래한다.

4) 띠에 써서 : 원문은 서신書紳. 서저신書諸紳의 준말이다. 『논어論語』「자장子張」편에 "자장이 이 말을 띠에 썼다[子張 書諸紳]"라고 하였는데, 그 주註에 "띠에 쓴 것은 잊지 않고자 해서이다[書之欲基不忘也]"라 하였다.

5) 상산사우象山師友 : 주자朱子에 대한 육상산陸象山과 같은 벗. 서로 보거輔車가 되어 견제하고 이끄는 학문상의 벗을 이른다.

6) 산골짜기 좁은 길이 띠풀로 막히는 근심 : 학문을 게을리하여 지견知見이 날로 막히는 것을 비유하는 말이다.

리고 또 이미 지나간 전철을 밟는다면, 때가 바뀌고 일이 지난 뒤에는 마치 모래바람에 기러기 발자국처럼 흔적도 없이 사라질 것이다. 그렇게 되면 누가 지금의 풍조가 어떠했는지를 알겠으며, 또 어떻게 우리가 오늘 겪고 있는 곤액이 어떠했는지를 알겠는가?

또한 곁에 바둑·장기가 없으니 주야간 적막을 대신할 수가 없고, 안상案床에 서책이 없으니 눈을 가리고 뜻을 맡길 데도 없어 밤새도록 앉아 세사를 잊은 야윈 선승禪僧처럼 하릴없이 그저 삼가고 공경하는 모양이었다. 그런데다가 이따금 새벽에 북풍이라도 일면 살갗이 오싹해 지면서 초라한 한 늙은이가 정신을 가다듬을 수가 없다. 이에 출발하던 날부터 날마다 기록하여 크건 작건 빠뜨리지 않고, 이미 잊은 것은 더듬어 의심해 볼 여지를 두고, 잊어버릴 수 있는 것은 잊어버리지 않도록 발자취를 남겼다. 무릇 360일 안에 아침과 낮에 한 일, 맞이하여 응접하고 보낸 사람 등이 이 책을 한 번 펼쳐 보기만 해도 마음과 눈에 또렷할 것이니, 망각을 보완하지 않을 수 있겠는가?

일기인데 '보망'이라고 한 것은, 보망거리를 싸서 달과 날짜 아래에 매달았기 때문이요, 도만渡滿 기록인데 '일록'이라고 한 것은, 길에서 시작된 일이므로 중요한 일을 잊어버릴까 대비하는 중에 있을 것이기 때문이다. 비록 그러하나 봄·가을 제사에 대한 감회와 늘그막에 형제를 그리워하는 회포는 편언片言에 척구隻句 없이도 생각에 닿고 마음에 맺히어 차라리 잊으려 할수록 잊을 수 없으니, 이는 아마도 이 몸이 있는 한 저절로 보망이 되기 때문일 것이다. 그렇다면 잊어버리는 데 대비한 것은 잊어버릴 수 있는 일이지만, 잊어버리는 데 대비하지 않은 것은 잊어버릴 수 없는 일이다. 아! 슬프다. 훗날 나를 제대로 아는 자는 또한 잊어버리는 것에 대비한 기록 바깥에서 잊어버리는 데 대비한 뜻을 알 수 있을 것이다.

正月一日【故室孺人安東權氏忌日】晴 懷故之悲 何時不然 而新舊送迎之際 尤不能定頓心神 椒樽湯餅 家家廟享 而草率殊方徒費感序之歎 誰使爲之 憤痛憤痛 白首殘齡 是豈可堪底事乎 李暉英<平海居人>來問

1월 1일.【돌아간 아내 유인 안동권씨의 기일이다】맑음.

고인故人을 그리워하는 슬픔이 언제 그러하지 않을 때가 있으랴만, 새해를 맞이하고 묵은 해를 보내는 즈음이라 더욱 심신을 가눌 수가 없다. 술과 탕, 떡으로 집집마다 가묘家廟에서 차례를 올려야 하겠건만, 초라한 음식으로 다른 나라에서 한갓 세수歲首에 느끼는 탄식만 하게 된다. 누가 이렇게 시켰는가? 분통하고 분통하다. 흰 머리 늙은 나이에 이 어찌 참을 수 있는 일이겠는가? 이휘영李暉英⁷⁾<평해 살던 사람>이 와서 문안하였다.

翼日 晴 偶見北來新聞 則革命共和 已成難遏之勢矣 饔飱幷耕之治 雖是上古淳風 而四千年君主之餘 不得無匪風下泉之感矣 因寓吟二律 以寫其傷時自警之意

1월 2일. 맑음.
    우연히 북경北京에서 온 신문을 보았는데 혁명 공화정이 이미 막기 어려운 기세가 되었나 보다. 옹손병경饔飱幷耕⁸⁾의 정치는 비록 이것이 상고시대의 순박한 풍속이었다고 하지만, 4천년 군주제의 끝에 비풍하천匪風下泉⁹⁾의 느낌이 없을 수 없다. 이로 말미암아 「우음寓吟」 율시 두 수로 시절에 대한 상심과 스스로 경계하는 뜻을 표현해 둔다.

悔把幽愁敗六塵	온 세상이 다 글렀다 깊은 시름 앓아도
回看腔子有眞春	머리 돌려보니 가슴 속 참다운 봄이 있네
休陰但祝唐孫祜	쉬면서 그저 손자 쾌당의 복을 축원하니
笑對曾無越視人	웃고 대하기를 남 보듯 하지 않는구나
口讀千年治亂史	입으로는 천년 치란의 역사를 읽으나
家逢三始送迎辰	정월 초하루¹⁰⁾ 집에서 해를 보내고 맞이하노라
天之報應由於我	하늘의 보답과 응답은 나에게 달려 있으니
未若殊隣累以仁	낯선 이웃이라도 인을 쌓음만 같을까보냐

      <適見房主有冷忽之色故云><마침 방 주인이 냉랭히 괄시하는 기색을 보이는지라 이렇게 말하였다>

---

7) 이휘영李暉英 : 이종대의 조부 이휘영李曦榮(1859~?)의 오기로 보인다. 경북 울진 출생. 1911년 11월 만주로 망명하여 유하현 석묘자 북쪽에서 1913년까지 소작하였다.
8) 옹손병경饔飱幷耕 : 『맹자』 「등문공滕文公」 상上에 "진상陳相이 맹자에게 허행許行의 말을 전하면서 어진 자는 백성과 함께 농사짓고 손수 밥 지어 먹는다[賢者與民幷耕而食 饔飱而治]"고 한 말을 이른다.
9) 비풍하천匪風下泉 : '비풍'은 『시경』 「회풍檜風」의 편명이다. 이 시는 주周 나라의 왕업王業이 쇠망해 가는 것을 보고 어진 사람이 이를 탄식하여 부른 노래이다. '하천'은 『시경』 「조풍曹風」의 편명이다. 이 시 또한 주나라 왕실이 쇠망해 감에 따라 조나라 같은 작은 나라가 점점 살기가 어려워지므로 이를 한탄하여 노래한 것이다.
10) 정월 초하루 : 원문은 삼시三始이다. 해의 시작, 달의 시작, 날의 시작이라는 뜻이다.

一盪新潮萬景新	한 번 새 조류에 씻기우니 갖가지 광경 새로워
西風掠去北來馴	서풍이 훑고 지나가자 북풍이 불어 닥치네
於身復見巢懷世	내 당대에 다시 소세巢世11)를 보게 된다면
之子皆吾魯衛親	저 사람들 모두 가까운 이웃 친척이련만
然且不能弛玉珮	그러나 또한 옥돌 노리개 풀어버릴 수 없으니
其緘寧愈效金人	입을 닫고 차라리 금인金人12)을 본받는 것이 나으리니
如令馬首扶殷社	가령 말머리에서 은나라 사직을 붙잡았더라면
西峀應無餓死神	서산 토굴에 응당 굶어 죽은 귀신 없었으리라13)

<近見兒輩 混入西潮 東洋三國 遂爲平等之自由矣><근래에 아이들이 서양 풍조에 섞여 들어가는 것을 보니 동양 삼국이 마침내 평등한 자유가 이루어진 것이리라>

三日 晴 朝 內主人 以蕎餠一碗來饋 未知女子情弱 憐我老弊而然耶 無物報答 可歎 金達 張裕淳 尹琦燮 李圭鳳來 修歲問之禮 可感 午姜南鎬 李庭彦<法興居人> 持李甥乞米帖 來傳其婦媧團之奇 米玉之歎 至於此哉 以五升米 一斗禾 罄竭送去耳 聞李德基入來 而內地 火色日甚 一日宜菟二家 易東李孟賢次第在後 家姪亦以月內發程云 而一是所領之重者也 一是赤手而孤注者也 一一懸念 食寢不甘

1월 3일. 맑음.

아침에 안주인이 메밀떡 한 접시를 가지고 와서 주었다. 모르긴 해도 여자들은 정에 약하여 늙고 쇠약한 내가 가여워서 그런 것이 아니겠는가. 보답할 물건이 없으니 한스럽다. 김달金達과 장유순張裕淳·윤기섭尹琦燮14)·이규봉李圭鳳이 와서 새해 안부를 물으니 고맙다. 한

---

11) 소세巢世 : 나무로 둥지를 엮어 집으로 삼고, 사슴과 노루를 이웃삼아 살던 태고의 세상을 가리킨다.
12) 금인金人 : 말을 몹시 삼간다는 의미이다. 공자가 주周 나라에 가서 태묘太廟를 보니 태묘의 오른쪽 계단 곁에 금인金人이 있는데, 그 입을 세 번 봉하였고 그 등에는 "옛날에 말을 삼간 사람이다[古之愼言人也]"라고 새겨져 있었다.
13) 말머리에서 ~ 없었으리라 : 운세가 다한 은殷 나라를 정벌하기 위해 출정하는 무왕武王의 말머리를 붙들어 말리다가 뜻을 얻지 못하고, 수양산 토굴에서 굶어 죽은 백이伯夷·숙제叔齊의 고사를 원용한 말이다.
14) 윤기섭尹琦燮(1887~1859) : 경기도 파주 출신. 1909년 신민회에 가입하여 활동하였으며, 1911년 만주로 망명하여 독립군기지 건설에 앞장섰다. 경학사와 신흥무관학교, 신흥학우단 설립에 기여하였고, 1919년 한족회 설립을 이끌었다. 그 뒤 대한민국 임시정부를 비롯하여 노병회·한국

낮 무렵에 강남호姜南鎬와 이정언李庭彦<법홍 살던 사람>이 생질 이 아무가 쓴 걸미첩乞米帖[15]을 가지고 와서 그의 며느리와 안식구의 기별을 전한다. 쌀이 옥보다 귀하다는 탄식[16]이 이 지경에 이른 것인가? 독을 다 비워 쌀 닷 되와 벼 한 말을 보냈다. 듣건대 이덕기李德基가 들어왔는데, 국내에 전쟁기운이 날로 더 심해져서 하루에 의인宜仁과 토계兎溪[17] 두 집안과 역동易東[18]의 이맹현李孟賢이 차례로 뒤따른다. 집안 조카도 이번 달 내로 길을 떠날 것이라 한다. 한 쪽은 임무가 중한 경우이고, 한 쪽은 빈손으로 막차를 타는 경우[19]이다. 일일이 마음이 쓰여 잠자고 먹는 일이 다 달지가 않다.

四日 陰 李炳三 李東寧<忠北文義居人> 朱秉雄 田炳瓷 田五珪<江原道蔚珍居人> 林奭鎬<忠南洪州居人> 李彦鍾<京畿漢城居人> 金光顯 田强來 修歲禮 鄭俊煥<京畿水原居人> 吳晦承<英陽居人> 又來宿 皆以饘紫霞盃 白屑待之

1월 4일. 흐림.

이병삼李炳三·이동녕李東寧<충북忠北 문의文義에 살던 사람>·주병웅朱秉雄[20]·전병익田炳瓷·전

혁명당·신한독립당 등 각종 독립운동단체에서 항일투쟁을 이어갔다. 1989년 건국훈장 대통령장이 추서되었다.
15) 걸미첩乞米帖 : 양식을 꾸어 주기를 요청하는 서신을 가리킨다. 당나라 때 충신이며 명필이었던 안진경顔眞卿이 일찍이 글을 지어 이태보李太保에게 보내어 쌀을 빌었던 데서 온 말인데, 세상에서 이것을 걸미첩乞米帖이라 일컬었다.
16) 쌀이 옥보다 귀하다는 탄식 : 옛날 초楚 나라에서 땔나무가 계수나무보다 비싸고 밥이 옥보다 귀하였다는 고사에서 나온 말로 식생활의 어려움을 말한다.
17) 의인宜仁과 토계兎溪 : 의인은 도산서원 건너편의 마을이고 토계는 도산면 토계리土溪里이다.
18) 역동易東 : 안동시 예안면 부포리의 소지명이다. 역동서원易東書院이 있던 곳이다.
19) 막차를 타는 경우 : 원문은 고주孤注. 고주는 노름꾼이 마지막 남은 돈을 판에 다 걸고 승부를 가리는 것을 말한다.
20) 주병웅朱秉雄(1883~1925) : 경북 울진 출신. 나라가 무너지자 만주 유하현柳河縣으로 망명하여 항일투쟁을 펼쳤다. 1919년에는 이탁의 주도로 결성된 27결사대에 가입하고, 을사오적을 처단하기 위해 그해 2월 국내로 들어왔다. 결사대의 매국노 처단계획은 광무황제 인산일인 3월 3일을 기해서 일으키도록 준비되었지만, 권총과 탄환의 입수가 늦어져 1차 거사는 실패하고 말았다. 3월 10일경 권총과 탄환을 입수한 주병웅과 동지들은 다시 거사를 계획하였다. 우선 결사대는 500원의 자금을 마련하고, 오적에게 보내는 성토문과 경고문을 독립문·종각 일대에 붙이면서 기회를 엿보았다. 그러나 1919년 5월 결사대 대원 일부와 함께 체포되어 징역 8년형을 언도받고 옥고를 치르던 그는 4년 만에 순국하고 말았다. 1963년에 건국훈장 독립장이 추서되었다.

오규田五珪[21]<강원도江原道 울진蔚珍에 살던 사람>·임석호林奭鎬<충남忠南 홍주洪州에 살던 사람>·이언종李彥鍾<경기京畿 한성漢城에 살던 사람>·김광현金光顯·전강田强이 와서 세례歲禮를 하였다. 정준환鄭俊煥<경기京畿 수원水原에 살던 사람>·오회승吳晦承<영양英陽에 살던 사람>이 또한 와서 묵었는데, 모두 자하배紫霞盃와 백설탕으로 대접[22]하였다.

五日 溫 凝水融下 簷聲亂零 庭除沮濕 不能任足蹈地 自此有開春解和之漸耶 衡兒歸寓 而將爲柳縣之行 昌發向永春院 問舍之計 而又轉作通化之行云 以李性睦率家人來之奇 故也 如此泥濘 何以跋涉耶 左右懸念 寢不能甘 午朱秉輪 張植<蔚珍居人> 來見 夕張道植<密陽居人 新入而自奉天遊覽> 韓鳳樹<朔州居人 今住太平溝> 來宿 道植云 見皇城新聞 而天子將揖遜而官天下 嗚乎 盛哉 生平四千四百年之後 復見四千四百年以前之事 未知朝覲之日 亦有薦舜之天耶

1월 5일. 따뜻함.

얼었던 물이 녹아내려 낙숫물 떨어지는 소리 어지럽고, 뜰은 축축하여 발을 땅에 디딜 수 없으니, 이로부터 차츰 봄이 열리고 따스해 지려는가? 아들 형식이 집에 돌아왔다가 유하현柳河縣에 가려하고, 손자 창로가 집을 구하러 영춘원永春院으로 가다가 다시 돌아 통화通化로 갔다고 하니, 이성목李性睦이 집안사람들을 데리고 온다는 기별 때문이다. 이처럼 질퍽질퍽한데 어떻게 발섭해 가겠는가? 좌우가 다 염려가 되어 잠을 달게 잘 수 없다. 오후에 주병륜朱秉輪과 장식張植[23]<울진蔚珍에 살던 사람>이 와 보았다. 저녁에 장도식張道植<밀양密陽에 살던 사람으로 새로 들어와 봉천奉天에서부터 다니면서 구경하고 있다>, 한봉수韓鳳樹<삭주朔州에 살던 사람으로 지금은 태평구太平溝에 머물고 있다>가 와서 잤다. 도식道植이 말하기를 "황성신문皇城新聞을 보니, 천자天子께서 장차 양보하여 천하를 선양禪讓하려 한다고 했다." 한다.

---

21) 전오규田五珪 : 경북 울진 출신. 본명은 전오규田五奎이다. 국권회복운동기 신교육을 펼치기 위해 만흥학교 설립에 힘썼다. 나라가 무너지자 만주로 망명하여 활약하다 세상을 떠났다.
22) 자하배紫霞盃와 백설탕白屑餳으로 대접 : 안개를 담은 술잔과 맹물로 끓인 국이니, 대접할 것이 아무것도 없어 빈 입으로 보냈다는 우의이다.
23) 장식張植(1890~1957) : 경북 울진 출신. 원남면 매화리에 설립된 만흥학교와 서울의 경신학교에서 수학하였고, 영해 송천의숙과 울진의 제동학교에서 학생들을 가르치기도 하였다. 그 뒤 주진수와 함께 만주에서 독립운동을 펼쳤으며, 국내로 들어와 신간회 울진지회 및 울진청년회에서 활동하였고 전한다.

아아, 거룩하도다! 4천 4백년 뒤에 태어나 다시 4천 4백년 이전의 일을 보게 되니, 모르겠으나 천자를 알현하는 날 또한 순임금을 하늘에 천거하는 일이 있지 않을런지?

六日 晴而溫 晨當行祀 而家無寸蔬 買菉豆荀於房主 用之耳 實兒 是午出來

1월 6일. 맑고 따스함.

새벽에 제사를 지내야 하는데 집안에 약간의 소채도 없어서 방주房主에게 녹두순菉豆荀을 사서 썼다. 실아實兒가 이날 오후에 나왔다.

七日 晴而風 李源行<禮安居人> 金宇相<同住> 來自瀋陽 一宿而發去 爲傳廣初入來 可喜 李甥來 先問産奇 則不副所望 吾亦落心 況於其父祖乎

1월 7일. 맑고 바람이 붐.

이원행李源行[24]<예안禮安 살던 사람>·김우상金宇相[25]<같은 곳에 살았음>이 심양瀋陽에서 와서 하룻밤을 자고 떠났다. 광초廣初[26]가 들어왔다고 전하니 기쁘다. 생질 이준형이 왔기에 먼저 아들을 낳았느냐고 물으니, 그렇지 못하다고 하여 나도 낙심이 되었다. 하물며 그 아버지와 조부에 있어서랴.

八日 晴 有人自大沙灘來傳家兒書 有李源行 金宇相昔無知鑑之語 進戒於我 盖二君之雇人前導者 必非可信之人也 因以爲日後前車之監 是夜夢拜祖妣權氏 明日卽祖妣諱辰 未知如在之靈 或有感應之理耶

1월 8일. 맑음.

어떤 이가 대사탄大沙灘에서 와서 가아家兒 형식의 편지를 전했는데, 이원행李源行과 김우상

---

24) 이원행李源行(1892~1914) : 경북 안동 도산 출신. 만주에서 항일투쟁을 펼친 독립운동가 이원일의 동생이다. 묘소가 하얼빈 아성현에 있다.
25) 김우상金宇相 : 경북 안동 예안 출신. 1911년 만주로 망명하여 대한통의부에서 활동하였다.
26) 광초廣初 : 기암起巖 이중업李中業(1863~1921)의 자字이다. 안동 도산출신으로 향산 이만도李晩燾의 아들이다. 1895년 부친 이만도와 함께 예안의진에 참여하였다. 1919년 파리장서의거를 이끌었으며, 1920년 11월부터 중국의 손문과 오패부에게 보낼 독립청원서를 준비하였다. 그러나 출국 직전 사망하였다. 1983년 대통령표창, 1990년 건국훈장 애족장이 추서되었다.

金宇相은 어리석고 지감知鑑이 없다고 나에게 주의할 것을 당부한다. 이는 아마도 두 사람이 고용하여 앞을 인도하게 한 자가 꼭 믿을만한 사람이 아니었기 때문일 것이니, 후일 전도前道의 귀감龜鑑으로 삼아야겠다. 이날 밤 꿈에 조모祖母 권씨權氏를 뵈었는데, 다음날이 곧 조모의 기일忌日이다. 혼령이 여기에 계신지는 알지 못하거니와 혹 감응感應의 이치가 있어서인가?

九日 晴 李甥自鄒街來傳李時榮之言 曰 下尾墟有野土屋子云 盖前此李兄那邊之行 有家兒付託故耳 其意可感 而兒與孫俱未返面 房子之制樣 幾間 田土之瘠沃何如 幾日耕 幾丹食 俱未的知 又無泥路穿進之計 甚鬱 鄒街又買置田宅 而將俟後來諸姪云 當今三穴之計 庶免棲屑之患 可幸

1월 9일. 맑음.
생질 이준형이 추가가鄒哥街에서 와서 이시영李始榮의 말을 전하기를, 하미허下尾墟27)의 들에 토옥土屋이 있다고 하였다. 이는 그 전에 이형이 그 쪽으로 갔다가 형식의 부탁을 받았기 때문일 것이니, 그 뜻이 감사하다. 그러나 아들 형식과 손자 창로가 다 아직 돌아와서 아뢰지 않으니 방의 형태와 모양 그리고 몇 칸인지, 전토田土가 척박한지 비옥한지, 며칠갈이인지, 소출은 어느 정도인지를 모두 확실히 알지 못한다. 또 진흙길을 뚫고 나아갈 방법이 없으니 매우 답답하다. 추가가에 또 전택田宅을 사두고 뒤에 오는 여러 조카들을 기다릴 것이라고 한다. 이런 때 삼혈三穴의 꾀28)가 떠돌이의 근심을 면하게 해 줄 것이니 다행스럽다.

十日【祖妣醴泉權氏諱辰】晴 夢省嚴顔 又與宗君建八 族兄孟緖 登白雲亭 烹狗煮酒 頗有興致 而旣覺撫枕 惘然而失之 意是精氣游魂 尙在於花樹故伴 而夢非眞境也 是其可恨也 夕郭鍾郁自龜山峴來見 衝泥踏雪 憊悴殊甚 昌孫通縣之役 亦似然矣

1월 10일.【조모祖母 예천권씨醴泉權氏의 기일忌日이다】맑음.
꿈에 엄친嚴親의 얼굴을 뵈었다. 또 종군宗君 건팔建八29)·족형族兄 맹서孟緖30)와 함께 백운

---

27) 하미허下尾墟 : 통화현의 합니하이다.
28) 삼혈三穴의 꾀 : 교토삼혈狡兎三穴의 준말. 화를 피하고 안정을 도모하는 계책을 쓰는 것을 말한다. 『전국책』의 "교활한 토끼는 미리 세 개의 굴을 파 놓고서 숨어 화를 피한다."고 한데서 유래되었다.

정白雲亭에 올라 개고기를 삶고 술을 데우니 자못 흥겨웠다. 그러나 이미 깨고 나서 베개를 쓰다듬으며 망연자실하였다. 생각건대 정기精氣와 유혼游魂이 아직도 문중門中의 옛 벗들에게 가 있기 때문일 것이나, 꿈은 실제 장면이 아닌지라 이것이 한스럽다.

저녁에 곽종욱郭鍾郁이 귀산현龜山峴에서 보러 왔는데 진흙탕에 빠지고 눈을 밟으며 왔으니 피로하고 초췌함이 매우 심하였다. 손자 창로가 통화현通化縣에서 하는 일도 또한 그럴 것이다.

十一日 晴 夢見運卿令公 萬姪率妻入來 政所謂晝思者夜爲夢 聞山東世族 投入一邊 冒受官爵云 苟偸生活 寧愈於死乎 雖未其的 而駭歎極矣

1월 11일. 맑음.

꿈에 운경運卿[31] 영공을 보았는데, 조카 만식이 처를 데리고 들어왔으니, 이것이 바로 이른바 "낮 동안 생각한 것이 밤에 꿈으로 된다."는 것이구나.

듣자니, 산동山東의 세족世族이 한 쪽으로 투입되어 염치를 무릅쓰고 관작官爵을 받았다 한다. 구차하게 목숨을 훔치느니 차라리 죽는 게 나으리라! 비록 꼭 들은 대로가 아니라 하더라도 극히 놀랍고 개탄스러운 일이다.

無書無面度年華	편지도 만남도 없이 정초를 보내니
鄕國風潮近若何	조국 땅 풍조는 요즘 어떠할까
爲草端宜指佞草	풀을 그리려면 으레 지녕초[32]가 마땅하고
歌花那忍後庭花	꽃을 읊을 때 어찌 차마 후정화[33]를 부르랴

---

29) 건팔建八 : 김주병金周秉(1846~1896)의 자字이다. 출신지는 경북 안동 임하이다. 1895년 12월(음력) 무렵 안동의진의 정제유사整齊有司에 선임되었으나 1896년 정월 사망하였다. 귀봉龜峯 김수일金守一의 종손宗孫이다.
30) 맹서孟緖 : 김정락金程洛(1845~壬寅 7월 10일)의 자字이다. 김정락은 지곡芝谷 김정한金正漢의 주손이다.
31) 운경運卿 : 이중두李中斗(1836~1914)의 자字이다. 본관은 진성이며, 호는 소계小溪이다.
32) 지녕초指佞草 : 요帝 임금의 뜰에 난 풀이름이다. 아첨하는 사람이 들어오면 꼭 그를 가리켰다 하여 이름을 지녕초라고 했다 한다.
33) 후정화後庭花 : 악부樂府의 가곡歌曲 이름이다. 남조南朝 때 진晉 나라 후주後主가 지었는데, 소리가 몹시 애달파서 후대에는 망국亡國의 음으로 일컬어지게 되었다.

雖飢不食鮍魚湯	비록 주릴지라도 피라미탕을 먹을 수 없고
寧啞難詶鳥鴃譁	차라리 벙어리가 낫지 때까치처럼 떠드리오

<鮍魚 蠻魚 鴃舌 蠻語><추어는 남쪽 오랑캐의 물고기, 격설은 남쪽 오랑캐의 말이다>

若使此身能耐苦	만일 나에게 고통을 참아내게 한다면
有薪膽處是吾家	와신상담 있을 곳이 바로 내 집이리라

兒在一舍之外 孫爲百里之役 蹩守居停 左右懸念

아들은 30리 밖에 있고 손자는 백 리나 되는 곳에서 일을 하는데, 앉은뱅이처럼 붙박혀 살아가려니 이리저리 걱정이구나.

兒歸孫出兩牽情	아들 오면 손자 나가니 둘 다 끌리는 정
只占牕前鳥雀聲	그저 창 앞만 지키는데 참새가 지저귀네
樹杪凝氷如釖市	나무 끝에 달린 고드름 칼 시장 같고
燈渦生穗似金莖	등잔에 달린 심지 황금 대궁 같구나
調筵但服君臣藥	자리에 모이기는 군신비약[34] 먹을 때 뿐
異鼎常難父子鯖	밥솥이 다르니 부자 함께 밥먹기도 어렵네

<漢有父子鯖 言父子共殽><한漢 나라에 부자청父子鯖이 있었으니 부자가 함께 밥 먹는다는 뜻이다>

那得數間山水屋	어찌하면 두어간 산수간山水間의 집을 얻어
全家團作舍人羹	온 집안이 단란하게 순챗국을 끓일꼬

<古詩注 以蓴菜 謂舍人羹 □不閑水土 每有敗胃流矢之症 而以因蘇丸 便薑等物調之><『고시주』에 "순채蓴菜를 사인갱이라고 한다."라고 했다. □수토에 익숙하지 않아 매양 위를 버려서 설사를 하는 증세가 있었는데, 인소환因蘇丸과 편강便薑 등으로 간을 맞춘다>

所謂房主悍愎無比 先自內修 僅避鋒穎 無端肆虐毆迫太甚 彼必見我孤弱 而逞其所習 憤痛之極 聊以瀉鬱

---

34) 군신비약 : 아주 좋은 약이라는 뜻이다. 병을 다스림에 있어 주약主藥과 보조약補助藥이 있는데, 군君은 곧 주약이고 신臣은 곧 보조약이다. 여기서는 보통 탕약의 비유어로 쓰였다.

이른바 집주인이라는 사람이 사납고 강퍅하기 비할 데 없다. 먼저 내 마음을 수양하여 겨우 예봉을 피해 나가는 터인데, 경우 없이 제 멋대로 포학과 구박이 너무 심하다. 저 놈이 틀림없이 내가 외롭고 약한 것을 보고 그 버릇을 내는 것이다. 분통을 겨우 시로나마 풀어본다.

三年爲客百興嗟　　나그네 신세 3년에 백번이나 한탄하네
纔度羊腸又虎牙　　숱한 고비 겨우 지나니 또 범의 이빨일세
　　<羊腸蜀道 虎牙山名><양장은 촉 지방의 길, 호아는 산 이름이다>
杬株敗葉離淮橘　　상수리나무 떨어진 잎, 회수를 떠난 귤이요
迅雨狂風落溷花　　세찬 비 미친바람, 수채구덩이에 떨어진 꽃이로다
寧爲上士忘情法　　차라리 중이나 되어 인정세태를 잊고
願學中條耐辱家　　욕을 참아내는 기술을 배우고 싶어라
不遇盤根焉別器　　반근盤根이 아니면 어떻게 특별한 그릇이 되랴
金剛刻處玉生砂　　금강金剛으로 깎은 자리 모래에서 옥이 난다네
　　<佛書有金剛刻稠林之語><불교 서적에 "금강의 칼로 빽빽한 숲을 자른다"는 말이 있다>

十翼日 晩晴 宋德奎來見 因言下尾墟野土房子 而皆非吾所目見 甚是鬱悶 芒刺在背 卽欲脫籠 而兒與孫 俱不措處 政所謂歇于凍鵲 何不飛去也

1월 12일. 늦게 갬.

송덕규宋德奎가 와서 보았다. 합니하[下尾墟]의 들과 집에 대해 이야기하는데, 모두 내가 직접 본 것이 아니라 매우 답답하고 염려스럽다. 까끄라기를 등에 진 듯하여 곧 이 집을 벗어나고 싶으나, 아이와 손자가 모두 조처措處하지 못하니, 바로 이른바 "얼어 죽은 참새보다 헐한 목숨, 어찌 날아 떠나지 않는고"35)라 한 말과 같다.

十三日 朝雪晩晴 尹相佑來見 年志相當 穩做永夕之懽 可感可感

---

35) 얼어 죽은 ~ 않는고 : 당唐 나라 때 "회흘산 머리 얼어 죽는 참새들, 왜 좋은 곳에 날아가 살지 않고[回紇山頭凍殺雀 何不飛去生樂處]"라는 말이 유행하였는데, 당唐 나라 소종昭宗이 떠돌아다니다 이 말을 거론하며 눈물을 흘렸다고 한다.

1월 13일. 아침에 눈이 오다가 저녁에 갬.

윤상우尹相佑가 와서 보았다. 나이와 뜻이 상당하여 편안하게 긴 밤을 즐겁게 지낼 수 있었다. 고맙고 고맙다.

十四日 微寒 實兒來傳次兒家平信 送金永根 追探昌孫行色 未到永春 中道逢着而來 一旬倚閭之餘 且幸其別無憊敗之狀 以三國水滸二册 以備我遮眼消愁之資 蠅頭細字 困於姿耽 昨年住京之時 悔不得貨取老鏡耳

1월 14일. 약간 추움.

실아實兒가 와서 둘째 아이의 집이 평안하다는 소식을 전해주었다. 김영근金永根을 보내어 손자 창로의 행색을 쫓아 찾게 했더니 영춘원永春源에 도착하기 전 중도에서 만나서 왔다. 열흘 동안 문지방에 기대서서 기다렸던 터인데, 별로 피로에 지친 기색이 없는 것이 다행이다. 『삼국지』・『수호지』 두 가지 책으로 눈을 가리고 근심을 씻을 자료로 준비했으나, 파리 대가리만 한 작은 글자 때문에 한껏 즐기기에 곤란하다. 작년 서울에 머물러 있을 때 돋보기안경[老鏡]을 사두지 못한 것이 후회스러울 뿐이다.

風鱗時勢兩堪憐	풍전등화같은 시세 중국이나 우리 다 가련한데
三歲倉兄敗六塵	3년 세월 혼란 중에 온 세상이 다 패망했네
文欲黃間今壯士	글 욕심은 강궁强弓이라 오늘의 장사요
歌猶白雪古高人	노래는 백설곡 옛 은자의 정조로다
然惟妄想滋羣惑	그러나 섣부른 상상은 뭇 의혹을 보태리니
願使團心養太眞	원컨대 마음 단속하여 진정 기를 수 있기를
會有同孫貽史乘	마침 손자가 역사책 가져다 주니
從玆消日少澄神	이제부터 소일함에 정신 조금 맑겠네

十五日 晴 夜見山月漏牕 淸景逼人 寒不能寢 吟成一律 性情所發 又是懷故之悵

1월 15일. 맑음.

밤에 보니 산 달이 창문으로 스며들고 맑은 풍광이 사람을 핍박하는데, 추위에 잠을 이루지 못하고 성정이 발현하는 대로 율시 한 수를 지으니, 이는 또한 고향 그리는 서글픈 회포이기도 하다.

思之眞切見於遐	생각이 참으로 절실하면 멀리까지 미치는가
移得鄕山几案頭	고향 동산 책상머리로 옮겨 왔네
香火晨升皇祖廟	신새벽 가묘家廟에 향화 바치고
麻禾先占牧人疇	상마화서桑麻禾黍에 목동 먼저 자리 차지하네
椒花氣煖家家醉	찔레꽃 향기 따사로우면 집집마다 취하고
柳葉粧成隊隊遊	버들잎 곱게 단장하면 젊은이들 삼삼오오 노니네
獨也居停孤影月	홀로 머물러 사는 몸 달 아래 그림자 외로워
看雲隨照鏡湖洲	고향 그리는 마음 경호36) 모래섬 비추어 보네

十六日 陰 夢省親闈 又見小菴李公 家兒 自柳縣路宿朝到 因與昌孫去永春源 盖因新舊易主之際 且有房主敺迫之故也 李秉三來遊 午以麵飥待之 金達 夕飯而去

1월 16일. 흐림.

꿈에 부모님을 뵙고, 또 소암小菴 이공을 만났다. 가아家兒가 유하현柳河縣으로부터 출발하여 길에서 자고 아침에 도착하였다. 바로 창손昌孫과 함께 영춘원永春源으로 출발했는데, 이는 신·구 주인이 바뀔 때 집주인의 독촉이 있을까봐서이다. 이병삼李秉三이 와서 놀았다. 점심으로 수제비를 대접하였다. 김달金達이 저녁을 먹고 갔다.

十七日 晴 聞家兒向下尾壚 而昌孫去大沙灘 正孫及鄭東壽 自大沙還

1월 17일. 맑음.

들으니 가아家兒는 하미하[下尾壚]로 향하고 창손은 대사탄大沙灘으로 향했다고 한다. 손자 정로와 정동수鄭東壽가 대사탄에서 돌아왔다.

---

36) 경호鏡湖 : 백하 김대락의 고향인 안동 내앞 수구水口에 위치한다. 갖춘 이름은 경포호鏡浦湖이고, 강가 너럭바위와 벼랑을 경포대鏡浦臺라고 한다. 개호송開湖松과 함께 어우러진 풍광은 영남 팔경의 하나로 꼽힌다.

十八日 陰 夢猶候怨和 踰歲曠省之餘 驚懼萬萬 又見瑞五庠兄 畧有言說而不記

1월 18일. 흐림.

작은 아버지께서 병환이 드신 꿈을 꾸었다. 한 해가 넘도록 안부를 살피지 못한 나머지라 매우 놀랍고 두렵다. 또 서오瑞五[37) 상형庠兄(서당에 함께 다녔던 또래를 가리키는 듯함)을 만나서, 잠시 말을 나누었으나 기억나지 않는다.

十九日 雪而風 夢舜若 見我詩藁 頗有稱賞評品之辭 而又有步韻之作 旣覺而都作梁枕 可恨 朝平海居李克淵 來傳萬初行聲 而竟寂躄音 或坐於蟄耶 夕趙夏基 黃炳禹 炳日 晚得 炳湯 張斗柄 自恒道入來 湫渦陜室 肥骨相摩 入夜經過 甚非衰老者可堪 安得廣廈而庇之也 且房主敺迫如鸇逐鳥 可痛可歎

1월 19일. 눈 내리고 바람이 불었다.

꿈에 순약舜若이 나의 시고詩藁를 보고는 자못 칭찬하는 품평의 말을 하고, 또 차운시를 지었다. 이미 잠에서 깨어남에 모두 남가일몽일 뿐이니 한스럽다. 아침에 평해 살던 이극연李克淵이 와서 만초萬初가 올 것이라고 했는데, 끝내 오지 않으니 아내[38)에게 붙잡혀서인가? 저녁에 조하기趙夏基·황병우黃炳禹·황병일黃炳日·황만득黃晚得·황병탕黃炳湯·장두병張斗柄이 항도촌恒道村에서 들어왔다. 웅덩이 같은 좁은 방에서 살과 뼈를 서로 비비며 밤을 나려니, 참으로 노쇠한 사람이 견딜 수 없다. 어디에서 넓고 큰집을 구해다가 이들을 보호할 수 있을까? 또 집주인이 매가 새를 쫓는 것처럼 구박을 해대니 통탄스럽다.

萬事徒餘一兀翁	만사를 여사로만 살아온 한 쇠약한 늙은이
七旬經歷似三空	칠십년 이력이 삼공三空[39)과 같구나
談經說理成何業	경經을 말하고 이理를 설파하여 무엇을 이루었나
背祖離親罪厥躬	조상 등지고 부모 이별하니 죄가 그 몸에 쌓였으리

---

37) 서오瑞五 : 김서락金瑞洛(1840~1917)의 자字이다. 안동 임하면 천전출신으로 1895년 12월 안동의 진 결성 당시 종사관從事官에 선임되었다.

38) 아내 : 원문은 설蟄로 설어蟄御의 준말인데 시중드는 사람, 곧 아내라는 뜻이다. 석주 이상룡의 아내는 백하 자신의 여동생이다.

39) 삼공三空 : 토지와 조정과 창고 세가지가 텅 비어 있는 것을 말한다.

若使蔡人迎我笑　　　가령 채인蔡人40)이 웃으며 나를 맞이한다 하더라도
寧爲韓子送文窮　　　차라리 한유처럼 송궁문送窮文41)이나 지으리라
飛蓬轉舶雖無係　　　날리는 쑥 떠다니는 조각배처럼 정처가 없지만
祇笑暴秦惡納風　　　다만 비웃노라 포악한 진나라의 악납惡納의 풍속42)을

二十日 晴 黃炳日 仍宿 夕平海居李炳世 趙錫九 李出伊來宿 錫九滯痛 藥以療治

1월 20일. 맑음.
　황병일黃炳日은 그대로 머물고, 저녁에 평해 사는 이병세李炳世와 조석구趙錫九·이출이李出伊가 와서 잤다. 석구가 체하여 고통스러워하는지라 약을 써서 치료하였다.

安危禍福互相猜　　　안위와 화복은 서로가 시샘하는 법
一任蒼穹達視來　　　모든 것을 꿰뚫어 보시는 하늘에
春雪如剛消見睍　　　봄 눈이 강한 것 같아도 햇볕에 사라지고
冬根雖晦暗滋胎　　　겨울 뿌리가 어두워도 어둠은 잉태를 준비한다
白頭却似三輪世　　　백두의 늙은 몸이야 윤회의 마지막인 듯하지만
靑編虛負八斗才　　　젊을 적 공연히 팔두八斗의 재주43)를 자부했도다
不我者天由我我　　　나 아닌 것이 하늘이요 나는 나일 뿐이니
無寧餘景穩靈臺　　　차라리 남은 세월 마음 편히 지냄만 같지 못하리라

---

40) 채인蔡人 : 예절을 모르는 무지랭이 집단을 가리킨다. 원화元和(806~820) 연간에 채蔡 땅의 오원제吳元濟를 토벌한 이소가 고귀한 신분으로서 일개 창의절도사彰義節度使 배도를 맞이함에, 탁건을 갖추고 길 왼편에 서서 배례로써 맞이했다. 이는 이소가, 무례한 그곳 사람[蔡人]들에게 예절을 보이기 위해서였다.
41) 송궁문送窮文 : 한유韓愈가 지은 글. 일찍이 항상 자기를 괴롭히는 다섯 궁귀. 즉 지궁智窮·학궁學窮·문궁文窮·명궁命窮·교궁交窮을 물리치려 했다는 내용이다.
42) 악납惡納의 풍속 : 악행을 저지르고 뇌물이 횡행하는 풍속. 악납은 작악납뢰作惡納賂의 준말이다.
43) 팔두八斗의 재주 : 재주가 많다는 말이다. 『남사南史』「사영운전謝靈運傳」에 영운이 "온 천하의 재주가 모두 한 섬인데 조식曹植이 8두斗를 얻었고 내가 1두斗를 얻었고, 나머지는 고금古今 사람들이 차지했다."는 말이 있다.

二十一日 風

1월 21일. 바람.

二十翼日 家兒自丹溝來 下尾則無敨入之地 而更以丹溝爲意

1월 22일.

집 아이가 단구丹溝에서 왔다. 함니하[下尾]는 송곳 꽂을 땅도 없기 때문에 다시 단구에 뜻을 두고 있다.

二十三日 風而寒 家兒與金永根去丹溝 以屋子酬直事也 李秉三來覓楜椒太鹽価 合五圓七角 仍出給 <楜椒大一斗 又半斗之半 太半斗之半 鹽百斤> 夕黃婿趙錫九來宿

1월 23일. 바람 불면서 추움.

집 아이와 김영근金永根이 단구로 떠났다. 집값을 치르기 위해서였다. 이병삼李秉三이 와서 고추와 콩과 소금을 구하는데 합해서 5원 7각을 구하기에 그대로 내주었다. <고추는 대두 한 말에다가 반의 반말이고, 콩은 반의 반 말, 소금은 100근> 저녁에 황서방 병일과 조석구趙錫九가 와서 잤다.

二十四日 風 黃婿仍留 炳禹來宿 家兒過期不還 必是屋子又不如意 荷擔而立 莫知所向 可歎可歎

1월 24일. 바람.

황서방은 그대로 머물고, 병우炳禹가 와서 잤다. 집 아이가 기한이 지났는데도 돌아오지 않는다. 필시 집이 또 여의치 않아 짐을 메고 서서 어디로 가야 할지 모르는 것과 같다. 한탄 한탄스럽다.

二十五日 風而寒 夢余構句 偶爲先考所監 拈示句中先字曰此字未妥 改撰可也 又與舍弟方講論語顏淵問仁章 至注解 歸惟猶與也之義 吾於平日每日 天下歸於仁 學乃曰 歸惟與字之與 當看作許與之與 學聯床對討之際 常各守其見 今於此地得見明儒所輯注釋 則歸惟許也 看作許與之與字 家庭詩禮之訓 賢弟見解之明 上下承服 而繼有風樹之感 瓊雷之悵

因感吟二絶 是午金達 李文衡來見 夕金永根自哈泥河來言 有野土二百元之地 量力可合 家兒之期欲丹溝 有何所取

1월 25일. 바람 불고 추움.

꿈에 내가 싯구를 엮고 있을 때, 우연히 선고께서 보시게 되었는데, 시구 가운데 먼저 선先 자를 지적해 보이며 말씀하시기를 "이 글자는 맞지 않으니 고치는 것이 좋겠다."고 하셨다. 또 아우와 함께 막 『논어』의 「안연이 인에 대하여 묻다[顔淵問仁]」 장44)을 강론하다가 주해註解 '귀歸는 허여함이다[惟與也]'의 뜻에 이르렀다. 나는 평상시에 매번 "천하는 인에 돌아간다."고 하였고, 학내學乃45)는 "귀유여歸惟與의 더불어 '여與' 자는 마땅히 '허여한다는 뜻의 여[許與之與]'로 봐야 한다."고 하였다. 아우와 책상을 나란히 하고 토론할 즈음에 항상 각기 그 견해를 고수했는데, 지금 이 땅에서 명나라 유학자의 주석서를 얻어 보니 '귀歸'는 '허許'와 같으니, 허여한다는 뜻의 '여與' 자로 간주해야 한다고 되어 있다. 아버지의 시례詩禮의 가르침과 어진 아우의 총명한 견해에 위 아래로 승복하면서 풍수지감風樹之感과 경뢰지창瓊雷之悵46)을 이어 느끼게 된다. 이로 인해 느낀 대로 절구 두 수를 읊었다. 이날 오후에 김달金達과 이문형李文衡이 와서 만났다. 저녁에 김영근金永根이 합니하哈泥河에서 와서 "2백원 하는 개간 안 된 땅이 있다."고 말했다. 힘을 헤아려 볼 때 부합이 되지만, 집 아이가 단구丹溝를 바라고 있으므로 어떻게 취할 수 있겠는가?

思親 아버지 생각

| 每奉幽閭感涕新 | 매양 산소에서 받들어 절 할 때 눈물이 새롭더니 |
| 丁寧至敎夢魂邊 | 정녕 지극한 가르침 꿈속 혼가를 맴도네 |

---

44) 안연이 인을 묻는 장 : 『논어』 「안연」 편에 나온다. "顔淵問仁 子曰 克己復禮爲仁 一日克己復禮 天下歸仁焉 爲仁由己 而由人乎哉 顔淵曰 請問其目 子曰 非禮勿視 非禮勿聽 非禮勿言 非禮勿動 顔淵曰 回雖不敏 請事斯語矣".
45) 학내學乃 : 김소락金紹洛의 자字이다. 학래學來로 쓰기도 하였다. 백하 김대락의 동생이다.
46) 경뢰지창瓊雷之悵 : 형제가 서로 떨어져 그리워하는 마음을 가리킨다. 경뢰는 경주瓊州와 뇌주雷州로 지금의 해남도海南島와 뇌주반도를 가리킨다. 송나라 신종神宗 때 소식이 왕안석王安石의 신법新法을 비판하는 상소를 올렸다가 경주로 쫓겨났을 때 아우 소철이 뇌주에 있었다. 소식의 「기자유시寄子由詩」에 "경뢰가 구름바다에 막힌 것을 혐의 말라, 성상께선 오히려 멀리 서로 보는 것을 허락했다네[莫嫌瓊雷隔雲海 聖恩尙許遙相望]" 하였다.

重泉若復聞詩禮	저승에서 다시 시례를 들을 수 있다면
猶愈昧方苟活人	캄캄한 곳이 구차하게 사는 것보다 나으리

憶弟 동생을 그리워하다

一自分荊萬里情	한 번 형나무 나눈 후 만리에서 그리는 정47)
三年生作九原行	3년 세월이 저승길이 되었구나
猶有蘧蘧池草句	아직도 생생하게 남은 지초구48)
知君偏係愛兄情	몹시도 형을 사랑하는 정임을 알겠네

二十六日 又風 實兒去丹溝而還 屋子又不成 不得已復以下尾墟爲意

1월 26일. 또 바람이 불었다.

실아實兒가 단구丹溝에 갔다가 돌아왔다. 집일이 또 성사되지 않아 부득이 다시 합니하[下尾墟]에 마음을 두었다.

二十七日 飛雪旋霽 實兒以率眷次 去大沙灘 以李秉三家回車適當其處故耳 孫兒是午還 家兒是夕還 丹溝則田與土俱不合意 且俟永根下尾之回耳 萬初云 爲校堂而三日不見 阻餘也 新歲也 見面時急 而先公之地 似無私暇矣

1월 27일. 눈이 날리다가 곧 개었다.

---

47) 형나무 나눈 후 만리에서 그리는 정 : 형제들끼리 서로 우애함을 이른다. 옛날 전진田眞이란 사람의 형제 세 사람이 재산을 똑같이 나누고 나니, 당전堂前에 자형수紫荊樹 한 그루만이 남게 되었다. 세 사람이 이를 세 조각으로 나누어 갖기로 하고, 다음날 그 나무를 자르려고 가보니, 나무가 마치 불에 탄 것처럼 말라 있었다. 그러자 전진이 크게 놀라 아우들에게 말하기를 "나무가 본디 한 그루인데 장차 쪼갠다는 말을 듣고 이 때문에 말라 버린 것이니, 우리는 나무만도 못하다."하고, 나무를 베지 않기로 하니 나무가 그 즉시 잎이 무성해졌다. 형제들이 거기에 감동하여 다시 재산을 합하여 살아가니 마침내 효우孝友의 가문이 되었다는 고사에서 온 말이다.

48) 지초구 : 『남사南史』 권19 「사령운전謝靈運傳」에 나온다. 지당池塘의 풀이란 남조南朝의 송宋 나라 시인 사영운謝靈運이 일찍이 영가永嘉의 서당西堂에서 온종일 시를 생각했으나 이루지 못했다가, 꿈에 족제族弟인 사혜련謝惠連을 만나서 '못가에 봄풀이 난다[池塘生春草]'는 시구詩句를 얻고 나서 크게 만족하게 여겼다는 고사에서 온 말이다. 전하여 훌륭한 시구를 의미한다.

실아實兒가 식구들을 데리러 가는 길에 대사탄大沙灘에 갔다. 그것은 이병삼李秉三 가족이 수레를 돌려 마침 그곳에 안도하였기 때문이다. 손아孫兒가 이날 오후에 돌아오고, 가아家兒는 이날 저녁에 돌아왔다. 단구丹溝는 전지와 토지가 모두 뜻대로 되지 않으니, 영근永根이 합니하[下尾]에서 회답하기를 기다릴 뿐이다. 이상룡이 이르기를 "학교일 때문에 3일 간 못 만났으니 격조했던 터에 새해라 해서 보고 싶은 마음이 조급하지만 공무를 먼저 해야 할 처지라 사사로이 틈을 낼 수 없을 듯 하다."고 한다.

二十八日 淸 永根與實兒俱不返面 沙灘之車子未及 下尾之屋子不成 必有所然 荷擔而立 時日爲急 而東潰西坼 不勝愁悶 夕萬初入來 企望之餘 穩成一夜之話 蘇慰

1월 28일. 맑음.

영근永根과 실아實兒가 모두 돌아오지 않았다. 대사탄大沙灘의 수레는 오지 않고, 합니하[下尾墟]의 집도 성사되지 않았으니, 반드시 까닭이 있을 것이다. 짐을 지고 선 처지라 시일이 급한데, 동쪽은 무너지고 서쪽도 갈라지니 염려를 이길 수 없다. 저녁에 만초萬初가 들어왔다. 기다리던 끝이라 하룻밤 대화를 나누니 기운이 나고 위안이 된다.

二十九日 淸 次婦自沙灘來 永根自下尾還 報屋子有野土 可居之地 遂決意移住 家兒投書昌孫而直抵下尾 明當出馬車還歸矣

1월 29일. 맑음.

둘째 며느리가 대사탄大沙灘으로부터 왔다. 영근永根이 합니하[下尾]로부터 돌아왔는데 집에 야토野土가 딸려 살만한 곳이라 하므로 드디어 이주하기로 마음을 정하였다. 형식이 손자 창로에게 편지를 보내고 바로 합니하[下尾墟]로 갔는데 내일은 마땅히 마차를 내어 돌아올 것이다.

晦日 昌孫 早朝去丹溝 爲探渠叔去就 而仍向下尾 見其素不惺健者 何以堪百里之役也 憐念 是午 沙灘寓睦殷相 來見 略敍己巳故事

1월 30일.

손자 창로가 이른 아침에 단구丹溝로 떠났다. 그 숙부의 거취를 알아보고 그대로 합니하

[下尾]로 향하여 갔다. 그 아이가 평소에 건강하지 못한 것을 보건대, 무슨 수로 백리 길 고역을 감당하겠는가? 가엽고 안쓰럽다. 이날 오후에 대사탄大沙灘에 사는 목은상睦殷相이 와서 보고, 기사년의 옛 일을 간략히 이야기했다.

二月一日 溫

2월 1일. 따스함.

翌日 黃霧四塞 遠不辨山 夕忽飄風迅雨 旋又雪之 下尾行息 溟未聞知 可憫

2월 2일.
누런 안개가 사방에 자욱이 끼어 멀리 산을 분간할 수 없었다. 저녁에 홀연히 회오리바람이 불며 세찬 비가 내리다가 다시 눈이 왔다. 합니하[下尾]로 간 사람들 소식을 까마득히 듣지 못하여 근심스럽다.

三日 風 永根母子 發向下尾 以我行遲緩 而不得偕與故也 夕家兒自下尾還 屋子以野土二百五十圓結定矣 方欲出馬車治發計 而車不如意 且日氣猝寒 不可率稚登道

2월 3일. 바람이 불었다.
영근永根 모자가 합니하[下尾]로 길을 떠났다. 내 걸음이 더디고 느려서 모두 함께 갈 수 없었기 때문이다. 저녁에 가아家兒가 합니하[下尾]에서 돌아왔는데, 집은 야토가 있다고 해서 250원으로 결정하였다 한다. 막 마차를 내어 출발하려 하였으나 수레가 여의치 않은데다가 날씨까지 갑자기 추워져서 어린아이를 데리고 길을 나설 수 없었다.

四日 淸 家兒以馬車出貰次 廣詢于諸車 而貰金乘時倍登 此地人心 極可痛歎 此日彼日挓過時日 而孫兒 想又留在下尾 日望車到 客地待人 寧不愁鬱乎 事事牴牾 可歎

2월 4일. 맑음.
아들 형식이 수레를 세 내려고 여러 대를 알아보았으나, 마차 세貰가 시세를 타고 곱절이나 올랐다. 이곳 사람들의 심보가 지극히 통탄스럽다. 차일피일하며 날만 보내니, 손자는 생각건대 합니하[下尾]에 남아서 날마다 수레가 오기를 기다릴 것이다. 객지에서 사람을 기다리자니 어찌 걱정스럽고 답답하지 않겠는가? 일마다 서로 어긋나니 한탄스럽다.

五日 淸 出服車三輪 每車以七元七角式結貫 明將發行于哈泥河蘆洲新寓

2월 5일. 맑음.

덮개 있는 수레 3대를 내었는데, 매 마차 당 7원 7각씩 세를 매겼다. 내일 합니하哈泥河 노주蘆洲의 새 집으로 떠날 것이다.

六日 寒 夜又風雪大作 因車夫事故 不得發行

2월 6일. 추움.

밤에 또 눈보라가 크게 일었다. 이 때문에 마부가 사고가 나서 출발할 수 없었다.

七日 氣暖如晩春 早朝啓程 泥路運輻 不如乾地 將護幼孫 有如天佑 可幸 向夕 難到永春源四十里之地 稅車 看天可以前進 而前無寄宿之店 巨嶺在前 又不可冒險犯戒 因托馬于淸店 家屬 托宿于李鍾基家 雖云價之 而飯羹饌味 一適口 一夜居停 有如故地 可幸可感

2월 7일. 기온이 따뜻하여 늦은 봄 같다.

이른 아침에 길을 가는데 진흙길에 수레를 움직이기가 마른 땅만 같지 못하지만, 어린 손자를 거느리고 가는데 하늘의 도움이 있는 듯하니 다행스럽다. 저녁 무렵 간신히 영춘원永春源에서 어렵사리 40리 떨어진 곳에 이르러 수레를 풀었다. 날씨를 보니 앞으로 나아갈 만하나 앞에 기숙할 객점이 없고, 큰 고개가 앞에 있어서 다시 위험을 무릅쓰고 경계를 범할 수가 없기 때문에 본토 객점에 말을 맡기고 집 식구들은 이종기李鍾基의 집에 투숙하였다. 비록 값을 치렀으나, 밥과 국과 반찬의 맛이 일일이 입에 맞다. 하룻밤을 머무르는데도 고향에 있는 듯하니 다행스럽고 고맙다.

八日 風而不寒 下午未中 始抵于野土新寓 主人與隣叟 左右歡迎 較視舊寓 無異鄕國 是所以爲無好人三字 非君子所道也 房子與薪水 俱無窘速之端 可幸可幸

2월 8일. 바람은 불지만 춥지는 않다.

오후午後가 아직 절반이 되기 전에 비로소 황무지의 새로운 집에 도착하였다. 주인과 이웃 노인이 여기저기서 반갑게 맞아주어 전에 살던 집에 비하면 고향과 다를 바 없다. 이것이 "세상에 좋은 사람 없다는 무호인無好人 세 글자"는 군자가 말할 바가 아닌 까닭이다. 집과 땔감·물이 모두 군색할 까닭이 없으니 다행하고 다행하다.

九日 寒 李時榮以買谷事 來見 隣里土人 鎭日踵門 而言語相殊 未之穩訓 可恨

2월 9일. 추움.

이시영李始榮이 계곡을 사는 일로 와서 보았다. 이웃 마을의 토민土民이 늘 찾아오지만 말이 서로 달라 편안히 가르칠 수 없다. 한스럽다.

十日 陰而溫 夕 黃道英來 黃信杰夕飯而去

2월 10일. 흐리지만 따스하다.

저녁에 황도영黃道英이 왔다. 황신걸黃信杰이 저녁밥을 먹고 갔다.

十一日 雪深三寸 兒子與道英 涉雪發向于永春 盖兒因柳縣訟事 黃則還寓計也

2월 11일. 눈이 세 치 깊이나 왔다.

집 아이 형식과 황도영黃道英이 눈길을 건너 영춘永春으로 떠났는데, 아이는 유하현柳河縣의 송사訟事 때문이고 황도영은 집으로 돌아가려 해서이다.

翼日 陰 昨雪瀜消殆盡 而澗底堅氷 杳無解釋之期 兒孫饋進牛肉 可解枯竭之腸

2월 12일. 흐림.

어제 온 눈은 거의 다 녹았지만, 개울 밑바닥이 꽁꽁 얼어 아득히 녹을 기약이 없다. 아이와 손자가 쇠고기를 보내와 마른 창자를 풀만하였다.

十三日【祖考處士府君諱辰】快晴而暖 金永根率來見 以玉黍買去事也 夕 留妻而歸其寓

2월 13일.【돌아가신 조부祖父 처사부군處士府君의 기일이다】쾌청하고 따스함.

김영근金永根이 식구를 데리고 와서 보았는데, 옥수수를 파는 일 때문이었다. 저녁에 처는 남기고 그는 집으로 돌아갔다.

十四日 晴而晚濁 居處飲食 比前稍寬 每念七孫 如留犢之牛 不能定情 夢見小菴姻叔

2월 14일. 개었다가 늦게 흐림.

거처居處와 음식이 전에 비하면 조금 낫다. 손자 형칠을 늘 염려하는 것이 송아지를 두고 온 어미 소 같아서 마음이 안정되지 않는다. 꿈에 처숙 소암小菴 공을 뵈었다.

十五日 雨雪 昌孫去哈泥滯宿 又夢小菴家年少子弟 未知此家有運動之意耶

2월 15일. 눈이 내렸다.

손자 창로가 합니하哈泥河에 가서 머물러 잔다. 또 꿈에 소암 댁의 어린 자제들을 보았는데, 이 집안이 움직여 올 의사가 있는지 모르겠다.

十六日 又雪 尹仁輔來見 午饒而去 夢見曙山仲君 將發京行 裁書付趙鍾弼 得見政姪抵昌孫書 知故山梗槪 而圭姪以二月晦間 入來云 農已失節 且無房子 奈何 盖其手纖服重 致身甚難故也 雖期入來 又安有別般好道耶 憐念 是夕李世明來宿 孤寂之際 慰瀉慰瀉

2월 16일. 또 눈 오다.

윤인보尹仁輔가 와서 보고 점심을 먹고 갔다. 꿈에 둘째아우 서산曙山을 보았다. 장차 서울을 떠나려 할 때 서신을 써서 조종필趙鍾弼에게 부쳤는데, 조카 정식政植이 손자 창로에게 보내는 서신을 받아보고 고향의 대략적인 상황을 알았다. 조카 규식圭植이 2월 그믐께에 들어올 것이라 한다. 농사는 이미 시기를 놓쳤고 집도 없으니 어찌 하나? 대개 그 솜씨는 모자라고 일은 벅차서 몸을 바쳐도 매우 어려울 것이기 때문일 터인데, 비록 들어오기로 약속했다고 하나 달리 무슨 좋은 방도가 있으랴? 안타깝고 염려된다. 이날 저녁에 이세명李世明이 와서 잤다. 고적孤寂하던 터에 위로가 되고 회포가 풀린다.

十七日 雪 政姪帶金達夫人入 去鄒街云 似當數日後 抵此耳 急於鄕信 燥企燥企

2월 17일. 눈.

조카 정식政植이 김달金達의 부인을 데리고 들어왔는데, 추가가鄒哥街로 갔다고 하니, 아마 수일 후에나 여기 도착하게 될 것 같다. 고향 소식에 마음이 급급하여 초조하게 기다려진다.

十八日 李東寧 李喆榮來見 略說校築之事

2월 18일.

이동녕李東寧과 이철영李喆榮이 와서 보고, 학교를 짓는 일을 대략 말해주었다.

十九日 孫兒去鬧枝溝尹仁輔所寓 其父自內地入來 畧憑近來風稜 而不聞其詳

2월 19일.

손자가 요지구鬧枝溝의 윤인보尹仁輔 거처에 갔더니 그의 부친이 국내에서 들어왔다. 요사이의 급박한 풍조를 대략 알겠으나, 자세한 것은 듣지 못했다.

二十日 淸 尹炳烈 禮安李義純 義正 及肅川安聲天 來見 平海砂洞里津浦金姓人 家有四歲兒 不學而知書 又善書 遠近聞者 皆持幣塡門 其家賴而爲資云 李時榮率僱動人五名 買玉黍 午饒

2월 20일. 맑음.

윤병렬尹炳烈과 예안禮安 이희순李義純·의정義正과 숙천肅川 안성천安聲天이 와서 보았다. 평해平海 사동砂洞 이진포里津浦의 성이 김金이라는 사람이 집에 네 살 난 아이가 있어, 배우지 않고도 글을 알고 또 글씨도 잘 써서 원근遠近의 소문을 들은 사람들이 폐백을 가지고 문전門前을 메울 정도이다. 그 집은 그에 의지해 산다고 한다. 이시영李時榮이 일꾼 다섯 사람을 데리고 옥수수를 사러 왔다가 점심을 먹었다.

二十一日 風而暖

2월 21일. 바람 불고 따뜻함.

翼日 雪 政姪云來者已久 而尙不來見 未知有別般濡滯之端耶 可悶可鬱

2월 22일. 눈

조카 정식政植이 왔다고 한 지가 오래되었는데 아직도 와 보지 않는다. 특별히 지체되는 이유를 모르겠다. 염려스럽고 답답하다.

二十三日【曾祖妣恭人月城崔氏諱辰】實兒 去大牛溝 盖因家主來督谷價 故昌孫 裁書懇貸于文極故也

2월 23일.【증조비 공인 월성최씨의 기일이다】

실아實兒가 대우구大牛溝로 떠났다. 이는 집 주인이 와서 곡식 값을 독촉하므로 손자 창로가 편지를 써서 이준형에게 돈을 빌려 주기를 간청했기 때문이다.

二十四日 政姪入來 伏見叔父書 又得學乃書 及良洞李壻 上下悲悵 復切悔來之歎 但姻叔來書 中路遺失 可恨 各處平信 獅孫才知 俱可慰意 而萬姪 率眷在後云 是所憐戀 李德基 金濟轍 禮安金柄參來宿 昌孫 曾推用德基錢兩 今此來覓 無以報償 可憫

2월 24일.

조카 정식政植이 들어옴으로써 엎드려 숙부의 편지를 보았다. 또 학내學乃의 편지에서는 양동良洞 이서방이 위 아래로 당한 비통함을 언급하였는데, 다시 후회하는 탄식이 간절하였다. 다만 처숙이 보낸 편지가 중간에 유실되어 한스럽다. 각처에서 평안하다는 소식과 외손[獅孫]의 재주와 지혜는 모두 위로가 되지만, 조카 만식萬植이 가족을 데리고 뒤처져 있다고 하니 가엾고 그립다. 이덕기李德基·김제철金濟轍, 예안禮安의 김병삼金柄參이 와서 잤다. 손자 창로가 일찍이 덕기의 돈을 빌려 썼는데, 지금 여기에 와서 돌려받으려 하나 갚을 수 없어서 미안스럽다.

二十五日 淸 實兒 自大牛溝還 無一分變通之路 四面錢督 極可憂歎

2월 25일. 맑음.

실아實兒가 대우구大牛溝로부터 돌아왔으나 한 푼도 변통할 길이 없다. 사방에서 돈을 독촉하니 매우 근심스럽고 한탄스럽다.

二十六日 風而暖 孫兒以後行安接事 問舍于隣近 而又去半地黃溝 李友世明 以其叔父大癡翁抵自家詩一首 及自製賡和之什 示余求和 余不敢以拙短爲嫌 因一其韻而兩其篇 并述其同操共貫之意

2월 26일. 바람 불고 따뜻함.

손자가 뒤에 올 행차를 편안히 맞이하는 일로 인근에 집을 알아보고, 또 반지황구半地黃溝로 떠났다. 벗 이세명李世明이 그의 숙부 대치옹大癡翁이 자신의 집에 보낸 시 한 수와 자신이 지은 화답시편을 나에게 보이면서 화답해 줄 것을 원했다. 나는 감히 서투른 솜씨를 꺼리지 않고, 운자는 동일하되 두 편으로 나누어 같이 조심하고 함께 사이좋게 지내자는 뜻을 기술하였다.

次李衡國〈世明〉 이형국李衡國 〈세명世明〉에게 차운하다

南潮日漲共西離	남쪽 조류가 날로 넘쳐 함께 도망했으나
猶幸同人不我遺	그래도 다행히 동포들은 나를 버리지 않았네
四海刀創剚竹勢	온 세상 전운은 파죽의 기세요
三韓風雨轉蓬時	삼한은 비바람에 구르는 쑥솜뭉치 처지라
吾惟蕭瑟庾開府	나는 오직 유개부庾開府[49]의 스산한 비파라면
君是高琴鍾子期	그대는 바로 종자기의 고상한 거문고네
已矣難能回故道	그만이로다 옛 도를 회복하기 어려우니
無寧相笑不相嘻	차라리 서로 웃고 탄식하지 않음이 낫지 않겠나

次大癡翁原韻 대치옹大癡翁 원운原韻에 차운하다

曾云相樂不相離	일찍이 서로 즐기며 헤어지지 말자고 했는데
俱是窮年世所遺	둘 다 노년이라 세상에 버림 받았네
東海方知明月士	동해는 그 때 풍류 선비를 알아 보았고

---

49) 유개부庾開府 : 북주北周시대 시인이며 문장가인 유신庾信을 가리킨다. 표기대장군驃騎大將軍, 개부의동삼사開府儀同三司를 지낸 바 있기 때문에 이렇게 일컫는다.

公山徒見闉風時	팔공산에서는 한갓 도학의 시대인 줄만 여겼네
桑田浩劫悲黃塞	상전에 닥친 재난 누렇게 시든다 슬퍼하고
蘭室幽盟負素期	난실의 그윽한 맹약 평소 기대 저버렸네
又是海軒軒上老	또 바닷가 누각 누각 위 늙은이
生當死別事堪嘻	살아 사별하니 한숨 쉴 일 아니던가

過鬧枝嶺 〈當在初八日日錄下〉

요지령鬧枝嶺을 넘으며 〈마땅히 초 8일 일록日錄 아래에 있어야 한다〉

三歲于今四遷之	3년 세월에 지금껏 네 번이나 옮기되
東風携手又南爲	봄바람에 이사하고 또 남쪽으로 떠나왔네
懸崖雪石圭稜刻	벼랑과 눈 덮인 바위 험준한 고개를 넘어
翳樹天形隙樣知	빽빽한 숲속 하늘이 틈처럼 생긴 줄 알았네
澗水遠從千萬落	골짜기 물 멀리로부터 천만리를 흘러오고
煙家或出兩三楣	인가라곤 간혹 두어 칸 작은 집이 나올 뿐
吾何是日尋仙界	내 이날 어떻게 선계仙界를 찾아왔나
應是流花漏網時	응당 흐르는 꽃잎 그물을 벗어날 때이지

二十七日 安東金道鎭來見 浙江白春三 以傝動仍留 萬初書意也

2월 27일.

안동 김도진金道鎭이 와서 보았다. 절강浙江의 백춘삼白春三이 노동을 하려고 그대로 머물렀다. 만초萬初 이상룡이 편지로 그렇게 하라고 해서였다.

二十八日 夕雪 平海韓△△午饑而去 寧海李鍾常 以姜姓人家野土興成事仍留 朴元根 午後來見 夕飯而去

2월 28일. 저녁에 눈.

평해 한韓 아무개가 아침을 먹고 떠났다. 영해 이종상李鍾常이 강씨 성의 주인집과 땅을 흥정하는 일로 그대로 머물렀다. 박원근朴元根이 오후에 보러 와서는 저녁을 먹고 떠났다.

二十九日 柳寅植 李綱鎬來宿

2월 29일.

류인식柳寅植[50])과 이강호李綱鎬[51])가 와서 잤다.

三月一日 李敎昌 敎鳳 鍾嶠 童蒙鍾斗 權極夏內客三貟來宿

3월 1일.

이교창李敎昌과 교봉敎鳳·종교鍾嶠, 동몽 종두鍾斗, 권극하權極夏와 내객 3인이 와서 잤다.

翼日 已上內外客仍留 柳寅植 李綱鎬 李觀稙 皆朝飯而去 吾則飯後去哈泥河 午饒于金永根家 與諸員等營建校基 江山明麗 地勢平衍 政合儒紳粧修之所 襟期爽豁 盖入此境 初見也 寧海金慶國朴仁九 朝後來到 仍宿

3월 2일.

이상의 내외 객들이 그대로 머물렀다. 류인식柳寅植과 이강호李綱鎬·이관직李觀稙[52])은 모두 아침을 먹고 떠났다. 나는 아침 먹은 뒤에 합니하哈泥河로 가서 김영근金永根 집에서 점심을 먹고, 여러 사람과 함께 학교 터를 영건하였다. 강산이 밝으면서 수려하고, 지세가 평탄하고도 넓어서 정녕 유자 학도들이 들어앉아 수양할 곳으로 합당하다. 이로 하여 마음 속 회포

---

50) 류인식柳寅植(1865~1928) : 경북 안동 예안 출신. 1907년 안동지역 애국계몽운동의 요람 협동학교 설립에 주도적 역할을 하였다. 1911년 만주로 망명하여 경학사 설립을 이끌었다. 1912년 7월 독립운동 자금을 모으기 위해 잠시 귀국하였다가 체포되었다. 석방 후 망명을 포기하고 역사서술가와 사회운동가를 넘나들며 항일투쟁을 펼치던 그는 1928년 4월 29일 생을 마감하였다. 저술로 『대동사大東史』·『대동시사大東詩史』 등이 있다. 1982년 건국훈장 독립장이 추서되었다.
51) 이강호李綱鎬(1863~1946) : 경북 안동 예안 출신. 만주에서 항일투쟁을 펼친 독립운동가 이원일李源一의 아버지이다.
52) 이관직李觀稙(1883~1972) : 서울 출신. 신민회 회원으로 안동 협동학교에서 교사로 활약하였다. 그 뒤 만주로 망명하여 경학사 조직에 기여하였고, 신흥강습소를 세워 교관으로 활약하였다. 1916년 독립운동 자금마련을 위해 국내로 들어와 활동하였다. 1919년 3·1독립만세운동이 일어나자 배재학당培材學堂의 학생동원 책임자로 활약하다 체포되어 옥고를 치렀다. 1990년 건국훈장 독립장이 추서되었다.

가 상쾌해졌는데 이는 이 경내에 들어와 처음 느끼는 것이다. 영해에 살던 김경국金慶國과 박인구朴仁九가 아침이 지난 뒤에 도착했다. 그대로 머물러 잤다.

三日 李敎昌諸眷往靑溝住所 李鍾常諸率去 住于山前隣近之地 耕鑿住接之計 各就頭緖 而吾家姪輩之追後來到者 沒無區處 可悶 衡兒自柳縣今始返面

3월 3일.
이교창李敎昌의 가솔들은 청구靑溝의 거처로 갔고, 이종상李鍾常의 가솔들은 떠나서 산 앞 인근 지역에 머물며 밭 갈고 머무를 계획으로 각각 실마리를 찾아 나아갔다. 그러나 우리집 조카들 중에 뒤따라 오는 자들은 전혀 거처할 곳이 없으니 근심스럽다. 형식이 유하현에서 이제야 비로소 돌아와 뵙는다.

四日 李觀稙來宿 一宵談話 無異同堂之親 且津津道故山聲息 尤切感傷

3월 4일.
이관직李觀稙이 와 묵으면서 하룻밤 담화를 나누었는데 동당同堂의 친함과 다를 바가 없고, 또 흥미진진한 고향 소식을 들으니 더욱 절절히 아픔을 느낀다.

五日 家兒與李觀稙偕往大牛溝 盖其不忍遽別 而因爲遠于之意 夕山雨小霈

3월 5일.
형식과 이관직이 함께 대우구大牛溝에 갔는데, 대개 갑작스런 헤어짐을 차마 견디지 못하여 전송하려 한 것이다.53) 저녁에 산비가 조금 내렸다.

六日 晴 夜見溪沼之境 火光熾作 盖隣近居人之擧網捉蛙者也 淸人偏嗜此物陸産則以猪肉爲上 豈天下之口 亦有所不同者耶 甚呵甚呵

3월 6일. 맑음.
밤에 시냇가 경계에서 불빛이 치솟아 오르는 것을 보았다. 아마도 인근에 사는 사람들이

---

53) 전송하려 한 것이다 : 원문은 원우지의遠于之意. 『시경詩經』 패풍邶風 「연연燕燕」 편에 "저 분이 돌아감에, 멀리까지 전송하네[之子于歸 遠于將之]"라 한 데서 나왔다.

그물을 던져 개구리를 잡는 것인 듯하다. 청나라 사람들은 지나치게 이것을 좋아하고, 육지의 산물로는 돼지고기를 최상으로 삼는다. 아마 천하의 입이 같지 않은 바가 있어서 그런가 보다. 매우 우습고 우습다.

七日 晴 前隣饋以狗羹 可感

3월 7일. 맑음.
앞집에서 개고기국을 갖다 주니 감사하다.

八日 風 黃義英來 家兒自永春來傳 李觀稙病報 警慮警慮

3월 8일. 바람.
황의영黃義英이 왔다. 집 아이가 영춘永春으로부터 와서 이관직李觀稙이 병들었다는 소식을 전한다. 놀랍고 걱정스럽다.

九日 雨風雪乖和 朝李敎鳳 物故報至 家兒與昌孫聞則赴喪 其家情景 路人猶涕 曾謂福善之天 而亦有此事耶 慘矣惜哉

3월 9일. 비바람과 눈이 봄기운에 어긋남.
아침에 이교봉李敎鳳이 물고物故[54]를 당했다는 소식을 들었다. 집 아이와 손자 창로가 바로 듣고는 달려가 문상했다. 그 집안의 실정이 길 가던 사람까지도 오히려 눈물을 흘릴 지경이다. 일찍이 '착한 이에게 복을 준다'고 하였는데, 이러한 일이 있을 수 있는가? 참혹하고 애석하다.

十日 種家後垈田牟二斗落 夕李庭愚 柳寅植 裵仁煥 權寧睦來宿 皆青溝問喪之行也 其中年少朋友之筋力可及者 自有前期 而李老之鶖地相逢 其喜可量 雖有再來之約 而老人事何可必乎 纔笑旋別 悵黯悵黯

3월 10일.

---

54) 물고物故 : 죄지은 사람이 죽음을 당하는 일이다. 여기서는 갑작스러운 죽음을 뜻한다.

집 뒤의 텃밭[垈田]에 보리 두 마지기를 심었다. 저녁에 이정우李庭愚·류인식柳寅植·배인환裵仁煥55)·권영목權寧睦이 와서 묵었다. 모두 청구靑溝에 문상하러 가는 길이다. 그 중 나이가 젊은 붕우朋友 중 근력이 있는 자는 그런대로 앞날의 기약을 둘 수 있을 것이다. 그러나 이노인李老人은 연고 없는 객지에서 서로 만나 기쁜 마음을 알겠더니, 비록 다시 오겠다는 약속을 하였으나, 노인의 일을 어찌 기필할 수 있으랴? 잠시 웃고서 곧 작별하니, 서운하고 서글프다.

十一日 淸 金宇植 宋鎭裕<榮川> 崔生<眞寶> 裵快周<老山> 金壽漢<上仝> 李駿岳<盤市> 李建宇<上仝> 金禹龍<枝谷> 皆率妻子來到 合三十餘人 又得昌寧金奎華書 及舍弟書 柳必永抵舍弟 三緘書 以面以書 俱可喜慰 但九耋猶候 六旬賢弟 無由承接 是所悽恨 洪姪中路 爲枝谷權東直病席所拘 未之偕到 懸戀不已

3월 11일. 맑음.

김우식金宇植·송진유宋鎭裕<영천榮川>·최생崔生<진보眞寶>·배쾌주裵快周<노산老山>·김수한金壽漢<위와 같음>·이준악李駿岳<반시盤市>·이건우李建宇<위와 같음>·김우룡金禹龍<지곡枝谷>56)이 모두 처자를 데리고 오니, 합하여 30여 명이다. 또한 창녕昌寧의 김규화金奎華의 편지와 아우의 편지, 류필영柳必永57)이 아우에게 보낸 세 통의 봉함을 받았다. 면대한 사람도 편지로 얻은 사연도 모두 기쁘고 위로될 만하였다. 다만 구십 나이의 숙부와 육순의 동생은 뵙고 만날 길이 없으니 슬프고 한스럽다.

조카 홍식洪植58)은 중도에 지곡枝谷 권동직權東直의 병석에 붙들려 함께 도착하지 못하였다. 그리운 마음을 그칠 수 없다.

---

55) 배인환裵仁煥(1873~1917) : 경북 안동 예안 출신. 대한협회 안동지회에 참가해 애국계몽운동을 펼쳤으며, 1912년 1월 집안 일가 10여 호를 거느리고 만주로 망명하였다. 1914년 합니하哈泥河 청구자靑溝子에 동진학교東進學校를 설립하여 교감을 맡았다. 1915년에는 마록구馬鹿溝에 협창학교協昌學校를 세우고 교감으로 활약하였다.
56) 지곡枝谷 : 지금의 경북 안동시 풍천면 가곡리이다. '가일마을'로 불린다.
57) 류필영柳必永(1841~1924) : 경북 안동 예안출신이다. 동산 류인식의 생부이며, 1919년 3월 파리장서의거에 유림의 한 사람으로 서명하였다. 1995년 건국포장이 추서되었다.
58) 홍식洪植 : 김대락의 아우 김소락金紹洛의 둘째 아들이다.

翌日 淸 已上諸人 以房子未得仍宿 李源一自內地新入 或分宿山隣 或閑地露宿 初頭困厄 孰非經歷 而悶憐之狀 如我獨當 宇植正姪 去鄒街 榮川宋在箕 又來宿

3월 12일. 맑음.

이상 여러 사람들은 방을 얻지 못하여 그대로 묵고, 이원일李源一[59]이 국내에서 새로 들어왔다. 어떤 사람은 이웃집에 나누어 자고, 어떤 이는 빈 터에서 노숙露宿을 하니, 처음의 곤액을 누군들 겪지 않을까마는 안타깝고 가련한 형상이 마치 나만 홀로 당하는 듯하다. 우식宇植과 조카 정식이 추가가鄒哥街로 가고, 영천榮川(지금의 영주)의 송재기宋在箕가 또 와서 잤다.

十三日 雨終日 家兒 以問舍事南去來還 昌孫 冒雨午還 始得一間住在房 僅容二家之眷

3월 13일. 비가 종일 옴.

아들 형식이 집을 구하는 일로 남쪽으로 갔다가 돌아왔다. 손자 창로가 비를 무릅쓰고 오후에 돌아왔는데, 비로소 한 칸짜리 거처할 방을 얻어 겨우 두 집안의 가솔을 수용할 만하였다.

十四日 陰 昌孫又未還 盖因來人區處事也 安東植來見 李鍾常來傳 校堂火災 驚歎 是夜 夢省親顔 又與曙山君 暫做湛樂 仍有一句吟曰 一粒粟中工夫在 四溟天下浪自遊 不知所寓之意

3월 14일. 흐림.

손자 창로가 또 돌아오지 않으니, 아마도 들어온 사람들을 나누어 거처하게 하는 일 때문이리라. 안동식安東植[60]이 와 보았다. 이종상李鍾常이 와서 전하는데, 교당校堂에 화재가 났다고 한다. 놀랍고 한탄스럽다. 이날 밤 꿈에 아버님을 뵙고, 또 아우 서산曙山(김효락)군과 잠

---

59) 이원일李源一(1886~1961) : 경북 안동 예안출신이다. 일송 김동삼의 사돈이다. 1911년 만주로 망명하여 경학사를 이끌었다. 1920년에는 무송현撫松縣에서 흥업단興業團을 조직하고 재무를 맡아 활약하였다. 그 뒤 만주일대에서 항일투쟁을 이어가던 그는 1931년 김동삼과 함께 하얼빈에서 체포되어 징역 2년 6월을 언도받고 옥고를 치렀다. 1990년 건국훈장 애국장이 추서되었다.
60) 안동식安東植(1870~1920) : 평남 순천順川 출신. 본명은 안동식安同植이다. 1911년 만주 유하현 삼원포로 망명하여 교육사업에 전념하였다. 대한청년단 지단장, 한족회 의사부장議事部長으로 항일투쟁을 이어가던 그는 1920년 일본군에 의해 순국하였다. 1990년 건국훈장 애국장이 추서되었다.

시 화락함을 나누었다. 그 꿈에서 시 한 구절을 읊었는데, "한 톨 좁쌀 속에도 공부할 것 있거늘 사해 안 천하를 부질없이 노닐다니"라고 하였다. 붙인 뜻을 모르겠다.

十五日 淸 兒與孫 向夕而還 房子或存者 乘時倍價 三十諸人 沒無歸宿 主客俱窘 可悶可悶 孫兒爲淸人李悅亭所邀 去宿于其家

3월 15일. 맑음.
형식과 창로가 저녁 무렵에야 돌아왔다. 방이 혹 남아있는 것은 시세를 타고 배나 올랐다. 30명이나 되는 사람들이 돌아가 잘 곳이 없으니 주객이 모두 군색하다. 안타깝고 안타깝다. 손자 창로가 청인淸人 이열정李悅亭의 집에 초대를 받고 그 집에 가서 잤다.

十六日 淸 是日卽淸人名日也 多備物品 祭于山靈 男女嬉嬉 以飮食遊衍爲事 孫兒自悅亭家 大嚼而歸獻三圓餠一斤肉 悅亭之言曰 而翁則吾翁 致意勤厚 無異同室 顧我何有見遇如是也 又見我求田 憂若自己 可感可感 世所謂無好人三字 竊非君子人所道也

3월 16일. 맑음.
이 날은 청나라 사람들의 명절이다. 제물을 많이 갖추어 산신령에게 제사를 지내고, 남녀가 즐겁게 먹고 마시며 노는 것을 일삼는다. 손자 창로가 이열정李悅亭의 집에서 크게 대접을 받고 돌아와, 둥근 떡[圓餠] 셋과 고기 한 근을 올린다. 열정悅亭이 말하기를 "자네 할아버지는 곧 내 할아버지이다."라 하니 성의를 근후하게 함이 한 집안과 다를 것이 없다. 돌아보건대, 내가 어찌 이와 같은 대우를 받을 수 있었던가? 또한 내가 밭을 구하는 것을 보고, 자기 일처럼 근심하니 고맙고도 고맙다. 세상의 이른바 '좋은 사람은 없다[無好人]'는 세 글자는 아마도 군자가 말한 것이 아닐 것이다.

十七日 雨 兒自靑溝還 所居之閑地北壁下 造一坑子 盖因老少便宜之計也

3월 17일. 비.
아이가 청구靑溝에서 돌아왔는데, 거주하는 공터의 북쪽 절벽 아래 굴 하나를 파두었다고 한다. 아마도 거기서 노소老少가 편히 머물 계책일 것이다.

十八日 雨雪

3월 18일. 비와 눈이 옴.

十九日 晴 兒子自靑溝 午後還 始得二處家垈 一爲炳日所點 一爲崔生所據 皆兒輩周旋之力也 至見其地 不合於意 崔生又別點 做在於永春源

3월 19일. 맑음.
형식이 청구靑溝에서 오후에 돌아왔는데, 비로소 두 곳의 집터를 얻었다. 한 곳은 병일炳日(황병일, 손녀사위)이 점찍은 곳이요, 또 한 곳은 최생崔生이 살 곳이다. 모두 아이들이 주선한 힘이었다. 그곳에 가보니 마음에 들지 않아, 최생은 다시 따로 영춘원永春源에 점지하여 머물러 있다.

二十日 淸 枝谷權東直 五煥父子 率內眷乘馬車來到 吾家裝束之留在通縣者 幷來 家姪洪植 同日入來 三歲離闊之餘 叔姪相對 樂極悲生 眼淚喉咽 座中見者 亦皆泣下

3월 20일. 맑음.
지곡枝谷의 권동직權東直과 오환五煥 부자父子가 안식구들을 데리고 마차를 타고 도착했는데, 통화현通化縣에 남겨 둔 우리 짐꾸러미도 함께 왔다.
조카 홍식洪植이 같은 날 들어왔다. 3년이나 떨어져 있던 나머지에 숙질叔姪이 마주 대하니, 기쁨이 지극하면 슬픔이 생기는지 눈물이 흐르고 목이 메었다. 좌중의 보는 사람들 또한 모두 눈물을 흘렸다.

二十一日【顯考都事府君諱辰】族孫聲魯 衡八 及鹿洞李定洙 鍾崙 入來 至情欷悅 東南得朋 頓忘身在異域 政所謂故人多處是家鄕 見似有喜 況其眞面乎 因靠探猶庭平候 各家安信 而故里之意內諸親老者少者之何如經過 一一詳聞 且喜且悲 怳然若身在某邱之中 萬圭汶三姪 又將次第入來云 可喜 而萬姪瘴苦 極可悶慮 圭姪之將老多率 一一懸念 不能定情 權東直因病仍留

3월 21일.【돌아가신 아버지, 도사부군都事府君의 기일이다】
족손族孫 성로聲魯[61]·형팔衡八[62]과 녹동鹿洞 이정수李定洙·종륜鍾崙이 들어왔다. 가까운 친척

[지정간至情間]끼리 반가움을 나누노라니 동남東南에서 벗을 얻은 격63)이라, 문득 몸이 이역異域에 있음을 잊었다. 바로 이른바 "벗이 많은 곳이 곧 고향"이라는 말일 것이다. 닮은 이를 보아도 기쁘다는데, 하물며 진짜 얼굴을 대함에랴. 그들 인편에 작은 아버님께서는 평안하신지, 각 집안은 편안한지, 고향 생각 속에 있던 여러 친지와 늙고 젊은 사람들은 어떻게 지내는지를 물었다. 일일이 자세히 듣고는 기쁘기도 하고 슬프기도 하여, 어느새 내 몸이 고향의 어느 언덕64) 속에 있는 것 같았다.

 만식萬姪·규식圭姪·문식汶姪, 세 조카가 또 장차 차례로 들어올 것이라 한다. 기쁘긴 하나 만식이 수종으로 괴로워한다니 극히 딱하고 염려스럽다. 조카 규식은 노인을 모신데다 식구가 많은데, 일일이 걱정이 되어 마음을 편히 놓을 수가 없다.

 권동직權東直이 병으로 그대로 머물렀다.

翼日 淸 坐得聲衡二從 喜而賦之

3월 22일. 맑음.
 앉아서 성로聲魯·형팔衡八 두 친척을 만난 것을 기뻐하여 짓다.

| 殊方相對故坊人 | 다른 지방에서 마주하는 고향 사람들 |
| 見似猶欣況見眞 | 닮은 이 만나도 반갑다는데 하물며 진짜임에랴 |

---

61) 김성로金聲魯(1890~1922) : 경북 안동 임하 출신. 1911년 김대락과 함께 만주로 망명하여 신흥무관학교를 졸업하였다. 1919년 한족회 서무사장, 서로군정서 서무로 활약하였다. 그 뒤 독립운동 자금마련을 위해 국내로 들어와 활동하다 체포되었다. 5년형을 언도받고 평양감옥에서 고초를 치르던 그는 1922년 4월 옥중에서 순국하였다. 1991년 건국훈장 애국장이 추서되었다.
62) 김형팔金衡八(1887~1965) : 경북 안동 임하 출신. 1908년 3월 15일 재경 영남인사들이 창립한 교남교육회에 참여하여 신교육운동을 펼쳤고, 1911년 안동 내앞마을 인사들이 만주로 망명할 때 함께 만주로 가서 활약하였다.
63) 동남東南에서 벗을 얻은 격 : 옛날 중국에서 육기陸機 형제와 고언선顧彦先·우번虞翻 등을 칭찬할 때, 그 출신지를 지칭하여 각각 동남수東南秀·동남보東南寶·동남지미東南之美라 하였는데, 여기서는 우리나라의 남동쪽 안동출신의 재사들을 한 곳에서 상봉한 것을 일컬었다.
64) 고향의 어느 언덕[모구某邱] : 당송팔대가의 하나인 한유韓愈의 「송양소윤서送楊少尹序」에 "이제 고향으로 돌아가서 그 곳에 있는 나무를 가리키며 이르기를 저 나무는 나의 선인께서 심으신 것이고 저 물가 언덕은 내가 어린 아이였을 때 낚시질하며 놀던 곳이다[今之歸 指其樹曰 某樹吾先人之所種也 某水某邱 吾童子時所釣遊也]"라 하였다.

諸父隣親誰最健	여러 아저씨 이웃 친척 누가 가장 건강한가
雲亭可塾這處濱	백운정白雲亭과 가산서당可山書堂이 이 물가일세
聽之曷若履吾目	들으면 어찌하여 내 눈에 밟히는 듯한고
邈矣無能致此身	아득하여라 내 몸은 달려갈 수 없구나
來世願將斯世恨	내세來世엔 바라노니 지금의 한탄으로
惡因緣盡好緣因	악연惡緣을 끝내고 좋은 인연 맺기를

二十三日 淸 衡聲二從 家兒 舍姪 俱去永春 而權東直率其子婦 曳脚偕行 苦挽不得 雖急於問舍 而病未快痊 慮念殊深 午李東寧 李會榮 李宣求 李彦鍾 專意來見 是夕淸人家失火 送應魯救之

　3월 23일. 맑음.
　두 친척 성로衡魯·형팔衡八과 집 아이와 조카들이 함께 영춘永春으로 가는데, 권동직이 그 자부子婦를 데리고 다리를 끌며 함께 나섰다. 굳이 말려도 듣지를 않는다. 집을 알아보는 데 급해서이겠으나 병이 아직 쾌차되지 않으니 걱정이 특히 깊다.
　낮에 이동녕李東寧·이회영李會榮·이선구李宣求·이언종李彦鍾이 일부러 마음먹고 와 보았다.
　이날 저녁 청인淸人의 집에 불이 나, 응로應魯[65]를 보내어 도와주게 하였다.

二十四日 風 孫婦無何作苦 可悶 愁鬱之際 無誰對破 登山越見寧海人寓所

　3월 24일. 바람.
　손부孫婦가 까닭 없이 고통스러워 하니 안타깝다. 근심스럽고 울적할 때, 누구 하나 마주 앉아 파적破寂할 사람이 없다. 산에 올라 멀리 영해寧海 사람들 사는 곳을 건너다 보았다.

二十五日 雨 孫婦病益甚 錄其證 送應魯於永春源張龍澤家 午飯而去 當昏而還 不逢張友 可恨

　3월 25일. 비.

---

65) 김응로金應魯(1894~1969) : 경북 안동시 임하면 천전리 출신이다. 1925년 6월 임하청년회臨河靑年會 창립총회에 참석하여, 교육부 집행위원으로 선출되었다.

손부孫婦의 병이 더 심해졌다. 그 증세를 적어, 영춘원의 장용택張龍澤의 집으로 응로應魯를 보냈다. 점심밥을 먹고 떠나더니 어두워져서야 돌아왔는데, 장우張友(장용택)를 못 만났다 하니 한스럽다.

二十六日 又雨 聞七來以髮瘵作苦 至於廢學 驚慮驚慮 玆又齎若干脯魚及椒醬 送應魯而救療 偶見單方新篇乳腫部 有四物湯麥芽等藥 故送昌孫于家近局 製用

3월 26일. 또 비 오다.
듣기로 칠래七來가 발채髮瘵로 괴로워하여 학교공부를 폐할 지경이라 한다. 놀랍고 염려스럽다. 이에 다시 포어脯魚와 초장椒醬 약간을 보내주고, 응로를 보내어 치료하게 하였다. 우연히 단방신편單方新編의 유종부乳腫部를 보니 사물탕四物湯·맥아麥芽 등의 약이 있는지라, 손자 창로를 집 근처 약국에 보내어 조제하여 쓰도록 하였다.

二十七日 乍晴而雨 李敎昌宿去 宋德奎率傔人午饋 婦病少歇 而唐孫苦痛 憐悶

3월 27일. 잠깐 갰다가 비가 내림.
이교창李敎昌이 자고 갔다. 송덕규宋德奎가 겸인傔人을 데리고 와서 점심을 먹었다. 며느리의 병은 조금 나아졌으나 쾌당이 고통스러워한다니 불쌍하고 안타깝다.

二十八日 淸 昌孫與枝谷權五煥 及其傔從三人 偕作永春之行 應魯自葦塘還 報七孫病養

3월 28일. 맑음.
손자 창로가 지곡枝谷의 권오환權五煥 및 그의 겸종傔從 세 사람과 함께 영춘永春으로 길을 떠났다. 응로가 위당葦塘에서 돌아와 손자 형칠의 병과 요양 상태를 알려주었다.

二十九日 族從宇植 以裝産輸致事 來宿 是夜夢與臨河相宇從 攄話 有新芹共嘗之語

3월 29일.
족종族從 우식宇植이 살림을 꾸려 보내는 일로 와서 잤다. 이날 밤 꿈에 임하臨河의 상우相宇 종종從과 함께 이야기를 나누었는데, '햇미나리[新芹]'를 함께 맛본다는 말이 있었다.

三十日 暖 耕垈田葛田 姪婦爲宇植帶繞而入 去葦塘 夕適有梨商 依方試用於唐孫 夢見建八

3월 30일. 따뜻함.
텃밭[垈田]을 갈았다. 갈전葛田 질부姪婦가 우식宇植을 따라 들어왔다가 위당葦塘으로 떠났다. 저녁에 마침 배를 파는 과일장수가 있어서 처방을 따라 쾌당唐孫에게 시험삼아 썼다. 꿈에 건팔建八을 만났다.

四月一日 唐孫咳喘未瘳 其母又萎薾臥吟 可悶 吾亦感嗽作苦 每以李悅亭所饋石榴膏爲補胃滋喉之資 是日種大豆水瓜於垈田 夕李鍾崙 及族從孫聲魯 衡八 家兒 自永春出來 捉一雌鷄爲婦孫扶元之資 夕濯足於前溪歸 則婦阿採茱而來 啜爽口

4월 1일.
쾌당의 기침과 천식이 낫지 않고, 그 어미 또한 여위고 지쳐 병으로 누워 신음하니 염려스럽다. 나 역시 기침감기로 괴로워 매양 이열정李悅亭이 보내준 석류고石榴膏로 위를 보호하고 목구멍을 적실 거리로 삼는다. 이날 텃밭[垈田]에 콩과 물외[오이]를 심었다. 저녁에 이종륜李鍾崙과 족종손族從孫 성로聲魯, 형팔衡八 가아家兒가 영춘永春에서 나왔다. 암탉 한 마리를 잡아서 며느리와 손자의 원기를 보충할 거리로 삼았다. 저녁에 앞개울에서 발을 씻고 돌아오니, 며늘아이가 나물을 캐왔다. 국을 끓여 먹으니 입안이 상쾌하였다.

翌日二日 雨 午後晴 李鍾崙發向靑溝 李啓東來宿 唐孫少痊 而其母 又以泄氣委苦 可悶

4월 2일. 비 내리다가 오후에 갬.
이종륜李鍾崙이 청구靑溝로 출발하고, 이계동李啓東(이봉희李鳳羲)이 와서 잤다. 쾌당은 조금 차도가 있으나, 그 어미가 다시 설사로 괴로워 하니, 염려스럽다.

三日 雨雹 鄭東夏<龍宮居人> 今住通化縣 與李啓東來見

4월 3일. 우박雨雹.
정동하鄭東夏<용궁龍宮 살던 사람>가 지금 통화현通化縣에 머물고 있다가 이계동李啓東과 함께 와 보았다.

四日 雨 耕家後田 入禾種

    4월 4일.

    집 뒤의 밭을 갈고 볍씨를 넣었다.

五日 晚晴 黃查兄 李鍾基來宿 昌孫自鄒街還 雇人耕垈田入種

    4월 5일. 저녁에 갬.

    사형查兄 황호黃皥66)와 이종기李鍾基가 와서 잤다. 손자 창로가 추가鄒街로부터 돌아왔다. 사람을 사서 텃밭을 갈고 씨를 넣었다.

六日 朝霧晚晴 家兒與聲衡二從 偕作通縣之行

    4월 6일. 아침에 안개가 끼었다가 저녁에 갬.

    가아家兒가 성로聲魯·형팔衡八 두 족종族從과 함께 통화현通化縣으로 출발하였다.

七日 晴 臨水登山 向夕而歸 愁寂之餘 騷致可尙 而山無蒹葭之草 水無通印之魚 政所謂 剛騣所過 春亦春 秋亦春耳 甚呵甚呵 傭夫又耕垈田 夕裵聖守自永春 齎山菜與繅車而來

    4월 7일. 맑음.

    물가에 나가보고 산에 올랐다가 저녁 무렵에 돌아왔다. 적적한 나머지에 근심풀이로는 괜찮으나, 산에는 겸과蒹葭의 풀이 없고, 물에는 통인通印의 물고기가 없다. 바로 이른바 "굳센 구렁말[胡馬]이 지나는 곳이라, 봄도 또한 봄이요, 가을도 역시 봄일 뿐"이라는 말이다. 매우 우습고 우습다. 일꾼이 또한 텃밭을 갈았다. 저녁에 배성수裵聖守가 영춘永春으로부터 산나물과 물레[繅車]를 가지고 왔다.

八日 晴 昌孫去鄒街 婦阿去山採菜 吾則爲觀校築 自哈泥還路李義中 及平海李晚榮 午饒 于李時榮家而歸 與二老偕宿 鄭東壽 自鄒街還 憑聞七孫安信

---

66) 사형查兄 황호黃皥 : 울진 평해 사동 출신. 해월海月 황여일黃汝一의 후손이다. 백하의 손서 황병일黃炳日의 종조부이다.

4월 8일. 맑음.

　손자 창로가 추가鄒街로 떠나고, 며늘아이는 산에 가서 나물을 캤다. 나는 학교 짓는 것을 살펴보고, 합니하哈泥河에서 돌아오는 길에 이희중李羲中과 평해 살던 이만영李晩榮과 함께 이시영李時榮 집에서 점심을 먹고 돌아와, 두 노인과 함께 잤다. 정동수鄭東壽가 추가鄒街에서 돌아와, 그에게 칠손七孫이 편안하다는 소식을 들었다.

九日 晴 午 阿婦女孫採菜而來 滿室香臭 可兼魚果矣 夕尹仁輔 送木頭菜一束 請看新書

　4월 9일. 맑음.

　오후에 며늘아이와 손녀가 나물을 캐왔다. 온 방에 가득한 나물 향기가 어과魚果를 겸한 듯하다. 저녁에는 윤인보尹仁輔가 두릅[木頭菜] 한 묶음을 보내면서 새 글을 보여 달라고 청하였다.

十日 全子文 安德鍾來見 皆平海居人 是午雨竟夕 婦阿爲靑溝問喪之行 沮水而未還

　4월 10일.

　전자문全子文과 안덕종安德鍾이 와 보았다. 모두 평해 살던 사람이다. 이날 오후부터 저녁 내내 비가 내렸다. 며늘아이가 청구靑溝로 문상問喪을 가더니 물에 막혀서 아직 돌아오지 않는다.

十一日 晴 農牛爲永春寓裵聖守家借去 李鍾鎬 來請入籍 故依縣例 書付李時榮家

　4월 11일. 맑음.

　영춘永春에 사는 배성수裵聖守 집에서 농우農牛를 빌려갔다. 이종호李鍾鎬가 찾아와 입적入籍하기를 청하므로 현縣의 전례典例에 따라 써서, 이시영李時榮의 집에 문서를 보내었다.

翌日十二日 山前寓寧海婦人四員來 修隣誼 午饒而去 吾率祝孫登山 採吉更 所採木錐 不利於亂石之中 僅得數串而還 夕 迅雨數鈴 只妨於農 而鬱不開朗 可悶

　4월 12일.

　산 앞 우거寓居의 영해 살던 부인 4명이 찾아와, 이웃 간 인사를 나누더니 점심을 먹고 갔다. 나는 축손祝孫을 데리고 산에 올라서 도라지[吉更]를 캤는데, 캐던 나무송곳이 어지러운 돌 사이에 쓰기에 어려워 겨우 두어 꿰미만을 캐서 돌아왔다. 밤에 세찬 비가 조금 왔다. 다만 농사에 방해가 될 뿐이고, 음울한 날씨가 맑게 개지 않아 안타깝다.

十三日 朝霧大漲 金英根 自通化齎家兒書 洋鞋一件 洋醋一甁 皆爲我準備者也 驟見書中 有故里少年警府追捉之擧 仙塘李室犯輪危劇之報 且懼且驚 不能定情 但夢孫善茁 可慰

4월 13일. 아침 안개가 가득 끼었다.

김영근金英根이 통화通化에서 가아家兒 편지와 구두[洋鞋], 식초[洋醋]를 보냈는데 모두 나를 위해 준비한 것이다. 급히 보았더니 편지 가운데 고향의 젊은이가 경부警府에 붙들려 간 일과 선당仙塘의 이실李室이 차에 치여 위독하다는 소식이 있었다. 두렵고 놀라워서 마음이 진정되지 않는다. 다만 몽손夢孫67)이 쑥쑥 크는 것이 위로가 될 뿐이다.

十四日 晚晴 昌孫與李會榮 林錫鎬 自鄒街還 婦阿姒娣 去尹仁輔家 以其地多有山菜故也

4월 14일. 저녁에 갬.

손자 창로가 이회영李會榮·임석호林錫鎬와 추가가로부터 돌아왔다. 며느리 동서들이 윤인보尹仁輔의 집에 갔다. 그곳에 산나물이 많기 때문이었다.

十五日 晴 黃査兄濩來宿

4월 15일. 맑음.

사형査兄 황호黃濩가 와서 잤다.

十六日 與査兄聯筇作通縣之行 爲見夢孫 而幷遂消暢之願也 渡哈密河 歷訪李會榮 午點于屈羅嶺開店 所需飮食 俱不堪食 不得已烹食鷄卵六箇 而未及通縣 因生腹空之症 飢困並至 十步一休 寸寸前進 暮抵于趙萬基家 盖因李啓東家從孫女犯戒天行 有知舊防避之語也 且聞大勢漸熄 不必固犯 故仍宿趙友家 趙亦罹病者 殊甚不安 而白飯香蔬 極力情饋 且虛其一室 枕几簞褥 無異子弟之於父兄 認是法家孝悌之餘也 多感多感 衡兒與聲衡二從

---

67) 몽손夢孫 : 증손자 기몽을 가리킨다.

聞卽來見

4월 16일.

사형과 함께 지팡이를 나란히 하고 통화현 길을 나섰다. 몽손蒙孫도 보고, 또 소창消暢하고 싶었던 원을 이루려 해서였다. 합밀하哈蜜河를 건너 이회영李會榮의 집을 방문하였다. 굴라령屈羅嶺의 문을 연 가게에서 점심을 먹는데, 사먹는 음식이 모두 먹을 수가 없다. 부득이 달걀 여섯 개를 삶아 먹었는데 통화현에 이르지 못하여 배고픈 증세가 나타났다. 배고프고 피곤함이 함께 몰려 와 열 걸음에 한 번 쉬면서 조금씩 조금씩 나아가, 저물어서 조만기趙萬基의 집에 이르렀다. 이는 이계동李啓東의 집 종손녀가 천행天行의 경계를 범하여[홍진을 앓는다 하여] 아는 사람을 피한다는 말이 있었기 때문이다. 또 들으니 대세는 차츰 덜해간다고 하나 억지로 범할 것은 없어서 그냥 조만기의 집에서 잤다. 조만기 역시 병에 걸린 사람이어서 매우 미안하였으나, 쌀밥과 향기로운 채소로 힘껏 정성으로 대접하였다. 또 방 하나를 비워 침구와 자리를 마련해 주는 것이 자제子弟가 부형父兄에게 하는 것과 다르지 않았다. 법도 있는 집안에서 부모 장자에게 효제孝悌하던 나머지임을 알겠다. 고맙고 고맙다. 형식衡植과 성로聲魯·형팔衡八 두 족종손族從孫이 듣고서 곧 와 뵈었다.

翼日 因爲查兄所寓 小廟之洞 雖是淸人陜室 而較我之二溝前寓 可謂大家居也 且見夢孫 軀賣殼漸益充潤 咿唔踉蹡 將作將來之大器宇 兩手提抱 無暇於內外之別耳 奇重奇重 但地僻人稀 無以消遣 因讀海月文集七冊十四卷 眞文章之冠冕也 道學中門路也 鬱懷煩襟 怳然爽朗 因伏次其集中 先生之所嘗吟呈藥峯先祖求敎韻

이튿날, 이어서 사형의 우거인 소묘동小廟洞[68]으로 갔다. 비록 중국 사람의 좁은 방이나, 내가 전에 살던 이구二溝의 집에 비하면 가히 대갓집 거처라 할 만하다. 또 몽손夢孫을 보니 겉모습이 점점 충실해지고 말소리가 낭랑하다. 장차 장래를 걸 만한 큰 그릇이 될 듯하여, 두 손으로 끌어안다 보니, 내외의 이목을 분별할 겨를도 없다. 참으로 기특하고 소중하다. 다만 땅이 궁벽하고 사람이 드물어 시간을 보낼 길이 없으므로, 『해월문집』 7책 14권을 읽었다. 참으로 문장의 으뜸이요, 도학의 문로門路인지라, 울적하던 마음과 번거롭던 생각이 어느새 시원하게 밝아졌다. 이에 그 문집 중에서 선생이 일찍이 약봉선조께 가르침을 구하면

---

68) 소묘동小廟洞 : 7월 4일 조에 보면 소묘구의 사형 황호의 집이라는 대목이 있다.

서 읊어 올렸던 시에 차운하였다.

先生遺範這中還	선생의 남긴 모범 이 중에 돌아오니
雙跪通看上下端	두 무릎 꿇고 앉아 상하권을 다 읽었네
卅載登朝貞似矢	삼십년간 조정에서 화살처럼 곧으셨고
一編留世重如山	한 묶음 남긴 글은 태산처럼 중하서라
朱張道學徽言在	주씨 장씨 도학엔 빛나는 말이 남아 있고
王謝夤緣感涕寒	왕씨 사씨 인연엔 감동한 눈물 차가워

<先生爲龜峯先祖贅壻故云><선생이 귀봉선조의 사위이므로 이렇게 말하다>

況是儒匠讎校夕	하물며 큰 선비께서 교정하시던 저녁에는
乙燈重照倍生顏	태을 등불69)이 비추니 면목이 더욱 빛나네

<集中有響山令公釐正之功 故末句及之><문집 중에 향산 영공이 교정하고 바로잡은 공이 있으므로 마지막 구에 이를 언급하다>

又次集中韻 呈黃査兄 瀁 또 문집 중의 운에 차운하여 황사형黃査兄 호瀁께 드리다

箕城情榻又玆回	기성箕城70)의 정다운 어른 여기서 또 만나니
雙戶殷勤待我開	두 짝 문은 은근히 날 기다려 열어 두었네
我似隊魚隨水到	나는 고기떼처럼 물을 따라 이르렀고
君如仙鹿傍山來	그대는 고운 사슴처럼 산 곁에 오셨네
黃粱黑憩寄鄕夢	기장 밥 짓는 사이에 고향 꿈71)을 꾸었는데

<午枕有故里逢別之緣 故云><낮잠에 고향에서 만나고 헤어지는 인연이 있어서 말하다>

---

69) 태을 등불 : 한나라 유향劉向이 교서각校書閣에서 경문을 교정하고 있을 때, 스스로를 태을太乙의 정기라 하는 노인이 청려장에 불을 붙여 교서석校書席을 비추어 주었다는 고사에서 나왔다.
70) 기성箕城 : 지금의 경북 울진군 기성면 일대이다. 그곳 사동沙洞은 해월海月 황여일黃汝一의 후예가 세거하는 곳이다.
71) 기장 밥 짓는 사이에 고향 꿈 : 원문은 황량흑계黃粱黑憩. 기장밥 짓는 사이에 잠깐 존다는 뜻이다. 기장밥은 허망한 꿈에서 깨듯 부질없는 인간사가 끝났음을 비유하는 말이다. 당나라 심기제沈旣濟의 「침중기枕中記」에 "노생盧生이 한단邯鄲의 여관에서 도인道人 여옹呂翁을 만났다. 노생이 자기의 곤궁한 신세를 한탄하자 여옹은 그에게 목침을 주고 잠을 자게 하였는데, 노생은 꿈 속에서 온갖 부귀영화를 다 누렸다."는 구절이 있다.

白飯靑蔬勝酒盃	흰 밥 푸른 채소 술잔보다 낫구나

<査兄每爲我勸飮 而未副盛意 可恨><사형이 매번 내게 술 마시기를 권하나 그 뜻에 부응하지 못하니 한스럽다>

最是離兄離弟恨	가장 속상한 것 형제간에 이별하고
芳園難與共徘徊	꽃다운 뜰에서 함께 거닐지 못하는 것

<俱有佩悅之懷 故云><모두 며느리를 맞아들인 회포가 있으므로72) 말하다>

二十三日 率女孫回到于趙友家 自外歷問從孫女病勢 則病勢快減 而間有譫虛之症 故其舅啓東又製藥治療 此是病後例症 雖不深慮 而客地爲況 殊極殘憐

4월 23일.

손녀를 데리고 조만기의 집으로 돌아왔다. 밖에서 종손녀의 병세를 두루 물어보니, 병세가 훨씬 덜하나 가끔 헛말을 하는 증세가 있어, 그 시아버지 계동이 또 약을 지어 치료하고 있다 한다. 이는 병 뒤의 흔한 증세이므로 비록 깊이 염려할 것은 아니지만, 객지에서 지내는 형편이 너무나 애틋하고 가련하다.

翌日 當還 而或坐於日勢 或爲兒輩所牽 留三日而始發 卽是月之二十六日也 午前有雨戲 故催炊午鼎 期於登道 洪姪小檐前之 乭伊<卽査家僮> 負兒隨後 鹿洞喪人李鍾嵩<今寓靑溝> 因與偕行 暮抵于靑溝李友家 其從阮敎昌 則近故敎鳳之從兄也 久營弔慰之餘 而鍾嵩引進之意 又不可忽 故不嫌昏叩 而專率投宿 翌日被挽少滯 午後發還 卽二十七日也 歷問李炳日家 此亦故庄之隣人也 不可憂門故也 因小點午飱 略領情餽之意也 是夕到家

이튿날, 마땅히 돌아와야 했지만, 날씨 형편에 얽매이기도 하고 아이들에게 붙들리기도 하여 사흘을 머물고야 비로소 출발하니 바로 이달의 26일이다. 오전에 비가 저지레를 부리

---

72) 모두 며느리를 맞아들인 회포가 있으므로 : 김대락은 황호의 집안과 겹사돈 관계였다. 수건을 찬다는 것은 며느리로서 시부모를 모시는 의절을 말한다. 「사마온공거가례司馬溫公居家禮」에 "며느리는 혹 누군가가 음식·의복·포백·패세·채란을 주면 받아서 시부모에게 드린다. 시부모가 받으면 누군가에게 처음 받았을 때처럼 기뻐한다. 만약 도로 주시거든 사양한다. 사양했는데도 시부모의 허락을 받지 못했으면 다시 시부모가 주신 것을 받듯이 하여 간수해 모자람에 대비한다[婦或賜之飮食衣服布帛佩悅茝蘭 則受而獻諸舅姑 舅姑受之 則喜如新受賜 若反賜之則辭 不得命 如更受賜 藏之以待乏]"라는 구절이 나온다.

므로 점심 짓기를 재촉하여 기어이 길을 나섰다. 조카 홍식이 작은 짐을 지고 앞서고, 돌이 <사가의 종>가 아이를 업고 뒤를 따랐다. 녹동의 상주喪主 이종교李鍾嶠<지금 청구에 우거함>가 이 길에 함께 갔다. 저물어서 청구의 이씨 벗 집에 이르렀다. 그 종숙부 교창敎昌은 바로 근래에 작고作故한 교봉敎鳳의 종형이다. 오랫동안 조문을 벼르던 끝인데다가, 종교의 자진하여 안내하려는 뜻 또한 소홀히 할 수 없는지라 저문 뒤의 방문을 꺼리지 않고 멋대로 이끌고 투숙하였다.

이튿날은 만류로 인하여 조금 지체하다가 오후에 출발하여 돌아왔다. 바로 27일이다. 도중에 이병일李炳日의 집을 방문하였다. 이 사람 또한 고향 이웃 사람이라 알과憂過할 수 없기 때문이었다. 이어서 잠시 점심을 먹었는데, 정답게 대접하는 것을 대강이라도 받아들이려는 뜻에서였다. 이날 저녁에 집에 도착하였다.

二十八日 晴 行役之餘 困憊殊甚 竟夕呻嚬 貼地寄枕 自驗氣力 符到不遠 憐歎憐歎 靑邱李室發還永春

4월 28일. 맑음.

길에 시달린 나머지 피로가 아주 심하여 저녁 내내 끙끙 앓으며 바닥에 누워 자리보전을 했다. 스스로 기력을 겪어보건대 저승에서 부를 날이 머지않으리라. 가엾고 한탄스럽다. 청구靑邱의 이실李室이 영춘으로 돌아갔다.

二十九日 昌孫与李鍾浩李廷謨 偕作鄒街之行 盖因學校總會 在於明日故也

4월 29일.

손자 창로가 이종호李鍾浩·이정모李廷謨와 함께 추가가로 갔다. 이는 학교의 총회가 내일 있어서이다.

五月一日 風熏日暖 夏景漸盛 使湘孫持杖 步出前溪 濯足灑風 頓覺煩襟爽豁 而上下沿流 未見有潛昭之物 韓公所謂水寒魚不食之句 政亦此等地所云也

5월 1일.

바람은 훈훈하고 해는 따가워 여름빛이 점차 성해진다. 상손湘孫에게 지팡이를 들리어 걸어서 앞 냇가로 나갔다. 발을 씻고 바람을 쏘이니 금방 가슴 속 번잡함이 시원히 트인다. 위 아래로 물 따라 오르내리노라니 잠기거나 드러나는 물고기는 보이지 않으나, 한공韓公의 이른바 "밤은 고요하고 물은 차니 고기도 입질을 않네."라 한 것은 바로 이런 곳을 말하는 것이겠다.

翼日 迅雨乍過 夢省親闈 又與中汝兄 有鍾刻之遝 而今不省記 午 全子文來見

5월 2일. 세찬 비가 잠깐 지나가다.
꿈에 아버님을 뵙고 또 중여中汝73) 형과 한 시각 가량 만났으나, 지금은 자세히 기억이 나지 않는다. 낮에 전자문全子文이 와 보았다.

三日 朝雨晚晴 夕 正孫與朴奇男 自學校而來

5월 3일. 아침에 비오다 늦게 갬.
저녁에 손자 정로正魯가 박기남朴奇男과 함께 학교에서 왔다.

四日 快晴 李悅亭送猪肉二斤 黃粱米二升 助以節日之需 多感多感 施於無報之地 尤可以使人起敬

5월 4일. 쾌청.
이열정李悅亭이 돼지고기 두 근과 메조 두 되를 보내어 명절 제수를 도와주니 감사하고 감사하다. 갚을 길도 없는 사람에게 베푸는 것이라, 더욱 사람으로 하여금 공경을 일으키게 한다.

五日 晴 夢見萬姪 意以謂晝思夜夢 上午十二點 洪姪自鄒街出來 路逢眞珠來人 果得萬姪書 圭汶英三姪同轡入來 矧知夢亦非虛也 且驚且喜 又所慮仰者 後家嫂氏 何以得抵來 無住所 何以經過 一一思惟 不能定情 內眷爲一消暢之計 去前山外寧海家而還

5월 5일. 맑음.

---

73) 중여中汝 : 김정락金正洛의 자字이다. 경북 안동시 임하면 천전리 사람이다. 귀봉 김수일의 후손이다.

꿈에 조카 만식萬植을 보았다. 아마도 낮에 생각한 것이 밤에 꿈이 되나보다. 낮 12시 쯤에 조카 홍식洪植이 추가가鄒哥街로부터 나오다가 길에서 진주眞珠에서 온 사람을 만났는데, 과연 조카 만식萬植의 편지를 받았다 하고, 규식圭植·문식汶植·영식英植 세 조카도 같이 들어온다 하니, 이로써 꿈이 또한 헛것이 아님을 알겠다. 놀랍고도 기쁘다. 또한 언제나 염려하였던 뒷집 아주머니[娚氏]가 어떻게 올 수 있었으며, 머물 곳도 없을 텐데 어떻게 지내시나 하는 것이다. 하나하나 생각하니 마음을 안정할 수가 없다. 안식구들이 바람을 쏘일 생각으로 앞산 밖의 영해寧海댁에 갔다가 돌아왔다.

無思無必步庭除	아무 생각도 기대도 없이 뜰가를 거닐자니
山虎溪禽共起居	산 호랑이와 물가의 새가 함께 사는구나
蔬饌滋腸靑玉潤	나물 찬 음식 중에 청옥채가 좋은데
<靑玉菜名>	<청옥靑玉은 나물 이름이다>
林郊收雨白雲舒	숲에는 비 걷히어 흰 구름이 피어나네
一年佳景天中節	천중가절天中佳節은 한 해의 좋은 풍경
三國前歷架上書	선반 위에 놓인 책은 삼국의 지난 역사
<時有三國志 故云>	<이즈음에 삼국지가 있어서 언급하다>
家人不識離鄕恨	고향 떠난 통한을 식구들은 모르는지
粧縷褓孫弄詫余	고운 치장 어린 손자 나에게 재롱 부리네

六日【剩君曾孫生】洪姪家眷 捲出門外 而將僦居通縣 如斗陜室 勢不得相容 而驀地分張 未得以斗粟相舂 憐念不置 孫婦與正孫 偕赴永春 盖聖目苦邀之意 不忍終負 然日暖道遠 何以利達 無誰肩輿 使渠徒步 慮戀不已 是夜 夢見舜躍 自府邸 因文會而操舺過我 鬚髮皓白 問其太瘦 則笑領而已 未知渠亦夢我耶

5월 6일.【아우 잉헌剩軒74)의 증손자가 태어남】

조카 홍식洪植이 식구들을 다 데리고 문을 나와 장차 통화현通化縣에 가서 세 들어 살려고 한다. 한 말[斗] 만한 좁은 방에 형편상 수용할 수도 없고, 멀리 낯선 곳에서 서로 헤어져 사느라고 한 말의 곡식도 함께 찧을 수 없으니 안타까운 염려를 내려놓을 수 없다. 손부가

---

74) 잉헌剩軒 : 김소락金紹洛(1851~1929)의 호이다. 김소락은 김대락의 동생이다.

손자 정로正魯와 함께 영춘원으로 갔다. 아마도 성목聖目이 굳이 초청하는 뜻을 차마 저버릴 수 없어서일 것이다. 그러나 날씨는 덥고 길은 먼데 무슨 수로 쉬이 도착할까? 가마꾼이 없어 그 아이를 걸어가도록 하니 걱정스럽기 그지없다.

이날 밤, 꿈에 순약舜躍을[75] 보았다. 부내府內의 집에서 문회文會 일 때문에 글을 가지고 나에게 들렀는데, 수염과 머리가 하얗게 세었다. 그렇게나 수척한 까닭을 물었으나 웃으며 수긍할 따름이다. 모르겠거니와, 그 또한 내 꿈을 꾸었을까?

聞舍姪輩擧眷入來 旣驚且喜 感成一律

들자니 조카들 온 식구가 들어왔다고 한다. 놀랍고도 기쁘다. 감사한 마음에 율시 한 수를 짓다.

有客曾從舍姪船	일찍이 조카 따라 배를 탄 나그네들
來來將泊這邦邊	오는 대로 아마 이곳저곳에 머물겠지
飛輪走舶重重路	나는 차, 달리는 배로 첩첩한 길 지나
赫日炎風遠遠天	쬐는 해 불같은 바람에 길고 긴 날 지났네
寧愈阿兒强壯者	차라리 굳세고 씩씩한 아이들은 나으나
最憐嫂氏暮衰年	늘그막의 쇠약한 제수씨 가장 가련하여라
守堂病蹩非情理	앉은뱅이로 집만 지키니 인정이 아니건만
徑就歡迎恨莫然	달려가 환영도 못하니 한스럽구나

七日 衡兒自鄒街總會所 乘暮來省 昌孫聞諸小家人來 徑赴通縣 候路護率計云

5월 7일.

형식이 추가가鄒哥街의 총회소總會所로부터 저물녘에야 와서 문안한다. 손자 창로가 작은집 식구들이 온다는 소식을 듣고 통화현으로 질러갔다. 거기서 기다렸다가 모시고 올 계획이라 한다.

---

75) 순약舜躍 : 김구연金九淵의 자字이다. 호는 일옹一翁이며, 약봉 김극일의 후손이다.

八日 寧海朴基鍾來 午朴載鳳又來 並仍宿

5월 8일.

영해寧海 살던 박기종朴基鍾76)이 찾아왔다. 오시午時에는 박재봉朴載鳳이 또 왔다. 함께 그대로 묵었다.

客至 손님이 오다

懶夢偏於午	게으른 꿈이 한낮에 더욱 심하여
聽言難起躬	말소리 들려도 일어나기 어려웠네
兒孫報客到	손녀 아이가 손님 왔다 알려주는데
山日下簾櫳	산 위의 햇빛이 주렴 창에 떨어지네

<方困睡昏沈之際 女孫告以客到 推枕驚視 則朴友已在座矣> <막 곤한 잠에 빠져 있을 때, 손녀가 손님 온 것을 알린다. 베개를 밀치고 놀라서 보니 박朴형이 이미 자리에 앉아 있었다>

九日 衡兒與二友 偕作通縣之行 午雨終夕 冒沾可慮 吾入山採藥 遇雨而還

5월 9일.

형식衡兒이 두 벗과 함께 통화현으로 갔다. 낮에 내린 비가 저녁 내내 내렸으니, 비에 젖었을까 걱정된다. 나는 산에 들어가 약초를 캐다가 비를 만나서 돌아왔다.

十日 昌孫與和姪成孫 乘暮來到 面固可慰 而爲先探聞替庭平候及故山聲息 宿懷新感 喜極悲生 內外諸眷 姑留恒道川 距此地 步又復十舍也 何以抵此耶 此無儻屋之地 何日團會也 朝有饋黃肉者 價至元牟云 何以報償 大抵 老悖口欲極甚 可惡 午 又入山 採藥而來

5월 10일.

손자 창로가 조카 화식和植77)·족손 성로成魯와 함께 저물녘에 도착하였다. 얼굴을 보니 진실로 마음이 놓인다. 우선 연로한 작은아버지 평안하신 소식과 고향의 소식을 들었다. 묵은

---

76) 박기종朴基鍾(1882~1945) : 경북 영덕사람이다. 독립운동가 박경종朴慶鍾의 아우이다.
77) 조카 화식和植 : 백하의 생가生家 숙부 김진기金鎭麒의 손자이다.

회포, 새 감회에 기쁘기가 그지없다가 슬픔이 생겨났다. 안팎의 여러 식구들은 우선 항도천恒道川에 머물고 있다. 여기서 거리가 걸어서 300리里인데, 무슨 수로 올 것인가? 세 들어 살 집도 없는 곳에서 어느 날에나 단란히 모일 것인가?

아침에 소고기를 대접한다고 가져온 사람이 있었는데, 값이 1원元 반이나 된다고 한다. 무슨 수로 갚을까? 대체로 늙어 쓸모없는 사람이 식욕은 극심하다더니 밉살맞다. 낮에 또 산에 들어가 약초를 캐 왔다.

十一日 鹿洞李敎澤入來 始聞査兄平候

5월 11일.
녹동鹿洞 이교택李敎澤이 들어왔다. 비로소 사형査兄이 잘 있다는 소식을 들었다.

翌日 去前山 採藥而來

5월 12일.
앞산에 가서 약초를 캐 왔다.

十三日 午 李悅亭來 饋饒以送 李敎昌來宿 孫婦自永春 李源行帶來 盤市李俊實入來云

5월 13일.
낮전에 이열정李悅亭이 왔다. 점심을 대접하여 보냈다. 이교창李敎昌이 와서 잤다. 손부孫婦가 영춘원으로부터 이원행李源行과 함께 왔다. 반시盤市[78] 살던 이준실李俊實이 들어왔다고 한다.

十四日 夜雨朝晴 和植隨李源行 去永春

5월 14일. 밤에 비오다 아침에 갬.
화식和植이 이원행李源行을 따라 영춘원으로 갔다.

---

78) 반시盤市 : 안동시 임하면 천전2리의 소지명이다.

十五日 和植自永春還 李俊岳漚麻布 來見而去

5월 15일.
화식이 영춘원에서 돌아왔다. 이준악李俊岳이 베도포를 깨끗이 입고, 와 보고 갔다.

十六日 李敎澤 昌魯 和植 成魯 偕行通縣 而敎澤 和植 去入內地 率眷入來計云耳

5월 16일.
이교택李敎澤·창로昌魯·화식·성로成魯가 함께 통화현으로 갔는데, 교택敎澤과 화식은 국내로 들어가서 식구들을 데리고 올 계획이라 한다.

十七日 夢省嚴闈 又借乘相吉家鬣子之事 甚怪甚怪 春三 應魯去永春 以有運米事也 夕小雨

5월 17일.
꿈에 아버지를 뵙고, 또 상길相吉네 말을 빌려 탄 것이 심히 괴이하다. 춘삼春三과 응로應魯가 영춘원에 갔는데, 쌀 실어올 일이 있어서이다. 저녁에 비가 조금 왔다.

十八日 夢陪生祖妣慈顔 又拜西山丈室 午李敎昌 三山居柳宅鎭 來饁 忽風雷大作 雨雹如梧子大 玉黍及麻種南草諸種 一網打盡 可歎 米橐不來 而糧道斷乏 兒率以余爲憂 自越溪商店 齎饋眞末 頗作數日之糧 可感 前隣劉姓人 又送靑蔥白菜來 固可感 而全沒報瓊之意 可愧 夕去永春者 負米而來云 鬧嶺以南 寸靑無存 一頃之間 判此大歉乎 可歎可歎

5월 18일.
꿈에 돌아가신 생가 할머니의 자상한 얼굴을 뵙고, 또 스승 서산西山 장丈을 뵈었다. 낮에 이교창李敎昌과 삼산三山[79] 살던 류택진柳宅鎭이 와서 점심을 먹었다. 갑자기 거센 바람이 불고 천둥이 치더니 크기가 오동梧桐 열매만한 우박이 내렸다. 옥수수와 마麻·남초南草 같은 여러 작물들이 그물로 쓸어간 듯 남은 것이 없으니 한탄스럽다.

쌀자루가 오지 않았는데, 양식이 떨어졌다. 아이들이 나를 걱정하여 개울 건너 상점에서

---

79) 삼산三山 : 안동시 예안면 주진리의 소지명이다.

밀가루를 가져오니 제법 며칠간 양식은 되겠다. 고마운 일이다. 앞집 이웃의 유劉씨 성 가진 사람이 또 푸른 파와 흰 채소를 보냈다. 진실로 감사하나 경옥瓊玉으로 갚을 뜻이 전혀 없으니 부끄럽다.

저녁에 영춘원에 갔던 사람이 쌀을 지고 와서 말하기를, "요령鬧嶺 이남에 푸른빛이라곤 조금도 남은 게 없습니다."라고 한다. 잠깐 사이에 이런 대흉大兇을 겪는다는 말인가? 탄식하고 탄식할 일이다.

余齒落而有張蒼飮乳之患 略涉咀嚼 輒有剛吐之症 所食只稻飯麵飥而已 今兩者俱乏 無物可補 渾室憂惶 若不措躬 同一口腹 而貴賤相縣 百窘之中 又自我貽弊 可歎可歎 因以詩自責

나는 이가 빠져 장창張蒼80)이 젖을 마셨던 것과 같은 우환이 있다. 대강 씹기만 하고 넘기는데, 갑자기 심하게 토하는 증세가 생겼다. 먹는 것이라고는 쌀밥과 수제비뿐인데 지금은 둘 다 모자라 아무것도 보탤 만한 것이 없다. 온 집안이 근심하고 당황하여 몸 둘 데가 없는 듯하다. 똑같은 입과 배인데 귀천貴賤은 현격하고, 갖가지로 군색한 중에 또 나에게서 폐단이 생기니 탄식할 일이다. 이로 말미암아 시로 자책한다.

三歲居停備百無	3년 머문 곳에서도 준비가 전혀 없으니
一生家計炊沙廚	한 평생 살림살이 모래로 밥 짓듯 하였네81)
猶要厚味愚而濫	잘 먹겠다 바라는 것도 어리석고 과분한데
然取句堂妄矣迂	서당을 차렸으니 망령되고도 우활迂闊하다
寧淡何須甘麴醴	차라리 싱거울지언정 잘 익은 술 달다 하랴

---

80) 장창張蒼 : 한漢 문제文帝 때의 재상. 그는 이천석二千石, 지방장관을 여러 차례 지냈고, 북평후北平侯에 봉封해졌다. 어사대부御史大夫로 5년, 승상丞相으로 15년을 지냈는데, 유독 글을 좋아하여 모르는 것이 없었으므로 당시의 명상名相으로 일컬어졌다. 승상을 그만둘 때의 나이가 벌써 아흔을 넘었는데, 이가 빠져서 젖을 마시며 10년 동안 집에서 한가히 거하다가 백여 세의 나이로 세상을 마쳤다.
81) 모래로 밥 짓듯 하였네 : 원문의 '취사주炊沙廚'는 증사작반蒸沙炊飯의 점화이다. 부처가 제자 아난阿難에게 "음욕을 끊고 선정을 닦지 않는 자는 모래를 쪄서 밥을 지으려는 자와 같다[若不斷淫修禪定者 如蒸沙石 欲其成飯]"고 한 경계를 돌려서 말한 것이다.

雖飢休羨飽侏儒　　비록 주리더라도 배부른 난쟁이 부러워 말라
曾吾對爾成何事　　지금껏 내 너희에게 무슨 일을 이루었던가
穀食還慙反哺鳥　　곡식 먹는 사람으로 반포조反哺鳥에 부끄럽네

十九日 夢見舍弟 衣冠鮮明 神采爗敷 此或爲心和氣健之日耶 積濶之餘 未有以一語情敍 眞所謂夢者夢也 可恨可恨 李俊實自內地新來 金壽漢以指路來 兼午饒 夕又雨

5월 19일.
꿈에 아우를 보았더니 의관이 선명하고 신채神采가 훤하게 폈다. 이는 혹 마음이 화창하고 기운이 건강한 시기여서일까? 오랫동안 못 만난 나머지에 한 마디 정담도 나누지 못 하다니, 참으로 이른바 꿈은 꿈이로구나. 한스럽고 한스럽다. 이준실李俊實이 국내에서 새로 왔는데, 김수한金壽漢이 그에게 길 가르쳐주러 왔다가 함께 점심을 먹었다. 저녁에 또 비가 오다.

二十日 夜雨 至午始晴 貿眞末五十六斤 自此吾有屬味之資矣

5월 20일.
밤에 비가 오더니 한낮이 되어서야 비로소 갰다. 밀가루 56근斤을 사오니 이제부터 내 입맛을 붙일 거리가 생겼다.

二十一日 萬姪率其女娘與衡兒 乘昏而來 昌孫以圭姪家護行之意 出去恒道川云

5월 21일.
조카 만식이 딸아이를 데리고 형식과 함께 어두워져서야 왔다. 손자 창로는 조카 규식의 식구를 데리고 오려고 항도천에 갔다고 한다.

翌日 柳宅鎭來宿 以文英二姪引置之意 將構造房子 邀致悅亭 挽宿議事 而無可待之物 甚恨

5월 22일.
류택진柳宅鎭이 와서 잤는데, 문식文植·영식英植 두 조카가 모셔오려고 해서였다. 앞으로 방을 만들기 위해 이열정李悅亭을 초대하였다. 만류하여 묵게 하며 일을 의논하였으나, 대접

할 것이 없어 심히 한스러웠다.

二十三日 買鹽 報寧海家

5월 23일.
소금을 사서 영해寧海댁에 갚았다.

二十四日 萬姪入去鄒街 盖因其婿李文衡診病故也

5월 24일.
조카 만식이 추가가에 들어갔는데, 그 사위 이문형李文衡의 병 진료 때문이다.

二十五日 雨終夕不止 觀三國志以消日

5월 25일.
비가 저녁 내내 그치지 않았다. 삼국지를 보면서 소일消日하였다.

二十六日 晴 招淸人木手 構造東偏房子 以備文英二姪棲寓之計也

5월 26일. 맑음.
청인淸人 목수를 불러다 동쪽에 방을 얽어 만들었다. 문식文植·영식英植 두 조카가 거처하도록 하기 위해서이다.

二十七日 有去來雨 夢拜叔父 若有不豫色 或致您損節度耶 煎慮不已 夕金宇植肯植 宇衡 衡八來宿

5월 27일. 비가 오락가락 하다.
꿈에 숙부叔父를 뵈었는데 안색이 편치 않으신 듯하였다. 혹시 병이 생겨 건강이 상한 것일까? 애타고 걱정되기가 그지없다. 저녁에 김우식金宇植·긍식肯植[82]·우형宇衡·형팔衡八이 와

---

82) 김긍식金肯植(1878~1937) : 일송 김동삼의 초명이다. 경북 안동시 임하면 천전출신이다. 1907년 류인식·김후병·하중환 등과 함께 협동학교를 설립하였고, 신민회와 대동청년단에 가입하여 활동하였다. 1911년 만주로 망명하여 독립운동 기지건설에 앞장섰다. 1914년에는 통화현 팔리초

二十八日 又有去來雨 昨來四人仍留 宇植許得聞 七來無恙 可幸

5월 28일. 또 비가 오락가락하다.

어제 온 네 사람이 그대로 머물렀다. 우식에게 칠래七來는 잘 있다는 소식을 들었다. 다행스런 일이다.

二十九日 四人皆發去通縣 夢得虎皮一張 其文炳如 是何吉兆耶 商店送饋川魚二尾 可感可感

5월 29일.

네 사람이 모두 통화현으로 떠나갔다. 꿈에 호피虎皮 한 장을 얻었는데 그 문채文彩가 환하였다. 이것이 무슨 길조吉兆인가? 상점에서 민물고기 두 마리를 보내왔다. 감사하고 감사하다.

六月一日 李觀稙來宿 南草移種 未幾虫食其根 可歎

6월 1일.

이관직李觀稙이 와서 잤다. 담배를 옮겨 심은 지 얼마되지 않았는데 벌레가 그 뿌리를 갉아먹었다. 탄식할 일이다.

翌日二日 淸人午饒者八人 而其二人卽悅亭之三弟與其子也 夕權重曄 成俊龍來宿

6월 2일.

에 백서농장白西農庄을 세우고 장주庄主로 활약하였다. 1919년 한족회 서무사장, 서로군정서 참모장으로 활약하였고, 1922년 통의부를 조직하고 총장을 맡아 남만지역 독립운동을 지휘하였다. 1923년 1월 상해에서 열린 국민대표회의에서 의장으로 활약하였다. 그 뒤 정의부를 이끌며 만주지역 독립운동세력의 대통합을 모색하였다. 1929년에는 민족유일당재만책진회 중앙집행위원장을, 1930년 7월에는 한국독립당의 고문을 맡아 항일투쟁을 이어갔다. 그러나 1931년 하얼빈에서 체포되어 10년형을 선고받고 옥고를 치르다 1937년 4월 옥중에서 순국하였다. 1962년 건국훈장 대통령장이 추서되었다.

청나라 사람 8인이 점심을 먹었다. 그 가운데 둘은 열정悅亭의 셋째 아우와 아들이다. 저녁에 권중엽權重曄과 성준룡成俊龍이 와서 잤다.

三日 盖屋 粟六斗貿來 午萬姪自永春還 江外李俊實兄弟來饒 夕七來還

6월 3일.

지붕을 덮었다. 좁쌀 6말을 사왔다. 낮에 조카 만식이 영춘원에서 돌아왔다. 강외江外의 이준실李俊實 형제가 와서 점심을 먹었다. 저녁에 칠래七來가 돌아왔다.

四日 李海亭以病歸家 買蕎麥四斗入種

6월 4일.

이해정李海亭이 병 때문에 집으로 돌아갔다. 메밀 4말을 사서 씨를 넣었다.

五日 夢省庭闈 又與學淵論中庸鬼神章 夕族姪宇植 從姪文植入來 後來一行皆留住通縣云 是午永春寓李敎成 午點而去

6월 5일.

꿈에 어머니를 뵈었다. 또 학연學淵[83]과 함께 『중용』「귀신」장을 논하였다. 저녁에 족질 우식宇植과 종질 문식文植이 들어왔다. 뒤에 온 일행은 모두 통화현에 머물러 있다고 하였다. 이날 낮에 영춘원에 사는 이교성李敎成이 점심을 먹고 갔다.

六日 夕雷雨 咸從居韓昌東 三山居柳學熙 李文衡黃炳日 族從聲魯秉大秉七章植 李源一 李定洙裵快周 從孫成魯來宿

6월 6일. 저녁에 번개치고 비.

함종咸從 사는 한창동韓昌東, 삼산三山 사는 류학희柳學熙[84]와 이문형李文衡·황병일黃炳日, 족종 성로聲魯·병대秉大[85]·병칠秉七[86]·장식章植,[87] 그리고 이원일李源一·이정수李定洙·배쾌주裵快

---

83) 학연學淵 : 김원식金源植(1847~1908)의 자字로 추정된다. 귀봉 김수일의 후손으로 호는 낭천浪川이다.

84) 류학희柳學熙 : 1891년생이며 자가 성집聖緝인 류학희로 추정된다.

周, 종손자 성로成魯88)가 와서 잤다.

七日 卽新學校落成也 會者百餘人 而學生之卒業者七人 並受賞品 衍說趣旨祝辭唱歌 呼萬歲 盖其會事中進化節次也 淸人觀光者 亦數十人 而皆有欽歎艶服之意 竟夕軼蕩快一破寂之資 而氣倦身疲 歸仍困乏殊甚 自憐 夕來食者十四人 而黃道英李源一趙宗熙 飯後又去宿校 七來被挽宿校 聲魯以甚恙作苦 積憊之餘 勢所固然 義當以物扶補助渠開胃 而不能遂意 慊恨慊恨 李甥在燮亦同來宿 而其外諸人 皆昨來而仍留者

6월 7일.

이 날은 바로 새 학교 건물이 낙성하는 날이다. 모인 사람이 100여 인이고, 학생으로 졸업하는 사람이 7인이었는데 모두 상품을 받았다. 취지서와 축사를 연설하고 창가하고, 만세를 불렀다. 이는 그 회의 일 중에서 진화한 절차였다. 구경한 청나라 사람이 또한 수십 인이었는데, 모두 부러워하며 탄복하는 기색이 있었다. 저녁이 다 가도록 질탕하게 보내니, 한번 통쾌하게 적적함을 깨뜨린 자리였다. 그러나 기운이 지치고 몸이 피곤하여 돌아왔는데, 돌아온 후에도 피로가 자못 심하여 스스로 가련하였다. 저녁 먹으러 온 사람이 14인이었는데, 황도영黃道英·이원일李源一·조종희趙宗熙는 식후에 또 학교로 자러 갔다. 칠래七來도 만류를 받아 학교에서 잤다. 성로聲魯는 무슨 병으로 괴로워 한다. 피로가 쌓인 나머지나 보니 형세가 진실로 그럴만 하다. 의리로는 마땅히 무엇으로든 잘 먹을 수 있도록 도와주어야겠

---

85) 김병대金秉大(1889~1975) : 경북 안동 임하 출신. 자는 숙경叔卿, 호는 근헌槿軒이다. 안동 내앞마을에 설립된 협동학교를 졸업하였으며, 만주에서 독립운동 기지건설에 노력하였다.
86) 김병칠金秉七(1884~1960) : 자가 형중衡重이다. 내앞마을 협동학교 교사로 활약하다 만주로 망명하여 항일투쟁을 펼쳤다.
87) 김장식金章植(1889~1949) : 자는 문백文伯. 일송 김동삼金東三의 6촌 동생이다. 1919년을 전후하여 만주로 망명한 그는 서로군정서西路軍政署에 가담하여 만주와 국내를 오가며 군자금 모집활동을 하였다. 1922년에는 김동삼을 따라 통의부에 참여하여 활동하였으며, 1924년에 정의부正義府가 발족하자 김동삼을 도와 정의부에 참여하여 활동하였다. 1995년에 건국훈장 애국장이 추서되었다.
88) 김성로金成魯(1896~1936) : 1911년 조부 김대락과 함께 만주로 망명하였다. 1919년 4월 신흥무관학교가 확대·개편할 때 교관으로 발탁·활약하였고, 북간도 왕청현 서대파西大坡의 북로군정서北路軍政署 사관연성소에 교관으로 파견되었다. 1920년 10월 북로군정서 독립군단에 편성, 청산리전투에 참전하여 전투를 벌이다가 부상 후유증으로 사망하였다. 1990년 건국훈장 애국장이 추서되었다.

으나 뜻대로 할 수가 없으니 속상하고 한스럽다. 생질 이재섭李在燮(이준형)도 함께 와서 잤다. 그 밖의 여러 사람들은 모두 어제 와서 그대로 묵고 있는 사람들이다.

八日 雨 黃武英 李△△ 李明世來訪 家兒與諸人出去通縣 黃卓英炳湯午過 驟雨來 李定洙 黃炳日及族孫聲魯仍留 李汝洪卽圭姪家傭動人也 午來饒 負太塊而去通縣 夕爲李錫榮家所速 黃炳日李文衡及正孫 去哈密校中 永春寓張龍澤來宿 是夕驟雨

6월 8일. 비.

황무영黃武英·이李아무개·이명세李明世가 찾아왔다. 집 아이 형식은 여러 사람과 통화현으로 나갔다. 황탁영黃卓英과 황병탕黃炳湯이 낮에 지나가다 들렀다. 소나기가 왔다. 이정수李定洙·황병일黃炳日과 족손族孫 성로聲魯는 계속 머물렀다. 이여홍李汝洪은 조카 규식圭植의 집에서 일하는 사람이다. 낮에 와서 점심을 먹고 콩 가마니를 지고 통화현으로 갔다. 저녁에는 이석영李錫榮의 집에서 초청을 받았다. 황병일·이문형李文衡과 손자 정로正魯가 합니하의 학교로 갔다. 영춘원에 우거하는 장용택張龍澤이 와서 잤다. 이날 저녁에 소나기가 왔다.

九日 黃炳宇 李炳世來宿

6월 9일.

황병우黃炳宇·이병세李炳世가 와서 잤다.

十日 李衡國 姜南鎬來見 夢省親闈 又與相吉舜躍 邐會

6월 10일.

이형국李衡國·강남호姜南鎬가 와 보았다. 꿈에 어머니를 뵙고, 또 상길相吉과 순약舜躍을 만났다.

十一日 卽孫母生日也 以吾庋閣所需 俾遂婦孫之意 朴慶鍾來見

6월 11일.

이 날은 바로 손자 어미의 생일이다. 내 시렁에 있던 것으로 며느리와 손자의 뜻을 이루도록 하였다. 박경종朴慶鍾이 와 보았다.

翼日 成俊龍來見

6월 12일.
성준룡成俊龍이 와 보았다.

十三日 夕家兒帶從嫂從姪婦徒步來到 盖其泥路沒轍車不利進 故下車先行 留文姪在後云

6월 13일.
저녁에 형식이 종수從嫂 및 종질부와 함께 걸어서 도착하였다. 그 진흙길에 바퀴가 빠져 수레가 잘 나가지 않으므로 차에서 내려 먼저 오고, 조카 문식은 뒤에 오도록 남겨두었기 때문이다.

十四日 家兒爲邀後行而去 候於來路 午與文植率馬車來到 奉致相吉 從三月二十五日所發書 臨紙繾綣 如對面語 且副之以香茗一塊 故里之至情族親非不繁延 而七十年以心相與者 惟此君而已 苦思遠及之意 又發於交情可見之日 此意安可忘也 是夕雨 淸人饋以水瓜三介 一啜啖來 便覺枯腸爽豁 從嫂又以北魚十尾助以庋閣之羞 可感

6월 14일.
형식은 뒤에 오는 일행을 맞이하려고 가서 오는 길에서 기다리다가, 한 낮에 문식과 함께 마차를 인솔하고 도착하였다. 상길相吉 종從이 3월 25일에 보낸 편지를 가져다 주었다. 편지엔 간곡한 말이 가득하여 얼굴을 마주한 듯하였다. 또 향기로운 차 한 덩이를 함께 보내왔다. 고향마을에서 가까운 족친族親이 많지 않은 것은 아니지만, 70년간 마음을 서로 준 사람은 오직 이 사람뿐이다. 괴롭도록 그리움이 멀리까지 미친 것이 또한 만나 정을 나눌 수 있었던 시절에서 나온 것이니, 이 뜻을 어찌 잊을 수 있으랴?
이날 저녁에 비가 왔다. 청나라 사람이 오이 3개를 대접했는데, 한 입 먹으니 문득 메마른 창자가 시원해지는 것을 느꼈다. 종수씨從嫂氏가 또 북어 10마리로 선반에 둘 반찬거리를 도와주니, 고마운 일이다.

十五日 雨 晩晴 七來數日苦痛 恚憐 欲以狗補 而全却食飮 可悶 英植入來

6월 15일. 비오다 저녁에 갬.

칠래七來가 여러 날 괴로워하니 속상하고 가련하다. 개고기로 보신을 시키려 하였으나, 음식을 모두 물리치니 걱정스럽다. 영식英植이 들어왔다.

十六日 夢見膺禮叔 相吉從 舜極叔逖會 播菁根種 金英根母率其子鄭東壽來見 夕李時榮 李觀稙 李圭鳳皆來見 畧聞奉天來北京時奇

6월 16일.

꿈에 응례膺禮 아재와 상길相吉 족종族從, 순극舜極89) 아재를 만났다. 무씨를 뿌렸다. 김영근金英根의 어머니가 그 아들을 데리고 오고, 정동수鄭東壽가 와 보았다. 저녁에 이시영李時榮·이관직李觀稙·이규봉李圭鳳이 모두 와 보았다. 봉천에서 온 북경의 요즘 소식을 대강 들었다.

十七日 雨 家兒與李觀稙 李圭鳳偕作鄒街行 愁寂之際 倚枕輒睡 每爲唐蒙輩所蹴 旣覺遂笑題一律

6월 17일. 비.

형식이 이관직·이규봉과 함께 추가가로 갔다. 근심스럽고 적막할 때 베개에 기대어 곧 잠이 들었다가, 매번 쾌당快唐과 기몽冀蒙에게 걷어차인다. 잠이 깨어 마침내 웃으며 율시 한 수를 지었다.

瓜芽胎實露華灢	오이 싹 꽃봉오리에 이슬 꽃 스몄는데
歲序堂堂半一朞	세월은 당당히 반년을 지났구나
谷雨斜霑荳黍野	골짜기에 뿌린 비는 곡식 들판 적시고
溪風噓掠薜蘿帷	계곡 바람 불어와 덩굴 장막 젖히네
山牕霧暗朝糧晚	산속 창에 안개 짙으니 아침밥 늦어지고
花徑人稀午夢遲	꽃길에 사람 드무니 낮꿈도 더뎌라
際有孩曾扶上腹	이때 어린 증손자들 배 위로 기어오르니
不妨須使警昏癡	괜찮다 늙은이 어리석음을 깨우쳐 주니

---

89) 순극舜極 : 김진선金鎭璿의 자字로 추정된다. 그는 귀봉 김수일의 후손이며, 호는 운서雲西이다.

揮汗坐甑憶萬初僑庄	시루같이 더운 방에 앉아 땀을 뿌리며 만초가 사는 집을 그리워하다
屈指來程掃席霞	오실 날 손꼽으며 자리를 쓸어두고
山街錯認幾人車	산길에 남의 마차 몇 번이나 착각했던가
書顏並闕情如濶	편지도 얼굴도 못 봐 마음조차 먼 듯하고
筇屨難能近若遐	찾아가기 어려우니 가까워도 멀어라
暑雨蒸雲三伏日	더운 비 찌는 구름에 삼복 날이라도
淸風高塌萬初家	맑은 바람 높은 평상 만초의 집이지
季章也不知詩意	계장季章은 아직도 시의 뜻을 모르는지
剛使窮廬發一嗟	군이 외진 집에서 한숨만 짓게 하네

十八日 晚晴 黃炳日及從孫成魯 繞次婦三母女而去通縣 從孫女娘子 亦隨而還之 六孫擔其裝 婦是善恙者 女皆癡軟者 何可利達 舐念不置 金英根來督肉價而未得趁報 可歎

6월 18일. 저녁에 갬.
 황병일과 종손자 성로가 둘째 며느리 세 모녀를 데리고 통화현으로 갔다. 종손녀 처녀아이도 따라서 돌려보냈다. 육손六孫이 그 짐을 지고 갔다. 며느리는 잘 아픈 사람이고 딸들은 모두 아무것도 모르는 여린 아이들이니 어떻게 잘 갈지 걱정하는 마음을 놓을 수 없다. 김영근金英根이 와서 고기값을 독촉하였으나 바로 갚지 못하였으니, 탄식할 일이다.

十九日 夕葦塘寓申容寬 持宇植抵昌魯書 徧身霑冒而來宿

6월 19일.
 저녁에 위당葦塘에 우거하는 신용관申容寬이 창로昌魯에게 보낸 우식宇植의 편지를 가지고, 온 몸에 비를 흠뻑 맞고, 와서 잤다.

二十日 夢拜西山翁兄弟 而若有遭喪之禮 可怪

6월 20일.

꿈에 서산옹西山翁 형제90)를 뵈었는데, 상을 당한 사람의 예가 있었던 듯하니, 괴이한 일이다.

二十一日 雨

6월 21일. 비.

翼日 李承元 安鎔璉過訪

6월 22일.
이원승李承元과 안용련安鎔璉이 지나다 들렀다.

二十三日 圭姪昌孫入來 圃蔬滿橐 物物開胃 向陽易春 政如此類 但新生從孫 尙未快甦 殘憐殘憐

6월 23일.
조카 규식圭植과 손자 창로昌魯가 들어왔는데, 자루에 가득 담아온 채마밭의 채소들이 하나하나 맛이 일품이다. 따뜻해지는 밝은 봄날이란 바로 이런 것이로구나. 다만 새로 태어난 종손자가 아직 온전히 회복하지 못하여, 안타깝고 불쌍하다.

二十四日 雨

6월 24일. 비.

二十五日 午後與圭姪發向通縣 盖其年老嫂氏 癡病湘孫 一一係戀 不可以暑困前却 纔到越江邊李俊實家 遇雨仍宿 麤飯瀾蔬 不堪充口 僅下數匙 艱過一宵

6월 25일.
오후에 조카 규식과 출발하여 통화현으로 향하였다. 이는 연세 많은 아주머니[嫂氏]와 치병癡病을 앓는 상손湘孫이 모두 가련하여, 덥고 고단하다고 미리 물리칠 수 없었기 때문이다.

---

90) 서산옹西山翁 형제 : 서산 김흥락金興洛과 그의 아우 김승락金昇洛을 가리킨다.

겨우 강 건너 이준실李俊實의 집에 도착하자마자 비를 만나 거기서 잤다. 거친 밥과 엉성한 채소는 입에 댈 수가 없어서 겨우 몇 번 젓가락을 대고 간신히 하룻밤을 지냈다.

二十六日 以所齎橐中之米 僅補一噉之資 朝又遇雨 午後始抵靑溝李敎昌家 內外諸人倒屣歡迎 烹以粘米 煮以江鮮 滿案情饋 物物可食 優老之義 愛人之德 由出衷曲 可感可感 待人接物之際 亦可見門地之自然有等也

6월 26일.
가지고 온 자루에 있는 쌀로 겨우 한 끼 양식을 보태었다. 아침에 또 비를 만나 오후에야 비로소 청구靑溝의 이교창李敎昌의 집에 도착하였다. 안팎의 모든 사람이 신을 거꾸로 신고 나와 환영해 주더니, 찹쌀을 삶고 강의 물고기를 구워 한 상 가득 정답게 대접해 주는데, 음식마다 먹을 만하다. 늙은이를 우대하는 의리와 사람을 사랑하는 덕이 진정한 마음에서 나온 것이라, 고맙고 고마운 일이다. 사람을 대하고 사물을 접하는 데에도 또한 문지門地에 자연히 차등이 있음을 알 수 있었다.

二十七日 與棘人李鍾崙裹飯發向通縣 以其所裹者 借湯水 午點于官道嶺 奎植 鍾崙買餠救飢 困到府中 日已僧夕矣 先入萬姪寓所 李室經病之後 湘孫戀頭之物也 少頃敍話 姪婦進蜜水一碗 煩鬱之餘 快甦暑熱之腸 可幸耳 及暮抵圭姪家 初見嫂氏 瘦敗神觀 可謂兩驚 萬里孤館 生逢三歲之顔 其喜可量 念吾四棣之中 生存者唯一弟一嫂 而弟無聯床之日 以義成行者在此 只一嫂氏一人而已也 俱以衰老之年 其情勢當何如 相對無言 直亦涕淚焉而已 但其各家諸姪俱無他頉 較視鬧溝 此猶圓滿也 朝得暮食 艱窘可想 而手纖翎短 無計庇覆 可恨 夕李定洙 金聲魯 秉七 及正姪來見 三家姪婦及次婦 次第來拜

6월 27일.
상제喪制가 된 이종륜李鍾崙과 함께 밥을 싸가지고 출발하여 통화현으로 향하였다. 그 보따리에 싼 것으로 끓인 물을 빌려 관도령官道嶺에서 점심을 먹었다. 규식과 종륜鍾崙은 떡을 사서 배고픔을 면하였다. 어렵사리 부중府中에 도착하였을 때 날은 이미 이른 저녁이었다.
먼저 조카 만식萬植이 우거한 집에 들어갔다. 이실李室이 병을 겪은 뒤로는 상손湘孫이 머릿속에 연연했기 때문이었다. 잠시 이야기를 하고 있는데 질부가 꿀물 한 사발을 내왔다.

괴롭고 답답하던 나머지 더위 먹은 창자를 시원하게 일깨워 주니 다행한 일이다. 저녁이 되어 조카 규식의 집에 도착하였다. 제수씨를 처음 보자 메마르고 상한 몸과 정신이 가히 둘 다 놀랄 만하였다. 고향에서 만 리나 떨어진 외로운 타관에 살다 3년 만에 얼굴을 보게 되었으니, 그 기쁨을 헤아릴 수 있으랴? 우리 4형제를 생각해 보건대, 그 중에서 살아있는 자는 다만 아우 하나와 제수씨 한 분 뿐이다. 그러나 아우와 침상을 나란히 할 날이 없을 것이니, 의義로 한 항렬行列이 되는 이는 여기 다만 이 제수씨 한 사람 뿐이다. 그런데 모두 쇠약하고 늙어가는 나이이니 그 정세가 마땅히 어떠하겠는가! 서로 마주하여 말은 못하고 눈물만 흘릴 뿐이었다. 그러나 각 집의 여러 조카들이 모두 다른 탈이 없으니, 요지구閙枝溝와 비교해 보면 이는 오히려 원만한 것이다. 아침에 벌어 저녁을 먹으니, 어렵고 군색함은 짐작할 만하다. 그러나 손은 보드랍고 날개는 짧아 덮어 돌볼 계책이 없으니 한스럽다.

저녁에 이정수李定洙·김성로金聲魯·김병칠金秉七과 조카 정식正植이 와서 보았다. 세 집의 질부와 둘째 며느리가 차례로 와서 절하였다.

二十八日　過訪趙萬基家　午饒于正姪寓所　夕飯于萬姪寓處　滿案情饋　無非珍錯也　夕又來宿于圭姪家　歷過遇黃道英　探承査兄平候

6월 28일.

지나가다 조만기趙萬基의 집을 들렀다. 조카 정식의 집에서 점심을 먹고, 저녁은 조카 만식의 집에서 먹었다. 한 상 가득 정답게 대접하는 것이 진미가 아닌 것이 없었다. 저녁에는 또 조카 규식의 집에 가서 잤다. 오다가 황도영黃道英을 만나 사형査兄이 잘 지낸다는 안부를 물어 알았다.

二十九日　午後先觀語學校堂　以吾族少年知舊人之所在也　少憩而去　見金達所寓所　李源一及正姪　一以圖刻　一以理髮　各自爲業　僅托糊口之資云　因歷訪朴慶鍾不遇　又迤往萬姪寓所　爲李婿文衡所速　夕飯于其家　水陸珍膳　充適口牙　可感可感　路遇臨河趙室　暑敍旅悵　周覽上下廛肆之富　物產之衆　樓觀臺榭之壯麗宏奇者　殆吾東大都之所未及也　黃婿炳日來見而去

6월 29일.

오후에 먼저 어학교당語學校堂을 보았다. 이는 우리 집안 소년과 오래 알던 사람들이 있는 곳이기 때문이었다. 잠시 쉬다가 나와, 김달金達이 우거하는 곳을 보았다. 이원일李源一과 조카 정식이 하나는 도장을 새기며, 하나는 이발을 하여 각자 영업을 하면서 겨우 호구할 밑천으로 삼는다고 하였다. 이어서 지나는 길에 박경종朴慶鍾을 방문했으나 만나지 못하였다. 또 조카 만식의 집으로 둘러 가다가, 사위 이문형李文衡의 초청을 받아 그 집에서 저녁을 먹었다. 수륙의 진미가 입맛에 맞았다. 고마운 일이다. 길에서 임하 조실趙室을 만나서 객지의 서러움을 대강 이야기하였다. 아래 위 시장의 풍요함과 물산이 많음과 누각과 관청과 사당이 굉장하고 아름답고 기이한 것을 보니, 거의 우리나라 대도시가 미치지 못할 것이다. 사위 황병일黃炳日이 와서 보고 갔다.

三十日 雨終日 不通咫尺

6월 30일.
비가 종일 와서 가까운 곳에도 통행하지 못하였다.

七月一日 秉七 成魯入去哈泥 以新校講日在明日故也 內眷去金達家 夕飯而歸

7월 1일.
병칠秉七과 성로成魯가 합니하로 들어갔는데 새 학교의 강의하는 날이 내일 있기 때문이다. 안사람은 김달金達의 집에 갔다가 저녁밥을 먹고 돌아왔다.

翼日 李教昌來宿 是日摘益母草花 花已殘矣 爲服婦阿 而藥又失期 可恨

7월 2일.
이교창李敎昌이 와서 잤다. 이날 익모초의 꽃을 땄는데 꽃이 이미 지는 참이다. 며느리의 약으로 복용시키려 하였는데 또 시기를 놓쳐버렸다. 한탄할 일이다.

三日 爲萬姪所請 謄仲弟曙山君遺稿

7월 3일.
만식萬植 조카가 청하여 둘째 아우 서산曙山 군의 유고를 베꼈다.

四日 爲査兄黃濩所速 與黃教英得英李元燁 往宿于小廟溝査兄家 俱皆老人 穩做一宵 朋舊之樂

　7월 4일.
　사형 황호黃濩의 초청을 받아 황교영黃教英·득영得英·이원엽李元燁과 함께 소묘구小廟溝 사형의 집에 가 잤다. 모두 늙은이들이라, 평온하게 하룻저녁 오랜 벗들의 즐거움을 가졌다.

五日 送三老人各歸其家 吾被挽信宿

　7월 5일.
　세 노인이 각각 그 집으로 돌아가는 것을 전송하였다. 나는 만류를 당하여 이틀을 잤다.

六日 與査兄午抵萬姪寓所 食麵飥而來宿圭姪家

　7월 6일.
　사형과 함께 낮에 조카 만식萬植이 우거한 집에 가서 밀가루 수제비를 먹고 조카 규식圭植의 집에 와서 잤다.

七日 送黃査兄于東覇橋上 是夜夢陪庭闈 萬姪買鼈二尾 俾補鳴國泄症

　7월 7일.
　사형 황호를 동패교東覇橋 위에서 전송하였다. 이날 밤 꿈에 아버님을 뵈었다. 조카 만식萬植이 자라 두 마리를 사 왔기에 그것으로 명국鳴國91)의 설사병에 보섭하도록 하였다.

八日 雨 夢見小庵姻叔 朝問內間 則兒病少痊云 似是鼈湯之效 可幸

　7월 8일. 비.
　꿈에 인척인 소암小庵 아저씨를 뵈었다. 아침에 안채를 살펴보니 아이의 병이 조금 낫다고 한다. 아마 자라탕의 효험인 듯하니, 다행이다.

---

91) 명국鳴國 : 김창로의 자字이다.

九日 雨 夕晴 夕飯于萬姪寓所 川鱗陸卵 物物可適 而手纖情緊 旋復憐念

7월 9일. 비오다 저녁에 갬.

조카 만식萬植의 집에서 저녁밥을 먹었다. 강의 물고기와 땅의 달걀이 모두 입에 맞았다. 그러나 가진 것은 적은데 안타까운 마음은 많으니 금방 다시 가련해진다.

十日 雨晚晴 肯植自北峽透迤數百里來言 山河形勝 新馳心動 卽欲移住 而力不能 可恨

7월 10일. 비오다 저녁에 갬.

긍식肯植이 북쪽 산골짜기로부터 수백 리를 돌아 와서 산과 강의 형승에 대한 말을 해주는데, 새로 달려가고 싶은 마음이 동하여 곧 옮겨 살고 싶다. 그러나 능력이 모자라 못하니 한스러운 일이다.

十一日 嫂氏與次婦入去鬧枝溝 李婿文衡帶行 衡兒出來 黃道英來

7월 11일.

제수씨가 둘째 며느리와 요지구鬧枝溝로 들어가는데, 사위 이문형李文衡이 데리고 갔다. 형식이 나오고, 황도영黃道英이 왔다.

翼日【內舅進士公喪出】朝飯于朴慶鍾家 午饒于金達 皆極費手力 滿案珍錯 殆渡江後初遇也 二兄待老之意 容亦然矣 而俱是客窘也 可感而又不安也 萬圭二姪 及衡兒偕作問舍之行

7월 12일.【외숙 진사 공의 상여가 나갔다】

박경종朴慶鍾의 집에서 아침밥을 먹고 김달金達의 집에서 점심을 먹었는데 모두 지극히 솜씨와 힘을 다하여 한 상 가득 진수성찬을 차렸으니, 거의 강을 건넌 뒤로 처음 만나는 것들이었다. 두 벗이 노인을 대접하는 마음에 딴은 그럴 수도 있는 일이다. 그러나 이들 모두 객지에서 군색한 형편이라, 감사하면서도 불안하였다. 만식萬植과 규식圭植 두 조카와 형식이가 함께 집을 알아보러 갔다.

十三日 小雨 朴寅鍾來見 權東直自萬樓溝出來

7월 13일. 비 조금 옴.
박인종朴寅鍾이 와서 보았다. 권동직權東直이 만루구萬樓溝에서 나왔다.

十四日【高祖考處士府君諱辰】以暑感作苦 咳嗽與心頭痛 政自難堪 且饌味絶乏 送二兩錢于正姪許 買羊肉小許

7월 14일.【고조고 처사부군 기일】
더위를 먹어 괴로운데 가래기침으로 가슴과 머리가 아프니, 참으로 스스로 감당하기 어렵다. 또 반찬과 음식이 떨어지고 모자라서 조카 정식正植에게 2냥의 돈을 보내 양고기 조금을 사게 하였다.

十五日【曾祖考正字府君諱辰】砂洞來告 故庄之行 何其筋力之矍鑠也 志意之敦確也 恰似李將軍河陽之別蘇中郞也

7월 15일.【증조고 정자부군正字府君 기일】
사동砂洞 식구들이 와서 고향으로 간다고 알린다. 어찌 그리 근력이 활발하며 의지가 굳은지? 이장군李將軍이 하양河陽에서 소중랑蘇中郞을 이별할 때92)와 흡사하다.

十六日 洪姪自安東縣還來 成魯 應魯皆出來 午爲金達家所速 大喫麵飥而來

7월 16일.
조카 홍식洪植이 안동현에서 돌아왔다. 성로成魯와 응로應魯가 모두 나왔다. 낮에는 김달의 집에서 초청을 받아 밀가루 수제비를 실컷 먹고 왔다.

---

92) 이장군이 하양에서 소중랑을 이별할 때 : 한漢 나라 때 흉노匈奴에게 항복한 이릉李陵이 흉노에게 사신 가서 억류되었다가 19년 만에 풀려나 한나라로 돌아가는 소무蘇武와 작별하면서 "서로 손 잡고 황하 다리에 올라라, 나그네는 저문 날에 어디로 가느뇨? (중략) 가는 사람을 오래 만류키 어려워, 늘 서로 생각하자고 각기 말하네[携手上河梁 遊子暮何之 (중략) 行人難久留 各言長相思]"라는 시를 주며 이별한 고사가 있다. 다시 만나지 못할 곳으로 벗을 보내는 슬픔을 비유하는 말이다.

十七日 善山金福奎指蔡圭鳳書來 托惠好之意 而有文術達醫理 頗可仗倚也 又龍宮趙海濟
咸昌金顯宰 皆以此意來見 崔鳳奎字以雲瑞者 又方來見云 萬圭二姪及衡兒 歷覽四五處而
還云 有可住之地 而土価極高 非殘力之所可辦得也

7월 17일.
　선산 김복규金福奎가 채규봉蔡圭鳳의 편지를 가지고 와서 좋은 뜻으로 의탁하였다. 글재주가 있고 의학의 이치에 통달하여서 자못 의지할 만하였다. 또 용궁 조해제趙海濟[93]와 함창 김현재金顯宰도 모두 이런 뜻으로 와서 보았다. 운서雲瑞라고 자를 쓰는 최봉규崔鳳奎라고 하는 사람도 곧 와서 볼 것이라 하였다.
　만식萬植·규식圭植 두 조카와 형식이 너덧 군데를 둘러보고 와서 말하기를 "거주할 만한 곳은 있으나, 땅값이 너무 비싸서 높아서 잔약한 힘으로 마련할 수 있는 게 아니다."라고 하였다.

十八日 河在禹 權順三 金敬三 權東鳳來見 朝飯而去 皆安東人也 午後權東直 朴基鍾來
見 李啓東昨自奉天府還 而聞我在此 饋以川鱗數串 可感 柳寅植來告出去之意 故吟示五
言四絶 使之歸報其庭 裁答相吉去書付送于應魯歸便

7월 18일.
　하재우河在禹·권순삼權順三·김경삼金敬三·권동봉權東鳳이 와서 보고 아침밥을 먹고 갔다. 다 안동사람이다. 오후에 권동직權東直·박기종朴基鍾이 와서 보았다. 이계동李啓東이 어제 봉천부奉天府에서 돌아오다가 내가 여기 있다는 소식을 듣고, 민물고기 몇 꿰미를 가져다주었다. 고마운 일이다. 류인식柳寅植이 와서 나가겠다는 뜻을 알리므로 5언 절구 네 수를 지어 보이고, 돌아가 그의 어른께 아뢰라고 하였다. 상길相吉에게 보내는 편지를 써서 응로應魯가 돌아가는 편에 보냈다.

吟送東橋柳景達 必永　동교에 있는 류필영(자 경달)에게 읊어 보내다

客路三千遠　　　　　나그네 길 삼천리 먼 길

---

93) 조해제趙海濟 : 경북 예천군 지보출신으로 대한민국 임시정부 군자금 모집활동을 한 조해제로 추정된다. 그는 당시 중국 봉천에 거주하고 있었다.

殘年七十凋　　　　쇠잔한 나이 칠십이라오
來程難可復　　　　온 길 되돌아가기 어렵고
去處又無聊　　　　가는 곳마다 또 무료하다오
海壑鯨潮漲　　　　험한 바다 큰 파도 넘치고
風枝鳥羽翛　　　　바람 이는 나뭇가지 새 날개 상하네
天高山日暮　　　　하늘은 높고 산에 해는 저무는데
秋月印東橋　　　　가을 달은 동교東橋에도 똑같이 비치리
　　<柳兄或寓在東橋子舍><류형께서 간혹 동교東橋의 아드님 집에 거처하기도 하였다>

十九日 發還寓所 歷見靑溝等地 雹雨所經 田無寸草之靑 八口生活 聞極殘憐 遂不欲自貽
客弊 故憂過江外 細雨小沾 且遲滯舟路 慮有乘暮之患 故疾趨赴家 山日始昃矣

　7월 19일.
　출발하여 우거하는 곳으로 돌아오다가 청구靑溝 등지를 들러 보았다. 우박이 지나간 곳에는 밭에 푸른 풀이라곤 조금도 없는데, 듣자니 여덟 식구가 살아갈 일이 너무나 애잔하고 불쌍하다. 마침내 손님맞이하는 폐를 끼치기 싫어 일부러 강 건넛집을 알과憂過하였다. 가는 비가 조금 적시는데다 또 뱃길이 지체되어 어둠 속에 가야할 염려가 있으므로, 빨리 달려서 집으로 갔더니 산에 해가 비로소 기울었다.

二十日 黃東英 李明世歷訪 黃炳日與成魯入來

　7월 20일.
　황동영黃東英·이명세李明世가 지나다가 들렀다. 황병일黃炳日이 성로와 함께 들어왔다.

二十一日 李源行來宿 新校始開區會

　7월 21일.
　이원행李源行이 와서 잤다. 새 학교가 비로소 구회區會를 열었다.

翼日 雨 源行仍留

7월 22일. 비.
원행은 그대로 머물렀다.

二十三日 李衡國來宿

7월 23일.
이형국李衡國이 와서 잤다.

二十四日 李明世午饒而去 黃炳文 金聲魯 黃龍起 全鳳鍊皆來宿 黃全皆平海居人 而今寓恒道川云 是日打眞牟僅十三斗

7월 24일.
이명세李明世가 점심을 먹고 갔다. 황병문黃炳文·김성로金聲魯·황용기黃龍起·전봉련全鳳鍊이 모두 와서 잤다. 황黃과 전全은 다 평해에 살던 사람인데 지금은 항도천恒道川에 우거한다고 하였다. 이날 메밀 타작을 하니 겨우 열세 말이었다.

二十五日 寧海人李星斗李俊雨來見 傳言內地歉荒之報 生活之艱 不見可想 弟姓之豊 猶不瞻者 何以經過 遠自憐念 聲魯仍留 而方營還故云

7월 25일.
영해사람 이성두李星斗·이준우李俊雨가 와서 보고 국내의 흉년 소식을 전해 주었다. 생활의 어려움은 보지 않아도 상상할 수 있겠다. 아우들이 많아도 오히려 넉넉지 못한 사람은 어떻게 지내는지, 먼 곳에서 스스로 가련하고 염려된다. 성로는 그대로 머물렀는데, 지금 한창 고향으로 돌아가려고 한다고 하였다.

二十六日 弟嫂從嫂冢婦次婦 爲見李俊實家 偕去哈密河 雇傭去役學校 午後朴慶鍾來見而去黃 信杰送鮒魚數串饋之 可感

7월 26일.
제수弟嫂·종수從嫂·맏며느리·둘째 며느리가 이준실李俊實의 집에 가보려고 함께 합밀哈密河로 갔다. 일꾼은 학교에 일하러 갔다. 오후에 박경종朴慶鍾이 와서 보고 갔다. 황신걸黃信

杰이 붕어 여러 꿰미를 보내어 주었다. 고마운 일이다.

二十七日 李裕仁 權極夏 李鍾崙午饒而去

   7월 27일.

   이유인李裕仁·권극하權極夏·이종륜李鍾崙이 점심을 먹고 갔다.

二十八日 雨 李文衡來宿

   7월 28일. 비.

   이문형李文衡이 와서 잤다.

二十九日 柳宅鎭午饒 李敎昌 李啓東來宿 萬姪 衡兒自通縣入來

   7월 29일.

   류택진柳宅鎭이 점심을 먹었다. 이교창李敎昌·이계동李啓東이 와서 잤다. 조카 만식과 형식이 통화현에서 들어왔다.

八月一日 陰 猝生風痛 自夕達夜苦痛

   8월 1일. 흐림.

   갑자기 풍통風痛이 나서 저녁부터 밤까지 고통스러웠다.

翼日 李啓東來宿

   8월 2일.

   이계동이 와서 잤다.

三日 萬姪 李啓東 同入大牛溝

   8월 3일.

   만식 조카와 이계동이 함께 대우구大牛溝로 들어갔다.

四日 夢叔父持生薑一角 歸獻先君 而又以淸蜜一鍾子 和進服之 認是平日愛敬之意 至老不衰 而往往池草之思 自爾呈露者也 旣覺 感而志之 雨事晩晴 夕李源一來宿

8월 4일.
꿈에 숙부께서 생강 한 조각을 가져다 돌아가신 아버지께 드리고, 또 꿀 한 종지를 타 드렸다. 이는 평소에 애경愛敬하는 뜻이 늙어서도 약해지지 않아서, 저절로 못가의 풀을 그리워하는 것[94]처럼 가끔 드러나는 것이다. 깨고 나서 감사한 마음에 이를 적는다.
비가 늦게야 개었다. 저녁에 이원일李源一이 와서 잤다.

五日 與李源一 文姪 昌孫 發向馬鹿溝 盖求田問舍之計 而並修各處人事之意也 使昌孫裹飯于盒子 以我不嫺店飯故也 行至鬧枝嶺下 日已卓午矣 卽於路傍 藉草地坐解槖 折枝爲箸 艱食過半 而兒輩摘玉黍 熱火灸食 快免飢症 踰嶺而抵永春李鍾基寓所 霜後荒騷 令人發歎 小憩而訪李綱鎬家 從姪女候門笑迎 盖其情地 視我猶父也 夕以麵飥進饋 認我口性也 但主客年紀不適 問李羲仲 則已爲哈蜜之行 而有燕鴻之歎

8월 5일.
이원일과 조카 문식文植·손자 창로가 함께 마록구馬鹿溝를 향해 출발하였다. 밭을 구하고 집을 물어볼 계획도 있고, 아울러 여러 곳에 인사를 나눌 뜻도 있기 때문이다. 손자 창로에게 찬합에다 밥을 싸게 하였는데, 내가 음식점 밥에 익숙지 않기 때문이다. 가다가 요지령鬧枝嶺 아래 이르렀을 때, 해가 이미 정오인지라, 길가의 풀밭에 앉아 보따리를 풀었다. 나뭇가지를 꺾어 만든 젓가락으로 조촐한 끼니를 절반 넘게 먹었을 때, 아이들이 옥수수를 꺾어 와서 불에 구워 먹으니 배고픔을 기분 좋게 면하였다.
고개를 넘어 영춘원永春院의 이종기李鍾基가 사는 곳에 도착하였다. 서리 내린 뒤의 황량하고 엉성함이 보는 사람으로 하여금 탄식하게 하였다. 잠시 쉬다가 이강호李綱鎬의 집을 들렀더니 종질녀從姪女가 문에서 기다리다 웃으며 맞아주었다. 그 정겨움이 마치 날 보기를 아비 대하듯이 하였다. 저녁에 밀가루 수제비를 내왔는데, 내 식성을 알기 때문이다. 다만 주인과

---

94) 못가의 풀을 그리워하는 것 : 남조南朝 송宋 나라의 시인 사영운謝靈運이 일찍이 영가永嘉의 서당西堂에서 온종일 시를 생각했으나 이루지 못하였다가, 꿈에 족제族弟인 사혜련謝惠連을 만나서 '못가에 봄풀이 난다[池塘生春草]'는 시구詩句를 얻고 나서 대단히 만족하게 여겼다는 고사에서 온 말이다. 전하여 형제간의 그리움과 훌륭한 시구를 의미한다.

손이 나이가 걸맞지 않았다. 이희중李羲仲에 대해 물으니, 이미 합밀哈蜜로 떠났다고 하여 연홍燕鴻의 탄식95)이 있었다.

六日 與李綱鎬及兒輩 越去馬鹿溝 盖其土地廣闊 五穀櫛比 且有野住可合之地 而但一種駭聞漸疎揷足之念 午饒于權東直家 夕還宿于李綱鎬家 置長耳于權友家 使之補鐵

8월 6일.
이강호 및 아이들과 함께 마록구馬鹿溝로 넘어갔다. 그곳은 토지가 널리 개간되어 있고 오곡五穀이 즐비하며 또 들판에 살기 적합한 땅도 있기 때문이었다. 다만 한 가지 해괴한 소문으로 있어 발붙이고 살 생각이 점점 줄어들었다.
낮에는 권동직權東直의 집에서 점심을 먹고 저녁에는 이강호의 집으로 가서 잤다. 권동직의 집에다 나귀를 놓아두고, 그에게 쇠붙이를 갈아 달라고 하였다.

七日 因平海人李喪制 將向大牛溝妹家 而午点麵飥于李鍾杓家 是夕抵妹兄家 幾半年阻濶之餘 喜可知也 遂以管城一枝 酬與彌孫桂五 蓋以獎引蒙秀之意也

8월 7일.
평해사람 이상제李喪制 일(문상問喪) 때문에 대우구大牛溝의 누이 집96)으로 가다가, 이종표李鍾杓의 집에서 점심으로 수제비를 먹었다. 이날 저녁에 매형 댁에 도착하였다. 거의 반년이나 떨어져 있던 나머지라 그 기쁨이 어떠하였겠는가. 마침내 붓97) 한 자루를 외손자 계오桂五98)에게 건네주었다. 이는 그의 어린 인재를 장려하고 이끌어주려는 뜻이었다.

八日 仍留 兒孫輩宿姜南鎬家 而與南鎬偕來 越峴李鍾殼來見 年輩相敍 尤可感欣

8월 8일.

---

95) 연홍燕鴻의 탄식 : 제비는 여름 철새이고, 기러기는 겨울 철새여서 서로 만날 수가 없으므로, 전하여 서로 길이 어긋나 만나지 못하는 처지를 탄식할 때 쓰는 말이다.
96) 대우구의 누이 집 : 석주 이상룡의 집이다.
97) 관성管城 : 붓을 의인화하여 이른 말이다. 한유韓愈의 모영전毛穎傳에 "진 시황제가 장군 몽염蒙恬으로 하여금 붓에게 탕목읍을 내리고 관성에 봉해 주게 하여 관성자라 호칭하였다[秦皇帝使恬賜之湯沐而封諸管城 號曰管城子]"라고 한 데서 온 말이다.
98) 계오桂五 : 석주 이상룡의 손자 이병화의 이명으로 추정된다.

그대로 누이 집에 머물렀다. 아이와 손자들은 강남호姜南鎬의 집에서 자고, 남호南鎬와 함께 왔다. 고개 너머 이종각李鍾慤이 보러 왔는데, 연배가 서로 비슷하여 더욱 고맙고 기뻤다.

九日 爲李兄所速 與萬初去餉麵飥

8월 9일.
이형李兄에게 초대받고, 만초萬初와 함께 가서 밀가루 수제비를 먹었다.

十日 仍留 或抽書消遣 朝夕每以麥飯進饋 濃熟精鑿 可代玉飯

8월 10일.
그대로 머무르면서 책을 읽기도 하며 시간을 보냈다. 아침저녁으로 매끼 보리밥을 차려 주었다. 잘 익은 것을 정성스럽게 찧은 것이라 흰 쌀밥을 대신할 만하였다.

十一日 仍留

8월 11일.
그대로 머물렀다.

翼日 與萬初往宿于姜南鎬家 供以麪飥 細軟淸滑 眞合口性 幾盡二盂 眞寶人李圭儀 與同一家昕夕談讌 頗自致款意 年雖不適 而頓忘旅抱

8월 12일.
만초와 함께 강남호의 집에 가서 잤다. 밀가루 수제비를 대접하는데 가늘고 연하며, 깨끗하고 부드러웠다. 참으로 내 식성에 딱 맞아서 거의 두 대접을 다 먹었다. 진보眞寶사람 이규의李圭儀가 한집에서 함께 새벽부터 저녁까지 이야기를 나누는데, 스스로 정성스러운 뜻을 보였다. 나이는 비록 걸맞지 않으나 잠시 객지의 근심을 잊었다.

十三日 主家以黃鷄肉白玉飯 殫誠待客 其意可感 午 還抵李鍾基所 饋车饅頭 剛不堪食 畧領其意 而困到于新開嶺李明世寓所 明世出外 而其伯兄暎世<字明國> 仲兄暄世<字憲國> 及同住人安鎔善 安孟善 皆懽迎接待

8월 13일.

집주인이 누런 닭고기와 흰 쌀밥으로 정성을 다해 손을 대접하니, 그 뜻이 고맙다. 낮에 또 이종기의 집에 가니 메밀 만두饅頭로 대접해 주는데 야물어서 먹지는 못하고 그 뜻만 받았다. 어렵게 신개령新開嶺 이명세李明世가 임시로 사는 곳에 도착하였다. 명세는 출타하고 그의 큰형 영세暎世<자字는 명국明國이다>와 중형 훤세喧世<자字는 헌국憲國이다> 및 같이 사는 안용선安鎔善·안맹선安孟善이 모두 기쁘게 맞아 대접해주었다.

十四日【寃日】自同住人李能恒家 饋進白飯 驚怪問之 則內地所來者 爲我致款 而能恒出外 其婿孟善對食 可感可感 仍以餘飯 又裹作午饒之資 趁午到家

8월 14일.【원일寃日】

같이 사는 사람인 이능항李能恒의 집에서 쌀밥을 갖다 주기에 놀랍고 이상해서 물으니, 국내에서 가져온 것인데 나를 위해 정성을 보인 것이다. 능항은 출타하고 그의 사위 맹선孟善이 마주앉아 밥을 먹었다. 고맙고 고마운 일이다. 이어 남은 밥을 또 싸서 점심거리로 장만해 주었다. 낮이 되어 집에 도착하였다.

十五日 卽羅麗之嘉排日也 絲麻女紅 各當爭長 而無綿無麻 更無絲身之策 可歎 李源一還其寓 烹狗而爲老妹補力之資

8월 15일.

오늘은 곧 신라와 고려의 가배嘉排 날이다. 명주실과 삼실을 여자들이 짜서 각자 장기를 다투었으나, 솜도 없고 삼도 없으니 다시는 옷 입을 계책이 없다. 탄식할 일이다. 이원일이 사는 곳으로 돌아갈 때, 개고기를 삶아 늙은 누이 기력을 보충할 거리로 삼았다.

十六日 李鍵龍午饒而去 權五煥來宿

8월 16일.

이건룡李鍵龍이 점심을 먹고 갔다. 권오환權五煥이 와서 잤다.

十七日 修去剩弟書 付送于李仲實還故便 卞眞李文衡 夕飯而去

8월 17일.

잉헌剩軒 아우에게 갈 편지를 써서 이중실李仲實이 고향 가는 편에 부쳤다. 변진卞眞과 이문형李文衡이 저녁밥을 먹고 갔다.

十八日 李妹與嫂氏 發去通縣 從姪文植陪行 裵快周與白根 午饒而去

8월 18일.

누이 이실李室과 제수씨가 통화현으로 떠나는데, 종질從姪 문식文植이 모시고 갔다. 배쾌주裵快周와 백근白根이 점심을 먹고 갔다.

十九日 尹炳烈馱眞牟五斗而來 以我貨之也 李德基午饒而去 家兒製唐孫齒痛藥來 春三移運木麥 是夜夢制一句云 立立峰巒羅左右 雙雙鳧鷺對沉浮 盖寓子孫衆多之意 而取諸峯羅立 似兒孫之句也

8월 19일.

윤병렬尹炳烈이 보리 다섯 말을 싣고 왔다. 나에게 팔려는 것이다. 이덕기李德基가 점심을 먹고 갔다. 형식이 쾌당의 치통약을 지어 왔다. 춘삼春三이 메밀을 옮겼다.

이날 밤 꿈에 시 한 구절을 지었는데, "우뚝우뚝 봉우리들 좌우로 늘어섰고, 쌍쌍의 오리·백로 짝지어 부침浮沈하네."라고 하였다. 이는 자손이 많아지라는 뜻을 붙인 것으로, 여러 봉우리들이 늘어서 있는 것이 마치 아이들 같은 모습을 취한 시구이다.

二十日 文植家貿醬太而來

8월 20일.

문식文植의 집에서 메주콩을 사왔다.

二十一日 春三刈太

8월 21일.

춘삼春三이 콩을 베었다.

翼日 尹炳烈以跋高 輸眞牟五斗而來 午饒送之

8월 22일.
윤병렬尹炳烈이 발고跋高로 보리 닷말을 싣고 왔다. 점심을 먹여서 보냈다.

二十三日 金昌茂牽驟來宿 聞趙萬基以其病物故於鎭岑云 慘痛慘痛 其家之寓在通縣者 皆撤還故地云 事勢情地 不得不然 而其家之所遭景色 令人墮淚 是夕 家兒買水魚一串而來 価云二兩十字也

8월 23일.
김창무金昌茂가 노새를 끌고 와서 잤다. 들으니 조만기趙萬基가 병 때문에 진잠鎭岑에서 죽었다 한다. 비참하고도 애통하다. 통화현에 사는 그 집 사람들이 다 거두어 고향으로 돌아갔다고 한다. 형편과 사정이 그렇게 하지 않을 수 없기는 하나 그 집안에 닥친 상황이 사람으로 하여금 눈물 흘리게 한다.
이날 저녁에 가아가 물고기 한 꿰미를 사왔는데, 값이 두 냥 십자+字라 하였다.

二十四日 寫曙山稿畢 黃信杰來見而去 夕圭文二姪 自通縣來 雇人負太束積聚 昌孫斫木作牢 將以牧猪也 淸人居隣者 送南瓜四塊 可感

8월 24일.
서산曙山[99]의 유고遺稿 베껴 쓰기를 마쳤다. 황신걸黃信杰이 와 보고 갔다. 저녁에 규식圭植과 문식文植 두 조카가 통화현에서 왔다.
품꾼이 콩 다발을 져다가 쌓았다. 손자 창로가 나무를 베어다 우리를 만들었는데, 장차 돼지를 기르려고 하는 것이다. 이웃 사는 청나라 사람이 호박 네 덩이를 보내왔으니, 고마운 일이다.

二十五日 買猪三首而來 李章寧來宿 夕雨夜雪

---

99) 서산曙山 : 김대락의 아우 김효락金孝洛의 호이다. 자는 공달公達, 일기에 자주 보이는 김만식金萬植이 바로 그의 장남이다.

8월 25일.

돼지 세 마리를 사왔다. 이장녕李章寧이 와서 잤다. 저녁에 비가 오더니 밤에는 눈이 왔다.

移謄曙山草稿畢 感吟一律 서산초고曙山草稿 옮겨 쓰기를 마치고 느낌을 율시律詩 한 수로 읊다

嗟哉公達甫	아아, 공달公達, 이 사람아
何歲復胚胎	어느 세월에 다시 태어나려나
夢斷池邊草	꿈에서도 못가의 풀[100] 끊어졌으니
魂歸雪上梅	혼魂은 눈 속의 매화로 돌아갔으리
光芬遺寶篋	빛나는 그대의 글 보배 상자에 남아있고
寃恨徹泉臺	원통한 한은 저승으로 통했구나
一掬雙行淚	두 줄기 눈물을 훔치며
濡毫寫我懷	붓 적셔 나의 그리운 맘 적노라

二十六日 雪深二尺餘 李章寧仍留 圭姪問舍之行 亦滯雪而坐 雲母痰疼 可悶

8월 26일.

눈이 깊이 쌓여 두 자 남짓 되었다. 이장녕은 그대로 머물렀다. 조카 규식圭植 집을 알아보러 가려던 것도 눈에 막혀 머물러 있다. 운雲이 어미가 천식喘息을 앓고 있으니, 걱정이다.

二十七日 晴 簷雪融下如雨 校中往來者 皆沾汚履襪

8월 27일. 맑음.

처마에 쌓인 눈이 녹아내리는 것이 비 오는 것 같다. 학교 안에 오가는 사람 모두 신과 버선이 다 젖어 더러워졌다.

二十八日 騾子腹部 忽生贅疣 針破瀉毒

---

100) 못가의 풀 : 위 주석 94번 참조.

8월 28일.

노새의 배에 갑자기 혹이 났기에 침으로 터뜨려 독을 빼냈다.

二十九日 圭文二姪與昌孫 俱作北峽問舍之行 夜又雪 深數尺 田中菜穀之未及收穫者 沒入雪中 若雪不融消 則良貝極矣 兒輩未知滯在何地 憂慮不已

8월 29일.

규식과 문식 두 조카와 손자 창로가 함께 북쪽 산간지방의 협곡으로 집을 알아보러 떠났다. 밤에 또 눈이 왔는데, 깊이가 몇 자나 되었다. 미처 거두지 못한 밭의 채소와 곡식들이 모조리 눈 속에 묻혀 버렸다. 만일 눈이 녹지 않으면 낭패狼狽가 극심할 것이다. 아이들은 어느 곳에서 체류하고 있는지 모르겠다. 걱정과 염려가 그치지 않는다.

九月一日 夢省慈親 又夢生祖考與先親 偶閱吾文 頗有獎許之意 認是平日慈教之意

9월 1일.

꿈에 어머니를 뵈었다. 또 꿈에 생가 조부와 선친께서 우연히 내 글을 보시고 자못 칭찬하시는 뜻이 있었다. 이것이 평소에 자애롭게 가르치시던 뜻임을 알겠다.

翼日 斷糧 諸眷皆空口過午 而別置朝飱 對案獨啜 憐歎憐歎 春三頗有慍色 無怪其爲然 李炳日適來 畧修小紙 付送萬姪許 家兒涉雪去校云 有學生安集之議也 夜小雨

9월 2일.

양식이 떨어져서 여러 식구들이 모두 빈 입으로 낮까지 지내면서도 따로 아침상을 차려 주어, 밥상을 앞에 놓고 혼자 먹었다. 가련함에 탄식하고 탄식할 일이다. 춘삼春三은 자못 성난 기색이 있었는데, 그가 그러는 것도 이상할 게 없다. 이병일李炳日이 마침 와서 작은 종이에 간략한 편지를 써서 조카 만식萬植에게 부쳐 보냈다. 가아家兒가 눈길에 학교에 가면서, 학생을 안집安集할 의논이 있다고 하였다. 밤에 비가 조금 내렸다.

三日 送葑菲于通縣諸姪家 分味 李仲實來午饒 鄭東華來見而去

9월 3일.

순무[蔈菲]를 통화현의 여러 조카들 집에 나누어 맛보라고 보냈다. 이중실李仲實이 와서 점심을 먹었다. 정동화鄭東華가 와 보고 갔다.

四日 夢拜亞庭 衣冠戌削 或有愆節而然歟 慮仰慮仰 張喪人道淳宿去 裁謝其春府書 採菁根 藏于陰室 以爲御冬之計

9월 4일.

꿈에 작은아버지를 뵈었다. 의관을 한 모습이 야윈 듯하니 혹시나 편찮으신 데가 있어서 그러한가? 우러러 염려되고 염려된다. 상주가 된 장도순張道淳이 자고 갔다. 그의 어른에게 답장 편지를 썼다. 무를 뽑아 그늘진 방에 저장했는데, 겨울을 나기 위해서이다.

五日 膺禮叔有埋主痛迫之語 或又有駭機耶 雖是夢譫 而甚怪甚怪

9월 5일.

응례膺禮 아재가 신주를 묻었다고 통박하는 말이 있었는데, 혹시 또 놀랄만한 기미가 있는 것인가? 비록 꿈속의 헛말이지만 매우 괴이하고 괴이하다.

瘦骨蹣跚 不能成寢 坐吟一律 窓色迷明 비쩍 마른 몸이 비틀비틀 서성이면서 잠을 이루지 못하여 앉아 율시 하나를 읊었는데, 창은 새벽 빛이다

凌晨起坐待暾紅	이른 새벽 일어나 앉아 아침 해를 기다리니
靈郛淸明似碧空	가슴 속 청명하여 푸른 하늘 같구나
山僻朝看麋鹿友	외진 산 아침에 노루 사슴 노니는 것 보이고
溪喧時得鯉魚風	개울물 소리에 때로 잉어바람 불어오네
<九月風 鯉魚風><9월 바람이 잉어바람이다>	
鄕懷又切茱萸節	고향생각 수유절茱萸節101) 맞아 더욱 간절하니
書意猶寬簡竹叢	책 볼 생각 옅어지고 담뱃대만 자주 드네
擧筆欲題糕字句	붓을 들어 고糕자 시 짓자니
滿庭霜葉打簾櫳	온 뜰에 가을 잎이 창살을 때리네

---

101) 수유절茱萸節 : 음력 9월 9일을 중국에서는 이렇게 불렀다.

<古詩有劉郞不敢題糕字之句> <고시에 "유랑이 감히 고자糕字구를 짓지 못했다"는 것이 있다>102)

六日 李教昌昨來 而滯雨仍留 以麻鞋二件用情于內間 雖族誼 可感 夕李鍵龍來宿

9월 6일.

이교창李教昌이 어제 왔다가 비 때문에 그대로 머물렀는데, 삼신[麻鞋] 2켤레로 안 식구들에게 인정을 썼다. 비록 족친간의 정의이지만, 감사한 일이다. 저녁에 이건룡李鍵龍이 와서 잤다.

七日 陸孫持南瓜一介而來 午饒 自巡警局來 捧蕉戶錢二角七字而去

9월 7일.

육손陸孫이 호박 한 개를 가지고 와서 점심을 먹었다. 순경국巡警局에서 와서 초호전蕉戶錢 2각角 7자字를 받아 갔다.

八日 買黃肉六角 以其爲重陽節日故也 未行薦茶之禮 而徒事口腹 罪恨

9월 8일.

쇠고기 6각 어치를 샀다. 중양절을 쇠기 위해서이지만, 차례는 지내지 않으면서 공연히 제 입과 배만 채우려니 죄스럽고 한스러운 일이다.

九日 李教昌自永春還 宇植來 聞正孫安狀 可慰

9월 9일.

이교창李教昌이 영춘원에서 돌아왔다. 우식宇植이 와서, 손자 정로正魯가 잘 있다는 소식을 들으니 위로가 되었다.

---

102) 고시에 ~ 있다 : 『소씨견문록邵氏聞見錄』에 "유몽득劉夢得이 일찍이 구월 구일시를 지으면서 '고糕' 자를 쓰려고 하다가 생각해보니 육경六經 중에는 그 글자가 없으므로 걷어치우고 쓰지 않았다."고 하였다는 데서 유래한다. 고시는 송기宋祁의 시인데, 원시는 "劉郞不肯題糕字"이다.

十日 朝陸孫入役 李教誠持楛椒數碗來 修內間人事 盖其族誼所厚也 改造牛欐于南邊空間 家兒去見巡警官 乘月而返

9월 10일.
아침에 육손陸孫이 부역을 갔다. 이교성李敎誠이 고추 몇 사발을 가지고 와서 안채에 인사를 건넸다. 이는 족친간의 정의가 두터웠기 때문이다. 남쪽 가장자리 터에 소 우리를 고쳤었다. 집의 아이 형식이 순경관巡警官을 가서 만나고 달이 떠서야 돌아왔다.

十一日 李衡國 自大牛溝 來傳昌孫之奇 宇植從去見靑溝野土而來 午饁而歸 聞屈羅嶺有白晝殺越之患 而被害者 淸人 盜不現捉云 可悸可怕

9월 11일.
이형국이 대우구大牛溝에서 와 손자 창로의 소식을 전해 주었다. 족종族從 우식宇植이 청구靑溝의 개간하지 않은 땅을 가보고 와서, 점심을 먹고 돌아갔다. 듣자하니 "굴라령屈羅嶺에서 대낮에 사람을 죽이고 물건을 빼앗는 변고가 생겼는데, 해를 입은 사람은 청인淸人이고, 도적은 붙잡히지 않았다 한다." 가슴이 떨리고 두렵다.

翼日 夕 權仲燁李衡國來宿 夜二更 隣居劉姓人 荷銃來告曰 强盜四十 方向哈蜜溝商店 預設防禦之策云 懸燈達曙 更無皁白 盖我赤手空拳 徒事畏縮 與受其敗之外 無他妙策 臥不接目 頭疼大作 懍歎懍歎

9월 12일.
저녁에 권중엽權仲燁과 이형국이 와서 잤다. 밤 이경二更에 이웃에 사는 유씨劉氏 성 가진 사람이 총을 메고 와서 말하기를 "강도 마흔 명이 방금 합밀구哈蜜溝의 상점으로 향해 갔으니, 미리 방어할 계책을 세우라."고 하였다. 새벽이 되도록 등불을 켜놓고 있었으나 다시 아무런 변동이 없었다. 대개 우리는 아무 것도 가진 것 없는 맨 주먹으로 한갓 두려워하기만 하니, 주면 주는 대로 그 패악을 받는 수밖에 달리 묘책이 없다. 누워도 잠이 오지 않고 두통이 심하다. 두렵고 한탄스럽다.

十三日 朝 學校生田一 及平安道人李謙鎬來言 商店貨産 沒入賊手 而且放火屋宇 僅免燒

灰 人之被打者 亦有云 可畏可痛 巡卒出來 或有跟捕徵戢之道耶 朝後 聞一漢爲巡兵所執 而其黨七漢 去賣贓物于通縣云耳 李衡國仍留 李鍾基來宿

9월 13일.

아침에 학교 생도인 전일田一과 평안도 사람 이겸호李謙鎬가 와서 말하기를 "상점의 물건들이 모두 도적들 손에 들어갔고, 또 집에 불까지 질렀지만, 집이 다 타는 화는 겨우 면하였다. 사람들 중에는 두들겨 맞은 자도 있다."고 한다. 두렵고 통탄스럽다. 순찰하는 병졸이 나오면 혹 쫓아가 붙들 도리가 있을까? 아침 후에 들으니 한 놈이 순찰병에게 붙들렸으나, 그 무리 일곱이 통화현通華縣으로 달아나 훔친 물건을 팔아치웠다 할 뿐이다. 이형국은 그대로 머물고, 이종기李鍾基가 와서 잤다.

十四日 夜 賊黨又放火于商店 盖未逞其欲 而惡其數掾之存也 其徒四漢見捉

9월 14일.

밤에 도둑들이 또 상점에 불을 질렀다. 아마 하고 싶은 짓을 마음대로 하지 못한 데다 남아 있는 몇 집이 미워서였을 것이다. 그 일당 네 놈이 붙잡혔다.

香火登壟之節 尤不堪懷故之情 因成一律 산소에 올라가 제사 지낼 계절이다. 고향 그리운 마음에 더욱 견딜 수 없어서 율시 한 수를 짓는다

身雖異域志家鄕	몸은 비록 이역에 있어도 마음은 고향을 향하니
抵死難能毁我方	죽어도 고향 생각 뿌리칠 수 없으리
花鳥詩愁工部杜	꽃 피고 새 울면 시로 시름 달래던 두공부[103]가 되고
蓴鱸秋意舍人張	순채와 농어회가 맛있을 가을에는 장사인[104]이 된다네
河山漠若黃壚事	강산은 아득하여 황로의 일인 듯한데[105]

---

103) 두공부 : 당나라 시인 두보杜甫이다. 공부는 그가 검교공부 원외랑檢校工部員外郞이란 벼슬을 하였기 때문에 붙여진 이름이다.
104) 장사인 : 후한後漢 때 오군吳郡 사람인 장한張翰을 가리킨다. 그는 낙양洛陽에서 벼슬하다가 가을바람이 불자 고향의 순챗국과 농어회가 생각나서 벼슬을 그만두고 고향으로 돌아갔다는 고사가 있다(『진서晉書』「장한열전張翰列傳」).

楸檟蒼凉寂歷岡　　　조상 산소는 아스라이 멀리 쓸쓸한 언덕에 있네
遙憶芳園情話席　　　아름다운 정원에서 정답게 얘기하던 자리 멀리 추억하노니
有誰憐我燭眞腸　　　누가 있어 가련한 나의 속 마음을 비춰주리오

十五日　昨日家兒　去李悅亭家　優享情饋　而乘月返面　聞哈蜜商店方修葺燼餘　故率役丁一人　往見形止　則被打諸人　僅自運動　而賊黨之追跟捕捉者十九名內　韓人二漢　日人二漢　餘皆淸人　次第吹招　贓物亦已露現　而巡卒四散　方又搜跡云　午與李壽玉　金△△　饒飯于金永根家　歸見文姪　還寓　而圭姪昌孫　又向牛頭溝　盖土人之家垈願賣者　不爲不多　而乘時懸價　比前倍登　畧備殘錢　難以稱心　三歲僦居　又無永奠之地　可歎可歎　夕雨通宵

9월 15일.

어제 집의 아이 형식이 이열정李悅亭의 집에 가서 정답게 차려주는 음식을 넉넉히 먹고 달밤에 돌아왔다. 합밀哈蜜 상점이 타고 남은 것을 막 수리한다는 소식을 들었다. 그래서 일꾼 한 명을 데리고 가서 형편을 보았더니, 두들겨 맞은 사람들이 겨우 스스로 움직였다. 체포당한 도둑떼 19명 중에 한국 사람이 두 놈, 일본 놈이 두 놈이고, 나머지는 모두 청나라 사람이다. 차례로 신문하여 훔쳐간 물건도 이미 드러났으며, 순졸들이 사방으로 흩어져 한 칭 다시 자취를 수색하고 있다고 하였다.

낮에 이수옥李壽玉·김△△와 함께 김영근金永根의 집에 가서 밥을 먹었다. 돌아오는 길에 조카 문식을 만나보고 우소로 돌아왔다. 조카 규식과 손자 창로가 또 우두구牛頭溝로 갔다. 토착민들 중에 집과 집터를 팔려고 하는 사람이 적지 않지만, 시세를 틈타 가격을 올려 이전보다 배나 올랐다. 그러니 대략 마련한 잔돈으로는 그들 마음에 맞출 수가 없다. 3년 동안 남의 집을 빌려 살았는데도 오래 안정되게 살 곳이 없으니 탄식하고 탄식할 일이다. 저녁에 비가 오더니 밤새 이어졌다.

---

105) 강산은 ~ 듯한데 : 황로는 황공주로黃公酒壚(황공이 술을 마시던 곳)의 준말이다. 진晉 나라 때 왕융王戎이 일찍이 황공주로를 지나다가 뒤에 따라오는 손에게 말하기를 "내가 옛날에 혜강嵇康·완적阮籍과 함께 이곳에서 술을 실컷 마시곤 했었는데, 혜강·완적이 죽고 난 오늘날에는 황공주로가 비록 가까이 있기는 하나 산하山河처럼 멀게 여겨진다."고 했던 데서 온 말이다(『진서晉書』 권43).

十六日 朝雨晚晴 而日氣陰翳 苦不見靑 可悶 夜有泄氣 觸冷之祟歟 苦憐苦憐

9월 16일. 아침에는 비 오더니 오후 늦게는 갬.
날씨가 짙게 흐려 도대체 푸른 하늘이 보이지 않으니 고민이다. 밤에는 설사 기운이 있으니, 찬바람을 쐰 것이 빌미가 되었는가? 참으로 고통스럽고 가련하도다.

十七日 快晴 賊徒皆捉去通縣云 秉大 秉七以校路稍間 故去托于哈密河韓氏家 屢月同鼎之餘 悵戀殊甚 今已三日 而來問安否 莫如至親之說 良有以也 房子太溫 移宿于北偏新堗 春三告歸 而更無代役之傭 可歎

9월 17일. 쾌청함.
도둑들을 모두 잡아 통화현으로 갔다고 한다. 집안 조카 병대秉大와 병칠秉七이 학교 가는 길이 꽤 멀어서 합밀하의 한씨韓氏 집에 의탁하러 갔다. 여러 달 동안 한솥 밥을 먹었던 뒤라 아쉽고 그립기가 매우 심하다. 오늘 이미 3일이 되어서야, 와서 안부를 물었다. 지친至親만한 게 없다는 말이 참으로 일리가 있구나.
방이 너무 더워서 북쪽 새 방에 가서 잤다. 춘삼春三이 돌아가겠다고 하는데 다시 대신 일해 줄 일꾼이 없다. 탄식할 일이다.

十八日 雨 昌孫還 野土住在 俱不如意 土價倍登 非殘錢之所可辦得也

9월 18일. 비.
손자 창로가 돌아왔다. 땅과 살 집이 모두 뜻과 같지 않다. 땅값은 배나 올라 잔돈으로 해결할 수 있는 것이 아니다.

十九日 家兒與朴元根 偕作鄒街學校議事之行

9월 19일.
형식과 박원근朴元根이 함께 추가가의 학교에 일을 의논하러 갔다.

二十日 雇三人 摘玉薥黍

9월 20일.
일꾼 세 사람을 사서 옥수수를 땄다.

二十一日 夜雪 深寸許

9월 21일.
밤에 눈이 왔는데 깊이가 한 치쯤 되었다.

翼日 春三告出內地 李根洙<平安道人>來宿

9월 22일.
춘삼이 고국으로 나간다고 고하였다. 이근수李根洙[106]<평안도 살던 사람이다>가 와서 잤다.

二十三日 裵壽奉宿去 李貴巖來宿

9월 23일.
배수봉裵壽奉이 자고 갔다. 이귀암李貴巖이 와서 잤다.

二十四日 黃炳老 李亨韶 黃信杰 皆午饒而去 權極夏 持其岳翁所作麻鞋來宿 應曾亦自內地入來 先報鹿洞冤慘 如今年少朋友中 才德俱備者 容易可得耶 完福之家 亦有是事乎 老人情境 令人墮涕 內地風潮 別無顯然可數 然攜手入來者 不知其數云 隱然消鑠之狀 不見可想 但畏觸其網 幾到旋踵 未詳故里信息 可恨 年事未至大歉云 雇人摘薥

9월 24일.
황병로黃炳老·이형소李亨韶·황신걸黃信杰이 모두 점심을 먹고 갔다. 권극하權極夏가 그의 장인이 만든 미투리를 가지고 와서 잤다. 응증應曾도 고국에서 들어왔는데, 먼저 녹동鹿洞의 원

---

106) 이근수李根洙(1891~1924) : 평남 대동 출신. 1911년 만주로 망명하여 유하현 마호구馬毫溝의 한인학교韓人學校에서 한문교사로 활동하였다. 1919년 10월 서로군정서 조선특별파견원朝鮮特別派遣員에 임명되었다. 국내로 파견된 그는 1920년 3월 평양에서 군자금 모집활동을 하였으며, 모험청년단을 조직하여 주요 시설물 폭파를 위한 준비활동을 전개했다. 그러나 1920년 5월 체포되어 옥고를 치르던 중 1924년 5월 순국하였다. 2007년 건국훈장 애국장이 추서되었다.

통하고 참혹한 일을 알려주었다. 요즘 젊은 사람들 중에 그런 재덕을 모두 갖춘 사람을 어찌 쉽게 얻을 수 있겠는가? 완복完福한 집에도 이런 일이 있단 말인가? 자식을 잃은 노인의 정경이 사람으로 하여금 눈물을 흘리게 한다. 고국의 풍조는 특별히 드러나게 꼽을 만한 것이 없었다. 그러나 함께 들어온 사람의 숫자가 얼마나 되는지 모른다고 하니, 은연중에 오그라드는 형편임을 보지 않아도 알만하다. 다만 저들의 그물에 걸릴까 두려워 도착하자마자 바로 돌아가서 고향 소식을 자세히 듣지 못하였으니 한스럽다. 농사는 큰 흉년에까지는 이르지 않았다고 한다. 사람을 사서 옥수수를 땄다.

二十五日 夜雨 率眷摘蜀 圭姪家雇人來 探知諸姪安信 李悅亭饋送甘蔗數升

9월 25일. 밤에 비.
가족들을 데리고 옥수수를 땄다. 조카 규식의 집에서 일하는 사람이 왔기에, 여러 조카들의 안부를 물었다. 이열정이 감자 몇 되를 보내왔다.

二十六日 或雨或雪

9월 26일. 비 오다가 눈 오다함.

二十七日 夜夢見小庵公 及其閤夫人姻叔母 久別之餘 歡唔如平日 曾有入來之語 此或先信之兆耶 可怪可感 權克夏 李貴巖 皆歸其寓 以國文作憤痛歌一篇 以瀉悲憤之意 而使婦人女子 亦知我前後困難中經歷 畧倣史家筆法 此亦吾本領所在也 後之覽者 可不開卷而掩涕乎 家兒過期不還 緣何濡滯耶 悶慮悶慮 金基東自鄒街來 傳家兒書

9월 27일.
밤에 꿈속에서 소암공小庵公과 그의 부인인 인척 숙모를 뵈었다. 오래 헤어져 있던 뒤라 반갑게 맞이함이 평소와 같았다. 들어오겠다는 말이 벌써 있었는데, 이것이 혹시 미리 알리는 조짐인가? 이상하고 고마운 일이다. 권극하와 이귀암이 모두 그들의 거처로 돌아갔다.
국문國文으로「분통가」한 편을 지어, 그것으로 비통한 심사를 풀고, 부녀자들에게도 내가 전후로 겪은 곤란을 알도록 하였다. 대략 역사가의 필법을 본떴는데, 이 또한 나의 본령本領에 드는 것이다. 뒤에 이 글을 읽는 사람이 이를 보고 눈물을 훔치지 않을 수 있겠는가?

형식이 기한이 지났는데도 돌아오지 않으니, 무엇 때문에 이리 지체되는지? 매우 걱정된다. 김기동金基東이 추가가에서 와서 형식의 편지를 전해 주었다.

二十八日 李震鏽 李萬燁<平海居人> 尹仁輔來 午饒而去 孫兒昨參區會 今午還

9월 28일.

이진용李震鏽·이만엽李萬燁<평해에 살던 사람이다>·윤인보尹仁輔가 와서 점심을 먹고 갔다. 손자가 어제 구회區會에 참석하였다가 오늘 낮에 돌아왔다.

二十九日 風而寒 夢拜叔父 西邊棗實爛熟落地 拾入兩袖 是何兆耶

9월 29일. 바람이 불고 날씨가 참.

꿈에 숙부를 뵈었는데, 서변西邊에 대추가 무르익어 땅에 떨어져 있는 것을 양쪽 소매에 주워 담고 계셨다. 이것이 무슨 징조인가?

三十日 招石工 鑿磨子 家兒自大花石還云 價高而力不足 土廣而家不存 可恨

9월 30일.

석공을 불러 맷돌을 팠다. 가아 형식이 대화석大花石으로부터 돌아와서 말하기를 "가격은 높으나 능력은 모자라며, 땅은 넓은데 집이 없다."고 한다. 한스러운 일이다.

十月一日 李明世來宿 打小荳

10월 1일.

이명세李明世가 와서 잤다. 소두小荳를 타작하였다.

翼日 陰 淸人老翁來款而去

10월 2일. 흐림.

청나라 늙은이가 와서 놀다가 갔다.

三日 家兒與文姪偕往鄒子街 李俊岳來寓吾家住在

10월 3일.
　형식이 조카 문식과 함께 추자가鄒子街로 갔다. 이준악李俊岳이 우리 집에 와서 임시로 살고 있다.

無鹽無醬 又有無魚之歎 因以詩自責 소금도 장도 없고, 물고기도 없다는 탄식[107]이 있어, 이로 인해 시를 지어 자책한다

無鹽奚暇念和羹	소금이 없는데 어느 결에 국 맛을 낼 생각을 하랴
當食先須責我情	밥상을 앞에 놓고는 내 감정을 먼저 책망해야 하네
水淺魚無通卬子	물이 얕아 고기 없음은 나나 그대가 마찬가지
天寒鳥作脫袴聲	날씨가 추워지매 뻐꾹새[108]만 뻐꾹뻐꾹
逃名避俗皆眞界	이름 숨기고 세속 벗어나면 모두 선계仙界이고
隨遇寬心是太平	어떤 경우에도 마음 널리 먹으면 태평 세상이리라
得此猶榮何慕外	이만해도 오히려 영예로우니 무얼 더 바라랴
諸玉勘處馬糞閎	여러 옥들이 더러운 골목에서 참고 있지 않는가

又因四佳詩寄故山父老韻 憶剩軒弟 다시 사가四佳의 시「고향의 부로父老들께 부치는 시」로 인해 잉헌剩軒 아우를 추억하다

家有鞅掌一卯君	고향 집엔 수고하는 한 묘군卯君[109]이 있으니

---

107) 물고기도 없다는 탄식 : 전국시대 맹상군孟嘗君의 식객인 풍훤馮諼이 대우에 불만을 품고 칼자루를 치면서 "장검이여 이제는 돌아가야 할까 보다. 밥상에 생선이 없구나[長劍歸來乎 食無魚]"라고 노래했다는 고사가 있다. 여기서는 반찬이 없다는 뜻이다.
108) 뻐꾹새 : 송대宋代의 방언方言에는 뻐꾹새를 탈각파고脫却破袴라고도 했다. 소식蘇軾의「오금언 오수五禽言五首」에 "어젯밤 남산에 비가 내리더니, 서쪽 시내를 건널 수가 없는지라, 시냇가의 포곡새가, 나더러 해진 바지를 벗으라 권하네. 사양 않고 바지 벗으니 시냇물은 차가운데, 물 속에 조세 독촉의 매 맞은 흉터가 비치누나[昨夜南山雨 西溪不可渡 溪邊布穀兒 勸我脫破袴 不辭脫袴溪水寒 水中照見催租瘢]"라고 한 데서 유래했다고 한다.
109) 묘군卯君 : 간지干支에 묘卯 자가 들어간 해에 출생한 사람이란 뜻으로, 아우를 가리킨다. 송宋나라 소식蘇軾이 아우인 소철蘇轍의 생일 축하시에 "동파가 이것을 가지고 묘군에게 축수한다

緣吾三歲未同輩	나로 인해 3년 동안 함께 있지 못했네
非要妙句多三上	삼상110)보다 많이 애써 묘한 구절 구하려는 것 아니라
欲遣幽愁到十分	울적한 가슴에 쌓인 시름 다 보내려 하네
居士行曾慣耐辱	거사의 행실은 일찍부터 욕됨을 잘 참았으니
鍾山何必送移文	어찌 종산鍾山의 이문移文을 보내겠는가111)
超不得還飛不得	뛰어서도 못 가고 날아서도 못가는 것을
白日昏昏遠看雲	해마저 어둑한데 멀리 아우를 그리네
淸貧家計鼎無當	청빈한 살림살이 솥에 넣을 것 없으니
粮粟鹽魚備百傷	양식도 소금도 고기도 모두 갖춘 게 없네
山欲留人同四皓	산은 사람을 붙잡아 상산사호와 함께하려 하고
詩要逼境效三唐	시는 경지를 다해 삼당시인112)을 본 받으려네
天分夕月臨雙戶	하늘에선 저녁달 두 쪽 문에 비치고
溪送朝雲護一方	시내는 아침구름 보내 한 쪽 지방 덮어주네
最是衰年離故恨	가장 한스럽기론 고향 떠난 늘그막 정
窓寒無寐夢難長	차가운 창 아래서 잠 못 드니 꿈도 길지 못하네

四日 晴 昨因通縣人聞 黃査兄還故 不但筋力之益壯 可賀矢心之牢確 兄弟團合 其喜可知 緣境懷土之感 益切難耐 得貴嚴漢干打蕎 未半又有一日之役 門當校路 來者甚衆 而或疎 數不同 或名面相錯 對人處己之際 縱不免自我致咎 且或觀書隸字之間 朝忘而夕漏 左補 而右遺 不但天賀之昏憒 乃爾○也 且由乎精力之耄耗也 遂自歎而自警

10월 4일. 맑음.

어제 통화현 사람을 통해 들으니, 사형 황호黃護가 고향으로 돌아간다고 한다. 근력이 더

[東坡持是壽卯君]"라고 한 데서 유래하여 아우를 묘군이라고 부르기 시작하였다고 한다.
110) 삼상三上 : 말 위[馬上], 베개 위[枕上], 뒷간 위[廁上]를 가리킨다. 문장을 짓는 데 있어 문사文思 를 구상하기에 가장 알맞다는 송宋 나라 구양수歐陽脩의 희언戲言에서 유래한다.
111) 종산鍾山의 ~ 보내겠는가 : 공치규孔稚珪의 『북산이문北山移文』의 뜻을 변형한 것으로, 명리名 利를 욕심내어 세상으로 나갔다는 비웃음을 받을 자격도 못된다는 자조적인 표현이다.
112) 삼당시인三唐詩人 : 당풍의 시를 잘 구사했다고 하여 일컫는 세 사람. 손곡蓀谷 이달李達·옥봉玉 峯 백광훈白光勳·고죽孤竹 최경창崔慶昌 세 사람이다.

욱 왕성할 뿐만이 아니라 확고한 마음가짐이 축하할 만한 일이다. 형제간에 단란하게 모여서 살게 될 것이니 그 기쁨을 알 수 있겠다. 이 때문에 고향을 그리는 감회가 더욱 간절하여 견디기 어렵다. 귀암貴巖댁의 머슴을 시켜 메밀 타작을 시켰는데, 절반도 못하고 또 하루 일거리가 남았다.

문이 학교 길에 접하여 있어 오는 사람이 매우 많은데, 뜸하고 잦음이 같지 않은데다 어떨 때는 이름과 얼굴이 서로 헛갈려서 사람을 대접하고 처신을 할 때에 스스로 허물을 부르지 않을 수 없다. 또 어떤 때는 책을 보거나 글씨를 쓰는 중에도 아침에 잊어버리고 저녁에 빠뜨리며, 이쪽에서 보충하고 저쪽에서 빠뜨린다. 이는 타고난 자질이 흐리멍덩해서 그럴 뿐만이 아니라, 또 정력이 늙고 쇠약한데서 연유하는 것이다. 마침내 스스로 탄식하고 스스로 경계한다.

蠢於天地馬而裾	말에게 옷 입힌 듯 천지간에 살아 있어도
因食曾無分寸儲	밥만 축 낼 뿐 저축한 것 한 톨 없네
百讀書如開卷始	백 번 책을 읽어도 처음 읽는 것과 같고
十看人似對顏初	열 번 본 사람도 처음 보는 듯 하네
非徒素習因成性	평소 버릇이 고질이 되었을 뿐만 아니니
還愧丹田久失畬	단전 공부 오랫동안 하지 못한 것 도리어 부끄럽네
若使懷珠能記事	만일 구슬을 차게 하여 일을 다 기억할 수 있다면
弭吾蘭茝佩張琚	난초 같은 향채를 걸고 장열의 구슬113)을 찰 것인데

<○南有記事珠 佩之令人聰明日進 ○○○忘><○남에 기사주記事珠가 있어 이를 차면 사람의 총명함이 날로 좋아져서 잊어버린 것을 되찾아 준다고 한다>114)

六日 崔綱五 以新雇<安東松夜人>入役 打蕎麥四丹 夕李綱鎬來宿 買猪二頭 前○○入持 鷄卵一介 鵝卵五介來饋 其意可感 余以保生丹一封酬之

---

113) 장열의 구슬 : 왕인유王仁裕의 『개원유사開元遺事』에 "개원開元 때 장열張說이 재상이 되었는데 어떤 사람이 그에게 감색紺色빛이 나는 구슬 하나를 주었다. 이름을 기사주記事珠라 하는데 혹시 기억이 잘 나지 않는 일이 있으면 그 구슬을 손으로 굴리면 문득 정신이 맑아졌다."고 한다.
114) 이 부분은 원문에 판독이 안 되는 글자가 있으나 전체적인 뜻으로 보아 이렇게 번역하였다.

10월 6일.

최강오崔綱五가 새 고용인<안동 송야松夜 사람이다>으로 들어와서 일하게 되어 메밀 4단을 타작하였다. 저녁에 이강호李綱鎬가 와서 잤다. 돼지 두 마리를 샀다. 이전에 ○○ 사람이 달걀 한 개와 거위 알 5개를 가지고 와서 주니, 그 뜻이 고맙다. 나는 보생단保生丹 한 봉을 보답으로 주었다.

七日 李教昌 李綱鎬來午饒 所買猪 本自有病 而爲其主所誣 一則還之 二則烹之 可笑可笑

10월 7일.

이교창李教昌과 이강호가 와서 점심을 먹었다. 사온 돼지가 본래 병이 있었는데, 그 주인에게 속았다. 한 마리는 도로 물리고 한 마리는 삶아 먹었다. 참 우습고 우스운 일이다.

八日 夜雪 夢見亡妻權氏與姪兒濟植 漢干自大花石買粘米半斗 致家兒書 有田土家垈 俱有可買之語 然必竟有心手不應之歎 可恨

10월 8일. 밤에 눈.

꿈에 죽은 아내 권씨와 조카 제식濟植[115]을 보았다. 한간漢干이 대화석大花石에서 찹쌀 반 말을 사왔다. 형식의 편지가 왔는데, 전토와 집터 모두 살만 하더라는 말이 있었다. 그러나 끝내 뜻대로 되지 않음을 탄식하게 될 것이니 안타까운 일이다.

九日 李教昌 李綱鎬 皆纔接旋歸 雪中送客 殊甚悵惘 族從秉大 自鄒街還宿

10월 9일.

이교창과 이강호가 모두 만나자 마자 곧 돌아갔다. 눈 속에 손님을 보내니 매우 창망悵惘하다. 족종 병대秉大가 추가가에서 돌아와 잤다.

十日 雪深尺餘 夢有考課之事 纘子珮爲吾琚 未知何意 買鹽六角

---

115) 제식濟植 : 김대락의 동생 김효락金孝洛의 둘째 아들로 추정된다. 자字는 용전用傳이다.

10월 10일. 눈이 한 자 남짓 내림.

꿈에 고과考課하는 일이 있었는데, 과제課題로 나온 '람자패위오纜子珮爲吾琚'라는 말이 무슨 말인지 모르겠다. 소금 6각角 어치를 샀다.

十一日 夢有親山移厝之擧 或家弟破惑 而萬姪擧事耶 太行望雲之懷 益難裁抑 雌鷄二首 無故落塒 是必寒凍所使 而亦係財數 暗捐之兆 可歎 隣人畜猪 亦皆病斃云

10월 11일.

꿈에 친산親山을 이장하는 일이 있었다. 혹 아우는 의혹을 없애려 하였으나 조카 만식이 일을 벌였는가? 간절히 그리운 고향 생각116)을 더욱 가누기 어렵다. 암탉 두 마리가 까닭 없이 횃대에서 떨어졌다. 이는 틀림없이 추위가 그렇게 한 것이리라. 그러나 이 또한 재수財數에 달린 일로 은근히 손해 볼 조짐이니 탄식할 일이다. 이웃 사람이 기르던 돼지도 모두 병으로 죽었다고 한다.

翼日 黃婿自鄒街總會所還

10월 12일.

황서방이 추가 총회소에서 돌아왔다.

十三日 夢省嚴闈

10월 13일.

꿈에 아버지를 뵈었다.

十四日 李源一來宿 文姪自鄒街還 家兒去通縣 圭姪自大花石徑歸云

---

116) 간절히 ~ 고향 생각[태행망운지회太行望雲之懷] : 이는 당唐 나라 적인걸狄仁傑이 병주법조참군幷州法曹參軍으로 있을 때 하양河陽 땅 별업別業에 있는 부모님을 그리며 태행산太行山에 올라 흰 구름이 외롭게 나는 먼 곳을 바라보며 "내 어버이가 저 구름이 나는 아래에 계신데, 멀리 바라만 보고 가서 뵙지 못하여 슬퍼함이 오래되었다."고 한 고사가 있다. 여기서는 이미 돌아가시어 고향의 산에 묻혀 계신 부모님을 그리는 마음이다.

10월 14일.

이원일李源一이 와서 잤다. 조카 문식이 추가에서 돌아왔다. 형식이 통화현으로 갔다. 조카 규식이 대화석大花石에서 바로 돌아온다고 한다.

十五日 李源一仍留

10월 15일.

이원일이 그대로 머물렀다.

十六日 李源一發向靑溝

10월 16일.

이원일이 청구靑溝로 향해 떠났다.

十七日【故室孺人驪江李氏忌日】李純<禮安人> 全應善<平海人> 來午饌 夕淸人四員來見 皆兒輩之親信人也 或以筆談 或以口訓 而所謂筆談 不成文理 其所口訓者 專不通曉 楚越同座 無悅可瀉 而但其隱然中形語之語 靈郛相感 無異故里之知舊 可慰 仍挽餽夕飯以送

10월 17일.【죽은 아내 여강이씨 기일】

이순李純<예안 살던 사람>과 전응선全應善<평해 살던 사람>이 와서 점심을 먹었다. 저녁에 청나라 사람 네 명이 왔는데 모두 아이들이 친하게 믿고 지내는 사람들이다. 어떤 이는 필담으로, 어떤 이는 말[口訓]도 하였다. 그런데 이른바 필담이란 것이 문리文理가 이루어지지 않고, 말은 전혀 알아들을 수가 없으니, 초楚 나라 사람과 월越 나라 사람이 한 자리에 앉은 듯 하여서 멍하게 있을 뿐 속에 있는 뜻을 쏟아 낼 수가 없었다. 그러나 다만 그 은연중에 몸짓으로 하는 말은 가슴에 서로 감응이 되어 고향의 친구나 다름이 없으니, 감사한 일이다. 만류하여 저녁밥을 먹여서 보냈다.

十八日 權五煥來宿

10월 18일.

권오환權五煥이 와서 잤다.

十九日 夢見曙山君 乘馬東之 是何兆耶

10월 19일.
꿈에 서산曙山 군이 말을 타고 동쪽으로 가는 것을 보았다. 이 무슨 징조인가?

二十日 夢見相吉 聞病去河上 可怪 朝後申容寬歷見 夕李承元 族從宇植來宿

10월 20일.
꿈에 상길相吉을 보았는데, 병이 나서 하상河上에 간다고 하니 이상한 일이다. 아침을 먹은 뒤에 신용관申容寬이 지나다 들렀다. 저녁에 이승원李承元과 집안조카 우식宇植이 와서 잤다.

二十一日 二客仍留 夕李源行來宿 送應魯與成魯 偕去通縣 成以野土事也 應以貿鹽行也 是夜夢見中建從 乘馬過余 可喜而未之穩敍 眞是夢中事也

10월 21일.
두 손님은 그대로 묵었다. 저녁에 이원행李源行이 와서 잤다. 응로應魯와 성로成魯를 보냈는데, 함께 통화현으로 갔다. 성로는 농토를 수소문하는 일로, 응로는 소금을 사기 위한 일이었다. 이날 밤 꿈에 중건中建 족종을 보았다. 말을 타고 가다가 나에게 들렀으니, 반길만 한데도 정답게 이야기를 나누지 못하였다. 참으로 꿈속의 일이다.

翼日 夢見萬初 淸人有願賣田土者 孫兒與文姪往見形止 冒雪歸家

10월 22일.
꿈에 만초萬初를 보았다. 청나라 사람 중에 전토를 팔려는 이가 있어서 손자와 조카 문식이 형편을 보러 갔다가 눈을 맞으며 돌아왔다.

二十三日 族從秉大 自校中來傳 强盜數百 屯于近地云 方懷戒心之際 李教昌自半地溝來 言 此是前此哈密河作梗囚徒也 今已過境 不必爲慮云 後聞之 則果是厥黨 而越獄逃躱者

然豈有二十三人越獄 而間守不知之理乎 必是隱有內應 而貨賄所弄也 官府好生之意 雖若可尙 而政所謂赦有罪者 賊良善也 豈無養虎遺患之慮耶 可恨可恨 敎昌因留宿 家兒始還 又因內地便 得見剩君書 始知內舅進士公喪逝之報 慟哭慟哭

10월 23일.

족종 병대秉大가 학교에서 와서 전하기를 "강도 수백 명이 가까운 곳에 주둔하고 있다."고 하였다. 막 경계하는 마음을 가지고 있던 차에 이교창李敎昌이 반지구半地溝에서 와서 말하기를 "이들은 전에 합밀하哈蜜河에서 난리를 피웠다가 갇혔던 놈들인데, 지금은 이미 경계를 넘어갔으니 염려할 게 없다."고 하였다. 뒤에 들으니, 과연 그 도당인데 감옥을 탈출하여 도망친 자들이라 한다. 그러나 어찌 23명이 탈옥을 하였는데도 간수들이 몰랐을 리가 있겠는가? 틀림없이 몰래 내응이 있었고, 뇌물을 받고 농간을 부린 것이리라. 관부官府에서 목숨을 살려주려는 뜻은 비록 가상하다 할지 모르겠으나 이는 바로 이른바 '죄 있는 자를 용서해 주어 선량한 사람을 해치게 하는 것'이니, 어찌 범을 길러 후환을 남기는 걱정이 없겠는가? 참으로 한탄스런 일이다.

교창은 그대로 잤다. 형식이 비로소 돌아왔다. 또 고국에서 온 인편이 있어 잉헌剩軒의 편지를 받아 보고, 비로소 외숙 진사공께서 돌아가셨다는 비보를 알게 되었다. 통곡 통곡하였다.

二十四日 朝宋德奎來飯 田在見<蔚珍人>又過訪 夕圭姪入來 應魯自通縣貿鹽而來 聞縣獄囚徒 果是逃躱 而偶爲巡兵所覺亂砲殺 死者三十餘人 而其餘生走者 又四十餘名 而散出四方云

10월 24일.

아침에 송덕규宋德奎가 와서 밥을 먹었다. 전재견田在見<울진 사람>이 또 지나가다 들렀다. 저녁에 조카 규식이 들어 왔다. 응로가 통화현에서 소금을 사서 왔는데 다음과 같은 이야기를 들었다. 현縣의 감옥에 수감되었던 죄수들이 과연 도망하다가, 우연히 순찰병에게 발각되어 마구 쏘는 포에 사살되었는데, 죽은 자가 30여 명이고, 그 나머지 살아서 달아난 자들이 또 40여 명으로 사방으로 흩어졌다고 한다.

二十五日 孫婦爲竈烟所毒 合睫蔽衾 傭夫爲寒感所傷 出外調護 冷落殊甚 俱可憐念

10월 25일.

손부가 부엌에서 연기에 쐬여 눈을 못 뜨고 이불을 둘러쓰고 있다. 고용한 일꾼은 감기가 들어서 밖에 나가 조리하고 있다. 외롭고 쓸쓸함이 특히 심하며, 모두 가련하고 걱정된다.

詠雪 눈을 읊다

夏雨冬之雪	여름의 비와 겨울의 눈은
形殊氣則同	모양은 달라도 그 기는 같은 것
吾看鹽虎白	내가 보기엔 염호[117]가 흰 데
誰獻嶸山紅	누가 겸산의 붉은 단약[118]을 바칠까

<西王母進嶸山紅雪><서왕모가 겸산의 붉은 눈을 바쳤다>

郢市孤歌發	영郢의 저자에선 노래가 외롭고[119]
山陰野棹通	산음山陰 들엔 배가 그냥 왔다 가네[120]
盡除岐路惡	험한 갈림길 다 없앴으니
車轂轉如蓬	수레 바퀴살만 쑥대처럼 굴러가네

<咏雪詩有盡盖人間惡路歧><눈을 읊은 시에 '인간 세상 궂은 갈림길을 모두 덮어 버렸다'[121]라는 구절이 있다>

---

117) 염호 : 호랑이 모양을 본떠서 굳혀 만든 소금을 말하는데, 여기서는 눈[雪]이 쌓여서 호형염虎刑鹽의 모양처럼 된 것을 비유한다.
118) 겸산의 붉은 단약 : 겸산은 신선이 산다는 전설상의 산이며, 강설絳雪이라는 단약丹藥이 있다고 한다.
119) 영郢의 ~ 외롭고 : 굴원屈原의 제자인 송옥宋玉이 초楚 나라의 수도인 영郢에서 백설곡白雪曲을 불렀는데 너무 그 곡조가 고상하였기 때문에 창화唱和한 자가 얼마 안 되었다고 하는 고사를 염두에 둔 표현이다.
120) 산음山陰 들엔 배가 그냥 왔다 가네 : 『진서晉書』 권80에 왕희지王羲之의 아들 왕휘지王徽之가 산음에 있을 때 구름이 걷히고 사방이 눈으로 덮여 달빛이 청량한 밤에 혼자 술을 마시며 좌사左思의 초은시招隱詩를 읊던 도중 갑자기 대규戴逵가 생각나 작은 배를 타고 밤새 그 집에 갔다가 문 앞에서 들어가지 않고 도로 돌아왔는데, 그 까닭을 물으니 "흥이 나서 왔다가 흥이 다해 갈 뿐[乘興而來 興盡而反]"이라고 했다는 고사를 염두에 둔 표현이다.
121) 인간 세상 ~ 버렸다 : 이 구절은 당나라 시인 고병高騈의 「대설對雪」이라는 시에 있다.

又 또

遊花飛屑逐塡虛	눈꽃이 가루져 날려 빈 곳마다 메우니
絶壑窮塹掌樣如	외딴 골짜기 궁벽한 마을 손바닥 모양 되었네
詹得朝陽縣白玉	아침 해 높이 백옥처럼 하늘에 솟으니
門當流水作靑裾	문 앞에 흐르는 물은 푸른 옷깃 되었네
斜添孝伯眞仙黻	빗겨 쌓인 눈 왕효백이 신선의 옷을 입은 듯122)
暎入孫康半夜書	밝은 빛은 한 밤중 손강의 책에 비치네123)
本本天心資太素	본디 천심天心은 흰 색을 바탕으로 삼느니
休敎丹漆敗吾廬	붉은 색 검은 색으로 내 집을 그르치지 말아라

<兒輩混染新潮 頓無反朴之意 故末句及之><아이들이 새로운 풍조에 물들어 소박함으로 돌아가려는 뜻이 전혀 없다. 그래서 마지막 구절에 언급하였다>

二十六日 夢見叔父 有書寫之役 九耋精力 何躉鑠乃爾耶 小慰一懼之情 而慕鬱殊深 買一家庄 爲圭文英三姪入息之計 而成文結約 價償三百六十元 以其酬券之儒 來饋食物 一啜開胃 可感待老之意 圭姪還去通縣寓所 聞龜尾都事族叔喪出 慟哭慟哭

10월 26일.

꿈에 숙부님을 뵈었다. 글씨 쓰는 일을 하고 계셨는데 90 노인의 정력이 어찌 그렇게 정정하단 말인가? 한 편 두려운 마음124)에 조금 위로가 되었으나 그립고 막막한 마음은 더욱 깊었다. 집을 샀다. 규식·문식·영식 세 조카가 살도록 하기 위해서이다. 성문成文으로 계약을 맺었고, 가격은 360원이다. 그 계약서를 받은 사람이 와서 먹을 것을 주었는데, 한 번 먹자 위장이 열렸다. 노인을 대접하는 뜻이 고맙다. 규식은 통화현의 거처하는 곳으로 돌아

---

122) 왕효백이 ~ 입은 듯 : 효백은 진晉 무제武帝 정황후定皇后의 오빠인 왕공王恭의 자이다. 그가 언젠가 학창의鶴氅衣를 입고 눈 속을 거닐자, 맹창孟昶이 엿보다가 신선과 같다고 찬탄하였다는 고사가 있다.

123) 손강의 ~ 비치네 : 진晉 나라의 손강孫康이 눈빛으로 등잔불을 대신해 책을 읽었다는 '형창설안螢窓雪案'의 고사를 원용한 표현이다.

124) 한 편 두려운 마음[일구지정一懼之情] : 부모를 모시는 마음을 말한다. 『논어』「이인」편에 "부모님의 연세는 꼭 알아야 하니, 한 편으로는 기쁘기 때문이요 한 편으로는 두렵기 때문이다[父母之年 不可不知也 一則以喜 一則以懼]"라는 말이 있다.

갔다. 들으니, 귀미龜尾의 도사都事 족숙125)의 상喪이 나갔다고 한다. 통곡 통곡하였다.

二十七日 打大豆 先收十七斗

10월 27일.
콩 타작을 하여 먼저 17말을 수확하였다.

二十八日 收住在田薥黍十二斗 夕家兒與林鉉<定州人> 自鄒街還 秉大 世林來宿

10월 28일.
살고 있는 집 텃밭에서 옥수수[薥黍] 12말을 수확하였다. 저녁에 가아와 임현林鉉<정주 살던 사람>이 추가가에서 돌아왔다. 병대와 세림世林이 와서 갔다.

二十九日 細雪 兒輩斫取山木 將修牛馬之廐

10월 29일. 싸락눈.
아이들이 산에서 나무를 베어왔다. 마구를 고치려는 것이다.

三十日 遠村姪婦 寒戰大痛 憐慮不置 孫兒又有不健之狀 恚憐恚憐 盖其積苦之餘 且値寒傷觸冒 生病良亦無怪 而無醫無藥之地 何以爲之 可歎可歎

10월 30일.
원촌遠村 질부126)가 한전寒戰으로 크게 아프니 가련한 마음을 놓을 수 없다. 손자 아이가 또 건강하지 못한 기색이 있으니 애처롭고 불쌍하다. 이것은 오랫동안 고생이 쌓인 나머지에다 또 한상寒傷을 무릅쓰고 왔으니 병이 나는 것이 참으로 이상할 것은 없으나, 의원도 약도 없는 곳에서 어떻게 할까? 참으로 탄식할 뿐이다.

---

125) 귀미龜尾의 도사都事 족숙 : 척암 김도화金道和(1825~1912)를 가리킨다. 1896년 안동의진의 대장을 맡아 의병항쟁을 전개하였다. 1983년 건국포장, 1990년 건국훈장 애국장이 추서되었다.
126) 원촌질부 : 김만식金萬植의 아내이며, 이중언李中彦의 딸이다.

十一月一日 族從肯植 從孫成魯 及李純 李源一 世林從 昨日來宿 聞通縣囚徒 多至八九十名 其中有力者 毀脫枷鎖 與其徒 狙伏候門 適自官府有數人問招之事 守卒方開門 呼某之際 徒黨七八十人乘便潰圍 奪其軍銃砲 殺門卒四五人 聲聞州司 隊將驚惶出營 方欲令飭追捕 忽爲賊所害 市肆閭閻 皆下簾撤塵 一邊吹角 一邊追捕 囚徒殺死者二十餘人 本郡學生二人 行客一人 爲流砲所傷 囚徒之未及脫枷者 渠自請囚 逃躱遠外者 爲巡兵所捉 輸入馬車 砲殺于隊將屍柩之前 餘走綠林者 又將跟捉云 安東伊溪來金△△ 以求田買隣之意 託于昌孫而去

11월 1일.

족종 긍식肯植(김동삼)과 종손자從孫子 성로成魯 및 이순李純·이원일李源一, 족친 세림世林이 어제 와서 잤다. 이런 말을 들었다. 통화현의 감옥에 갇힌 죄수가 80~90명이나 되는데, 그 중에 힘이 있는 자가 자물쇠를 부수고 무리들과 함께 웅크리고 문을 살피다가 마침 관부에서 몇 사람 문초할 일이 있어 간수가 문을 열고 해당자를 부를 때 도당 70~80명이 그 틈을 타 포위를 무너뜨리고 군용 총포를 빼앗아 문을 지키던 옥졸 너댓명을 죽였다. 소리가 관부에 퍼지자 부대장이 놀라서 군영을 나와 추포령을 내리려다가 갑자기 적도에게 해를 당하였으며, 시장과 민가에서는 모두 주렴을 내리고 가게 문을 닫았다. 한 편 호각을 불고 한 편 체포를 하는데, 죽은 사가 20여 명이고, 본군의 학생 둘과 지나가던 사람 하나가 유탄을 맞아 부상을 입었다. 죄수들 중 미처 족쇄를 풀지 못한 자들은 그들 스스로 다시 갇히기를 청하였고, 멀리 도망친 자들 가운데 순찰병에게 잡힌 자들은 마차에 실려 와 대장의 관棺 앞에서 총살당하였다. 나머지 숲속으로 도망친 자들도 장차 붙잡힐 것이라 한다. 안동 이계伊溪에서 온 김△△가 토지를 구하고 이웃에 집 사기를 원한다는 뜻을 손자 창로에게 부탁하고 갔다.

翼日 買蜀黍于范姓家 與圭姪分領云 而十石價四十元

11월 2일.

범씨范氏 성 가진 집에서 옥수수를 사서 조카 규식과 나누어 왔다고 하였다. 10석 값이 40원이라고 한다.

三日 夢著祭文 適爲先人所視 以其違簾失格之意 煞有未安底敎 盖陰佑慈訓 遂不以幽明 而有間 感泣之餘 又切金根之恨 聞韓人之入據通縣者 多至百六七十人 而或僦屋 或流寓 開店 自上府又有禁韓住野之令 淸人之急於財用者 雖或結券 而田土家庄 一倍騰踊 新舊 入來者 俱是狼狽 悔歎奈何

11월 3일.

꿈에 제문을 지었다. 마침 선인先人(돌아가신 아버지)께서 보시게 되었는데, 렴簾이 어긋나거나 율격律格이 맞지 않는다는 뜻으로 매우 타당하지 않다고 가르침을 주셨다. 이는 저승에서 도와주시는 자애로운 가르침이리라. 끝내 유명幽明이 다르다고 해서 서로 멀어지는 것이 아니니, 느껴 울던 나머지에 더욱 금근金根의 한탄127)이 간절하다.

들으니, 조선 사람으로 통화현에 들어와 사는 사람이 많게는 백 육칠십이나 되는데, 집을 가진 이도 있지만 어떤 이들은 떠돌면서 점포를 연 사람도 있어서 상부로부터 조선인에게 들판에 거주하지 못하게 하는 금령이 선포되었다 한다. 청인 가운데 쓸 돈이 급한 경우 비록 계약을 맺기도 하지만, 토지와 가옥의 가격이 곱절이 폭등하여 새로 오거나 전에 온 사람들이 모두 낭패라고 한다. 후회하고 탄식한들 어찌 하겠는가?

四日 漢干與六孫去通縣 以圭姪入來時陪從計也 足跌生濕腫 濃而汚襪 可悶

11월 4일.

한간漢干과 육손六孫이 통화현에 갔다. 조카 규식이 들어올 때 함께 오려고 그러는 것이다. 발등에 습종濕腫이 나서 고름이 흘러 버선을 더럽히니 고민이다.

五日 新興商店 來督物價 而無錢可報 悶悶 李章寧來宿

11월 5일.

신흥新興 상점에서 와서 물건 값을 독촉하는데 갚을 돈이 없으니 걱정이다. 이장녕李章寧이 와서 잤다.

---

127) 금근金根의 한탄 : 금근거金根車는 진시황秦始皇이 처음으로 은殷 나라 수레의 제도를 취하여 만든 천자의 승여乘輿인데, 당나라 때 문장가 한유韓愈의 아들 창昶은 본디 우둔했던 탓으로, 그가 일찍이 집현교리集賢校理로 있을 때 사전史傳에 있는 금근거를 잘못된 것이라 하여 근根 자를 은銀 자로 고쳤던 데서 온 말이다.

六日 兒輩糊窓燃堗而俟圭姪 而竟夕不來 或無中路窘跲之敝耶 慮憐不置 李章寧仍留 其家朴姓人又來宿 應魯來宿 是日卽我生朝也 當倍之慟 益切難爲 如此百無之家 兒輩殺鷄供飯 政所謂養口之孝也 甚呵甚呵

11월 6일.
아이들이 창호를 바르고 군불을 때놓고 조카 규식을 기다렸으나 저녁 내내 오지 않았다. 혹시 오는 중에 길이 막히거나 넘어지는 일이 있었는가? 걱정을 놓을 수가 없다. 이장녕은 그대로 머물렀다. 그의 집에 박씨 성을 가진 사람이 또 와서 잤다. 응로應魯가 와서 잤다.
오늘은 나의 생일이다. 부모님을 그리는 애통한 마음이 더욱 간절하여 견딜 수가 없다. 이렇게 아무것도 없는 집에서 아이들은 닭을 잡아 밥상을 차려주었다. 이것이야말로 바로 이른바 '입을 봉양하는 효도'일 것이니, 매우 우습고 우습다.

七日 下七時圭姪家入來 盖發程一宿 困到至此也 惟老弱諸率 俱無觸寒之憊 可慰 而兩家團聚 雖云姑息之幸 然第一憐念者 萬輩之不能與之同爨耳 洪姪裁進布枕 自此而可免瘦顱磨憂之患 眞知老人情狀者也 其意可嘉

11월 7일.
오후 7시에 조카 규식의 집 식구들이 들어왔다. 출발하여 하루 밤을 자고 어렵게 이곳에 당도하였다. 늙은이와 아이들을 포함한 여러 식구들이 모두 감기 걸리는 탈이 없어 위로가 되었다. 그러나 두 집이 단란하게 모여 비록 우선 쉴 수 있는 것은 다행이라고 하겠으나 가장 염려되는 것은 만식萬植의 가족이 함께 지내지 못하는 것이다. 조카 홍식이 베로 된 베개를 만들어 보냈다. 이제부터는 마른 머리뼈가 베길 걱정은 면하게 되었으니, 참으로 노인의 실정을 안 일이다. 그 뜻이 가상하다.

八日 出見圭姪寓次 堗溫而室寬 較視通縣 可雪呵凍之歎耳 秉大從來宿 一巷南北遂作大小阮家計 依庇之情 較昔稍勝 而但縣寓三姪 各營口腹 未卽同爨 憐念之地 政切綆短之歎 遂成一節 以寓己意

11월 8일.

조카 규식이 사는 집에 나가 보니, 온돌은 따뜻하고 방이 넓은 것이 통화현에 있을 때에 비해 추위에 떨며 탄식하던 것을 깨끗이 씻을 만하였다.

족종族從 병대秉大가 와서 잤다. 한 골목에 마침내 남북으로 대완大阮·소완小阮의 집128)이 있게 되었으니, 서로 의지하고 감싸주는 정은 지난날보다 조금 나아졌다. 그러나 현에 임시로 살고 있는 세 조카가 각각 먹고 사느라 바로 한 곳에 살지 못하고 있으니, 염려하는 처지에 모자라는 능력에 대한 한탄이 참으로 절실하다. 마침내 시 한 수를 지어 나의 이런 뜻을 실어본다.

狂花飛絮轉西東	미친 꽃버들 솜 날려 이리저리 구르는데
栽得瓊枝就次同	경지瓊枝129)를 심음에 차례가 따로 없네
最恨山庄寒且薄	가장 한스러운 건 산속 농장 춥고 박토인 것
分留春色任番風	봄빛을 나누어 두어 번풍番風130)에 맡기네

九日 李鍾浩出內地而還來 報大槩時狀 別無可聽 歷候叔庭 筋力無大愆違云 甚慰甚慰 孫兒買猪于前山寧海家 凡十頭 而一頭母 九頭兒猪 價結二十一元五角云

11월 9일.

이종호李鍾浩가 국내에 갔다가 돌아와서 대강의 시세를 알려주었는데, 특별히 들을 만한 것은 없었다. 숙부님을 두루 문안하였는데 근력이 크게 나빠지지는 않았다고 하니, 마음에 매우 위로가 된다. 손자 아이가 앞산 영해寧海 집에서 돼지를 사왔다. 모두 10마리로, 한 마리는 어미이고 아홉 마리는 새끼이다. 값은 모두 21원 5각角이라고 하였다.

十日 夜雪如紙薄 見晛卽消 女子之不學眞書 亶由於才難 而不能兼治之俗弊所使也 雖男

---

128) 대완大阮·소완小阮의 집 : 숙부와 조카의 집을 이른다. 진晉의 죽림칠현竹林七賢 중에 완적阮籍과 완함阮咸은 숙질간이었는데, 사람들은 숙부인 완함을 대완, 조카인 완적을 소함이라 불렀다.
129) 경지瓊枝 : 옥수경지玉樹瓊枝의 준말로 고귀한 가문의 자질子姪을 일컫는 말이다.
130) 번풍番風 : 5일마다 한 번씩 새로운 꽃이 피는 것을 알려주는 바람, 즉 화신풍花信風을 이른다. 초춘初春에서부터 초하初夏까지에 걸쳐 모두 24번의 바람이 부는데, 매화풍梅花風이 가장 먼저 불고, 연화풍蓮花風이 가장 나중에 분다고 한다.

女有別 而焉能並與文字而別之乎 東俗尤甚 終不識父祖諱啣 余竊慨然 茲以片楮先書緊要字一千 課授女孫 頗有才苗 雖未嘗期擬文章 而不歸於全然茅塞 則此亦不害爲發蒙之一階級也

11월 10일. 밤에 눈이 종이처럼 얇게 왔는데 햇살을 보자 바로 녹아 없어졌다.

여식들이 진서眞書를 배우지 않은 것은 오로지 재난才難[131]때문이니, 두 가지를 다 잘 할 수는 없다는 속습 때문에 그리 된 것이다. 비록 남녀가 유별하다지만 어찌 두 가지에 모두 능한지, 그리고 문자를 아는지로 분별하겠는가? 조선의 풍속은 더욱 심하여 끝내 조상의 이름자도 알지 못하게 된 것을 나는 속으로 개탄하였다. 이에 작은 종이에 먼저 긴요한 글자 천 자를 써서 손녀에게 가르쳐 주었더니 제법 재주가 있었다. 비록 문장 이해까지는 바라지 않지만, 아주 꽉 막힌 지경은 되지 않으리니, 이 또한 어리석음을 깨우치는 순서에 방해가 되지는 않을 것이다.

十一日 李章寧 成俊容 李文衡來宿

11월 11일.
이장녕·성준용成俊容·이문형李文衡이 와서 잤다.

翼日 夢覲庭闈 又與相宇兄弟相敍 而相宇之言 茫然不記 相吉張棊賭勝 認是平日之所相消長 而又爲宵寐所發也 李章寧家婢夫朴漢 不速而來托 屢以好顔誘送者 深知其爲人荒雜不良底物類故也 然知面之人 不忍遽斥 強留而恒懷戒慮之心 果竊皮靴二件及秉大衣袴而凌晨逃去 政所謂首黔不制者 驗於事過 而亦不無自我慢藏之悔耳 應魯 秉大來宿

11월 12일.
꿈에 아버님을 뵈었다. 또 상우相宇[132] 형제와 이야기를 나누었는데, 상우가 한 말은 도무지 기억나지 않는다. 상길相吉은 내기 장기에서 이겼는데 이것은 평소 밤낮으로 있던 일이

---

131) 재난才難 : 인재를 얻기 어렵다는 말이다. 『논어』「태백泰伯」에 "공자가 이르기를, '인재 얻기가 어렵다는 것이 옳은 말이 아니겠는가. 당우 시대만 해도 주나라보다 성하였다. 그러나 주나라도 부인이 끼었으니 아홉 사람일 뿐이다[子曰 才難 不其然乎 唐虞之際 於斯爲盛 有婦人焉 九人而已]"한 데서 온 말이다.
132) 상우相宇 : 김서락金胥洛의 자字이다. 안동 임하면 천전리의 약봉 김극일 후손이다.

라, 또 잠 잘 때에 나타나는 것임을 알겠다.

이장녕 집의 비부婢夫 박朴가란 놈이 부르지 않았는데도 와서 의탁하므로 여러 번 좋은 얼굴로 타일러 보냈다. 그 사람됨이 거칠고 잡되어 불량한 부류임을 잘 알았기 때문이다. 그러나 얼굴을 아는 사이에 차마 갑자기 내치지 못하여 할 수 없이 머물게 하고 늘 경계하는 마음을 가지고 있었는데, 과연 가죽 신 두 켤레와 병대秉大의 옷 보따리를 훔쳐서 새벽에 도망갔다. 바로 이른바 머리 검은 것은 통제가 안 된다는 말이 일이 지난 뒤에야 증명되는구나. 이 또한 내가 갈무리를 느슨하게 했다는 후회가 없지 않았다. 응로와 병대가 와서 잤다.

十三日 秉七 應魯來宿 如斗狹室 七人聯枕 肌骨摩戞 安得廣廈之願 到玆益切

11월 13일.

병칠과 응로가 와서 잤다. 말[斗] 만한 좁은 방에 일곱 사람이 함께 자자니 살과 뼈가 서로 부딪친다. 어떻게 하면 넓은 집을 구할 수 있을까? 이 지경이 되니 더욱 절실하다.

十四日 則至日也 無眠夜坐 重以節序之感 因吟五言一律

11월 14일.

오늘은 동짓날이다. 잠이 오지 않아 밤에 앉아있자니 절서節序에 대한 감회로 마음이 무거웠다. 그래서 5언 율시 한 수를 지었다.

老人偏小睡	노인은 유독 잠이 적어
無事打烟臺	일없이 담뱃대만 두드린다네
窓入先天月	창에는 하늘의 달이 비치는데
葭飛半夜灰	갈대는 한 밤중에 재를 날리네133)
年元蛇赴壑	한 해는 원래 뱀이 골짜기로 가는 듯134)한데

---

133) 갈대는 ~ 재를 날리네 : 『한서漢書』「율력지律曆志」에 절후節候를 살피는 법이 수록되어 있는데, 갈대 속의 얇은 막을 태워 재로 만든 뒤 그것을 각각 율려律呂에 해당되는 여섯 개의 옥관玉琯 내단內端에다 넣어 두면 그 절후에 맞춰 재가 날아가는 바, 동지에는 황종黃鍾 율관律管의 재가 난다고 한다.

134) 뱀이 골짜기로 가는 듯 : 세월이 빠르다는 말이다. 소식蘇軾이 제야에 지은 「수세守歲」에 "다

鄕夢蟻酣槐	고향 꿈은 남가일몽이로다[135]
起尋壇上樹	일어나 화단의 나무를 보니
花心落處胚	꽃이 떨어진 자리 새눈이 맺혔네

從嫂前痞痛 阿婦寒感苦痛 統計一室 無人不病 而衡兒之寢時盜汗 昌孫之厭食成削 雖非臥吟 而亦係憐念 無物可補 故捉殺畜狗 人物雖殊 同鼎而食飮者 捐一物命 備一口欲 是豈可忍者乎 但其所行不馴 先受屠殺 家鷄山木之戒 宜或似然 商店人又來 督價値 而屢不副信 愧恨愧恨 至朝豆粥 自是古俗 而且云彌災 故逐年不廢 無資可鼎 而泛送節日 名以作農者 乃復如是乎 然旣不廟薦 何暇口欲乎 可歎可笑

　　종수從嫂씨는 이전부터 앓던 병으로 아프고, 며느리는 감기로 괴로워하고 있다. 온 집안을 통틀어 아프지 않은 사람이 없다. 아들 형식이 잠잘 때 땀 흘리는 증세와 손자 창로가 음식을 싫어하여 바짝 마른 것도 비록 누워 앓는 것은 아니지만 또한 마음이 쓰인다. 보신할 것이 아무것도 없어서 기르던 개를 잡았다. 사람과 짐승이 비록 다르기는 해도 같은 솥에서 나오는 것을 먹었던 처지에 한 미물의 목숨을 버려 한 사람 식욕을 돋우는데 쓰려고 하니, 이 어찌 차마 할 일인가? 다만 개의 소행이 길들지 않아서 먼저 도살당한 것이다. 집닭과 산 나무의 교훈[136]이 당연히 그럴 듯도 하다. 상점 주인이 또 와서 외상값을 독촉하였다. 여러 차례 믿음에 부응하지 못하였으니 부끄럽고 한스러운 일이다.
　　동짓날 아침에 팥죽을 끓여 먹는 것이 예부터 전해져 오던 풍속이기도 하지만 또 재앙을

해 가는 한 해를 알고 싶은가. 마치 골짜기로 달려가는 뱀과 같도다[欲知垂盡歲 有似赴壑蛇]" 하였다.
135) 남가일몽이로다 : 남가일몽南柯一夢의 고사는 당唐 나라 때 순우분淳于棼이 술에 취하여 회화나무 아래에서 잠을 잤다. 꿈에 대괴안국大槐安國의 남가군南柯郡을 다스리면서 20년간이나 부귀영화를 누리다가 깨어나서 보니, 남가군은 바로 회화나무 남쪽 가지 아래에 있는 개미굴이었다고 한다.
136) 집닭과 산 나무의 교훈 : 『장자莊子』「산목山木」에 나온다. 장자莊子가 산속을 가다가 가지와 잎이 무성한 큰 나무가 있으나 쓸모가 없다 하여 사람이 그것을 베지 않은 것을 보았고, 또 자기 친구 집에 들어가서는 기러기가 잘 울지 못한다 하여 죽이는 것을 보았다. 그러자 그의 제자가 묻기를 "어제 산중의 나무는 재목이 못 된 이유로 제 목숨대로 다 살 수 있었고, 오늘 이 집의 기러기는 재능이 없기 때문에 죽었으니, 선생은 어느 쪽에 처하시겠습니까?" 하니, 장자가 말하기를, "나는 재목이 된 것과 재목이 되지 못한 것의 중간에 처하겠다."고 한 말이 있다.

막는다고도 하였다. 그래서 해마다 그만 두지 않았었는데, 끓일 재료가 없어 절일節日을 그냥 보냈다. 명색이 농사를 짓는다고 하는 사람이 어찌 이럴 수가 있는가? 그러나 이미 묘천廟薦도 하지 않는데 어느 겨를에 입맛을 찾겠는가? 탄식하고도 우스운 일이다.

十五日 寒 買黃肉于哈密河 秉大來宿 季嫂氏昨來 仍挽 婦病不痊 憐悶憐悶

11월 15일. 추움.

합밀하에서 쇠고기를 사왔다. 병대가 와서 잤다. 계수季嫂씨가 어제 와서 그대로 있다. 며느리의 병이 다 낫지 않으니 가련하고도 걱정스럽다.

十六日 寒 李裕建來宿

11월 16일. 추움.

이유건李裕建이 와서 잤다.

十七日 夢去鄕里 與諸親敍話 枝叔吉從 最有離濶之悵 里有破屋 垂淚之端 可怪

11월 17일.

꿈에 고향 마을에 가서 여러 친척들과 이야기 하였다. 지숙枝叔과 길종吉從은 오래 격조했던 터에 감회가 가장 컸다. 마을에 허물어진 집 때문에 눈물을 흘리다니, 이상한 일이다.

十九日 權克夏來宿 狗汁已斷 更無婦阿救病之資 可歎 自校中設飮食 待學生 家兒以校長主管事 社會諸員亦皆大嚼 而政所謂百日勞百澤也 諸生因以休學云

11월 19일.

권극하權克夏가 와서 잤다. 개고기국이 이미 다 없어져 다시 며느리의 병을 조리할 재료가 없으니 탄식할 일이다. 학교에서 음식을 차려 학생들을 대접했는데, 집의 아이 형식이 교장으로서 주관한 일이다. 경학사耕學社의 여러 회원들도 모두 잘 먹었는데, 이야말로 이른바 '백일 동안의 수고에 백단의 은택'이라는 것이다. 학생들은 이제부터 휴학이라고 한다.

二十日 李炳世 尹炳烈來見 李文衡來宿 黃婿還寓 洪昌燮 尹琦燮來見 夕飯而去

11월 20일.

이병세李炳世와 윤병렬尹炳烈이 와서 보았다. 이문형이 와서 잤다. 사위 황서방이 사는 곳으로 돌아갔다. 홍창섭洪昌燮·윤기섭尹琦燮이 와서 보았는데, 저녁밥을 먹고 갔다.

白下僑居吟　백하에 타관살이하며 읊다

曉起臨朝鏡	새벽에 일어나 거울을 보니
我髮垂垂白	내 머리에 흰 빛이 드리워 있네
公道何曾歎	인생살이 다 그런 걸 어찌 한탄하랴
寧白不鑷白	차라리 흴지라도 뽑아내지 않노라
將看却自疑	보려하니 도리어 의문이 생겨
問我緣何白	스스로 묻노라 무엇 때문에 희었나
世人朱紫奪	세상 사람들 붉은 빛을 탐내어도
吾獨守堅白	나는 홀로 흰 것을 굳게 지키고
世人皆黑窣	세상사람 모두 검은 빛 일색일지라도
吾獨夷與白	나는 홀로 깨끗하여 물들지 않으려 한다

<安貧淸白曰夷 溫而不淄曰白 齊 蔡薈事><가난을 편안히 여기고 깨끗한 것을 이夷라 하고, 물 들여도137) 검게 물들지 않는 것을 희다고 한다. -제齊 나라 채회蔡薈의 일138)에서>

世人多白眼	세상사람 대개 백안시 하지만
吾獨鼻端白	나는 홀로 비단백139) 수양을 하고
世人嗤我白	세상사람 내가 희다고 비웃는데
疑我玄尙白	이상하겠지, 검으면서 흰 것을 숭상하니
世人皆玄遁	세상사람 모두가 몰래 숨기더라도
吾寧做直白	나는 차라리 바로 고하려 한다

---

137) 물 들여도 : 원문 溫而不淄의 '溫'은 '涅'의 착오인 듯하다. 『논어』「양화」편에 "희다고 하지 않겠는가? 물들여도 검어지지 않으니[不曰白乎 涅而不緇]"라 한 데서 나왔다.
138) 제齊 나라 채회蔡薈의 일 : 『남사南史』의 열전「은일隱逸」에 채회에 관한 기록이 간략하게 나오는데, "安貧淸白曰夷, 涅而不淄曰白"이라는 말이 있다.
139) 비단백鼻端白 : 『능엄경楞嚴經』에 나온다. 코끝에 정신을 집중하고 오랫동안 호흡을 가다듬으면, 내쉬는 숨결이 마치 연기처럼 흰 기운으로 변하면서 심신이 맑아져 득도得道하게 된다고 하는 일종의 참선법參禪法이다.

閱盡人間世	인간 세상 다 겪었으니
吾安得不白	내 어찌 고하지 않으랴
踖踖靡所聘	정성스레 오라 청하지 않았지만
乘風駕長白	바람을 타고 장백산에 올랐어라
山木無心者	무심한 산의 나무가
何能問皂白	어찌 흑백을 물으랴
知我故來意	내가 짐짓 온 뜻을 알고는
授我厥土白	나에게 그 곳 흰 땅을 주었네
衣食源於是	입을 것 먹을 것 여기에서 근원하니
膏沃等鄭白	기름진 옥토는 정백140)과 같다네
我友麋鹿白	나의 벗 큰 사슴 작은 사슴 흰 빛이고
我盟鷗鷺白	나와 맹서하던 해오라기 백로도 흰 빛이라네
宿雲簷端白	자고 가는 구름은 처마 끝에서 희고
山月窓前白	산 위에 오르는 달 창 앞에 희다
溪禽白羽白	시냇가 산새 흰 깃도 희고
泉石白玉白	산수 간에 백옥도 희다
雪瀑龍噴白	눈 폭포는 용이 뿜는 흰 빛이요
風嘯虎額白	범 이마에 부는 바람도 흰 빛이라
是蓋山之性	이는 대개 산의 본성
長白不渝白	장백산 흰 빛은 투미하지 않다네
怡然境與會	즐겁게 경계 서로 맞아
彼白我亦白	그도 희고 나 또한 희다
起飮婆潴水	일어나 파저강 물을 마시니
吾心有如白	내 마음도 깨끗해지는 듯하였네
素性不嗜麴	나는 본래 성정이 술을 즐기지 않아
雖不飮大白	비록 큰 잔으로 마시지는 못하지만

---

140) 정백鄭白 : 중국 전국시대, 정국鄭國이 쌓은 정국거鄭國渠와 한漢 무제武帝 때 백공白公이 쌓은 백거白渠, 즉 수로 관개사업을 말한다.

本本太素質	본바탕이 너무나 소박하여
生憎粉脂白	분단장 기녀 시중 싫어하였네
筆法摹懷素	필법은 회소체[141]를 배웠고
詩格倒元白	시격은 원백[142]을 압도하였네
所食三鼎白	세 발 솥에 흰 쌀밥을 먹고
行裝一知白	길 나서는 봇짐엔 장지 한권 여일했네

      <知白 紙名><지백은 종이 이름>

蹉跎違素志	한 번 미끄러져 본디 품은 뜻과 어긋나
楡日已沒白	늘그막[143]엔 이미 모조리 백발이라
可使白受采	가령 채색을 한다면
不如本不白	본래 희지 않은 것만 같지 못하리
炊沙沙仍白	모래로 밥을 지으면 모래는 그대로 희고
煮石石益白	돌을 구우면 돌은 더욱 흴 뿐이라
我懷歌白雪	나의 감회는 백설가를 부르고
我志能踏白	나의 뜻은 흰 칼날을 밟을 수 있네
我有文章釖	나에게는 문장검이 있으니
紅光貫日白	붉은 서슬이 백일을 꿰뚫지
一麾指南鄭	한 번 깃발이 남정[144]을 가리킬 때

---

141) 회소체 : 당나라의 승려 회소懷素의 글씨체. 회소는 자가 장진藏眞이며, 현장玄奘의 제자이다. 초서草書에 아주 능하여『초서사십이장경草書四十二章經』등을 남겼다. 술을 잘 마셨기 때문에 언급하였다.

142) 원백 : 당나라 때 유명한 시인으로 원진元稹(806~820)과 백거이白居易(766~826)를 아울러 이르는 말이다. 두 사람은 시로써 우의가 깊어 두 사람간의 창화집을 남겼다.

143) 유일楡日 : 상유일박桑楡日薄의 준말로, 저녁 해가 뽕나무나 느릅나무 위에 걸려 있다는 말인데, 늘그막을 가리킨다.

144) 남정南鄭 : 남정은 중국에 있는 지명이다. 한 고조가 된 유방劉邦이 항우에 의해 남정南鄭에 도읍한 뒤 소하의 천거로 한신韓信을 대장군大將軍에 임명하였는데, 한신이 "이졸吏卒들이 모두 산동山東 사람이라 고향으로 돌아가기를 간절히 바라고 있으니 지금 계책을 정해서 동쪽으로 향하여 항우를 공격해야 한다."고 아뢰자 한왕이 "나 또한 동쪽으로 가고자 한다. 어찌 답답하게 여기에 오래 있을 수 있겠는가?"하고 동쪽 공략에 나서게 되었던 일이 있었다(『사기』「회음후 열전」). 여기서는 고국을 향한 백하의 마음을 은근히 나타낸 것이다.

三軍首盡白	삼군의 머리 다 백발이었지
百粤係頸至	백월이 목에 사슬을 매고 왔을 때
車素馬亦白	수레도 희고 말도 희었지
海氛隨手霽	해분145)은 가리키는대로 다 개이고
靑邱復覩白	우리나라 다시 밝은 해를 보리라
歸問惺惺主	돌아가 성성한 주인146)에게 물으니
虛室止止白	빈 방에 길상吉祥이 환하네147)
婆娑山之阿	파사산의 언덕
山人衣亦白	산 사람 흰 옷을 입더니
我本箕鮮族	나는 본래 기자의 조선족이라
邦俗况尙白	나라 풍속도 흰색을 숭상하네
寄語靑年子	청년들에게 말하노니
犁然悠而白	검게 물 들이려 하면 바로 희게 회복하기를
氣勇侔韓白	용맹한 기운으로 힘써 대한을 밝혀
伯業鄙小白	패업霸業을 이루어 소백을 능가토록 하라148)
願爾勤且學	바라노니 너희들은 근면하고 또 배워
寧死服淸白	죽을지언정 청백하여야 한다.
送君易水上	그대를 역수의 가에서 보낸다면149)
衣冠盡日白	의관이 모두 햇빛처럼 빛나리라

---

145) 해분海氛 : 바다에서 나는 요사스러운 기운인데, 왜적의 침입을 지칭하는 말로 쓰였다.
146) 성성한 주인 : 성성은 마음을 일깨워 어둡지 않게 하는 것이며, 주인은 사람의 한 몸을 지휘할 수 있는 마음을 가리킨다.
147) 빈 방에 ~ 환하네 : 사람이 무념무상無念無想하면 절로 진리眞理에 도달할 수 있음을 의미한다. 『장자』「인간세」에 "빈 방 안에 광명이 들어오면 길한 징조가 깃들게 된다[虛室生白 吉祥止止]"라는 말이 있다.
148) 패업霸業을 ~ 능가토록 하라 : 소백은 춘추시대 오패五覇 중 하나인 제齊 환공桓公의 이름이다. 거莒 땅으로 망명하였다가 나중에 여러 제후들의 도움으로 국내을 회복하고 다시 임금의 자리에 오른 역사를 환기하여 젊은이들에게 소망하는 바를 전하고 있다.
149) 그대를 ~ 보낸다면 : 전국시대 때 형가荊軻가 연나라 태자 단丹의 부탁을 받고 진왕秦王을 죽이러 떠날 때, 축筑의 명인인 고점리高漸離의 반주에 맞추어 「역수한풍易水寒風」이라는 비장한 노래를 부르고 작별했다는 고사가 유명하다.

只恐止樊蠅	다만 울타리의 쉬파리150) 처럼
能變黑與白	검고 희기를 마음대로 바꿀까 걱정이라
山與人俱白	산과 사람이 모두 희니
誰知白也白	희고 또 흰 것을 누가 알리오
不妨人不知	남이 몰라주어도 상관하지 않나니
何須遼豕白	어찌 요동 돼지151)만 희겠는가?
外面何晏白	외면은 하안152)이 희게 보이지만
中心揚震白	마음은 양진153)이 결백하였었네
相看兩不厭	서로 바라보아도 둘 다 싫지 않으니
聊與此山白	애오라지 이 산과 더불어 함께 희려네
諸峯羅似兒	여러 봉우리들 아이들 늘어선 듯 한데
長白又長白	영원히 희고 또 영원히 희기를

二十一日 李文衡 以足疾仍留

11월 21일.

이문형이 발에 병이 나서 그대로 머물렀다.

---

150) 울타리의 쉬파리 : 『시경』「소아小雅」 '청승靑蠅'에 "앵앵거리는 쉬파리 무엇을 찾는지 울타리에 많이들 붙어 있다[營營靑蠅 止于樊]"고 하였는데, 이욕에 휩쓸리는 소인들을 비유한 시이다.

151) 요동 돼지 : 자기가 모르기 때문에 아무것도 아닌 것을 대단하게 여기는 것을 비유한 말이다. 『후한서』「주부전朱浮傳」에 어양태수漁陽太守 팽총彭寵이 군대를 일으켜 부浮를 공격하자, 부의 사람이 팽총에게 서한을 보내 꾸짖기를 "옛날 요동에서 돼지가 머리통이 흰 새끼를 낳아 그를 특이한 것으로 생각하고 왕께 바치고는 그 후 하동河東을 갔더니 모두가 머리통이 흰 돼지들만 있어 그를 보고 너무 부끄러워했다."고 하였다는 말이 있다.

152) 하안 : 중국 동한東漢 때의 학자로 하후현夏侯玄·왕필王弼 등과 현학玄學을 창도하여 일대 새로운 기풍을 일으켰다. 유가의 사회윤리를 도가사상에 결부시켰다. 그는 '천지만물이 무無로써 근본을 삼는다'고 여겼으며, 세계의 본체는 '무'이고 모든 사물의 존재는 모두 '무'에 의존한다고 주장하였다.

153) 양진揚震 : 동한 때 학자로 형주자사荊州剌史를 지냈는데 청렴하기로 이름이 높아 밤에 가져오는 뇌물을 물리치면서 '하늘이 알고 귀신이 알고 내가 알고 네가 안다'는 사지四知의 고사로 유명하다.

翼日 李婿及世林從 出去通縣 文姪自李明世家還 傳明世書及其叔允奕兄詩書與詩 一喜一感 愧不能自我先施

11월 22일.
　사위 이서방(이문형)과 세림世林 족친族親이 통화현으로 나갔다. 조카 문식이 이명세李明世의 집에서 돌아왔는데, 명세의 편지 및 그의 숙부 윤혁允奕 형의 편지와 시를 전해 주었다. 한편 기쁘고 한편 감사하나, 내가 먼저 마음을 내지 못한 것이 부끄럽다.

二十三日 溫

11월 23일. 따뜻함.

二十四日 溫 七來自鄒街校中返庭 課第五等 受賞格數件而來

11월 24일. 따뜻함.
　칠손七孫이 추가가 학교에서 집으로 돌아왔다. 성적이 5등으로 상을 몇 가지 받아서 왔다.

二十五日 風而不寒 李鍾浩送吐漿與沉菜 爲助病婦 可感 夕雪 成魯製藥於通縣而來

11월 25일. 바람은 불었으나 차갑지 않았다.
　이종호가 토장吐漿과 동치미를 보냈다. 병든 며느리에게 도움이 될 것이다. 감사하다. 저녁에 눈이 왔다. 성로가 통화현에서 약을 지어 왔다.

二十六日 金永根來見 李鍾當又來 問煎藥 爲婦阿對症之劑

11월 26일.
　김영근金永根이 와서 보았다. 이종당李鍾當이 또 왔기에 약 달이는 것을 물었다. 며느리의 병증에 대한 약을 위해서였다.

二十七日 寒 得藁糠於寧海家 跋高輪來 婦病未差 號慟相聞 可悶可悶

11월 27일. 추움.

　짚과 겨를 영해寧海집에서 얻어 발고跋高로 실어 왔다. 며느리의 병이 차도가 없어 슬피 우는 소리가 들린다. 민망하고 민망하다.

二十八日 製李允奕寄來韻書 付衡國傳達 正蒙二孫迭相告警 可悶

11월 28일.

　이윤혁이 보내온 시에 답장을 써서 형국에게 부쳐 전달하였다. 손자 정로와 증손자 기몽이 번갈아 놀라운 소식을 알리니 고민이다.

次李允奕韻　이윤혁의 시에 차운하다

我筆如椽我珮離	내 붓은 서까래만하고 패옥은 지리하나
而昔家門父師遺	옛날 집안의 부조 선사께서 물려주신 것
陶唐舊物衣冠俗	요堯임금 적 문물과 의관의 풍속이요
東晋淸談廟署時	동진시대 청담과 묘략154)을 일삼았노라
蛙井不知滄海大	우물 안 개구리 푸른 바다 큰 줄을 모르고
蚍朝看作永年期	하루살이는 한나절을 긴 세월로 보는 법
試觀今日誰天下	보아하니 오늘의 천하 누구의 것인가
長使男兒發一嘻	길이 남아로 하여금 탄식하게 하네
一出都門淚黍離	도성문 나서며 기장밭에 눈물뿌리고155)
西風有力去如遺	세찬 서풍에 버리듯이 고향을 떠났네
君惟上士忘情日	그대는 상류 인사이니 세정을 모르지만
我是中條耐辱時	나는 중류로서 모욕을 견뎌야 하는 때
萬里蒼兄弩末勢	만 리 아득한 타관 땅 무력한 형세이나

---

154) 묘략廟畧 : 조정의 계책. 즉 나라를 다스리는 의론이다.
155) 기장밭에 눈물뿌리고 : 『시경』「서리黍離」에 나온다. 주周 나라 대부가 이미 망한 주나라의 서울인 호경鎬京을 지나가다가 종묘와 궁실에 기장이 키가 넘도록 더부룩하게 자란 것을 보고 「서리黍離」라는 노래를 지어 불렀던 고사가 있다.

千門開闢線陽期	활짝 열린 집집마다 볕들기 기대하네
如今此恨形而語	지금의 이 한스러움 말로 표현하자면
有此身前有此嘻	이 한 몸 걱정 앞서 탄식부터 나노라

風花霜葉各分離	바람에 꽃과 서리에 잎이 나뉘어 헤어짐에
亡國孤踪僅子遺	망국의 외로운 발길 홀로 버려졌도다
明社團圞餘舊夢	좋은 모임 단란했으나 부질없는 옛 꿈
溫泉行樂復何時	즐거웠던 온천 행락 언제나 다시 할까
西流歲月催殘景	서쪽으로 흘러온 세월 노년을 재촉하는데
東渡屨節杳後期	동쪽 고국으로 돌아갈 날 까마득하여라
遭難傷心非達士	고난을 당하여 상심하면 달사가 아닐지니
忉忉何必攪生嘻	참고 참아야지 하필 어지러이 탄식하리오

生離無若死相離	살아 이별함이 죽어 이별함만 못한데
不幸人間鬼所遺	귀신에게도 버림받은 불행한 인간
鄕懷每切看花日	고향 생각은 꽃구경 할 때마다 간절하고
旅抱偏增見月時	나그네 회포는 달을 볼 때 더욱 더해지네
赤日同心知陸秀	붉은 충심이야 육수부陸秀夫156)와 같건마는
丹砂無力杳安期	묘약을 구하지 못해 안기생157)이 아득하네
故人知否無愁曲	옛 사람들 무수곡無愁曲158)을 알았던가
隨遇安心自不嘻	일 따라 안정하여 탄식하지 않았었네

---

156) 육수부陸秀夫 : 송宋 나라 말엽의 충신이다. 송나라가 원元 나라에 의해 패망하자, 다시 위왕衛王을 세우고 좌승상左丞相이 되었는데, 원元 나라 군사가 송의 최후 보루堡壘이던 애산厓山을 격파하자, 벗어날 수 없음을 알고는 칼을 들고 처자를 바다에 빠져 죽게 한 다음 곧 위왕을 등에 업고 함께 바다에 빠져 죽었다.

157) 안기생 : 동해의 선산仙山에서 살았다는 신선의 이름이다. 진시황秦始皇이 동유東游할 때 함께 대화를 나누었는데, 자신을 보고 싶으면 수십 년 뒤에 봉래산蓬萊山으로 찾아오라고 한 뒤 자취를 감췄다고 한다.

158) 무수곡 : 진후주陳後主 진숙보陳叔寶가 무수곡無愁曲을 지었는데, 슬퍼하고 원망하는 듯, 듣고 눈물을 흘리지 않는 이가 없었다고 한다.

驚濤駭浪雜侏離　　해괴한 풍랑 속 광대 패에 섞여 떠나
三歲居停道路遺　　삼년 세월을 길 위에서 보냈네
我豈全然忘世士　　내 어찌 세상을 모두 잊고 살리오
子將隱矣著書時　　그대 장차 책을 쓸 때 숨길지어다
無端自適三千里　　일 없이 자적하던 삼천리 우리 강토의
叵耐窮陰百六期　　참을 수 없었던 궁음窮陰의 액운[159]을
憂憂樂樂皆前定　　슬픔도 기쁨도 다 이미 정해진 것
莫向人間故作嘻　　세상을 향하여 짐짓 탄식하지 마시라

二十九日 鄭鎭弘<善山居人> 金聖模來宿

11월 29일.

정진홍鄭鎭弘<선산에 살던 사람>과 김성모金聖模가 와서 잤다.

十二月一日 昨來二人 分入圭文二家作傭 金光鉉來見 雇得淸人 打菽 朝裁送萬初兄書 寧姪去魯山 將以運穀計也

12월 1일.

어제 온 두 사람이 조카 규식과 문식 두 집에 나누어 들어가 일꾼이 되었다. 김광현金光鉉이 와서 보았다. 청나라 사람을 고용하여 콩을 타작하였다. 아침에 만초 형에게 편지를 써서 보냈다. 조카 영식寧植이[160] 노산魯山으로 갔다. 곡식을 운반하기 위해서이다.

翼日 雪

12월 2일. 눈.

---

159) 액운 : 원문은 백륙기百六期인데 이는 액운厄運을 말한다. 4천 5백 년인 1원元 중에 다섯 번의 양액陽厄과 네 번의 음액陰厄이 찾아오는데, 양액이 1백 6년마다 있게 되므로 백륙회라 한다고 한다.
160) 영식寧植 : 김영식金寧植으로 추정된다. 자字가 치강致康이며, 귀봉 김수일의 후손이다.

[二十]三日 雇人打菽

12월 3일.[161]

품을 사서 콩을 타작하였다.

[二十]四日 【先妣端人咸陽朴氏諱辰】 得萬初書 饋送椒漿一器 可感 家兒作通縣行

12월 4일. 【돌아가신 어머니 단인端人 함양박씨의 제삿날이다】

만초가 보낸 편지를 받았는데, 초장椒漿 한 그릇을 보냈으니 고맙다. 집 아이 형식이 통화현으로 갔다.

[二十]五日 李承元 李根洙<安州居人> 李俊一來宿 夢拜洗山令公 神采燁若 可慰 幽明之應 果如平日否

12월 5일.

이승원李承元·이근수李根洙<안주安州에 살던 사람>·이준일李俊一이 와서 잤다. 꿈에 세산洗山 영공令公[162]을 뵈었는데, 신수가 훤하여 위로가 되었다. 유명幽明 간의 감응이 과연 평소와 같아서인가?

[二十]六日 蒙孫小痊 而唐孫極重 殘憐殘憐

12월 6일.

기몽騏夢은 아픈 것이 조금 나았으나 쾌당快唐이는 매우 위중하니, 애처롭기 그지없다.

[二十]七日 宇植從及金東鎭來宿 聞縣住載雲家 幾至絶火 薪水俱艱 而其父還期 杳然云 甚憐甚憐 上水渴涸 無以濟窘 尤所歎恨 唐孫一此苦劇 何以爲之 殘憐殘憐

12월 7일.

우식宇植 족친과 김동진金東鎭이 와서 잤다. 들으니, 현에 사는 재운載雲의 집이 거의 불이

---

161) 12월 3일부터 8일까지는 원문에 '23일...28일'이라고 표기되어 있는데, 일기 전체를 볼 때 잘못 표시된 것으로 보인다. 원문은 [ ]로 표시해서 그대로 두고, 번역은 바로 잡았다.

162) 세산洗山 영공令公 : 세산은 류지호柳止鎬의 호이다. 정재 류치명의 아들이다.

꺼지고 땔감과 식수 모두 구하기 어려울 정도로 살림이 어려운데, 그의 아버지가 돌아올 기약은 아득하다고 한다. 매우 가련하고 가련하다. 윗물이 마르면 군색함을 해결할 수 없는 법이라, 더욱 탄식하고 한스러운 일이다. 쾌당이 줄곧 이렇게 심히 괴로워하니 어찌할꼬? 애처롭기 그지없다.

[二十]八日 宇植仍留 唐孫仍痛 送局製藥用之 而未見速效 可悶

  12월 8일.
  우식이 그대로 머물러 있다. 쾌당은 여전히 아프다. 약국에서 지어 보낸 약을 썼으나, 아직 빠른 효과를 보지 못하니 걱정이다.

九日 唐孫仍痛 崔傭又痛 無人不病 是何厄會 家兒自縣中買來白米半斗

  12월 9일.
  쾌당은 여전히 아픈데, 일꾼 최가 또 아프다. 아프지 않은 사람이 없으니 이 무슨 액운인가? 형식이 현에서 쌀 반말을 사왔다.

十日 張龍澤來過 夕李海亭來宿

  12월 10일.
  장용택張龍澤이 왔다 갔다. 저녁에 이해정李海亭이 와서 잤다.

十一日 溫 蕎麥大二斗 海亭貸去 聞李鍾基有燒鍋負債五十元 而爲債主所督 毆打拘幽 困辱滋甚云 大抵無權之民 到底皆然 無力可雪 齊憤而已

  12월 11일. 따뜻함.
  메밀 대두大斗 2말을 해정이 빌려 갔다. 들으니, 이종기李鍾基는 소과燒鍋[163]에 50원의 부채가 있었는데, 빚쟁이한테 독촉을 받아 구타를 당하고 구류되는 등 곤욕이 아주 심하였다고 한다. 대체로 주권이 없는 백성들은 가는 데마다 다 그러하나, 설분할 힘이 없으니 함께

[163) 소과燒鍋 : 수수를 가지고 술을 빚는 양조장. 값이 싸고 독했기 때문에 겨울에 일을 할 때 몸을 따뜻하게 하기 위한 필수품이었다고 한다.

분을 삼킬 따름이다.

翼日 昌孫去鄒街 家兒自縣還

12월 12일.
손자 창로는 추가가로 가고, 집 아이 형식은 현에서 돌아왔다.

十三日 最谷居金姓人 來問田舍 唐孫一此危重 而難自執症 殘憐殘憐

12월 13일.
최곡最谷에 살던 김씨 성을 가진 사람이 와서 농토와 집에 대하여 물었다. 쾌당이 이렇게 줄곧 이토록 위중한데도 스스로 증세를 잡기 어려우니 애잔하고 가련하기 그지없다.

十四日 金山相鱗 開寧金生 率其妻來宿 開寧安敬五 金山鄭生來過

12월 14일.
김산金山(지금의 김천)의 이웃 지역인 개령開寧의 김생金生이 그의 아내를 데리고 와서 잤다. 개령의 안경오安敬五와 김산의 정생鄭生이 왔다 갔다.

十五日 寧姪成孫 偕赴通縣云 而過時入聞 未副付託之語 是可曰同住一室之誼乎 渠輩事父兄之道乎 是不但專責渠曺 亦由我平日敎詔之先失也

12월 15일.
조카 영식寧植과 손자 성로成魯가 함께 통화현으로 갔다고 하는데, 때가 지나고 나서야 들었다. 부탁한 말을 따르지 않으니, 이것이 한 집에 같이 사는 사람의 정의情誼라 할 수 있겠으며, 그것들이 부형을 섬기는 도리라 할 수 있는가? 이는 오로지 그들만 나무랄 일이 아니다. 또한 나의 평소 가르침이 먼저 잘못된 연유이리라.

十六日

12월 16일.

十七日 李暎世來問 饋以香茗一握 爲我裁杖 非是散木 而爲李鍾基所毁云 可恨 夕尹琦燮 餉飯而去

12월 17일.

이영세李暎世가 와서 문안하고 향기로운 차 한 줌을 주었다. 나를 위해 만든 지팡이가 허드렛 나무가 아니었는데, 이종기李鍾基가 부러뜨렸다고 하니, 안타까웠다. 저녁에 윤기섭尹琦燮이 저녁밥을 먹고 갔다.

十八日 夢省大母母子分 愴感愴感

12월 18일.

꿈에 할머니 모자분을 뵈었다. 창감愴感하고 창감하다.

十九日 是日乃我叔父降庚後八十四度之日也 三歲曠省之餘 不勝遇喜之感 而邈矣殊方 未遂稱觴之誠 情理蔑矣 罪恨極矣 遂起題短律 以瀉自怨之情

12월 19일.

오늘이 바로 우리 숙부님께서 태어나신 지 84년이 되는 날이다. 3년 동안 문안하지 못한 뒤라 생신을 맞는 감회를 이기지 못하겠다. 그러나 아득히 먼 타국이라 술잔 올리는 정성을 다 할 수 없으니, 정리情理가 절멸되었다. 죄스럽고 한스러운 마음 사무친다. 마침내 짧은 시를 지어 스스로 원망스러운 감정을 쏟아낸다.

長宵無寐念諸親	긴 밤 잠 못 들고 고향 친척 생각하는데
況値猶庭以降辰	하물며 숙부님 생신을 맞아서랴
鴨綠豬江如許水	압록강 파저강波豬江164) 물은 이렇게 많은데
酷醑難得介眉春	막걸리일망정 헌수 술165) 마련하기 어렵네

---

164) 파저강波豬江 : 압록강 상류에 흐르는 지류의 이름으로, 지금의 중국 길림성에 있는 혼강渾江이다.

165) 헌수 술[개미춘介眉春] : 『시경』「빈풍豳風」'칠월七月'에 "8월에는 대추를 따고, 10월에는 벼를 거둬들여, 맛좋은 술을 빚어 넣고, 어른님께 장수를 빌도다[八月剝棗 十月穫稻 爲此春酒 以介眉

炰羔湯餠酒盈盃	구운 염소 떡국에다 술이 사발에 가득하고
鶴髮鳩筇鼎重俱	학발에 구장鳩杖166) 짚은 어른
舍弟應成南極畵	집의 아우는 응당 남극화167)야 그리겠지만
有誰前獻五湖圖	누가 앞으로 나아가 오호도168)를 올릴까

三歲離鄕喪百爲	3년 전 고향 떠나니 모든 것 잃어버려
省墳合族杳難期	온 가족 모여서 성묘할 기약은 까마득하여라
彝倫斁矣餘何論	인륜이 어긋났거늘 다시 무얼 논하랴
秖是西荒未冷屍	한갓 서쪽 황무지의 식지 않은 시체 신세라

公法世界 無持兵入境之義 而近聞城外之人 佩釰裝砲 恣行無忌云 一邊之畏弱 可想 一邊之驕軼 可怕

　공공 법치의 세상에 무기를 지니고 경계를 난입하는 법은 없다. 그런데 요즘 들으니, 성 밖 사람들이 칼을 차고 총포로 무장하여 제멋대로 굴면서 거리낌이 없다고 한다. 한쪽에서는 두려워 움츠러들 것임이 뻔하고, 두렵게도 다른 한쪽에서는 거만하게 거들먹거릴 것이다.

禍福無門互往回	화와 복은 문이 없어 서로 돌고 도나니
前車宜鑑後車來	앞 수레는 뒷수레의 거울이 되어야 한다네
包羞誰識臥薪志	와신상담의 뜻 누가 알까 조심해야 하나니
料敵先看擧趾虺	적에 앞서 먼저 내 걸음새를 보아야 하리169)

　壽]"한 데서 온 말이다. 춘春은 술을 뜻한다.
166) 구장鳩杖 : 원문은 구공鳩筇인데 같은 말이다. 손잡이 부분을 비둘기 모양으로 조각한 지팡이로, 예전에 임금이 나이 많은 신하에게 비둘기처럼 소화를 잘 시키라는 의미에서 내려 주었다.
167) 남극화南極畵 : 남극성을 그린 그림이란 뜻으로, 남극성은 노인성이라고도 하는데, 이 별이 나타나면 장수한다고 하여 장수의 상징이다.
168) 오호도 : 오호五湖는 춘추시대 초楚 나라 상국相國인 범여范蠡가 월왕越王 구천句踐을 섬겨 마침내 오吳 나라를 멸망시키고 나서는 월나라를 하직하고 일엽편주一葉片舟를 타고 떠난 호수이다. 여기서는 부귀영화를 버리고 신선처럼 사는 모습을 그린 그림을 가리킨다.
169) 적에 앞서 ~ 걸음새를 보아야 하리 : 막오필패莫傲必敗의 고사. 초나라의 막오莫傲 굴하屈瑕가

利釖尙剛剛處折	예리한 칼 강하다 하나 강한 곳이 부러지고
殘花雖落落枝開	시든 꽃은 떨어져도 꽃 진 곳에 가지 난다
橫江知有呑舟鱷	배 삼키는 악어[170] 있어도 강을 건너야 하니
憐爾風檣會見摧	가련하다 바람을 맞아 너의 돛대 꺾일라

二十日 寧姪成孫自通縣還 聞三姪家 朝哺不給云 而旣不能收置膝下 又未能同饔濟艱 名爲父兄者 愧恨愧恨 何以能小抒殘憐之意乎 外此駭聞 不必載書 山前寓李△△ 自大花沙 來傳昌孫書 全應聖來過 宇植從過訪 士逢牽驪去

12월 20일.

조카 영식과 손자 성로成魯가 통화현에서 돌아왔다. 들으니, 셋째 조카 집에서는 조석을 잇지 못한다고 한다. 이미 슬하에 거두어 두지도 못하고 또 한 곳에 살면서 어려움을 헤쳐 나가지도 못하니, 명색이 부형된 자로서 부끄럽고 한스럽기 그지없는 일이다. 어찌하면 불쌍히 여기는 마음을 조금이라도 풀 수 있으랴? 이 밖에 놀랄만한 소문들은 굳이 다 쓰지 않는다.

산전山前에 임시로 살고 있는 이 아무개가 대화사大花沙에서 와서 손자 창로의 편지를 전해주었다. 전응성全應聖이 왔다 갔다. 집안 조카 우식이 방문했다. 사봉士逢이 노새를 끌고 갔다.

二十一日 黃婿入來 權五煥 柳淵玉來宿 應魯牽牛去大花沙 將以買米也 是夜夢大坪兄遡風掀袂 周永兄扶杖越來相吉 張燭燃茶 學乃對案觀書 一如平日 而未之敍話 可恨

12월 21일.

사위 황서방이 들어왔다. 권오환權五煥·류연옥柳淵玉이 와서 잤다. 응로가 소를 끌고 대화사로 갔다. 쌀을 사기 위함이다.

이날 밤 꿈에 한들[大坪]형님은 바람을 거슬러 소매를 흔들면서 오고, 주영周永형은 지팡이

나羅를 정벌할 때 발꿈치를 높이 떼어 행군하자, 투백비鬪伯比가 "막오는 반드시 패할 것이다. 전장에 나아가면서 걸음을 가벼이 걷다니"라고 하였다. 싸움을 앞둔 장수가 임하는 장수의 자세와 행동을 반드시 돌아보아야 한다는 말이다.

170) 배 삼키는 악어呑舟鱷 : 대악인大惡人을 비유하는 말이다.

를 짚고 건너와서 서로 반갑게 만났다. 우리는 등불을 밝히고 차를 달이고, 학내學乃는 책상 앞에서 글을 읽는데, 모든 것이 평소와 같았지만 이야기를 나누지 못한 것이 한스럽다.

　　偶吟　우연히 읊다

一箇吾身萬變其	내 몸 하나도 만 가지로 변하였으니
吾於吾也莫吾知	내가 나를 보아도 나인 줄 모르겠네
家鄉邈若前生事	고향은 전생의 일 같이 아득한데
踪迹常如逋盜兒	종적은 항상 달아나는 도둑놈 같네
病殼相憐多骨處	병든 사람이 여윈 몸을 서로 동정하나니
冬宵愈久有愁時	겨울밤은 수심 겨워 더욱 길구나
除非喪性眞愚拙	잘못을 버리려다 성정 잃은 참 멍청이
自賊其躬復怨誰	내가 나를 해쳤으니 다시 누굴 원망하리

翌日 又夢故知舊 而汎視慢過 無異路人 眞可謂夢者夢也 又見一株喬松 上蟠下垂千枝萬葉 可庇數百人 蒼蔚蔽地 遂成天然的藩籬 是甚奇兆也 覺而志之

12월 22일.

또 옛 친구의 꿈을 꾸었는데 흘깃 보고 그냥 지나치는 것이 길가는 사람이나 다름이 없다. 참으로 꿈은 꿈이라고 할 만하였다. 또 한 그루의 큰 소나무를 보았는데 위에서부터 아래로 드리운 수많은 가지와 잎이 수 백 사람을 감쌀 만하고, 푸르고 울창하게 대지를 덮어 마침내 천연의 울타리를 이루고 있었다. 이것은 심히 기이한 조짐이라 깨고 나서 그 일을 기록하였다.

一樹喬松架萬枝	한그루 큰 소나무 가로 걸린 만 가지
穹陰蒼翠護藩籬	높은 그늘 짙푸르게 둘러 친 울타리
童童匝地圓如盖	땅 위를 두른 동그라미 일산 같은데
容庇千間以歲期	천 칸을 덮도록 영원을 기약하네

是日 家兒去半地溝而還 黃炳宇炳湯 李炳世過訪 宇植自靑溝歸寓 應魯六孫牽牛驟 去大花沙 以買米輸來事也 夕雪 文姪家供飯饋之 物物可食 文衡來宿

이날 집의 아이 형식이 반지구半地溝로 갔다가 돌아왔다. 황병우黃炳宇·병탕炳湯 형제와 이병세李炳世가 방문하였다. 우식宇植은 청구靑溝로부터 우거하는 곳으로 돌아왔다. 응로應魯와 손자 육六이 소와 나귀를 끌고 쌀을 팔아 싣고 오는 일 때문에 대화사로 갔다. 저녁에 눈이 내렸다. 조카 문식文植의 집에서 반찬을 해 왔는데 음식마다 다 먹을 만하였다. 문형文衡이 와서 잤다.

二十三日

12월 23일.

二十四日 日寒 是日卽我上昨年 離鄕去國之日也 三歲羈旅 何日非懷 而重當是日 尤不堪懷故之情 起題一律 以瀉鬱結之恨

12월 24일. 날씨가 차다.

이 날이 바로 내가 재작년에 고향을 떠나 고국을 버린 날이다. 3년동안 정처 없는 떠돌이 생활이라 어느 날인들 그리움이 없었겠는가만 거듭 이 날을 당하니 더욱 고향 생각에 견딜 수 없다. 율시 한 수를 지어 답답하게 맺힌 한을 쏟아본다.

殊方日月去如馳	낯선 고장에서도 세월은 말 달리듯 가니
棄墓離鄕又此時	선산 두고 고향을 떠난 것이 또 오늘이라
荊棘迷塵山遠近	가시밭 세상 헤매나니 가도 가도 산이요
梓桑春雨夢依稀	고향 선산 봄비는 꿈속에도 희미하네
生無羽翼難飛渡	살아서 나래 없어 날아 건너기 어려우니
死作精魂是歸期	죽어 혼령 되는 그날이 돌아갈 날이로세
要知病帶祟情字	알겠노니 병든 원인 정이란 글자 때문
從此划愁處若癡	이로부터 수심 끊고 어리석은 듯 살리라

是午 昌孫自大花沙 買米而來 如此酷寒 惱渠百里之役 備我一口之欲 名爲祖上者 是豈有坐享之樂乎 口腹之累 重爲兒輩之憂 可歎而又自憎也 田五圭過訪

이날 한낮 무렵에 손자 창로가 대화사大花沙에서 쌀을 팔아 왔다. 이 같은 혹한에 그 아이의 백리 길 노역을 생각하니 안쓰럽다. 내 한입을 위해 장만하는 것인데, 명색이 할애비 된 자가 어찌 앉아서 낙을 누리겠는가. 입과 배가 끼치는 누가 거듭 아이들의 근심거리가 되니 한탄스럽고 또 스스로 미워진다. 전오규田五圭가 방문했다.

二十五日 家兒 買雉而饋其婦 以其咳嗽極甚 以爲療治消痰之資 裵快周 夕饒而去

12월 25일.
집의 아이 형식이 꿩을 사서 그의 아내에게 먹였다. 기침이 극심하기 때문인데 치료하여 담을 없앨 수 있을까 해서이다. 배쾌주裵快周가 저녁밥을 먹고 갔다.

二十六日

12월 26일.

二十七日 夢與三峴文兄 柳景達 適有飯顆之逢 琅然笑語 幾忘形骸之阻 而旣覺旋審 惘然失意可恨 黃婿歸寓

12월 27일.
꿈에 삼현三峴171)의 문文형, 류경달柳景達172)과 함께 마침 반과산飯顆山의 만남173)을 가졌다. 낭랑하게 웃고 이야기하며 거의 형해의 거리낌(몸이 친히 가서 만나지 못하는 상황)을 잊었었다. 깨어나 꿈인 줄을 알고 망연자실 한스러웠다. 황서방이 우거하는 곳으로 돌아갔다.

---

171) 삼현三峴 : 경북 안동시 예안면 주진리의 삼산三山을 가리킨다.
172) 류경달柳景達 : 서파西坡 류필영柳必永의 자이다.
173) 반과산의 만남 : 시회詩會를 가리킨다. 이백李白이 반과산飯顆山에서 두보杜甫를 만났을 때 희롱 삼아 "반과산 앞에서 두보를 만나니, 머리엔 벙거지 쓰고 해는 한낮이로구나. 묻노니 어찌하여 저리 너무 야위었나, 전부터 시 짓기 괴로워서 그리 된 게지[飯顆山前逢杜甫 頭戴笠子日亭午 借問爲何太瘦生 爲被從前作詩苦]"라는 시를 지은 바 있다.

二十八日 李水巖 裵奭煥來見縣寓 洪姪入來 尹炳烈 黃信杰來見

12월 28일.
이수암李水巖·배석환裵奭煥174)이 현 우소로 찾아와 보았다. 조카 홍식이 들어왔다. 윤병렬尹炳烈·황신걸黃信杰이 와서 보았다.

二十九日【立春】風而暖 應魯持魚尾來饌 其意可嘉

12월 29일.【입춘】바람은 있으나 따스하다.
응로應魯가 물고기를 가지고 반찬을 해왔다. 그의 뜻이 가상하다.

春詞 봄을 읊다

一彈指頃歲三週	한 번 손가락 퉁기는 사이 벌써 3년 세월
重得春光兩白丘	양백의 언덕에서 거듭 봄빛을 보는구나
祖子孫曾趾厥美	할애비 자식 손자 증손이 아름다움을 잇고
山松日月頌新休	산과 솔과 해와 달도 새봄을 노래하네
彌殃未若修吾德	재앙 천지에 내 덕 닦음 만 한 것 없으니
禳福焉能自外求	복을 어찌 바깥에서 구할 수 있겠는가
是以先難資後獲	앞서 겪은 어려움은 뒷날 공훈의 바탕이니
莫將春日浪悲秋	봄날 헛되이 보내어 슬픈 가을 맞지 말자

三十日 昌孫買黃肉而來 是日雪 文姪買肉獻情 夢見舜躍授人通鑑 余曰此人熟於史記云

12월 30일.
손자 창로가 쇠고기를 사가지고 왔다. 이날 눈이 내렸다. 조카 문식도 고기를 사서 인정을 바친다. 꿈에 순약舜躍이 사람들에게 『통감』을 가르치는 것을 보고, 내가 "이 사람은 『사기』에 익숙하구나"라고 하였다.

---

174) 배석환裵奭煥 : 경북 안동 예안면 도촌 출신 배석환으로 추정된다. 그는 1908년 3월 15일 재경 영남인사들이 창립한 교남교육회에 참여하여 교육구국운동을 전개하였다. 이후 1912년 봄에 만주로 망명하여 유하현에서 안동출신 인사들과 활동하였다.

除夕 섣달그믐 저녁

迎新送舊一宵强	송구영신 시각이 하룻밤 남았는데
萬縷憂懷獨自傷	만 가닥 느는 회포에 홀로 상심한다
憶弟歌詩憐杜甫	아우 생각을 시로 읊은 두보가 애달프고
乳妻延壽慕張蒼	유모 젖으로 연명한 장창175)이 부러워라

<年老無齒 因以自歎> <늙어 치아가 없어 이 때문에 스스로 탄식하다>

親朋漸遠無生樂	친구들이 차례로 떠나니 사는 낙이 없고
病殼徒存未死僵	병든 몸만 남았으니 죽지 못한 강시로다
六十八年成這事	육십 여덟 이 나이토록 무슨 일 이루었나
監吾前轍喩諸郞	내 전철을 돌아보며 아이들을 깨우치네

共理會趣旨書 <癸丑六月>

同舟遇風 胡越相救 大器成形 玉石相磨 今天下之大勢然矣 吾徒之團體然矣 於乎我韓庚戌之變 天下之所共慨憐者矣 方玆萬里比隣之世 自靖行遯 何處不當 而不謀同轍 驟赴遼省者 箕城八條之所在也 句麗十世之遺愛也 況二百年事大之地 詔使之恩禮優渥 行人之冠盖相續 筐篚玉帛之庭 曾不以區域而別之也 顧玆投林之兎 赴壑之魚 內中蠹沙之毒 外無蟻援之勢 踢天蹐地 靡所憑依者 其將舍此之而安適乎 第恨其流離蕩析之餘 家無紀綱之主 傍無禦侮之策 直此不已 則終亦爲遼省之丐乞矣 酒於公理之會 爬定頭目之任 以爲維持鞏固共同生活之計 而猶不敢向與別人者 顧以羈旅賤迹 慮或爲有司汰濁之末矣 幸自警局有納汚共同之意 政所謂琥珀之拾芥也 磁石之引物也 榮感之情 何異大寒之挾纊乎 於乎吾輩 自甲午以來 住此土者 或十許年矣 或七八年矣 或五六年矣 開嶺以北 多至百餘家矣 烟戶之役 無異土着 生齒之籍 載在公府 釋經執耒 茹毛飮血者 何莫非大邦懷柔之至意乎 今冠裳改樣 語言相訓 行爲俗尙之 無不與同 鄒夫子 言堯服堯卽堯而已之訓 政爲我今日準備語也 向所謂相救相磨者 豈非吾徒之所當及時而先務者乎 吾輩雖駑 俱是風素之餘也 呂約之糾過勸德 橫渠之興學成禮 非家庭之所嘗承受者乎 朋友之所嘗講習者乎 苟或徒事口耳

---

175) 장창張蒼 : 늙어 치아가 다 빠지자 유모를 두고 젖을 먹으며 백 살이 넘도록 살았다고 한다.

未見有實際實驗 則非君子行患之本意也 又非吾輩相伙之信義也 况今天下共理 萬口和應 舊染汙俗 咸與維新 平等之權 下逮厮養 自由之鍾 延及婦孺 江淮無厓岸之阻 城闕無藩籬 之限 共同之治 無復可加矣 然各地生長 性質相殊 風絮雨萍 驀地相逢 吾黨之士 豈皆仁 人而君子乎 舊日之見 豈盡良規而美法乎 同憂共患之地 不得不齊之以德 則千家長 百家 長之設 良亦有以也 繼自今 如有反道悖德 自外於共理之政者 十家之內 十長糾之 百家之 內 百長彈之 微愆細節 置而相恕 崛强難化者 上訴法司 顚連無辜者 收置田廬 愚蠢癡獃 者 諭以德義 議事之筵 不以己見而拗執 處世之方 務令和光而同塵 摩仁漸義 躋吾徒於泰 平仁壽之域 則吾黨昔日之不幸 即亦今日之幸會也 吾黨一時之困難 即亦庸玉之基礎也 柯 亭之椽得蔡邕爲名笛 晉牛之鐸遇荀勗而調鍾 警府垂憐之意 吾徒知己之感 又何等好期會 而大信息乎 直此相濟 永以爲好 則公共之席 自無蹭蹬之患 而二道一區 自在於完局團體 之中矣 爾我之間 疑阻相釋 人己之際 皮膜都消 則到處唐虞 可使吳越而兄弟矣 幼吾幼而 老吾老 憂人憂而樂人樂 芝蘭同臭 輔車相依 則何渠不若 何事不做乎 編薪作席 視華茵而 共臥 嘗膽爲糧 與太牢而甘餐 送子上學 方見將來之進化 與人爲善 不以異己而滯物 同聲 同氣 隨處相應 則解軿息肩 無復爲客之苦矣 之秦之楚 何往而不得哉 雖然縱見世之憸諛 之徒 依阿兩間 片言不合 盃酒變而坑塹 一事不遂 兄弟反爲讐敵 盖亦衰世之意 而無信義 之故也 豈非吾徒之所當惕然而敬懼者乎 是知簿書期會之日 非信不能也 論議團結之際 非 信不合也 雖然 虛懷然諾之信 非所以爲信也 先酌斯須之敬 非所以爲敬也 記曰有虞氏未 施信於民 而民信之 夏后氏未施敬於民 而民敬之 又曰 大信不約 至禮無文 隱然形語之際 畦畛迸絶 汹然襟期之會 肝膽瀅照 我固彼人之人也 人亦我人之人也 一家之內 有一家之 共同 一閈之中 有一閈之共同 以之一方 而一方共同 以之天下而 天下共同 假使猝遇道路 情面如熟 苟或偶値横逆 纓冠而相救 此乃所謂共和也 共理也 敬義夾持信在其中矣 此又 所謂共和之本也 此又所謂共理之驗也 凡我同志之士 盍相與勉之哉

공리회취지서 〈계축 6월〉

배를 함께 타고 풍랑을 만나면 오랑캐와 월나라도 서로 구원해 주어야 하고, 큰 그릇이 모양이 되려면 옥과 돌이 서로 갈아 주어야 한다. 지금 천하의 대세가 그러하고 우리들의 단체도 그러하다. 오호라! 우리 대한의 경술년(1910) 변고는 천하가 함께 분개하고 안타까워 하는 바이다. 바야흐로 이에 만 리 원방도 이웃처럼 지내는 세상에 자정自靖 은둔하려고 한 다면 어디인들 마땅하지 않겠는가마는, 한 곳으로 가기를 도모하지 않았으면서도 요녕성遼

寧省으로 달려 온 것은 기자箕子의 팔조법176)이 있던 곳이요, 고구려의 10세177)동안 남은 송덕이 있기 때문이다. 하물며 200년 사대事大의 땅으로 조사詔使를 보내준 은례恩禮가 넉넉하였고, 행인의 왕래가 서로 이어져178) 옥백玉帛으로 조공하던 곳이라, 일찍이 구역을 나누어 구별하지 않았음에랴.

지금 숲에 던져진 토끼나 골짜기로 나아간 물고기처럼 안으로는 역사蜮射179)의 독을 맞고, 밖으로는 개미 힘만큼의 구원의 세력도 없어, 하늘에 솟고 땅을 기어도 기댈 곳 없는 처지를 돌아볼 때 장차 이 땅을 버리고 어디로 가겠는가? 다만 한스러운 것은 무리에서 떨어져 흩어진 나머지 가문에는 기강을 세울 주인이 없고 곁에는 업신여김을 막을 대책이 없다는 것이니, 곧바로 이것을 그만두지 않는다면 끝내 요동성의 거지 신세가 될 것이다.

이에 공리의 모임에서 각급 우두머리의 소임을 정하여 공동생활을 공고하게 유지하는 방책을 삼으려 하였으나, 감히 나아가 함께 사람을 선택하지 못했던 것은 남의 나라에 우거하는 몸으로 혹 혼탁한 말세의 유사有司가 되게 할까봐 염려했기 때문이다. 다행히 자경국自警局에서 허물을 끌어안아 뜻을 함께 하니, 바로 이른바 호박琥珀이 먼지를 묻혀 들이는 것이요 자석이 만물을 끌어당긴다는 것이다. 영광스럽고 감격스러운 심정이 어찌 추운 겨울에 솜옷을 입은 것과 같지 않겠는가?

오호라! 우리들이 갑오년(1894) 이래로 이 땅에 이주한 지가 혹 10여 년이 되고 혹은 7·8년 혹은 5·6년으로 개령開嶺180) 이북에 많게는 100여 가호家戶나 되는데, 일반민가로서의 역할이 토착민과 다를 바 없고, 호적戶籍이 공부公府에 실려 있다. 글을 읽으며 농사 지어 곡식을 먹고 제사를 지내게 된 것이 어찌 큰 나라로서 부드럽게 감싸주는 지극한 뜻 아님이 있겠는가? 이제는 의관도 중국식으로 고쳤고 말도 서로 통하며 행동과 풍속이 같지 않음이 없

---

176) 기자箕子의 팔조법 : 고조선의 8조금법을 말한다.
177) 고구려의 10세 : 동명성왕東明聖王에서 산상왕山上王까지이다. 고구려 10세 동안의 유적이 요녕성 중에 남아 있다는 뜻이다.
178) 행인의 왕래가 서로 이어져 : 관개冠蓋는 벼슬아치의 관복冠服과 거개車蓋를 말하는데 벼슬아치를 칭하기도 한다. '관개상속冠蓋相續'은 '관개상망冠蓋相望'과 같은 말로 사신의 왕래가 끊어지지 않는다는 말이다. 여기서는 조선과 중국의 사신이 빈번하게 왕래했다는 뜻이다.
179) 역사蜮射 : 벌레의 일종으로 물여우라고 불린다. 물속에 살며 주둥이에 한 개의 긴 뿔이 앞으로 뻗치었는데 독기로써 사람의 그림자를 쏘면 종기가 생긴다는 옛말이 있다. 전하여 사람을 해치는 것이다.
180) 개령開嶺 : 망명 동포가 많이 살던 통화현과 유하현 지경에 있는 신개령新開嶺을 가리키는 것 같은데, 개령 이북은 유하현 지방을 말한다.

으니, 맹자孟子의 "요堯의 말을 하고 요堯의 옷을 입으면 바로 요堯이다."181)라는 가르침이 정녕 우리들의 오늘을 위해 준비한 말일 것이다. 전번에 이른바 서로 구원하고 서로 탁마하는 일이 어찌 우리가 마땅히 이때에 먼저 힘쓸 바가 아니겠는가?

우리들이 비록 노둔하지만 모두 풍채風采와 소양素養의 바탕을 지닌 사람들이다. 『여씨향약呂氏鄕約』의 '과실을 서로 규제[過失相規]'하고 '덕을 서로 권면[德業相勸]'한다던가, 장횡거張橫渠의 '배움을 일으키고 예를 완성한다'는 것이 가정에서 일찍이 계승한 바가 아니며, 붕우朋友 간에 일찍이 강마하여 익힌 바가 아니던가? 만일 혹 다만 들은 것을 그대로 말할 뿐182) 실제와 실험을 행하지 않는다면, 이는 군자가 환난에 대처하는 본의가 아니며 또 우리들이 서로 의지할 신의가 아니다.

하물며 지금 천하의 공리共理에 모든 사람이 화응하고, 구태舊態에 물 든 더러운 습속들도 모두 유신維新의 대열에 참여하고 있다. 평등의 권리가 아래로 하인에게까지 미치고, 자유의 종소리는 부녀자와 어린아이들에게까지 미치었다. 장강長江과 회수淮水의 도도한 흐름에는 막을 언덕이 없고, 장성과 궁궐의 관문에는 제한하는 울타리가 없으니, 모두 함께 참여하는 다스림에 다시 더할 것이 없다.

그러나 제각각 다른 지방에서 성장하여 성질이 서로 다른데다, 비바람에 날리고 떠돌다가 연고 없는 땅에서 서로 만났는데, 우리가 어찌 다 어진 사람이요 군자이겠으며, 과거에 지녔던 견해가 어찌 다 좋은 규범이요 훌륭한 법도이겠는가? 따라서 근심과 걱정을 함께 하는 처지에 덕으로써 평등하게 하지 않을 수 없으니, 천 호에 수장을 두고, 백 호에 수장을 두는 것이 진실로 또한 까닭이 있는 것이다. 지금 이후로 만약 법도를 어기고 도덕을 거슬러 스스로 공리의 정치에서 벗어나는 자가 있다면, 열 집의 안에서는 십장什長이 규찰하며, 백 집의 안에서는 백장百長이 탄핵하여, 작은 허물과 세세한 절목은 덮어두어 용서하되, 별나고 억세어 교화시키기 어려운 자는 법사法司에 상소上訴할 것이다.

아주 가난하여 하소연할 데가 없는 자는 거두어 땅과 집을 주고, 어리석고 몽매한 자는 덕의德義로써 깨우치고, 일을 의논하는 자리에서는 자기의 의견을 고집하지 아니하며, 처세하는 방략에 있어서는 화광동진和光同塵183)에 힘쓰며 인仁을 연마하고 의義를 점점 쌓아 우리

---

181) 요堯의 ~ 요堯이다 : 『맹자孟子』 「고자告子」 상편上篇에 나온다.
182) 말할 뿐 : 구이지학口耳之學. 귀로 들은 것을 그대로 남에게 이야기하는 데 그치는 태도로, 사색을 통한 자기화의 과정이 없는 천박한 학문을 말한다.
183) 화광동진和光同塵 : 자신의 빛나는 재질을 드러내지 않고 세상에 섞여서 조화롭게 사는 것을

공리共理이다. 공경과 의리에 신의를 함께 더하는 일도 이 속에 있을 것이니, 이것이 또한 이른바 공화의 근본이요, 이것이 또한 이른바 공리의 효험이다. 모든 우리 동지들이 어찌 다 함께 힘쓰지 않겠는가?

　　머리를 풀어 흩뜨린 채 갓끈만 매고서 달려와 구원하더라도 가하다[今有同室之人鬪者 救之 雖被髮 纓冠而救之可也]"라고 하였다.

계축록
癸丑錄

계축록癸丑錄

癸丑 계축년

正月一日 戊午 晴

1월 1일. 무오 맑음.

翌日 淸而寒 應魯持魚尾情獻

1월 2일. 맑고 추움.
응로應魯가 물고기를 가지고 와 정으로 바친다.

三日 淸人劉瑞雲 柳△△ 持猪肉二斤 菓餠一封 落花成一升來見 尹琦燮 李圭鳳 金永根 來問 族從肯植入來

1월 3일.
청인 유서운劉瑞雲·류아무개가 돼지고기 2근, 과병菓餠 한 봉지, 땅콩 한 되를 가지고 와 보았다. 윤기섭尹琦燮·이규봉李圭鳳·김영근金永根이 와서 문안했다. 족질族姪 긍식肯植이 들어왔다.

四日 洪姪出去 淸人劉△△ 姜忠信 姜忠成來款 李會榮 張道淳亦來 致半餉之話

1월 4일.
조카 홍식洪植이 나갔다. 청인 유아무개·강충신姜忠信·강충성姜忠成이 인사를 왔다. 이회영李會榮·장도순張道淳도 와서 반식 경 이야기를 나누었다.

五日 李鍾常 裵碩煥 金慶國 李水巖 金奭昌來見

1월 5일.
이종상李鍾常·배석환裵碩煥·김경국金慶國·이영암李水巖·김석창金奭昌이 와 보았다.

六日 李鍾浩自鄒街還見 趙載遠字舜賡 來宿 南禹鎭 金德云 尹仁輔來見 權極夏 李鍾嵩來宿

1월 6일.
이종호李鍾浩가 추가에서 돌아와 보았다. 자字가 순갱舜賡인 조재원趙載遠이 와서 잤다. 남우진南禹鎭·김덕운金德云·윤인보尹仁輔가 와 보았다. 권극하權極夏·이종교李鍾嵩가 와서 잤다.

七日 李教昌來宿

1월 7일.
이교창李教昌이 와서 잤다.

老人歎 늙은이의 한탄

朱顏綠髮集團圓	붉은 얼굴 검은머리 단란하게 모였는지
諧謔風流咫尺傳	해학이며 풍류소리 지척에서 들려 오네
窮愁病禿不耐寂	수심에다 병든 노인이 적막함을 못 참아
扶杖尋聲暫就筵	막대 짚고 소리 찾아 잠시 자리에 들렀네
如雲黑貂西人燦	성대한 흑담비옷에 만주 복장 찬연한데
似霧靑煙南草燃	안개처럼 푸른 연기는 담배 연기일세
歡聲忽斷脈相視	환성이 홀연 끊어지며 서로 쳐다보더니
滿座衣冠肅若天	자리를 메운 여러분들 하늘같이 숙연하네
忘年促席側耳問	나이 잊고 자리 권하여 귀 기울여 묻더니
俄所啞啞甚事然	금방 벙어리 된 듯 무슨 일이 그러하며
騷然矙若起更跪	수선스레 허둥대며 일어났다 꿇어앉네
年少狂談無足言	젊은이들 허풍이야 말 할 것도 없지만
詑詑拒人若芒背	장광설로 남을 꺾으니 등에 가시를 진 듯
故玆於焉俱不便	이 때문에 어언간 모두가 불편해져
噓唏冷忍式遄歸	냉담 괄시 탄식하며 서둘러서 돌아오니
生亦鬼也俗而禪	살아도 귀신이요 속세에 사는 중이로세

靑年惡習最惡老	청년 악습의 으뜸은 노인 싫어 하는 것
我之渠年何若焉	내가 저 나이에 어찌 이 같기야 했을까
但願加我六十九	다만 원컨대 나를 예순아홉 해 더 살게 하여
坐看渠輩到吾年	저들 모두 내 나이가 되는 것을 보았으면

八日 衡兒 文姪皆入鄒子街 李哲榮來話

1월 8일.

형아衡兒와 조카 문식文植이 모두 추가가로 들어갔다. 이철영李哲榮이 와서 이야기를 나누었다.

九日 秉大從自通縣入來云 見內地書 中有柳昌植 猿谷賓之冤逝 慘慟慘慟

1월 9일.

집안사람 병대秉大가 통화현으로부터 들어왔다고 한다. 고국에서 온 편지를 보니, 그 가운데 원곡猿谷의 문객門客 류창식柳昌植[1]이 원통하게 세상을 떴다는 소식이 있다. 참혹하고 애통하다.

十日 雪

1월 10일. 눈.

十一日 柳冀永<眞寶居人> 陪母來宿 黃婿入來

1월 11일.

류기영柳冀永<진보 살던 사람>이 모친을 모시고 와서 잤다. 황서방이 들어왔다.

---

1) 류창식柳昌植(1958~1912) : 경북 안동 예안 출신. 동산 류인식의 사촌이며, 삼산의 종손이다. 1895년 안동에서 의병이 일어나자 안동의진에 가담하여 의병항쟁을 전개하였으나, 관찰사 김석중金奭中이 다시 관군을 이끌고 안동부를 공격하자, 안동의진은 안동부에서 물러났다. 이때 류창식은 체포되어 안동경찰서에서 50여일 간 구금되었다. 1995년에 건국포장이 추서되었다.

翌日 兒自鄒街還 黃珠甲<安東一直居人> 權英漢來

1월 12일.
집의 아이 형식이 추가에서 돌아왔다. 황주갑黃珠甲<안동 일직 살던 사람>과 권영한權英漢이 왔다.

十三日 圭姪自通縣入來 田五圭來宿 李文衡入來

1월 13일.
조카 규식圭植이 통화현에서부터 들어왔다. 전오규田五圭가 와서 잤다. 이문형李文衡이 들어왔다.

十四日 趙鏞珉<安奇居人> 自內地新入來見 烹五加皮作酒 田五圭又來宿

1월 14일.
조용민趙鏞珉<안기 살던 사람>이 국내로부터 새로 들어와서 보았다. 오가피를 삶아 술을 만들었다. 전오규가 또 와서 잤다.

十五日 校師金昌煥來見 文姪自鄒街還

1월 15일.
교사 김창환金昌煥[2]이 와서 보았다. 조카 문식文植이 추가가에서 돌아왔다.

自我開基是太初	나부터 기초를 여니 이것이 태초인데
居何如也意何如	살이는 어떠하며 뜻은 어떠해야 하는가
天連白嶽東南路	하늘에 이어진 백두산 동남쪽 길

---

2) 김창환金昌煥 : 경기도 광주출신으로 만주에서 항일투쟁을 펼친 김창환(이명 金錫柱, 1872~1937)으로 추정된다. 그는 대한제국 육군 부위副尉를 역임하였으며, 신민회에도 참여하였다. 1910년 신민회의 만주망명 계획에 따라 길림성 유하현 삼원포로 망명하여, 신흥무관학교 교관으로 독립군 양성에 힘을 기울였다. 이후 김창환은 만주지역 독립운동단체에서 활약하다 1937년에 순국하였다. 1963년 독립장이 추서되었다.

心在靑巖父子廬	마음은 청암부자의 집에 가 있다네[3]
樽裏香醪來上箬	독 안의 향기로운 술은 상약촌에서 왔고
丌前荒禿老中書	책상 앞의 모지랑 붓 늙은이의 글씨라네
孫娘恨唱思鄕曲	손녀는 한스럽게 고향노래 부르는데
歸夢常尋鏡浦溰	고향 꿈엔 언제나 경포대 물가 찾는다네

<頷聯用靑岩居士甄濟事 上箬村名 有好酒 余不解飮酒 而適因苦渴 送女孫 得酒於圭姪家 又書二千字 爲女孫敎學之意 故三聯幷及之> <함련은 청암거사와 견제甄濟의 고사[4]를 썼다. 상약上箬은 촌락의 이름이며 좋은 술이 있다. 나는 술을 마실 줄 모르지만 마침 괴로운 갈증 때문에 손녀를 조카 규식의 집에 보내어 술을 얻어왔다. 또한 이천자二千字(다산 정약용의 이천자문)를 써서 손녀에게 학문을 가르치는 뜻을 붙인지라, 이 때문에 3연에서 아울러 언급하였다>

十六日 風而雪 文衡上學 秉大去縣 夕自圭姪家 饋以饅頭一器 又以水漿一碗 助成饌味

1월 16일. 바람 불고 눈 내리다.

문형文衡은 학교로 올라가고 병대秉大는 현으로 갔다. 저녁에 조카 규식圭植의 집에서 만두 한 그릇을 보냈다. 또 간장 한 사발로 반찬 맛을 좋게 하라고 보내어 왔다.

十七日 寒 宇植 李源一來宿 宇以私事 源以還故也 是日裁上猶庭及舍弟 李校理順則 李佐兼去書 昌孫亦與源一偕行計

1월 17일. 추움.

우식宇植과 이원일李源一이 와서 잤다. 우식은 사사로운 볼일로, 원일은 고향으로 돌아가려는 일 때문이었다. 이날 작은아버지와 아우, 교리校理 이순칙李順則[5]과 이좌겸李佐兼[6]에게 갈

---

3) 청암부자 ~ 있다네 : 당 현종 때 견제甄濟가 청암산靑巖山에 은거하여 명성을 얻었다. 고향으로 돌아가고 싶은 마음을 비유적으로 표현한 말이다.
4) 견제甄濟의 고사 : 견제는 당唐 현종玄宗 때의 사람으로 위주衛州에 은거하고 있었는데 그의 명성을 듣고 안녹산安祿山이 부르니, 안녹산이 반란의 뜻을 품고 있다는 것을 알고는 몰래 양의 피를 구하여 밤에 거짓으로 피를 토하고서 병으로 버틸 수 없다는 핑계를 대고 들것에 실려 돌아갔다.
5) 이순칙李順則 : 향산 이만도의 동생 이만규李晩煃(1845~1921)이다. 순칙은 그의 자字이다. 이만규는 경북 안동시 도산면 토계리 하계마을 출신이다. 그는 1919년 3월 일제의 조선국권 침탈과정을

편지를 써서 올렸다. 창손昌孫도 원일과 함께 같이 갈 계획이다.

十八日 源一 昌孫偕作內地之行 黃信杰來見 黃炳禹 炳湯 李文衡來 午饒 洪姪入來

  1월 18일.

    원일源一과 창손昌孫이 함께 국내로 향했다. 황신걸黃信杰이 와 보았다. 황병우黃炳禹·병탕炳湯, 이문형李文衡이 와서 점심 요기를 했다. 조카 홍식洪植이 들어왔다.

   偶吟〈兒輩又有移住之意 故三聯及之〉 우연히 읊다〈아이들이 또 이사하려는 뜻이 있어 이 때문에 3연에 그 일을 언급하였다〉

山於漁也水於樵	어부에게 산이요, 나무꾼에게 물인 것처럼
三歲流離杖一條	떠돌이 3년 세월 지팡이 하나에 의지했네
心斷機僞殊俗化	마음에 기심 끊고 다른 풍속 적응하느라
衰無風力小孫驕	쇠하여 기력 없으니 어린 손자가 버릇없네
何須野麝當風立	어찌 사향노루가 바람을 맞아 서겠는가
却怕靈龜以智焦	신령한 거북 지혜 때문에 구워질까 두렵구나
課花種禾隨吾分	꽃 가꾸고 벼 심으며 내 분수 따르려는데
官督何曾稅野蕉	관리는 어찌하여 들 파초에도 세금을 매기나

   送昌孫歸鄕   고향으로 돌아가는 손자 창을 전송하다

將孫歸國坐如獃	손자의 귀국길에 바보처럼 앉았다가
魂夢隨登鏡浦臺	꿈 속에 따라나서 경포대에 올랐네
飛鳳回翔看竹圃	봉황은 빙빙 돌며 대나무밭을 살피고
遊龍興雨出雲堆	유룡은 비를 불러 구름 속에서 나오누나
兄兄弟弟芳園會	형님들과 아우들이 꽃동산에 모이고

  폭로하면서 한국독립의 정당성과 당위성을 호소하기 위해 김창숙金昌淑을 비롯한 유림대표들이 작성한 '파리장서의거'에 유림의 한 사람으로 서명하였다. 1995년 건국포장이 추서되었다.
 6) 이좌겸李佐兼 : 경북 안동시 도산면 토계리 하계마을 출신 이필호李弼鎬(1866~1920). 좌겸은 그의 자字이다.

水水山山故道催	모든 산 모든 물이 고향길을 재촉하네
只有申勤冀汝意	다만 거듭 진실로 너에게 바라는 뜻은
分吾舐念愼旃來	분수를 잘 헤아려 조심해 다녀오길

十九日 文姪家 徙去前村 成俊容來見 朴世鍾自縣來見

1월 19일.
조카 문식文植이 앞마을로 이사를 갔다. 성준용成俊容이 와서 보았다. 박세종朴世鍾이 현으로부터 와서 보았다.

又以未歸之恨 吟成二律　또 돌아가지 못하는 한스러움으로 율시 2수를 읊다

一老字違四歲營	늙을 노자老字 하나가 4년 경영을 그르치니
東風東作少年行	봄바람이 동쪽에 일 때 젊은이가 떠나네
龍驤虎喝紛紛世	용이 뛰고 범이 짖는 어지러운 세상에다
鳥道羊腸遠遠程	새나 지나는 구절양장 멀고 먼 길이로다
步不顚狂無惡路	행동이 위태하지 않으면 험한 길이 없고
言爲忠信易同情	말이 충직하고 미더우면 동지 얻기 쉬운 법
神扶鬼護牛如健	귀신들도 보호하여 소처럼 건강하게
歸副遼荒洒祖誠	멀고 먼 길 잘 다녀와 할아비 정성에 부응하라

行吟常說返鄉廬	시 읊을 땐 언제나 고향 간다 말하지만
千百經營一太虛	천백 가지로 계획하여도 모두 허사로다
病體雖無徑寸好	병든 몸은 한 구석도 좋은 데가 없지만
團心猶是少年餘	마음에 품은 것은 여전히 소년과 같아라
敎兒倩到西關草	아이 손 빌려 담배 썰게 하고
呼燭晨修內地書	등불 켜고 새벽까지 고향 편지 쓴다네
但俟家孫歸報日	다만 내 손자 돌아올 날 기다리노니
誰安誰否坐憑渠	모두의 안부가 그에게 달려있네

二十日　洪姪出去通縣　崔生自通縣貿鹽而來　聞洪姪失其次子云　生而多疾　知非人世之物 而客地委折　慘悼慘悼　金貞燦<平安道人>來請買猪

1월 20일.

조카 홍식洪植이 통화현으로 나갔다. 최생崔生이 통화현으로부터 소금을 바꾸어 왔는데, 들으니 조카 홍식이 둘째 아이를 잃었다고 한다. 나면서부터 병이 많아 세상 사람이 안 될 줄은 알았지만, 객지에서 죽으니 참담하고 애통하다. 김정찬金貞燦<평안도 사람>이 와서 돼지 팔기를 청하였다.

憶昌孫去路　而又自歎衰老末由之意　창손昌孫이 떠난 길을 생각하면서 다시 노쇠하여 어쩔 수 없음을 자탄하는 뜻이다

織路關心夢不安	얽힌 행로 걱정하다 꿈속에도 불안한데
明朝去食誰家餐	내일 아침 길가다가 뉘 집에서 밥 먹을까
行雲薄薄青山影	가는 구름 여릿여릿 청산에 그림자 지고
征袂翩翩白日翰	나그네 옷소매 펄럭여 태양 아래 씻기네
只恨天翁催老易	조물옹이 쉬 늙으라 재촉하니 한스럽고
方知君子踐言難	군자는 말 실천하기 어려움을 막 알겠네
衝泥涉雪停筇處	진창 밟아 눈길 건너 지팡이 멈추는 곳
應是梓鄉某水干	응당 바로 고향산천 어떤 물가이리라

二十一日　家兒　圭姪　偕入鄒街

1월 21일.

집의 아이가 조카 규식圭植과 함께 추가鄒街로 들어갔다.

翌　家猪五頭　一百七十七斤　金貞燦買去

1월 22일.

집의 돼지 다섯 마리가 177근인데, 김정찬金貞燦이 사갔다.

二十三日 金永根家 內率來宿

1월 23일.

김영근金永根의 내간 식구들이 와서 잤다.

二十四日 夢省幽闥 又見佳日叔 大坪兄之入來 一場劇歡而罷 是甚所然 可怪可怪 昌母去哈密河 爲其家苦邀故也 權五煥來宿 夕昌母得水漿一碗 爲我調羹 其誠孝可尙 昏後應魯 爲悅亭所惡 率其眷來接東房

1월 24일.

꿈에 돌아가신 어머니를 뵙고 또 가일佳日 아재도 만났는데, 대평大坪 형님이 들어와 한바탕 매우 즐겁게 놀다가 파하였으니, 이 무슨 까닭일까? 괴이하고도 괴이하다. 창로昌魯 어미가 합밀하哈密河로 갔다. 그 집에서 굳이 오라고 청했기 때문이다. 권오환權五煥이 와서 잤다. 저녁에 창로昌魯 어미가 간장 한 사발을 얻어와 나를 위해 국의 간을 맞추었다. 그 효성이 가상하다. 어두워진 후에 응로應魯가 열정悅亭의 미움을 받아서 그 식구들을 데리고 동방東房에 와서 들었다.

二十五日 溫 崔淸奎<安州人> 以商店覓牛次來見 金宗鉉<順安人> 過訪

1월 25일. 따스함.

최청규崔淸奎<안주安州 살던 사람>가 상점 일로 소를 구하는 길에 와서 보았다. 김종현金宗鉉<순안順安 살던 사람>이 방문하였다.

二十六日 圭姪自鄒街還 報移住之計 朴仁鍾過訪

1월 26일.

조카 규식圭植이 추가로부터 돌아와서 거처를 옮길 계획이라고 하였다. 박인종朴仁鍾이 방문하였다.

二十七日　英姪自鄒街還　報蘭山野土之說　而家兒敦事後還來云　買鹽一碗　清新可啖　夕家兒返面　以此有緊急事故也　聞內地占共同葬地　而各面各處　因依北邙古丘云　我國之惑信堪輿者　遂無可驗之地矣　若由此而無訟　則也亦無妨

1월 27일.

조카 영식英植이 추가에서 돌아와 난산蘭山의 야토野土에 관한 이야기를 전하면서, 집의 아이는 일을 잘 처리한 후에 돌아올 것이라고 한다. 소금 한 사발을 샀더니 맑고 신선하여 먹을 만하였다. 저녁에 집의 아이가 돌아왔는데 당장 긴급한 일이 있기 때문이다. 들으니 고국에서는 공동장지를 마련함으로써 각 지방 각 처에서 그에 의거하여 산소를 쓴다고 한다. 우리나라에 풍수설에 미혹되어 믿는 이들은 결국 징험할 수 있는 땅이 없어진 셈이다. 이로 말미암아 산송山訟이 없어진다면 그 또한 무방한 일이라 하겠다.

二十八日　又夢覲幽闈　又拜龜尾都事族叔　黃婿假館于信杰家　以其便近校堂也

1월 28일.

또 꿈에 돌아가신 어머니를 뵙고 또 귀미龜尾의 도사都事 족숙도 배알하였다. 사위 황서방이 신걸信杰의 집을 빌려 머물고 있는데, 학교가 가깝고 편리하기 때문이다.

二十九日　去宿于圭姪家　李敎昌適來聯枕　聞賣屋于益山金姓人　洪姪率妻子入來　製茶山丁氏二千字後　授之女孫　以示勸戒之意

1월 29일.

조카 규식圭植의 집에 가서 잤다. 이교창李敎昌이 마침 내방하여 같이 잤는데 익산益山의 김아무개에게 집을 샀다고 한다. 조카 홍식洪植이 처자식을 데리고 들어왔다. 다산 정약용의 이천자二千字 책7)의 후서後敍를 지어 손녀에게 주었다. 권계勸戒의 뜻을 보이려 함이다.

三十日　金熙天　宋在根來訪　是夜夢與相吉學乃　有考課程文事　可怪　保命丹二十封　硫黃一

---

7) 다산 ~ 책 : 정다산이 편집한 『아학편兒學編』 2권을 가리킨다. 『여유당전서』「상중씨서」에 "내가 편집한 아학편 두 권은 2천 자로 한정하여, 상권은 형체가 있는 물건이고 하권은 물정과 사정입니다. 천자문의 예처럼 8자마다 압운을 하였습니다[我所輯兒學編二卷 限之以二千字 其上卷有形之物也 其下卷物情事情也 每八字一韻 如千文之例]"라는 내용이 있다.

塊 李敎昌買去 家兒 英姪俱作鄒街行

1월 30일.

김희천金熙天·송재근宋在根이 내방했다. 이날 밤 꿈에 상길相吉·학내學乃와 함께 성적을 평가하고 과문科文을 지어 바치는 일이 있었다. 괴이하다. 보명단保命丹 20봉과 유황 한 덩어리를 이교창李敎昌이 사갔다. 집의 아이가 조카 영식英植과 함께 추가로 갔다.

二月一日 晨李鍾常 以其叔母患 來問救療之方 余見單方新編所示諸藥 使之治症 又以保命丹五封 生薑二片出給 黃婿來宿

2월 1일.

새벽에 이종상李鍾常이 와서 그 숙모의 병환을 구료할 처방을 물었다. 내가 단방신편單方新編에 나오는 여러 약을 살펴서 증상을 치료하게 하고, 또 보명단保命丹 5봉과 생강 2조각을 내어주었다. 황병일이 와서 잤다.

翌日 送陸孫于通縣 將買黃肉 爲婦阿補元之資 投書於大七二從 示之以自此付托之意 是夜夢見黃應七

2월 2일.

육손陸孫을 통화현으로 보냈다. 며느리의 원기를 돋울 거리로 쇠고기를 사기 위해서이다. 대大·칠七 두 족종에게 편지를 보내어 지금 이후를 부탁한다는 뜻을 보였다. 이날 밤 꿈에 황응칠黃應七[8]을 보았다.

三日 夢見運卿令公 握手歡如 未知邇間 或有這邊聲息耶 又見小庵姻叔 衣帶鮮明 氣度淸健 頗有退享之兆可喜 而無緣奉被可恨

2월 3일.

꿈에 운경運卿 영공令公을 만났는데, 손을 잡고 기뻐하는 모습이 생시와 같았다. 알지 못하거니와 근간에 혹 저쪽의 소식이 있으려는가? 또 소암小庵 처숙도 보았는데, 옷이며 띠가 선

---

8) 황응칠黃應七 : 경북 울진사람 황만영黃萬英으로 추정된다. 그의 자字가 응칠應七이다.

명하고 기체가 깨끗하고 건강하였다. 자못 수를 누릴 조짐으로 보여 기쁘나, 소식을 전하고 받을 길이 없어 그것이 안타깝다.

書丁茶山二千字後　정다산의 2천자 책 뒤에 쓴다

文者文其言也　人不可以無言　故譯其言而爲之文　易之文言　詩之言志　歌之永言　史之立言
皆是也　是以古者敎人　初無男女之別　而列女內則　皆可以風百世　而起懶婦也　閨壼之取　以
爲法者　豈可舍書而他求哉　我國雖僻處海隅　然中原文獻之傳　猶有存焉者　關雎　葛覃之化
桃夭　漢廣之風　上行下效　祖二南而備四德者　始未嘗專美於異代也　如堤上貞婦　冶隱夫人
藥介　論介之一時處變之節　則猶或尙矣　而至若履中正而處坤位　內文明而外柔順　幽光潛德
傳在於里姥野嫗之口者　則往往有更十僕而不能悉者　惜乎　其女無專制之義　故縱未能握大
權而成大業　然斷機嚙膽之誡　成就得丈夫名譽者　則未始非胎敎幼儀之先以義方也　三代之
興於夫人　夫豈無所本而然哉　噫　自國文之後　學皆捷徑搆辭　古文遂替　桎於組紃　困于酒食
才短而厭其繁者　眞諺相背　處家而曾無一字之所受　適人而未聞三從之爲重　自閉其目　按譜
而不識父祖之姓諱者　得無愧於康成之婢僕乎　是盖衰世之意　而亦不無父師蔑敎之責也　余
嘗慨然于是　而思見女士之風矣　見今天下文明　各書其書　而國漢幷用　男女同籤　漢史女昭
之作　唐鑑婦範之篇　並美齊光　復見於今日壼儀也　女學士　女博士之以文縻職者　亦何嘗多
讓於丈夫乎　茲書　日用之最緊切者　一千字　又得丁茶山二千字　字釋其義　句足其韻　音義相
當　文理渾成　又其旁書各國字音　及蒼籒古篆　怳然如聯珠疊璧　各呈其美　比吾所書　不可同
年　視諸興嗣　字倍而功又倍　一開卷而天下之大綱畢具　矧初學之指南也　進步之階級也　前
人之誘示來學　若是其勤　而束書不觀　吁其可惜也已　茲余書授女孫　逐日課試　革舊瘼而新
是圖　尋章句而析絲　織雲漢而爲裳　解圍之嫂　論心之女　復在於吾家中門之內　而移衣尺而
造平等之權　解垂瑞而鑄自由之鍾　破羞澁之膠痼　勵貞介之操節　其或遭遇板蕩　夫荷戈而妻
編伍則夫人城<晉朱序母事>　可也　娘子軍<唐柴給事>　可也　誰之不若　何憚不爲　雖然　端
莊柔婉之德　不可以毁矩踰閾　敬戒無違之命　不敢忘結帨臨門　若以是而爲摛文騁辯之資　而
無其實而副之　則豈老祖期擬之心乎　惟爾諸娘　敬之哉　勉之哉

　글이란 말을 적은 것이다. 사람은 말을 하지 않을 수 없기 때문에 그 말을 바꾸어서 글로 적으니, 역易의 문언文言과 시의 언지言志와 노래의 영언永言과 역사의 입언立言이 다 이것이다. 이 때문에 옛날에는 사람을 가르치는데 있어 애초 남녀를 구별하지 않았으니, 『열녀전烈女傳』과 「내칙內則」은 모두 백세를 일깨우고 나태한 부녀자들을 흥기시킬 수 있었다. 그러므로 규방에서 취하여 법도로 삼는 것을 어찌 글을 버리고 다른 데서 구할 수 있겠는가.

우리나라가 비록 궁벽한 바닷가에 있으나 중국의 문헌이 전해져 아직도 보존된 것이 있으니, 「관저關雎」·「갈담葛覃」의 교화와 「도요桃夭」·「한광漢廣」의 풍교風教는 위에서 행하고 아래에서 본받은 것이며, 「주남周南」·「소남召南」을 조종祖宗으로 삼아 갖추게 된 네 가지 덕목9)은 처음부터 다른 시대에 비해 전일히 아름답지 않은 적이 없었다. 예컨대 박제상朴堤上의 부인과 야은선생의 부인, 약개藥介·논개論介가 일시一時의 변고에 대처한 절개는 오히려 간혹 숭상을 받는다. 그러나 중정中正을 행하여 아내의 자리에 있으면서 안으로는 문명하고 밖으로는 유순하여 빛을 감추고 덕을 숨긴 이로, 동네 노파나 들녘 아낙의 입으로 전해지는 경우에 있어서는 왕왕 열 번이나 이야기꾼을 갈아도 다 일러 댈 수 없을 만큼 많다.

애석하도다! 그것은 여인으로서 제 마음대로 하는 법도가 없는 까닭에 비록 대권을 잡고 대업을 성취할 수는 없었지만, 짜던 베를 끊어 버리거나10) 쓸개를 삼키는 훈계로 장부의 명예를 성취하게 한 경우, 처음부터 태교胎教와 유의幼儀, 어린아이의 예절에 있어 먼저 의방義方으로 하지 않음이 없었으니, 삼대가 부인으로 말미암아 흥기하였음이 어찌 근본한 바가 없이 그러했겠는가.

아, 한글이 행해진 뒤로는 모두가 글을 짓는 지름길로 삼으니, 고문은 마침내 쇠퇴하게 되었는데, 게다가 길쌈에 구속되고 술 빚고 밥 짓는 일에 쪼들리면서 재주가 모자라 번다한 것이 싫어지니, 진서와 언문이 서로 등지게 되어, 시집가기 전에는 글자 한 자 배운 적이 없고, 시집을 가도 삼종지도三從之道의 중요성을 듣지 못하였다. 스스로 그 눈을 가려 족보를 보면서도 부조父祖의 성명을 알지 못하는 사람이 어찌 정강성鄭康成의 비복들에게 부끄럽지 않을 수 있겠는가11)? 이는 대개 세상이 쇠퇴하였기 때문이지만, 또한 아비와 스승이 가르침

---

9) 부인의 네 가지 덕으로 부인의 덕인 부덕婦德, 깨끗한 용모의 부용婦容, 얌전한 말씨의 부언婦言, 길쌈과 바느질의 부공婦工을 이른다.
10) 짜던 ~ 버리거나 : 하던 일을 중도에서 그만두는 것을 경계하는 말이다. 맹자가 중도에서 학문을 포기하려는 것을 보고 그 어머니가 짜던 베를 끊어버리고 "네가 중도에서 학문을 그만두는 것은 내가 짜던 베를 끊어버리는 것과 같다."라고 경계했다는 데서 유래한다.

을 무시한 책임도 없지 않은 것이다.

　내 일찍이 이것을 개연히 여겨 여사女士의 풍도를 구현할 것을 생각한 적이 있었다. 오늘날 천하의 문명을 보면, 각기 자신의 글을 쓰되, 국한문 병용에는 남녀가 동등하니, 『한서漢書』 가운데 반소班昭의 저작12)과 당감唐鑑13)의 부녀婦女 의범편儀範篇처럼 대등한 아름다움과 광채를 오늘날의 규문閨門에서 다시 보게 된다. 여학사와 여박사 중 글로써 직분職分을 떨친 자가 또한 어찌 사내보다 못하였던 때가 많았겠는가?

　이 책은 날마다 쓰는 가장 긴요한 것이 1천 자인데, 다시 정다산丁茶山의 2천 자를 얻어보니, 글자마다 그 뜻을 새기고 글귀[句]마다 운韻을 달아, 소리와 뜻이 서로 알맞고 문리가 한데 어우러졌다. 또 그 곁에 각 국의 글자와 소리 및 창힐의 상형문자에 고전古篆까지 써 놓으니, 어느새 마치 꿴 구슬 쌓인 보석이 각기 그 아름다움을 드러낸 것과 같아, 내가 쓴 것에 비하여 같은 차원에서 볼 수가 없으며, 주흥사周興嗣의 천자문과 견주어도 글자 수가 곱절이요 공력도 배나 된다.

　한 번 책을 열면 천하 경륜의 핵심이 다 갖추어져 있으니, 하물며 이것이 초학자의 지침이 되며 진취의 단계가 되는데 있어서야 어떠하겠는가? 선현의 후학에 대한 인도引導가 이와 같이 각근하셨는데도 책을 묶어 놓고 보지 않는다니 아, 그것이 애석할 따름이다.

　이에 내가 손녀에게 써주어 날마다 일과를 정해 시험하고, 옛 병폐를 버리고 새로운 길을 도모케 한다. 아름다운 글귀를 찾아 세밀히 분석하고 은하수를 짜서 치마를 짓는다면, 바둑을 아는 아내와 심법을 논하는 딸이 다시 우리 가문 안에 있어, 옷감을 재던 자[尺]를 바꾸어 평등을 헤아리는 저울을 만들고, 늘어뜨린 귀고리를 풀어 자유의 종을 주조하게 되리라. 남부끄럽고 귀찮은 고질을 타파하고 곧고 깨끗한 절조에 힘쓰게 하여, 혹 세상이 뒤집

---

11) 정강성鄭康成의 ~ 있겠는가 : 정강성鄭康成은 한대漢代의 대학자인 정현鄭玄이다. 그의 학자로서의 투철함이 노복奴僕에게까지 영향을 끼쳐 노복들이 다툴 때도 시서詩書와 예기禮記의 구절을 인용하여 가부를 논하였다고 한다.
12) 반소班昭의 저자 : 반소는 후한 반고班固의 누이동생으로, 화제和帝의 부름을 받고 궁중으로 들어가 황후皇后와 귀인貴人의 스승이 되었다. 반고가 『한서漢書』를 저술하다가 완성시키지 못하고 죽자, 뒤를 이어 완결시켰으므로 이렇게 말하였다.
13) 당감唐鑑 : 송宋 나라 화양華陽사람으로, 자는 순보淳甫·몽득夢得이다. 인종仁宗 때 용천현龍川縣의 수령을 지내고 사마광司馬光과 함께 『자치통감資治通鑑』을 편찬하였다. 뒤에 한림학사翰林學士·지국사원사知國史院事를 지내고 실록實錄을 편수하였으며 철종哲宗 때 일에 연좌되어 배소配所에서 죽었다. 저서로는 『화양문집華陽文集』이 있다.

혀 혼란한 시절을 만나더라도 지아비는 창을 매고 아내도 대오로 단결한다면 부인성夫人城<진나라 주서모의 고사晉朱序母事14)>도 가능하며 낭자군娘子軍<당나라 시소의 고사唐柴紹事15)>도 가능할 것이니, 누군들 그렇지 못하며 무엇을 꺼려서 하지 않겠는가? 비록 그렇다 하더라도 단정하고 의젓하며 유순하고 아름다운 부덕婦德에 있어서는, 법도를 훼손하거나 경계를 넘어서는 안 되며, 공경 근신하여 어기지 말아야 한다는 소명所命에 있어서는, 허리에 수건을 채워주고 문 밖에서 배웅하시던 마음16)을 감히 잊지 말아야 한다. 만일 이로써 글을 지어 변명이나 꾸미는 자료로 삼으면서 현실에 부응하지 못한다면, 이 어찌 늙은 할아비가 기대하고 바라는 마음이겠는가? 오직 너희 손녀들은 공경하며 힘쓸지어다.

四日 淸 李鍾浩 南△△<南禹鎭之子> 夕飯而去 張廷根仍宿

2월 4일. 맑음.
이종호李鍾浩와 남아무개<남우진南禹鎭의 아들>가 저녁을 먹고 갔다. 장정근張廷根은 그대로 머물러 잤다.

五日 夢省猶庭 適有棊客在座 叔父以弗擲曰 與汝圍之 是豈意想之所及哉 又有石佛 回頭與語 可怪可怪 李哲永 以余將移故來致別意 金熙天 宋宗燮 以其買屋新主來見 午饒而去 陸孫去縣始歸 洋紙四十八張四角 鹽三斤四角二戔

2월 5일.
꿈에 숙부님을 뵈었다. 마침 어떤 바둑 손님이 좌석에 있었는데, 숙부님께서 바둑판을 물

---

14) 주서모의 고사朱序母事 : 주서朱序는 진晉 의양義陽사람으로 대대로 명장名將을 배출한 집안의 출신이었다. 진秦 나라가 진晉 나라를 침범했을 때, 양주자사梁州刺史가 되어 양양襄陽을 진수鎭守하다가 패하였다. 이때 주서의 어머니가 부인들을 모아 방비에 참여하게 한 일을 말한다.
15) 시소의 고사柴紹事 : 수당 교체기 당唐 고조 이연李淵의 셋째 딸 평양공주가 이끌던 군대의 명칭이 낭자군이다. 공주가 남편 시소와 함께 장안에서 체포되었을 때 남편을 먼저 탈출시키고 자신은 군대를 조직했다. 얼마 뒤 이연의 주력부대가 황하를 건너 관중으로 들어올 때 남편과 해후하고, 함께 장안을 점령해 수나라를 멸망시킨 역사를 가리킨다.
16) 허리에 수건을 ~ 배웅하시던 마음 : 딸을 시집보낼 때 어머니가 타이르는 말과 노심초사하는 마음을 가리킨다. 『의례儀禮』「사혼례士昏禮」에 "어머니가 딸의 옷고름을 매 주고 허리에 수건을 채워 주면서 '부지런하고 공경히 하여 아침저녁으로 집안일에 어긋남이 없게 하라'고 일러 준다[母施衿結帨曰 勉之敬之 夙夜無違宮事]"고 하였다.

리지 않고 말씀하시기를 "너와 바둑을 두다니 이 어찌 상상이나 하였던 일이겠느냐?"고 하셨다. 또 어떤 돌미륵이 고개를 돌려 이야기에 참여하였다. 괴이하고 괴이하다. 이철영李哲永이 내가 곧 이사를 간다고 하니 와서 작별의 뜻을 전하였다. 김희천金熙天·송종섭宋宗燮이 집을 산 새 주인이라고 와서 보고, 점심을 먹고 갔다. 손자 육손陸孫이 현을 떠나 비로소 돌아왔다. 양지 48장이 4각, 소금 3근이 4각 2전이다.

六日 秉大自縣入來 李仲實自內地還 孫震九<老山居人>來 寢郞君及景八從 皆將追後 而萬姪以其姪女婚日在今初二 故延客後入來云 黃肉縣庖不淨 故買狗於哈密河 價金一元二角云

2월 6일.
병대秉大가 현으로부터 들어왔다. 이중실李仲實이 고국으로부터 돌아왔다. 손진구孫震九<노산 살던 사람>가 왔다. 침랑寢郞 군과 경팔景八 족인이 모두 뒤따를 것이고, 조카 만식萬植은 그 질녀가 혼인하는 날이 이달 초이틀이기 때문에 손을 맞이한 다음에 들어온다고 한다. 쇠고기는 현의 푸줏간이 깨끗하지 못하여 합밀하哈密河에서 개를 샀다. 값이 1원 2각이라고 한다.

七日 家兒 英姪 過期不還 必有這間委折 而新買屋主 日相告悶 兒輩之徑先賣屋 不諒自己之無所住接 甚是悲恨 是夜夢見忘川將作兄學淵從

2월 7일.
집 아이 형식과 조카 영식英植이 기일이 지났는데도 돌아오지 않는다. 반드시 저간에 곡절이 있을 것이지만 새로 집을 산 주인이 날마다 걱정하기를, 아이들이 먼저 집을 팔고는 자신들이 살 곳이 없음을 헤아리지도 않는다고 한다. 매우 화가 나고 한탄스럽다. 이날 밤 꿈에 망천 장작將作형과 학연學淵 족친을 보았다.

八日 出去圭姪家 食麵飥而肩人歸寓

2월 8일.
조카 규식圭植의 집에 나가 국수를 먹고 함께 우거로 돌아왔다.

九日 金熙天諸眷入來 李明世 南孝興<寧海人> 午饒 圭姪出去通縣 又英姪自鄒街出來 言屋子則已興成於蘭山前言處 而無馬車 家兒所以未還者 此也 雪瀰泥沒 行事惘然

2월 9일.

김희천의 여러 식구들이 들어왔다. 이명세·남효흥<영해 살던 사람>이 점심을 먹었다. 조카 규식圭植은 통화현으로 나가고, 또 조카 영식이 추가로부터 나와 말하기를 가옥은 이미 난산蘭山의 전에 말한 곳에 다 지어 놓았으나 말과 수레가 없다고 하며, 집의 아이가 아직 돌아오지 못하는 것은 이 때문이라고 한다. 눈이 녹아 길이 진창이니 갈 일이 아득하다.

讀思悼世子某年事蹟感憤有作   사도세자가 죽은 모년의 사적을 읽고 통분하여 짓다

自幸遐隅渺少顏	요행히 촌구석에 살며 옛 일에 어두워
不看思悼某年年	사도세자의 모년 일을 보지 못했노라
譖窩只見申生孝	모함으로 유폐되어도 오직 신생의 효성[17]
誣獄嗟無丙吉賢	원통한 옥사에 아, 병길[18]같은 현인이 없었네
所憾難言天地大	유감스럽게도 천지의 은혜 크다하기 어려우나
幽冤應被鬼神憐	원혼이야 마땅히 귀신의 동정을 입으리라
千秋五月香茶夕	천추토록 오월 향 올리고 술 따르는 밤엔
長使遺臣暗涕漣	길이 남은 신하에게 남몰래 눈물짓게 하리라

十日 成孫自縣還 傳昌孫前月卄九日乘車云 得大坪兄 學乃父子書 各致懷苦之意 而第一達孫奇俊 元邱從孫女 又擧男云 吾家將來之望 寔在此 然自揣殘齡 必不見此輩成就 是所自憐 春三率家入來 而以北魚七尾 飴糖一塊遺饋 盖其一年同鼎之誼 而待老之禮 尤今可感 先考妣緬擧 祚姪書畧及 而無指奉遷之期 似是一向持重 爲其父所制耳

---

17) 신생의 효성 : 신생申生은 춘추시대 진晋 헌공獻公의 태자이다. 헌공이 여희驪姬의 아들 해제奚齊를 세우려고 태자를 곡옥曲沃에 유폐하였다. 여희의 참소로 자결하였지만, 아버지에 대한 효성을 다 하였다.

18) 병길 : 전한前漢 선제宣帝 때의 재상宰相이다. 무제武帝 때 옥리獄吏로 있으면서, 선제가 위衛 태자太子의 일로 옥에 갇힌 것을 동정하여 보양保養하였다. 그 공으로 선제가 즉위한 뒤 박양후博陽侯에 봉해졌다가 승상丞相으로 승진되었다.

2월 10일.

족손 성로成魯가 현에서 돌아와 전하기를 손자 창로昌魯가 지난 달 29일 차를 탔다고 한다. 대평大坪 형님과 학내學乃 부자의 서찰을 받았는데 각기 매우 그리워하는 뜻을 전해왔지만, 제일 반가운 소식은 달손達孫이 아주 뛰어나며, 원구元邱로 시집간 종손녀가 또 아들을 낳았다는 것이다. 우리 집안의 미래 희망이 진실로 여기에 달려있다. 그러나 스스로 남은 나이를 헤아려 보니 반드시 이 아이들의 성취를 보지 못할 것이라 이것이 스스로 가련하다. 춘삼이 가족을 이끌고 들어왔는데 북어 7마리와 엿 한 덩어리를 선물하였다. 이는 한 해 동안 한솥밥을 먹은 정의로 늙은이를 대접하려는 예의이니 더욱 고맙다. 돌아가신 부모님의 면례緬禮는 조카 조식祚植[19]이 편지로 간략하게 언급하였으나, 옮겨 모실 날짜를 지목하지 않았다. 아마도 이처럼 한결같이 신중히 하는 것은 그 아버지[20]의 제지를 받아서인 듯하다.

十一日 雪而兩 家兒不還 而新買屋主 日相告悶 黃泥沒脛 難以致遠 每事差緩 又一無限困難 奈何 聞內地運動者頗多云 而首鼠兩端 未知末梢之如何耳

2월 11일. 눈 오다가 비가 왔다.

집의 아이는 돌아오지 않고 새로 집을 산 주인은 날마다 걱정을 고하는데, 무른 황토길이 무릎까지 빠져서 멀리 가기가 어렵다. 매사가 조금씩 늦어지고 또 하나같이 매우 곤란하기 짝이 없으니 어찌하겠는가? 들으니 고국에서는 독립운동을 하는 사람들이 자못 많다고 하나, 진퇴의 양단이 끝내 어찌 될 것인가 알지 못할 따름이다.

翌日 李暎世 李能恒過訪 李鍾基暫敍 而去宿文姪家 夕盤市李春伊 自內新入而來見 又老山居孫哲來見 以片薑一封 烟臺一件情獻 可感其不忘舊誼也 玉黍七束九斗內 一束發賣 六束九斗 移置文姪家

2월 12일.

이영세李暎世·이능항李能恒이 방문했다. 이종기李鍾基는 잠시 이야기를 하고 조카 문식文植의 집에 가서 잤다. 저녁에 반시盤市[21]의 이춘이李春伊가 고국에서 새로 들어와 보았다. 또

---

19) 조식祚植 : 백하 김대락의 아우 김소락金紹洛의 아들이다.
20) 그 아버지 : 잉헌 김소락이다. 백하 김대락의 동생이다.
21) 반시盤市 : 지금의 천전 2리의 소지명. 김대락이 살던 천전리에서 재를 하나 넘어 위치한 작은

노산老山에 살던 손철孫哲이 와서 보고 편강片薑 한 봉지와 담뱃대 하나를 정으로 바치니, 옛날의 우의를 잊지 않는 것이 고맙다. 옥수수 7속 9말 가운데 1속을 팔고 6속 9말은 조카 문식文植의 집에 옮겨 두었다.

翌日 夜雨 夢旭秉從來拜致款 因問宗家都節及其諸阮安否

2월 12일. 밤에는 비가 왔다.
꿈에 욱병旭秉[22] 족친이 와서 정성스럽게 문안하였다. 인하여 종가의 모든 사정과 그 삼촌들의 안부를 물었다.

十三日 晴 夕雪 家兒衝泥來到 馬車今明來到云

2월 13일. 맑음. 저녁에 눈이 내리다.
집 아이가 진흙길을 무릅쓰고 왔다. 말과 수레는 오늘 내일 사이에 온다고 한다.

十四日 風而寒 悅亭借騾執帤 要見家兒 未知有甚所然

2월 14일. 바람 불고 추움.
열정悅亭이 노새를 빌리고 시종을 데리고 가서 집의 아이를 보자고 하는데, 무슨 일로 그러는지 모르겠다.

十五日 悅亭誘奪騾子 期欲見家兒 故撥忙越去 則以應魯住在房貰十二元 及東偏新造房工價十二元 猝地督覓 此則曾所未料者 盖搆屋之際 渠云無價構造 而應魯住居之日 亦不以屋貰爲言 其始之納話我家者 因以爲盜取財錢之計矣 今昌孫遠去 而家又移去 此計未售 而別生徵捧之意也 當初之曰弟曰兄 始知爲渠輩盜弄之阽耳 世豈有如許人心乎 可駭可歎 得芝澧聖聞叔侍 及學乃父子書 一喜一感 又生懷鄕之悲耳 家書例也 而此叔之撥例致意 尤令人銘鏤心肝 古所謂片紙千秋也 何以圖報 良洞仲涵兄 道溪仲玉兄 皆喪逝 痛惜痛惜

마을이다. 보통은 '반저자'라고 칭한다.
22) 욱병旭秉 : 만주에서 한족회·서로군정서에 활동한 김성로金聲魯의 아버지이다. 자字가 덕명德明이며, 호는 구남九南이다.

夕月食 旣貰車過期不來 可悶 食鷄附湯 而仍有泄氣 一宵三起 冷腸之猝服津味 不能穩受故也 圭姪家饋以麵飥 味品甚好 嫂氏所需云耳 鳳臺姜聖光物故云 老人筋力 亦不足恃耳

2월 15일.

열정이 노새를 빼앗고 집 아이를 보자고 하는지라 바쁜 틈을 내어 건너갔더니, 응로가 살고 있는 방세 12원과 동쪽에 새로 지은 방의 공사비 12원을 갑자기 독촉하였다. 이는 일찍이 생각도 못한 것인데, 대개 집을 짓는 동안 그가 품값 없이 지어준다고 했고, 응로가 사는 동안에도 역시 집세를 말한 적이 없었다. 그것은 처음에 내 집에 미끼를 들여놓고 그 다음에 재물과 돈을 갈취하려는 계획이었다. 지금 손자 창로昌魯가 멀리 가 있고, 집이 또 이사를 가므로 그 계획이 먹혀들지 않자 달리 돈을 우려낼[徵捧] 마음을 낸 것이다. 당초에 아우라 하고 형이라 하던 것이 저놈들의 강도질할 미끼였음을 비로소 알겠다. 세상에 어찌 이런 인심이 있는가? 해괴하고 한탄스럽다.

지례芝禮 성문聖聞23) 아재 및 학내學乃 부자의 편지를 받으니 한 편 기쁘고 한 편 감사하면서도 고향을 그리는 슬픔이 일어난다. 집에서 온 편지는 예사지만 이 아재의 예사롭지 않은 정성은 사람을 더욱 감명시킨다. 옛말에 이른바 '한 쪽 편지가 천년을 간다'한 것이니 무엇으로 갚을 수 있을까? 양동良洞 중함仲涵형과 도계道溪 중옥仲玉형이 모두 죽었다고 하니 슬프고 안타깝다. 저녁에 월식月食이 있었다. 이미 세 낸 수레가 기한이 지났는데도 오지 않으니 걱정스럽다.

계부탕鷄附湯을 먹었더니 바로 설사기가 있어 하룻밤에 3번이나 일어났다. 차가운 내장에 갑자기 기름진 음식을 먹으니 온전히 받아들이지 못한 때문이다. 규질圭姪의 집에서 국수를 해 왔는데 맛이 아주 좋았다. 제수씨가 마련했다고 한다. 봉대鳳臺 강성광姜聖光이 죽었다고 하니 노인 근력은 역시 믿을 수 없구나.

十六日 家兒去悅亭家 盡償其造房工價 而又執驟子 以鼎盖価三角未勘故也 得昌孫初翌日留京書 於湖村南碩士便 北魚及烏賊魚伴來

2월 16일.

---

23) 성문聖聞 : 경북 안동 지례출신의 김진소金鎭韶로 추정된다. 약봉 김극일의 후손이며, 성문은 그의 자字이다.

집 아이가 열정悅亭의 집으로 가서 방 만든 공임을 다 갚아 주었는데도, 노새를 잡아두고 있으니, 솥뚜껑 값 3각을 아직 갚지 못했기 때문이다. 손자 창로昌魯가 초이튿날 서울에 머물면서 쓴 서찰을 호촌湖村 남석사南碩士 편에 받았는데, 북어와 오징어가 함께 왔다.

十七日 車馬來到 車夫六名 而其二卽我舊館主也

2월 17일.
수레와 말이 도착하였다. 수레꾼이 6인인데 그 가운데 두 사람은 바로 내가 전에 묵었던 여관의 주인이었다.

十八日 登道逐年搬移 財力人力 俱困無餘 未梢究竟 未知稅駕何地 且圭文二姪 纔聚旋析 難圓之歎 到處皆然 夕抵永春源李鍾基家 買麥麨二斤而飥爲朝夕之糧

2월 18일.
길을 떠난 이래 매년 이사를 했더니 재력과 인력이 모두 곤핍하여 남은 것이 없는데 끝내 어느 곳에서 멍에를 벗기고 정착하게 될지 아직 알 수가 없다. 더구나 조카 규식과 문식이 모이자마자 도로 흩어지니 단란하게 모이기 어렵다는 탄식이 가는 곳마다 다 그러하다. 저녁에 영춘원永春源 이종기李鍾基의 집에 당도하여 보리가루 2근을 샀는데 국수를 밀어 아침 저녁 양식을 장만하였다.

十九日 始抵新寓 四無垣籬 不堪居 陋而舊主方營建一屋云 果副所言耶 陳根會卽我敵已儕輩 而昨年住在人也 今方移住于大花石 燕鴻之歎 殊無以爲言也

2월 19일.
비로소 새로 살게 될 집에 당도하니 사방에 울도 담도 없어 거처할 수가 없다. 누추하나 옛 주인이 지금 집 한 채를 계획하여 짓겠다고 하는데, 과연 말한 대로 되겠는가? 진근회陳根會는 곧 나와 맞상대가 될 만한 동배인데 작년까지 여기에 살다가 금년에 막 대화석大花石으로 이사하였다. 서로 만나지 못하는 한탄을 이루 말할 수 없다.

二十日 陳根會發去 而偕來英姪 分住他處 隔水相望 又恨其未與隣比也 聞與宇從同住一

屋云 差强人意也 尹△△ 朱炳徽 霎時相敍 可慰

2월 20일.

진근회陳根會가 떠나고, 함께 온 조카 영식英植은 다른 곳에 분가하여 강물을 사이에 두고 서로 바라보게 되었다. 다시 이웃하여 함께 살지 못함이 한스러우나 듣자니 족친 우식字植과 한 집에 같이 산다고 하니 사람 마음에 조금 힘이 난다. 윤아무개·주병휘朱炳徽[24]와 잠시 회포를 푸니 위로가 된다.

二十一日 風而寒又雪 送士峯牽牛去鬧枝溝 一隻還于圭姪家 牛以留犢故也

2월 21일. 바람 불고 춥고 또 눈이 내리다.

사봉士峯이 소를 끌고 요지구鬧枝溝로 떠나는 것을 전송하였다. 한 마리는 규식의 집으로 돌려보냈는데, 소에 딸린 송아지가 있어서이다.

翌日 夢見剩弟來到 四歲分荊之餘 其喜叵量 恨未能做作眞境耳 又拜族兄西林翁 及武夷叔主 畧有文事 而未能詳的可恨 陸孫入來 肯植從昨來仍留 次婦姪婦女孫 昨日俱去鄒街黃道英寓所 無聊中抽看野史 至燕山戊午時事 將使人憤惋不已也 夕南世赫<寧海湖村居人> 與其傔人來宿 英姪阻漲留宿

2월 22일.

꿈에 잉제剩弟[25]가 오는 것을 보았다. 4년이나 멀리 떨어져 살던 나머지라 그 기쁨을 헤아릴 수 없었다. 현실이 될 수 없음이 한스러울 따름이다. 또 족형 서림西林옹[26]과 무이武夷 아재를 뵈었는데, 글을 논한 일이 조금 있었으나 상세히 기억할 수 없으니 한스럽다. 육손陸孫이 들어왔고, 긍식肯植 족친은 어제 와서 그대로 머물렀다. 둘째 며느리와 질부, 손녀가 어제 함께 추가가 황도영黃道英의 우소로 갔다. 무료한 중에 야사野史를 뽑아서 보는데, 연산군 무오사화戊午士禍에 이르러서는 사람으로 하여금 울분을 그칠 수 없도록 한다. 저녁에 남세혁南世赫[27]<영해 호지말 살던 사람>이 그의 겸인과 함께 와서 잤다. 조카 영식英植은 불어난 물

---

24) 주병휘朱炳徽 : 경북 울진 출신. 주병휘朱秉徽로 추정된다. 주진수朱鎭洙의 아버지이다.
25) 잉제剩弟 : 김대락의 아우 김소락金紹洛이다. 호가 잉헌剩軒이므로 잉제라 불렀다.
26) 서림옹西林 : 귀봉 김수일의 후손 김홍락金弘洛(1817~1869)이다. 서림은 그의 호이다. 정재定齋 류치명柳致明의 문인으로, 한 시기 내앞·신당의 문풍을 주도하였다.

에 길이 막혀 유숙하였다.

二十三日 朝白春三來 以求田事也

2월 23일.
아침에 백춘삼白春三이 밭을 구하는 일 때문에 왔다.

二十四日 風 韓永育<平海溫井居人>來傳 砂銅及諸處近奇 李源行來見

2월 24일. 바람.
한영육28)<평해 온정 살던 사람>이 와서 사동砂銅과 여러 곳의 근래 소식을 전해 주었다. 이원행李源行이 와서 보았다.

二十五日 溫 朱鎭壽來見 秉大從 成魯孫自閙枝入來 肯植 春三仍留 宇植從閤夫人來見 屋主來覔屋価 而無以爲償 可歎 聞圭姪不健 憐悶 陳奎煥<住在舊主>來見

2월 25일. 따스함.
주진수朱鎭壽가 와서 보았다. 병대秉大 족친과 손자 성로成魯가 요지구閙枝溝로부터 들어왔다. 긍식肯植과 춘삼春三이 와서 머물고, 우식宇植 족친의 부인이 와서 보았다. 집 주인이 집값을 요구하는데 갚아 줄 수가 없으니 한탄스럽다. 들으니 조카 규식圭植이 건강하지 못하다 한다. 애처롭고 걱정스럽다. 진규환陳奎煥<옛날 주인집에 살고 있다>이 와서 보았다.

二十六日 夢見日暈如輪 是何兆耶 春三出去閙溝

---

27) 남세혁南世赫 : 경북 영덕군 영해면 괴시리마을 출신이다. 이명은 남계병南啓炳(1877~1963)이며, 자字은 여명汝明, 호는 호정湖亭이다. 그는 신돌석의진과 이강년의진에 많은 지원을 하였다. 나라가 무너지자 만주로 망명하여 독립운동을 모색하였다. 이후 그는 고향으로 돌아와 1919년 3월 18일 영해시장 만세운동을 주도하다 체포되어 징역 7년을 언도받았다. 1990년 건국훈장 애국장이 추서되었다.
28) 한영육韓永育 : 경북 울진출신의 독립운동가 한영육(1878~1935)으로 추정된다. 그는 신돌석의진에 참여하였으며, 1919년에는 영해시장에서 독립만세운동을 이끌었다. 이로 인해 그는 3년간 옥고를 치렀다. 1992년 건국훈장 애족장이 추서되었다.

2월 26일.
꿈에 해무리가 수레바퀴 같은 모습을 보았다. 이게 무슨 조짐일까? 춘삼이 요지구閙枝溝로 나갔다.

二十七日 黃萬英始入來 而查兄兄弟 確無可動之勢 幾許懸跂之餘 不勝悵惘 權五煥來宿 修謝聖聞叔侍書 封付秉大從還故便 權五煥來宿

2월 27일.
황만영黃萬英이 비로소 들어왔는데, 사형查兄 형제는 확고하여 전혀 움직일 기세가 없다. 조바심하며 고대하던 나머지라 서운함을 이기지 못하겠다. 권오환權五煥이 와서 잤다. 성문聖聞 아재께 보내는 답장을 써서 병대秉大 족친이 고향으로 돌아가는 편에 부쳤다. 권오환權五煥이 와서 잤다.

二十八日 黃萬英 朱鎭壽 陳奎煥 及諸友諸親十餘人 午饍 買猪肉燒酒粉麪北魚太油 爲設小宴 盖因萬英 鎭壽 而一是路憊之餘也 一是患厄之後也

2월 28일.
황만영黃萬英과 주진수朱鎭壽, 진규환陳奎煥 및 여러 친지들 십여 사람이 점심을 먹는데, 돼지고기와 소주, 밀가루와 북어, 콩기름을 사서 작은 잔치를 벌였다. 이는 황만영과 주진수가 한 편으로 원로에 피로한 끝인데다, 한 편으로는 병으로 고생을 겪은 뒤여서이다.

二十九日 秉大從出去內地 驚地去留之悵 非老人所可堪也 修付各處書疏 李綱鎬來見 金東洛<鼎井居人>午饍

2월 29일.
병대秉大 족친이 고국으로 돌아갔다. 난데없이 떠나고 머무는 서글픈 회포가 일어나니 노인으로 감당할 바가 아니다. 각 처에 편지를 써서 부쳤다. 이강호李綱鎬가 와서 보았다. 김동락金東洛<소두물 살던 사람>이 와서 점심 요기를 하였다.

晦日 遇工人 補鼎及土甕火爐

2월 30일.

공장이를 만나 솥과 옹기 및 화로를 수선하였다.

三月一日 尹炳容<蔚珍居人>來 傳李壽權<沙洞允奕>書 陸孫出去鬧溝 盖因屋価區劃事也

3월 1일.

윤병용尹炳容<울진 살던 사람>이 와서 이수권李壽權<사동 윤혁>의 서신을 전해주었다. 육손이 요구鬧溝로 나갔다. 이는 집값을 정하는 일 때문이다.

翌日 文植入來 胎猪暴死 以其肉饋之 雖是獸畜 關我財産者 不忍而又可惜也 夕權東直 金秉睦來宿 金東洛午饒 李鍾常 黃炳日 夕飯而去 孫震九 送碁子一裸 悶我愁寂 而聊爲消長之計 此人之隨事憂憐 可感 黃萬英送大口魚一尾 曾我所托 而備爲治蛔之資也

3월 2일.

문식이 들어왔는데, 새끼 밴 돼지가 갑자기 죽었으므로 그 고기를 대접하였다. 비록 기르는 짐승이지만 나에게는 재산과 관련된 것이라서 차마 먹지 못하고 또 안타까워하였다. 저녁에 권동직權東直·김병목金秉睦이 와서 잤다. 김동락金東洛이 점심을 먹었다. 이종상李鍾常·황병일黃炳日은 저녁밥을 먹고 갔다. 손진구孫震九가 바둑알 한 포를 보내왔다. 내가 심심해할까 애오라지 시간을 보낼 계책으로 삼으라는 것이다. 이 사람의 일마다 염려해 주는 뜻이 고맙다. 황만영黃萬英이 대구 한 마리를 보내왔다. 일찍이 내가 부탁한 것인데, 횟배를 치료할 거리로 대비해 둔다.

三日 黃萬英 道英 朱鎭壽 張性律 金秉睦 權東直 李鍾常 東三從 文英二姪 皆午饒 爲設小宴 猪肉 燒酒 粉麵等物

3월 3일.

황만영黃萬英·황도영黃道英·주진수朱鎭壽·장성률張性律·김병목金秉睦·권동직權東直과 족친 동삼東三, 그리고 문식文植과 영식英植 두 조카가 모두 점심을 먹으니, 작은 잔치가 되었다. 돼지고기와 소주와 국수 등의 음식을 차렸다.

四日 風 女孫去其鄒街侍家 製哭內舅挽

　3월 4일. 바람이 불다.
　손녀가 추가鄒街의 시댁으로 갔다. 외숙外叔 만사를 지었다.

五日 朝陸孫自鬧枝還

　3월 5일.
　아침에 육손陸孫이 요지鬧枝로부터 돌아왔다.

挽仲涵査兄　중함 사형 만사

有木喬疎擎太蒼	높고 성근 나무 하늘을 떠받치니
樟柟奇特柳風光	예장 숲에 우뚝하여 봄바람에 빛났었네
雖悲不作低眉佛	슬픈 일 당했으나 부처에게 빌지 않았고
寧默羞爲功舌簧	침묵할지언정 공교한 말은 하지 않아
有事當前恢大手	앞에 닥친 일엔 큰 솜씨 널리 발휘하고
憂人嗣後割慈腸	남의 후사 걱정하여 자애를 베풀었네
是以中年氷上約	이로 말미암아 중년에 가약29)을 맺으니
君家郎婦我家娘	그대 집 며느리는 우리 집안 딸네였네
二弟三郎蔚一堂	두 아우와 세 아들 한 집에서 자라나니
籤牙書帶摠瓊芳	첨아와 서대30)가 모두 꽃다운 옥과 같네
六旬淸福園林富	육십 년 맑으신 복에 원림이 풍요롭고

---

29) 가약 : 원문의 빙상약氷上約은 혼인을 주선하는 일을 가리킨다. 『진서晉書』「예술전藝術傳」에 나오는 내용이다. 해몽을 잘하는 색담索紞이라는 인물이 있었다. 영호책令狐策이 꿈에 얼음 위에서 얼음 밑의 사람과 말하였는데, 색담을 찾아가서 물으니, "얼음 위는 양陽이고 얼음 아래는 음陰인데, 그대가 얼음 위에 서서 얼음 아래 사람과 말했으니, 중매할 징조이다."라고 대답한데서 유래한다.

30) 첨아와 서대 : 첨아는 상아로 깎은 갈피꽂이며 서대는 책을 묶을 때 쓰는 질긴 풀이름이다. 모두 책을 뜻한다.

十世裕謨道德坊	십 세 넉넉한 계책 도덕 있는 마을일세
命矣無能躋上壽	장수를 누리지 못했으나 천명일 것이니
誰之不若老遐荒	누구라 이역 땅의 나만 못하다 여기리오
如今送死還爲慰	이제 죽어 장사지냄이 도리어 위로되니
猶勝人間活見藏	세상에 살아 묻히는 것보다 오히려 나으리

記昔初筵躡後光	옛날을 생각노니 초연에서 뒤를 따랐었는데
鴻爪風雪夢眞塲	풍설에 남긴 지난 자취[31] 꿈인가 생시인가
河山異昔無三窟	산천도 옛과 달라 살아날 꾀[32]조차 없는데
骨肉如忘已十霜	형제친척 잊은 듯 산 것이 이미 십 년
聊知此路差先後	이제야 알겠네 이 길에 앞뒤가 어긋났음을
堪笑餘生久畫傷	일소에 부치노니 여생을 두고 통탄할 일
然惟一個難瞑恨	오직 눈 감기 어렵도록 한스러운 한 가지는
無祖童孫易失方	조상 없는 어린 손자 쉬 방향 잃어버릴라

不面不書視以常	뵙지 못하고 서신 없음을 예사로 여겼더니
由吾無狀取漂謗	내 못난 까닭으로 떠돌이 비방을 듣는다
家鄕邈矣三千里	고향은 아득하여 삼천리 먼 길이요
歲月居然七十强	세월은 어느새 지나 일흔 살이 넘었구나
公若有知應哭我	공이 만약 앎이 있다면 나를 곡할 것이니
天如監下可扶僵	하늘이 만약 내려다 본다면 시신을 일으키리
吾家只有薪中膽	우리 집안은 다만 와신상담 중에 있으니
齋送煩寃侑一觴	번뇌와 울분 보내는 편에 한 잔 술 올리네

---

31) 지난 자취 : 원문의 홍조鴻爪는 설니홍조雪泥鴻爪의 준말이다. 기러기가 진흙에 발자국을 남기나 금방 사라져 없어짐을 비유한다. 소식蘇軾의 시에 "인생살이 이르는 곳 무엇 같은고, 나는 기러기 진흙을 밟은 자취와 같아라. 진흙 위에 우연히 발자국 남겼지만, 기러기 날면 어떻게 동서를 헤아리랴[人生到處知何似 應似飛鴻住雪泥 泥上偶然留指爪 鴻飛那復計東西]"라 하였다.

32) 살아날 꾀 : 원문은 삼굴三窟. 토끼가 위험할 때를 대비하여 세 개의 굴을 미리 뚫어 놓는다는 '교토삼굴狡兔三窟'의 준말이다.

內舅進士公挽　　외숙 진사공 만사

渺余勝冠日	아득한 옛날 제가 관례 하던 날
將母渡淇水	어머니 따라 기수를 건넜을 때
太祖獅方畫	외조부는 사자의 모습이셨고
諸舅鵠似峙	외숙들은 고니가 마주 대한 듯
架書係千軸	서가의 책은 천 축이나 되고
門戶祝牛州	문호는 축반주33)와 같아서
鄕邦因以重	고을과 나라가 이로써 중시하니
童蒙自相求	어린이도 살펴 학문할 줄 알았네
白髮具堂慶	백발에 양친이 구존하시니
靑衫獻榮初	푸른 도포 입고 절 올리던 처음
楚楚東南席	선명하도다 남동쪽의 자리
鞈鞈左右琚	아름답도다 좌우의 패옥이여
廟矣宜周瑟	종묘에서는 의당 주슬34)이 되고
器之可賜瑚	그릇으로는 자공처럼 호련35)이었네
性味醍醐軟	성품은 제호36)처럼 부드럽고
風裁玉雪摹	풍모는 백옥처럼 눈처럼 깨끗하여
所短求名姓	명성을 구하는 데 모자란 까닭에
初志在山林	애초부터 산림에 뜻을 두었지

---

33) 축반주 : 송나라 주자의 외조부가 축확祝確인데, 상계商界에서 유명한 인사였다. 그가 경영하는 객점과 상점이 휘주의 절반 이상이었으므로 사람들이 그를 축반주祝半州라고 불렀다. 여기서는 고인의 문호가 번성함을 기리는 예사로 쓰였다.
34) 주슬 : 주나라 종묘의 의절에 연주하던 비파이다. 주대의 예악을 일컫는 범칭이다.
35) 호련 : 중국 주나라 때에, 오곡을 담아 신에게 바칠 때 쓰던 제기祭器로, 하나라에서는 '호瑚'라고 하고 은나라에서는 '연璉'이라 하였다. 공자孔子가 자공子貢의 인물됨을 '호련'이라고 평가한 후, 고귀한 인격을 가진 사람이나 학식과 능력이 뛰어난 사람을 비유적으로 이르는 말이 되었다.
36) 제호 : 제호醍醐는 최고급 수준으로 정제하여 가공한 유제乳製 식료품이다. 불가佛家에서 정법正法을 비유할 때 곧잘 쓰이기도 한다.

至行追黔孝	지극한 행실은 검효37)를 따르고
怡情共姜衾	참된 우애는 강금38)과 같았으며
梅鶴林和靖	임화정39)처럼 매화와 학을 사랑하고
花風邵聞官	훈향은 소옹의 매화시와 같았었네
薤塩雖非適	해염40)은 비록 맞지 않았으나
松栢可彫寒	송백처럼 추위를 견딜 수 있었네
昔公丹瀛路	옛날 공이 단양 강릉을 여행하고는
歸吟白雪詞	돌아와 백설사41)를 읊으셨고
先人無瘁日	아버지께서 병환이 없던 날
行窩威德時	우리 집에 오셔서42) 덕을 보일 때도
雖無鷄黍供	닭 잡아 기장밥 대접은 못 하였으나
甑糜聽高論	죽을 끓여 드리며 고담을 들었었는데
追惟趨隅席	어른 모시고 뵙던 일43) 추억해 보니

---

37) 검효 : 유검루庾黔婁의 효행을 말한다. 남제南齊 사람으로 자는 자정子貞이다. 잔릉孱陵 수령이 되었다가 부친의 병환 소식을 듣고 곧 벼슬을 버리고 돌아왔다. 그 뒤 병세의 차도를 알기 위하여 대변이 쓴지 단지를 맛보며, 매일 저녁 북극성에 자신이 부친의 병을 대신하게 해 달라고 빌었다.
38) 강금 : 후한 때 강굉姜肱은 그의 두 아우 강중해姜仲海·강계강姜季江과 서로 우애가 지극하여 잠을 잘 때는 반드시 한 이불을 덮고 잤다고 한다.
39) 임화정 : 송나라 때 은자인 임포林逋를 말한다. 자는 군복君復이다. 서호西湖의 고산孤山에 은거하여 20년 동안 성시城市에 발을 들여놓지 않았으며, 서화와 시에 능하였고 특히 매화시가 유명하다. 장가를 들지 않아 자식이 없이 매화를 심고 학을 길러 짝을 삼으니, 당시 사람이 '매처학자梅妻鶴子'라고 하였다. 사후에 화정선생和靖先生이란 시호를 받았다.
40) 해염 : 소금에 절인 부추로, 박한 음식을 가리킨다.
41) 백설사 : 양춘백설陽春白雪의 곡曲이다. 전국시대 때 초楚 나라의 고아高雅한 가곡의 이름이다. 뛰어난 시문詩文을 가리킨다.
42) 우리 집에 오셔서 : 송나라 소강절이 향방에 중망이 있어, 그의 집을 안락와安樂窩라 한 데 대하여 그가 지나다가 머문 집을 행와行窩라고 하였다. 여기서는 도덕이 높은 사람이 자신을 찾아옴을 기려서 한 말이다.
43) 어른 모시고 뵙던 일 : 원문 추우趨隅는 어른을 뵙는 예를 말한다.『예기』「곡례曲禮」상上에 "어른이 계신 방 안으로 들어갈 때에는 옷자락을 공손히 쳐들고 실내 구석을 따라 빠른 걸음으로 가서 자리에 앉은 다음에 응대를 반드시 조심성 있게 해야 한다[摳衣趨隅 必愼唯諾]"라는 말이 나온다.

光塵掃尙痕	겸손한 자태44)는 쓸어도 흔적이 남네
不須談時事	시사를 논해야 할 필요가 없어
夫子老布衣	군자답게 포의로 늙어가시니
怡然無所憾	언제나 화평하게 유감이 없었고
楡日下書幃	노년까지도 장막을 내리고 독서하셨지
寧璞不以珍	차라리 박옥으로서 다듬지 않으며
寧方不欲圓	차라리 반듯할 뿐 아첨하지 않아서
衡門雖云窄	소슬한 대문은 비록 좁았었으나
康莊在其前	번다한 거리를 앞에 둔 듯하셨네45)
採採經山藥	온 산의 약초를 캐고 또 캐어
團成壽民丹	백성을 살릴 단약을 만들었으니
几案淸如洗	궤안은 씻은 듯이 맑았으며
鱣堂可庇寒	전당46)은 추위를 가릴 수 있었지
有子能式穀	아들에게 착한 도리를 가르쳤으므로47)
將孫又流芳	손자가 다시 아름다움을 이어가리니
丹穴無凡羽	단혈에는 범상한 새가 없으며48)
藍田摠夜光	남전의 돌은 모두 야광주49)라

---

44) 겸손한 자태 : 원문 광진光塵은 화광동진和光同塵의 줄임말이다. 자신의 빛나는 재질을 안으로 추스려 밖에 드러내지 않고 세상사람과 더불어 조화롭게 살아가는 태도를 말한다.

45) 번다한 거리를 앞에 둔 듯하셨네 : 원문의 강장康莊은 사통팔달의 큰 길이다. 『이아爾雅』「석궁釋宮」에 "다섯 가닥으로 통한 길은 강康이라 하고, 여섯 가닥으로 통한 길은 장莊이라 한다."고 하였다. 여기서는 고인의 성품이 개결담백하여 아무 숨길 것이나 거리낄 것이 없음을 칭한 말로 썼다.

46) 전당 : 군자가 학문을 강론하는 강당講堂을 말한다. 한漢 나라 때 양진楊震이 뛰어난 학문을 가지고서도 여러 차례 소명召命에 응하지 않고 있었는데, 새가 전어鱣魚 세 마리를 물고 날아와 강당 앞에서 머리를 조아리는 형상을 하였다. 이를 보고 사람들이 '전어는 대부大夫들이 입는 옷의 무늬이고, 세 마리는 삼태三台의 조짐이다'라고 하였는데, 그 뒤에 양진이 태위太尉에 올랐다.

47) 착한 도리를 가르쳤으므로[式穀] : 『시경』「소아」'소완' 편에 나온다. 주註에서 식式은 용用이고, 곡穀은 선善이라고 하였다.

48) 단혈에는 ~ 없으며 : 단혈은 전설상의 산山 이름이다. 『산해경山海經』에 단혈산에는 모양이 마치 닭과 같고 오채五采의 무늬가 선명한 새가 있어 봉황이라 이름한다고 한 데서 온 말이다. 여기서는 훌륭한 가문에 훌륭한 후손이 있다는 뜻이다.

猗嗟門闌美	아름다워라 가문의 훌륭함이여
何人不艶希	누구인들 부러워하지 않으랴
我亦彝好者	나 또한 이륜을 좋아하는 사람50)
公共兼吾私	공은 나에게 사사로이 친척이 되어
大義行於父	대의로는 아버지 항렬이지만
私恩許忘年	사적으로는 망년을 허락하셨네
便風雖斷續	소식은 비록 끊기고 이어졌으나
天倫自牽連	천륜만은 절로 굳게 이어졌으니
珍緘金聿字	보배로운 서신과 빛나는 글은
心貺水蹲枾	마음으로 주신 수시(물감) 곶감이었네
所恨貧無畜	여축 없는 가난이야 한스러웠으나
瓊瑰未稱旨	구슬 보배 따위는 뜻에 맞지 않았지
猶有無価物	오히려 값을 매길 수 없는 보물은
團心寸許長	한 치 남짓한 개결한 마음이었네
願祝弧南壽	호남성51)에 무병장수 기원하고
添生硯北光	향남연북의 호사 더하기 바랐고
允爲吾黨望	참으로 우리 향당의 중망을 입어
將挽季世風	말세 풍속을 만회하기 기대했었네
逐逐要津客	허둥지둥 나루 찾는 객52)이
黃昏遇渚東	황혼에 동쪽 물가를 만나
草草紹修路	급급히 닦아 수양하는 길로 나아가

---

49) 남전의 ~ 야광주 : 명문가문 출신의 뛰어난 인재라는 말이다. 중국 남전현藍田縣은 미옥美玉의 생산지로 유명하다. 삼국시대 오吳 나라 손권孫權이 제갈근諸葛瑾의 아들 제갈각諸葛恪을 보고서 "남전에서 옥이 나온다더니 정말 빈말이 아니다[藍田生玉 眞不虛也]"라고 탄식했다는 고사가 있다.

50) 이륜을 좋아하는 사람 : 원문의 이호는 '병이호덕秉彝好德'의 준말이다. 『시경』 「대아」 '증민烝民'의 "백성들 모두 하늘이 내려 준 본성을 지니고 있는지라, 이 아름다운 덕을 좋아하게 되었도다[民之秉彝 好是懿德]"라는 말을 인용한 것이다.

51) 호남성 : 천궁성天弓星과 남극성南極星으로 장수長壽를 상징하는 별이다.

52) 나루 찾는 객 : 원문의 '요진객要津客'은 나루터가 있는 곳을 묻는다는 의미와 통한다. 전하여 학문의 문로門路를 가르쳐 주기를 청하는 것을 말한다.

瀏瀏下里巴	겨우 하리곡53)을 부르게 되었네
嫩言言不盡	여린 말로 말 다 못하는데
窓月下簷牙	창에 비친 달 처마에 내려오니
充然如有得	흡족한 마음 얻은 것 있는 듯
垂橐稛載歸	드리운 전대 묶고 싣고 돌아올 때
轎僮朝告退	가마꾼이 아침에 물러가겠다 하니
愁雲晻山扉	근심 구름 산 문 어귀 어둑어둑
臨別不忍別	이별할 제 차마 헤어지지 못하고
申申復贈辭	거듭거듭 몇 번이나 당부하셨지
我髮今如此	내 머리카락도 지금 이와 같고
而年亦云衰	너의 나이 또한 노년이라 하지만
願爾勤紹述	너에게 원하노니 근실히 조술하여
均被祖先休	선조의 업적을 고루 입히라 하시니
此言惟在耳	이 말씀 아직도 귓가에 맴도는데
回看已十秋	돌이켜 보니 벌써 십년 세월일세
積惡旋召禍	악을 쌓으면 도로 화를 부르는 법
桑溟浩無涯	상전이 벽해되어 가없이 넓고
才收西河淚	막 서하의 눈물54) 거두려는데
重當池草悲	거듭 지당의 봄풀을 슬퍼하였네55)

53) 하리곡 : 하리파인下里巴人의 준말인데 사곡詞曲의 이름이다.『문선文選』「송옥대초왕문宋玉對楚王問」에 "객客이 영중郢中에서 맨 처음 부른 것이 하리파인곡下里巴人曲이었는데 국중國中에서 따라 화답하는 자가 수천 명에 달했다."고 하였다. 주에 "하리下俚는 시골이요, 파巴는 파촉巴蜀이다."고 하였다.
54) 서하의 눈물 : 서하西河는 공자의 제자 자하子夏가 살면서 제자들을 가르쳤던 곳이다.『사기史記』「중니제자열전仲尼弟子列傳」에 자하가 이곳에서 아들의 상을 당하여 심하게 울다가 실명한 일이 있다고 기록하였다. 이에 후세에 아들의 상을 당한 경우 '서하의 눈물[西河之淚]' 또는 '서하의 슬픔[西河之痛]'이라는 표현을 쓰게 되었다. 김대락의 아들 명식明植은 김대락보다 12년이나 앞서 39세의 나이로 죽었다.
55) 지당의 봄풀을 슬퍼하였네 : 남조南朝 송宋 나라의 시인 사령운謝靈運의 등지상루시登池上樓詩의 "못가에는 봄풀이 돋아났다네[池塘生春草]"에서 유래한다. 여기서는 사혜련이 먼저 죽은 것처럼 자신의 아우 김효락金孝洛이 먼저 죽은데 대한 슬픔을 표현한 말이다.

況値南風競	하물며 남쪽 풍조 다투는 때 만나
厭冠太廟墟	태묘의 자리에서 염관으로 곡하니56)
驚濤魚失穴	놀란 파도에 물고기가 집을 잃고
覆巢卵無餘	둥지가 뒤집혀 남은 알이 없어짐에
一笑渡綠江	한 번 웃으며 압록강 건너니
家鄕四千里	고향은 사 천리 먼 길이 되어
此心有如白	이 마음 백일처럼 분명하지만
生還未可俟	살아 돌아갈 일 기다릴 수 없다네
能憑家弟書	집의 아우 편지에 의지해서
承公去北邙	공이 돌아가셨단 소식 들었네
銅傾鍾相應	동산이 기울면 종이 응하여 울리고
鴻罹鳳先藏	느닷없는 횡액57)엔 봉황이 먼저 숨는 법
謝重情雖蔑	사중58)의 시의는 비록 가소로우나
王湛慟難裁	왕담59)의 애통함 가눌 수가 없네
惜矣材與質	애석하도다 재목과 자질
何歲復胚胎	어느 세월에 다시 잉태될 수 있을까
小子生而死	소자는 살아도 죽은 것과 같으니

---

56) 태묘 ~ 곡하니 : 나라가 망했음을 의미한다. 『예기』「단궁」의 "나라에서 큰 현읍을 잃으면 공경대부와 사가 모두 염관으로 태묘에서 사흘 동안 곡을 한다[國亡大縣邑 公卿大夫士 皆厭冠哭於太廟三日]"는 내용에서 원용한 말이다.

57) 느닷없는 횡액 : 원문 홍리鴻罹는 어망홍리魚網鴻罹의 준말이다. 고기를 잡는 그물에 애꿎은 기러기가 걸렸다는 뜻이다.

58) 사중謝重 : 진晉 나라 태부太傅인 사마도자司馬道子가 하늘에 밝고 고요한 달이 떠서 조금도 가리운 것이 없는 것[天月明淨 都無纖翳]을 보고는 기막히게 아름답다고 탄식하였다. 이에 옆에 앉아 있던 사중謝重이 "가느다란 구름 조각이 엉겨 있는 것보다는 못한 듯하다[不如微雲點綴]"고 하자, "네 마음가짐이 깨끗하지 못하기 때문에 억지로 태청太淸을 더럽게 오염시키려고 하는 것[强欲滓穢太淸]이 아니냐"고 하였다는 고사가 있다.

59) 왕담 : 진晉 나라 왕제王濟가 사랑하던 말이 있었다. 그의 숙부 왕담王湛이 "이 말이 비록 날래나 힘이 적어 괴로움을 견디지 못할 것이다. 평탄한 길에서는 말을 시험할 수 없으니 개미의 집[蟻封]에서 시험하여 보아야 한다."고 하였다. 왕제가 시험해 보았더니 과연 말이 넘어졌다. 숙질간의 정다움을 말한다.

寧公死莫知	어찌 공께서 죽었다고 앎이 없겠는가
平生多少恨	평생에 남은 몇 가지 한은
惟俟不悲時	오직 비통하지 않을 때 기다려
巾箱餘不朽	상자 속 남은 글 썩지 않으리니
歐陽可表阡	구양수의 솜씨로 묘도에 장식하리
剖出薪中膽	나뭇더미에 누워서도 핥던 쓸개 갈라
和墨寫長篇	먹에다 섞어 장편을 그려 내네

六日 洪致純<順興居人> 宋鎭格<榮川居人> 李源行來見 姜南鎬以其兒憂 尋宜歷訪 家兒往見萬初於葦塘新寓之地 較視舊僑 可謂隣保 而衝泥涉險 非老人可堪 未知天和日煖之時 縱或有屨蔥追訪之樂 文極不來 而間當菌化之慽 殊甚代歎 內眷去朱鎭壽家 趁夕還來 而昌母同堭 又向英姪家 是日製砂洞去挽章五七言二節

3월 6일.

　　홍치순洪致純<순흥에 살던 사람>·송진격宋鎭格<영주에 살던 사람>·이원행李源行이 와 보았다. 강남호姜南鎬가 그 아들의 병으로 의원을 찾아가는 길에 들렀다. 가아가 만초萬初를 뵈러 위당葦塘의 새 거처로 갔다. 전에 살던 곳과 비교하면 이웃 간이라고 하겠으나, 진창을 무릅쓰고 험한 길을 넘는 일을 나 같은 노인으로서는 감당할 수가 없다. 날씨가 따뜻해지면 혹 들메끈을 매고 찾아가는 낙이 있을지 모르겠다.

　　문극文極이 오지 않았는데, 그 사이에 균화菌化의 슬픔60)을 당했다니, 매우 한탄스럽다. 안사람이 주진수朱鎭壽의 집에 갔다가 저녁이 되어 돌아왔다. 창손昌孫 어미의 동서同堭가 또 조카 영식英植의 집으로 갔다. 이날 사동砂洞에 보내는 만장 5언과 7언 두 편을 지었다.

挽黃査兄　황사형 만사

我讀三韓史	내가 삼한의 역사 읽어보니
之家最東維	그대 집안이 동방에서 으뜸이었네
軒入先生月	집에는 선생의 달 들어오고

---

60) 균화菌化의 슬픔 : 아이를 잃은 슬픔을 뜻한다.

床存棣華詩	책상에는 체화시61) 남아 있네
衣冠鄒魯士	의관은 추로62)의 선비 같고
風味葛懷時	풍속은 갈회63)의 시대 같네
肆我松蘿托	내가 송라에 의탁64)한 뒤로
丁寧歲寒期	진정으로 세한의 기약65) 하였네
十舍重到日	삼백 리 먼 길 거듭 찾아와
雙眸一月過	마주 보며 한 달을 보냈었지
慷慨燕趙筑	강개한 탄식은 연조풍66) 노래
綢繆魯衛家	대대로 맺은 인연 노위67)의 집안
歷歷溫泉路	지금도 역력한 온천 길에
瀏瀏下里巴	하리파인68) 곡조 낭랑히 들리는데
存亡三歲跡	생사가 갈릴 무렵 삼년 자취는

---

61) 체화시 : 형제간의 우애를 읊은 시. 『시경』「소아小雅」'상체常棣'에 "아가위 꽃이여, 활짝 피어 울긋불긋하구나, 지금 사람들은 형제만 한 이는 없도다[常棣之華 鄂不韡韡 凡今之人 莫如兄弟]"에서 '체棣' 자와 '화華' 자를 따서 만든 조어이다.

62) 추로 : 추鄒는 맹자가 태어난 나라이고, 노魯는 공자가 태어난 나라이다. 문물제도와 예의범절이 남아 있는 곳이라는 뜻이다.

63) 갈회 : 전설상 상고시대의 제왕인 갈천씨葛天氏와 무회씨無懷氏의 병칭並稱이다. 그 시대에는 풍속이 순박하여 아무런 근심 걱정이 없었다고 하는데 도연명陶淵明의 「오류선생전五柳先生傳」에 이 내용이 처음 나온다.

64) 송라에 의탁[송라탁松蘿托] : 혼인의 뜻으로 쓰인다. "그대와 새로 혼인을 했으니, 토사가 송라에 붙은 셈이로다[與君爲新婚 菟絲附松蘿]"라는 고시古詩가 있다.

65) 세한의 기약 : 어려움에 처해도 절조가 변하지 않음을 말한다. 『논어』「자한子罕」에 "날이 추워진 다음에야 소나무와 잣나무가 늦게 시든다는 것을 안다."고 하였다.

66) 연조풍燕趙風 : 강하고 굳세어 굴복하지 않는 기풍을 일컫는다. 전국시대 말기 유명한 협객인 형가荊軻 등 예로부터 조나라와 연나라 지방에 격앙지사激昂之士가 많았으므로 생긴 말이다.

67) 노위魯衛 : 형제가 이웃에 살면서 우애 있게 지내는 것을 말한다. 노魯 나라는 주공周公의 봉국封國이고, 위衛 나라는 강숙康叔의 봉국인데, 주공과 강숙은 형제이다. 『논어』「자로子路」에 "노와 위의 정사는 형제간이다."라고 하였다.

68) 하리파인[下里巴] : 옛날의 곡조명이다. 초楚 나라 서울 복판에서 하리파인下里巴人이란 곡조를 부르니 화답하는 사람이 수천 명이나 되더니, 양춘백설陽春白雪이란 곡조를 부르니 화답하는 사람이 수십 명밖에 안 되었다는 말이 있다.

遊鳥印風沙	바람 부는 모래벌의 기러기 발자국
一八三省路	한 번 삼성 길에 들어선 후로
家鄉四千里	고향은 사천 리 밖에 있었지
恨難生芻奠	한하노니 생추69)도 올리기 어려우나
豈識臥薪恥	아마도 와신상담 처지를 아시겠지
的皪黃壚事	황천의 일은 분명한데
蒼茫白岳阯	묘소의 자리는 아득하네
最憐蘇長公	가련하다, 글 잘하는 형님께서
踽涼曠大被	아우 잃고 쓸쓸히 지내실 일이70)

挽黃漢卿　황한경 만사

相逢已是夕陽天	서로 만난 것이 이미 노년이었으니
恨不從容小少年	젊은 시절 만나지 못한 것 한스러웠네
禮樂琴書傳世蹟	예악과 금서는 대대로 전수한 자취
花風賓酒有守員	좋은 계절 좋은 자리 아담한 일원이었지
枯榮不識門前客	영고를 알 리 없는 문 앞 나그네
勝敗俱欣橘裏仙	이기든 지든 모두 귤리선71)처럼 기뻤네
斯世全歸良得計	온전히 마치고 돌아가니 좋은 일인데
何如吾輩苟顚連	어찌하여 우리들은 허둥지둥 하는가
一鯨吞海撼東維	고래가 바다를 삼켜 동방이 흔들리니

---

69) 생추 : 죽은 이에게 올리는 제물祭物를 말한다. 후한後漢 때 서치徐穉가 곽임종郭林宗의 모친이 죽자 조문하러 갔다가 생추生芻 한 다발을 놔두고 떠났던 고사에서 유래한다.

70) 아우 잃고 쓸쓸히 지내실 일이 : 원문의 대피大被는 큰 이불이다. 당唐 나라 현종玄宗이 태자로 있을 때에 커다란 이불과 긴 베개를 만들어 형제들과 함께 자면서 사이좋게 지낸 일에서 연유한다. 형제간에 우애가 독실함을 이르는 말인데, 여기서는 돌아간 사형査兄의 형님이 아직 생존해 있음을 말하였다.

71) 귤리선橘裏仙 : 옛날에 파공巴邛 사람이 자기 집 뜰에 있는 큰 귤나무의 열매를 따서 갈라 보니, 그 안에서 두 노인이 바둑을 두면서 즐거워하고 있었다는 고사에서 온 말이다.

孤嶼無因住碇絲	외로운 섬 의지하여 닻 내릴 곳 없구나
白首終難還我轍	백수에도 끝내 발길 돌리기 어려운데
靑山容易送公輀	청산에 쉽게도 공의 상여를 보내네
明溪勝躅徒如夢	명계 유람 좋은 계획은 꿈이 되었고
山海綺琴已斷絃	아양곡 타던 거문고는 줄이 끊겼네72)
靈若有知應笑我	영령께서 앎이 있다면 나를 비웃으리
差先何必久悲憐	조금 앞섰다고 어찌 오래 슬퍼하겠는가

自鬧枝又移向藍山 爲鳥言以自比 요지鬧枝에서 다시 남산藍山으로 이사하고, 새의 말을 빌어 스스로를 비유하다

雉翳鴻罹摠劫泡	꿩과 기러기 어망에 걸리니73) 험한 세상
滿山風雨余音嘮	온 산의 비바람이 내 울음소리라네
始謂鬧枝枝可着	처음엔 요지라 정착할 만하다 하였는데
枝疎葉脫不堪巢	성근 가지 떨어진 잎 둥지도 못 틀겠네

藍山新寓 남산 새 거처

嚶嚶求友遷于喬	재잘대며 벗을 찾아 교목에 오르니
碧樹穹林萬萬條	푸른 나무 푸른 숲 수많은 나뭇가지
東郊北陌西成日	이곳저곳 지나서 성일74)에 서쪽 당도하니

---

72) 아양곡 ~ 줄이 끊겼네 : 자기를 알아주는 참다운 벗의 죽음을 슬퍼함. 중국 춘추시대에 백아伯牙는 거문고를 매우 잘 탔고, 그의 벗 종자기鍾子期는 그 거문고 소리를 잘 들었다. 그런데 종자기가 죽어 그 거문고 소리를 들을 사람이 없게 되자 백아가 절망하여 거문고 줄을 끊어 버리고 다시는 거문고를 타지 않았다는 데서 유래한다.

73) 꿩과 기러기 어망에 걸리니 : 어망홍리魚網鴻離의 뜻. '느닷없는 재앙에 빠지다'의 뜻으로 나라를 잃고 떠도는 신세가 됨을 비유한 말이다.

74) 성일 : 닭·거위·오리 등 가금家禽의 집을 짓는 데 좋은 날이다. 을축·무진·계유·신사·임오·계미·경인·신묘·임진·을미·정유·경자·신축·갑진·을사·임자·병진·정사·무오·임술일과 성일成日(십이성十二星 중의 아홉 번째 날)·만일滿日 십이성 중의 세 번째 날이다.

仙鶴祥鸞共啄蕎	선학도 상란도 모두 메밀을 쪼아 먹네
蒼然庭樹擎丹霄	뜰에 울창한 나무는 단소75)에 닿았고
迦鳥珍禽樹樹噪	가조와 진금76)이 나무마다 지저귀네
待他逸翮沖天日	나중에 훨훨 날아 하늘로 돌아가는 날
許道文鳳儀舜韶	봉황을 보내어 소韶 음악에 춤추게 할까

七日 李衡國 黃義英 姜南鎬 東三從來見 孫晉九來宿 牛畜病斃 因剝皮 當此農節 無力更買 此雖賤物 關係甚大 可歎可歎

3월 7일.
이형국李衡國·황의영黃義英·강남호姜南鎬와 동삼東三이 와 보고, 손진구孫晉九가 와서 잤다. 소가 병으로 죽어, 가죽을 벗겼다. 농사철을 맞아 다시 살 힘이 없으니, 이것이 비록 천한 미물이나 관계가 심히 크다. 한탄스럽고도 한탄스럽다.

八日 黃應七 朱鎭壽來見 孫晉九 李源行來宿

3월 8일.
황응칠黃應七과 주진수朱鎭壽가 와서 보고, 손진구와 이원행李源行이 와서 잤다.

九日 崔基定 白龍憲 金容升 金東壎<以上皆黃澗居人> 東三從皆午饒 張承律 田炳益過訪 夕李源行來言 其親爲房主所忤 萬場毆打 賴人纓救 僅以身免云 齊慎之地 合謀湔雪 而强弱不同 直受而已 歎且奈何

3월 9일.
최기정崔基定·백용헌白龍憲·김용승金容升·김동훈金東壎<이상은 모두 황간 살던 사람이다>과 동삼東三이 모두 점심을 먹었다. 장승률張承律·전병익田炳益이 지나다 들렀다.
저녁에 이원행이 와서 말하기를 "그 어버이가 집주인에게 미움을 받아 온 몸을 두들겨

---

75) 단소丹霄 : 단소는 구소九霄의 하나로 하늘에서 가장 높은 곳이다. 제왕이 거처하는 도성, 또는 조정을 가리킨다. 여기서는 중국의 범칭으로 사용되었다.
76) 가조와 진금 : 진귀한 새를 가리킨다.

맞았는데, 사람들이 말려서 겨우 몸만 빠져나왔다."고 한다. 똑같이 분한 처지라 함께 설분할 방도를 꾀해 보았으나, 힘이 같지 않으니 다만 당할 뿐이다. 탄식한들 또 어찌할 것인가?

十日 黃澗居 崔 白 金 三人來宿 盖將買隣於淸人計也

3월 10일.
황간 살던 최씨·백씨·김씨 세 사람이 와서 잤다. 이는 장차 청인淸人에게 이웃집을 사려고 해서이다.

十一日 黃澗人所買田庄価 結八百圓云 越溪從姪婦來見而去 正孫入 痘於學校

3월 11일.
황간黃澗 사람이 사려는 농막의 값이 8백 원으로 결정되었다고 한다. 개울 건너 편, 종질부가 와 보고 갔다. 손자 정로正魯가 들어왔다. 학교에 두증痘症(천연두 증세)이 번졌다.

翌日 徵母以腹疼 蒙孫亦不惺健 憐悶 李泰俊來 授唐孫牛痘 趙載基偕來

3월 12일.
징모徵母가 복통을 앓고 몽손蒙孫도 건강을 차리지 못하니 불쌍하고 안타깝다. 이태준李泰俊이 와서 당손에게 우두牛痘를 놓았는데, 조재기趙載基가 함께 왔다.

十三日 黃應七 以蒙孫母子療病次 製二陳湯五貼 不換金正氣散二貼而來 湯於其母而散於其子也 家兒以學校事 出去大沙灘 連日風勢 一此釀寒 可悶可悶

3월 13일.
황응칠이 기몽騏夢 모자의 병을 치료하기 위해 이진탕二陳湯 다섯 첩과 불환금정기산不換金正氣散 두 첩을 지어 왔다. 이진탕은 어미에게, 정기산은 아들에게 먹였다. 집 아이 형식이 학교 사무로 대사탄에 나갔는데, 연일 바람이 불고 이렇게 추우니 매우 근심스럽다.

十四日 又風 應七來云 俄見醫師 則無論某病 皆挾滿洲輪行之症 故爲先排驗尻門 則果有夥點如粟如荏子大 因針破塗硫黃 又唐蒙兩孫 及從孫女 婦阿母女及孫女 亦涉厥證 而固

拒忌人 未知何以防治耳

  3월 14일. 또 바람이 불었다.
  응칠應七이 와서 말하기를 아까 의사를 만났는데, 어떤 병을 막론하고 모두 만주 지방 돌림병과 관련이 있기 때문에 우선 항문을 살펴보아서 과연 좁쌀이나 깨알 만 한 반점이 많이 있으면 거기 침을 놓아 터뜨리고 유황을 바른다고 한다. 또 당손과 몽손 그리고 종손녀, 며느리 모녀와 손녀도 그 증세를 보이는데, 남에게 보이기를 완강하게 거부하니 어떻게 예방하고 치료해야 할지 모르겠다고 한다.

十五日 製安蛔二貼 用婦病 又得火藥於應七 連用 英姪自鬧枝還 致萬植書 夕家兒自大沙還

  3월 15일.
  회충약 두 첩貼을 지어 며늘아이의 병에 쓰고, 또 응칠에게서 화약을 얻어서 이어 썼다. 조카 영식이 요지鬧枝로부터 돌아와 만식의 편지를 주었다. 저녁에 집 아이가 대사탄大沙灘에서 돌아왔다.

十六日 與道溪姪及從孫女 往英姪家 遇雨仍宿 初欲幷修李聖目家人事 不果 可恨

  3월 16일.
  도계道溪의 조카와 종손녀와 함께 조카 영식의 집에 가다가 비를 만나 그대로 머물렀다. 당초에는 이성목李聖目의 집에도 아울러 인사를 차리려 하였는데, 뜻대로 되지 않으니 한스럽다.

十七日 午後坐擔支架 僅涉濘而還

  3월 17일.
  오후에 지게에 실려서 겨우 진창을 건너 돌아왔다.

十八日 夢與響山令公 看范雎傳 至須賈報怨之際 余誤讀一字 公嘲謔如平日 又見學乃 又有兒少傳言 朴谷叔主入來云 甚可怪也 朴元根 黃義英來見 東三從遇雨仍宿

3월 18일.

　꿈에 향산響山 영공과 함께 범휴전范雎傳을 보았다. 수가須賈에게 원한을 갚는 대목77)에 이르러 내가 글자 하나를 잘못 읽자, 공이 웃으면서 놀리는 것이 평소와 같았다. 또 학내學乃를 만났고, 다시 아이들이 전하는 말에 박실 아재가 들어오신다고 하였다. 매우 괴이한 일이다. 박원근朴元根과 황의영黃義英이 와서 보고, 동삼東三이 비를 만나 그대로 묵었다.

十九日 夢見小菴姻叔 朱鎭壽 黃萬英 東三從午饒而去 婦病加減無常 製藥服之

3월 19일.

　꿈에 소암小菴 처숙을 보았다. 주진수朱鎭壽·황만영黃萬英과 동삼東三이 점심을 먹고 갔다. 며늘아이의 병이 더하다가 덜하다가 일정하지 않아서, 약을 지어 먹였다.

二十日 乃我親忌正齋也 客地孤露之慟 去益難忍 朱鎭壽方發遠行而告去 不知所然 可鬱

3월 20일.

　이 날은 친기親忌여서 재계하였다. 객지에서 어버이를 그리는 슬픔이 더욱 참기 어렵다. 주진수朱鎭壽가 이제 아주 떠나겠다면서 알리고 갔다. 까닭을 알 수 없으니 울적하다.

二十一日 淸人建屋 以有爲我住在之約也 買粟米於市廛 價一斗 一元一角云

3월 21일.

　청인이 집을 지었다. 내가 거처할 수 있도록 하겠다고 약속했었기 때문이다. 시장의 점포에서 좁쌀을 샀는데, 값이 한 말에 1원一元 1각一角이라고 한다.

翌日 爲見李室經病之後 艱過草沮 小憩于英姪家 午抵李聖目家 詳診其經病履歷 及橫逆所侵 饒以麵飥 午後又抵李萬榮寓所 被挽仍宿 見其所製文稿 竟夕跋燭極歡而歸 盖其老侶團合 兩皆願言之餘也

---

77) 수가에게 ~ 대목 : 범휴范雎가 가난하였을 때에 수가를 섬겼다. 수가가 제齊 나라에 사신으로 갈 때에 따라갔다가 분수 외의 선물을 받은 것을 수가가 적발하여 고발함으로써 곤욕을 당하고 진秦으로 도망하였다. 뒤에 수가가 진나라에 사신으로 가서 정승이 된 범휴에게 옷을 벗어 어깨를 드러내고 무릎으로 기면서 사죄한 고사를 가리킨다.

3월 22일.

이실李室이 병을 앓은 후에 좀 어떤지를 보러 간신히 풀밭 습지를 건넜다. 조카 영식의 집에서 조금 쉬었다가 한낮에 이성목李聖目의 집으로 갔다. 그가 겪은 병 이력과 당한 횡액을 자세히 듣고 수제비로 요기하였다. 오후에는 다시 이만영李萬榮의 거처에 갔다가 붙잡혀서 거기서 묵었다. 그가 지은 문고文稿를 보고, 밤새도록 촛불을 돋우며 한껏 환담하고서 돌아왔다. 아마도 이는 늘그막의 동무끼리 함께 모인지라 둘 다 이야기하고 싶던 끝이어서일 것이다.

二十三日 還至聖目家 李萬榮隨而遠餞 遂與午饒 偶到山下 飮梓樹津數碗 得沙蔘十本而來

3월 23일.

성목聖目의 집으로 되돌아 왔다. 이만영李萬榮이 멀리까지 따라와 전송했는데 마침내 함께 점심까지 먹었다. 우연히 산 아래에 이르렀다가 가래나무 수액 몇 사발을 마시고, 더덕 열 뿌리를 얻어 왔다.

二十四日 李鍾謨與其妻男來 午饒 婦阿採薪而來

3월 24일.

이종모李鍾謨가 그의 처남을 데리고 와서 점심을 먹었다. 며느리가 푸성귀를 뜯어 왔다.

二十五日 夢見學乃 黃萬英來見 東三從來宿 有客來傳李晩樵律詩一幅

3월 25일.

꿈에 학내學乃를 보았다. 황만영黃萬英이 와 보고, 동삼東三이 와서 잤다. 어떤 손이 와서 이만초李晩樵의 율시 한 폭을 전해 주었다.

二十六日 家兒及孫婦女孫 俱去英姪家 飮梓木津 採沙蔘而來 買鼈代角價二十二元云

3월 26일.

집 아이가 손부·손녀와 함께 영식의 집으로 가서 가래나무 수액을 마시고 더덕을 캐 왔다. 소를 대신할 나귀를 사는 데 가격이 22원이라 한다.

次李晩樵萬榮韻   이만영[호 만초]의 시에 차운하다

居今那得古之人	오늘을 살면서 어떻게 옛사람을 만나랴
留客投車子是陳	만류하여 수레를 잡는 그대가 진준일세78)
一代文章腸吐繡	일 대의 빛나는 글을 수놓은 듯 읊으며
八珍情饋口生津	팔진미 정으로 권하니 입에 군침이 도네
蒼凉故國袁安淚	한심한 고국 사정엔 원안의 눈물 흘리며79)
慷慨同聲劇孟隣	비분강개 함께하며 극맹처럼 이웃해 사네
從此分山遂好約	이로부터 분산의 좋은 약속을 이루어80)
綠楊裁作兩家春	푸른 버들로 두 집의 봄을 이루어 보세
驀地相逢意內人	뜻밖에도 마음으로 그리던 분을 만나
眞情今始爲君陳	비로소 그대를 위해 진정을 털어 놓네
課詩祗合閒消日	시 짓기가 한가하게 소일하기 알맞을 뿐
忘世何曾復問津	세사를 잊었는데 어찌 다시 나루를 물으리81)
隨遇偸看皆勝界	만날 때마다 엿본 것이 모두 훌륭한 경지

---

78) 만류하여 ~ 그대가 진준陳遵일세 : 원문의 투거投車는 투거할投車轄의 준말이다. 손님이 가지 못하게 그가 타고 온 수레의 굴대 빗장을 우물에 던져 넣는 것이다. 서한西漢 때의 진준陳遵은 벗 사귀기를 몹시 좋아하여 빈객이 집에 가득 모이면, 문득 대문에 빗장을 걸고 손님들이 타고 온 수레의 굴대 빗장을 우물에 던져 넣어 아무리 급한 일이 있어도 가지 못하게 하였다.
79) 원안의 눈물 흘리며 : 원안袁安은 후한後漢 화제和帝 때 사람이다. 효렴孝廉으로 추천되어 여러 번 초군태수楚郡太守를 지냈다. 엄정嚴正하고 위엄스러워 조정에서 나랏일을 논할 때에는 항상 눈물을 흘려 적성赤誠을 피력하였다.
80) 이로부터 분산의 좋은 약속을 이루어 : 분산分山은 도의로 맺은 벗이 거처를 함께하여 오감을 말한다. 송宋 나라 장영張詠이 젊었을 때 화산華山에 은거하고 있던 희이希夷선생 진단陳摶을 알현하고는 화산에 은거하고 싶어 하였다. 이에 진단이 "다른 사람은 몰라도 공이라면 내 마땅히 분반分半하여 바치겠다."고 하였다.
81) 세사를 잊었는데 어찌 다시 나루를 물으리 : 『논어』 「미자微子」에 "장저와 걸닉이 김매며 밭 갈고 있을 때 공자가 지나가다가 자로를 시켜 나루터를 물어보게 하였다[長沮桀溺 耦而耕 孔子過之 使子路問津焉]"는 말이 나온다. 세상을 구제할 도道를 묻는다는 뜻이다.

以心相與是芳隣	마음을 주고받는 게 아름다운 이웃이라네
須將後歲彫松意	모름지기 늦게 시드는 송백의 뜻을 지켜
秪死無渝茉莉春	죽을 때까지 말리화의 봄을 구하지 마세나

百涉艱危萬死人	백 번 위험을 겪고 만 번 죽을 뻔한 사람
十更其僕盡難陳	시중꾼을 열 번 갈아도 다 말하기 어려운데[82]
羇懷每切開花日	나그네 심사는 매양 꽃 필 적 간절하여
鄕夢常尋某水津	고향 꿈엔 언제나 어느 물가[83]를 찾는다네
調登白雪郢門友	곡조 언영에서 백설곡 부르던 이 벗 삼고[84]
家在靑山謝眺隣	집은 청산에 있어 사조와 이웃이 되었네[85]
怡神舒氣爲良策	마음 편하고 몸 편한 것이 좋은 계책이니
心外元無別樣春	이 마음 밖에 본디 다른 봄이란 없는 법

二十七日 聞俄日共和大起云 大抵從今以後 無復見君臣之分 鷄龍云云 似歸妄誕 而愚夫信識 謾不覺悟 因習之見 甚是呵嘆 崔生病症 似涉水土而不受鍼藥 方務之節 良貝極矣

3월 27일.

듣자니 러시아와 일본에 공화주의가 크게 일어났다고 한다. 대저 지금 이후로는 군신의 분수는 다시 볼 수 없을 것이니, 계룡산鷄龍山 운운하는 말은 허무맹랑하여 어리석은 자들이

---

82) 시중꾼을 열 번 갈아도 다 말하기 어려운데 : 할 말이 많아서 시중드는 사람을 교대해 가면서 말을 하더라도 말을 다하지 못한다는 뜻이다(『예기』「유행儒行」).
83) 어느 물가[某水] : 어릴 때 놀던 곳을 가리킨다. 당唐 나라 한유韓愈의 「송양소윤서送楊少尹序」에 "지금 그대가 고향에 돌아가면, 서 있는 나무들을 가리키면서 '나무는 나의 선인께서 심으신 것이요'라고 말할 것이요, 물가나 언덕을 가리키면서 '저 물가와 저 언덕은 내가 어린 시절에 물고기를 잡으며 노닐었던 곳이다'라고 말할 것이다[某水某丘 吾童子時所釣遊也]"라는 대목이 나온다.
84) 곡조 언영에서 백설곡 부르던 이 벗 삼고 : 상대방의 고상한 품격을 찬미하는 말이다. 언영鄢郢은 초나라 서울이다. 전국시대 초나라 송옥宋玉의 「대초왕문對楚王問」에 나온 말을 인용한 것이다. 어떤 사람이 언영에서 노래를 부를 때 그가 하리파인下里巴人을 부르자 그에 화답한 자가 수천 명에 이르렀으나 양춘백설陽春白雪을 부르자 화답하는 자는 수십 명에 지나지 않았다 한다.
85) 집은 ~ 이웃이 되었네 : 사조는 남조南朝 제齊 나라 때의 유명한 시인이다. 자는 현휘玄暉이며, 특히 오언시五言詩를 잘 지었다. 이백의 「기최시어寄崔侍御」에 "고인은 누차 진번의 걸상을 풀고, 과객은 사조의 누각에 오르기 어려워라[高人屢解陳蕃榻 過客難登謝眺樓]"고 하였다.

나 믿는 지식으로 귀결되었다. 속아도 깨닫지 못하고 익숙한 것만 좇는 견해가 매우 가소롭고 한심스럽다. 최생崔生의 병증은 수토증水土症인 것 같은데 침과 약이 소용없으니, 막 힘을 써야 할 때에 지극히 낭패스럽다.

二十八日 李萬榮 李綱鎬來賭碁數枰 盖自西渡後 初有之事也 久廢之餘 着手迷方 雜技猶然 況於實地上工夫乎 夕猝生風感之症 幾不省事 通宵苦痛 自驗衰力 漸覺澌損

3월 28일.
이만영·이강호李綱鎬가 와서 내기 바둑을 몇 판 두었다. 이는 도만渡滿 이후 처음 있는 일로 오랫동안 하지 않던 나머지라 한 수를 두는데도 방향이 헛갈린다. 잡기雜技도 오히려 이러하거늘 하물며 실지상實地上의 공부에 있어서이겠는가? 밤에 갑자기 감한의 증세가 나타나 거의 인사불성이 되어 밤새도록 괴롭게 앓았다. 쇠약한 기력을 스스로 시험해보건대, 빠지고 줄어듦을 차츰 알겠다.

二十九日 又頭疼腰疼 百度交攻 自料身心非久世之兆 憐歎奈何

3월 29일.
또 머리 아프고 허리 아픈 것이 수도 없이 번갈아 쑤셔댄다. 심신心身을 스스로 헤아려보건대 오래 살지 못 할 조짐이다. 가련히 여기고 탄식한들 어찌 하겠는가?

憶晩樵李友　벗 이만초李晩樵를 생각하다

君家西住我家東	그대는 서쪽에 살고 나의 집은 동쪽이라
一水蒼茫數武弓	한 줄기 물 아득하나 활 몇 바탕 가까운 길
紫塞浮踪悲白髮	북녘에서 떠도는 신세 백발이 슬프지만
靑編餘力誘丹衷	역사책에서 배운 힘이 한마음을 이끌어내네
從玆斷却經營志	이제부터 경영하려는 뜻은 끊어버리고
隨遇加詳忍耐工	형편 따라 인내하는 공부 더욱 열심이라네
若使花車能適我	만일 그대의 꽃수레가 나를 찾아온다면
雖貧猶蓄佐飱蔥	가난하나 오히려 소찬거리 모아 두겠네

又 또

嵐氣蒼凉野路斜　　남기嵐氣가 서늘하게 들길에 비껴 있고
夕陽烟處晩樵家　　석양에 이내 낀 곳 만초晩樵가 사는 집일세
匏樽也熟黃精酒　　박으로 된 술통에는 황정주黃精酒 익어가고
藥塢應生紫筍茶　　약초 언덕에는 자순차紫筍茶도 나겠지
萬里歡情知己筑　　만 리 이역 반가운 정은 지기의 노랫소리
一生緣業炊甑沙　　한 평생 짊어진 업業은 서툰 일 투성이
神怡氣健天和節　　기쁜 마음 건강한 기운 이 화창한 계절에
金玉其音天不遐　　금옥金玉 같은 그 음성 멀리하지 않으리

四月一日 風

4월 1일. 바람.

翌日 李圭一來見 家兒去藍山 受鍼而來

4월 2일.
이규일[86]이 만나러 왔다. 집 아이가 남산藍山에 가서 침을 맞고 왔다.

三日 李啓東來見 去其伯氏 許北魚拔其六尾 資我病口 可感

4월 3일.
이계동이 와 보았다. 그 백씨伯氏에게 갔더니 북어 여섯 마리를 빼주면서 내 병든 구미를 돋우라 하였다고 한다. 고맙다.

四日 終風且霾 欲雨未雨 不見雨鈴 于今數十日 且朝霜殺靑 園蔬被害 可歎

---

86) 이규일李圭一: 경북 울진 출신인 이종대李鍾岱의 아버지로 추정된다. 그는 경주이씨로 1911년 가족을 이끌고 만주로 망명하여 유하현에 정착하였다.

4월 4일. 종일 바람 불고 흙비가 내릴 듯함.

비가 올 듯하다가 오지 않아, 빗방울 구경 못한 것이 오늘까지 수십 일이다. 또 아침에 서리가 내려 푸른빛이 다 죽고, 채전의 나물이 해를 입었다. 탄식할 일이다.

五日 大風 所苦泄症 與寒感腰疼 通計一身 幾無無病之地 食味頓却 又不能扶護殘力 自己所嬰 但俟命物者處分 而雲母與家兒病勢 最所關慮 七來 又以身上風核 方問宜于通縣 而無人率去 可悶

4월 5일. 거센 바람이 불다.

괴롭던 설사 증세에 감기와 허리 통증이 겹쳐 온 몸을 다 따져도 아프지 않은 곳이 거의 없다. 갑자기 입맛도 없어지고 남은 기력을 부지할 수 없으나, 스스로 불러들인 일이니 다만 하늘의 처분을 기다릴 뿐이다. 운모雲母와 집 아이의 병세가 가장 걱정거리이다. 칠래七來가 또 몸의 풍핵風核으로 말미암아 통화현의 의원에게 처방을 물어보려는데, 데리고 갈 사람이 없으니 딱하다.

六日 陰 夜雨

4월 6일.

흐리다가 밤에 비가 내렸다.

七日 朝後晴 夜 家兒苦痛 吾以咳嗽泄瀉 食味頓絶 可悶

4월 7일. 아침 후에 개다.

밤에 집 아이가 몹시 앓았다. 나는 기침과 설사로 밥맛이 전혀 없으니 딱하다.

八日 李綱鎬來 鍼破家兒病處 吾則無驗乃已 英姪以鷄卵六介來 助庖閤之需 圭姪家 從孫女娘 聞英姪鬧枝之行 忽地告歸 憐悵憐悵 昏後 雲母又有厭症 鍼破用藥

4월 8일.

이강호가 와서 집 아이의 아픈 곳에 침을 놓았다. 나는 미덥지 못하여 그만 두었다. 영식英植이 달걀 6개를 가지고 와서 부엌의 찬거리를 도왔다. 규식의 집 종손자從孫子와 딸아이가 영식이 요지鬧枝로 간다는 말을 듣더니 갑자기 돌아가겠다고 한다. 아쉽고 서운하다. 저문 뒤에 운모雲母에게 다시 그 증세가 있어 침으로 터뜨리고 약을 썼다.

九日 夢見剩君 見我風字詩 曰 善作善作 池草之感 覺又難遏 買狗於淸人家 価至十四角 云 方可謂世間之老蠹 家中之弊客 何輔於世 而耗壞至此耶 是午 洪致純 藍山李喪人白三 李源行 診問

   4월 9일.
   꿈에 아우 잉헌剩軒을 보았는데, 내가 지은 '풍風' 자字 운韻의 시를 보고서 "참 잘 지으셨습니다."라고 하였다. 아우를 그리워하는 마음[池草之感]은 꿈에서 깨어나도 또 막기 어렵다. 청인淸人의 집에서 개를 사왔는데 값이 14각角이라 한다. 지금 이른바 '세상의 좀 같은 늙은이'로, 집안에 폐나 끼치는 사람이 세상에 무슨 도움이 되기에 이토록 낭비를 하는가? 이날 낮에 홍치순과 남산藍山에 사는 상주喪主 이백삼·이원행이 문안하였다.

十日 朱炳徽來 午饒 竟夕而去 午雨晩晴

   4월 10일.
   주병휘朱炳徽가 와서 점심을 먹고 저녁까지 있다가 갔다. 낮에 비가 오다가 저녁에 갰다.

十一日 黃婿來診

   4월 11일.
   황서방이 와서 진맥을 하였다.

翌日 夢與剩君講鄒傳 李衡國診問 張承律午饒 午後 細雨 耕家後田

   4월 12일.
   꿈에 아우 잉헌剩軒과 『추전鄒傳』87)을 강론하였다. 이형국이 문안하고 장승률張承律이 점심을 먹었다. 오후에 가랑비가 내려 집 뒷밭을 갈았다.

---

87) 추전鄒傳 : 『맹자孟子』이다.

十三日 雨 夢省庭闈 自內間採蔬而來 得昌孫三月卄六日所發書 別無他奇 而以四月旬間 登車還寓云 然遠地事 安可必乎 憐慮不弛

4월 13일. 비.
꿈에 부모님을 뵈었다. 안식구들이 나물을 캐왔다.
손자 창로가 3월 26일에 보낸 서신을 받았는데, 따로 다른 기별은 없으나 4월 초열흘 사이에 기차편으로 돌아올 것이라 한다. 그러나 원지遠地의 일을 어찌 기필할 수 있을까? 가여운 생각이 풀리지 않는다.

十四日 夢拜武夷叔主 而若有恚恨底意 未知其家 或有事故而然耶 盖自前月旬望以後 或風或雨 而雨不霑疇 或終日陰霾 將雨不雨 苗者不秀 意是旱徵也 內地旱騷亦然云 未知天意盡劉生靈耶 是日 甘澍普洽 快慰民望 方可謂夏暑冬寒 爲天亦難矣 祝孫以丹熱苦痛 可悶

4월 14일.
꿈에 무이武夷 아재를 뵈었는데 마치 화가 나신 듯하였다. 모르겠거니와 혹 그 집에 무슨 사고가 있어서 그런 것인가?
지난 달 열흘 보름 사이 이후로 혹 바람이 불고 비가 내렸으나 밭두둑을 적실만큼도 못 된다. 혹 종일 흐리면서, 비가 올 듯하다가도 오지 않아, 모가 싹을 틔우지 못 하였다. 아마도 가뭄이 들 징조인 듯하다. 고국의 가뭄 소동 또한 그렇다 하니, 모르겠거니와 하늘의 뜻이 생령生靈들을 다 죽이려는 것인가? 오늘 단비가 두루 흡족히 내려 사람들 바람을 흔쾌히 위로한다. 바야흐로 여름의 더위와 겨울의 추위는 하늘도 어렵게 여기는 일이라 할 만하다. 축손祝孫이 단열丹熱로 말미암아 괴롭게 앓고 있으니 딱한 일이다.

十五日 又小霑 日氣陰冷 泄氣特甚 往往溷汚袴襦 認是胃道虛弱 不能消化故也

4월 15일.
또 비가 적시니 일기日氣가 음산하고 차서 설사기가 특히 심하다. 가끔 변이 속옷을 더럽히니, 이것은 위도胃道가 허약하여 소화를 할 수 없기 때문임을 알겠다.

十六日 快晴 夢見昌孫服藥於大邱等地 未或客地生病而然耶 慮念不置 午 孫晉逵<老山居人> 金泰圭<陶洞居人>來見 饒飯 李衡國來報其猶庭愆候 驚慮驚慮 朱炳徽來話 張起淵<蔚珍居人>初來見 婦阿輩擷菜于深山五里之地 嫩軟可茹 而但香臭不如內地 未知地精有所不及耶

4월 16일. 쾌청함.
꿈에 창손이 대구 등지에서 약 먹는 것을 보았는데, 혹시 객지에서 병이 나서 그런 것이 아닐까? 염려를 놓을 수가 없다. 낮에 손진규<노산 살던 사람>·김태규<도동 살던 사람>가 와 보고 점심을 먹었다. 이형국이 와서 그 작은아버지의 병환을 알린다. 놀랍고 염려스럽다. 주병휘가 와서 이야기를 나누었다. 장기연<울진 살던 사람>이 처음 와 보았다. 며늘아이들이 5리 가량 들어간 깊은 산에서 나물을 뜯어왔다. 여리고 부드러워 먹을 만하나 그 향내가 국내의 것만 못 하다. 알 수 없거니와 땅의 정기가 미치지 못 해서인가?

十七日 風 祝孫病勢漸鴟 送兒製藥而來 家之小犢 昨忽見失 意其爲別人所獲 經宿之後 始覓於水上十里之地 果隨其伴牛 而不經人手者 始知物之得失 亦有數存焉也 吾之泄氣差減無期 所喫山蔬 雖適於口 而不利於病 因以搬去 艱食之歎 去益難耐

4월 17일. 바람.
축손의 병세가 점점 심해져 아이를 보내어 약을 지어 왔다. 집의 작은 송아지를 어제 갑자기 잃어버렸다. 아마 다른 사람이 가져갔으리라 여겼는데 하룻밤 지난 뒤에 비로소 상류上流 십 리 되는 곳에서 찾았다. 결국은 동무 소를 따라 간 것인데 남의 손을 타지 않은 것이니, 비로소 사물의 잃고 얻음이 다 운수運數가 있음을 알겠다. 내 설사 기운은 조금도 나아질 기약이 없다. 먹은 산나물이 입에 맞기는 하나 설사 증세에 이롭지 않기 때문에 물렸다. 먹기가 어려운 탄식이 갈수록 견디기 어렵다.

十八日 金南秀<黃海道居人>過訪 黃婿夕飯而去 盖我冷滯之症 自是世疾也 根祟也 到老慢治 非一服打疊 而若補以蔘茸 則安能若是痼深乎 坐於手分 但俟符到 有生之辱 甚於死安耳

4월 18일.

　김남수<황해도 살던 사람>가 지나다 들렀다. 황서방이 저녁밥을 먹고 갔다. 나의 냉체冷滯 증세는 집안 대대로 이어온 병이요, 고질이다. 늙도록 치료에 게을리하였으니, 한 번 약 먹어서 퇴치할 수 있는 일이 아니다. 만약에 인삼 녹용으로 보섭한다면 어찌 이처럼 고질병이 깊을 수 있겠는가? 분수에 따라 다만 저승사자 오기를 기다릴 뿐이니, 살아서 겪는 욕됨이 죽어 편안함보다 더 심하다.

十九日　去朱炳徽家　午饒而來　夕　萬姪　昌孫　奉主還寓　幷得故里書束　第一　篤老筋力　不至大損　一喜一感　尤不勝羈旅鄕關之懷耳　但手無所持　債督日甚　見切悶　斯先祖遺集　皆來到　而又新買春秋一部而來　自此有消愁息慮之資耳

4월 19일.

　주병휘의 집에 가서 점심을 먹고 왔다. 저녁에 조카 만식萬植과 손자 창로가 신주를 받들고 거처로 돌아왔는데, 고향 편지 한 묶음을 아울러 받았다. 첫 번째로 작은아버지의 근력이 크게 손상되지는 않았다 하니 한 편으로 기쁘고 한 편으로는 감사하다. 나그네로서 고향에 대한 회포를 더욱 이길 수 없다. 다만 손에 가진 것도 없는데 빚 독촉은 날로 심해지니 보기에 절박하고 딱하다. 이로써 선조의 유집遺集이 다 도착했고, 또 새로 산『춘추春秋』한 부도 왔으니 이제부터는 근심을 삭이고 걱정을 쫓을 자료가 생겼다.

二十日　陰　權東直來宿

4월 20일. 흐림.

　권동직이 와서 잤다.

二十一日　萬姪告歸通縣寓所　李廷謨　李鍾浩來宿

4월 21일.

　조카 만식이 통화현 거처로 돌아가겠다고 하였다. 이정모와 이종호가 와서 잤다.

翼日　郭鍾國　鄭寅建<京畿道居人>過訪　叔父　和姪　二月初五日所發兩度書來到　趙載基來宿

4월 22일.
　곽종국과 정인건<경기도 살던 사람>이 지나다가 들렀다. 숙부와 조카 화식和植이 2월 초5일에 부친 두 차례의 책이 도착하였다. 조재기가 와서 잤다.

　　次晩樵兄 萬榮 喜雨詩　만영[호가 만초이다] 형이 지은 시 「반가운 비」를 차운하다

亢炎愁陽鬱寂邊　　　한더위 볕이 싫어 울적하던 즈음에
一聲雷鼓耳於先　　　한 소리 천둥이 귀에 먼저 울리네
桑林大霂殷千里　　　뽕나무 숲 큰비 소리 천 리에 퍼지고
萋草新荀夏四天　　　강아지풀 새싹도 한여름을 맞았네
憂者樂時病者喜　　　근심이 풀릴 때에 병든 이도 기뻐하고
碧相滋處翠相連　　　개울물 느는 곳에 푸른 산이 이어지네
神功只在須臾力　　　신명의 공력은 다만 잠깐의 힘에 달렸으니
簷溜應添萬折川　　　낙숫물이 응당 만 구비 냇물을 더 하겠네

雨雨風風各呈奇　　　비와 바람이 각각 묘기를 드러내니
憂喜中間與子期　　　근심과 기쁨 사이에 그대와 약속하였지
繞屋嵐光山似洗　　　집을 두른 남기嵐氣에 산은 씻은 듯
漏天甘霂草先知　　　하늘에서 새는 단비는 풀잎이 먼저 안다
人存四局間官守　　　사람의 네 가지 감각 지킬 일 아니냐
功在三農慰滿時　　　공로는 석 달 농사에 있어 마음이 놓이네
那何買得靑山半　　　어떻게 하면 청산을 그대와 반씩 나누어
明月佳辰共論詩　　　밝은 달 좋은 때에 함께 시를 논할꼬

三年爲客一神奇　　　객지 생활 삼 년에 신기한 일 하나는
此地逢君似素期　　　약속이나 했던 듯 여기서 그대 만난 것
聲若嚶禽求友去　　　음성은 새소리처럼 벗을 찾아 가지만
身如投兎畏人知　　　그물에 걸린 토끼88) 신세 남 알까 두렵네

---
88) 그물에 걸린 토끼 : 『시경』「소아」'소반' 편에 "저 그물에 걸린 토끼를 보면 어떤 이는 혹

鄕懷每切鵑啼夜	고향 생각은 두견새 우는 밤 간절하고
世事初聞客到時	세상 일은 손님이 와야 처음 듣는다네
生返故山俱未必	살아서 돌아간들 함께 갈 기약은 없으니
不妨囚首隱於詩	죄수 같은 머리로 시에 숨는 것도 좋으리[89]

幷育雙行各一邊	함께 자랄 땐 두 길로 각각 가더니
佇看時物若爭先	시사를 바라볼 땐 앞 다투듯 하였네
萬朶濃粧張似市	만 가지 짙은 화장 시장을 벌인 듯하나
一望秀色翠牽天	한 눈에 빼어난 자태 푸른 하늘을 당기네
手釋箠鞭傭懶倣	채찍 집어 던지고 게으른 일꾼 닮아가며
心忘機器鳥留連	마음속에 편견을 잊고 새처럼 떠도네
吾徒歲怳能爲幾	우리의 덧없는 세월 얼마나 남았으랴
惜矣春光逝似川	애석하다 청춘의 빛은 물처럼 흘러가네

二十三日 七來去通縣 以其治疾 故就醫院 士峯負萬姪 籠子偕去 婦阿同婿 去炳日家

4월 23일.

칠래七來가 통화현으로 갔다. 그 병을 치료하려고 의원醫院에 간 것이다. 사봉士峯이 만질萬姪을 업고, 어린아이[籠子]도 함께 갔다. 며늘아이의 동서는 병일炳日의 집으로 갔다.

二十四日 黃義英帶蒙孫母子而來 午後 黃萬英 東三從 遇從而去

4월 24일.

놓아 주려고 한다[相彼投兎 尙或先之]"고 하였다. 이는 사람마다 본마음이 착함을 가릴 수 없다는 뜻이다.
89) 죄수 같은 머리로 시에 숨는 것도 좋으리 : 원문의 수수囚首는 죄수처럼 머리를 빗지 않아 지저분함을 이른 것이다. 송宋 나라 때 소순蘇洵이 왕안석王安石의 표리부동하고 음험한 행위를 지적하여 "대체로 얼굴에 때가 끼면 씻으려 하고, 옷이 더러우면 빨아 입으려고 하는 것이 바로 인정人情이다. 그런데 지금 마치 죄수처럼 머리도 빗지 않고, 상중에 있는 사람처럼 얼굴도 씻지 않으면서 시서를 말하고 있으니[囚首喪面而談詩書], 이것이 어찌 그의 정정이겠는가"고 한 데서 온 말이다.

황의영이 몽손蒙孫 모자를 데리고 왔다. 오후에, 황만영과 동삼東三 족종族從이 만나서 따라 갔다.

二十五日 黃萬英 東三從 朝飯 午 張道淳過訪 婦阿去寧植家 擷山菜與水蛤 而仍宿

4월 25일.
황만영과 동삼東三 족종族從이 아침을 먹었다. 오후에 장도순이 지나다 들렀다. 며늘아이가 영식寧植의 집에 가서 산나물을 뜯고 조개를 잡더니 아예 거기서 묵었다.

二十六日 風而陰

4월 26일. 바람 불고 흐림.

二十七日 李明國 張龍澤 李△△ 黃萬英及衡兒 去李晩榮家護喪 朱炳徽攄話 午饒而去 李衡國 姜南鎬 尹國天<平安道居人> 金天用 過訪 孫婦始入禮拜堂 不可以自外俗尙故也 夕 李衡國 姜南鎬來宿

4월 27일.
이명국·장용택·이아무개·황만영과 형아衡兒가 이만영의 집에 호상護喪하러 갔다. 주병휘가 이야기를 나누다가 점심을 먹고 갔다. 이형국·강남호와 윤국천<평안도에 살던 사람>·김천용金天用이 지나다 들렀다. 손부孫婦가 처음으로 예배당禮拜堂에 들어갔는데, 시속時俗이 숭상하는 풍조를 외면할 수 없어서이다. 저녁에 이형국·강남호가 와서 잤다.

二十八日 風 旱氣太甚 種者不生 生者不秀 人情騷屑 穀價日增 可歎可歎

4월 28일. 바람.
가뭄이 너무 심하여 씨앗이 싹트지 않고, 싹튼 것도 이삭이 피지 않는다. 인심은 소연騷然하고 곡식 값은 날로 오르니 탄식할 일이다.

二十九日 與朱炳徽往弔李晩榮家 午饒後 歷見李綱鎬家 朱歸本家 我宿寧姪 夕以麵飥 朝以白飯 香蔬柔肉 物物情進 子姪之於父兄 宜所當然 而驀地猝辦 憐念憐念

4월 29일.

　주병휘와 함께 이만영의 집에 가 문상하고, 점심을 먹은 뒤에 이강호의 집에 들러 보았다. 주병휘는 본가로 돌아가고 나는 조카 영식의 집에서 잤다. 저녁에는 수제비를, 아침에는 흰 쌀밥을 먹는데, 향기로운 나물과 부드러운 고기를 갖가지로 정성스럽게 올렸다. 자질子姪로서 부형에게 마땅히 그래야 할 것이나, 아무것도 없는 처지에 갑자기 차렸을 터이니, 딱하고 걱정스럽다.

三十日 朝後越來移入新屋 壁土未乾 衣牀冷濕 可悶 但臨高頻遠 宣暢可人

4월 30일.

　아침 후에 이사한 새 집으로 건너왔다. 벽의 흙이 아직 마르지 않고, 옷과 침상이 차고 습하니 걱정스럽다. 다만 지대가 높고 조망이 멀리 트여, 시원스러운 것이 마음에 든다.

五月一日 圭姪與李炳日來宿 李萬榮 羲英來 賖酒待之 圍棋永夕而罷

5월 1일.

　규식과 이병일이 와서 잤다. 이만영과 이희영이 와서 외상으로 술을 사 대접하였다. 밤까지 바둑을 두고 파하였다.

翌日 東三來宿

5월 2일.

　동삼東三이 와서 잤다.

三日 圭姪還其寓所 夕羅掌議來宿

5월 3일.

　조카 규식이 집으로 돌아가고, 저녁에 나장의羅掌議가 와서 잤다.

四日 朝細雨浥塵 東三及黃婿來宿 而黃婿告返鄕山 病老難强之勢 殊切悵黯 書付查兄家

及漢卿兄去挽句 可無收司之慮耶 昌孫買雄鷄一頭 欲供朝餐 余以善鳴 姑貰其命 而俾得雌鷄作匹耳

5월 4일.
아침에 가랑비가 내려 먼지를 적셨다. 동삼東三과 황서방이 와서 잤는데 황서방이 고향으로 돌아간다고 고하였다. 병든 노인이 억지로 견디기 어려운 형편이라 더욱 서글프고 울적한 마음이 더욱 절실하다. 사형査兄의 집과 한경漢卿형에게 보내는 만사挽詞를 써 보냈는데, 사찰司察에 걸릴 염려는 없으려는가?

손자 창로가 수탉 한 마리를 사왔다. 아침 찬으로 올리려고 하기에, 내가 닭이 잘 우니 우선 살려주고 암탉을 얻어 짝을 지어 주게 하였다.

李友詩什適到 仍次其韻 벗 이만영의 시편詩篇이 마침 도착하였기에 그 시에 차운하였다

樂極詩成醉欲歌	흥겨워 시 짓고 취하여 노래 부르니
呼孫賒酒酒脣嘉	손자 불러 사온 술이 입에 달구나
當今北學文章士	지금의 북학을 하는 뛰어난 선비들은
俱是東方世德家	모두 동방의 덕을 이어온 가문일세
蠟屐遊山棋對謝	나막신 유람과 바둑은 사령운과 짝이요90)
開筵迎屨座來車	잔치 열어 손 맞으니 자리에 모인 수레
臨分惜別重逢約	헤어지는 아쉬움 다시 보자 기약하며
爲指天中鑽碧霞	중천을 꿰뚫은 푸른 노을을 가리키네

起拭雙眸唱一歌	일어나 마주 보며 노래 한 곡 부르는데
芻靑駒白我賓嘉	흰 망아지 꼴 먹으니91) 아름다운 손님일세
有詩有酒當三夏	시가 있고 술이 있는 여름 석 달 맞으면

---

90) 나막신 유람과 바둑은 사령운과 짝이요 : 납극은 밀칠한 나막신을 이른다. 남조南朝 송宋 때 사령운謝靈運이 산에 오를 때에는 반드시 나막신을 신은 데서 온 말이다.

91) 흰 망아지 꼴 먹으니[芻靑駒白] : 『시경』「소아」'백구白駒' 편의 시의를 점화한 것이다. 시에 "깨끗한 흰 망아지[皎皎白駒] 빈 골짜기에 있네[在彼空谷] 푸른 꼴 한 묶음을 주노니[生芻一束] 그 사람은 옥과 같아라[其人如玉]"라 한 구절이 있다.

難弟難兄蔚一家	훌륭한 형과 아우 울연히 일가를 이루네
晚契彌深交似水	늙마의 친분이 더욱 깊어 물처럼 사귀니
曦輪堪惜轉如車	세월이 아깝구나 수레처럼 굴러가네

<晚字曦字 卽其兄弟啣字 故摘示餘意><'만晚' 자와 '희曦' 자는 곧 형제들의 함자이다. 그러므로 지적하여 남은 뜻을 보여 주었다>

君來我往山蹊路	그대 오고 내가 가는 산 오솔길에
爲愛嵐光護夕霞	산안개 사랑스러워 저녁노을 둘렀네

五日 欲雨不雨 此是旱徵耶 兒去鄒街 婦去藍南 竟夕不返 有何緊觀 李源行來宿

5월 5일.

비가 올 듯하면서 오지 않으니 가뭄이 들 징조인가? 아이가 추가로 떠나고, 며늘아이는 남남藍南에 가더니 저녁이 다 가도록 돌아오지 않는다. 무슨 긴급한 볼일이 있나보다. 이원행이 와서 잤다.

六日 甘澍細霑枯苗勃興 所儲狗猪二皮 曝于庭除 忽已見失 大抵慢藏之悔 不但專責薄俗

5월 6일.

단비가 가늘게 적시니 마른 모종들이 일어났다. 가지고 있던 개·돼지가죽 두 개를 뜰에 말려 놓았는데 갑자기 잃어버렸다. 대저 재물을 허술하게 관리한 것을 뉘우칠 뿐, 오로지 각박한 풍속을 탓할 일만은 아니다.

又以前韻足成餘意擬示晚樵 또 이전의 운으로써 남은 뜻을 채워 완성하여 만초晚樵에게 보이다

採採靈芝一曲歌	영지를 캐면서 한 곡조 노래하며
兼魚香草政柔嘉	물고기에다 향초가 부드럽고 아름답네
黃沙異域端陽節	모래바람 부는 이역 땅 단오절인데
綠樹芳草處士家	푸른 숲 꽃다운 풀 처사의 집이라네
祗喜田中多小雨	밭에 제법 내린 비를 기뻐할 뿐이지

不關山外去來車　　산 밖에 오가는 수레엔 관심이 없다네
騷壇寫出相思字　　시단에선 그리움이라는 글자 쏟아내는데
墨水濃浸漲晚霞　　먹물이 짙게 스미듯 저녁노을에 퍼지네

七日 雨終日 田疇普洽

5월 7일.
종일 비가 와서 밭두둑이 두루 푹 젖었다.

八日 晴 李庭慤午饒 兒去通縣 夕李相龍 姜信宗來宿 久闊之餘 欣握攄寂

5월 8일. 맑음.
이정각이 점심을 먹었다. 아이가 통화현으로 떠났다. 저녁에 이상룡과 강신종이 와서 잤다. 오랫동안 떨어져 있던 참이라 기쁘게 손을 잡고 적막하던 심회를 풀었다.

九日 所在牛皮 忽又見失 此雖細物 亦財數 慢藏之悔 追之何及 與二兄偕去藍南

5월 9일.
가지고 있던 소가죽을 갑자기 또 잃어버렸다. 이것이 비록 자잘한 물건이지만 이것도 재수財數인지라, 허술하게 관리한 것을 이제와 뉘우친들 무슨 소용이 있겠는가? 두 형과 함께 남산 남쪽 마을[藍南]로 갔다.

十日 與李相龍姜信宗 仍宿于李晚榮家 賦詩賭碁

5월 10일.
이상룡·강신종과 함께 이만영의 집에 그대로 머무르며, 시를 짓고 내기 바둑을 두었다.

十一日 姜信宗歸 與主人藉席樹陰 酬暢而歸 張錫膺適又來訪 攄寂圍碁 而來數日老侶之合席團圞 盖自西渡後一快盛集也

5월 11일.

강신종은 돌아가고 주인과 함께 나무그늘 아래에 자리를 깔아놓고 술을 마시며 시원하게 즐긴 뒤에 돌아왔다. 장석응이 마침 또 찾아와 적막함을 달래며 바둑을 두었다. 요사이 며칠 동안 늙은 벗들이 한 자리에 앉아 단란하게 보냈다. 이는 만주로 건너온 뒤 한바탕 기분 좋고 성대한 모임이었다.

翌日 與二友聯往朱炳徽家 不遇 張老徑歸 與李兄 訪李鍾浩張承律 而午饒于李義中家 仍往黃萬英家 聯枕

5월 12일.

두 벗과 함께 나란히 주병휘의 집에 갔으나 만나지 못하였다. 장석응은 바로 돌아가고, 이李형과 함께 이종호와 장승률을 찾아갔다가 이희중의 집에서 점심을 먹었다. 그 걸음에 황만영의 집을 찾아가 나란히 잠을 잤다.

十三日 李兄歸家 午又遇雨 仍留

5월 13일.

이李형이 집으로 돌아갔다. 오전에 또 비를 만나 그대로 머물렀다.

十四日 又仍留

5월 14일.

또 그대로 머물렀다.

十五日 又雨旋晴 李兄邀余 偕往其家 仍宿

5월 15일.

또 비가 오다가 곧 개었다. 이李형이 나를 오라고 하여 함께 그의 집에 가서 그대로 묵었다.

十六日 往姜信宗家 仍宿 夕以麵飥 朝以鷄黍 物物情饋 可感待老之意

5월 16일.

강신종의 집에 가서 그대로 잤다. 저녁에는 밀가루 수제비를, 아침에는 닭과 기장밥[鷄黍]으로 대접하였는데 내오는 음식마다 진정으로 대접하였다. 노인을 대접하는 뜻이 고맙다.

十七日 發還妹家 其婿姜南鎬又爲我操杖前導 午後歸家 五六日各修人事 至情故舊 到底圓洽 鄕愁客抱 消却殆盡 較視哈蜜舊寓 喧寂相縣 始知古人故人多處是家鄕之句 政先獲我心也

5월 17일.

길을 나서 누이의 집으로 돌아왔더니, 그 사위 강남호가 또 나를 위해 지팡이를 잡고 앞에서 인도해 주어, 오후에 집에 돌아왔다. 5~6일 동안 각 곳에 인사를 하는 동안, 옛 벗님들의 지극한 정이 더없이 원만하고 넉넉하여, 향수鄕愁와 객지의 외로움이 거의 사라졌다. 합밀哈蜜의 전에 거처하던 곳에 비하면 분위기가 아주 다르니 비로소 고인들의 '친구 많은 곳이 고향이라네[故人多處是家鄕]'라고 한 구절이 참로 내 마음을 먼저 표현한 것임을 알겠다.

十八日 雨 哈泥寓二嫂氏入來 昌孫猝地苦慟 慮憐不弛 李綱鎬 張龍澤來宿

5월 18일. 비.

합니哈泥에 거처하던 두 제수씨가 들어왔다. 손자 창로昌魯가 갑작스레 아파서 괴로워하니 염려와 안타까움이 늦춰지지 않는다. 이강호와 장용택이 와서 잤다.

與李晩榮李相龍酬唱于李晩樵家　이만영·이상룡과 더불어 이만초李晩樵의 집에서 시를 주고받다

携筇南出水之陽	지팡이 짚고 남으로 나오니 강 북쪽
有故人家是家鄕	친구의 집이 있으니 이곳이 고향일세
黃鳥聲邊翻覆局	꾀꼬리 우는 곳에서 바둑을 두었고
綠楊枝畔淺深觴	푸른 버들 언덕에서 술잔을 기울였네
牛耕馬走人來去	소와 말은 분주하고 사람들 오가는데
雨歇風輕草短長	비 그친 후 산들바람에 풀이 자라네

興致元從疎宕士	홍치는 원래 소탕한 선비가 제격
此生非是阮猖狂	이 생애 완적阮籍의 창광猖狂92)과 같지 않은가
世事悠悠劫海漫	세상 일 유유하고 겁해劫海는 드넓으니
相思未若一相看	서로 그리워하느니 만나는 것이 낫다네
蕭條夜色油花爛	쓸쓸한 밤빛에도 등잔불은 난만하고
老廢詩愁病橘酸	이 늙은이는 시작詩作에 고민이 깊은데
白首無關天下計	백수에 세상일과 무관하게 살 작정하니
紅醪能使座中歡	붉은 술이 능히 좌중을 기쁘게 한다네
吾曺一看誠難再	우리의 한 번 만남 다시 있기 어려울 듯
此心欣處此身安	이 마음 흔쾌한 곳에 이 몸도 평안하네

十九日 有去來雨 衡兒 正孫自通化還云 自官府有逐出韓人之令 盖因韓人之依倭作鬧而貽弊淸國故也 政所謂有北不受 無辜窮民 何處生活 痛歎痛歎 向於黃萬英家 適遇玄風居朴永鑐 問外孫女侍家聲息 則寒喧堂後孫金禹植卽其人 而故都事金奎漢曾孫云 張龍澤仍留 看孫兒病 連用雙和湯 敗毒散 各二貼 應魯病勢 亦未差減 可憫 東三從 夕飯而去

5월 19일. 비가 오락가락 함.

형아衡兒와 손자 정로正魯가 통화현에서 돌아온다고 한다. 관부官府에서 한인韓人을 축출하라는 명령을 내렸는데, 이는 한인들이 왜놈들에 의지하여 시끄럽게 하고 청나라에 해를 끼쳤기 때문이라고 한다. 이것이 바로 이른바 '북에서도 안 받거든[有北不受]'93)이라는 것이니, 죄 없는 궁핍한 백성들이 어디에서 생활해야 할지 통탄하고 통탄할 일이다.

---

92) 완적阮籍의 창광猖狂 : 창광은 예속禮俗에 구애받지 않고 거침없이 행동하는 것을 가리킨다. 『진서晉書』 「완적전」에 진晉 나라 완적은 천성이 방달불기放達不羈하여 때로는 마음 내키는 대로 수레를 타고 아무 곳으로나 가다가 더 이상 갈 수 없이 길이 막히면 통곡하고 돌아왔다 한다. 이를 두고 왕발王勃의 「등왕각서滕王閣序」에 "완적은 창광하니 어찌 궁도의 통곡을 본받으랴[阮籍猖狂 豈效窮途之哭]"고 하였다.

93) 북에서도 안 받거든[有北不受] : 『시경』 「소아」 '항백巷伯'에 "저 남을 참소하는 자여, 어디 가서 누구와 도모하는가. 저 참소하는 자를 잡다가, 호랑이와 늑대에게나 던져 주어야 하리. 호랑이와 늑대도 먹지 않거든, 북방의 모진 땅에 던져 주어야 하리. 북방도 더럽다고 받지 않거든, 하늘에나 던져 주리[彼譖人者 誰適與謀 取彼譖人 投畀豺虎 豺虎不食 投畀有北 有北不受 投畀有昊]"라는 말이 있다. 여기서는 참소에 의한 억울한 일이라는 뜻이다.

지난번에 황만영의 집에서 마침 현풍에 살던 박영훈을 만나 외손녀의 시댁 소식을 물었는데, 한훤당寒暄堂의94) 후손 김우식이 바로 그 사람으로, 고故 도사都事 김규한의 증손이라고 하였다. 장용택은 그대로 머무르면서 손자 아이의 병을 보고 연달아 쌍화탕과 패독산 각 두 첩을 썼다. 응로의 병세가 조금 덜해지지 않으니 걱정스럽다. 동삼東三 족종族從이 저녁밥을 먹고 떠났다.

二十日 雨 兒去大花沙 以買米事也 夕冒霈跋涉而還

5월 20일. 비.
아이가 대화사大花沙로 떠났는데, 쌀을 사는 일 때문이다. 저녁에 비를 무릅쓰고 산 넘고 물 건너 돌아왔다.

二十翌日 黃萬英來診孫病 袖致藿正散二貼 飮輒發效 可感可感 京人任㳌同來午饒 權英漢<安東一直居人>過訪 正孫又苦痛 左右重灼 卽欲溘然 兒去三源浦 補馬鐵而來 價四角云 又買米半斗 直二元

5월 21일.
황만영이 와서 손자의 병을 진찰하고는 소매에서 곽정산藿正散 두 첩을 꺼내 먹이니 곧 효과가 나타났다. 고맙고 고마운 일이다. 서울 사람 임방이 함께 와서 점심을 먹었다. 권영한<안동 일직에 살던 사람>이 지나는 길에 들렀다. 손자 정로正魯가 또 아프다고 하니 좌우에서 거듭 애가 타, 곧 죽고 싶었다.
아이가 삼원포三源浦에 가서 말편자를 덧대어 왔는데 값이 4각이라 한다. 또 쌀 반말을 샀는데 값이 2원이다.

三日 黃萬英 與東三從又來 診問孫病 因藿正二貼 丸藥二介 袖而服之 同憂共患之地 眞可謂異姓之兄弟也 此意何可忘也 又以餻果一封饋余 滋味重重 感領 愧無以爲報也 盖其病症 初似熱感 中似輪行 今見其身 紅顆滿瘢 似是瘟疫 而不可把捉 可悶可慮 恨不能早讀醫書也 尹相佑字佑一 來宿

───────────
94) 한훤당寒暄堂 : 조선전기 성리학자 김굉필金宏弼의 호號인 듯하다.

5월 23일.
　황만영과 동삼東三 족종族從이 또 와서 손자의 병을 진찰하고는, 그에 따라 곽정藿正 두 첩과 환약 2개를 소매에서 꺼내 복용시켰다. 함께 근심하고 같이 걱정스러워 하는 처지가 참으로 성姓이 다른 형제라고 이를 만하였다. 이 뜻을 어찌 잊을 수 있겠는가? 또 당과糖果 한 봉지를 나에게 주었는데, 맛이 매우 좋다. 감사히 받았으나 보답할 것이 없음이 부끄러웠다. 이 아이 병의 증세가 처음에는 열 감기 같더니 중간에는 돌림병인 듯하였다. 그런데 지금 그 몸을 보니 낱알 같은 붉은 반점이 가득한 것이 홍역 같기도 한데 무엇인지 확실히 잡아낼 수 없으니 고민스럽고 걱정스런 일이다. 일찍이 의서醫書를 읽어 두지 않았던 것이 한스럽다. 윤상우尹相佑, 자 우일佑一이 와서 잤다.

四日 邀淸醫診病 見渠所伎 只是甕灸而已 內間惑信 可悶可悶

5월 24일.
　청나라 의원을 불러 병을 진찰하게 하였다. 그 사람의 기술을 보니 다만 옹기로 뜸뜨는 것 뿐인데 집사람이 혹하여 믿으니, 고민스럽고 고민스런 일이다.

五日 孫病畧有變動 而全却食飮 可悶 萬初書來云 見京醫 而觀勢圖之耳 義英 秉大宿

5월 25일.
　손자의 병이 약간 변동이 있으나 먹고 마시는 걸 모두 물리치니 걱정스럽다. 만초萬初의 편지가 왔는데, "서울 의원을 보았는데 형편을 보아 일을 만들어 보겠다."고 하였다. 의영義英과 병대秉大가 잤다.

六日 朴永鑂來宿 二嫂氏自寧姪家來 與朴友圍棊 要爲消長之計 孫憂小可差幸

5월 26일.
　박영훈이 와서 잤다. 두 제수씨가 조카 영식寧植의 집에서 왔다. 벗 박아무개와 함께 바둑을 두며, 대략 세월을 보낼 계책으로 삼으리라. 손자의 병이 조금 차도가 있으니 다행이다.

七日 夜雨迄朝 孫病憂愁之 鬱悶難耐 且蜜水爲消煩之資 因以添劇 渾室救療 終宵不交睫

爲渠手上 卽欲投水溘然 盖其熱病內烘 固是例也 當以溫水與塩饡糜飮調服 可也 而年少未經者 每以姑息爲計 內間之元無見識者 又從以順其所欲 後之調病者 當以是前轍 可也 間與朴友圍棊 要瀉苦鬱耳 黃義英來宿

5월 27일. 밤비가 아침까지 내림.
손자의 병이 걱정되고 시름겨워 울적함과 괴로움을 참기 어렵다. 또 꿀물로 번열함을 식힐 거리로 삼았는데, 이로 인해 더 심해졌다. 온 집안에서 구완하고 치료하느라 밤새도록 한 잠도 자지 못하였다. 그 아이의 손위 된 사람으로 바로 물에 몸을 던져 죽고 싶었다. 대체로 열병은 안에서 열이 나는데, 본디 이런 것이 상례이므로 따뜻한 물에 소금으로 간을 한 미음糜飮을 만들어 마시게 하는 것도 괜찮다. 그러나 나이가 어려 겪어보지 않은 사람은 매번 임시변통을 계책으로 삼는다. 안사람은 원래 견식이 없는 사람이라, 또 그가 하려고 하는 대로 따른다. 뒤에 병을 조섭하는 자는 마땅히 이것을 전철로 삼는 것이 좋겠다. 가끔 벗 박아무개와 바둑을 두는 것은 고통과 울적함을 풀려는 것일 뿐이다. 황의영黃義英이 와서 잤다.

八日 晴 溪梁浸沒 人不利涉 來人絶罕 政爾愁寂

5월 28일. 맑음.
계곡의 다리가 물에 잠겨 사람들이 건너다닐 수 없게 되었다. 오던 사람들이 끊기고 드물어지니 정녕 시름겹고 적적하다.

九日 秉大從 將還故里 寄謝膺禮族叔書

5월 29일.
병대秉大 족종族從이 고향으로 돌아간다기에, 응례膺禮 아재께 올리는 답장 편지를 부쳤다.

寄謝晩樵李友 벗 이만초李晩樵에게 감사하는 뜻을 부치다

烟郊漭蒼對門楣	안개 낀 들판 너머 그대 집 바라보니
一日離如十日離	하루 헤어져 있었는데 열흘은 된 듯하네
雨斷來人無別語	비갠 뒤 오는 이 별다른 말이 없고

家成愁海憊神思	집안은 근심의 바다 심신이 피곤하네
分山結屋容吾膝	산을 나눠 집을 엮으니 몸을 부칠만하니
琢玉磨心感子詩	옥을 깎듯 마음 닦은 그대의 시에 감사하네
且有紋枰消夏計	앞으로 바둑 두며 여름날 보낼 계획 있으니
只將楡日少延遲	노년의 시간을 조금씩 늦추리라

六月一日 孫憂小平 而無物補敗 可歎

  6월 1일.
  손자의 병이 조금 나아졌으나 보신할 것이 아무것도 없으니, 한탄스럽다.

翌日 二嫂氏及孫母 偕作葦塘溝 修人事之行 驟雨來去

  6월 2일.
  두 제수씨와 손자의 어미가 함께 위당구葦塘溝에 인사하러 떠났다. 소나기가 오락가락하였다.

三日 宋耘世<榮川人>過訪

  6월 3일.
  송운세宋耘世<영주 사람>가 지나는 길에 들렀다.

四日 孫兒病勢似若少歇 而委繭不振 蘇完無期 認以爲氣虛所致 補用鷄水而無驗 可悶

  6월 4일.
  손자 아이의 병세가 조금 누그러진 듯하였으나 자리에 누워 떨쳐 일어나지 못하니 완전히 회복될 기약이 없다. 기가 허한 까닭이라 여겨 닭 국물을 보양으로 썼으나 효험이 없으니, 근심스럽다.

憤痛歌[95]

우습고도 분통ᄒ다 無國之民 되단말가
우습고도 憤痛하다 離親去國 ᄒ단말가

憤痛한 일 許多하나 니릴 더욱 憤痛하다
二氣五行 聚精하샤 父母님께 稟受할 졔

萬物中에 秀出하니 그 안니 貴重한가
四民中에 션비되니 그 안니 多幸한가

孝悌忠信 根柢샴고 仁義禮智 坯撲이라
禮義東方 옛딥이셔 靑氈世業 구어 보니

四書六經 기동삼아 詩賦表策 工夫로다
時來運到 됴흔바람 事君之路 열예거던

史魚董狐 부슬비러 史局諫院 드러셔셔
北寺黃門 두다리고 小人놈을 버혀닉야

太祖大王 帶礪之盟 萬億年을 期約하고
太平聖主 만나거던 日月山龍 繡를 노코

世上이 板蕩커던 死於王事 하쟈던니
庚戌年 七月變故 쑴일넌가 참일넌가

칼도 槍도 못 쎠보고 이地境이 되단말가
二十八世 宗廟陵寢 香火祭享 뉘할넌고

---

95) 분통가 : 본 일기 임자년 9월 27일 기사記事에 분통가를 지었다는 기록이 있다.

三千里內 祖宗疆土 犬羊차디 되단 말가
二千萬人 痛哭소리 졋줄노은 아히로다

天地가 문어진덧 日月이 晦彩한덧
五百年을 休養하신 우리 先王 餘蔭으로

家庭에셔 익언見聞 朋友까지 講論하던
忠孝義烈 넷글字를 간입샤예 씍여노코96)

교육하고 發達하야 禮樂文物 보쟈던니

事業은 蹉跎하고 歲月은 如流로다
할이라도97) 故國生活 갈샤록 憤痛하다

轉海回山 하쟈히도 赤手空拳 無奈何오
赴湯蹈火 하쟈히도 運歇命盡 無奈何오

七十年 布衣寒士 죽난 것도 分外事라
賷金 쥬고 그술가졔 祖上祭享 하단말가

屋賷 쥬고 基賷쥬고 그터젼에 샤잔말가
砒霜 갓튼 恩賜金을 財物이라 밧단말가

실갓히도 國服이라 그國服을 입단말가
毒蛇갓튼 그모양을 아츰계역 디탄말가

---

96) 씍여노코: 새겨. 간잎[肝잎] 사이에 새겨놓고.
97) 할이라도 : 하루라도.

鬼蜮갓튼 그人物를 이웃갓치 샤단말가
길싹가라 길짐져라 雷霆갓튼 號令소리

金玉갓튼 우리民族 져의 奴隷 되단말가
龍鳳갓튼 堂堂士夫 져게 壓制 밧단말가

哀殘하고 憤痛하다 그거동을 엇디보리
속졀업시 싱각ᄒ니 檀公上策 一走字라

南走越에 北走胡에 四面八方 살펴보니
그리힉도 난은곳디[98] 長白山下 西間島라

檀祖當年 開國處요 句麗太祖 創業地라
決定하고 斷定하야 勇往直前 하쟈할졔

八世邱隴 香火所랄 弟姪의게 付託하고
冬溫夏凉 好家舍를 헌신갓치 버려노코

南田北畓 祖先世業 紙貨한쥼 바다너코
九十當年 猶父兄을 열쥴걸로 하직ᄒ고

白首之年 왜낫동싱 生離死別 쩟쳐노코
梁山令公 處義할졔 샨鬼神을 치하하고

李司諫의 붐[99]을바다 우슘으로 됴샹하고

---

98) 난은곳디: 나은 곳이.
99) 붐 : 부음訃音.

李侍郎과 李上舍난 열걸句로 薤歌하고

至情切戚 다더디고 越獄逃亡 하덧하니
淚水가 압흘막가 白日이 無光이라

洞口박글 써나올졔 머리둘너 다시보니
山川이 어두은덧 草木이 슬피한덧

아무려도 싱각ᄒ니 가난거시 良策이라
漠漠江天 汾浦거리 再從叔姪 이별하고

칼긋갓치 맘을먹고 활살것치 압흘셔셔
氣色업시 가난곳디 栗城查頓 門前이라

孫女난 삼이잡고 孫壻난 압흘막가
痛哭하며 怨望ᄒ며 白首尊顔 언졔볼고

木石肝膓 안니거던 子孫之情 업살손가
草木禽獸 안니거던 慈愛之心 업살손가

已發之勢 無奈何라 다시오마 뿔잇치고
七十之年 查兄弟를 城싹귀예 ᄒ딕ᄒ고

어셔가쟈 밧비가쟈 汽車우에 올나션니
千里길이 디쳑이오 萬事萬念 그만니라

漢陽城門 드려셔셔 古宮室을 울어보니
光化門과 大漢門은 寂寂無人 門닷기고

萬朝百官 朝會길은 黍稷蓬蒿 一望이라
壁돌담과 電汽燈은 統監府와 外國領事

銃槍들고 橫行하난 輔助員과 日巡査가
白地行人 調査하고 無罪窮民 徵役치니

져승인가 이승인가 이地方이 어더런고
郊廟神靈 업샤신가 이光景이 무샤일고

宣祖大王 中興하신 鐵券勳錄 잇건만은
그子孫과 그百姓이 背國叛卒 되단말가

不幸이 눈귀이셔 보고듯기 慣痛하다
南亨宇딥 作別하고 金箕壽딥 단여나와

力車나려 汽車타고 가난곳디 新義州라
鬱乎蒼蒼 龍灣浦난 宣祖大王 駐蹕處오

우리先祖 勤王ᄒ신 御史行臺 愴感하다

鳳凰城과 吉林城에 從某至某 다다르니
雨萍風絮 根着업시 안는곳디 닉딥이라

柳河縣과 通化縣에 上下四方 둘너보니
渾同江과 鴨綠江는 左右로 흘너잇고

太白山과 盖牟城은 虎踞龍蟠 摩天ᄒ데

高麗村과 高麗塚은 英雄壯蹟 曠感하다

遼陽城郭 잇건만은 古都人物 어디간고
伯夷叔齊 찻쟈히도 山이놉파 못오을네

魯仲連을 쌀챠히도 바다머러 못갈네라
鄕曲腐儒 拙手分이 射不穿札 어이홀고

七十前程 얼미런고 河水말기 보기손가
하릴업셔 憤鬱홀졔 大言張膽 하여보시

吾夫子의 春秋筆로 沐浴請討 하올 적에
宗室大臣 內部大臣 凶逆黨에 大書하고

開門納賊 몟몟놈은 奸黨篇에 실어넛고
皇天后土 昭告하샤 忠逆黨을 剖判혼후

西小門外 處斬當튼 洪在鶴게 再拜하고
海牙談判 피홀이든 李儁氏를 痛哭하고

鍾樓거리 칼딜ᄒ던 李在明을 賀禮하고
哈爾濱을 바라보고 安重根께 酌酒하고

閔永煥딥 더구경과 崔益鉉의 返魂길에
上下千載 둘너보니 古今人物 다할손가

楚漢三國 英傑하나 東國史紀 더욱壯타
江湖廟堂 進退憂난 聖明世도 그렷커든

主辱臣死 하올젹에 烈士忠臣 몃몃친고
句麗치고 倭물이던 金庾信은 上座안고

草檄黃巢 崔致遠은 中國人도 景仰하고
百萬隋兵 鈔滅하던 乙支文德 壯홀시고

唐太宗의 눈짜쥬턴¹⁰⁰⁾ 安市城主 楊萬春과
猪首峯에 北賊치던 庾黔弼도 招魂ᄒᆞ니

大版城에 剮脛當턴 朴堤上의 忠烈이오
善竹橋上 遇害ᄒᆞ던 圃隱先生 血痕이라

松岳山中 깁흔곳에 杜門洞이 져긔런가
契丹치고 獻俘ᄒᆞ던 姜邯鄧도 가쟈셔라

鵝兒乞奴 殲馘하던 金就礪의 元勳이오
妙淸趙匡 降服밧던 圖形褒賞 金富軾과

女眞치고 拓地하던 吳延寵과 同功爵諡
立碑定界 公儉鎭에 出將入相 尹瓘氏와

七日不食 金慶孫은 十二卒노 蒙古치네

兩國大將 金方慶은 元世祖도 錄勳하네
七人으로 敵萬하은 元冲甲의 膽略보소

---

100) 눈짜쥬턴 : '눈이 멀게 하던'의 뜻이다.

紅巾칠딕 首倡하던 露布以聞 郭世雲의
鬼勳卓烈 壯커니와 羅麗以上 尙矣로다

壬辰癸巳 中興時代 本朝事蹟 더러보소
天下上將 李舜臣은 龜船이 出沒하고

好男兒의 金應河난 兄도壯코 弟도壯타
六軍大將 權慄氏난 幸州大捷 第一이오

散財募兵 奮義하던 紅衣大將 郭再祐오
自請從軍 鄭起龍은 以少賊衆 能事로다

賜號忠勇 金德齡은 庚死獄中 무사일고
去錐放矢 林慶業은 大明에도 忠臣일네

三世忠節 吳邦彦 죽난것도 榮光이오
遇賊輒殺 鄭鳳壽난 有是兄과 有是弟라

莫非王臣 갓흔義理 僧俗인달 달를손가

都摠史師 休靜禪師 李提督도 壯타하네
四溟大師 靈圭和尙 忠義壯烈 짝이업네

矗石樓中 三壯士난 忠魂毅伯 鳴咽水오
瀋陽死節 三學士난 烈日秋霜 凜然하다

罵賊不屈 李夫人은 一門雙節 烈女傳에
抱賊投水 論介事난 娼妓락고 뒤할손가

그난마 忠臣義士 十更僕에 다못할쇠
父老相傳 世守之論 所見所聞 잇건만언

三百州郡 二千萬中 一人抗敵 업단말가
初遇再遇 三遇如常 博物細故 보덧하니

太廟門前 厭冠痛哭 痛哭하고 두단말가
샤라셔도 죽은디라 그릇탁고 참죽으랴

否往泰來 理數잇고 人衆勝天 옛그리라
大冬風雪 枯死木도 그가디예 꽂치피고

火炎崑岡 다타셔도 玉도나고 돌도나네
太平基礎 困難이오 우룸끗혜 우슴이라

嘗膽으로 軍糧하고 臥薪쟈리 들어누어
一死報國ㅎ쟈홀제 老少之別 이슬손가

達八十에 呂太公은 創業周室 巍巍ㅎ고
極壯其猷 元老方叔 出將入相 거룩하고

矍鑠斯翁 廉將軍은 上馬示其 可用이라
七十奇計 范亞父난 楚伯王의 骨鯁일네

圖上方畧 金城씰에 趙充國도 老將이오
勿謂儒臣 鬢髮蒼은 復讐志願 陳同甫라

智將福將 다모도여 唾手하고 扼腕하되
靑年子弟 압셔우고 復讐旗를 놉피들고

關雲將의 偃月刀와 趙子龍의 八枝槍에
陸軍大將 水軍大將 左右로 衝突하니

靑天이 쒸노난덧 白地가 쓸는닷기
魁首잡아 獻馘하고 都統잡아 數罪한이

盤石갓흔 우리帝國 너게贖貢 호단말가
錦繡江山 닉地方이 너의차디 되단말가

縫掖章甫 三代衣冠 斷髮文身 當탄말가
笙簧鐘鼓 다더디고 曲鑼鉢를 부단말가

社稷宗廟 背叛하고 너게臣服 하단말가
各國其國 區域박에 釁隙없시 셋단말가

巧譎하고 凶毒호다 背義渝盟 몟번씨고
雲飜雨覆 이世界예 너긔셴달 오일손가

廓淸區宇 하온후에 自由鍾을 울니치며
오던길로 도라셔셔 凱歌하며 춤을추니

二千萬人 歡迎소리 地中人도 起舞한덧
宇宙에 빗치나고 日月이 開朗한덧

英美法德 上等國에 上賓으로 올나안쟈

六大洲와 五大洋에 號令하고 吞壓하니

筐篚玉帛 四時節에 海船山梯 朝貢바다
天地鬼神 祭享하고 太平宴을 排設하샤

忠臣烈士 다 모도여 次第로 論功할 졔
大砲끗헤 死節功臣 束草代人 酹酒하고

指揮方略 都元帥 第一等에 勳號하고
麒麟閣에 圖形하고 太常旗에 일름쓰니

攻城身退 옛말이라 少年學徒 勸戒하고
深衣大帶 舊文物로 某水某邱 차쟈가니

父老宗族 情話할졔 風雨戰場 예말이라
海晏河平 熙皥世예 堯舜世界 다시보니

憲法政治 共和政治 時措之義 짜라가며
福을바다 子孫쥬고 德을싹가 百姓쥬고

壽考無疆 安樂太平 참말삼아 두고보세
長歌甚於 慟哭이오 大笑發於 無奈何라

憤痛코도 快活하다 靑年學徒 드러보소
靑春이 더이없고 白髮이 於焉이라

日征月邁 時習하야 人一能之 己百之라
아무려도 雪恥하야 大韓帝國 보고디고

분통가 해역 憤痛歌 解譯

우습고도 분통하다 나라 없는 백성이 되었단 말인가
우습고도 분통하다 부모를 떠나고 나라를 떠났단 말인가

분통한 일 허다하지만 나의 일 더욱 분통하다
이기二氣와 오행五行 정기를 모아서 부모님께 받아 태어날 때에

만물 가운데에 빼어나니 그 아니 귀중한가
네 가지 백성 가운데 선비가 되었으니 그 아니 다행한가

효제충신孝悌忠信 뿌리 삼고 인의예지仁義禮智 바탕이라
예의 있는 우리나라 옛 집에서 청전靑氈 세업 굽어보니

사서육경四書六經 기둥삼아 시부표책詩賦表策101) 공부로다
때가 오고 운이 이르러 좋은 바람 임금 섬길 길이 열리면

사어史魚102) 동호董狐103) 붓을 빌려 사국간원史局諫院에 들어서서

---

101) 시부표책詩賦表策 : 시·부·표·책은 모두 문체의 한 종류로 과거科擧에 필수적인 문체이다.
102) 사어史魚 : 춘추시대春秋時代의 위衛 나라 대부大夫 사추史鰌이다. 자字는 자어子魚 또는 사어史魚이다. 시간尸諫이란 바로 이 사추에게 얽힌 고사이다. 당시 위나라의 거백옥蘧伯玉은 현신賢臣이고 미자하彌子瑕는 간신奸臣이었는데 사추가 거백옥을 등용하고 미자하를 내칠 것을 간하였으나, 위령공衛靈公이 듣지 않았다. 후에 사추가 병이 들어 죽게 되자 그 아들에게 "내가 능히 거백옥을 나아가게 하지 못하고 미자하를 물리치게 하지 못하였으니, 이는 임금을 바로잡지 못한 것이다. 살아서 임금을 바로잡지 못하였으니, 죽어서도 예禮를 이룰 수 없다. 내가 죽으면 시체를 창 아래에 두라"고 하였다. 위령공이 조문弔問하러 와서 이상하게 여기고 그 까닭을 묻자 아들이 사실대로 고백하였다. 이에 위령공이 객위客位에 초빈케 하고 거백옥을 등용하고 미자하를 내쳤다.
103) 동호董狐 : 춘추시대 진晉 나라 사람이다. 사관史官이 되어 영공靈公을 시해한 조돈趙盾의 일을 직필直筆하였다. 이에 후세 사람들이 직필하는 사관을 동호필董狐筆이라 하였다.

북시황문北寺黃門104) 두드리고 소인 놈을 베어내어

태조대왕太祖大王 대려지맹帶礪之盟105) 만 억년을 기약하고
태평성주太平聖主 만나거든 일월산룡日月山龍 수繡를 놓고

세상이 어지럽거든[板蕩] 나라일로 죽자하였는데
경술년 칠월 변고變故 꿈이던가 참이던가

칼도 창槍도 못 써보고 이 지경이 되었단 말인가
이십팔 세世 종묘능침宗廟陵寢 향화제향香火祭享 누가 할까

삼천 리 안의 조종강토祖宗疆土 짐승[犬羊]차지 되었단 말인가
이 천만 인 통곡소리 젖줄 놓은 아이로다

천지가 무너진 듯 일월이 빛을 잃은 듯
오백년을 휴양休養하신 우리 선왕先王 남은 음덕[餘蔭]

가정에서 익은 견문 붕우까지 강론하던
충효의열忠孝義烈 네 글자를 간 잎[肝] 사이에 새겨 놓고

교육하고 발달하여 예악문물禮樂文物 보자 했더니

사업은 어긋나고 세월은 물같이 흐르네
하루라도 고국생활 갈수록 분통하다

---

104) 북시황문北寺黃門 : 후한 황문서黃門署에 소속된 감옥이다. 주로 대신의 죄를 다루었고 궁성宮省의 북쪽에 있었다.
105) 대려지맹帶礪之盟 : 나라를 세우고 공신功臣을 봉작할 때의 맹세이다. 한漢 고조高祖가 공신들에게 작록을 봉하면서 맹세하기를 "황하가 띠처럼 되고 태산이 숫돌처럼 될 때까지 나라를 길이 보존하라"고 하였다.

바다를 굴리고 산을 돌고자 해도[轉海回山] 적수공권赤手空拳 어찌할 수 없고
부탕도화赴湯蹈火 하자해도 운명이 다해 어찌할 수 없고

70세 포의한사布衣寒士 죽는 것도 분수 밖의 일이다
세금貰金주고 그 술 가져다 조상 제향 한다는 말인가

집세 주고 텃세 주고 그 터전에 살자는 말인가
비상砒霜 같은 은사금恩賜金을 재물財物이라 받는단 말인가

실 같아도 나라 옷이라고 그런 나라 옷을 입는단 말인가
독사毒蛇 같은 그 모양을 아침저녁 대하란 말인가

귀역鬼蜮 같은 그 인물을 이웃같이 산다는 말인가
길 닦아라 길짐 져라 우레[雷霆] 같은 호령소리

금옥金玉 같은 우리 민족이 저들의 노예 된단 말인가
용봉龍鳳 같은 당당한 사대부가 저들에게 압제壓制를 받는단 말인가

애잔哀殘하고 분통하다 그 거동을 어찌 보리
속절없이 생각하니 단공상책檀公上策106)이 한 주자[一走字]라

남쪽의 월越로 갈까 북쪽의 오랑캐[胡] 땅으로 갈까 사면팔방 살펴보니
그리해도 나은 곳이 장백산長白山 아래 서간도西間島가

---

106) 단공상책檀公上策 : 위기를 신속하게 면하는 것을 비유한 말이다. 단공은 남조南朝 송宋 때의 장군 단도제檀道濟를 이른다. 그가 위魏 나라와 싸우다 불리하자 퇴군退軍을 주동한 사실이 있었으므로, 왕경칙王敬則이 말하기를 "단공의 삼십육계三十六計 가운데 주走가 상책이었다."고 한 데서 온 말이다.

단군께서 당시에 나라를 열었던 곳, 고구려 태조께서 창업創業하였던 땅이라
결정하고 단정하여 용감하게 앞으로 바로 나가자할 때

팔세구롱八世丘隴 향화할 곳을 아우와 조카에게 부탁하고
겨울에 따뜻하고 여름에 시원한 좋은 집을 헌신같이 버려놓고

남전북답南田北畓 선조세업祖先世業으로 종이돈[紙貨] 한 줌 받아 넣고
아흔이 되신 숙부님께 열 줄 글로 하직하고

머리가 허옇게 센 하나 밖에 없는 아우 생사이별[生離死別] 떨쳐놓고
양산령공梁山令公107) 처의處義할 때 산 귀신鬼神을 치하하고

이사간李司諫108)의 부음訃音을 받아 웃음으로 조상弔喪하고
이시랑李侍郞과 이상사李上舍는 열 마다 구절로 만사挽詞하고

지극한 정 절친한 친척 다 던지고 탈옥脫獄하여 도망하듯 하니
눈물이 앞을 막아 밝은 해도 빛이 없어졌다

동구洞口 밖을 떠나올 때 머리 돌려 다시 보니
산천이 어두운 듯 초목이 슬퍼하는 듯

아무리 생각해도 가는 것이 양책良策이라
막막한 강천[漠漠江天] 분포汾浦 거리 재종숙질再從叔姪 이별하고

칼끝 같이 맘을 먹고 화살같이 앞을 서서
기색氣色없이 가는 곳이 율성栗城 사돈 문 앞이라

---

107) 양산령공梁山令公 : 향산響山 이만도李晩燾 선생을 가리킨다.
108) 이사간李司諫 : 이중언李中彦이다. 사간원司諫院 정언正言을 지냈기 때문에 지칭한 말이다.

손녀는 소매잡고 손서孫壻는 앞을 막아
통곡하며 원망怨望하며 "백수존안白首尊顏 언제 뵐까"

목석간장木石肝腸 아닌데 어찌 자손의 정이 없을 손가
초목금수草木禽獸 아닌데 어찌 자애로운 마음이 없을 손가

이미 출발한 형세 어찌할 수 없어 다시 오마 뿌리치고
70년 사돈 형제[査兄弟]를 성성 가귀에서 하직하고

어서가자 바삐 가자 기차 위에 올라서니
천리 길이 지척이고 만사만념萬事萬念 그만이라

한양 성문 들어서서 옛 궁실을 우러러 보니
광화문光化門과 대한문大漢門은 적막하여 사람은 없고 문은 닫겼네

만조백관萬朝百官 조회 길은 서직봉호黍稷蓬蒿109) 한 눈에 보이네
벽돌집과 전기등電汽燈은 통감부統監府와 외국영사外國領事

총과 창 들고 횡행橫行하는 보조원輔助員과 일본 순사
이유 없이 행인을 조사하고 죄 없는 궁한 인민 징역徵役을 시키니

저승인가 이승인가 이곳이 어디인가
교묘신령郊廟神靈 없으신가 이 광경이 무슨 일인가

선조대왕宣祖大王 중흥하신 철권훈록鐵券勳錄 있건마는
그 자손과 그 백성이 나라 배반한 졸개[背國叛卒] 되었단 말인가

---

109) 서직봉호黍稷蓬蒿 : 종묘가 쑥대밭이 된 모습을 말한다.

불행히 눈귀 있어 보고 듣기 분통하다
남형우南亨宇 집 작별하고 김기수金箕壽 집 다녀 나와

인력거 내려 기차 타고 가는 곳이 신의주新義州라
울창한 용만포龍灣浦는 선조대왕宣祖大王 머물던 곳이고

우리 선조先祖 근왕勤王하신 어사행대御史行臺 창감愴感하다

봉황성鳳凰城과 길림성吉林城에 어디에서 어디까지 다다르니
빗물에 떠도는 부평과 바람에 날리는 버들솜처럼 뿌리 내릴 곳 없이 앉는 곳이 내 집이라

유하현柳河縣과 통화현通化縣에 상하사방上下四方 둘러보니
혼동강渾同江과 압록강鴨綠江은 좌우左右로 흘러가고

태백산太白山과 개모성盖牟城은 호거용번虎踞龍蟠 하늘에 닿았는데[摩天]
고려촌高麗村과 고려총高麗塚은 영웅의 웅장한 자취 광감曠感하다

요양성곽遼陽城郭 있건마는 고도인물古都人物 어디 갔나
백이숙제伯夷叔齊 찾자 해도 산이 높아 못 오르네

노중련魯仲連을 따르자 해도 바다 멀어 못 가겠네
시골 선비 못난 솜씨가 힘이 없으니110) 어찌 할까

칠십 노인 앞날이 얼마런가 황하수黃河水 맑기를 보려는 것인가
어쩔 수없이 분하고 우울할 때 큰 소리로 장담[大言張膽] 하여보자

---

110) 『진서晉書』「두예전杜預傳」에 "두예가 너무나 약하여 말에 걸터 앉지도 못하고 활을 쏘아도 종이를 뚫지 못한다[預身不跨馬射不穿札]"라는 말이 있다.

공자님의 춘추필[春秋筆]로 목욕하고 벌 주기를 청할[沐浴請討] 때에
종실대신宗室大臣¹¹¹⁾ 내부대신內部大臣¹¹²⁾은 흉역당凶逆黨 조條에 크게 쓰고

문을 열고 도적을 들인 몇몇 놈은 간당편奸黨篇에 실어 넣고
황천후토皇天后土 밝게 고하여 충신과 역적의 무리를 쪼개서 나눈[剖判] 뒤에

서소문西小門 밖에서 처참處斬 당하던 홍재학洪在鶴에게 재배再拜하고
헤이그의 담판[海牙談判]에서 피 흘리던 이준李儁씨를 통곡하고

종로거리 칼질하던 이재명李在明을 하례賀禮하고
하얼빈[哈爾濱]을 바라보고 안중근安重根께 제사하고

민영환閔泳煥 집 대나무 구경과 최익현崔益鉉의 반혼返魂 길에
아래 위 천년을 둘러보니 고금 인물을 다하겠는가

초한삼국楚漢三國 영걸英傑하나 우리 역사 더욱 장하다
강호묘당江湖廟堂 진퇴 근심은 성명세聖明世에도 그랬거든

임금이 욕을 당하면 신하가 죽을 때에 열사충신烈士忠臣 몇몇인가
고구려 치고 왜倭를 물리치던 김유신金庾信은 상좌上座에 앉고

황소黃巢에게 격문 쓴 최치원崔致遠은 중국인中國人도 경앙하고
백만의 수나라 병사 초멸鈔滅하던 을지문덕乙支文德 장壯할시고

---

111) 종실대신 : 당시 궁내부대신 이재면李載冕을 말한다. 고종의 형이다.
112) 내부대신 : 이지용李址鎔이다. 을사오적의 한 사람으로 1904년 외무대신 서리로서 한일의정서에 찬성, 조인하였다. 이듬해 내무대신으로 을사늑약에 조인하였다.

당태종唐太宗의 눈 멀게 하던 안시성주安市城主 양만춘楊萬春과
저수봉猪首峯에 북적北賊치던 유검필庾黔弼도 초혼招魂하니

대판성大版城에 다리 찢김[副脛] 당하던 박제상朴堤上의 충렬忠烈이오
선죽교善竹橋 위에서 화를 당한 포은선생圃隱先生 혈흔血痕이라

송악산중松岳山中 깊은 곳에 두문동杜門洞이 저기던가
거란契丹 치고 헌부獻俘하던 강감찬姜邯鄲도 가자꾸나

아아걸노鵝兒乞奴 섬괵殲馘하던 김취려金就礪의 원훈元勳이오
묘청妙淸 조광趙匡 항복降服 받은 도형포상圖形褒賞 김부식金富軾과

여진女眞 치고 땅 개척하던 오연총吳延寵113)과 같은 공으로 벼슬과 시호[同功爵諡]
비碑 세워 경계를 정한 공검진公儉鎭에 나가서는 장군 들어와서는 재상[出將入相] 윤관씨尹瓘氏와

7일 먹지 않은[七日不食] 김경손金慶孫은 12 병졸十二卒로 몽고蒙古 치네

양국의 대장[兩國大將] 김방경金方慶은 원세조元世祖도 녹훈錄勳하네
7인七人으로 일만을 대적[敵萬]하던 원충갑元冲甲의 담략膽略 보소

홍건적[紅巾] 칠 때 먼저 창의[首倡]하던 노포이문露布以聞114) 곽세운郭世雲의
높은 공훈 우뚝한 충렬 장壯하거니와 신라와 고려 이상은 아직 다가 아니다

임진계사壬辰癸巳 중흥하던 시대 우리나라 사적[本朝事蹟] 들어 보소
천하 상장上將 이순신李舜臣은 거북선[龜船]이 출몰出沒하고

---

113) 오연총吳延寵 : 고려 때 사람으로 예종睿宗 2년에 윤관이 원수, 오연총이 부원수가 되어 17만 군을 거느리고 요동遼東을 정벌, 9성을 쌓고 돌아왔다. 본문의 용龍은 총寵의 오자인 듯하다.
114) 노포이문露布以聞 : 노포는 문체의 하나, 봉함을 하지 않고 노출된 채로 선포宣布하는 포고문이다. 주로 전승戰勝을 속보하는 데 사용되었다. 여기서도 전쟁에서 승리하였다는 말이다.

호남아好男兒의 김응하金應河는 형도 장하고 아우도 장하다
육군대장六軍大將 권율權慄 씨는 행주대첩幸州大捷 제일이고

재산 흩어 모병하여 의리를 떨치던 홍의장군紅衣大將 곽재우郭再祐요
자청하여 종군한 정기룡鄭起龍은 적은 수로 많은 적을 상대함을 잘하였다

충용忠勇이라 호를 하사받은 김덕령金德齡은 옥중에서 굶어 죽다니 무슨 일인가
화살촉 없이 살을 놓은[去鏃放矢] 임경업林慶業은 대명大明에도 충신일세

삼세 충절 오방언吳邦彦은 죽는 것도 영광이오
적을 만나면 그때마다 죽인 정봉수鄭鳳壽는 그 형에 그 아우라

왕의 신하 아님이 없다는 같은 의리 승속僧俗인들 다를 손가

도총사사都摠史師 휴정선사休靜禪師 이李 제독提督도 장壯타 하네
사명대사四溟大師 영규화상靈圭和尙 충의장렬忠義壯烈 짝이 없네

촉석루의 세 장사壯士는 굳은 충혼[忠魂毅伯]에 물이 흐느껴 울었고
심양瀋陽에서 절의로 죽은 삼학사三學士는 뜨거운 해와 가을 서리 같이 늠름하다

도적을 꾸짖고 굽히지 않은 이李 부인은 한 집안 두 절개로 열녀전烈女傳에<부인은 바로 김덕령의 아내인데, 정유년에 절개를 지켜 죽었다>
도적 안고 물에 몸 던진 논개論介의 일은 창기娼妓라고 뒤로할까

그 나머지 충신의사 십경복十更僕115)에 다 못 할세

---

115) 경복更僕 : 피곤하면 사람을 바꾸어 가며 말하는 것으로 얘기가 매우 길다는 뜻이다. 애공哀公이 유행儒行에 대해 묻자 공자孔子가 대답하기를 "갑작스레 헤아려 말해서는 다 얘기할 수 없

부로父老가 서로 전해 대대로 지킨 의론 보고 들은 것 있건마는

삼백 주군州郡 2천만 중에 한 사람도 적에 대항하는 이 없단 말인가
처음 만나고 두 번 만나고 세 번 만나다보니 여상如常하여 박물세고博物細故로 보듯하니

태묘문전太廟門前 염관통곡厭冠痛哭116) 통곡하고 둔단 말인가
살았어도 죽은 지라 그렇다고 참 죽을 것인가

꽉 막힌 운수가 가고 태평이 오는[否往泰來] 이수理數가 있고 사람이 많으면 하늘을 이긴다는 말은 옛 글이다
한 겨울 눈보라에 말라 죽은 나무도 그 가지에 꽃이 피고

곤강崑岡이 화염에 다 탔어도 옥玉도 나고 돌도 나네
태평太平의 기초가 곤란하나 울음 끝에 웃음이라

쓸개 맛보는 것[嘗膽]으로 군량軍糧을 하고 섶자리에 들어 누워
한 번 죽어 나라에 보답코자 할 때 노소의 구별 있겠는가

널리 세상을 청소한[廓淸區宇] 후에 자유종自由鍾을 울려 치며
오던 길로 돌아 서서 개선가[凱歌] 부르며 춤을 추니

2천만인 환영소리 땅 속 사람도 일어나 춤을 추는 듯
우주에 빛이 나고 일월이 밝아진 듯

영국·미국·프랑스·독일 상등국上等國에 상빈上賓으로 올라 앉아

고, 자세히 다 얘기하려면 오래 머물러야 하니, 피곤하여 보좌하는 사람을 번갈아 세우더라도 다 말할 수 없습니다[遽數之 不能終其物 悉數之乃留 更僕未可終也]"라고 한 데서 온 말이다.
116) 염관통곡厭冠痛哭 : 염관은 상중喪中에 머리에 쓰는 관이다.

6대주와 5대양에 호령하고 삼키고 누르니[呑壓]

광주리의 옥과 비단[筐篚玉帛] 사시절에 바다 배와 산의 사다리[海船山梯]117) 조공朝貢 받아
천지귀신天地鬼神 제향祭享하고 태평의 잔치를 배설排設하여

충신열사 다 모여서 차례로 논공論功할 때
대포大砲 끝에 절의로 죽은 공신 풀을 묶어 사람 대신해 뇌주酹酒하고

지휘방략指揮方略 도원수都元帥 제1등 공신으로 부르고
기린각麒麟閣에 영정 그리고 태상기太常旗118)에 이름 쓰니

공 이루면 물러난다는 것은 옛 말이라 소년학도 권하고 권계勸戒하고
심의深衣에 큰 띠 옛 문물로 아무 물 아무 언덕[某水某邱]119) 찾아 가니

부로종족父老宗族 정답게 말할 때 풍우전장風雨戰場 옛말이라
바다가 편하고 강도 화평한 밝은 세상에 요순堯舜 세계를 다시 보니

헌법정치 공화共和 정치 때에 맞는 의리 따라가며
복을 받아 자손주고 덕을 닦아 백성百姓 주고

수고무강壽考無疆 안락태평安樂太平 참말 삼아 두고 보세
긴 노래는 통곡보다 더 심하고 큰 웃음은 어찌할 수 없는데서 나오네

---

117) 바다 배와 산의 사다리[海船山梯] : 다른 나라에서 배를 타고 바다 건너, 험한 산을 넘어 조공을 바치러 온다는 말이다.
118) 태상기太常旗 : 해·달·별·용을 그린 임금의 기旗이다. 국가에 큰 공이 있으면 이 태상기에 기록하였다.
119) 아무 물, 아무 언덕[某水某邱] : 고향을 가리키는 말이다. 한유韓愈의 「송양소윤서送楊少尹序」에 "아무 물가, 아무 언덕은 내가 어린 아이였을 때 낚시하며 놀던 곳이다[某水某邱 吾童子時所釣遊也]"라는 말이 나온다.

분통하고도 쾌활快活하다 청년학도青年學徒 들어 보소
청춘이 덧이 없고 백발이 벌써 왔네

날이 가고 달이 감에 때때로 익혀서 남이 한 번에 능하면 나는 백번을 하리라
아무렇든 수치를 씻어서 대한제국大韓帝國 보고지고

  又以前韻 寄和晩樵 또 이전의 운으로 만초에 화답하여 부치다

同聲同氣許相知	같은 소리와 기운에 지기로 허여하고
顏面雖離意不離	얼굴은 헤어져도 뜻은 떠나지 않았네
雨霽葦坪農撥矖	갈대밭에 비 개니 농사가 시작되고
風傳蘭社故人思	바람은 시단詩壇의 벗님 생각을 전해오네
山河異昔新亭淚	산하도 옛날과 다름은 신정의 눈물120)이요
花鳥添愁老杜詩	꽃과 새에도 슬퍼함은 두보杜甫의 시121)로다
一杖可能資兩笑	한 걸음에 두 사람 웃을 수 있으리니
休言今日我行遲	오늘 내 가는 것 더디다고 말하지 마소

五日 以孫憂 送兒于藍山李老家 製蔘芪芍藥湯 盖不愼食飮 而鷄湯爲害云 後當戒之

 6월 5일.
 손자가 아픈 일 때문에 아이를 남산 이李노인의 집에 보내서 삼저작약탕蔘芪芍藥湯을 지었다. 이것은 음식을 삼가지 않아서 그런 것인데 닭국은 해롭다고 한다. 뒤로는 당연히 경계해야겠다.

---

120) 신정新亭의 눈물 : 서진西晉 말년에 중원을 잃고 강남으로 피난 온 관원들이 신정新亭에 모여 술을 마시다가 고국의 산하를 생각하고서 서로들 통곡을 하며 눈물을 흘리자, 왕도王導가 엄숙하게 안색을 바꾸고는 "중원을 회복할 생각은 하지 않고 어찌하여 초수楚囚처럼 서로 마주 보며 눈물만 흘리느냐"고 꾸짖은 고사가 있다.
121) 두보杜甫의 시 : 두보의 시 「춘망春望」에 "시절을 생각하매 꽃 한 송이에도 눈물이 흐르고, 이별의 슬픔에 새 울음소리에도 마음이 놀라네[感時花濺淚 恨別鳥驚心]"라 한 것을 가리킨다.

憤痛歌後識　분통가 후지

歌者 詩之流也 是以都兪明良之時 則爲賡載歌 南熏之詩 流離板蕩之世 則爲黍離詩 採薇之歌 盖所遇時然 而感發人性情之餘者 直亦同操而異貫 是余今日所爲憤痛歌之所以作也 是以郊廟會同之詩 則和而莊 征婦怨恨之歌 則哀而傷 是皆衰世之意 而賡載南熏之風 幾無所尋逐矣 余自事變之後 糊口四方 或以詩而敍其憤惋之懷 或以歌而暢其堙鬱之氣 是所謂長歌甚於痛哭也 然無柯無節 止不過爲謳啞下俚之音 置之爲休紙覆瓿之資矣 偶爲珍珠友人尹相佑之所矚 因以紙請書要作姿覽之案 其亦所懷人也 旣不得爲極弄自護之計 遂書此而志夫聲氣所同之地云爾

　　노래라는 것은 시의 일종이다. 그러므로 군신이 서로 화합하던 밝은 시대[122]에는 갱재가賡載歌[123]나 남훈南熏의 시[124]를 노래하고, 유리流離하고 어지러운[板蕩] 세상에는 서리黍離[125]나 채미採薇의 노래[126]를 부르게 된다. 이것은 만난 때가 그래서 사람의 성정을 감발한 나머지로, 이 또한 내용은 같으나 형식이 다른 것이다. 이것이 내가 오늘「분통가」를 짓는 까닭이다. 그래서 교묘郊廟[127]에 모이는 시는 온화하며 장엄하고, 정부征婦의 한스러워하는 노래는 슬퍼 마음을 상하게 하니, 이것은 다 쇠망한 세상의 뜻이므로, 갱재가나 남훈 시의 풍에

---

122) 군신이 서로 화합하던 밝은 시대 : 원문의 도유都兪는 도유우불都兪吁咈의 줄임말로 요임금과 순임금 및 신하가 정사를 논하는 자리에서 상대방의 말에 긍정하거나 부정할 때 발하는 탄사歎辭이다. 전轉하여 의견상합을 나타내는 뜻이 되었다.
123) 갱재가賡載歌 : 순순舜 임금이 신하를 권면하는 뜻의 노래를 부른 데에 대하여 고요皐陶가 임금을 권면하는 뜻으로 화답한 노래이다.
124) 남훈南熏의 시 : 우순虞舜이 오현금五弦琴을 타며 불렀다는 노래이다. "남풍의 훈훈함이여, 우리 백성들의 불평을 풀어주리로다. 남풍의 때 맞춤이여, 우리 백성들의 재물을 풍부히 하리로다."라고 노래하였다. 태평한 시대를 상징하는 노래이다.
125) 서리黍離 :『시경』「왕풍王風」의 편명이다. 동주東周의 대부大夫가 행역行役을 나가는 길에 이미 멸망한 서주西周의 옛 도읍인 호경鎬京을 지나다가 옛 궁실과 종묘가 폐허로 변한 채 메기장과 잡초만이 우거진 것을 보고 비감에 젖어 탄식하며 부른 노래이다.
126) 채미採薇의 노래 : 주 무왕이 은나라를 멸망시키자, 백이伯夷와 숙제叔齊가 주나라 곡식을 먹을 수 없다 하여 수양산首陽山에 들어가서 고사리를 캐 먹다가 죽음에 임박하여 노래를 지어 부르기를 "저 서산에 올라가서 고사리를 캐도다. 폭력으로 폭력과 바꾸면서 자기의 그릇됨을 모르도다. 신농과 우순과 하우가 이제는 없으니 나는 어디로 돌아갈거나.[登彼西山兮 採其薇矣 以暴易暴兮 不知其非矣 神農虞夏忽焉沒兮 我安適歸矣]"한 것을 말한다.
127) 교묘郊廟 : 교郊는 하늘을 제사 지내는 것을 말하며, 묘廟는 조상을 모신 곳이다. 곧 천제단과 태묘 또는 사직과 종묘를 이른다.

서는 거의 찾아 볼 수가 없다.

내가 사변 이후부터 사방에서 호구를 하며 혹 시로 분노하고 한탄하는 마음을 서술하고 혹은 노래로 우울하고 답답한 기운을 풀었는데, 이것이 이른바 '장가長歌가 통곡보다 더하다는 것'128)이다. 그러나 가지도 없고 마디도 없이 다만 천하고 속된 소리를 하는데 불과하니, 버려두어서 휴지나 되게 하든지 단지의 속덮개129)로나 쓰려 하였다. 그런데 우연히 진주珍珠(晉州)의 벗 윤상우尹相佑의 눈에 띄게 되었다. 이 때문에 종이에 써 달라고 하며 두고 볼 거리를 삼겠다고 하였다. 그 역시 품은 마음이 있는 사람이라, 이미 심한 농담이라고 하여 덮기 어렵게 되었다. 그래서 마침내 이것을 써주고 기록해 둔다. 이는 소리와 기운이 같은 처지이기 때뿐이다.

六日 李綱鎬 鄭士文 李鍾謨午饒 兒求木麥種不得 方當入種之際 甚是良狽

6월 6일.

이강호·정사문鄭士文·이종모李鍾謨가 점심을 먹었다. 아이가 메밀종자를 구했으나 얻지 못하였다. 바야흐로 종자를 뿌릴 시기인데 이러하니 심히 낭패다.

七日 驟雨來去 共理會趣旨書成

6월 7일. 소나기가 오락가락함.

「공리회취지서共理會趣旨書」를 완성하였다.

八日 二嫂氏還寓 苦挽不得 夫人行事 其又可易乎 悽黯不已 家兒以入籍事 去柳河縣 郭鍾郁以共同代表 發去奉天府云 金東洛午饒 夕金允一 李根壽過訪

6월 8일.

두 제수께서 거처로 돌아가기에 굳이 말렸으나 잡지 못하였다. 부인의 처사가 또 어찌 쉽겠는가? 슬프고 암담하기 그지없다. 가아가 입적入籍하는 일로 유하현으로 떠났다. 곽종욱

---

128) 장가가 ~ 더하다는 것 : "장가의 애절함이 통곡보다 심하다[長歌之悲 甚於痛哭]"는 뜻이다.

129) 단지의 속덮개[부부(覆瓿)] : 『한서漢書』「양웅전揚雄傳」에 유흠劉歆이 양웅이 지은 법언法言을 보고 "왜 세상에서 알지도 못하는 글을 이토록 애써 지었을까. 나중 장독 덮개로나 쓸 수밖에 없을 듯하다."고 하였다. 전轉하여 대개 자기의 저술을 겸칭謙稱하는 말이 되었다.

郭鍾郁이 공동대표로 봉천부로 떠난다고 한다. 김동락金東洛이 아침밥을 먹었다. 저녁에 김윤일金允一과 이근수李根壽가 지나는 길에 들렀다.

九日 小雨 聞中俄協約 而美日擧兵云 大抵雲雨飜覆 不知何時定頓

6월 9일. 가랑비.

들으니 중국과 러시아가 협약을 맺었고, 미국과 일본이 군사를 일으켰다고 한다. 대체 어지러운 세상이 언제나 가라앉을지 모르겠다.

十日 偶得冷泄 一日四五次 殘力益敗 自料前道 此固例 而但孫病漸平 可幸 夕査夫人入來

6월 10일.

우연히 냉설冷泄이 생겨 하루에 너덧 번씩이나 설사를 하니, 쇠잔한 기력이 더욱 없어진다. 지금까지를 가만히 생각해보니 이는 본래 으레 겪던 일이다. 다만 손자의 병 증세가 안정되어 다행스럽다. 저녁에 사부인査夫人이 들어왔다.

十一日 晴 黃應七 李白三午饋 査夫人及李室 黃室 中坪姪婦 二嫂氏仍留

6월 11일. 맑음.

황응칠黃應七과 이백삼李白三이 점심을 먹었다. 사부인과 이실李室·황실黃室, 중평中坪 질부와 두 제수는 그대로 머물렀다.

翌日 夢見有相吉橫罹不吉之狀 是何兆耶 買猪三頭 價一元六角云 二嫂氏以無帶繞之人 故又來二宿 而與査夫人 黃李二室 各歸舊寓 數日團樂之餘 俱有去留之悵 尹炳憲 黃炳雲 李東基 姜東鎬 李東秀來宿

6월 12일.

꿈에 상길相吉이 뜻밖의 재액을 당하여 불길한 상황임을 보았는데, 이것이 무슨 조짐인가? 돼지 세 마리를 사왔는데, 값이 1원 6각이라고 하였다. 두 제수께서 보호해 줄 사람이 없어서 또 와서 이틀을 묵었다. 그러나 사부인과 황실·이실은 각각 거처하던 곳으로 돌아갔다. 며칠 동안 단란하고 즐겁게 지내던 나머지, 모두 떠나가고 남아 있는 아쉬움이 있다. 윤병헌尹炳憲과 황병운黃炳雲·이동기李東基·강동호姜東鎬·이동수李東秀가 와서 잤다.

十三日 邪蘇學長方用淳 來說敬天之意 又與諸生向他處曉諭云 尹哲奎<蔚珍人>過訪

6월 13일.
예수학교 교장 방용순方用淳이 찾아와 하늘을 공경해야한다는 뜻 이야기하고, 또 여러 학생들과 함께 다른 곳으로 가서 설교한다고 하였다. 윤철규尹哲奎<울진 사람>가 지나가는 길에 들렀다.

十四日 去李晩榮家 因樹陰設木榻圍碁 李羲中適來相敍

6월 14일.
이만영李晩榮의 집에 가서 나무 그늘에 걸상을 놓고 바둑을 두었다. 이희중李羲中이 마침 찾아와 서로 이야기하였다.

　　　夕以雨戱 夜仍宿 拈韻共賦　저녁에 비가 와서 밤에 그대로 자며 운을 뽑아 함께 시를 지었다

呼孫留屋訪詩雄	손자 불러 집 보라하고 시인 찾아가는데
粧得英橐倚碧空	단장한 꽃들은 푸른 하늘에 기대있네
撲地喧雷翻覆雨	땅 흔드는 우레 소리 비로 변해 쏟아지고
擎天喬木送迎風	하늘 받든 큰 나무 바람 맞아 보내네
仙廚白飯和情白	신선의 흰 밥은 정도 담아 하얗고
蘭社紅燈照膽紅	난사의 붉은 등 마음 비쳐 붉구나
暑退潦平瓜熟日	더위와 장마 물러가 참외가 익는 날
前期又在大花中	앞으로 또 만날 약속 대화사에 두었네

　　　<大花 坊名><대화는 마을 이름이다>

十五日 孫晉逵 金聲泰 昨來仍留 婦人改服 裂裳新製 或聯縷補綴 首飾又坐於無資 姑俟

後日云 聞內地麥已登稔 稻秧又有豊兆云 可幸 黃應七饋以黃肉湯數碗 枯渴之餘 顯有滋肺之効 可感可感

6월 15일.

손진규孫晉逵와 김성태金聲泰가 어제 왔다가 그대로 머물렀다. 부인이 옷을 고치는데 치마를 찢어 새롭게 만들었다. 더러는 실을 꿰어 덧대고 꿰매었다. 머리 장식은 할 돈이 없이 우선 뒷날을 기다린다고 하였다. 우리나라에서는 보리가 이미 여물었고, 벼가 또 풍년이 들 조짐이라고 하니, 다행스럽다. 황응칠黃應七이 쇠고기국 몇 사발을 가지고 와서 주었다. 메마르던 차에 눈에 띄게 가슴이 든든해지는 효과가 있으니, 고맙고 고마운 일이다.

又以前韻歸寓己意　또 앞의 운을 사용하여 거처로 돌아온 뜻을 붙이다

老廢常如戰敗雄	늙고 쓸모없기가 늘 패전한 군인 같이
無端嗟咄手書空	무단히도 탄식하며 부질없이 글을 쓰네
携筇去看仙人局	지팡이 짚고 신선이 사는 곳 방문하고
依樹來迎少女風	나무에 기대 오가며 소녀풍130) 맞았네
籍草開筵烏袖綠	거적 깔아 자리 여니 고운 소매 푸르고
斟醪乘醉鶴頂紅	막걸리에 취하니 허연 머리 붉어졌네
遙知是日烹鮮處	멀리서 알겠거니 오늘 생선 삶는 곳
鄕國前緣似夢中	고국에서의 지난 인연 꿈 속 같구나

<是日伏日也 曾於故里有狗汁養老會故云><이 날이 복날인데, 고향에서는 개장을 끓여 노인을 봉양하는 모임을 열었기 때문이다>

十六日 李鍾常 鄭鍾宇 陳圭煥午饒 家兒自柳河縣還 聞北側南北黨之說<北右袁世凱 南右孫逸仙> 李根壽夕飯而去 朱炳倫夕後來宿 夜以昌孫滯泄之症 一經劫界 僅以蔘湯責效

6월 16일.

이종상李鍾常·정종우鄭鍾宇·진규환陳圭煥이 점심을 먹었다. 집 아이 형식이 유하현에서 돌아와서 북측의 남·북당에 관한 이야기를 들려주었다. <북쪽은 원세개袁世凱 편을 들고, 남쪽은

---

130) 소녀풍 : 비오기 전에 부드럽게 부는 바람이다.

손일선孫逸仙 편을 든다> 이근수李根壽가 저녁밥을 먹고 가고, 주병륜朱炳倫은 저녁을 먹은 뒤에 와서 잤다. 밤에 손자 창로昌魯가 체증과 설사로 한 번 위험한 고비를 넘겼는데, 겨우 인삼탕을 먹이는 것으로 효과를 기대하였다.

十七日 夢拜西林翁 成魯入來 聞二嫂氏當日得抵云 可喜 其筋力之尙旺 鄭寅建 黃炳禹 權五煥 金在成來宿 夕驟雨來去

6월 17일.
꿈에 서림옹西林翁을 뵈었다. 성로成魯가 들어왔다. 두 제수께서 오늘 도착한다는 말을 들었다. 그들의 근력이 아직 왕성하니 기쁜 일이다. 정인건鄭寅建·황병우黃炳禹·권오환權五煥·김재성金在成이 와서 잤다. 저녁에 소나기가 몰려왔다가 갔다.

十八日 淸明 買粟米於街上 斗二元二角云 秋期杳然 何以繼糧 可歎可歎

6월 18일. 청명.
거리에서 좁쌀을 샀는데, 1말에 2원 2각이라고 한다. 가을이 아득하게 남았는데 어떻게 양식을 이어 갈 것인가. 탄식하고 탄식할 일이다.

十九日 李根壽 東三從來宿 午王三德饒飯 蘭山有洞中議會事云

6월 19일.
이근수李根壽와 친척 동삼東三이 와 잤다. 낮에 왕삼덕王三德이 밥을 먹었는데, 난산蘭山에 동중洞中 회의가 있어서 가는 길이라고 하였다.

二十日 黃義英來宿

6월 20일.
황의영黃義英이 와서 잤다.

二十一日 李晩榮來宿 賭碁著詩 少抒愁寂之懷 黃友仍留 午後雨

6월 21일.131)

　이만영李晩榮이 와서 자며, 내기 바둑을 두고 시를 지으며 시름겹고 적적한 회포를 조금 풀었다. 벗 황의영黃義英은 그대로 머물렀다. 오후에 비가 왔다.

翌日 晴 昌孫去永春源 尹基燮來宿 李相龍答書中 有老人一會之語

6월 22일. 개임.

　손자 창로昌魯가 영춘원으로 떠났다. 윤기섭尹基燮이 와서 잤다. 이상룡李相龍의 답장편지 가운데 '늙은이끼리 한 번 만나자'는 말이 있었다.

三日 朝與尹友圍碁

6월 23일.

　아침부터 벗 윤기섭과 바둑을 두었다.

四日 晴

6월 24일. 개임.

五日 朱炳徽來 饋夕飥而送

6월 25일.

　주병휘朱炳徽가 왔다. 저녁으로 수제비를 먹여서 보냈다.

李晩樵 以婦人改服及悼妻詩六首求和 因次其韻　이만초李晩樵가 부인의 상기를 마친 것과 아내를 애도하는 내용으로 시 여섯 수를 보내면서 화답시를 써달라 하므로 그 시에 차운하다

---

131) 6월 21일 : 6월 21일부터 29일까지 날짜 표기 앞에 20단위 글자가 보이지 않는다. 번역문에는 보충하여 넣었다.

爲男爲女自同曹	남자이든 여자이든 절로 같은 무리인데
從此閨人不服勞	이제부터 부인은 애쓰지 않아도 되겠네
掃地長衫雙手闊	땅을 쓰는 긴 한삼에 두 소매는 넓고
指天華髻四方高	하늘 향한 고운 쪽머리 사방이 높였네
歌詞讚頌房中樂	가사와 찬송가는 방안의 즐거움이요
門戶持維鄴下豪	문호의 유지에는 업하鄴下의 호걸132)이었네
同體同情同住在	몸도 같고 정도 같으며 같이 살고 있으니
行爲巾幗不差毫	부녀의 행동이 조금도 다르지 않다네

<右婦人改服><이는 부인의 상기를 마침에 대한 것이다>

二姓當初一體依	두 성씨가 당초에 한 몸처럼 의지하니
憂憂樂樂共同歸	근심하고 즐거워함이 한가지로 돌아가네
天緣抵是前生約	천생연분은 다만 전생의 약속일뿐이나
世事元從缺界違	세상일은 원래 못난 세상과 어긋나지
鴛枕無能甘與夢	원앙금침에서 능히 달게 꿈꾸지 못했으니
鸞膠那復續長徽	난교鸞膠133)인들 어찌 다시 긴 인연을 이으며
生來死去皆如此	나고 죽는 것이 모두가 이와 같으니
到此何須久㦖唏	여기에 이르러 어찌 오래도록 슬퍼하랴

中饋曾看上壽幾	부엌일134) 보건대 오래 사실 줄 알았더니
誰知人事遽今非	누가 알았으랴 사람 일 이처럼 잘못될 줄
雖衰不廢晨興髻	비록 쇠약하나 새벽 단장 거르지 않았고
惟意親縫歲授衣	몸소 바느질하여 명절 옷 지으려 하셨지

---

132) 업하鄴下의 호걸 : 『소학』「가언嘉言」에 「안씨가훈」을 인용하여 "업하의 풍속은 오로지 부녀로 하여금 문호를 유지하게 한다. 옳고 그름을 따지고 남 만나러 가거나 맞이하며, 자식 대신 관직을 구하고 남편을 위해 억울한 일을 하소연하니, 이는 항恒과 대代의 유풍일 것이다[鄴下風俗, 專以婦持門戶, 爭訟曲直, 造請逢迎, 代子求官 爲夫訴屈 此乃恒代遺風乎]"라는 말이 있다.

133) 난교鸞膠 : 서해에서 나는 난새의 힘줄로 만든 아교이다. 끊어진 활줄을 이 난교로 붙이면 다시 쓸 수 있다는 말이 있다. 강력한 접착제의 대명사로 쓰인다.

134) 부엌일 : 원문 중궤中饋는 주부主婦가 부엌 안에서 하는 일이다.

事到疑難諮大小	일할 때 어려움 닥치면 크건 작건 물었고
身經夷險共寒饑	몸소 매사를 겪으며 기한을 함께 하더니
人之倚伏無常定	사람의 복과 재앙이 일정한 것은 없으니
還笑齊山泣落暉	다시 비웃노라 제산에서 석양에 울던 일135)

天爲人事斡玄機	하늘은 사람 위해 묘한 이치 행하는 법
壽福君家稱所祈	그대 집 장수와 복록은 기원의 보답일세
七耋相須知己友	칠십 나이 되도록 지기로 사귀었으니
千年應返舊丁威	천년 뒤 응당 옛날 정령위丁令威136)로 돌아오리
山河異域芳魂托	산하도 다른 곳에 꽃다운 혼 의탁하니
鄕國前緣懶夢稀	고국의 옛 인연은 게으른 꿈에도 드물 터
恨唱薤歌無地見	한스러이 이별가 불러도 만날 수 없으니
先天時事海雲晞	선세의 일들이 바다구름처럼 떠오르네

終朝無語對虛樟	아침 내 말없이 빈숲을 대하고 있으니
芳草離離上翠微	꽃다운 풀은 무성하게 푸른 산을 올라가네
萬里狂塵經劫海	만 리 이역 풍진 속에 난리를 겪었으나
三從高義範閨闈	삼종지도 높은 의리 규문의 모범일세
孤魂不復家鄕路	외로운 혼은 다시 고향에 갈 수 없는데
流水無情歲月肥	흐르는 물처럼 무정하게 세월만 쌓이네
可惜象床同穴約	애석해라 해로 후에 함께 죽자던 약속
菁簪虛擲夕陽扉	석양 비낀 사립에 시잠137)을 속절없이 던지네

---

135) 제산에서 석양에 울던 일 : 두목杜牧의 시 「구일제산등고九日齊山登高」에 "얼큰히 취하는 걸로 명절에 보답할 뿐, 높은 산에 올라 지는 해 한탄할 것 없다. 고금 이래로 인생사가 이와 같을진데, 어찌 우산탄의 눈물로 옷깃 적시랴[但將酩酊酬佳節 不用登臨恨落暉 古往今來只如此 牛山何必獨霑衣]"라고 한 뜻을 취한 표현이다.

136) 정령위丁令威 : 요동遼東출신으로 도를 배워 신선이 되었다는 전설 속의 인물이다. 뒤에 학으로 변해서 고향을 찾아오니, 벌써 천 년의 세월이 지나 아무도 알아보는 사람이 없이 어떤 소년 하나가 활을 쏘려고 하자 공중을 배회하면서 탄식하다가 떠나갔다는 전설이 도잠陶潛의 『수신후기搜神後記』에 있다.

鳳鳳璘璘覽德輝	봉황은 아름다운 덕을 보고 내려오나니[138]
同裯七耋世所希	한 이불로 칠십 년 지낸 이 세상에 드무네
玄和寂寞重泉下	백골은 적막하게 황천 아래에 묻혀있고
白日悽涼四尺巍	밝은 해는 처량하게 무덤 위에 비치네
上計寧忘生死理	높은 생각인들 생사 이치를 어찌 잊으랴
中門無與笑談霏	중문에는 친하게 담소 나눌 사람도 없네
風熙日暖天和節	순한 바람 따뜻한 해 이 좋은 절기에
空羨雲間比翼飛	부질없이 부러워라 구름 사이 비익조

萬事於天聽指揮	세상의 모든 일 하늘의 뜻대로 되나니
悲欣不必向人譏	슬프고 기쁜 일에 사람 나무랄 것 없네
聊知上界多仙侶	이제 겨우 상계에 신선이 많은 줄 아노니
暫托中華是古圻	잠시 의탁한 중화가 바로 옛 서울 부근
難弟難兄三棣座	난형난제의 삼형제가 자리에 나란하고
佳兒佳婦四邊圍	아름다운 아들 며느리 사방을 에워쌌네
憐吾與爾同懷抱	가련하게도 나와 그대 회포가 같구나
無復山妻羹蕨薇	다시 아내가 고사리국 끓일 일 없으니

六日 李綱鎬 張龍澤 宇植 及從姪寧植 午饒 夕寧姪送南瓜二介 一啜新物 牙頰爽欣

---

137) 시잠 : 시초蓍草로 만든 비녀이다. 옛 물건 또는 그에 서린 감회를 소중하게 여긴다는 뜻이다. 공자孔子가 소원少源 들에 나가 노닐다가 어떤 부인이 우는 것을 보고 제자를 시켜 물어보게 하였다. 그 부인이 말하기를 "조금 전에 땔감으로 시초를 베다가 시초로 만든 비녀를 잃었다."고 하였다. 제자가 말하기를 "시초를 베다가 시초로 만든 비녀를 잃었는데, 그토록 슬퍼할 것이 무엇이냐?"고 하자, 부인이 말하기를 "비녀를 잃은 것이 슬픈 것이 아니라 옛 물건을 잃은 것이 슬프다."고 한 데에서 온 말이다.

138) 봉황은 아름다운 덕을 보고 내려오나니[남덕휘覽德輝] : 가의賈誼의 「조굴원부弔屈原賦」에 "봉황이 천 길 높이 낢이여, 덕이 빛남을 보고 내려오도다. 흉한 덕의 험미함을 봄이여, 멀리 날개를 더 쳐서 떠나도다[鳳凰翔于千仞兮 覽德輝而下之 見細德之險微兮 遙增擊而去之]"라고 한 데서 온 말이다.

6월 26일.

이강호李綱鎬·장용택張龍澤·우식宇植과 종질인 영식寧植이 점심을 먹었다. 저녁에 조카 영식이 호박 2개를 보내왔는데 새 물건을 한 번 먹어보니 어금니와 뺨이 상쾌하였다.

七日 淸

6월 27일. 맑음.

八日 往叅老人會於鄒街校堂 甑糜飯鷄猪蔬菜等物 快蘇枯渴之腸 六十以下四十以上者 凡六十餘員 將罷 以留聲器 以爲曲終之奏 不費手口而五音迭唱 眞天下之奇伎妙音 夕與五六老叟 宿于黃萬英家

6월 28일.

추가가 교당에서 열린 노인회에 가서 참석하였다. 싸라기로 찐 밥에 닭과 돼지, 나물 등의 먹을 것이 메마른 창자를 쾌하게 소생시켰다. 60세 이하 40세 이상인 사람이 모두 60여 명이었다. 장차 자리를 파하려 할 때에 유성기留聲器로 마치는 곡을 연주하였다. 손과 입을 사용하지 않고도 다섯 가지 소리를 번갈아 내니 참으로 천하의 기이한 기술이요, 오묘한 소리이다. 저녁에 노인 5~6명과 더불어 황만영黃萬英의 집에서 잤다.

九日 與李妹兄 往宿于黃寓所 因樹取陰地坐賦詩 萬姪書 有苧田族少年水變之報

6월 29일.

매형인 이李형과 함께 황의 우소寓所에 가 잤다. 나무 덕에 그늘을 찾아 땅에 앉아서 시를 지었다. 조카 만식萬植이 보낸 편지에, 저전苧田에 사는 일가 소년이 물에서 변을 당했다는 소식이 있었다.

七月一日 與李兄 偕尋本僑 圍碁敍暢 是日 刈家後田麥

7월 1일.

이李형과 함께 본 거처로 찾아가 바둑을 두며 마음을 풀었다. 이 날에 집 뒷밭의 보리를 베었다.

翌日 李兄 期於發還 千家長李文甲來見 午後 驟雨 大霑枯旱之餘 快慰農情

7월 2일.

이李형이 기어이 돌아가겠다고 출발하였다. 천가장千家長 이문갑李文甲이 와서 보았다. 오후에 소낙비가 크게 내렸다. 가뭄에 바짝 마른 작물을 크게 적셔주니 농사짓는 사람의 마음에 흡족한 위로가 되었다.

與妹兄拈韻迭唱 매형과 함께 운자를 내어 번갈아 창수하다

蘭室幽幽藍岫東	난실은 그윽하게 남산藍山 동쪽에 있으니
不謀高會與君同	고상한 모임 꾀하지 않아도 그대와 함께 했네
盤中白飥當饒客	소반 위 흰 수제비는 손님이 드실 것이요
門外玄衫奉硯童	문 밖의 검은 적삼은 벼루 받든 아이라네
園裏新羞瓜滿尺	채마밭엔 한 자 넘는 외가 새로이 나오고
天邊凉意樹生風	하늘가엔 서늘한 기운 나무엔 바람이 이네
從兹地僻雲深處	이로부터 땅이 외지고 구름이 깊은 곳이라
不妨不知採藥翁	약초 캐는 늙은이 있는 곳 몰라도 무방하리139)

又以前韻各賦老人會席一律 또 앞의 운자로 노인회 자리에서 각각 율시 한 수를 지었다

西風曾自鴨江東	서풍이 일찍이 압록강 동쪽에서 불더니
萬里同人一席同	만리 이역에서 동지들이 한자리에 모였네
匣裏和聲依詠客	상자 속의 화성은 시를 읊는 나그네요
筵前雙舞唱歌童	자리 앞에 쌍무는 노래하는 아이일세
虞淵取日由兹會	광복을 도모함140)도 이 모임에 달렸으니

---

139) 이로부터 ~ 몰라도 무방하리 : 가도賈島의 시 「방도자불우訪道者不遇」에 "이 산중에 계실 것이나[只在此山中] 구름이 깊어 그곳을 알지 못할 뿐[雲深不知處]"의 대목을 점화한 내용이다. 세사를 끊고 자락하며 살고 싶은 심사를 표현한 것이다.

140) 광복을 도모함[虞淵取日] : 우연은 해가 지는 곳이다. 『회남자淮南子』 「천문훈天文訓」에 "해가 우연虞淵으로 들어가면 그를 일러 황혼黃昏이라 한다."고 하였다.

商岜偉冠卽古風	상산의 높은 의관141)은 바로 옛 풍속일세
老矣無能張短翮	늙었도다, 못난 날개 능히 펼 수 없으니
從今學得信天翁	이제부터는 신천옹을 배워야 하겠네

<信天翁 鳥名 以小學生徒 唱歌故 頸聯及之> <신천옹은 새 이름이다. 소학생들이 노래를 불렀기에 경련頸聯에 언급하였다>

鳩節鶴髮自西東	지팡이 든 백발노인 사방에서 모이니
同氣同聲地亦同	같은 기운 같은 소리에 살던 곳도 같다네
嵐影鑒窓山簇簇	산이내 창에 몰려 산은 첩첩하고
芳陰如海樹童童	꽃그늘 바다 같아 나무가 빼곡하네
人熙物熟三登歲	사람이 밝고 만물이 익어 3년이 풍년이요
雨歇潦平七月風	비 그치고 장마 잦아드니 칠월 바람 부누나
悲喜得喪忘了處	슬픔과 기쁨 잘잘못을 잊어버린 이곳에서
萬緣都付太虛翁	세상의 온갖 인연 조물주에 부쳤다네

三日 昌孫 自龜山峴 聞路警而徑遇哈密雇人鄭生入來 所畜猪又病 因殺而食之

7월 3일.

손자 창로昌魯가 귀산현龜山峴에서부터 길에 경계가 삼엄하다는 소문을 듣고 지름길로 오다가 합밀하의 고용인 정생鄭生을 만나 들어왔다. 기르던 돼지가 또 병이 들었기에 잡아먹었다.

四日 正孫 始入學校

7월 4일.

손자 정로正魯가 처음으로 학교에 들어갔다.

---

141) 상산의 높은 의관 : 상산은 중국 섬서성陝西省 상현商縣의 동쪽에 있는 산 이름이다. 사호四皓로 불리는 동원공東園公·기리계綺里季·하황공夏黃公·녹리선생甪里先生 등 네 사람이 진시황의 어지러운 시대를 피하여 숨은 곳이다. 여기서는 상고의 순후한 풍속을 지닌 우리나라의 복제와 순속을 가리킨다.

五日 李晩樵來宿 以詩以奕 穩做襞積之懷 齒牙脫落 口輒剛吐 胃不化物 每有艱食之歎 方玆米玉之世 何以能每食適口乎 絶禁負米之兒 强啜粟飯 困難之中 又生一秦 因對案自責

7월 5일.
이만초李晩樵가 와서 잤다. 시와 바둑으로 마음속에 겹겹이 쌓인 회포를 잘 풀었다. 치아가 빠져서, 입은 갑자기 억지로 토하고 위는 먹은 것을 소화시키지 못하니, 매번 먹기가 어렵다는 탄식이 있다. 바야흐로 옥 같은 쌀을 먹는 세상이지만 어찌 능히 매번 입에 맞게 하겠는가? 아이에게 절대로 쌀을 지고 오지 못하게 하고 억지로 조밥을 먹었다. 곤란한 가운데 또 한 사람의 폭군이 되니, 인하여 책상을 마주하고 스스로를 책망한다.

齒無當食舌吞之	이가 없어 음식을 대하여 혀로 삼키니
飯粟如沙僅救飢	조밥은 모래 같아 겨우 허기만 달래네
有物不知咀嚼味	먹을 것이 있어도 씹어 맛볼 줄 모르니
下匙先攝軟柔胹	부드럽고 연한 것에 수저가 먼저 가네
朝晡最矜低眉婦	아침저녁 가련한 것은 눈썹 낮춘 며느리[142]
甘旨安能適口資	맛있는 반찬인들 내 입에 어찌 맞추리
滿座賓朋酣讌席	자리 가득한 벗과 잔치하는 자리에서
雖逢珍錯朶余頤	진귀한 음식에도 침만 흘릴 뿐인데[143]

六日 李兄 期於還寓 悵缺之餘 拈韻共賦

7월 6일.
이李형이 기어이 우거로 돌아갔다. 마음이 슬프고 허전한 나머지 운자를 따서 함께 시를 지었다.

---

142) 눈썹 낮춘 며느리 : 저미低眉. 자신의 뜻에 앞서 상대의 명을 따른다는 뜻이다. 시부모에게 밥상을 올릴 때 찬수가 없음을 부끄러워한다는 함의이다.
143) 침만 흘릴 뿐인데[朶予頤] : 『역경易經』 「이괘頤卦」 초구효初九爻에 "자기의 신령스러운 거북을 놔 둔 채 나를 보고는 침을 흘린다[舍爾靈龜 觀我朶頤]"한 데서 나온 말이다.

緣誰來泊柳河灘	누구 때문에 유하탄에 와서 머물렀나
三見殊方是日還	이역에서 세 번 만나고 오늘 돌아가네
半夜休期情似海	한 밤중 좋은 약속에 정은 바다와 같고
一年佳約信如山	일 년의 아름다운 기약 산같이 미덥다네
雷奔電擊虹連亥	우레와 번개 치고 무지개가 이어지더니
雨霽橋成路不艱	비 개자 오작교 되어 길이 어렵지 않네
若使牛郞先擇婦	만약 견우가 먼저 아내를 선택했다면
嫦娥不獨守孤關	상아 홀로 외로운 집을 지키지는 않았으리

<是日 有風雷虹蜺之異 故 頸聯志之><이 날에 바람이 불고 우레가 울리더니 무지개가 뜨는 이변이 있었다. 그래서 경련頸聯에서 이를 썼다>

七日 卽正孫度辰也 以李兄所送水瓜 炮焦食之 淸新爽豁 可適魚鮮 黃義英來宿

7월 7일.

오늘은 손자 정로正魯의 생일이다. 이李형이 보낸 오이를 볶아 먹었더니 맑고 새로운 맛이 상쾌하여, 마음이 확 트이는 것이 물고기 반찬과 잘 어울렸다. 황의영黃義英이 와서 잤다.

靑瞳白髮翠緣裾	푸른 눈 백발에 푸른 깃 두른 옷 입으니
猶有芳心寸許餘	마치 한 치 남짓한 꽃다운 마음 있는 듯
江外高節人似鶴	강 건너 학처럼 지팡이 도두어 오시니
盤中別味草兼魚	소반 위 별미로 나물과 물고기 갖추었네
張君表說推枰局	장군의 표문은 바둑판을 쓴 글이요
柳子文章乞巧書	류자의 문장은 교묘함을 빈 글이라네[144]
此地逢君奇且幸	여기서 그대 만난 일 기이하고도 다행하니
方知吾輩不生虛	우리들 삶이 헛되지 않음을 이제야 알겠네

---

144) 교묘함을 빈 글이라네[걸교서乞巧書] : 걸교는 중국의 풍속으로 음력 칠월칠석七月七夕에 직녀성織女星에게 직조의 재주가 교묘해지기를 빌었던 풍습이다. 류종원은 이런 뜻으로 자신의 문장이 졸렬함을 벗어나기를 바란다는 걸교문乞巧文을 지었다.

八日 朝雨 黃炳文 吳致雲<義城居人>來宿 是夕 始嘗新麥 伐家後馬廐材

　　7월 8일. 아침에 비.

　　황병문과 오치운吳致雲<의성 살던 사람>이 와서 잤다. 이날 저녁에 처음으로 햇보리 맛을 보았다. 집 뒤에 마구를 지을 재목을 베어왔다.

九日 造馬廐 蒙母來覲

　　7월 9일.

　　마구를 만들었다. 몽손夢孫 어미가 와서 만났다.

　　送晩樵惜別　만초를 석별하여 보내다

仙筇恨不爲人留	한스럽게도 신선 걸음 사람 위해 머물지 않아
來似春風去似秋	봄바람처럼 왔다가 가을바람처럼 가는구나
萬里同聲燕趙士	만리 이역 같은 뜻은 연나라 조나라 선비요
七旬知己鍾牙儔	칠순의 지기로는 종자기와 백아의 무리일세
如吾早就分山約	만약 내 일찍 분산의 약속145)을 지켰더라면
送子今無伐樹愁	그대 보내며 나무 벤 것146) 근심하지 않을텐데
祗有團團前夜月	다만 둥글어지는 어젯밤의 달이 있어
團圓先照晩樵頭	둥그렇게 먼저 만초의 머리를 비춰주네

　　晩樵 又饋余以水瓜一篚 淸香滿屋 可使枯胃而生春 遂感而賦　만초가 또 나에게 오이 한 광주리를 보내었는데, 맑은 향기가 집에 가득하여 마른 위장에 생기가 돌았다. 마침내 감격하여 읊는다

---

145) 분산의 약속 : 두 사람이 한 구역에서 같이 은거하자는 약속을 말한다. 송宋 나라 장영張詠이 젊었을 때 화산華山에 은거하고 있던 희이希夷선생 진단陳搏을 알현하고는 화산에 은거하고 싶어 하자, 진단이 "다른 사람은 몰라도 공이라면 내 마땅히 분반分半하여 바치겠다."고 하였다는 고사가 있다.

146) 나무 벤 것[벌수伐樹] : 떠나도록 함. 공자가 조曹 나라를 떠나서 송宋 나라로 갔는데, 큰 나무 아래서 예를 강론할 때, 송나라의 사마환퇴司馬桓魋가 죽이려고 그 나무를 자르자 떠나갔다.

青陵瓜子尺如長	푸른 언덕의 오이[147]가 한 자가 넘으니
分得春心許共嘗	따뜻한 마음을 나누어 함께 맛보라 하네
淸快頓消三伏暑	맑고 상쾌함은 갑자기 삼복더위를 삭이고
甘濃如嚼八珍肪	달고 진함은 팔진미의 음식을 씹는 듯하네
慙吾剩得金蘭臭	부끄러워라 나만 금난의 향취를 얻음이여
感子先投木果香	그대 먼저 모과 향기를 던진 것 감사하네
最是江東蓴菜興	강동의 순채국[148] 생각이 간절히 일지만
秋風同是未歸裝	가을바람 불어도 함께 행장을 꾸리지 못하네

十日 李綱鎬 李興祚午饒 聞陽智洞警局官 爲賊遇害云 懍怖懍怖

7월 10일.

이강호李綱鎬와 이흥조李興祚가 점심을 먹었다. 듣자니, 양지동陽智洞의 경찰관이 적에게 해를 입었다고 한다. 몹시 두렵다.

十一日 夢拜訂窩翁于病席 李衡國午饒 微雨乍過 只是旱徵也 聞大花斜行祈雨祭云

7월 11일.

꿈에 정와옹訂窩翁[149]을 병석으로 찾아 뵈었다. 이형국李衡國과 점심을 먹었다. 가랑비가 잠시 지나가니, 이는 날이 가물 징조이다. 대화사大花斜에서 기우제를 지냈다고 한다.

翌日 昌孫 買黃肉于二道區 將用明日祀事也 是夕 吳致雲來宿 柳淵極過訪

7월 12일.

---

147) 푸른 언덕의 오이 : 원문의 청릉과靑陵瓜는 동릉과東陵瓜와 같은 뜻이다. 동릉은 진秦 나라 사람 소평召平의 봉호封號이다. 『사기史記』에 "동릉후는 진나라가 멸망하자 포의布衣가 되어 장안성長安城 동쪽에서 오이를 재배하였는데, 그 오이가 매우 맛이 있었으므로 동릉과東陵瓜라 불렀다."고 하였다.
148) 강동의 순채국 : 진晉 나라 장한張翰의 고사이다. 그가 동조연東曹掾으로 벼슬살이를 하던 중, 가을바람이 불어오자 오중吳中의 순채蓴菜와 농어회가 생각나서 곧바로 인끈을 풀고 고향으로 돌아갔다는 고사가 있다.
149) 정와옹訂窩翁 : 김대진金岱鎭(1800~1871)이다. 정와는 그의 호이다.

손자 창로昌魯가 이도구二道區에서 쇠고기를 사왔는데, 이튿날 제사에 쓰려는 것이다. 이날 저녁에 오치운吳致雲이 와서 잤다. 류연극柳淵極이 지나가다 들렀다.

十三日 刈家後眞牟

7월 13일.
집 뒤의 밀을 베었다.

十四日 晨行高祖考祀事 柳淵極來宿

7월 14일.
새벽에 고조부의 제사를 지냈다. 류연극柳淵極이 와서 잤다.

十五日 雨終日 柳友仍宿

7월 15일. 종일 비.
류연극柳淵極이 그대로 묵었다.

十六日 夢省生祖考及叔父 又拜洗山令公 又見曙山君 在上雨谷舊第 兀坐讀書 場有黃稻 又見仲嫂氏 以瘡瘢爲憂 大底一炊黃粱 盡是故山之前日樣也 是果晝思而夜夢者也 悽愴之感 益切難爲而嘘唏撫枕 恨不能眞做舊境耳 衡兒昌孫及寧姪宇從 偕作鬧枝之行 以嫂氏退行甲日也 人事之感 終鮮之懷 遇境輒發 無以定情 一望泥海 兒輩皆跋涉登道 近百險程 何以利達耶 馳戀不已 朴炳坤<梧臺居人> 林洪弼<榮川居人>過訪

7월 16일.
꿈에 생가 조부와 숙부를 뵙고, 또 세산영공洗山令公을 뵈었다. 또 서산曙山 아우가 웃빗골[上雨谷] 옛집에서 단정히 앉아 독서를 하는 모습을 보았는데, 마당에는 잘 익은 벼가 널려 있다. 또 가운데 제수씨를 보니 창반瘡瘢으로 고생하고 있었다. 대체로 수수밥 한 끼 짓는 사이의 꿈이 모두 고향의 옛 모습 그대로였다. 이것이 과연 낮에 생각한 것이 밤에 꿈이 된다는 말이던가? 슬픈 감회가 더욱 간절하고 견디기 어려워 한숨짓고 탄식하며 베개를 쓰다듬었다. 옛 광경을 되돌릴 수 없는 것이 한스러울 뿐이다.

아들 형식衡植·손자 창로昌魯·조카 영식寧植·종족 우식宇植이 함께 요지鬧枝로 갔다. 이는 제수씨의 환갑을 늦추어 행하려 해서이다. 사람 사는 일의 감회와 형제간의 회포150)가 때마다 문득 일어 안정할 수 없다. 망망한 대해에 아이들은 모두 길을 나서 산 넘고 물 건너 근 백리의 험한 길을 간다. 어찌하면 잘 도착할까? 걱정을 둘 데가 없다. 박병곤朴炳坤<오대梧臺에 살던 사람>과 임홍필林洪弼<영주에 살던 사람>이 지나다 방문하였다.

偶讀雲川先祖文集 見先祖次金郞生日韻 因寓感於嫂氏晬辰而作 우연히 운천 선조의 문집을 읽다가 선조께서 김랑金郞 생일 시에 차운한 시를 보고, 그대로 제수씨의 환갑에 느낌을 부쳐서 짓는다

爲弟爲兄以義規	의리의 규범으로 형 노릇 아우 노릇하여
靑綾多賴解圍時	부모 시봉에 도움이 많아 곤경이 풀렸네
曾經劫海三千界	일찍이 온 세상의 고난을 다 겪었고
苦送孤閨六十曦	외로운 규방에서 육십년을 괴롭게 보냈지
斑舞猶能滋膝悅	때때옷 춤에 슬하의 재미 황홀하신 듯
晬盤强自向人持	생일상은 굳이 스스로 남에게 떠미시네
最見盈虛今夜月	가장 반가우리, 차고 기우는 오늘밤 달이
偏入旅關夢草詩	객지에서 꾼 아우 꿈 속151)으로 들어온다면

<以吾高曾二忌故 退行讌席 而以十三日爲十七日也><내 고조부·증조부 두 어른 기일이었던 고로 잔치를 뒤로 늦추어, 13일 잔치를 17일에 하였다>

三從有義踐徽規	삼종지도 의리 있어 규범을 실천하니
將子携孫迸竄時	아들과 손자 데리고 함께 고향 떠날 때였지
瑤圍應傳王母酒	둘러선 아들들 응당 서왕모의 술을 전하고

---

150) 형제간의 회포[종선지회終鮮之懷] : 형제가 얼마되지 않는 데 대한 감회이다. 『시경』「정풍」 '양지수揚之水' 편의 "느릿느릿 흐르는 저 물이여, 가싯단 하나도 떠내려 보내지 못하는구나. 끝내 형제처럼 가까운 이가 드무니[揚之水 不流束楚 終鮮兄弟]"라 한 데에 보인다.
151) 아우 꿈 속 : 남조南朝의 송宋 나라 시인 사령운謝靈運이 일찍이 꿈에 족제族弟인 사혜련謝惠連을 만나서 "못가에 봄풀이 난다[池塘生春草]"라는 시구를 얻고 아주 만족하게 여겼다는 고사에서 온 말이다. 전하여 아주 뛰어난 시구를 의미한다.

瓦團重返化翁曦	모인 딸들이 거듭 조화옹의 세월을 되돌리리
方知壽福皆前定	알겠노니 장수와 복록은 모두 이미 정해진 것
終此家門賴自持	마침내 이 가문은 힘입어 절로 유지하리라
也識晬筵新舊感	환갑잔치의 교차하는 만감을 또한 알리니
傍人休唱洗兒詩	옆 사람은 아이 씻는 시152) 노래하지 말게나

十七日 快晴 夢覲先人 李鍾基 李啓東 洪起龍 裵侹煥過訪 宋喆永<字繼聖> 來圍碁 午饒 後 爲李晩榮所速 偕赴蘭南 仍宿 飫食麵飥 盖以新麥登場 爲我所嗜也

7월 17일. 매우 맑음.

꿈에 선친을 뵈었다. 이종기李鍾基·이계동李啓東·홍기룡洪起龍153)·배정환裵侹煥이 지나가다 들렀다. 송철영宋喆永<자가 계성繼聖이다>이 와서 바둑을 두었다. 점심을 먹은 후에 이만영李晩榮이 불러서 함께 난남蘭南으로 가서 그대로 잤다. 국수를 배부르게 대접해 주었는데, 대개 새로 타작한 밀을 내가 즐겨 먹을 것이라 여겨서일 것이다.

十九日 夕還 所農眞麥 只是通縣斗量之 三斗而已

7월 19일.

저녁에 돌아왔다. 농사지은 밀은 겨우 통화현의 말로 되어보니 서 말 밖에 안 된다.

二十日 衡兒還 李澤雨<盤市居人>來宿 聞正姪所生新孩 以胎熱爲苦云 憐念憐念

7월 20일.

집의 아이 형식衡植이 돌아왔다. 이택우李澤雨<반시에 살던 사람>가 와서 잤다. 조카 정식正植의 갓난 아이가 태열 때문에 고생한다는 말을 들으니, 몹시 가련하고 걱정이 된다.

---

152) 아이 씻는 시 : 본 일기 「서정록」 7월 19일 조에 "소동파蘇東坡의 시 「세아洗兒」에 "다만 원하노니 태어난 아이 어리석고 노둔하여, 공경에 이를 때까지 재앙도 해도 없기를[但願生子愚且魯 無災無害到公卿]"이라고 했다는 기사가 있다.

153) 홍기룡洪起龍(1869~1944) : 홍기룡은 만주로 건너가 자신계自新契를 조직하고, 계장契長으로 활동하였다.

拈韻於晩樵詞筵 因擾未作 歸始賦之 만초의 집 시회에서 운자를 내었으나 마음이 어수
선하여 짓지 못하였다가, 집으로 돌아와 비로소 시를 짓다

地待高人始闢荒	땅은 고인을 기다려 처음 거친 땅 열어주니
松風蘿月護文場	솔바람 담쟁이 달이 그대 마당 지켜주네
如今得御歸元禮	지금처럼 풍월을 몰아 원례154)에게 돌아가니
莫迮通心見子桑	뜻 통해 자상 찾아 가는 길155) 막지 말게나
感我許同三徑夜	나에게 삼경156) 찾는 것 허락함에 감격하노니
倚君留作百夫防	그대에 의지하여 백부를 당할 인재157)가 되려네
最憐此日同條恨	가장 가련한 일은 오늘 처지를 함께 한 한탄
三省頻驚兩鬢霜	세 번 만나 서리처럼 흰 살쩍에 깜짝 놀라네
山日沈沈野路荒	기운 해 서산에 잠기니 들길이 황량한데
萬般奇意一逢場	만 가지 기발한 뜻을 한 마당에서 만나네
門迎赤壁千秋月	문에선 적벽부의 천년 달빛을 맞이하고
世際蒼溟十變桑	세상 끝 푸른 바다 열 번이나 뽕밭이 되어
地肺西成新麥飥	지폐산158) 서쪽에는 새 보리로 떡을 하고

---

154) 원례元禮 : 후한 이응李膺의 자字이다. 그의 인정을 한 번 받으면 용문龍門에 올랐다고 좋아할
만큼 높은 풍도와 명성을 떨쳤다.
155) 자상 찾아 가는 길 : 자상子桑은 『장자莊子』「대종사大宗師」에 나오는 가공의 인물이다. 장마가
열흘 동안 계속되자, 벗 자여子輿가 밥을 싸 가지고 그를 찾아갔다. 그의 문 앞에 이르렀을
때 "부모가 나를 이처럼 가난하게 했겠느냐, 천지가 나를 이토록 가난하게 했겠느냐. 다름 아
닌 운명인가 보다."라는 자상의 노랫소리가 들렸다. 곧 생활이 가난하고 궁색할 지라도 운명
으로 받아들여 한하지 않는 자세를 말한다.
156) 삼경 : 은자가 사는 집을 말한다. 한漢 나라 장후蔣詡는 자가 원경元卿으로 왕망王莽이 집권하
자 벼슬에서 물러나 향리인 두릉杜陵에 은거하였다. 그 뒤로 집의 대밭 아래에 세 개의 오솔
길을 내고 벗 구중求仲과 양중羊仲 두 사람하고만 교유하였다.
157) 백부를 당할 인재 : 『시경』「진풍」'황조黃鳥'편에 "누가 목공穆公을 따르는고. 자거중항子車
仲行이로다. 아아 중항이여, 백부를 당할 만한 인재로다[誰從穆公 子車仲行 維此仲行 百夫之防]"라고
하였다. 진목공穆公이 죽자 자거씨子車氏의 세 아들 엄식奄息·중항仲行·겸호鍼虎를 순장하니 이
들은 모두 진나라의 훌륭한 인재였으므로 국인國人들이 그를 안타까워하여 읊은 시라 하였다.
158) 지폐산 : 지폐산地肺山은 중국 종남산終南山의 다른 이름이다.

騷樓東坼大關防	마루 동쪽으로 큰 관문의 요새가 열려있네
潦平暑退凉生日	장마 그치고 더위 물러가 서늘해지는 날
追逐須吾未墜霜	서리 내리기 전 나를 따라 함께 다니세

如此良宵不樂何	이같이 좋은 밤에 즐기지 않고 무엇하리
騷壇風致月中多	시 짓는 모임의 풍치는 달밤에 많았다네
須同孟氏資三益	모름지기 동파가 의지한 송죽159)을 함께하고
長恨昌黎戱五魔	길이 창려가 희학한 다섯 귀신160)을 한하노라
棊欲消長欣勝敗	바둑으로 소일하며 지든 이기든 기뻐하고
石不嫌惡互磋磨	돌처럼 나쁜 점 미워하지 않고 서로 갈아 주네
歸仍困悴無誰語	돌아와선 피곤하여 누구와도 말하지 않지만
時抱童孫步碧坡	때로 손자 아이 데리고 푸른 언덕 걷는다네

萬緖蒼凉奈老何	온갖 일이 서글픈데 늙어감을 어쩌랴
秋風偏向恨人多	가을바람은 유독 한 많은 사람에게 부는구나
詩愁淡寂皆謾興	시 짓는 고민 담담하니 다 덧없는 흥취요
鄕夢頻煩惱睡魔	고향 꿈 잦아 번거로우니 졸린 눈이 괴롭다
凉意可人蟬似蛻	서늘한 기운이 좋아서 매미가 허물 벗는 듯
流光隨序蟻如磨	세월이 절서를 따라 개미 쳇바퀴 돌 듯하네
遙看昨日開筵處	멀리 어제 날 잔치 열던 곳 바라보니
水戶當泉繞幔坡	강가의 집은 샘 곁에 언덕을 둘러쳤네

<杜詩 有幾道泉繞圃 交橫落幔坡之句><두보 시에 '몇 가닥 샘이 채전을 둘러싸고, 가로 세로 마을은 언덕을 둘러쳤네[幾道泉澆圃 交橫落幔坡]'라 한 구절이 있다>

---

159) 동파가 의지한 송죽 : 맹씨는 소식蘇軾이다. 그의 「유무창한계서산사遊武昌寒溪西山寺」 시에 "바람과 샘이 두 가지 음악이니, 송죽은 세 번째 익우로다[風泉兩部樂 松竹三益友]"라고 하였다.

160) 창려가 희학한 다섯 귀신 : 타고난 가난은 면할 수가 없다는 뜻이다. 당唐의 한유韓愈가 「송궁문送窮文」을 쓰면서, 지궁智窮·학궁學窮·문궁文窮·명궁命窮·교궁交窮 이상 다섯 궁귀窮鬼가 자기를 따르고 있다고 하였다.

二十日 張錫膺 陳根會 尹相佑 田慶興 田基植鼎來 久闊之餘 欣豁可知 仍宿 圍碁攄寂 矧來此後 一有之勝事也

7월 20일.
　장석응張錫膺·진근회陳根會·윤상우尹相佑·전경흥田慶興·전기식田基植이 함께 찾아와, 오랫동안 격조하던 끝이라 반가움에 마음이 활짝 열리는 듯하였다. 그대로 자며 바둑으로 적막한 회포를 풀었다. 더구나 여기에 온 이후에 한 번 생긴 좋은 일임에랴.

翼日 二田老歸 張陳尹三老 仍留

7월 22일.
　두 전씨田氏 노인은 돌아가고, 장張·진陳·윤씨尹氏 세 노인은 그대로 머물렀다.

二十三日 爲諸老所强 聯筇作藍南之行 歷訪田世基家 仍宿于晚樵僑廬

7월 23일.
　여러 노인들이 억지로 권하는 바람에 지팡이를 나란히 짚고 남남藍南으로 갔다. 전세기田世基의 집에 거쳐 들렀다가, 이어서 만초晚樵의 우소에서 잤다.

二十四日 張陳二老歸 吾以地近故 小留 向夕而返通縣寓 萬植姪與朴明遠來宿

7월 24일.
　장씨張氏와 진씨陳氏 두 노인은 돌아가고, 나는 사는 곳이 가까운지라 조금 더 머물다가 저녁이 될 무렵에 통화현 우거로 돌아왔다. 조카 만식萬植과 박명원朴明遠이 와서 잤다.

二十五日 朴友萬姪仍留

7월 25일.
　박명원과 조카 만식萬植이 그대로 머물렀다.

與晩樵共吟 만초와 함께 읊다

斯翁非是樂遨遊	이 늙은이 일없이 놀기 좋아하지 않지만
轉轉移來通化州	돌고 돌다보니 이곳 통화로 이사왔네
白首偉冠今四皓	흰 머리 높은 갓에 눈썹 흰 네 노인

<張陳二老及晚樵與吾> <네 노인은 장·진 두 노인과 만초와 나이다>

蒼葭時色序三秋	푸른 갈대 빛을 보니 계절은 늦가을
虛名愧我陳驚座	헛된 이름 진경좌161)로 나를 부끄럽게 하니
傑句輸君趙倚樓	좋은 싯구 조의루162)를 그대에게 보내네
客散壺乾榆景晚	손님은 떠나고 술병은 비어 황혼이 내렸는데
兩難離處小延留	떠나고 남기 둘 어려워 잠시 머물라 붙잡네

欲別晚樵老	만초 노인과 헤어지려 하니
離情暗自傷	이별의 정에 남몰래 가슴 아프네
紋枰雙對敵	바둑판을 앞에 놓고 대적하면서
簪盍兩難忘	만나고 헤어짐163) 둘 다 잊기 어려워
世念雲如淡	세상 생각 구름처럼 담담하지만
年光隙似忙	세월은 문틈 지나는 사마164)같이 바빠
懷君宵不寐	그대를 생각하며 잠 못 드노니
晨月照心黃	새벽달은 내 마음 가운데를 비추네

---

161) 진경좌陳驚座 : 한漢 나라 때 진준陳遵이 성격이 호방하고 손[客]을 좋아하였는데, 그 당시 열후列侯 중에 또 하나의 진준陳遵이 있어 어느 집을 방문한다고 하면, 그 집에 모인 손들이 위의 진준이 오는 줄로 알고 모두 진동震動되곤 하였다. 이에 사람들이 아래 진준을 '진경좌'라 칭하였다.

162) 조의루趙倚樓 : 당나라 시인 조하趙嘏의 시 「조추早秋」에 "몇 점 남은 별빛 아래 기러기는 변방을 질러가고, 한 가락 피리 소리 속에 사람은 누대에 기대 있네[殘星幾點雁橫塞 長笛一聲人倚樓]"라는 구절이 나온다. 두목杜牧이 그 표현을 좋아한 나머지 그를 '조의루趙倚樓'라고 불렀다는 고사가 전한다.

163) 만나고 헤어짐 : 모이고 흩어짐이 잠깐 사이라는 뜻이다. 『주역周易』 「예괘豫卦」에 "붕붕이 합잠盍簪했다."고 하였다. 그 주에 "합盍은 합合의 뜻이요, 잠簪은 빠르다는 뜻이라."고 하였다.

164) 문틈 지나는 사마 : 사치과극駟馳過隙의 뜻이다. 『묵자墨子』 「겸애兼愛」에 "사람이 땅 위에서 사는 기간이 얼마 되지 않으니, 비유하자면 마치 사마가 달려서 벽의 틈새를 지나기와 같다[人之生乎地上之無幾何也 譬之猶駟馳而過隙也]"고 한 데서 온 말이다.

二十六日

7월 26일.

二十七日 小雨 見美國新韓民報 則平安道金慶世 爲日人所傷 訴其敬務 捧賠償金

7월 27일. 비가 조금 옴.
미국에서 발행된 신한민보新韓民報를 보니, 평안도 김경세金慶世가 일본인에게 부상을 입고 경무敬務165)에 고소하여 배상금을 받아냈다고 한다.

二十八日 以國恥記念日 兒與孫皆去校堂 夕因兒輩 聞平安道定州居金俊植夫人朴氏 自事變之後 率其三子 來寓於其姪金昌懋家 送子入校 自力挨過 而其所天 留故地不來云耳 是日參入校會 獨立演壇日 悲憤痛恨之意 諸先生業已演說矣 閨裏寡聞者 不必架床 而第念會中諸先生 各自效力 俾無來歲之今日 可也 徒事徒言 是豈會員中可驗之迹乎 因出懷中小刀 斷其右手食指 一斫二斫 至于三四斫 而骨節始斷 分爲二片 躍于演壇之下 生血淋灘 汚衊衣裳 滿座失色惶凜 不可言 而夫人神色自若 辭氣激烈 從容笑說日 此其志也 願諸先生各出死力 復見我四千里帝國地方云云

7월 28일.
국치기념일國恥記念日이기에 아들과 손자가 모두 학교에 갔다. 저녁에 아이들 편에 듣자하니, 평안도 정주에 사는 김준식金俊植의 부인 박씨朴氏가 사변 뒤에 그 세 아들을 거느리고 그의 조카 김창무金昌懋의 집에서 살고 있다고 한다. 아들을 학교에 보내어 입학시키고 자력으로 생활해 나가는데, 그 남편은 고향에 남아 오지 않았다고 한다. 이날 학교에서의 모임에 홀로 연단에 서서 말하기를 "비분하고 통한한 뜻은 여러 선생들께서 이미 연설하셨으니, 안방에 있어 과문寡聞한 사람이 다시 더하지는 않겠습니다. 다만 이곳에 모이신 여러 선생들께서는 각자 힘을 다하여 앞으로 다가올 세월에는 오늘 같은 날이 오지 않도록 해야 할 것입니다. 부질없는 말만 일삼는다면 이 어찌 회중 여러분들이 신빙信憑하시겠습니까?"라 하고는, 가슴에서 작은 칼을 꺼내어 그의 오른손 집게손가락[食指]을 끊는데, 한 번 찍고 두 번

---

165) 경무敬務 : 경무警務, 즉 경찰서를 당시에는 이렇게도 썼다.

찍고, 세 번 네 번에 이르러서야 뼈마디가 비로소 끊어지니 두 조각 손가락이 연단 아래서 뛰었다. 선혈이 낭자하게 저고리 치마를 다 적셔서 자리를 메운 사람들이 실색하고 두려워 하여 말을 하지 못하였다. 그러나 부인은 신색을 태연히 하고 말투를 세차게 하여 조용히 웃으며 말하기를 "이것이 제 뜻이니, 여러 선생들께서는 각자 죽을 힘을 내어 다시 우리 4천리 제국 땅을 보게 하시기를 원합니다."라 하였다고 한다.

二十九日 往葦塘 見甥姪 因聞故地聲息 而叔父及舍弟俱無大何 各處意內之人 皆云前樣 而年又免歉 路無所警云 差可喜慰 還宿應七家

7월 29일.
위당葦塘에 가서 생질을 보고, 그 편에 고향 소식을 들었다. 숙부님과 아우는 모두 큰일은 없고, 각 곳의 마음에 두고 있는 사람들도 모두 전과 같다고 하였다. 농사도 흉년은 면하여 길에 놀라운 일은 없다고 하니 조금 기쁘고 위로가 되었다. 응칠應七의 집에 돌아와 잤다.

三十日 還寓路中 買西瓜一介 爲饋唐孫也 是日刈南草

7월 30일.
집으로 돌아오는 길에 수박 한 개를 샀다. 손자 쾌당快唐에게 주기 위해서였다. 이날 담배를 베었다.

八月一日 黃應七來見 饋蒭黍而送

8월 1일.
황응칠이 와서 보이므로, 나물 기장밥을 먹여 보냈다.

翌日 甥君李在燮來見 李鍾杓 金炳先連夜失牛 大底此間狐夫里之俗 可悸可愕

8월 2일.
생질 이재섭李在燮이 와서 보았다. 이종표李鍾杓와 김병선金炳先이 잇달아 밤에 소를 잃어버렸다. 대저 이쪽에는 호부리狐夫里의 풍속166)이 있으니, 두렵고 놀랄 일이다.

三日 去寧姪家 見李綱鎬 猝地徑出 未付內地書尺 可恨

8월 3일.

조카 영식寧植의 집에 가서 이강호李綱鎬를 만났는데, 갑자기 나오느라 고향에 편지를 부치지 못하였으니, 한스러운 일이다.

寄呈朴夫人血指演壇帷幃之下 박 부인의 단지斷指의 피 젖은 연단 휘장 아래 바치다

鐵石其心玉爾人	철석같은 그 마음에 옥같은 사람이여
三韓風雨一夫人	삼한의 풍우를 헤치는 한 분 부인일세
聊知滴滴刀頭血	이제야 알겠네 칼 끝에 방울진 피는
添作新潮噴百人	새 바람 일으켜 모두에게 뿜은 것임을
取義成仁卽此心	의로움으로 인을 이루는 게 내 마음인데
無於當死小伸心	죽음을 앞두고도 그 뜻 펼 수 없었네
可憐閨裏先天月	가련하여라 규방 속 지난 날 달이
孤照壇前季女心	연단 앞 젊은 여인의 마음을 외로이 비추네

<孤城後日爭鋒處快副盟壇袒受心> <외로운 성에서 훗날 칼날을 겨룰 때, 맹단盟壇에서 신명을 바쳤던 그 마음에 쾌히 부응하리라>

四日 因孫晉逵內地行 修付各處眞諺書 夜霜降 殺靑五穀未熟者 因而判凶

8월 4일.

손진규孫晉逵가 고국에 가는 편에 각 곳에 한문과 한글 편지를 써 부쳤다. 밤에 서리가 와서 푸른 오곡 중에 아직 익지 않은 것을 죽였다. 이 때문에 흉년임이 판가름 났다.

五日 朝微雨僅浥塵

8월 5일.

---

166) 호부리狐夫里의 풍속 : 호부리는 도둑의 고장이니, 그 풍속이 겁탈과 절도를 일삼는다는 뜻이다.

아침에 비가 약간 내렸는데, 겨우 먼지를 가라앉힐 정도였다.

又以此語和晚樵韻 다시 이 이야기로 만초의 시에 화답하다

至恨深讎沸赤腔	지극한 한, 깊은 원수에 붉은 가슴 들끓어
起嘗懸膽啓綺窓	일어날 때마다 상담하며 비단 창문을 열었네167)
頭簪中澤懷蓍婦	고토 회복 비녀 삼고168) 시초 품은 부인이
血袖盟庭刺臂邦	중국에 와169) 단지斷指로써 뜰에서 맹세했네
白地西來心似醉	공연히 나라를 떠나 마음은 취한 듯하고
靑丘東望淚如紅	동쪽으로 청구를 바라보니 눈물도 붉어라
輕生重義來頭事	다가올 일에는 삶이 가볍고 의리가 무거우니
玉手霜鉞兩作雙	고운 손과 서릿발 도끼170)가 한 쌍이 되었네

六日 裵任衡過訪 葦塘李妹來 以餠食乾鱐饋之 可感 大沙灘金慶鎭 太廟洞裵善秀來宿

8월 6일.

배임형裵任衡이 지나가다 들렀다. 위당葦塘 누이 이실李室이 와서 떡과 밥, 말린 고기를 선물한다. 고맙다. 대사탄大沙灘 김경진金慶鎭과 태묘동太廟洞 배선수裵善秀가 와서 잤다.

---

167) 일어날 때마다 ~ 창문을 열었네 : 이 대목은 중국 춘추시대 오나라의 왕자 부차夫差가 아버지의 원수를 갚기 위하여 장작더미 위에서 잠을 자며 쓸개를 맛보며 월나라의 왕 구천句踐에게 복수할 것을 맹세하였다는 와신상담臥薪嘗膽의 고사를 이야기한 것이다. 매일을 복수를 다짐하는 일로 시작하였다는 뜻이다.

168) 고토 회복을 비녀 삼고 : 원문의 중택中澤은 『시경詩經』에 "기러기 나니 못 가운데에 모이도다[鴻雁于飛 集于中澤]"한 데에서 온 말이다. 「홍안鴻雁」편은 주周 나라가 중간에 쇠퇴하여 백성들이 흩어졌으나 선왕宣王이 위로하여 돌아와 안정하게 하였다. 이에 흩어졌던 백성이 기뻐하여 지은 것이라 한다. 여기서는 고국을 회복할 뜻을 품었다는 뜻이다.

169) 중국에 와[자비방刺臂邦] : 자비는 중국에서 고대부터 있었던 형벌의 한 가지로, 팔뚝의 살을 따고 흠을 내어 죄명罪名을 찍어 넣던 일이니 바로 중국을 가리키는 말이다.

170) 고운 손과 서릿발 도끼 : 어사를 뜻한다. 한漢 무제武帝 때 민간에서 소란을 일으키는 자들이 많았는데 관리들이 제압하지 못하자, 광록대부光祿大夫 범곤范昆과 장덕張德에게 수놓은 옷을 입고 도끼를 손에 쥐고서 군사를 일으켜 그들을 진압하게 했다는 데서 나온 것이다. 임금으로부터 어느 지방의 분쟁이나 비리를 해결하라는 특명을 받은 자를 가리킨다. 여기서는 여성으로서 천명을 회복하는 중임을 맡게 되었다는 찬사다.

七日 鄒子街査夫人來 昌孫與文姪 秉倫從還

8월 7일.
추자가에서 사부인査夫人이 왔다. 손자 창로昌魯와 조카 문식文植, 병륜秉倫이 따라서 돌아왔다.

八日 家兒發遠地行 與金昌懋作伴云 朴來洙<金山居人> 李庭愨來宿 李晩榮 朱炳徽來 午饒

8월 8일.
가아가 먼 곳으로 떠나는데, 김창무金昌懋와 동행이 되었다고 하였다. 박래수朴來洙<금산金山에 살던 사람>·이정각李庭愨이 와서 잤다. 이만영李晩榮·주병휘朱炳徽가 와서 점심을 먹었다.

九日

8월 9일.

十日 與朱炳徽 文植姪婦 偕作鬧枝之行 午饒于陳根會家 遇雨投宿于馬鹿溝權東直家 白飥皛飯 可感待老之意

8월 10일.
주병휘朱炳徽와 문식文植의 질부와 함께 요지鬧枝로 가다가, 점심을 진근회陳根會의 집에서 먹었다. 비를 만나 마록구馬鹿溝의 권동직權東直 집에 투숙하였는데, 흰 수제비와 흰밥을 주었다. 노인을 접대하는 뜻이 고맙다.

十一日 抵鬧枝 日已過午 困惱殊甚 因炊食麵飥 兩家諸眷皆安 農亦登稔 而但新生從孫 以胎熱苦

8월 11일.
요지鬧枝에 도착하니 날이 이미 오시를 지났다. 피곤함이 매우 심하여 밀가루 수제비를 끓여 먹었다. 두 집의 여러 식구들이 다 평안하고, 농사도 또한 풍년이다. 다만 새로 태어난 종손자가 태열로 고생하고 있다.

翌日 朱兄發去哈泥河 無聊中約繩四五百把 借朱老而結罟

8월 12일.
주형朱兄은 합니하哈泥河로 떠났다. 무료한 중에 새끼 500뺨을 꼬았다. 주 노인의 손을 빌어 그물을 엮었다.

十三日 因約繩 心氣忽忽不樂 暗涕沾衿 羞與向人 此生何時可忘今日之日耶

8월 13일.
계속하여 새끼를 꼬다가 심기가 문득 즐겁지 않아 남몰래 눈물로 옷깃을 적셨다. 남에게 보이기 부끄러우나, 이 생애 어느 때나 오늘을 잊을 수 있겠는가?

十四日 姪兒買黃肉于鬧枝下村而來 朱兄還來 仍挽而共寢

8월 14일.
조카가 쇠고기를 요지鬧枝 아랫마을에서 사왔다. 주형朱兄이 돌아와서 만류하기에 같이 잤다.

十五日【月蝕】卽世所謂一年大名日也 鄕懷客抱 無以消遣 暫往益山金老人 敍話而來

8월 15일.【월식이 있었다】
이 날은 곧 세상에서 이른바 한 해의 큰 명절날이다. 고향 생각과 나그네의 회포를 달랠 수가 없어, 잠시 익산益山 김노인에게 가서 이야기하다가 왔다.

十六日 訪李壽玉 題鳳而歸

8월 16일.
이수옥李壽玉을 찾아갔으나 만나지 못하고 돌아왔다.

十七日

8월 17일.

一朔乖逢李晩樵	한 달 동안 이만초를 만나지 못하고
良辰孤往鬧枝嶢	좋은 날 혼자서 요지의 높은 산에 갔네
最憐哈蜜無詩社	안타까운 것은 합밀에 시 모임이 없어
虛送中秋有月宵	한가위 밝은 달을 헛되이 보낸 것일세

十八日 與李俊岳發還 又投宿于權東直家 腹部不便 使作稀粥 纔啜數匙

8월 18일.

이준악李俊岳과 함께 돌아오는 길에 또 권동직의 집에 투숙하였다. 배가 불편하여 묽은 죽을 끓여 달라고 하여 겨우 몇 숟가락 마셨다.

十九日 朝細雨 主人苦挽 而難於貽弊 故期於冒發 望門投入 以爲避雨之計 則乃燈峴未裵永進家也 雨勢漸長 不可登道 如斗弊屋 不堪留住 而主人誠意 又不可孤 因爲留宿之計 黍飯麪飥 殫盡誠意 夕餐 自金炳龍<禮安人同住裵寓>家來

8월 19일. 아침에 가랑비가 내리다.

주인이 굳이 붙잡았으나 폐를 끼치기 싫어 비를 무릅쓰고 출발하였다. 가다가 문을 보고는 들어갔다. 비를 피하려는 생각이었는데, 바로 등현燈峴 아래 배영진裵永進171)의 집이었다. 비가 오는 모양이 점점 오랠 듯하여 길을 나설 수 없었다. 말[斗] 만한 낡은 집에 머물 수도 없는 일이나, 주인의 성의를 또한 저버릴 수 없어 그대로 유숙할 작정을 하니 서속밥에 밀가루 수제비로 정성을 다하였다. 김병룡金炳龍<예안에 살던 사람으로, 배씨의 집에 같이 살고 있다>의 집에서 저녁밥을 보내왔다.

二十日 晴

---

171) 배영진裵永進(1864~1919) : 경북 안동사람이다. 1912년 만주 통화현通化縣으로 건너갔다. 1919년 한족회가 조직되자 지방연락원으로 일하는 한 편, 이상룡·김대락·김동삼 등과 이주동포의 정착을 협의하고 황무지 개척과 청년교육에도 전력을 기울였다. 1990년 건국훈장 애국장이 추서되었다.

8월 20일. 맑음.

第觀裵 是文士也 因以詩謝之曰 배영진을 잠깐 보니 이 사람은 글을 아는 선비라, 그리하여 시로 사례하였다

偶値中原雨	우연히 중원에서 비를 만나서
來尋上士廬	상사의 집을 찾아왔지요
無奴親荷鋤	종도 없이 직접 농사지으면서도
留客且投車	손을 머물게 하고 또 만류하였지요
廚熟黃粱飯	주방에선 누른 서속밥이 익고
盤登綠野蔬	밥상에는 푸른 채소가 올라왔네요
殷勤多少意	은근함이 배인 마음으로
臨別復摻裾	헤어질 때 다시 소매를 당기시네요

裵因卽席次進 果是文士也 有少年吳在杰者 自英陽來 今住六道衢 頗識事長之禮 歷訪陳根會于大花沙寓所 力挽不得 因煮餠饋之 且示聯筇遊遨之意 歸点于英姪家 夕始還所 則唐孫以輪眼爲苦 葦塘彌甥 以甚症 幾經罔措 驚慮 霜剝之餘 茗椒僅免 而木麥脫手 可歎可歎

배영진도 즉석에서 차운해서 주는데, 과연 글을 아는 선비이다.

오재걸吳在杰이라는 소년이 있어, 영양英陽에서 와 지금은 육도구六道衢에 살고 있는데, 제법 어른 모시는 예절을 알았다. 대화사大花沙의 우소로 진근회陳根會를 찾아 갔더니 힘써 만류하였다. 어쩔 수 없어 떡을 삶아 먹고, 또 함께 다니며 거나하게 놀자는 뜻을 보였다.

돌아오는 길에 영질英姪의 집에 들러 점심 먹고, 저녁에 비로소 돌아오니 손자 쾌당이 돌림 눈병으로 고생하고 있었다. 위당의 외손자와 생질은 어떤 병으로 거의 손을 쓸 수 없는 지경을 겪었다 하니 놀랍고 걱정이 되었다. 서리가 훑고 지나간 끝에 명초茗椒는 겨우 실농은 면하였으나, 메밀[木麥]은 손을 털 지경이니 탄식하고 탄식할 일이다.

二十一日 李俊岳發還鬧枝

8월 21일.
이준악이 요지로 되돌아갔다.

翌日 霜

8월 22일. 서리가 왔다.

二十三日 東三從來 午饒 聞善山雨雹 平北歉荒 未知的報 而驚慮殊甚

8월 23일.
동삼 족종族從이 와서 점심을 먹었다. 듣자니, 선산善山에는 우박이 내리고, 평안북도에는 흉년이 들었다 한다. 정확한 소식인지는 모르겠으나 놀랍고 염려됨이 매우 심하다.

二十四日 朱炳徽來午饒 始結網罟 夜大雷暴雨

8월 24일.
주병휘가 와서 점심을 먹었다. 처음으로 그물을 맺었다. 밤에 큰 눈이 오고 폭우가 왔다.

二十五日 往朱氏家 大喫麪飥而歸

8월 25일.
주씨 집에 가서 밀가루 수제비를 실컷 먹고 왔다.

二十六日 聞圭植家雇人鄭生病報 慮憐 昌孫自葦塘還傳 桂五病快差 可喜

8월 26일.
규식圭植의 집 일꾼 정생鄭生이 병이 났다는 소식을 들었다. 걱정스럽고 가련하다. 손자 창로가 위당에서 돌아와 전하길, 계오桂五의 병이 쾌차하였다고 하니 기쁜 일이다.

二十七日 因朴元根海三威歸 得見家兒十六日所發書 知無事到達 且憑其口 聞山海之麗 魚塩之利 風土人物之情 比諸此寓 可謂勝地也 頗自快聽 而蹩坐孤僑 無以往觀 可恨 是

午與朱尹二兄 往李根洙家 少食禾飯而歸

8월 27일.
　해삼위海三威에서 돌아온 박원근朴元根 편으로 가아가 16일에 발송한 편지를 받아보고 무사히 도착하였음을 알았다. 또 그의 말을 통하여 산해山海의 수려함과 물고기와 소금의 이로움, 풍토와 인물의 실정을 들었다. 이곳과 비교해보니 승지勝地라 할 만하다. 아주 좋은 소식이나 앉은뱅이처럼 외로이 붙여 사는 처지라 가볼 수 없으니 한스러운 일이다. 이날 낮에 주·윤 두 형과 함께 이근수李根洙의 집에 가서 쌀밥을 조금 먹고 돌아왔다.

二十八日 夢見淑憲兄 又見亡室權氏 苦瘁之色 或宅兆不吉而然歟 可怪可怪

8월 28일.
　꿈에 숙헌淑憲 형을 만났다. 또 죽은 아내 권씨를 보았는데, 괴롭고 초췌한 기색이었다. 혹 묘 터가 불길하여 그런 것인가? 이상하고 이상한 일이다.

二十九日 書送妹兄 將赴上藍山計也 午後與陳根會 尹相佑 困抵尹友家 山深而谷廓 五穀盈疇 匏花爛發 蒼翠四擁 一無霜雹之害 眞別乾坤也 尹之子婦氏 又執禮請見 盖曾有面分 而且爲其尊章故友也 苟非士君子見聞之餘者 烏能有是哉 卽今一敬而一感也 夕又殺鷄爲黍 物物可食 夜炙餠進饋 以吾不解飮酒故也 李相龍 朱炳徽各拘故不來 可恨

8월 29일.
　매형에게 편지를 보냈다. 장차 상람산上藍山에 갈 계획이다. 오후에 진근회陳根會·윤상우尹相佑와 함께 어렵게 벗 윤씨의 집에 갔다. 산은 깊으나 골짜기가 넓어 오곡이 들에 가득하고, 박꽃이 난만하게 피었다. 푸른 숲이 사방으로 둘러싸서 서리나 우박의 피해가 하나도 없으니 참으로 별천지였다. 윤씨의 자부子婦가 또 예를 차리며 뵙기를 청하였다. 대개 일찍이 면분面分이 있었던데다, 또 그의 존장尊章(시부모)과 옛 친구라 해서일 것이다. 참으로 사군자士君子의 견문을 가진 나머지가 아니라면 어찌 능히 이럴 수가 있겠는가? 오늘날 한 편으로는 공경스럽고 한 편으로는 감탄할 일이다. 저녁에는 또 닭을 잡고 기장밥을 하였는데, 하나하나 다 먹을 만 하였다. 밤에는 또 떡을 구워 주었는데, 내가 술을 마실 줄 모른다고 해서이다. 이상룡과 주병휘는 각자 일이 있어 오지 못하니, 한스러운 일이다.

九月初一日 仍留

9월 초1일.
그대로 머물렀다.

翌日 又爲其任大衡所速 三人扶杖偕往 仍宿 食鷄炙麥豆飯

9월 2일.
또 그곳의 임대형任大衡에게 초대되어 세 사람이 지팡이를 짚고 함께 가서 잤다. 닭구이와 보리와 콩이 든 밥을 먹었다.

三日 行過義增盛商店<主人卽鄒本增云> 第宅物產 便玻斯市成都肆也 中有學師周德懋者 頗自款接 因筆談 小傾傍有烈女傳 我是初見者 故示以借見之意 則便卽許施 眞文士之同情也 午饒于金澤奎家 主雖不在 內間接待甚厚 可感 始欲歷訪宋喆永家 困頓之餘 又不可前進穿峽 遂悵歎而與陳尹二友班荊分岐 二友去朱氏家

9월 3일.
지나는 길에 의증성義增盛 상점<주인은 바로 추본증鄒本增이라고 하였다>에 들렀는데, 집과 물산이 곧 페르시아 물건 도매점이다. 그 안에 학교 선생 주덕무周德懋라는 이가 있었는데, 아주 정성스럽게 대하는지라 필담을 하였다. 조금 있다 보니 옆에 『열녀전』이 있는데, 내가 처음 보는 것이었다. 그러므로 빌려 보겠다는 뜻을 보였더니 곧바로 허락하였다. 참으로 문사文士끼리의 동정同情이다. 점심은 김택규金澤奎의 집에서 먹었다. 주인이 없는데도 내간內間에서 매우 후히 접대해 주니 고마운 일이다. 처음에는 송철영宋喆永의 집에 들르려 하였는데, 피곤하여 다시 협곡을 뚫고 갈 수가 없었다. 마침내 서운하고 안타까웠으나 진씨·윤씨 두 친구와 갈림길에서 만나, 두 친구는 주씨 집으로 갔다.

四日 越去朱氏家 欲與偕返之語 則二友期於發還其家 悵歎悵歎 李義仲來見

9월 4일.
주씨 집으로 건너가 함께 돌아가고 싶다는 말을 하니, 두 친구는 기어이 그들의 집으로 돌아갔다. 섭섭하고 안타깝다. 이희중李羲仲이 와 보았다.

五日 黃萬英 東三從來見 秉倫從率妻來 住于寧姪僑所

  9월 5일.
  황만영과 동삼 족종이 와 보았다. 병륜이 아내를 데리고 왔다가 조카 영식이 살고 있는 곳으로 갔다.

六日 朱炳徽來午饒 朱炳倫以衣製調査次過訪

  9월 6일.
  주병휘가 와서 점심을 먹었다. 주병륜이 의복의 제도를 알아보러 지나가다 들렀다.

七日 採垈田白菜

  9월 7일.
  텃밭의 배추를 뽑았다.

八日 李章寧來午饒 朱炳徽亦同 夢見李長謦及舍弟剩叟

  9월 8일.
  이장녕이 와서 점심을 먹었다. 주병휘도 같이 왔다. 꿈에 이장기李長謦와 아우 잉수剩叟를 보았다.

九日 薦新 登高之節 又不堪鄕懷羈旅之恨

  9월 9일.
  천신薦新172)하였다. 등고절登高節173)이라 고향 생각과 나그네 설움을 더욱 이기지 못하겠다.

---

172) 천신薦新 : 새로나는 물건을 먼저 신위神位에 올리는 일이다.
173) 등고절登高節 : 중구절重九節 또는 수유절茱萸節이라 한다. 이 날에 새 곡식으로 지은 음식을 올리는 중구重九 차사茶祀를 지내기 때문에 천신을 하였다고 한 것이다.

十日 李衡國來午饒 垈田禾一斗 約繩四十把 將以編箔也

  9월 10일.
  이형국이 와서 점심을 먹었다. 텃밭의 벼가 한 말이다. 새끼 40뼘을 꼬았다. 이걸로 발을 짤 계획이다.

十一日 夢拜叔父 又見曙剩二弟及舜躍從 常彦叔 取打醬太六斗半

  9월 11일.
  꿈에 숙부님을 뵈었다. 또 서산曙山·잉헌剩軒 두 아우와 순약舜躍·상언常彦 아재를 보았다. 메주콩을 가져와 타작하니 6말 반이었다.

翌日 朴元根 黃義英午饒 聞張錫膺家 當夜失火 資產糧穀沒入灰燼 窮僑寒節 何以爲生 驚歎不已

  9월 12일.
  박원근과 황의영이 점심을 먹었다. 듣자니, 장석응張錫膺의 집에 밤에 불이 나서 자산과 양곡이 모두 재가 되고 말았다고 한다. 어려운 타관살이에다 추운 겨울을 어찌 살까? 놀라움과 탄식을 금치 못하겠다.

十三日 黑霧四塞 晝不辨山 此是癘疫將起之候 愼之可也 朱炳徽來話

  9월 13일.
  짙은 안개에 사방이 꽉 막혀, 낮에도 산을 분간하지 못할 지경이다. 이는 돌림병이 일어날 징후이니 조심하는 것이 좋겠다. 주병휘가 와서 이야기를 나누었다.

十四日 李白三來言 其弟病症 令人代歎 家僮採蒼禾而來

  9월 14일.
  이백삼李白三이 와서 그의 아우 병세를 말하는데 듣는 사람이 탄식하게 하였다. 집에 일하는 아이가 푸른 벼를 베어 왔다.

十五日 昌孫去石廟洞 造鐵物諸件 聞葦塘有强盜殺害之患 懍懼懍懼

9월 15일.
손자 창로가 석묘동石廟洞에 갔다. 철물을 만드는 등 여러 가지 일 때문이다. 들으니, 위당에서 강도强盜가 사람을 죽인 환란이 있었다고 한다. 두렵고 두려운 일이다.

十六日 淸 送白菜二負 菁根一駄二負 于黃萬英家

9월 16일. 맑음.
배추 두 짐과 무 한 바리 두 짐을 황만영의 집에 보냈다.

十七日 欲探家兒聲息 將向黃應七家 遇於路而偕返 是日又去李晩榮家 攄懷午占而來

9월 17일.
가아 형식의 소식을 알아보려고 황응칠의 집으로 가려다가, 길에서 만나 함께 되돌아 왔다. 이날 또 이만영의 집에 가서 회포를 풀었다. 점심을 먹고 왔다.

十八日 打取赤豆八斗

9월 18일.
붉은 팥을 타작하니 8말이었다.

十九日 李鍾常李鍾浩 李源行金慶國 來宿

9월 19일.
이종상李鍾常·이종호李鍾浩·이원행李源行·김경국金慶國이 와서 잤다.

二十日 朱炳徽黃萬英 黃國煥李奎日寧植姪 來午饒

9월 20일.
주병휘·황만영·황국환黃國煥·이규일李奎日과 조카 영식寧植이 와서 점심을 먹었다.

二十一日 新英會雨戲停退 作猪牢

　9월 21일.
　신영회新英會는 비 농간으로 못하고 물렸다. 돼지우리를 지었다.

翼日 夜雨雪小霑

　9월 22일.
　밤에 비와 눈이 약간 내렸다.

二十三日 尹相佑來宿 午方用淳率學徒四十人 閭外過問 苦請不入而去 婦阿去鄒子街蒙兒家

　9월 23일.
　윤상우가 와서 잤다. 낮에 방용순方用淳이 학생 40명을 데리고 마을 밖을 지나가다 안부를 물었는데, 굳이 들어오라 하는데도 들어오지 않고 갔다. 며늘아이가 추자가鄒子街의 기몽騏夢 집으로 갔다.

二十四日 與朱炳徽 偕去宋喆永家 午饒于李鍾常家 向夕到達 老侶久戀之際 欣握可知 因圍破寂

　9월 24일.
　주병휘朱炳徽와 함께 송철영宋喆永의 집에 갔다. 이종상李鍾常의 집에서 점심을 먹고, 저녁이 되어갈 무렵에야 도착하였다. 늘그막의 벗을 오래 그리워하던 터라, 반가움을 알 만하였다. 그래서 바둑을 두며 적적함을 풀었다.

二十五日 與宋老還我僑所 行役之餘 憊瘁殊甚 夕未久就寢

　9월 25일.
　송철영 노인과 함께 내 거처로 돌아왔다. 나들이 한 뒤라 피곤함이 너무 심하여 저녁 먹은 지 얼마 못되어서 잤다.

二十六日 鄒街査夫人與雲母偕來

 9월 26일.
 추가가의 사부인이 운雲이 어미와 함께 오셨다.

二十七日 昌孫去哈密河 應魯移去大牛溝

 9월 27일.
 손자 창로가 합밀하에 갔다. 응로는 대우구大牛溝로 옮겨 갔다.

二十八日 憑見家兒抵黃萬英書 不言歸期 憐鬱憐鬱 査夫人 甥姪婦 姪女來

 9월 28일.
 가아 형식이 황만영에게 보낸 편지를 보니 돌아오는 날짜를 말하지 않았다. 안타깝고 답답하다. 사부인과 생질부와 질녀가 왔다.

二十九日 金華淵以入雇事夕饒來宿 宋喆永來 圍碁

 9월 29일.
 김화연金華淵이 머슴살이 들어오는 일로 저녁을 먹고 와서 잤다. 송철영이 와서 바둑을 두었다.

十月一日 次婦與甥婦俱去李源一寓所

 10월 1일.
 둘째 며느리와 생질부가 모두 이원일李源一의 우소寓所로 갔다.

翌日

 10월 2일.

三日 昌孫自鬧枝還 田相允<龍宮人>及珵洛 文植 漢干來午饒

　10월 3일.
　손자 창로가 요지구鬧枝溝에서 돌아왔다. 전상윤田相允<용궁 살던 사람>과 정락珵洛·문식文植·한간漢干이 와서 점심을 먹었다.

四日 李在一 權有鉉來

　10월 4일.
　이재일李在一·권유현權有鉉이 왔다.

五日 裁付內地各處書于雇人崔綱五出去便

　10월 5일.
　고국의 각 곳에 보낼 편지를 써서 고용인 최강오崔綱五가 나가는 편에 부쳤다.

六日 淸人放牧之牛 爲人所傷 而血沾於吾家街路 故結党作隊 徵出三元錢以去 憤慟憤慟 黃萬英持家兒書來示 畧料那邊形勢 夕張龍澤來宿

　10월 6일.
　청나라 사람이 놓아기르는 소가 누군가에게 다쳤다. 그런데 피가 우리 집으로 오는 길에 묻어 있다 하여 떼 지어 몰려와 돈 3원을 빼앗아 갔다. 분통하고 분통하다. 황만영이 가아의 편지를 가지고 와서 보여주므로 대략 그쪽의 형편을 짐작하였다. 저녁에 장용택張龍澤이 와서 잤다.

七日 雨雪小霈 尹秉憲及應魯來宿 秉倫夕饒而去

　10월 7일. 비와 눈이 조금 왔다.
　윤병헌尹秉憲과 응로應魯가 와서 잤다. 병륜秉倫이 저녁을 먹고 갔다.

八日 與朱徽赴新英會于金景輯家 夕與李相龍宿于黃萬英家

10월 8일.
주휘朱徽와 함께 김경집金景輯 집에서 신영회新英會에 참석하였다. 저녁에는 이상룡李相龍과 함께 황만영黃萬英의 집에서 잤다.

九日 遇雨仍留

10월 9일.
비가 내려 그대로 묵었다.

十日 自鄒街還 夕李妹及同舍張夫人率其女孫來 將非久搬移 故見我告別也 昌孫出外

10월 10일.
추가鄒街에서 돌아왔다. 저녁에 매부妹夫 이상룡과 한 집을 쓰던 장부인張夫人이 그의 딸과 손자를 데리고 왔다. 머지않아 이사한다고 하여 나에게 작별 인사를 하러 온 것이다. 손자 창로昌魯가 외출하였다.

十一日 金慶鎭午饒仍宿

10월 11일.
김경진金慶鎭이 점심을 먹고 그대로 묵었다.

翌日 從姪婦與宇植 秉倫夫人來宿

10월 12일.
종질부와 우식宇植, 그리고 병륜의 부인이 와서 잤다.

十三日 李敎昌來午饒 孫兒去大沙灘 求田問舍之計也

10월 13일.
이교창李敎昌이 와서 점심을 먹었다. 손자 아이가 대사탄大沙灘으로 갔는데, 땅을 구하고 집을 알아보기 위해서이다.

十四日 李章寧 金漢鎭<安東> 金炯天<豊基> 都萬石<慶州>來宿 孫兒自大沙還

　10월 14일.

　이장녕李章寧과 김한진金漢鎭<안동>·김형천金炯天<풍기>·도만석都萬石<경주>이 와서 잤다. 손자가 대사탄에서 돌아왔다.

十五日 去李晩榮家 午饑夕還 夜雪 深數尺許

　10월 15일.

　이만영李晩榮의 집에 갔다가 점심을 먹고 저녁에 돌아왔다. 밤에 눈이 내렸는데, 깊이가 두어 자쯤 되었다.

十六日 七來 以病請田而歸 次婦去石廟子 宿返

　10월 16일.

　칠래七來가 병 때문에 땅을 청하고 돌아갔다. 둘째 며느리가 석묘자石廟子에 가서 자고 돌아왔다.

十七日

　10월 17일.

十八日 李源一自內地入來 得見舍弟九月二十三日所付書 猶候免添 都節如前 而萬姪亦無事還故 可慰 而但旱餘荒憂 正模家菌慽 慘酷慘酷

　10월 18일.

　이원일李源一이 고국에서 들어왔다. 아우가 9월 23일 부친 편지를 얻어 보았다. 작은아버지는 첨절添節이 없으시고 대소가 범절이 여전하며, 조카 만식萬植도 무사히 고향으로 돌아갔다니 마음이 놓인다. 그러나 가뭄 끝의 흉년에 정모正模가 아이를 잃었다는 소식은 참혹하고 참혹하다.

十九日 冬暖如春

10월 19일.
겨울이 봄처럼 따뜻했다.

二十日 淸

10월 20일. 맑음.

二十一日 淸 陳奎煥 南廷燮<釜山>過訪 張龍澤來宿 七孫以鼻熱受鍼

10월 21일. 맑음.
진규환陳奎煥과 남정섭南廷燮<부산>이 지나다 들렀다. 장용택張龍澤이 와서 잤다. 칠손七孫은 비열鼻熱 때문에 침을 맞았다.

翌日 黃萬英 東三從 李綱鎬夫人 李白三夫人來宿 東三自白頭還 因言白頭之高 而以高字三韻示余 因次其韻

10월 22일.
황만영黃萬英과 동삼東三 족종族從, 그리고 이강호李綱鎬의 부인과 이백삼李白三의 부인이 와서 잤다. 동삼은 백두산에서 돌아오는 길인데, 그 편에 백두산의 높이를 말하면서 '고高' 자로 세 번 각운脚韻한 시를 보여주었다. 그 시에 차운하였다.

有人來說白頭高	어떤 이가 백두산의 높음을 말하는데
山外羣山不敢高	그 밖의 여러 산이야 높다할 것 없다네
可使窮登跨大岳	만약 끝까지 올라가 큰 산에 걸터 앉으면
緣吾高躅更增高	내 몸 때문에 그 높이가 더욱 높아지리라

二十三日 昌母與二夫人去鄒街黃史家

10월 23일.

창昌의 어미가 두 부인과 함께 추가鄒街의 황씨 사돈댁으로 갔다.

二十四日 淸 以七來療病次 製藥於三源浦而來 又以香附子良薑爲吾製

10월 24일. 맑음.

칠래의 병을 치료하기 위해 삼원포三源浦에서 약을 지어 왔다. 또 향부자香附子와 생강生薑으로 내가 먹을 약도 지었다.

二十五日 安世濬 李俊實來宿

10월 25일.

안세준安世濬과 이준실李俊實이 와서 잤다.

二十六日 睦雲相 裵善洙 李源行來午饒 俊實仍留 黃義英夫人率女孫來留

10월 26일.

육운상睦雲相·배선수裵善洙·이원행李源行이 와서 점심을 먹었다. 준실俊實은 그대로 묵고, 황의영黃義英의 부인이 딸과 손자를 데리고 와서 잤다.

二十七日 聞哈密河李石榮 爲强盜所被執而去 其家夫人 中砲幾死 傭者 又中丸顱骨 拔出云 可怖可怖 李在燮 黃義英來宿

10월 27일.

들자니, 합밀하哈密河의 이석영李石榮이 강도에게 붙잡혀 갔는데, 그 부인은 총에 맞아 죽을 뻔하였고, 그 집 일꾼은 또 머리뼈에 맞은 탄환을 뽑아냈다고 한다. 두렵고 두려운 일이다. 이재섭李在燮과 황의영黃義英이 와서 잤다.

二十八日 李晩榮來話 午饒而去 悵然

10월 28일.

이만영이 와서 이야기를 나누다가 점심을 먹고 갔다. 서운하다.

二十九日 小雪不能蓋石

10월 29일. 눈이 조금 내렸는데, 돌을 덮을 정도는 아니었다.

三十日 以南草一把給家主淸人 夢見小菴李公及故室李氏 李衡國來宿 鄒街査夫人權氏 回路仍留 我以寒感苦痛一晝夜

10월 30일.

담배 한 줌을 집주인 청인에게 주었다. 꿈에 소암小菴 이공李公과 죽은 아내 이씨李氏를 보았다. 이형국李衡國이 와서 잤다. 추가鄒街의 사부인 권씨權氏가 돌아가는 길에 그대로 묵었다. 나는 하루 밤낮을 감기로 고생하였다.

十一月一日 圭植姪入來 房主以人蔘三本 紅餹一塊來饋 可感 蒙母告歸

11월 1일.

조카 규식圭植이 들어 왔다. 방주인이 인삼 세 뿌리와 홍당紅餹 한 덩이를 보내 주니 고마운 일이다. 기몽䕨蒙의 어미가 돌아갔다.

翌日 圭植 東三留宿 此日卽生祖妣諱辰也 客地愴感 尤所難遏

11월 2일.

규식과 동삼이 와서 잤다. 오늘은 바로 생가 조모의 제삿날이다. 객지에서 슬픈 마음을 더욱 가누기 어렵다.

初三日 買猪五頭 價十七元五角 圭姪出去鬧枝寓所 夕雪薄如紙

11월 초3일.

돼지 다섯 마리를 17원 5각을 주고 샀다. 조카 규식圭植이 요지鬧枝의 우거하는 곳으로 갔다. 저녁에 눈이 왔는데, 종이장 같이 얇았다.

四日 雪封條 偶得泄滯 頻頻如厠 入夜偏甚 可悶可悶

　11월 4일.
　눈이 나뭇가지에 쌓였다. 우연히 설사와 체증을 만났다. 빈번히 측간을 드나드는데, 밤이 되자 더욱 심하니 고민스럽다.

五日 畜馬見斃 不但生物之可惻 亦係財數之否 損角鬣一年再斃 可歎可歎

　11월 5일.
　기르던 말이 죽었다. 다만 살아 있던 것이 측은 할뿐 아니라 재물 운에 관계된 일이기도 하다. 소와 말을 잃는 것이 한 해에 두 번이나 되니 한탄스럽다.

六日 迺我生朝也 客地倍悲之慟 益自難排 泄症漸歇 認是死雉爲祟也 認是死雉爲祟也

　11월 6일.
　오늘은 내 생일이다. 객지에서 비통한 마음을 더욱 억누르기 어렵다. 설사증이 차츰 덜해진다. 죽은 꿩을 먹은 것이 빌미가 되었음을 알았다.

七日 黃萬英來宿 夢見小庵公及應五 與族兄聲于 族從相宇甫

　11월 7일.
　황만영黃萬英이 와서 잤다. 꿈에 소암小庵 이공李公과 응오應五, 족형 성우聲于,174) 족종 상우相宇씨175)를 보았다.

八日 孫兒以洞中會議事 去田世基家 士峯入來

　11월 8일.
　손자가 마을회의 건으로 전세기田世基 집에 갔다. 사봉士峯이 들어왔다.

---

174) 성우聲于 : 약봉 김극일의 후손인 김종연金鍾淵. 성우는 그의 자字이다. 김후병金厚秉의 아버지다.
175) 상우相宇 : 약봉 김극일의 후손인 김서락金胥洛으로 추정된다. 상우는 그의 자字이다.

九日 服蔘附湯 泄氣小平 大花斜張老人<錫膺>喪出

　11월 9일.
　삼부탕蔘附湯을 먹으니 설사증이 조금 낫다. 대화사大花斜 장張노인<석응錫膺>의 장례를 치렀다.

十日 權夏鉉 權有鉉<眞寶 典邱> 權寧華 李昌鎬<一直>歷訪

　11월 10일.
　권하현權夏鉉·권유현權有鉉<진보眞寶 전구典邱>·권영화權寧華·이창호李昌鎬<일직一直>가 지나는 길에 들렀다.

十一日 打粟得二十二斗 黃義英來宿 孫兒與金丞坤去大沙灘 權五煥來宿

　11월 11일.
　조를 타작하여 22말을 얻었다. 황의영黃義英이 와서 잤다. 손자와 김승곤金丞坤이 대사탄大沙灘으로 갔다. 권오환이 와서 잤다.

翌日 場餘所取粟三斗 李源一慈夫來宿

　11월 12일.
　타작하고 남은 것을 거둔 조가 서 말이었다. 이원일의 어머니가 와서 잤다.

十三日 孫兒還

　11월 13일.
　손자가 돌아왔다.

十四日 金允一 睦雲相過訪 又有盤市數人午饒 而忘其名

　11월 14일.

김윤일金允一과 육운상睦雲相이 지나다 들렀다. 또 반시盤市 사람 몇 명이 점심을 먹었는데 그 이름은 잊어버렸다.

昌孫與隣友夜設是社 迭聞歌吟之聲 愁寂無眠之際 臥足其韻 손자 창로와 이웃 친구들이 밤에 시詩 모임을 열었다. 읊조리는 소리가 번갈아 들리는데 시름겨워 잠 못 이루던 터라 그 운韻을 따라 지었다

月入山窓不夜城	산창에 달 비치니 불야성을 이루고
滿天光暎照心淸	온 하늘 밝은 빛이 내 마음 맑게 비추네
邃廬父客知鄕俗	객지에 귀한 손이라 향속을 알겠는데
黍谷如春吹律聲	기장 계곡에 봄처럼 음악을 연주하네
君似春林鶯世界	그대는 봄 숲의 꾀꼬리처럼 젊으나
吾猶秋荻鷺平生	나는 가을 갈대숲 갈매기럼 쓸쓸하네
最憐老少歡同處	노소가 한 곳에서 기뻐하는 것 가련하고
只恨童頭鬢雪明	어린이 머리가 희끗한 것 한스럽네
愛爾蘭馨逐臭尋	그대의 난향 좋아서 냄새를 따라가고
五更綺語一燈深	오경에 시 지으니 등불이 깊구나
山東舊閥衣冠族	산동의 옛 문벌로 선비의 집안이더니
薊北寒聲釖筑心	만주의 찬 바람소리에 검축의 마음[176]일세
未若相須黃券友	옛 책 펼쳐 벗 삼는 게 나을 것인데
無端孤唱白頭吟	까닭 없이 백두음을 외로이 읊조리네
吾曾昔日分山約	내 일찍 산을 나눌 약속 하였으니
不妨隨宜寓碧岑	편한대로 푸른 산에 깃들어도 좋겠네

十五日 雪 夢覲先親 士峯歸

---

[176] 검축의 마음 : 형가의 칼춤과 고점리의 축소리. 여기서는 복수설치를 위하여 한마음으로 노력함을 뜻한다.

11월 15일. 눈이 내렸다.

꿈에 선친을 뵈었다. 사봉士峯이 돌아갔다.

夜又次金權二友韻 밤에 또 김金·권權 두 친구의 시에 차운하였다

夜月偏明勝夕暉	밤 달이 유독 밝아 저녁놀보다 나은데
山隣須友不關扉	이웃집 벗을 기다려 사립문 닫지 않았네
經秋病栅刑餘文	성근 울타리는 해묵어 형벌 받은 모습이요
被雪寒山丈許肥	눈 덮인 겨울 산은 한 자쯤이나 살쪘네
世亂常思貽後計	혼란한 세상일수록 늘 후대를 걱정할지니
年衰方識以前非	노쇠한 몸 이제야 지난 잘못을 알겠네
冬寒夏暑何須怨	겨울 추위 여름 더위 어찌 원망하랴
七十康强也亦稀	칠십에도 건강함은 옛날에도 드물었네

十六日

11월 16일.

又次二友及孫兒韻 또 두 벗과 손자의 시에 차운하였다

璇風瓊雪各置前	좋은 바람 좋은 눈이 저마다 앞에 있으니
不必瑤臺妄學仙	요대에서 쓸 데 없이 신선을 배울 일 없네
白首光陰流似水	노년 세월 물처럼 덧없이 흘러가는 법인데
靑丘時事吟如烟	고국 형편 읊노니 안개 속처럼 희미하다
迂儒拙計難于俗	못난 선비 못난 계책으로 어울리기 어려워
絶塞窮踪命矣天	먼 변방 곤궁한 행실을 천명으로 돌릴 뿐
却怕桃源網漏處	도리어 도화원의 그물 단속이 풀린 곳으로
浮花流出世間傳	꽃잎이 새 나가 세속에 전할까 두렵구나

十七日 黃萬英午饒

11월 17일.

황만영과 점심을 먹었다.

又次諸友韻　또 여러 벗들의 시에 차운하였다

拘儒本自厭紛華	고루한 선비 본래 화려함을 싫어하여
風靜雲深僦作家	바람 자고 눈 깊은 곳에 셋집을 지었네
隨體惟賢賭博奕	가는 곳마다 어진 이와 내기 바둑 겨루니
從朋端興長蓬麻	벗 따라 일을 추어 나도 곧게 자란다
衰肥瘤贅肘生柳	쇠한 몸에 힘이 돋고 팔에도 힘이 돋아
佳句吟成口囓花	좋은 시구 읊으니 입으로 꽃을 먹는 듯
只憎平生迂滯見	가증스러워라, 평생 쌓은 우활한 식견이여
朝春將飯反炊沙	금방 찧어 밥하려다가 모래밥을 지었네

十八日 唐孫無何苦痛 殘憐殘憐

11월 18일.

쾌당快唐이 까닭 없이 고통스러워 하니 가련하고 가련하다.

十九日 唐孫症勢加歇無常 憂慮不能定情

11월 19일.

쾌당快唐의 병세가 더하고 나은 것이 일정하지 않다. 근심스러워 마음을 안정할 수 없었다.

二十日 使七來書送于李晚榮 錄症問劑 李鍾浩 李源行 李根浩 及寧植姪午饒 鍾浩特以唐孫察診事 以書邀請者 南永鎭<寧海來人>來宿 此人正於造紙云

11월 20일.

칠손에게 이만영李晚榮 앞으로 편지를 써 보내되, 증세를 써서 화제和劑를 묻도록 하였다.

이종호李鍾浩·이원행李源行·이근호李根浩, 조카 영식寧植과 점심을 먹었다. 이종호李鍾浩가 특별히 당손唐孫을 진찰하는 일로 편지를 보내어 청해 온 사람이 와서 잤는데, 이름은 남영진南永鎭<영해에서 온 사람>이다. 이 사람은 종이 만드는 일에 정통하다고 한다.

二十一日 南永鎭鍼破唐孫尻門 濃血如注 仍以火藥硫黃等物 塗其鍼處 又用安蚘飮二貼 其服藥受鍼之際 啼號氣窒 非長者所忍見也

11월 21일.
남영진이 당손의 항문에 침을 놓았는데 피고름이 쏟아지듯 하였다. 이어서 화약과 유황을 침 놓은 곳에 바르고 다시 안회음安蚘飮 두 첩을 썼다. 그 아이가 약을 먹고 침을 맞을 때, 자지러지듯 울던 모습은 어른도 차마 볼 수가 없었다.

翼日 申容寬來宿 申本梁山人也 爲人傭賃 而性本信厚 氣挺激慨 常有憤世疾俗之意 所謂 大邱居韓人某哥者來言 赴徒讎邦云 故頗有枕戈除莠之意

11월 22일.
신용관申容寬이 와서 잤다. 신용관은 본래 양산梁山사람인데, 남의 일꾼이지만 성품이 본래 미덥고 인정이 두터우며 기상이 격렬하다. 항상 세상에 분노하고 시속을 싫어하는 뜻이 있다. 이른바 대구에 사는 한국인 아무개가 말한 '맨 주먹으로 적국에 뛰어들 사람'이었다. 자못 창을 베고 자며 잡초를 제거할 뜻이 있었다.

隣居年少者來設詩社 吟哦之聲 徹于窓外 又次其韻 以示懷少之意 이웃에 사는 젊은이들이 와서 시회詩會를 열었다. 읊조리는 소리가 창 밖까지 들렸다. 또 그 시에 차운하여 젊은 시절을 생각하는 뜻을 보였다

樵於水也漁於山	물가에서 나무하고 산에서 고기 잡으니
本本無心取次閒	무심에 바탕을 두고 한가함을 찾은 격
萬里輕裝書在腹	만리 길 빨리 오느라 책은 마음에 담고
五更淸意月生顔	밤새워 맑은 뜻 나누니 달이 얼굴에 돋네
葭灰信息消長窟	갈대 재 나는 소식으로 음양 소장 점치니[177]

草創規模夢覺關	처음의 어설픈 규모는 깨달음의 빗장일세
閒不經營閒在我	한가하려 하지 않아도 저절로 한가하니
此心安處此身閒	이 마음이 한가하면 이 몸도 한가하네

<至日在明 故三聯及之> <동지가 내일이기 때문에 3연에서 언급하였다>

駭禽仙鹿性於山	새나 사슴처럼 산수에 길들어 살다가
三歲蒼茫兩白間	3년을 양백 간에서 경황없이 보냈네
世味皆酸難藉口	신산한 세태는 말로 다하기 어려우나
農廬雖陋可容顏	농막살이 누추하나 얼굴 펼 수 있었네
興亡舊境先天月	고국의 흥망성쇠는 지나간 세월이요
耕讀新工小學關	주경야독 새로운 공부는 소학의 일일세

<黃磵士人金華淵 年已三十矣 方玆住雇吾家 而晝耕夜讀 授以小學> <황간黃磵의 사인士人 김화연金華淵은 나이가 이미 삼십인데, 지금 우리집에 일꾼 노릇을 하며 주경야독하면서 소학을 배운다>

除却煩愁皆勝事	번뇌를 없애는 것은 모두가 좋은 일이니
賭碁贏得橘中閒	바둑으로 조금이나마 한가함을 얻는다네

生長山林僻在山	산림에서 나고 자라 산 밖에 모르다가
離羣絶俗此中間	이웃 떠나 이곳에서 속세를 끊었다네
魚如泛逐江湖背	물고기처럼 둥실둥실 고향을 등지고
鳳似來尋水竹顏	봉황처럼 찾아와 수죽178)을 대하네
雪爲行人除惡路	눈이 행인을 위해 험한 길 없애고
雪如平地度危關	눈이 평지 같아 위험한 관문 건너네

<唐孫病勢就差 ○古詩咏雪 有盡蓋人間惡路歧> <당손의 병세가 차도가 있었다. ○고시에 '인간 세상의 험한 길 모두 덮었네'라는 구절이 있다>

---

177) 갈대 재 ~ 점치니 : 옛날에 절기節氣를 관찰하던 법의 하나이다. 옥玉으로 만든 12개의 율관律管 끝 부분에 갈대를 태운 재를 넣어서 밀실密室 안 목안木案 위에 안치해 놓았다가 해당 절기, 즉 자월子月에 속하는 황종黃鐘을 표기한 율관에 넣었던 재가 날면, 11월이 되었음을 안다는 것이다.

178) 수죽 : 자주달개비.

談詩不及婆猪水　　시 쓰는 벗 파저강에 이르지 못하나
分作蘆洲鷺夢閒　　갈대섬 나눈 기러기 되니 꿈조차 한가롭네

二十三日 雪 夢省親闈 又見仲君與舜極叔侍

11월 23일. 눈이 내렸다.
꿈에 아버지를 뵙고, 또 중군仲君과 순극舜極 아재를 만났다.

二十四日 夢見響山令公 冠衣整肅 風朶威如 是或宅兆安吉之驗歟

11월 24일.
꿈에 향산 이만도 공을 뵈었는데, 의관이 엄숙하고 풍채에 위엄이 있었다. 이는 혹 묘소가 편안하여 길상吉祥이 있을 증험인가?

二十五日 冬至 金漢鎭 應魯 士峯來宿 張龍澤 朴秉坤仝

11월 25일.
동지冬至날이다. 김한진金漢鎭·응로應魯·사봉士峯이 와서 잤다. 장용택과 박병곤이 함께 왔다.

二十九日 孫兒貿布于三源堡 將製金華淵衣服 聞內地大設科場 五十年貢擧之役 歷歷追憶 不能無緣境之感 尹渭出午饒 是夜夢侍猶庭 有兩廟香火之事 或退行茶薦耶 又見亡室權氏 有如平昔 可怪 宋鎭裕 禹承夏來見

11월 29일.
손자 창로가 삼원보三源堡에서 베를 샀다. 김화연金華淵의 의복을 짓기 위해서이다. 들으니, 국내에서는 과장科場을 크게 열었다고 한다. 50년 과거 공부가 역력히 떠오르니, 정경에 따라 느껴지는 감정이 없을 수 없다. 윤위출尹渭出이 점심을 먹었다. 이날 밤 꿈에 작은아버지[猶庭]를 모시고 두 사당에 제사를 지냈는데, 혹 차례를 다른 날로 물려 올리려는 것일까? 또 죽은 아내 권씨를 보았다. 평소에 보던 모습과 같으니 괴이하다. 송진유宋鎭裕와 우승하禹承夏가 왔다.

十二月一日 夢省嚴闈 又與膺禮叔 聲于兄 往忘川祈叔兄家 盖因其家之祠廟 有事之日也 祈叔兄 使其弟啓民 饋我以北魚二尾 黃肉一片曰 爾有老親 歸補疚閣 用意勤摯 余卽雙手感領之際 適見瑞五兄在傍 余乃袖其肉而以魚 跪進曰 兄有老慈 歸可遺之 盖此兄曾於臨社之會 忘其口而爲吾親 常珍之助 余嘗置心不忘矣 未知所思之事 發於宵寐耶 夢雖非眞 而事若報應 故覺而識之 反作黃壚疇昔之感 可恨可歎 昌孫去上藍山尹秉憲家

12월 1일.

꿈에 아버지를 뵈었다. 또 응례膺禮 아재, 성우聲于 형과 함께 망천忘川 기숙祈叔[179] 형의 집으로 갔다. 이는 그 집의 사묘祠廟에 향사享祀가 있어서이다. 기숙 형이 그 아우 계민啓民[180]으로 하여금 나에게 북어 2마리와 소고기 한 덩이를 주도록 하면서, "자네는 늙으신 부모님이 계시니 돌아가서 편찮으신 어른 조섭을 돕도록 하게"라고 하는데, 마음 씀이 은근하고 정성스러웠다. 내가 곧바로 두 손으로 고맙게 받으려 하다가, 마침 서오瑞五 형이 곁에 있는 것을 보고, 바로 소고기 한 쪽은 소매에 넣고 북어를 무릎 꿇고 드리면서 "형은 늙으신 어머님이 계시니 돌아가서 어머님께 드리시오"라 하였다. 이는 형이 모임에 갈 때마다 자신의 입치레를 잊고 우리 부모를 위해 항상 좋은 음식을 준 일을 마음에 담아두고 잊지 않고 있었기 때문이다. 모르겠으나 생각하던 일은 꿈에 나타나는 것인가? 꿈이 비록 실제는 아니나, 일이 마치 원인에 대한 응보와 같은지라, 꿈을 깬 후에 기록해 둔다. 그러나 도리어 죽은 이에 대한 옛 생각만 일어나니 한탄스럽다. 손자 창로가 상남산上藍山 윤병헌尹秉憲의 집에 갔다.

翼日 孫兒 自上藍一宿而還 李衡國 來宿

12월 2일.

손자 창로가 상남上藍에서 하룻밤 자고 돌아왔다. 이형국李衡國이 와서 잤다.

三日 尹秉憲來宿 雪厚數寸

---

179) 기숙祈叔 : 귀봉 김수일의 후손인 김영락金永洛이다. 기숙은 그의 자字이다.
180) 계민啓民 : 귀봉 김수일의 후손인 김우락金佑洛이다. 계민은 그의 자字이다.

12월 3일.
윤병헌尹秉憲이 와서 잤다. 눈이 내려 두께가 두어 치나 되었다.

四日 晨哭先慈 喪餘 萬里孤廬 設飯行事 罪慟罪慟 孫兒 又與尹友 去其家 陳重慶 李鍾熙來宿

12월 4일.
새벽에 돌아가신 어머니께 곡을 하였다. 상기를 마친 끝에 만리 이역의 외로운 집에서 밥을 차리고 제사를 지내자니 죄스럽고 애통하다. 창로昌魯는 다시 벗 윤씨와 함께 그 집으로 갔다. 진중경陳重慶·이종희李鍾熙가 와서 잤다.

五日 風而寒 孫兒 自藍山還 以有野土賣買事也 李鍾熙 以願入傭役之意 又來

12월 5일. 바람이 불고 춥다.
손아孫兒가 남산藍山에서 돌아오니 야토野土를 팔고 살 일이 있어서이다. 이종희李鍾熙가 고용인으로 들어올 생각으로 다시 왔다.

六日 夢省慈闈 若有衣件絲線之績 又拜內舅上舍公 公以四字文 七言詩 若有期擬獎與之意 學乃又伸紙硏墨之狀 盖俄經慈忌 今有是夢 神理人情 若相感應 而旣覺之後 都不省記 撫枕噓唏 不勝疇昔之感 因以五言四絶 識其憎恨之意

12월 6일.
꿈에 어머니를 뵈었는데, 마치 옷 만들 실을 깁고 계시는 듯하였다. 또 외숙 상사공上舍公을 뵈었는데, 공은 사자문四字文과 칠언시七言詩로 마치 기대하고 권면하려는 뜻을 가지고 계신 듯하였다. 학내學乃는 또한 종이를 펴고 먹을 가는 모습이었다. 아마 방금 전 어머니 제사를 치러서일 것이다. 지금 이 꿈을 꾼 것은 귀신의 이치와 사람의 정이 마치 서로 감응한 것 같다. 잠에서 깬 뒤, 하나도 빠뜨리지 않고 기록한 후, 베개를 어루만지며 한숨 쉬다가 지난날의 감회를 이기지 못하였다. 인하여 5언 절구를 지어서 슬프고 한스러운 심정을 기록한다.

伏哭椅床下	교의 아래 엎드려 곡하자니
新如袒括筵	새로이 단괄袒括하는 자리 같아라
山長楸檟路	긴 산 가래나무 덮인 길에서
詩恨蓼莪篇	육아편을 읊으며 한탄하노니
罪大三千案	죄는 삼천 건 법안보다 크고
哀深四千年	슬픔은 사천 년 보다 깊어라
天倫團會處	형제가 다 모인 곳에서라도
餘恨未盡宣	남은 한을 다 펴지 못하리

正孫之宿祟纔平 唐孫之滿熱甚劇 次婦風眩之症 昌母阿睹之祟 迭相告警 殆無全安之時 而鼎臼產業之窘 衣領絲線之績 百度艱險 時有怨恨之語 因起而題之 以示解惋之意

정손正孫의 묵은 병은 겨우 안정되었으나 당손唐孫은 열이 매우 심하다. 둘째 며늘아이의 현기증眩氣症과 창손 어미의 눈병이 번갈아 서로 심하다고 하니 거의 온전하고 편안 사람이 없을 지경이다. 또 부엌살림의 군속함과 의복마련과 길쌈 같은 일이 백 가지로 다 어려우니 때때로 원망하고 한탄하는 말을 한다. 이 때문에 일어나 시를 써서 위로의 뜻을 보인다.

風檐烟屋病仍纏	허술하고 연기 찬 집 병까지 따라 얽히고
練穀鹽蔬摠苟愆	거친 밥 나물 반찬이 구차하고 괴롭구나
財匱常蹉料理事	재물이 없으면 매사가 처리하기 어렵고
人窮多出怨尤言	사람이 궁핍하면 원망하는 말 많은 법이지
家鄕杳邈歸難必	고향은 아득하여 돌아갈 기약 없는데
土俗蚩愚勢不便	이곳 풍속 무무하여 형세가 불편하다
只恨當初輕擧足	다만 한하노니 처음부터 가벼이 옮겨온 것
由吾無狀使渠然	보잘 것 없는 나 때문에 너희가 고생하네

李鍾熙 以新雇次價二十七元入役 東三從自懷仁入來 郵便得家兒書 孫兒去三源堡 貿塩百斤 價二元五角云 李源一 東三從午饒而去

이종희李鍾熙를 27원의 품삯에 새로 고용하여 일하게 하였다. 동삼東三 족종이 회인懷仁에서 들어왔다. 우편郵便으로 가아家兒의 편지를 받았는데, 손자 창로가 삼원보三源堡로 가서 소금 백 근을 25각 주고 샀다고 한다. 이원일·동삼 족종이 점심을 먹고 떠났다.

七日 李鍾熙 責以先錢 故出去他處 內地汾浦居 張道伯適來 以二十一元入役之意 決定 夕 家兒至月所發書來到 積費倚閭之餘 快豁當何如 孫憂勿藥 遠信俱報 欣慰之際 吟成四絶

12월 7일.

이종희가 선불을 요구하므로 다른 곳으로 내보냈다. 고국의 분포汾浦에 살던 장도백張道伯이 마침 왔는데, 21원의 품삯에 일할 뜻이 있다 하여 그렇게 결정하였다. 저녁에 가아家兒 형식이 11월에 보낸 편지가 도착하였다. 마음 졸이며 마을길에 나가 기다리던 끝이니 속이 시원하게 트임이 어떠하겠는가? 손자의 병이 나았다는 먼 곳 소식까지 함께 알려온 지라 반가운 나머지 사절四絶을 지어 읊었다.

積慮深愁鬱不敷	오래고 깊은 근심에 답답함 펴지 못했는데
無於寄悅若喪吾	좋은 일 없어 넋 빠진 사람처럼 되었지
兒憂勿藥如措泰	아이의 병이 나아 태평하게 되었다니
郵報傳書似獲珠	우편으로 온 편지는 구슬을 얻은 듯
大界侵淩公共淚	세상은 공공의 눈물 깔보는데
生家安樂是仙區	생가의 안락은 신선이 사는 곳일세
終知禍福非人造	화복은 인간이 못 만듦을 마침내 알았으니
莫使身心理外圖	몸과 마음 이치 밖에는 꿈도 꾸지 말아야지

兒曹有躐取燥進意 故詩以警之 아이들이 학업의 순서를 건너 뛰어 조급하게 나아가려는 뜻을 가지는지라 시를 지어 경계한다

天時人事直如捼	천시와 인사는 비빈 듯 엉겨 있으니
一理生生積漸推	한 이치에서 생겨나 점점 쌓이는 것이라

若使朝華當夕墜	아침에 핀 꽃이 저녁에 떨어지듯 한다면
不如黃果待秋開	황과가 가을을 기다려 열리는 것만 못하리
聊知壯蹟身先瘁	장한 업적 이루려면 몸이 먼저 수고해야지
未見胡休手攫來	호휴[181]를 손으로 붙잡는 이 못 보았다네
會有潮平風順日	조류가 고르고 바람이 순한 날 만나면
自然船如水同回	자연히 배처럼 물과 함께 돌아가리라

八日 風而寒

12월 8일.

바람 불며 춥다.

九日 朱炳徽來 做小話而去 昌母以視祟風眩之症 廢食苦痛 使華淵送赤豆二斗于三源市 買肉以來 夕 朴秉坤來宿

12월 9일.

주병휘朱炳徽가 와서 잠시 이야기를 나누다 갔다. 손자 창로의 어미가 눈병인 풍현증으로 밥을 먹지 못하고 고통스러워하였다. 이에 화연華淵에게 붉은 팥[赤豆] 2말을 삼원시三源市로 보내고, 고기를 사오게 하였다. 저녁에 박병곤朴秉坤이 와서 잤다.

戒兒曹用財無節	아이들의 씀씀이에 절제節制가 없음을 경계하다
爲貧爲富摠關余	가난하고 부유함이 모두 내게 달린 것
財是人家血脈如	재물은 사람 집의 혈맥과도 같으니라
奉祭接賓由此出	봉제접빈 규모가 여기서부터 나오니
衛生送死稱心紓	살아가고 장사지냄이 마음에 맞아야 한다
飢寒不迫伊誰力	기한에 쫓기지 않음이 누구의 힘인가
勤儉成家乃祖初	근검으로 집 이룸은 조상 때부터 그랬느니

---

181) 호휴 : 각단角端 즉 코뿔소이다. 『설문說文』에 "각단이란 짐승은 생긴 모양이 돼지와 흡사하며 뿔은 활을 만들 만한데, 호휴문胡休文이라는 나라에서 생산된다."고 하였다.

若使取予無節制　　만약에 주고받는 일에 절제가 없다면
青蚨那得復牽挐　　청부[182]를 어디에서 다시 끌어 오겠는가

十日 金三龍<蔚珍人>來宿

12월 10일.

김삼룡金三龍<울진 사람>이 와서 잤다.

十一日 孫兒去上藍山 黃室來 姜南鎬以入籍事 持其岳翁書來 午饒 列書吾家人及宇植名帖以送

12월 11일.

손자 창로昌魯가 상남산上藍山으로 떠났다. 황실黃室이 왔다. 강남호姜南鎬가 입적入籍하는 일 때문에 그의 장인[岳翁][183] 편지를 가지고 와서 점심을 먹었다. 우리집 가족과 우식宇植의 명첩을 써서 보냈다.

翼日 寒 自李晚榮家來 猪肉十八斤價二十四角 祗領 其七角餘 還本處

12월 12일. 추움.

이만영李晚榮의 집에서 온 돼지고기 18근 값 24각角을 고맙게 받았다. 그 중 7각角 남짓을 그 집으로 돌려보냈다.

十三日 日氣稍解 孫兒自上藍還

12월 13일.

날씨가 조금 풀렸다. 손자 창로昌魯가 상남上藍에서 돌아왔다.

十四日 鄒街黃童三宿而歸 朴秉坤 鄭寅建及士峯來宿

---

182) 청부 : 구멍 뚫린 동전銅錢. 즉 돈을 말한다. 청부충青蚨蟲 모자母子의 피를 동전에 발라 놓으면, 어디에 있든 서로 날아와 같은 장소로 모여든다는 고사에서 유래한 것이다.
183) 그의 장인[岳翁] : 강남호의 장인은 석주 이상룡이다.

12월 14일.
추가의 사가查家 어린이 셋이 자고 돌아갔다. 박병곤·정인건鄭寅建 및 사봉士峯이 와서 잤다.

十五日 溫 孫兒去哈密河

12월 15일. 따뜻함.
손자 아이가 합밀하에 갔다.

十六日 猝遇泄瀉 夜着已脫之衣 扶杖如厠 苦憐苦憐 黃萬英饋以白米數升

12월 16일.
갑자기 설사를 만났다. 밤에 벗었던 옷을 입고 지팡이를 짚고 변소에 가려니, 고생스럽고 가련하다. 황만영黃萬英이 백미 몇 되를 주었다.

十七日 風 靑松默洞居蔣柄昌來問而去 李晩榮 朴慶鍾午饒 憑聞內地風潮 又圍棋數板 申用寬 黃童仲得來宿

12월 17일. 바람이 불었다.
청송 묵동默洞에 살던 장병창蔣柄昌이 와서 문안하고 갔다. 이만영·박경종朴慶鍾이 점심을 먹었는데, 그 편에 고국 소식을 듣고, 또 바둑 몇 판을 두었다. 신용관申用寬과 황동중黃童仲[황씨 집의 둘째 아이]이 와서 잤다.

十八日 雪 鄭寅建午饒 始寫大東文粹

12월 18일. 눈.
정인건鄭寅建이 점심을 먹었다. 『대동문수大東文粹』를 베끼기 시작했다.

十九日 孫兒改路徑還 夕鄭寅建 權壽逸 及東三從來宿 南載洙夕後來宿 夜夢承親闈

12월 19일.
손자 아이가 가던 길을 바꾸어 금방 돌아왔다. 저녁에 정인건·권수일權壽逸 및 동삼東三

족종族從이 와서 잤다. 남재수南載洙가 저녁 뒤에 와서 잤다. 밤에 부모님 꿈을 꾸었다.

二十日 鄭寅建仍留 家無水漿 送兒得數碗于寧姪家

12월 20일.
정인건鄭寅建이 그대로 머물렀다. 집에 간장이 없어, 아이를 조카 영식寧植의 집에 보내 몇 사발 얻어왔다.

二十一日 李承元午饒 鬧枝寓文姪成孫入來 朴灝根來宿

12월 21일.
이승원李承元이 점심을 먹었다. 요지鬧枝에 사는 문식文植과 성로成魯가 들어왔다. 박호근朴灝根이 와서 잤다.

翼日 李義中 黃炳禹 李炳世來宿 文姪告歸寓所

12월 22일.
이의중李義中·황병우黃炳禹·이병세李炳世가 와서 잤다. 조카 문식이 사는 곳으로 돌아갔다.

二十三日 孫兒去上藍山 成魯 正魯俱去柳河 應魯 士峯來饋以魚味 油松及山麻木 皆情出也 緊用也 奇特奇特 道伯以不勝退去 蔚珍人金三龍入役

12월 23일.
손자 아이가 상남산上藍山으로 갔다. 성로成魯와 정로正魯는 모두 유하柳河로 갔다. 응로應魯와 사봉士峯이 와서 물고기와 잣[油松] 그리고 삼베를 주었다. 모두 인정에서 우러나온 것이며 긴히 쓸 것들이다. 기특하고 기특하다. 도백道伯이 일을 잘 못해 물러나고, 울진 사람 김삼룡金三龍이 일꾼으로 들어왔다.

二十四日 孫兒自上藍還

12월 24일.

손자 창로가 상남上藍에서 돌아왔다.

二十五日 孫女黃室歸鄒街寓所

12월 25일.
손녀 황실黃室이 추가鄒街 우소寓所로 돌아갔다.

二十六日 尹秉憲 李洪基 李源行午饋 方用淳來 曉以信天之意 甚懇至 金東洛 秉倫從 亦午饋

12월 26일.
윤병헌尹秉憲·이홍기李洪基·이원행李源行이 점심을 먹었다. 방용순方用淳이 와서 천주天主를 믿는 이유를 설명하는데, 매우 간절하였다. 김동락金東洛과 병륜秉倫 족종族從도 점심을 먹었다.

二十七日 買猪肉七斤 將爲祭需 而兼爲歲饌也 成魯 七來自柳縣還

12월 27일.
돼지고기 7근을 샀다. 제수로 쓰고 아울러 세찬歲饌으로 삼을 것이다. 성로成魯와 칠손七孫이 유하현에서 돌아왔다.

二十八日 風 東三從來宿 夢省庭闈 又與學乃 講乾卦字義 學乃謂我曰 兄主今日之擧 得無亢龍有悔者乎 余卽頷納 而他說皆忘之 可恨

12월 28일. 바람.
동삼 족종이 와서 잤다. 꿈에 아버님을 뵈었다. 또 학내學乃와 건괘乾卦의 뜻을 토론하였다. 학내가 나에게 말하기를, "형님의 지금 일은 '항룡유회亢龍有悔라 한 것[184]'이 아니겠습니까?"라 하기에, 내가 수긍하였는데, 다른 말은 모두 잊어 버렸다. 한스럽다.

二十九日 鄭寅建 東三從午饋 夕 與孫兒俱去寧姪家云 有小集也 李章寧來見 夢見錫五

---

184) 항룡유회亢龍有悔라 한 것 : 『주역周易』「건괘」의 말이다. '높이 날아오른 용이라 후회가 있다'는 말로, 여기서는 끝까지 치달아 돌이킬 수 없다는 뜻이다.

是日風雪

12월 29일.

　정인건鄭寅建과 동삼東三 족종이 점심을 먹었다. 저녁에 손자 아이가 모두 영식寗植의 집으로 간다고 한다. 작은 모임이 있어서이다. 이장녕李章寧이 와서 보였다. 꿈에 석오錫五를 보았다. 이날 바람이 불고 눈이 왔다.

三十日　大抵今年日勢　雨不沾疇　雪不封條　夏無鑠石之炎　冬無折膠之寒　老人挨過之道　則可謂便適　而國勢沉微　則六氣失節　是以春秋書桃李再華之災　綱目書冬雷木稼之變　見今中國國勢　委靡不振　此非其驗耶　房主饋黃酒一壺　黃應七送雄鷄一首　其所待老之意　誠所可感　無物可償　可愧可愧

12월 30일.

　대저 올해의 날씨는 비는 밭두둑을 적시지 못하고, 눈은 나뭇가지를 덮지 못하여, 여름엔 쇠를 녹일 듯한 더위가 없고, 겨울에는 아교가 부러지는 추위가 없었다. 노인이 지내는 데는 편하고 알맞다 하겠으나, 나라 세력이 점점 미약해지니 이는 육기六氣가 절도를 잃은 것이다. 그러므로 『춘추春秋』에는 '도리桃李가 두 번 꽃을 피우는 재앙'을 썼고, 강목綱目에는 '겨울에 우레가 울고 나무에 싹이 돋은 변고'를 쓴 것이다. 지금 중국의 국세는 쇠약하여 떨쳐 일어나지 못하니, 이것이 그 증험이 아니겠는가?

　방주인이 황주黃酒 한 병을 주었다. 황응칠이 수탉 한 마리를 보냈는데, 그의 노인 대접하는 뜻이 참으로 고마우나 보답할 물건이 없다. 부끄럽고 부끄러운 일이다.

蓋自西來之後　無夜無夢　而夢輒鄕關　七十年生長之地　精氣游魂　宜無所怪　而但夢事不眞　未遂其平日敍悅之意　或有略干詶酢[酬酢]　而旣覺之後　都作邯鄲假夢　可恨可恨　是夜又與學乃　相吉　舜極叔　聖聞叔侍及柳景叟査兄　有一場談會之事　而惘然不記　可恨可恨　況玆一年將盡之夕　新愁舊感　倍切於他日乎　聊吟一律　以瀉煩鬱之懷

　만주로 온 뒤로 꿈을 꾸지 않는 밤이 없는데, 꿈을 꾸면 곧 고향 꿈이다. 70년을 살아온 땅이라 정기精氣와 유혼游魂에 의당 괴이할 것은 없으나, 꿈속의 일은 사실이 아니다. 평소 기쁘게 서회敍懷하고 싶던 뜻을 이루지 못했을 때 혹 대략 수작하는 경우가 있는데, 깨고 난 뒤에는 모두 한단[邯鄲之夢]의 꿈[185]이 되니, 아무 것도 기억할 수 없다. 한스럽고 한스러운 일이다.

　이날 밤 꿈에 또 학내學乃와 상길相吉·순극舜極 아재·성문聖聞 아재 및 사형査兄 류경수柳景叟와 한바탕 이야기 하는 모임이 있었으나, 멍하니 기억이 나지 않으니 한스럽고 한스런 일이다. 더구나 한 해가 다 가려고 하는 저녁에 새로운 걱정과 옛 생각이 다른 날보다 배나 더 간절함에랴. 이에 애오라지 율시 한수를 읊어 번잡하고 답답한 회포를 쏟아낸다.

燃茶張燭待鷄晨	차 끓이며 등불 밝혀 새벽닭 울기 기다리니
無睡無聊倍愴神	잠도 안 오고 무료하여 곱절이나 서글프다
好古翻謄羅麗史	옛 것을 좋아하여 신라 고려 역사를 베끼니
<時方謄寫大東文粹故云>	<지금 막 『대동문수』를 베끼고 있으므로 이렇게 일렀다>
忘情遂作惠莊身	자신의 현실 잊고 마침내 나비가 되었네[186]
芳園樂話蘧蘧夢	꽃핀 정원의 담소는 부질없는 꿈일 뿐
流水光陰去去濱	흐르는 물 같은 세월이 가고 가는 즈음
猶有一邊寄世願	그래도 한 편 이 세상에 바라는 기대는
唐孫姿格日看新	손자 쾌당이가 나날이 자라는 것이라네

挽張杆城錫膺　장간성 석응을 애도하다

草草遼荒路	거친 요동 황량한 길에
相逢已白頭	서로 만나니 이미 늘그막이었지
共灑墟黍淚	함께 망한 나라 보며 눈물 뿌렸고
同渡雨萍舟	같이 부평처럼 배를 타고 건넜지

---

185) 한단邯鄲의 꿈 : 풋 잠에 꾼 꿈처럼 허무한 것을 가리킨다. 당唐의 이필李泌이 지은 『황량몽黃梁夢』이라는 소설에 주인공 노생盧生이 도자道者인 여옹呂翁에게 베개 하나를 빌려 설핏 잠들었는데, 온갖 부귀공명을 누리는 꿈을 꾸었다. 깨어나 보니, 여옹呂翁이 누른 기장[黃梁]으로 떡을 찌고 있었는데 아직 다 익지도 않았다. 침중기枕中記라고도 한다.

186) 마침내 나비가 되었네[수작장혜신遂作惠莊身] : 원문의 "마침내 장자莊子와 혜자惠子의 몸이 되었다."는 것은 장자 소요유逍遙遊의 호접몽胡蝶夢의 비유를 일컫는다. 곧 자신을 잊고 나비가 되어 천지간을 유영遊泳한다는 말이다.

一見開靑眼	한 번 만남에 청안을 열었고
再見許丹心	두 번 만남에 단심을 허여했네
勖以無相死	서로 죽지 말자고 격려하였고
追遊共論襟	서로 좇아 노닐며 흉금을 터 놓았는데
誰識雉壇約	누가 알았으리 치단雉壇의 약속이
催作鶴背仙	학을 탄 신선길 재촉할 줄이야
此行俱無奈	이번 길은 모두 어쩔 수 없는 일이요
差先未必憐	조금 앞서 간 것이니 슬플 것 없지만
最我羈旅雁	나는 나그네로 떠도는 기러기 신세
殘陽失侶悲	석양에 짝을 잃은 내 신세가 슬플 뿐
楚楚東南席	쓸쓸한 동남쪽 손님 맞을 자리에
非無老成姿	노성한 그대 자태가 없지 않다네
同聲同臭處	같은 소리 같은 향기 울리는 곳에
如君復幾人	그대와 같은 이 다시 몇 사람일까
風味羲農世	풍미는 희황 때의 사람이었고
鬚眉夏綺隣	수염과 눈썹은 상산의 사로였네187)
憶昨蔘花節	지나간 요화절蔘花節을 추억해 보건대
顧我不腆廬	넉넉지 못한 내 사정을 돌아보아
雖無鷄黍供	닭 잡고 밥 끓여 올리지는 못했으나
猶有醽我醨	탁주지만 술이 있어 대접하였지
橘裏消長日	바둑 두며 시간을 보내던 날과
場駒求夕時	손으로 찾아가 저녁 재촉하던 때도
我鼓燕南筑	나는 연나라 남쪽의 축筑을 타고188)
君吟郢中詞	그대는 영郢 땅의 백설곡을 불렀지189)

---

187) 풍미는 ~ 사로였네 : 희황인羲皇人은 도연명陶淵明이 탈속한 자신의 지취를 가리킨 말이다. 상산의 사로四老는 하황공과 기리계, 동원옹과 녹리선생을 일컫는다. 본문의 하기夏綺는 하황공과 기리계이다. 여기서는 돌아간 장석응의 풍류와 의범이 탈속의 경지였음을 기린 말로 썼다.

188) 연나라 남쪽의 축筑을 타고 : 형가가 진시황을 저격하기 위해 역수를 건너 진나라를 향하려 할 때, 그의 지기인 고점리가 축을 타며 장사의 기개를 노래하였다는 고사에서 나온 말이다.

仙標鸞學士	신선 같고 난새 같은 학사였으나
風流抑少年	풍류는 도리어 젊은이와 같았다네
白髮雙琴老	백발의 나이로 부부 해로하시니
靑衿四子賢	푸른 소매 네 아들 어질었다네
位兼三尊達	지위는 삼달존三達尊190)을 겸하였고
心閒百不憂	마음은 한가로워 근심이 없었지
有德天必報	덕 있는 사람에겐 하늘이 갚는 법
淸福莫爾逾	청복이 그대보다 나은 이 없었네
早晩歸眞日	조만간에 저 세상에 돌아갈 때엔
謂君哭我斯	그대가 여기 남은 나를 곡하시리라
於焉交臂失	어언간에 길이 서로 어긋났으나
修短未可知	장수와 단명은 알 수 없는 일
康健猶如此	강건하기 아직도 이와 같으나
殘齡復幾餘	남은 세월 다시 얼마나 될까
靑山安於世	청산처럼 세상에서 편안하나
寧愈苟寄余	차라리 구차히 사는 나보다 나으리
一診差未及	한 번 문병조차 어긋나 못했으나
重泉厚且牢	저승에서 넉넉하게 잘 지내시라
聊知衰病死	나도 곧 병들어 죽을 터이니
其間僅一毫	그 사이가 금방일 것임을 이제 알겠네
人間無子期	인간 세상에 종자기鍾子期가 없는데
何心復鼓琴	무슨 마음으로 다시 거문고를 타리191)
言言悲復惡	말하면 할수록 슬픔이 다시 북받쳐

---

189) 영郢 땅의 백설곡을 불렀지 : 송옥宋玉이 초나라의 도읍 언영鄢郢에서 하리파下里巴를 부르니 많은 사람이 알아듣고 모였으나 백설곡白雪曲을 부르자 아무도 알아듣는 이가 없었다는 고사에서 나왔다. 세속에 벗어난 아름답고 고상한 사곡詞曲을 이르는 말이다.
190) 삼달존三達尊 : 관작官爵과 연치年齒, 그리고 보세장민輔世長民의 덕德을 이른다.
191) 종자기鍾子期가 ~ 거문고를 타리 : 백아와 종자기의 고사에서 나온 말로, 지우知友를 잃은 슬픔을 뜻한다.

雙淚一片心　　　그리운 마음으로 눈물만 흘린다네

　　正元就晚樵僑庄 共吟　정월 초하루에 만초가 사는 집으로 가서 함께 읊다
笑他時輩逐奔忙　　시세 쫓아 사는 무리 분망함을 비웃었으나
閒靜何如較佛房　　고요하고 한가함을 어찌 절간에 대겠는가
萬里風踪人獨老　　만리 풍상 무릅쓴 끝에 사람만 늙었는데
一年春意柳潛長　　한 해의 봄기운이 버들 속에서 자라네
詩惟性也由中出　　시는 천성이라 중화 마음에서 나오는 것
事已前之太上忘　　상사는 이전에 상고의 일처럼 잊었다네
　　<晚樵俄經妻祥故云><만초가 얼마 전에 아내의 상祥을 겪었으므로 이렇게 표현하였다>
最爾堂前三棣樹　　그대 마루 앞엔 삼체수三棣樹가 있으니
還家贏得十分香　　집으로 돌아갈 땐 가득한 향기 맡으리

白屋深深掩碧茆　　초가집에 깊이깊이 푸른 순채 숨겨두고
感君容我許心友　　마음의 벗으로 날 받아준 그대가 고마워
蒼凉月色山陰雪　　푸른 하늘 서늘한 달빛 산그늘엔 눈인데
的皪梅魂庾嶺梢　　깨끗한 매화 혼을 유령庾嶺 넘어 부쳐왔네192)
白觀棊聲松水冷　　밝은 날 바둑돌 소리에 솔 이슬이 차갑고
黃潦蹄迹草堂坳　　진창길에 지나간 발자취 초당 기슭에 보이네
斟樽覓句津津樂　　술 마시며 시 지으니 즐거움이 진진하고
言可書之史可抄　　말은 책에 쓰고 역사에서 뽑을 수 있네

---

192) 깨끗한 매화 혼을 유령庾嶺 넘어 부쳐왔네 : 본문의 유령초庾嶺梢는 기후의 차이에 따라 남쪽과 북쪽의 개화開花 시기가 다르다는 대유령大庾嶺의 매화이다. 옛날 친지들끼리 서로 매화꽃 가지를 부쳐주던 풍속이 있었다.

찾아보기

가

강남호姜南鎬 → 강호석姜好錫
강성광姜聖光　356
강신걸姜信杰　145
강신종姜信宗　122, 123, 394, 395, 396
강충성姜忠成　337
강충신姜忠信　337
강호석姜好錫　122, 123, 186, 204, 257, 274, 370, 374, 390, 396, 484
강효석姜孝錫　177
건승建升 → 이건승李建昇
건팔建八(김주병金周秉)　207, 237
경팔景八 → 황동영黃東英
경학사耕學社　307
계동啓東 → 이봉희李鳳羲
계민啓民(김우락金佑洛)　479
계오桂五(이병화李炳華)　273, 457
공리회취지서共理會趣旨書　328, 426
공문거孔文擧　141
곽분양郭汾陽　140
곽종국郭鍾國　388
곽종목郭鍾穆　122, 123
곽종욱郭鍾勗　133
곽종욱郭鍾郁　135, 143, 208, 426
관갈管葛　132
관우關羽　127
관중管仲　195
광초廣初(이중업李中業)　206
교봉敎鳳 → 이교봉李敎鳳
교창敎昌 → 이교창李敎昌

국오菊傲(김진호金鎭皓)　173
굴막오屈莫敖　128
권극하權克夏　287, 307
권극하權極夏　227, 271, 286, 338
권동봉權東鳳　268
권동직權東直　230, 233, 234, 235, 267, 268, 273, 361, 387, 453, 455
권수일權壽逸　485
권순삼權順三　268
권영구權九　49, 103
권영구權英九　116
권영목權寧睦　230
권영한權英漢　340, 398
권영화權寧華　472
권오환權五煥　233, 236, 275, 294, 322, 345, 360, 430, 472
권유현權有鉉　465, 472
권중엽權仲燁　282
권중엽權重曄　255
권중엽權重燁　123, 176
권중위權重暐　49
권하현權夏鉉　472
귀봉龜峯(김수일金守一)　242
귀암貴巖 → 이귀암李貴巖
긍식肯植 → 김동삼金東三
기몽冀蒙・騏夢・騏蒙・麒蒙　39, 259, 314, 317, 375, 463, 470
기숙祈叔(김영락金永洛)　479
기자箕子　20, 37, 131, 311, 328

김경국金慶國　228, 337, 462
김경삼金敬三　268
김경세金慶世　449
김경진金慶鎭　452, 466
김경집金景輯　466
김광현金光鉉　316
김광현金光顯　205
김규식金圭植　51, 123, 189, 222, 234, 246, 252, 257, 261, 262, 263, 265, 266, 268, 277, 278, 279, 284, 287, 294, 296, 298, 300, 301, 302, 316, 340, 341, 344, 345, 346, 352, 353, 356, 357, 358, 359, 383, 391, 457, 470
김규한金奎漢　398
김규화金奎華　230
김기동金基東　288
김남수金南秀　387
김남수金南壽　180
김달金達　83, 87, 95, 97, 102, 104, 105, 116, 117, 118, 119, 120, 121, 122, 123, 133, 150, 151, 153, 163, 165, 168, 171, 176, 188, 190, 203, 212, 216, 223, 264, 266, 267
김덕운金德云　338
김도진金道鎭　226
김동락金東洛　360, 361, 427, 487
김동삼金東三　253, 266, 300, 337, 358, 359, 361, 374, 377, 378, 390, 391, 392, 398, 399, 430, 457, 460, 468, 470, 482, 485, 487, 488
김동진金東鎭　317
김동훈金東壎　374
김랑金郎　443
김만식金萬植　173, 174, 208, 224, 234, 246, 252, 253, 255, 262, 263, 264, 265, 266, 268, 271, 279, 293, 302, 352, 376, 387, 389, 435, 447, 467
김문식金文植　252, 253, 255, 258, 272, 276, 277, 279, 284, 289, 294, 295, 298, 313, 316, 324, 326, 339, 340, 343, 354, 355, 357, 361, 453,
465, 486
김문식金汶植　234, 246
김병대金秉大　255, 285, 292, 296, 299, 303, 305, 307, 339, 341, 352, 359, 360, 399, 400
김병룡金炳龍　455
김병목金秉睦　361
김병삼金柄參　224
김병선金炳先　450
김병칠金秉七　255, 263, 264, 285, 305
김복규金福奎　268
김사용金思容　52, 69, 72, 76
김삼金三　114, 118, 153
김삼룡金三龍　484, 486
김생金生　319
김석창金奭昌　337
김석현金錫賢　120
김석현金錫鉉　157
김성로金聲魯　233, 234, 235, 237, 238, 241, 255, 256, 257, 263, 270
김성로金成魯　248, 250, 256, 260, 264, 267, 269, 295, 300, 313, 319, 322, 354, 359, 430, 486, 487
김성모金聖模　316
김성태金聲泰　429
김수한金壽漢　230, 252
김순칠金舜七　149, 168
김승곤金丞坤　472
김영金永　176
김영극金永極　171
김영근金永根　168, 180, 182, 188, 211, 215, 216, 218, 219, 222, 227, 284, 313, 337, 345
김영근金英根　240, 259, 260
김영식金寧植　316, 319, 322, 390, 391, 399, 435, 443, 451, 460, 462, 476, 486, 488
김영식金英植　246, 252, 253, 259, 298, 346, 347, 352, 353, 358, 361, 370, 376, 378, 383, 384
김용승金容升　374

김우룡金禹龍　230
김우상金宇相　206
김우식金禹植　398
김우식金宇植　230, 231, 236, 237, 253, 254, 255, 260, 281, 282, 295, 317, 318, 322, 324, 341, 358, 359, 435, 443, 466, 484
김욱병金旭秉　355
김유신金庾信　131, 419
김윤일金允一　427, 473
김응로金應魯　235, 236, 250, 267, 268, 295, 296, 302, 305, 322, 324, 326, 337, 345, 356, 398, 464, 465, 478, 486
김일택金一澤　179, 180
김장락金樟洛　43, 136, 137, 139, 140, 141, 142
김장식金章植　255
김재성金在成　430
김정로金正魯　168, 184, 212, 245, 247, 257, 281, 314, 375, 397, 398, 437, 439, 486
김정식金政植　222, 223, 224
김정식金正植　79, 83, 84, 85, 86, 101, 112, 117, 119, 142, 189, 231, 263, 264, 267, 444
김정찬金貞燦　344
김제식金濟植　292
김제철金濟徹　135
김제철金濟轍　87, 224
김조식金祚植　354
김종현金宗鉉　345
김준선金駿善　19
김준식金俊植　449
김준식金濬植　101
김창로金昌魯　18, 19, 20, 25, 26, 31, 43, 48, 51, 59, 96, 97, 101, 104, 112, 119, 122, 135, 141, 142, 145, 150, 163, 164, 167, 173, 174, 177, 179, 180, 186, 187, 188, 189, 205, 207, 208, 211, 212, 218, 222, 224, 229, 231, 232, 236, 238, 239, 240, 244, 247, 248, 250, 252, 260, 261, 265, 272, 277, 279, 282, 284, 285, 306, 319, 322, 325, 326, 342, 345, 354, 356, 370, 385, 386, 387, 392, 396, 430, 431, 437, 442, 443, 453, 457, 462, 464, 465, 466, 473, 478, 479, 480, 482, 483, 487
김창무金昌懋　150, 449, 453
김창무金昌武　101, 116
김창무金昌茂　177, 277
김창수金昌壽　87, 88, 96, 143, 150
김창환金昌煥　340
김천용金天用　390
김태규金泰圭　386
김택규金澤奎　459
김한진金漢鎭　467, 478
김현재金顯宰　268
김형식金衡植　30, 96, 154, 159, 172, 187, 188, 205, 206, 207, 218, 219, 221, 228, 231, 232, 233, 241, 247, 248, 252, 257, 258, 259, 266, 268, 271, 276, 282, 284, 285, 288, 289, 292, 294, 296, 306, 307, 317, 318, 319, 324, 325, 340, 352, 375, 429, 443, 444, 462, 464, 482
김형천金炯天　467
김형칠金衡七　112, 222, 236
김형팔金衡八　233, 234, 235, 237, 238, 241, 253
김홍식金洪植　230, 233, 244, 246, 267, 302, 326, 337, 342, 344, 346
김화식金和植　248, 249, 250, 388
김화연金華淵　464, 477, 478
김희천金熙天　347, 352, 353

나

나장의羅掌議　391
낙응洛應 → 박경종朴慶鍾
남석사南碩士　357
남세혁南世赫　358
남영진南永鎭　476

남우진南禹鎭　338, 351
남재수南載洙　486
남정섭南廷燮　468
남효흥南孝興　353
노중련魯仲連　195, 418
논개論介　349, 421

다

단군檀君　37, 131, 416
달경達卿　→　김장락金樟洛
달손達孫　354
당감唐鑑　350
당손唐孫　→　쾌당快唐
대치大癡　225
덕민德敏　47
덕초德初　→　이봉희李鳳羲
도만석都萬石　467

라

류경달柳景達　→　류필영柳必永
류경수柳景叟　489
류관柳寬　82
류기영柳冀永　339
류연극柳淵極　442
류연옥柳淵玉　322
류이용柳而用(류연즙柳淵楫)　180
류인식柳寅植　227, 230, 268
류창식柳昌植　339
류택진柳宅鎭　250, 252, 271
류필영柳必永　230, 268, 325
류학희柳學熙　255

마

만초晚樵　→　이만영李萬榮
만초萬初　→　이상룡李相龍
맹서孟緖(김정락金程洛)　207
맹선孟善　275
명국鳴國　→　김창로金昌魯
목은상睦殷相　219
몽손夢孫·蒙孫　240, 241, 375, 376, 390, 440
무오사화戊午士禍　358
무이武夷　358, 385
문극文極　→　이준형李濬衡
문동文東　83

바

박경종朴慶鍾　46, 47, 55, 69, 76, 77, 103, 121, 257, 264, 266, 270, 485
박기남朴奇男　245
박기종朴基鍾　248, 268
박낙응朴洛應　→　박경종朴慶鍾
박래수朴來洙　453
박명원朴明遠　447
박병곤朴炳坤　443
박병곤朴秉坤　478, 483, 485
박세종朴世鍾　343
박영훈朴永鑂　398, 399
박원근朴元根　135, 142, 226, 285, 377, 458, 461
박인구朴仁九　228
박인종朴仁鍾　345
박인종朴寅鍾　267
박재봉朴載鳳　248
박제상朴堤上　131, 349, 420
박종근朴鍾根　49

박풍양朴豊陽 151
박호근朴灝根 486
반소班昭 350
방용순方用淳 428, 463, 487
배석환裵奭煥 326
배석환裵碩煥 337
배선수裵善洙 469
배선수裵善秀 452
배성수裵聖守 238, 239
배수봉裵壽奉 286
배영진裵永進 455, 456
배인환裵仁煥 230
배임형裵任衡 452
배정환裵侹煥 444
배쾌주裵快周 230, 255, 276, 325
백근白根 276
백용헌白龍憲 374
백춘삼白春三 226, 250, 276, 279, 285, 286, 354, 359, 360
변진卞眞 276
병륜秉倫 453, 460, 465, 466, 487
병우炳禹 215
병일炳日 → 황병일黃炳日
병호시비屛虎是非 172
부섭傅燮 127
분통가憤痛歌 287, 402, 413, 425

사도세자 353
사마온공 199
사봉士峯 358, 389, 471, 474, 478, 485, 486
사봉士逢 322
사초종謝超宗 141
산운山雲 189
상길相吉(김익락金益洛) 189, 250, 257, 258, 259, 268, 295, 304, 347, 427, 489
상언常彥 461
상우相宇(김서락金胥洛) 236, 304, 471
상우象宇 178
서림西林(김홍락金弘洛) 358, 430
서산曙山(김효락金孝洛) 174, 222, 231, 264, 277, 278, 295, 442, 461
서산西山(김흥락金興洛) 49, 250, 261
서오瑞五(김서락金瑞洛) 213, 479
석오錫五(김이락金彛洛) 179, 488
석주石洲 → 이상룡李相龍
성목聖目 → 이성목李聖目
성문聖聞(김진소金鎭韶) 356, 360, 489
성우聲于(김종연金鍾淵) 471, 479
성준룡成俊龍 255, 258
성준용成俊容 304, 343
세림世林 299, 300, 313
세산洗山(류지호柳止鎬) 317, 442
소동파蘇東坡 138
소암小庵 → 이소암李小庵
소암小菴 → 이소암李小菴
소중랑蘇中郞 267
손근孫近 196
손오孫吳 132
손진구孫晉九 374
손진구孫震九 352, 361
손진규孫晉逵 386, 429, 451
손철孫哲 355
송덕규宋德奎 151, 154, 176, 178, 182, 210, 236, 296
송운세宋耘世 401
송재근宋在根 347
송재기宋在箕 231
송종섭宋宗燮 352
송진격宋鎭格 370
송진유宋鎭裕 230, 478
송철영宋喆永 444, 459, 463, 464

수가須賈　377
숙헌淑憲(김수락金秀洛)　175, 458
순극舜極(김진선金鎭璿)　259, 478, 489
순문약荀文若　140
순약舜若　213
순약舜躍(김구연金九淵)　176, 185, 247, 257, 326, 461
순욱荀勖　331
시영始榮　→ 이시영李始榮
신걸信杰　346
신영회新英會　463, 466
신용관申容寬　260, 295, 476
신용관申用寬　485
신태선申泰善　181
신한민보新韓民報　449

안경오安敬五　319
안덕종安德鍾　239
안동식安東植　231
안맹선安孟善　275
안성천安聲天　223
안세준安世濬　469
안용련安鎔璉　261
안용선安鎔善　275
약개藥介　349
약봉藥峯　241
양만춘楊萬春　131, 420
양방예楊邦乂　156
여동래呂東萊　53
열정悅亭　→ 이열정李悅亭
영근永根　→ 김영근金永根
영세暎世　→ 이영세李暎世
오보五父　199
오재걸吳在杰　456

오치운吳致雲　440, 442
오회승吳晦承　205
왕륜王倫　127, 156, 193, 194, 195
왕북해王北海　53
왕삼덕王三德　430
왕손만王孫滿　128
왕이보王夷甫　141
용희容熙　105
우간愚澗　→ 김양진金養鎭　138
우승하禹承夏　478
우형宇衡　253
운경運卿(이중두李中斗)　208, 347
운천雲川　443
원일源一　→ 이원일李源一
원행源行　→ 이원행李源行
유개부庾開府　225
유서운劉瑞雲　337
유예劉豫　193, 194
육손六孫　260, 301
육손陸孫　281, 282, 347, 352, 358, 361, 362
육수부陸秀夫　127, 156, 315
육운상睦雲相　469, 473
윤국천尹國天　390
윤기섭尹基燮　431
윤기섭尹琦燮　203, 308, 320, 337
윤병규尹炳奎　33, 34
윤병렬尹炳烈　56, 57, 223, 276, 277, 308, 326
윤병용尹炳容　361
윤병헌尹炳憲　95, 428
윤병헌尹秉憲　465, 479, 480, 487
윤상우尹相佑　177, 211, 399, 426, 447, 458, 463
윤상한尹尙漢　68
윤위출尹渭出　478
윤응규尹應奎　80, 87, 101, 118
윤인보尹仁輔　33, 64, 121, 123, 162, 222, 223, 239, 240, 288, 338
윤일尹一　52, 69, 72, 81, 84, 85, 86

찾아보기

윤지한尹志漢　123, 133
윤철규尹哲奎　428
윤필한尹必漢　69
윤혁允奕　→ 이윤혁李允奕
을지문덕乙支文德　131, 420
응례膺禮(김진모金鎭模)　189, 259, 280, 400, 479
응오應五　471
응증應曾　286
응칠應七　→ 황만영黃萬英　376, 450
의영義英　→ 황의영黃義英
이강호李綱鎬　227, 272, 273, 292, 360, 381, 383, 391, 396, 426, 435, 441, 451, 468
이건룡李鍵龍　275, 281
이건승李建昇　24, 26
이건우李建宇　230
이겸호李謙鎬　283
이경혁李敬赫　149, 150
이계동李啓東　→ 이봉희李鳳羲
이관직李觀稙　227, 228, 229, 254, 259
이교봉李敎鳳　227, 229, 244
이교성李敎成　255
이교성李敎誠　282
이교창李敎昌　227, 228, 236, 244, 249, 250, 262, 264, 271, 281, 292, 296, 338, 346, 347, 466
이교택李敎澤　249, 250
이귀암李貴巖　286, 287, 291
이규룡李圭龍　93, 176
이규봉李圭鳳　22, 145, 203, 259, 337
이규의李圭儀　274
이규일李奎一　382
이규일李奎日　462
이극연李克淵　213
이근수李根壽　427, 430
이근수李根洙　286, 317, 458
이근탁李根鐸　49
이근호李根浩　476
이능항李能恒　275, 354

이덕기李德基　121, 204, 224, 276
이동기李東基　428
이동녕李東寧　77, 103, 122, 143, 151, 160, 163, 204, 223, 235
이동수李東秀　428
이만도李晚燾　242, 377, 478
이만엽李萬燁　121, 123, 288
이만영李晚榮　239, 390, 391, 394, 396, 428, 431, 444, 453, 462, 467, 470, 475, 484, 485
이만영李萬榮　112, 378, 379, 381, 382, 388, 393, 396, 398, 400, 424, 431, 438, 440, 441, 445, 447, 448, 452, 455, 492
이만초李晚樵　→ 이만영李萬榮
이맹현李孟賢　204
이명국李明國　390
이명선李明善　33, 165
이명선李明宣　120, 182
이명세李明世　57, 69, 184, 257, 269, 270, 271, 275, 288, 313, 353
이문갑李文甲　436
이문극李文極　→ 이준형李濬衡
이문형李文衡　46, 48, 54, 79, 83, 85, 86, 90, 100, 116, 143, 145, 148, 162, 168, 171, 185, 216, 253, 255, 257, 264, 266, 271, 276, 304, 308, 312, 313, 324, 340, 341, 342
이백삼李白三　384, 427, 461, 468
이병삼李炳三　30, 32, 33, 34, 37, 38, 44, 75, 77, 87, 91, 171, 204
이병삼李秉三　106, 116, 135, 142, 146, 147, 155, 166, 167, 168, 182, 212, 215, 218
이병세李炳世　123, 214, 257, 308, 324, 486
이병일李炳日　244, 279, 391
이봉희李鳳羲　70, 133, 150, 151, 152, 237, 241, 243, 268, 271, 382, 444
이상룡李相龍　34, 35, 39, 43, 44, 45, 46, 47, 48, 55, 59, 60, 69, 70, 89, 91, 92, 93, 100, 103, 104, 105, 106, 112, 119, 121, 143, 150, 157,

165, 175, 176, 182, 183, 184, 185, 213, 218,
226, 260, 274, 295, 316, 317, 370, 394, 396,
399, 431, 458, 466
이상룡李象龍 → 이상룡李相龍
이석영李石榮　88, 155, 171, 182, 469
이석영李錫榮　257
이석영李錫永 → 이석영李石榮
이선구李宣求　21, 84, 116, 165, 188, 235
이성두李星斗　270
이성목李性睦　205
이성목李聖目　247, 376, 378
이세명李世明　222, 225
이소암李小庵　265, 287, 347, 471
이소암李小菴　97, 98, 99, 100, 163, 165, 172,
212, 222, 184, 377, 470
이소운李笑雲　60, 61, 62, 70, 71
이수권李壽權　361
이수암李水巖　326
이수옥李壽玉　284, 454
이순칙李順則　341
이순李純　294, 300
이승원李承元　295, 317, 486
이승원李承源　157, 163
이시영李始榮　103, 182, 207, 221
이시영李時寧 → 이시영李始榮
이시영李時榮　223, 239, 259
이언종李彦鍾　103, 205, 235
이여홍李汝洪　257
이열정李悅亭　232, 237, 245, 249, 252, 255, 284,
287, 345, 355, 356, 357
이영세李暎世　275, 320, 354
이영암李水巖　337
이원승李承元　261
이원식李元植　70, 123
이원엽李元燁　265
이원일李源一　231, 255, 256, 264, 272, 275, 294,
300, 341, 342, 464, 467, 472, 482

이원행李源行　206, 249, 269, 270, 295, 359, 370,
374, 384, 393, 462, 469, 476, 487
이유건李裕建　173, 307
이유인李裕仁　174, 271
이윤혁李允奕　313, 314, 361
이의정李義正　223
이의중李義中　176, 182, 486
이장기李長鬐　160, 460
이장녕李章寧　34, 69, 78, 82, 96, 102, 117, 120,
122, 135, 141, 143, 148, 150, 161, 165, 176,
188, 278, 301, 302, 304, 460, 467, 488
이재섭李在燮 → 이준형李濬衡
이재일李在一　465
이정각李庭慤　394, 453
이정모李廷謨　244, 387
이정수李定洙　145, 148, 150, 233, 255, 257, 263
이정언李庭彦　204
이정우李庭愚　230
이조李藻 → 이소운李笑雲
이종각李鍾慤　274
이종교李鍾嵩　227, 244, 338
이종기李鍾基　117, 220, 238, 272, 275, 283, 318,
320, 354, 357, 444
이종당李鍾當　313
이종륜李鍾崙　233, 237, 262, 271
이종모李鍾謨　378, 426
이종목李鍾穆　51, 55
이종상李鍾常　226, 228, 231, 337, 347, 361, 429,
462, 463
이종표李鍾杓　117, 273, 450
이종호李鍾浩　244, 303, 313, 338, 351, 387, 395,
462, 476
이종호李鍾鎬　239
이종희李鍾熙　480, 482
이좌겸李佐兼　341
이준실李俊實　249, 252, 255, 262, 270, 469
이준악李俊岳　250, 289, 455, 457

이준악李駿岳　230
이준우李俊雨　270
이준일李俊一　317
이준형李濬衡　30, 33, 49, 55, 56, 71, 117, 149, 162, 164, 167, 175, 178, 179, 181, 182, 184, 185, 206, 207, 224, 257, 370, 450, 469
이중실李仲實　276, 280, 352
이진사李進士　23, 47
이진용李震鏞　288
이창호李昌鎬　472
이철영李哲榮　176, 182, 339
이철영李哲永　352
이철영李喆榮　223
이춘이李春伊　354
이출이李出伊　214
이태준李泰俊　375
이택우李澤雨　444
이해정李海亭　255, 318
이형국李衡國　39, 122, 123, 135, 162, 225, 257, 270, 282, 283, 314, 374, 384, 386, 390, 441, 470, 479, 461
이형소李亨韶　286
이호영李浩永　22
이홍기李洪基　487
이회녕李會寧 → 이회영李會榮
이회영李會榮　85, 103, 176, 235, 240, 241, 337
이훤세李暄世　275
이휘영李暉英　202
이흥조李興祚　441
이희순李羲純　223
이희영李羲英　391
이희중李羲中　239, 395, 428
이희중李羲仲　273, 460
일몽馹蒙　38
임경업林慶業　31, 421
임대형任大衡　459
임석호林奭鎬　33, 205

임석호林錫鎬　240
임현林鉉　299
임홍필林洪弼　443
잉수剩叟　460
잉제剩弟 → 잉헌剩軒
잉헌剩軒(김소락金紹洛)　144, 173, 216, 224, 246, 276, 289, 296, 322, 347, 354, 356, 358, 377, 378, 384, 461, 480, 487, 489

자

장기연張起淵　386
장도백張道伯　482
장도순張道淳　182, 280, 337, 390
장두병張斗柄　213
장병창蔣柄昌　485
장석응張錫膺　155, 159, 395, 447, 461, 472, 489
장성률張性律　361
장성순張省順　31
장승률張承律　374, 384, 395
장식張植　205
장용택張龍澤　236, 257, 318, 390, 396, 398, 435, 465, 468, 478
장유순張裕淳　77, 78, 86, 103, 143, 203
장유순張裕順　160
장윤특張允特　122, 185
장윤특張胤特　122
장작將作　352
장정근張廷根　351
장창張蒼　251, 327
장한성張扞城　171
장횡거張橫渠　128, 330
재섭在燮 → 이준형李濬衡
재운載雲　317
전강全强　182
전강田强　120, 205

전경흥田慶興　*447*
전기식田基植　*447*
전병익田炳益　*204, 374*
전봉련全鳳鍊　*270*
전상윤田相允　*465*
전세기田世基　*447, 471*
전오규田五圭　*325, 340*
전오규田五珪　*204*
전응선全應善　*294*
전응성全應聖　*322*
전일田一　*283*
전자문全子文　*239, 245*
전재견田在見　*296*
정규하丁圭夏　*120*
정규회丁圭會　*142*
정다산丁茶山 → 정약용丁若鏞
정동수鄭東壽　*186, 212, 239, 259*
정동수鄭東秀　*95*
정동하鄭東夏　*237*
정동화鄭東華　*280*
정락珵洛　*465*
정사문鄭士文　*426*
정생鄭生　*319, 437, 457*
정손正孫　*481*
정약용丁若鏞　*346, 348, 350*
정와訂窩 → 김대진金岱鎭　*166, 441*
정원하鄭元夏　*24, 62*
정원하鄭源夏 → 정원하鄭元夏
정인건鄭寅建　*388, 430, 485, 486, 488*
정종우鄭鍾宇　*429*
정준환鄭俊煥　*205*
정진홍鄭鎭弘　*316*
정포은鄭圃隱　*131*
정한조鄭漢朝　*162*
조만기趙萬基　*87, 100, 103, 104, 105, 119, 120,*
　　　143, 153, 176, 241, 243, 263, 277
조맹목趙孟穆　*92, 112*

조범용趙範容　*65, 106*
조석구趙錫九　*214, 215*
조용민趙鏞珉　*340*
조재기趙載基　*33, 105, 116, 150, 178, 180, 182,*
　　　375, 388
조재원趙載遠　*338*
조조曹操　*180*
조종필趙鍾弼　*17, 222*
조종희趙宗熙　*256*
조중경趙重慶　*87, 105, 120*
조하기趙夏基　*65, 100, 105, 122, 213*
조해제趙海濟　*268*
종두鍾斗　*227*
주덕무周德懋　*459*
주병륜朱炳倫　*430, 460*
주병륜朱秉倫　*180*
주병륜朱秉輪　*95, 205*
주병웅朱秉雄　*204*
주병의朱秉懿　*76, 77, 97*
주병휘朱炳徽　*358, 384, 386, 387, 390, 391, 395,*
　　　431, 453, 457, 458, 460, 461, 462, 463, 483
주영周永　*322*
주의周顗　*127*
주진수朱鎭壽　*133, 359, 360, 361, 370, 374, 377*
주휘朱徽　*466*
중강仲康　*128*
중건中建　*295*
중군仲君　*478*
중여中汝(김정락金正洛)　*245*
중옥仲玉　*356*
중함仲涵　*356, 362*
증개曾開　*195*
지려芝廬 → 김상수金常壽　*166*
진규환陳圭煥　*429*
진규환陳奎煥　*359, 360, 468*
진근회陳根會　*357, 358, 447, 453, 456, 458*
진림陳琳　*180*

진시황秦始皇　128, 181
진중경陳重慶　480
진회秦檜　127, 156, 195, 196

차

창손昌孫　→　김창로金昌魯
채규봉蔡圭鳳　268
최강오崔綱五　292, 465
최고운崔孤雲　131
최기정崔基定　374
최봉규崔鳳奎　268
최생崔生　230, 233, 344, 381
최청규崔淸奎　345
춘삼春三　→　백춘삼白春三
칠래七來　87, 190, 236, 254, 255, 256, 259, 383, 389, 467, 469
칠손七孫　90, 105, 151, 163, 185, 186, 239, 313, 468, 475, 487

카

쾌당快唐　28, 35, 87, 93, 94, 100, 114, 119, 122, 202, 236, 237, 259, 276, 317, 318, 319, 375, 376, 450, 456, 475, 476, 477, 481, 489

하

하재우河在禹　268
학내學乃　→　잉헌剩軒
학연學淵　→　김원식金源植　255, 352
한경漢卿　→　황한경黃漢卿
한봉수韓鳳樹　205

한영육韓永育　359
한창동韓昌東　255
한훤당寒喧堂　398
향산響山　→　이만도李晩燾
현우량玄友良　157
형가荊軻　180
형국亨國　47
호전胡銓　84, 191
홍기룡洪起龍　444
홍순복洪淳復　58
홍창섭洪昌燮　308
홍치순洪致純　370, 384
황교영黃敎英　265
황국환黃國煥　462
황도영黃道永　135
황도영黃道英　25, 72, 122, 142, 145, 182, 221, 256, 263, 266, 358, 361
황동영黃東英　40, 269
황동중黃童仲　485
황득영黃得英　265
황만득黃晩得　213
황만영黃萬英　23, 175, 347, 360, 361, 374, 375, 376, 377, 378, 390, 395, 398, 399, 427, 429, 435, 450, 460, 462, 464, 465, 466, 468, 471, 475, 485, 488
황무영黃武英　257
황병로黃炳老　286
황병문黃炳文　95, 270, 440
황병우黃炳宇　171, 179, 180, 185, 257, 324
황병우黃炳禹　95, 101, 116, 213, 342, 430, 486
황병운黃炳雲　428
황병일黃炳日　19, 51, 95, 104, 116, 120, 121, 123, 142, 143, 146, 148, 171, 179, 181, 185, 184, 213, 214, 215, 233, 255, 257, 260, 264, 269, 293, 308, 322, 325, 339, 346, 347, 361, 384, 387, 392
황병탕黃炳湯　95, 116, 213, 257, 324, 342

황서방 → 황병일黃炳日
황신걸黃信杰 49, 144, 176, 221, 270, 277, 286, 326, 342
황용기黃龍起 270
황응칠黃應七 347, 374, 375, 427, 429, 450, 462, 488
황응팔黃應八 → 황도영黃道英
황의영黃義英 121, 135, 144, 174, 177, 180, 182, 229, 374, 377, 390, 399, 400, 430, 431, 439, 461, 469, 472
황익영黃益英 142, 143, 144
황주갑黃珠甲 340
황진환黃震煥 122
황탁영黃卓英 257
황한경黃漢卿 372, 392
황호黃濩 240, 242, 265
황호黃頀 238, 290
후경厚卿 145

국역 백하일기 참여자 약력 (가나다순)

기획·연구책임
- 김희곤 : 안동대학교 사학과 교수·안동독립운동기념관장

국역 : 사단법인 교남문화

　- 공동연구원
- 강구율　동양대학교 교수, 사)교남문화 이사
- 김윤규　한동대학교 교수, 사)교남문화 연구소장
- 전재강　안동대학교 교수, 사)교남문화 이사

　- 국역연구원
- 김명균　안동대학교 외래교수, 사)교남문화 대표
- 김승균　사)교남문화 연구원
- 오덕훈　사)교남문화 연구원
- 오현진　사)교남문화 연구원

　- 보조연구원
- 강병욱　사)교남문화 연구원
- 김선영　사)교남문화 연구원
- 황동권　사)교남문화 연구원

해제 및 인물주석
- 강윤정　안동독립운동기념관 학예연구실장

인물주석 및 교정
- 한준호　안동독립운동기념관 학예연구원
- 김주현　안동독립운동기념관 전문해설사
- 최미정　안동독립운동기념관 전문해설사